NADINE QUECK

Die Geltung des nemo-tenetur-Grundsatzes zugunsten von Unternehmen

D1667017

Strafrechtliche Abhandlungen · Neue Folge

Begründet von Dr. Eberhard Schmidhäuser (†)

em. ord. Prof. der Rechte an der Universität Hamburg

Herausgegeben von Dr. Dr. h. c. (Breslau) Friedrich-Christian Schroeder

ord. Prof. der Rechte an der Universität Regensburg

in Zusammenarbeit mit den Strafrechtslehrern der deutschen Universitäten

Band 168

Die Geltung
des nemo-tenetur-Grundsatzes
zugunsten von Unternehmen

Von

Nadine Queck

Duncker & Humblot · Berlin

Zur Aufnahme in die Reihe empfohlen von
Professor Dr. Detlev Sternberg-Lieben, Dresden

Die Juristische Fakultät der Technischen Universität Dresden hat diese Arbeit
im Sommersemester 2004 als Dissertation angenommen.

Bibliografische Information Der Deutschen Bibliothek

Die Deutsche Bibliothek verzeichnet diese Publikation in
der Deutschen Nationalbibliografie; detaillierte bibliografische
Daten sind im Internet über <http://dnb.ddb.de> abrufbar.

© 2005 Duncker & Humblot GmbH, Berlin
Fremddatenübernahme und Druck:
Berliner Buchdruckerei Union GmbH, Berlin
Printed in Germany

ISSN 0720-7271
ISBN 3-428-11808-1

Gedruckt auf alterungsbeständigem (säurefreiem) Papier
entsprechend ISO 9706 ♾

Internet: http://www.duncker-humblot.de

Meinen Eltern

Vorwort

Die vorliegende Arbeit lag im Wintersemester 2003 / 2004 der Juristischen Fakultät der Technischen Universität Dresden als Dissertation vor. Der Tag der mündlichen Prüfung war am 8. September 2004. Rechtsprechung und Literatur sind bis Januar 2004 berücksichtigt.

Die Arbeit entstand während meiner Tätigkeit als wissenschaftliche Mitarbeiterin am Lehrstuhl für Straf- und Strafprozessrecht bei Prof. Dr. Detlev Sternberg-Lieben. Ihm gilt mein besonderer herzlicher Dank für seine stets verständnisvolle Unterstützung und Betreuung der Promotion sowie für die höchst interessante wie angenehme Zeit, die ich an seinem Lehrstuhl verbringen durfte.

Zu danken habe ich weiterhin Prof. Dr. Roland Hefendehl und Prof. Dr. Otto Lagodny für die zügige Erstellung des Zweit- und Drittgutachtens sowie Prof. Dr. Friedrich-Christian Schroeder für die Aufnahme der Arbeit in die Reihe der Strafrechtlichen Abhandlungen, n. F.

Berlin, im März 2005   *Nadine Queck*

Inhaltsverzeichnis

Zweiter Teil

Geltung des nemo tenetur-Grundsatzes für Unternehmen   105

Dritter Teil

Die Ausgestaltung des nemo tenetur-Schutzes von Unternehmen in den einzelnen Verfahrensordnungen

Einführung

A. Die Geltung des Grundsatzes
nemo tenetur se ipsum accusare zugunsten
von Unternehmen – Ziel der Untersuchung

Das geltende deutsche Strafrecht ist grundsätzlich auf die individuelle Verantwortlichkeit natürlicher Personen zugeschnitten. Dementsprechend bezieht sich auch das Strafprozessrecht in erster Linie auf Verfahren, die gegen natürliche Personen gerichtet sind. Die Beteiligung von Wirtschaftsunternehmen ist dem Verfahrensrecht dennoch nicht fremd. Neben den Instituten des Verfalls (§§ 73 III, 73 d I 2 StGB, § 29 a II OWiG) und der Einziehung (§ 75 StGB, § 29 OWiG) besteht vor allem mit der Verbandsgeldbuße nach § 30 OWiG schon nach derzeitiger Gesetzeslage eine strafrechtliche[1] Reaktionsmöglichkeit, die sich gegen Unternehmen richtet. Bereits in diesem Zusammenhang stellt sich die Frage nach der prozessualen Stellung des beteiligten Verbandes, insbesondere nach Art und Umfang der ihm zustehenden Verfahrensrechte.

Diese Problematik ist jedoch vor allem mit der Debatte um die Einführung von Kriminalsanktionen gegen Unternehmen in den Mittelpunkt der strafrechtlichen Betrachtung gerückt. Nachdem die Diskussion um die Etablierung von Verbandsstrafen anfänglich von Fragen nach deren dogmatischer Begründbarkeit und den zu fordernden materiell-rechtlichen Voraussetzungen beherrscht war, wurde zunehmend auch die Notwendigkeit erkannt, die damit verbundenen prozessualen Konsequenzen zu untersuchen[2].

Diese Arbeit will jedoch nur einen speziellen Aspekt der Ausgestaltung von Verfahren mit Unternehmensbeteiligung herausgreifen[3]: Es soll geklärt werden, ob sich auch Unternehmen als mögliche Adressaten strafrechtlicher Sanktionen auf den Grundsatz nemo tenetur se ipsum accusare[4] berufen können oder ob die An-

---

[1] Im weiteren Sinne, zum Begriff der Sanktion siehe unten 1. Teil, A. I.

[2] *Dannecker,* GA 2001, 101, 129 f.; *Heine,* in: Dietmeier, Tagungsbericht Marburger Strafrechtsgespräch 2000, ZStW 112 (2000), 886, 896; *Jähnke* und *Maiwald,* in: Dietmeier, a. a. O., S. 897; *Venier,* ÖJZ 2002, 718, 720; *Wohlers,* SJZ 2000, 381, 390; *Zeder,* ÖJZ 2001, 630, 640.

[3] Ausführlich zu den verfahrensrechtlichen Fragen im Zusammenhang mit der Strafbarkeit von Unternehmen jedoch: *Drope,* Strafprozessuale Probleme bei der Einführung einer Verbandsstrafe, 2002; *Schlüter,* Die Strafbarkeit von Unternehmen in einer prozessualen Betrachtung, 2000.

[4] Teilweise wird dieser Grundsatz auch als „nemo tenetur se ipsum *prodere*" bezeichnet, vgl. z. B. SK-StPO-Rogall, Vor § 133 Rn. 130. Hier soll mit dem wohl überwiegenden

wendbarkeit jenes fundamentalen Prinzips des deutschen Strafverfahrens[5] einzig natürlichen Personen vorbehalten bleibt. Es geht hierbei um die Frage nach eigenem, originären Schutz vor strafrechtlicher Selbstbelastung[6] für Unternehmen, nicht um abgeleitete, reflexartige Schutzwirkungen, welche sich aus den Schutzverbürgungen ergeben, die Unternehmensangehörigen aufgrund individueller Betroffenheit zustehen. Dabei soll diese Frage nach eigenem Selbstbelastungsschutz von Verbänden nicht lediglich anhand der Auslegung einfachgesetzlicher Ausprägungen des nemo tenetur-Prinzips[7] beantwortet werden. Vielmehr gilt es zu klären, ob und gegebenenfalls in welchem Umfang Unternehmen dem Geltungsbereich des nach überwiegender Ansicht mit Verfassungsrang ausgestatteten[8] nemo tenetur-Prinzips unterfallen.

B. Gang der Untersuchung

Dazu werden zunächst mögliche Konstellationen, in denen Unternehmen Gefahren potentieller Selbstbelastung ausgesetzt sind, analysiert. Hier wird sich die Untersuchung nicht lediglich auf mögliche Unternehmenssanktionen und das dazugehörige Sanktionsverfahren konzentrieren, sondern auch denkbare Selbstbelastungsgefahren in außerstrafrechtlichen Verfahren aufzeigen (1. Teil). Im sich anschließenden Schwerpunktteil der Arbeit wird geklärt werden, ob Unternehmen in den Geltungsbereich des nemo tenetur-Grundsatzes einzubeziehen sind. Dabei wird die Prüfung die unterschiedlichen Rechtsgrundlagen jenes Grundsatzes berücksichtigen. Für die Beurteilung der Frage, ob das Grundgesetz zugunsten von Unternehmen Selbstbelastungsschutz gewährleistet, werden die verschiedenen Begründungsansätze zur Ratio des nemo tenetur-Satzes und seiner genauen verfassungsrechtlichen Verortung Ausgangspunkt und Maßstab bilden (2. Teil). Nachdem die

---

Sprachgebrauch jedoch die „accusare"-Version verwendet werden. Die Formulierungen nemo tenetur-Prinzip, nemo tenetur-Grundsatz, nemo tenetur-Satz und nemo tenetur-Privileg werden synonym angewandt.

[5] *Bosch,* Aspekte des nemo-tenetur-Prinzips, S. 18; *Böse,* wistra 1999, 451; *Dingeldey,* NStZ 1984, 529; KK-StPO-*Pfeiffer,* Einl., Rn. 89; *Schneider,* Selbstbegünstigungsprinzip, S. 28; *Verrel,* NStZ 1997, 361; vgl. auch *Schäfer,* Dünnebier-FS, S. 11; *Volk,* JZ 1982, 85, 91.

[6] Sofern im Folgenden von Selbstbelastung gesprochen wird, ist damit nur strafrechtliche Selbstbelastung gemeint, also ein Verhalten, dass die Gefahr strafrechtlicher Verfolgung begründen kann, unabhängig davon, in welchem Zusammenhang (ob im Strafverfahren oder im zivil- oder verwaltungsrechtlichen Kontext) das belastende Verhalten geäußert wird.

[7] Vgl. §§ 55 I 1. Alt., 115 III 1, 126 a II 1, 128 I 2, 136 I 2, 163 a III 2, 163 a IV 2, 243 IV 1 StPO.

[8] Obwohl das Grundgesetz keine ausdrückliche Regelung zur Selbstbezichtigungsfreiheit enthält (Eine positive Regelung findet sich aber in Art. 52 V der Verfassung des Landes Brandenburg [GVBl. 1992 I 298].), wird der Verfassungsrang des nemo tenetur-Prinzips ganz überwiegend anerkannt; gegen eine verfassungsrechtliche Gewährleistung jedoch *Peters,* ZStW 91 (1979), 121, 123; *Stümpfler,* DAR 1973, 1, 9. Lediglich die genaue grundgesetzliche Verortung ist streitig, hierzu ausführlich unten 2. Teil, D. II. 2., III. und IV. 3.

grundgesetzlichen Vorgaben hinsichtlich des Selbstbelastungsschutzes von Unternehmen umrissen worden sind, widmet sich die Arbeit schließlich der praktischen Umsetzung dieser Ergebnisse in den verschiedenen Verfahrensordnungen. Dabei wird zuerst die Ausgestaltung des Straf- beziehungsweise Bußgeldverfahrens mit Unternehmensbeteiligung im Mittelpunkt der Betrachtung stehen. Im Anschluss daran soll aufgezeigt werden, inwieweit und auf welche Art und Weise das Interesse des betroffenen Verbandes, sich nicht selbst belasten zu müssen, im Zusammenhang mit außerstrafrechtlichen Mitwirkungspflichten Berücksichtigung erfordert (3. Teil).

C. Der Schutzgehalt des nemo tenetur-Grundsatzes nach traditionellem Verständnis als Ausgangspunkt für die vorliegende Untersuchung

Für die Klärung jener Fragestellungen ist es erforderlich, vorab die inhaltliche Reichweite des nemo tenetur-Prinzips festzulegen, welche als Ausgangspunkt und Beurteilungsmaßstab für die Untersuchung dient. So wird im Folgenden grundsätzlich der „Minimalgehalt" des nemo tenetur-Grundsatzes zugrunde gelegt, wie er nach traditionellem Verständnis zugunsten von natürlichen Personen weitestgehend unumstritten anerkannt wird.

Nach dieser traditionellen Auslegung schützt der nemo tenetur-Grundsatz jedenfalls vor staatlichem Zwang, sich einer Straftat bezichtigen zu müssen. Ausgeschlossen ist damit jede Herbeiführung selbstbelastender Mitwirkungsakte durch die unmittelbare oder mittelbare Ausübung von Druck, insbesondere durch das Inaussichtstellen von rechtlichen oder tatsächlichen Nachteilen im Falle einer Weigerung des Betroffenen, zur Sachverhaltsaufklärung beizutragen[9]. Auch bei drohen-

---

[9] *BVerfG*E 56, 37, 42; *BGH*St 42, 139, 153; *Bockemühl,* Private Ermittlungen, S. 77; *Böse,* wistra 1999, 451, 452 f.; *Deutsch,* Heimliche Erhebung von Informationen, S. 239 f.; *Duttge,* JZ 1996, 556, 562; *Graf,* Rasterfahndung, S. 240; *Kühl,* JuS 1986, 115, 117; *Lammer,* Verdeckte Ermittlungen, S. 160 f.; *Lesch,* GA 2000, 355, 363; *Lorenz,* JZ 1992, 1000, 1006; *Paeffgen,* Vorüberlegungen, S. 68 f.; *Puppe,* GA 1978, 289, 299; SK-StPO-*Rogall,* Vor § 133 Rn. 139; *Schneider,* Selbstbegünstigungsprinzip, S. 29; *Sternberg-Lieben,* Jura 1995, 299, 309; *Stürner,* NJW 1981, 1757 f.; *Verrel,* NStZ 1997, 364, 415 f.; differenzierend nach Zwangsformen *Grünwald,* JZ 1981, 423, 428. – Teilweise wird aber auch eine Erweiterung des Schutzgehalts im Hinblick auf mittels Täuschung herbeigeführter Mitwirkung in Betracht gezogen, vgl. *Bernsmann,* StV 1997, 116, 118; *Bosch,* Aspekte des nemo-tenetur-Prinzips, S. 121 ff., 233 ff.; *Braum,* in: Institut für Kriminalwissenschaften Frankfurt a.M. (Hrsg.), Vom unmöglichen Zustand des Strafrechts, S. 13, 17; *Derksen,* JR 1997, 167, 170; *Eschelbach,* StV 2000, 390, 396; *Fezer,* NStZ 1996, 289, 290; *Groth,* Unbewusste Äußerungen, S. 77 ff.; *Keller,* Rechtliche Grenzen der Provokation, S. 134 ff.; *Renzikowski,* JZ 1997, 710, 714; *Rothfuß,* StraFo 1998, 289, 293; *Roxin,* NStZ 1995, 465, 466; *ders.,* NStZ 1997, 18, 19 f.; *v. Stetten,* Beweisverwertung beim Einsatz verdeckter Ermittler, S. 126 ff.; *Weiler,* GA 1996, 101, 113; *Weßlau,* ZStW 110 (1998), 1, 31 ff.; *Wolfslast,* NStZ 1987, 103, 104; vgl. auch unten 2. Teil, D. IV. 5. c).

der Verfolgung wegen einer Ordnungswidrigkeit findet der nemo tenetur-Satz Anwendung[10].

Gewährt wird aber nach herkömmlicher Inhaltsbestimmung nur ein Recht auf Passivität, das heißt der Schutz erstreckt sich lediglich auf aktive Mitwirkungshandlungen. Passive Duldungspflichten – wie insbesondere die prozessualen Zwangsmaßnahmen nach §§ 81 ff. StPO – können dem Betroffenen daher auch gegen seinen Willen auferlegt werden[11].

Bedeutsamste Ausprägung des nemo tenetur-Grundsatzes ist zunächst die Aussagefreiheit des Beschuldigten beziehungsweise Angeklagten. Ihm steht es also frei, sich zu dem gegen ihn erhobenen Vorwurf einzulassen oder zu schweigen[12]. Über dieses Recht muss er belehrt werden[13]. Des Weiteren soll er nicht verpflichtet sein, den Strafverfolgungsorganen ihn belastendes Beweismaterial zu übergeben. Eine Vorlegungs- und Herausgabepflicht nach § 95 I StPO wird also ebenfalls für den Beschuldigten verneint[14]. Vom personalen Schutzbereich des Verbotes des

---

[10] *BVerfGE* 55, 140, 150 (keine Differenzierung zwischen Straftaten und Ordnungswidrigkeiten); 56, 37, 49 (Geltung in Verfahren mit „ähnlichen Sanktionen"); *Bottke*, JA 1982, 30, 34; *Dingeldey*, NStZ 1984, 529, 531; *Mäder*, Betriebliche Offenbarungspflichten, S. 117 f.; SK-StPO-*Rogall*, Vor § 133 Rn. 148; *ders.*, Der Beschuldigte, S. 165 f.; *Sautter*, NVwZ 1988, 487, 488; *Schäfer*, Dünnebier-FS, S. 48 f.; ferner *Geerds*, Stock-FS, S. 171, 174; kritisch *Günther*, GA 1978, 193, 205; *Schöch*, DAR 1996, 44, 49; *Stümpfler*, DAR 1973, 1, 10; *Stürner*, NJW 1981, 1757, 1759 u. 1763; *ders.*, Aufklärungspflicht, S. 59; *Werner*, Bekämpfung der Geldwäsche, S. 116; vgl. auch *Paeffgen*, Vorüberlegungen, S. 73. Dagegen ist strittig, ob der nemo tenetur-Satz auch im Hinblick auf disziplinarrechtliche Verstöße gilt, vgl. SK-StPO-*Rogall*, Vor § 133 Rn. 149 m. w. N.; zur Geltung im strafvollzuglichen Disziplinarverfahren *Gericke*, StV 2003, 305, 307.

[11] *BVerfGE* 56, 37, 42; *BGHSt* 34, 39, 45 f.; KG NJW 1979, 1668, 1669; KK-StPO-*Boujong*, § 136 Rn. 10; *Dahs / Wimmer*, NJW 1960, 2217, 2219 f.; *Dingeldey*, JA 1984, 407, 412; *Eser*, ZStW-Beiheft, 86 (1974), 136, 153; *Kohler*, GA 1913, 212, 215 f.; *Kühl*, JuS 1986, 115, 118; *Kühne*, EuGRZ 1986, 493; *Lorenz*, JZ 1992, 1000, 1006; *Nothhelfer*, Freiheit vom Selbstbezichtigungszwang, S. 91 f.; KK-StPO-*Pfeiffer*, Einl., Rn. 89; Löwe-Rosenberg-*Rieß*, Einl. Abschn. I, Rn. 91; *ders.*, JA 1980, 293, 294; SK-StPO-*Rogall*, Vor § 133 Rn. 141; *ders.*, Der Beschuldigte, S. 158; *Roxin*, Strafverfahrensrecht, § 18 Rn. 11; *Schneider*, Selbstbegünstigungsprinzip, S. 28 f.; *Stürner*, NJW 1981, 1757. Kritisch zur Unterscheidung zwischen zulässiger Verpflichtung zu passiver Duldung und unzulässiger Pflicht zu aktiver Mitwirkung *Grünwald*, JZ 1981, 423, 428; *Sautter*, AcP 161 (1962), 215, 250; *Verrel*, NStZ 1997, 415, 417 ff.; *Wolfslast*, NStZ 1987, 103, 104; vgl. aber *Kühne*, Strafprozessuale Beweisverbote, S. 54 f.; vgl. hierzu auch unten 2. Teil, D. IV. 5. b).

[12] *BVerfGE* 56, 37, 42 f.; StV 1995, 505; *BGHSt* 1, 342, 343; 5, 332, 334; 14, 358, 364 f.; 25, 325, 331; 38, 302, 305; 38, 214, 220; 42, 139, 152; *Beulke*, StV 1990, 180 ff.; KK-StPO-*Boujong*, § 136 Rn. 10; *Dingeldey*, JA 1984, 407 f.; *ders.*, NStZ 1984, 529; *Eser*, ZStW 79 (1967), 565, 570 f.; *ders.*, ZStW-Beiheft 86 (1974), 136 ff.; *Mäder*, Betriebliche Offenbarungspflichten, S. 105; *Quentmeier*, JA 1996, 215, 216; *Rieß*, BMJ-Festschrift, S. 373, 415 f.; *ders.*, JA 1980, 293, 294; SK-StPO-*Rogall*, Vor § 133 Rn. 66, 142; *ders.*, Der Beschuldigte, S. 42 ff.; *Rüping*, JR 1974, 135, 137; *ders.*, ZStW 91 (1979), 351, 352 f.; *Salger*, Schweigerecht des Beschuldigten, S. 17; *Schäfer*, Dünnebier-FS, S. 11 f.

[13] Vgl. §§ 115 III 1, 128 I 2, 136 I 2 (ggf. i.V. m. §§ 163 a III 2, 163 IV 2 StPO), 243 IV 1 StPO; § 46 I OWiG.

Selbstbezichtigungszwangs umfasst, sind daneben auch Zeugen: Sie sind nicht gehalten, im Rahmen der Erfüllung ihrer Zeugenpflicht selbstbelastende Auskünfte zu erteilen. Insoweit statuiert § 55 I 1. Alt. StPO ein Auskunftsverweigerungsrecht[15]. Hinsichtlich der Herausgabeverpflichtung nach § 95 I StPO soll für den auskunftsverweigerungsberechtigten Zeugen zumindest der Einsatz von Zwangsmitteln nach § 95 II 1 StPO ausgeschlossen sein[16].

Schließlich ist anerkannt, dass der nemo tenetur-Grundsatz seine Schutzwirkung auch über das Straf- und Ordnungswidrigkeitenverfahren hinaus entfaltet. Dort, wo durch den Staat erzwingbare Pflichten zu vollständiger, wahrheitsgemäßer Auskunft vorgesehen sind, soll gewährleistet werden, dass der Pflichtige davor geschützt wird, zu seiner eigenen Strafverfolgung beitragen zu müssen. Die verschiedenen außerstrafrechtlichen Verfahrensarten statuieren daher regelmäßig Auskunftsverweigerungsrechte bezüglich solcher Ausführungen, bei denen für den Betroffenen die Gefahr bestünde, eigenes strafrechtlich relevantes Verhalten einräumen zu müssen[17]. Bestehen dennoch aufgrund überwiegender Informationsinteressen des Staates oder privater Dritter uneingeschränkte Auskunftpflichten, so erfordert das nemo tenetur-Prinzip, dass die im Rahmen der Pflichterfüllung geleisteten belastenden Angaben in einem folgenden Straf- oder Bußgeldverfahren zumindest nicht verwertet werden dürfen[18].

---

14 AK-StPO-*Amelung*, § 95 Rn. 7; *Dingeldey*, NStZ 1984, 529; *Mäder*, Betriebliche Offenbarungspflichten, S. 106; *Meyer-Goßner*, § 95 Rn. 5; KMR-*Müller*, § 95 Rn. 4; KK-StPO-*Nack*, § 95 Rn. 2; SK-StPO-*Rogall*, Vor § 133 Rn. 143; *ders.*, Der Beschuldigte, S. 157; *Roxin*, Strafverfahrensrecht, § 34 C Rn. 7; SK-StPO-*Rudolphi*, § 95 Rn. 5; *Schlüchter*, Strafverfahren, Rn. 291; *Schneider*, Selbstbegünstigungsprinzip, S. 29; *Thomä*, Auskunfts- und Betriebsprüfungsrecht, S. 56; vgl. hierzu unten 2. Teil, D. IV. 5. a).

15 *BVerfGE* 38, 105, 113; NStZ 1985, 277; BGHSt (GrS) 11, 213, 216 f.; BGHSt 38, 302, 305 f.; StV 1986, 282; Löwe-Rosenberg-*Dahs*, § 55 Rn. 1; *Dahs / Langkeit*, NStZ 1993, 213, 215; *Dingeldey*, JA 1984, 407, 410; *Grünwald*, Beweisrecht, S. 37; *Mäder*, Betriebliche Offenbarungspflichten, S. 97 f.; *Meyer-Goßner*, § 55 Rn. 1; *Nothhelfer*, Freiheit vom Selbstbezichtigungszwang, S. 92 f.; *Odenthal*, NStZ 1985, 117; KMR-*Paulus*, § 55 Rn. 2; SK-StPO-*Rogall*, Vor § 133 Rn. 152; *ders.*, Der Beschuldigte, S. 150; *ders.*, JR 1993, 380 f.; KK-StPO-*Senge*, § 55 Rn. 1. – Daneben gewährt § 55 I 2. Alt. auch ein Auskunftsverweigerungsrecht für den Fall der Gefahr, einen Angehörigen belasten zu müssen. Ob dieses Recht noch eine unmittelbare Ausprägung des nemo tenetur-Grundsatzes darstellt, ist allerdings fraglich; zsf. *Verrel*, Selbstbelastungsfreiheit, S. 273 ff. m. w. N.

16 So die wohl herrschende Meinung, vgl. *Meyer-Goßner*, § 95 Rn. 10; KK-StPO-*Nack*, § 95 Rn. 6; Löwe-Rosenberg-*Schäfer*, § 95 Rn. 6 i.V. m. 10. Nach anderer Ansicht entfällt (zumindest für den verdächtigen Zeugen) bereits die Pflicht zur Vorlage und Herausgabe, AK-StPO-*Amelung*, § 95 Rn. 7; SK-StPO-*Rogall*, Vor § 133 Rn. 143; *ders.*, Der Beschuldigte, S. 157; SK-StPO-*Rudolphi*, § 95 Rn. 5.

17 Vgl. z. B. die Auskunftsverweigerungsrechte gemäß § 384 Nr. 2 ZPO, § 65 III SGB I, § 116 III BSHG, § 65 I VwVfG, § 98 VwGO, § 103 AO. Bei öffentlich-rechtlichen Auskunftspflichten finden sich Auskunftsverweigerungsrechte zugunsten des Pflichtigen z. B. in § 52 V BImSchG, § 59 V GWB, § 22 III HandwO, § 40 IV KrW- / AbfG, § 44 VI KWG, § 21 II a WHG.

18 *BVerfGE* 56, 37, 50; BGHSt 37, 340, 343; *Bosch*, Aspekte des nemo-tenetur-Prinzips, S. 20; *Dingeldey*, NStZ 1984, 529, 531 ff.; *v. Glahn*, StraFo 2000, 186; *Kirsch*, in: Institut für

Diese in knappen Zügen umrissene Inhaltsbestimmung bildet also die Ausgangsbasis für die nachfolgende Untersuchung. Auf einzelne umstrittene Punkte hinsichtlich des Anwendungsbereiches des nemo tenetur-Prinzips wird gesondert eingegangen, sofern diese für die Herausarbeitung der genauen verfassungsrechtlichen Grundlage des nemo tenetur-Satzes und zur Klärung seines personellen
Anwendungsbereiches maßgeblich sind. Ob und inwieweit sich dieser „Minimalgehalt" mit einem tragfähigen, in sich geschlossenen nemo tenetur-Konzept vereinbaren lässt, wird sich im Rahmen dieser Arbeit erweisen.

D. Begriffsbestimmung

Schließlich sollen einige kurze Erläuterungen zum Unternehmensbegriff der
Untersuchung vorangestellt werden.

I. Unternehmen und Betrieb

Der Begriff des Unternehmens kann nicht einheitlich für alle Rechtsgebiete definiert werden. Vielmehr wird er nach der Funktion, die er im jeweiligen Norm-

---

Kriminalwissenschaften (Hrsg.), Vom unmöglichen Zustand des Strafrechts, S. 229, 232; *Mäder*, Betriebliche Offenbarungspflichten, S. 122 ff.; *Meyer*, JR 1986, 170; *Nothhelfer*, Freiheit
vom Selbstbezichtigungszwang, S. 97 ff.; *Richter*, wistra 2000, 1; SK-StPO-*Rogall*, Vor § 133
Rn. 142, 158 f.; *Stürner*, NJW 1981, 1757, 1760 f.; *Wolff*, Selbstbelastung und Verfahrenstrennung, S. 135 ff.; ausführlich unten 2. Teil, D. IV. 5. d). – Dagegen muss der Betroffene bei nicht
erzwingbaren Mitwirkungs*lasten* letztlich zwischen Rechtsverwirklichung oder Nichteinräu-
mung der ihn belastenden Tatsachen wählen. Im Verwaltungsverfahren bleibt die zuständige
Behörde zwar wegen des bestehenden Untersuchungsgrundsatzes zur Sachverhaltsaufklärung
im Rahmen des Möglichen und Zumutbaren verpflichtet. Zumindest bei begünstigenden Ver-
waltungsakten geht allerdings das Risiko der fehlenden Aufklärbarkeit des Sachverhaltes zulasten des Antragstellers. Verweigert er die Mitwirkung, so hat er das Risiko der ungünstigen
Tatsachenwürdigung, also auch das Risiko des Anspruchsverlustes zu tragen. Entsprechendes
gilt für den Verwaltungsprozess. Auch im Zivilprozess muss sich der Betroffene zwischen
Selbstbelastung und Anspruchsdurchsetzung entscheiden. Dies gilt unproblematisch, sofern er
die Beweislast trägt, aber auch dann, wenn er bei Beweislast der Gegenseite zur prozessualen
Mitwirkung veranlasst wird. Im Weigerungsfalle hat er das Risiko ungünstiger Beweiswürdigung hinzunehmen. Ein Verwertungsverbot in sich anschließenden Straf- oder Bußgeldverfahren besteht nicht. Vgl. *Bosch*, a. a. O., S. 19 f.; *Dauster*, StraFo 2000, 154, 156 f.; *Mäder*,
a. a. O., S. 131; *Nothhelfer*, a. a. O., S. 93 ff.; SK-StPO-*Rogall*, Vor § 133 Rn. 139; *Stürner*,
NJW 1981, 1757, 1759 ff.; *ders.*, Aufklärungspflicht, S. 184 ff.; *Wolff*, a. a. O., S. 130 ff. Vgl.
insb. auch *BGH*St 36, 328, 333 ff.; *OLG Düsseldorf* StV 1992, 503, 504 f.; *OLG Hamm* NStZ
1989, 187, 188; *Meyer*, JR 1986, 170, 171; *Verrel*, NStZ 1997, 361, 362 (selbstbelastende Angaben im Asylverfahren; a.A. *HansOLG Hamburg* JR 1986, 167; *Geppert*, JK 1990, StPO
§ 136 I / 4; *Kadelbach*, StV 1992, 506, 508; *Ventzke*, StV 1990, 279, 280 f.) sowie *BVerfG* NStZ
1995, 599 f.; *KG* NStZ 1995, 146 f.; *OLG Celle* NJW 1985, 640; *Dingeldey*, NStZ 1984, 529,
533; *Geppert*, Jura 1995, 439 ff.; *Nothhelfer*, a. a. O., S. 95 Fn. 58; *Reiß*, NJW 1982, 2540,
2541; *Rengier*, JR 1982, 475, 478 f.; *Verrel*, NStZ 1997, 361, 362 (selbstbelastende Angaben
des Versicherten gegenüber dem Haftpflichtversicherer; a.A. *OLG Celle* JR 1982, 475, 476 f.).

zusammenhang erfüllen soll, bestimmt, also nach dem jeweiligen Gesetzeszweck[19]. Berücksichtigt man bestimmte Mindestvoraussetzungen, so ist unter einem Unternehmen eine organisierte Wirtschaftseinheit, die mit einem Mindestmaß an sachlichen und persönlichen Mitteln ausgestattet ist und am Markt auftritt, zu verstehen[20]. Diese „Minimaldefinition" ist für die folgende Untersuchung jedoch zu weit gefasst, denn danach werden auch Ein-Mann-Unternehmen einbezogen. Es geht aber hier um strafrechtliche Reaktionen gegen Wirtschafts*verbände* und die Frage, inwieweit diesen Verbänden selbst Schutz vor Zwang zu Selbstbezichtigung gewährt werden muss. Der hier benutzte Unternehmensbegriff setzt also den Zusammenschluss *mehrerer Personen* zu einer wirtschaftlichen Organisationseinheit voraus. Dieses Merkmal ist auch Bestandteil eines weitestgehend anerkannten strafrechtlichen Unternehmensbegriffs[21]. Danach sind Unternehmen planmäßig und regelmäßig auch räumlich zusammengefügte Einheiten mehrerer Personen zur Erreichung eines auf gewisse Dauer gerichteten Zwecks, Güter oder Leistungen materieller oder immaterieller Art hervorzubringen oder zur Verfügung zu stellen[22]. Die Absicht, Gewinne zu erzielen, ist nicht erforderlich[23]. Dem gleichgestellt ist der Begriff des Betriebes; auf die Abgrenzung von Betrieb und Unternehmen kommt es im Strafrecht nicht an[24].

II. Unternehmen und Unternehmensträger

Von der Organisationseinheit Unternehmen ist dessen Unternehmensträger zu unterscheiden. Der Unternehmensträger ist das Zuordnungssubjekt aller Rechte

---

[19] *Eidam,* Unternehmen und Strafe, S. 18; *Rittner,* Wirtschaftsrecht, § 7 Rn. 1; *K. Schmidt,* Handelsrecht, § 4 I 1 a, S. 64; *Schroth,* Unternehmen als Normadressaten, S. 2 Fn. 5.

[20] *K. Schmidt,* Handelsrecht, § 4 I 2 a, S. 66; vgl. auch *v. Freier,* Kritik der Verbandsstrafe, S. 57; *Welp,* Lenckner-FS, S. 619, 632.

[21] Der Begriff des Unternehmens wird u. a. im Zusammenhang mit der Verantwortungszurechnung bei § 14 II 2 StGB und § 9 II 2 OWiG, im Rahmen des § 130 OWiG sowie in den Straftatbeständen der §§ 206, 264 VI, 265 b I, III Nr. 1 und 303 b StGB verwendet; in dieser Bedeutung nicht gleichzusetzen mit dem Terminus der Unternehmensdelikte i. S. d. § 11 I Nr. 6 StGB.

[22] *Müller-Guggenberger,* in: Müller-Guggenberger / Bieneck, Wirtschaftsstrafrecht, § 23 Rn. 10; vgl. *v. Freier,* Kritik der Verbandsstrafe, S. 63; *Göhler,* OWiG, § 9 Rn. 44 f.; *Lackner/* Kühl, § 11 Rn. 15; Schönke / Schröder-*Lenckner/Perron,* § 14 Rn. 28/29; *Otto,* Grundkurs Strafrecht BT, § 61 Rn. 14; LK-*Schünemann,* § 14 Rn. 54 f.

[23] *Eidam,* Unternehmen und Strafe, S. 18; *v. Freier,* Kritik der Verbandsstrafe, S. 63; *Müller-Guggenberger,* in: Müller-Guggenberger / Bieneck, Wirtschaftsstrafrecht, § 23 Rn. 11; Schönke / Schröder-*Lenckner/Perron,* § 14 Rn. 28/29; anders *Gröschner,* in: Alwart (Hrsg.), Verantwortung und Steuerung, S. 60, 61, der unter Unternehmen Kooperationen, die sich in unterschiedlicher Trägerschaft und unterschiedlichen Formen mit dem Ziel der Gewinnerzielung am Wettbewerb im Rahmen der Verfassungsordnung des Grundgesetzes beteiligen, versteht.

[24] *Eidam,* Unternehmen und Strafe, S. 19; *Tröndle/Fischer,* § 14 Rn. 8; *Müller-Guggenberger,* in: Müller-Guggenberger / Bieneck, Wirtschaftsstrafrecht, § 23 Rn. 9 f.; Schönke / Schröder-*Lenckner/Perron,* § 14 Rn. 28/29; *Schroth,* Unternehmen als Normadressaten, S. 2.

und Pflichten des Unternehmens[25]. Er ist damit Rechtssubjekt. Demgegenüber muss das Unternehmen, welches keine eigene Rechtspersönlichkeit besitzt[26], als Rechtsobjekt verstanden werden[27]. Unternehmensträger, also gewissermaßen „Inhaber" des Unternehmens, kann sowohl eine natürliche Person, eine Personengesellschaft als auch eine juristische Person sein[28].

Bei Zugrundelegung jener Unterscheidung werden Sanktionen „gegen Unternehmen" dem Unternehmensträger auferlegt. Nur dieser ist Adressat der sanktionsbewehrten Norm; folglich kann nur zu ihm das Rechtsverhältnis der Sanktion begründet werden[29]. Wenn also von Unternehmensstrafen, Unternehmensverantwortlichkeit usw. gesprochen wird, dann sind damit staatliche Reaktionen auf sanktionsbewehrte Normverstöße gemeint, die an das Organisationsobjekt Unternehmen anknüpfen, aber gegen den Unternehmensträger verhängt werden. Dieser ist verantwortlich. Auch ein eventuelles Recht auf Selbstbelastungsfreiheit kann nur dem Unternehmensträger zuerkannt werden.

Dennoch spricht die strafrechtliche Terminologie von „Unternehmensstrafen" beziehungsweise von „Unternehmensverantwortlichkeit", auch ist von prozessualen Rechten des Unternehmens die Rede. Diese begriffliche Praxis soll der Einfachheit halber auch in der vorliegenden Arbeit beibehalten werden, wenngleich sich die potentielle Geltung des nemo tenetur-Satzes lediglich auf den jeweiligen Unternehmensträger erstrecken kann. Schließlich wird im Folgenden auch der Terminus des „Verbandes" verwendet werden. Dieser Begriff, der grundsätzlich alle kollektiven Gebilde unabhängig einer wirtschaftlichen Zielsetzung erfasst, wird hier jedoch synonym zum Unternehmensbegriff gebraucht.

---

[25] *K. Schmidt,* Handelsrecht, § 4 IV 2 a, S. 81; vgl. auch *Rittner,* Wirtschaftsrecht, § 7 Rn. 10; *ders.,* Die werdende juristische Person, S. 282 ff.; *Wiedemann,* Gesellschaftsrecht I, § 6 II 1 b, S. 311.

[26] Anders v.a. *Raiser,* Das Unternehmen als Organisation, S. 166 ff.; vgl. ferner *Duden,* Barth-FS, S. 7, 17; *Fechner,* Die Treuebindungen des Aktionärs, S. 62 ff., insb. S. 67 f.; *ders.,* Das wirtschaftliche Unternehmen in der Rechtswissenschaft, S. 16; *Müller,* Stellung der juristischen Person, S. 58 f. Die Ansätze zur Subjektivierung des Unternehmens selbst konnten sich aber nicht durchsetzen (*Flume,* Juristische Person, S. 47 f.; *v. Freier,* Kritik der Verbandsstrafe, S. 64; *Hirsch,* ZStW 107 [1995], 299; *Müller-Guggenberger,* in: Müller-Guggenberger / Bieneck, Wirtschaftsstrafrecht, § 23 Rn. 19; *Rittner,* Wirtschaftsrecht, § 7 Rn. 17; *ders.,* Die werdende juristische Person, S. 290 ff. und 306 f.; *K. Schmidt,* Handelsrecht, § 4 IV 1 a, S. 78; *Schroth,* Unternehmen als Normadressaten, S. 2 Fn. 8; *Wiedemann,* Gesellschaftsrecht I, § 6 II 1 a, S. 309 ff.). Vgl. jetzt aber auch *Raiser,* Grundgesetz und paritätische Mitbestimmung, S. 35.

[27] *Müller-Guggenberger,* in: Müller-Guggenberger / Bieneck, Wirtschaftsstrafrecht, § 23 Rn. 19 f.; *Rittner,* Wirtschaftsrecht, § 7 Rn. 8; *ders.,* Die werdende juristische Person, S. 283.

[28] *Müller-Guggenberger,* in: Müller-Guggenberger / Bieneck, Wirtschaftsstrafrecht, § 23 Rn. 15; *K. Schmidt,* Handelsrecht, § 5 I, S. 88 ff.

[29] *v. Freier,* Kritik der Verbandsstrafe, S. 64 f.; *Löschnig-Gspandl,* ÖJZ 2002, 241, 244; *Müller-Guggenberger,* in: Müller-Guggenberger / Bieneck, Wirtschaftsstrafrecht, § 23 Rn. 23; vgl. auch *Ehrhardt,* Unternehmensdelinquenz, S. 229 und *Ransiek,* Unternehmensstrafrecht, S. 110 ff., 326 ff., der konsequent von Sanktionen gegen den Unternehmensträger bzw. von Unternehmensträgerhaftung spricht.

Erster Teil

Gefahren strafrechtlicher Selbstbelastung für Unternehmen

Das Bedürfnis, den nemo tenetur-Grundsatz auf Unternehmen anzuwenden, besteht nur dann, wenn auch Unternehmen in Situationen geraten können, in denen für sie die Gefahr besteht, selbst an der eigenen strafrechtlichen Verfolgung mitwirken zu müssen. Derartige Gefährdungslagen sollen nunmehr näher beleuchtet werden.

A. Sanktionen gegen Unternehmen nach bisher geltendem nationalen Recht

Gewährt das nemo tenetur-Prinzip Schutz vor zwangsweiser Mitwirkung an der eigenen strafrechtlichen Verfolgung, so kommt seine Anwendung zugunsten von Unternehmen nur in Frage, wenn Unternehmen Adressaten strafrechtlicher Sanktionen sein können.

I. Der Begriff der Sanktion

Der Begriff der Sanktion umfasst im rechtstheoretischen Sinne jede Anordnung von Rechtsnachteilen als Reaktion auf einen begangenen Rechtsverstoß[1]. Danach werden sowohl Maßnahmen mit restitutivem, präventivem als auch repressivem Charakter erfasst. Bedeutsam für diese Arbeit sind Sanktionen, die (wenigstens auch) eine repressive Zielrichtung verfolgen, also Maßnahmen, die den Ausgleich des Rechtsbruchs selbst bezwecken: Die Auferlegung eines Nachteils soll die Missbilligung des Verstoßes ausdrücken und verdeutlichen, dass auch für die Zukunft an der gebrochenen Norm festgehalten wird[2]. Man bezeichnet die Gesamtheit der repressiven Sanktionen auch als strafrechtliche Sanktionen im weiteren Sinne oder teilweise als strafähnliche Maßnahmen. Strafen (im engeren Sinne) sind

---

[1] *Heitzer,* Punitive Sanktionen, S. 6; *Kindhäuser,* in: Görres-Staatslexikon, Bd. IV, Spalte 998 f.; *Vogel,* in: Dannecker (Hrsg.), Bekämpfung des Subventionsbetruges, S. 170, 171.

[2] *Heitzer,* Punitive Sanktionen, S. 38; *Jescheck / Weigend,* Strafrecht AT, § 1 II 1, S. 4; *Noll,* Die ethische Begründung der Strafe, S. 17 f.; *Schünemann,* Madrid-Symposium f. Tiedemann, S. 265, 281; vgl. auch *Armin Kaufmann,* Aufgabe des Strafrechts, in: Aufsätze und Vorträge, S. 263, 265.

dagegen nur die Kriminalstrafen. Mit ihnen soll ein sozialethisches Unwerturteil verbunden sein[3], wodurch sie – neben der formellen Einordnung und Bezeichnung der Sanktion als „Strafe" durch den Gesetzgeber – in inhaltlicher Hinsicht von strafrechtlichen Maßnahmen im weiteren Sinne abgegrenzt werden sollen[4].

Kriminalstrafen finden sich in der deutschen Rechtsordnung nur gegenüber Individualpersonen; gegen Unternehmen können sie nicht angeordnet werden. Jedoch kennt das nationale Recht strafrechtliche Maßnahmen im weiteren Sinne auch gegen Untenehmen.

II. Die Verbandsgeldbuße nach § 30 OWiG

Bedeutsamste Unternehmenssanktion nach geltendem nationalen Recht ist die Verbandsgeldbuße gemäß § 30 OWiG. Dieses Rechtsinstitut wurde im Jahre 1968 einheitlich im OWiG etabliert[5] und wurde seitdem mehreren Änderungen unterworfen, die schrittweise zu einer stetig erhöhten Sanktionierungsdichte führten[6]. Nach § 30 OWiG kann nunmehr eine Geldbuße gegen eine juristische Person, einen nicht rechtsfähigen Verein oder eine rechtsfähige Personengesellschaft verhängt werden, wenn deren Leitungspersonen eine Straftat oder Ordnungswidrigkeit (Anlass- oder Anknüpfungstat) begangen haben, durch die entweder Pflichten des Verbandes verletzt worden sind oder für den Verband eine Bereicherung eingetreten oder erstrebt worden ist.

---

3 *BVerfGE* 22, 49, 79; 25, 269, 286; 27, 18, 29; 43, 101, 105; *BGHSt* 5, 28, 32; 11, 263, 264 und 266; *Frisch*, Stree / Wessels-FS, S. 69, 86; *Jescheck / Weigend*, Strafrecht AT, § 8 I 2 b, S. 65; *Maurach / Zipf*, Strafrecht AT, § 1 Rn. 9; *Stree*, Deliktsfolgen und Grundgesetz, S. 51 f.; *Tiedemann*, Jescheck-FS, S. 1411, 1416; *ders.*, Verfassungsrecht und Strafrecht, S. 18.

4 Vgl. *Böse*, Strafen und Sanktionen, S. 36; *Maurach / Zipf*, Strafrecht AT, § 1 Rn. 9; *Tiedemann*, Jescheck-FS, S. 1411, 1416. Zweifelnd an der Geeignetheit des sozialethischen Tadels als Abgrenzungskriterium (besonders für das Verhältnis zwischen Straf- und Ordnungswidrigkeitenrecht) *Roxin*, Strafrecht AT I, § 2 Rn. 49 ff. m. w. N.

5 Vgl. BGBl. I 481, 487 f. Zuvor bestanden im Landes- und Bundesrecht zahlreiche Sondervorschriften, welche die Möglichkeit zur Verhängung einer Verbandsgeldbuße vorsahen, vgl. *Ehrhardt*, Unternehmensdelinquenz, S. 32.

6 Aus der Gesetzgebungsgeschichte vgl. insb. das „Zweite Gesetz zur Bekämpfung der Wirtschaftskriminalität" v. 15. 5. 1986 (BGBl. I 721), das „Zweite Gesetz zur Bekämpfung der Umweltkriminalität" v. 27. 6. 1994 (BGBl. I 1440) sowie zuletzt das „Gesetz zur Ausführung des Zweiten Protokolls vom 19. Juni 1997 zum Übereinkommen über den Schutz der finanziellen Interessen der Europäischen Gemeinschaften, der Gemeinsamen Maßnahme betreffend die Bestechung im privaten Sektor vom 22. Dezember 1998 und des Rahmenbeschlusses vom 29. Mai 2000 über die Verstärkung des mit strafrechtlichen und anderen Sanktionen bewehrten Schutzes gegen Geldfälschung im Hinblick auf die Einführung des Euro" v. 22. 8. 2002 (BGBl. I 3387), im Folgenden im Anschluss an *Achenbach*, wistra 2002, 441 Fn. 1, als „EU-Rechtsinstrumente-AG" bezeichnet.

1. Zweck der Verbandsgeldbuße

Nach der Gesetzesbegründung[7] soll durch die Verbandsgeldbuße eine Bevorzugung von juristischen Personen und Personenvereinigungen gegenüber Einzel-
unternehmern vermieden werden. Begeht dieser nämlich unter Verletzung seiner
unternehmerischen Pflichten eine Straftat oder Ordnungswidrigkeit, so werden bei
der Bemessung der zu verhängenden Sanktion auch der Wert seines Unternehmens
und die dem Unternehmen zugeflossenen oder die für das Unternehmen angestreb-
ten Vorteile der Tat berücksichtigt. Demgegenüber blieben ohne die Möglichkeit
einer Verbandsgeldbuße bei juristischen Personen oder Personenvereinigungen die
wirtschaftlichen Verhältnisse des Unternehmensträgers und die diesem durch die
Anlasstat erstrebten oder tatsächlich zugeflossenen Vorteile unbeachtet. Die Strafe
oder Buße gegen das die Pflichtverletzung verwirklichende Organ kann selbstverständlich nur an dessen eigenen wirtschaftlichen Umständen ausgerichtet werden.
Indem § 30 OWiG eine Sanktion gegen den Unternehmensträger selbst vorsieht,
gestattet er die Berücksichtigung der Vermögensmasse des Unternehmensträgers[8].

Neben dem Ziel der Vermeidung einer Besserstellung von Verbänden werden
mit der Verbandsgeldbuße repressive, reparative und präventive Zwecke verfolgt[9].
Als staatliche Reaktion auf einen begangenen Pflichtverstoß verfügt sie zunächst
über repressiven Charakter[10]. Zugleich dient § 30 OWiG wie soeben bereits ange-
deutet der Gewinnabschöpfung. Dem Unternehmen – in vielen Fällen eigentlicher
„Nutznießer" der Tat – sollen nicht die Vermögensvorteile verbleiben, die es durch
den Verstoß des Unternehmensangehörigen erlangt hat[11]. Daneben kommt der Verbandsgeldbuße schließlich eine präventive Zielsetzung zu. Die Präventionswirkung
richtet sich zunächst an den Verband als solchen. § 30 OWiG soll die interne Kontrolle innerhalb des Verbandes zur Verhinderung von Straftaten und Ordnungswidrigkeiten durch seine für ihn verantwortlich handelnden Personen verstärken
und die verantwortliche Leitungsebene zu einer besonders sorgfältigen Auswahl

---

[7] BT-Drucks. V / 1269, S. 57 ff.

[8] BT-Drucks. V / 1269, S. 59; *OLG Hamm* NJW 1973, 1851, 1852; *Bode*, NJW 1969,
1286; *Brenner*, ZfZ 1986, 290; *Demuth / Schneider*, BB 1970, 642, 650; Rebmann / Roth /
Herrmann-*Förster*, Vor § 30 Rn. 8; *Göhler*, OWiG, Vor § 29 a Rn. 9; *Lemke*, OWiG, § 30
Rn. 4; *Mitsch*, Ordnungswidrigkeitenrecht, Teil III § 3 Rn. 6; KK-OWiG-*Rogall*, § 30 Rn. 17;
Rosenkötter, Recht der Ordnungswidrigkeiten, Rn. 203; *Tiedemann*, NJW 1988, 1169, 1170.

[9] Rebmann / Roth / Herrmann-*Förster*, Vor § 30 Rn. 8, *Lemke*, OWiG, § 30 Rn. 5; *Pohl-
Sichtermann*, Geldbuße gegen Verbände, S. 53.

[10] BT-Drucks. V / 1269, S. 58; *Drathjer*, Abschöpfung rechtswidrig erlangter Vorteile,
S. 29; Rebmann / Roth / Herrmann-*Förster*, Vor § 30 Rn. 8; *Pohl-Sichtermann*, Geldbuße
gegen Verbände, S. 43; *Müller*, Stellung der juristischen Person, S. 41; a.A. *Korte*, Juristische
Person, S. 55.

[11] *OLG Hamm* NJW 1973, 1851, 1853; *Brenner*, ZfZ 1986, 290; *Drathjer*, Abschöpfung
rechtswidrig erlangter Vorteile, S. 30 f.; Rebmann / Roth / Herrmann-*Förster*, Vor § 30 Rn. 8;
Lemke, OWiG, § 30 Rn. 5; *Pohl-Sichtermann*, Geldbuße gegen Verbände, S. 48; *dies.*, VOR
1973, 411, 413; KK-OWiG-*Rogall*, § 30 Rn. 18; *Schall / Schreibauer*, NuR 1996, 440, 446;
Schünemann, Unternehmenskriminalität, S. 157; *Többens*, NStZ 1999, 1, 5.

und Überwachung seiner Repräsentanten gerade auch im Hinblick auf die Vermeidung von strafrechtlichen Normverstößen veranlassen. Die Verbandsgeldbuße richtet sich mittelbar auch an die einzelnen Organe und Vertreter des Unternehmens. Ihnen soll gezeigt werden, dass ihr deliktisches Verhalten nicht nur für sie persönlich sanktionsrechtliche Konsequenzen nach sich ziehen kann, sondern sich unter Umständen auch zum Nachteil der juristischen Person oder Personenvereinigung auswirkt[12]. Die drohende Verbandsgeldbuße kann damit im Motivationsprozess des Täters ein Gegengewicht darstellen, wenn er zum vermeintlichen Vorteil der juristischen Person oder der Personenvereinigung handelt.

2. Sanktionsfähige Normadressaten

Sanktionsfähig sind nach § 30 OWiG juristische Personen, nichtrechtsfähige Vereine und seit 2002 sämtliche rechtsfähige Personengesellschaften. Damit unterfallen nun nicht nur die Personenhandelsgesellschaften der Bußgeldhaftung nach § 30 OWiG, sondern auch die Partnergesellschaft sowie die „am Rechtsverkehr teilnehmende Gesellschaft bürgerlichen Rechts"[13], deren vormalige Ausgrenzung[14] teilweise heftiger Kritik ausgesetzt war[15]. Schließlich bestätigte die Entwurfsbegründung zur Neufassung des § 30 OWiG[16] auch ausdrücklich die Praxis, die GmbH & Co KG in den Anwendungsbereich der Verbandsgeldbuße einzubeziehen[17], obwohl ihre vertretungsberechtigte Gesellschafterin, die GmbH, selbst keine Straftat oder Ordnungswidrigkeit im Sinne des § 30 OWiG „begehen" kann[18]. Haftungsauslösender Täter der Anlasstat ist dabei der Geschäftsführer der GmbH, der nicht nur für die GmbH, sondern auch für die KG handelt.

Nicht einheitlich beurteilt wird, ob § 30 OWiG auch bei juristischen Personen des öffentlichen Rechts anwendbar ist. Eine positive Regelung wie bei den §§ 9 II, 130 II OWiG kennt § 30 OWiG nicht. Wortlaut der Vorschrift und Gesetzesbegrün-

---

12 *Göhler*, OWiG, Vor § 29 a Rn. 11; *Lemke*, OWiG, § 30 Rn. 5; *Mitsch*, Ordnungswidrigkeitenrecht, Teil III § 3 Rn. 7; *Ransiek*, Unternehmensstrafrecht, S. 111; KK-OWiG-*Rogall*, § 30 Rn. 16; *Schünemann*, Unternehmenskriminalität, S. 158.

13 Vgl. die Begründung des Regierungsentwurfes BT-Drucks. 14/8998, S. 10 i.V.m. 8 sowie *Achenbach*, wistra 2002, 441, 443; *Bohnert*, OWiG, § 30 Rn. 14.

14 *BayObLG* NStZ-RR 1997, 94; vgl. auch BT-Drucks. V/1269, S. 58.

15 Vgl. *Achenbach*, Stree/Wessels-FS, S. 545, 550 f.; KK-OWiG[1]-*Cramer*, § 30 Rn. 29 ff.; *Deruyck*, Verbandsdelikt, S. 170 f.; *Müller*, Stellung der juristischen Person, S. 56 f.; *Pohl-Sichtermann*, Geldbuße gegen Verbände, S. 64 f.; *K. Schmidt*, wistra 1990, 131, 134; *Schmitt*, Lange-FS, S. 877, 878.

16 BT-Drucks. 14/8998, S. 11.

17 *BGH* NStZ 1986, 79; *OLG Hamm* NJW 1973, 1851, 1852; *OLG Koblenz* BB 1977, 1571; *OLG Köln* DB 1972, 1717; *Göhler*, OWiG, § 30 Rn. 12 a; Rebmann/Roth/Herrmann-*Förster*, § 30 Rn. 18; *K. Schmidt*, wistra 1990, 131, 136; *Schmitt*, Lange-FS, S. 877, 879 f.; a.A. *Pohl-Sichtermann*, NJW 1973, 2217, 2218.

18 Vgl. *Ransiek*, Unternehmensstrafrecht, S. 113; *K. Schmidt*, wistra 1990, 131, 136.

dung[19] stehen jedoch einer Anwendung auf öffentlich-rechtliche Organisationen nicht entgegen. Die überwiegende Ansicht[20] bejaht so auch deren Einbeziehung mit dem Hinweis darauf, dass sich der Staat in großem Maße am Wirtschaftsleben, insbesondere im Bereich der Daseinsvorsorge, in öffentlich-rechtlichen Organisationsformen beteiligt und angesichts der bestehenden Formenwahl zwischen privat- oder öffentlich-rechtlicher Ausgestaltung der wirtschaftlichen Betätigung eine Haftungsprivilegierung nicht angebracht ist. Damit sind also auch öffentlich-rechtliche Unternehmen sanktionsfähig.

3. Haftungsvoraussetzungen

Voraussetzung für die Verhängung einer Verbandsgeldbuße ist die volldeliktische, das heißt auch schuldhafte oder vorwerfbare, Verwirklichung einer Straftat oder Ordnungswidrigkeit einer Leitungsperson der Gesellschaft. Dem § 30 OWiG liegt folglich das Prinzip der akzessorischen Verantwortlichkeit des Verbandes zugrunde[21].

a) Täterkreis der Anlasstat

Durch die Neufassung des § 30 OWiG im Jahre 2002 wurde der Kreis der tauglichen Täter der Anknüpfungstat auf sämtliche Leitungspersonen des Unternehmens ausgeweitet. § 30 I Nr. 5 OWiG enthält eine Generalklausel[22], wonach jede „Person, die für die Leitung des Betriebes oder Unternehmens (. . .) verantwortlich handelt", die Verbandsgeldbuße auslösen kann. Zu jenen Leitungspersonen zählen die in § 30 I Nr. 1 bis 3 OWiG ausdrücklich genannten Organe juristischer Personen beziehungsweise die Mitglieder solcher Organe, Vorstände oder Vorstandsmitglieder nicht rechtsfähiger Vereine sowie die vertretungsberechtigten Gesellschafter rechtsfähiger Personengesellschaften, weiter gemäß § 30 I Nr. 4 OWiG Generalbevollmächtigte, Prokuristen oder Handlungsbevollmächtigte in leitender Stellung von sanktionsfähigen Gesellschaften[23]. Unabhängig solch formaler, zivil-

---

[19] BT-Drucks. V / 1269, S. 57 ff.

[20] *OLG Frankfurt* NJW 1976, 1276; *OLG Hamm* NJW 1979, 1312; *Achenbach,* Stree / Wessels-FS, S. 545, 553 f.; *Göhler,* OWiG, § 30 Rn. 2; Rebmann / Roth / Herrmann-*Förster,* § 30 Rn. 3; *Mitsch,* Ordnungswidrigkeitenrecht, Teil III § 3 Rn. 9, *Muller,* Stellung der juristischen Person, S. 51 ff.; KK-OWiG *Rogall,* § 30 Rn. 32 f.; *Schwinge,* Strafrechtliche Sanktionen, S. 82 f.; a.A. *Hirsch,* ZStW 107 (1995), 285, 308; *Pohl-Sichtermann,* Geldbuße gegen Verbände, S. 66 ff.; dies., VOR 1973, 411, 412 ff.

[21] *Deruyck,* ZStW 103 (1991), 705, 714; Rebmann / Roth / Herrmann-*Förster,* § 30 Rn. 23; *Mitsch,* Ordnungswidrigkeitenrecht, Teil III § 3 Rn. 5; KK-OWiG-*Rogall,* § 30 Rn. 71; vgl. auch unten 1. Teil, E. III. 3. b).

[22] Die in § 30 I Nr. 1 bis 4 genau nach formalen Kriterien abgegrenzten Typen von Leitungspersonen stellen hierzu nunmehr Regelbeispiele dar, vgl. *Achenbach,* wistra 2002, 441, 443.

[23] Diese Personengruppe wurde durch das „Zweite Gesetz zur Bekämpfung der Umweltkriminalität" v. 27. 6. 1994 (BGBl. I 1440 ff., 2. UKG) in den Kreis der Täter der Anlasstat

rechtlich definierter Positionen sollen nunmehr auch Personen erfasst werden, die aufgrund von Kontrollbefugnissen innerhalb des Unternehmens eine (tatsächliche) Führungsposition innehaben[24]. Durch die Einbeziehung dieses materiellen Kriteriums zur Bestimmung der Stellung als Leitungsmitglied soll die Gefahr einer Umgehung der Bußgeldhaftung durch die Verlagerung von Leitungsmacht auf Personen ohne eine förmliche Organ- oder Vertreterstellung verhindert werden[25].

b) Voraussetzungen der Anknüpfungstat

Die Verhängung einer Verbandsgeldbuße kommt nur bei solchen Taten der genannten Leitungspersonen in Betracht, durch die Pflichten des Verbandes verletzt wurden (§ 30 I 1. Alt. OWiG) oder der Verband bereichert worden ist beziehungsweise bereichert werden sollte (§ 30 I 2. Alt. OWiG).

aa) Verletzung betriebsbezogener Pflichten

Pflichten, welche die juristische Person oder Personengesellschaft treffen, sind solche, die sich aus deren besonderen Wirkungskreis ergeben, also „betriebsbezogene" Pflichten[26].

Erfasst sind danach zunächst Sonderdelikte. Dabei handelt es sich um Straftaten oder Ordnungswidrigkeiten, die Pflichten begründen, welche den Verband als

---

aufgenommen. Eine Ausweitung auf sämtliche leitende Angestellte blieb damals jedoch aus (Entwurfsbegründung, BT-Drucks. 12/192, S. 32 und die Gegenäußerung der Bundesregierung zur Stellungnahme des Bundesrates, S. 43; zur bereits damaligen Forderung für eine Einbeziehung aller auf Leitungsebene verantwortlich handelnden Personen siehe den Regierungsentwurf zum „Zweiten Gesetz zur Bekämpfung der Wirtschaftskriminalität" v. 15. 5. 1986 [BGBl. I 721, 2. WiKG], BT-Drucks. 10/318, S. 39; Stellungnahme des Bundesrates zum Regierungsentwurf zum 2. UKG, BT-Drucks. 12/192, S. 37; den Oppositionsentwurf zum 2. UKG, BT-Drucks. 12/376, S. 37).

24 Vgl. die Begründung des Regierungsentwurfes BT-Drucks. 14/8998, S. 11.

25 Vgl. die Begründung des Regierungsentwurfes BT-Drucks. 14/8998, S. 11. Im Einzelnen werden als taugliche Täter der Anlasstat beispielsweise erfasst: Personen, denen die Verantwortung für die interne Finanzkontrolle oder die Rechnungsprüfung obliegt, der mit Leitungsbefugnissen ausgestattete Umweltbeauftragte sowie Mitglieder eines leitenden Aufsichts- bzw. Kontrollgremiums, also z. B. Mitglieder des Aufsichtsrates einer AG, vgl. BT-Drucks. 14/8998, S. 10.

26 BT-Drucks. V/1269, S. 60; FK-GWB-*Achenbach*, Vor § 81 Tz. 93; *Bode*, NJW 1969, 1286, 1287; *Brenner*, ZfZ 1986, 290, 292; Rebmann/Roth/Herrmann-*Förster*, § 30 Rn. 26; *Ehrhardt*, Unternehmensdelinquenz, S. 35; *Göhler*, OWiG, § 30 Rn. 18; *Lemke*, OWiG, § 30 Rn. 36; *Rosenkötter*, Recht der Ordnungswidrigkeiten, Rn. 207 a; *Többens*, NStZ 1999, 1, 6; *Wegner*, NJW 2001, 1979, 1980. Dagegen hält *Müller*, Stellung der juristischen Person, S. 73 f., das Merkmal der Betriebsbezogenheit für ungeeignet, um den Bezug der Anlasstat zum Unternehmen zu begründen. Ein Verzicht auf die Betriebsbezogenheit der Anknüpfungstat entspricht jedoch nicht der gesetzlichen Ausgestaltung der Verbandsgeldbuße, vgl. KK-OWiG-*Rogall*, § 30 Rn. 77.

solchen treffen. Adressat der betreffenden Ge- oder Verbote ist damit der Unternehmensträger selbst, wobei der Normbefehl häufig an besondere Merkmale beim Unternehmensträger, beispielsweise Arbeitgeber, Eigentümer einer Anlage, Halter eines Fahrzeugs usw., anknüpft[27]. Derartige gerade auf die Gesellschaft zugeschnittene Pflichten liegen zwangsläufig im Tätigkeitsbereich des Unternehmens. Entsprechendes gilt für die Aufsichtspflichten nach § 130 OWiG. Auch diese obliegen dem Inhaber, also der juristischen Person oder Personenvereinigung. Verletzen die genannten Personen solche Aufsichts-, Überwachungs- und Organisationspflichten, geschieht dies stets im Wirkungskreis des Unternehmens. Pflichtverstöße nach § 130 OWiG sind somit typische Auslöser für die Bebußung des Verbandes[28].

Aber auch bei Verhaltensanforderungen, die jedermann treffen, kann die erforderliche Betriebsbezogenheit bestehen. Dies ist der Fall, wenn der Unternehmensträger als Garant für die Abwehr von aus der unternehmerischen Tätigkeit resultierenden Schadensverläufen angesehen werden kann[29]. So obliegt dem Verband beispielsweise die Pflicht, seine Angestellten vor Gesundheitsgefährdungen an ihrem Arbeitsplatz zu schützen. Bringt ein Unternehmen gefährliche Produkte in Umlauf, so ist es verpflichtet, die Konsumenten vor den Produktgefahren zu schützen, gegebenenfalls durch Rückruf der Artikel[30]. Auch bei Allgemeindelikten ist somit auf den Bezug mit dem tatsächlichen Wirkungskreis des Unternehmens abzustellen[31]. Ein Verstoß gegen derartige Pflichten durch die Leitungsmitglieder des Unternehmens kann folglich eine Geldbuße nach § 30 OWiG nach sich ziehen, und zwar unabhängig davon, ob die Anlasstat durch aktives Tun oder Unterlassen verwirklicht wurde[32].

---

[27] *Ransiek,* Unternehmensstrafrecht, S. 114; KK-OWiG-*Rogall,* § 30 Rn. 74.

[28] Vgl. *BGH* NStZ 1986, 79; *OLG Düsseldorf* NStZ 1984, 366, 367; *OLG Köln* GewA 1974, 141, 143; FK-GWB-*Achenbach,* Vor § 81 Tz. 94; *Bohnert,* Grundriß, S. 38; *Brenner,* ZfZ 1986, 290, 292; *ders.,* Ordnungswidrigkeitenrecht, Rn. 485; *Eidam,* Unternehmen und Strafe, S. 149; Rebmann / Roth / Herrmann-*Förster,* § 30 Rn. 27; *Göhler,* OWiG, § 30 Rn. 17; *Jescheck / Weigend,* Strafrecht AT, § 23 VII 2, S. 228; *Lemke,* OWiG, § 30 Rn. 38; *Mitsch,* Ordnungswidrigkeitenrecht, Teil III § 3 Rn. 12; *Müller-Guggenberger,* in: Müller-Guggenberger / Bieneck, Wirtschaftsstrafrecht, § 23 Rn. 38; *Pohl-Sichtermann,* Geldbuße gegen Verbände, S. 145; *Ransiek,* Unternehmensstrafrecht, S. 115; KK-OWiG-*Rogall,* § 30 Rn. 75; *Rosenkötter,* Recht der Ordnungswidrigkeiten, Rn. 207 a; *Tiedemann,* NJW 1988, 1169, 1173; *Többens,* NStZ 1999, 1, 6.

[29] *Brenner,* ZfZ 1986, 290, 292; *ders.,* Ordnungswidrigkeitenrecht, Rn. 484; *Demuth / Schneider,* BB 1970, 642, 650; Rebmann / Roth / Herrmann-*Förster,* § 30 Rn. 29; *Göhler,* OWiG, § 30 Rn. 20; *Ransiek,* Unternehmensstrafrecht, S. 115; KK-OWiG-*Rogall,* § 30 Rn. 73, 76.

[30] Vgl. *BGH*St 37, 106, 114 ff. (Lederspray).

[31] *Demuth / Schneider,* BB 1970, 642, 650; *Ehrhardt,* Unternehmensdelinquenz, S. 236.

[32] Vgl. die Entwurfsbegründung, BT-Drucks. V / 1269, S. 61; *Göhler,* OWiG, § 30 Rn. 21; KK-OWiG-*Rogall,* § 30 Rn. 76.

bb) Tatsächlich eingetretene oder angestrebte Bereicherung des Verbands

Alternativ zur Verletzung von betriebsbezogenen Pflichten kommt die Verhängung der Verbandsgeldbuße in Frage, wenn die Personenvereinigung durch die Tat des Unternehmensvertreters tatsächlich bereichert wurde oder deren Bereicherung angestrebt war. Die (beabsichtigte) Bereicherung muss kausal auf die Anlasstat zurückgehen sowie vom Schutzzweck der verletzten Norm umfasst sein[33].

cc) Verwirklichung der Anlasstat „als" Organ, Vertreter oder sonstige Leitungsperson

Der Täter der Anlasstat muss „als" Organ, Vertreter oder sonstige Leitungsperson gehandelt haben. Hierdurch soll der notwendige Bezug zum Unternehmen hergestellt werden, der es rechtfertigt, die Sanktion dem Unternehmensträger aufzuerlegen. Rein individuell-privates Handeln kann die Verantwortlichkeit des Verbandes nicht auslösen. Allerdings sind die genauen Kriterien für die Bestimmung des Vertreterbezuges[34] teilweise umstritten.

Die wohl herrschende Ansicht verlangt (wie bei § 14 StGB, § 9 OWiG) insoweit das Vorliegen eines funktionalen (inneren, objektiven) Zusammenhangs zwischen der Tat und dem Pflichten- und Aufgabenkreis des Organs beziehungsweise Vertreters[35]. Der Täter muss in Wahrnehmung der Angelegenheiten der Gesellschaft und in Ausübung der rechtlichen sowie tatsächlichen Handlungsmöglichkeiten, die durch seine Führungsstellung eingeräumt sind, agiert haben. Dies ist regelmäßig der Fall bei Verletzung betriebsbezogener Pflichten[36], denn diese liegen – wie oben

---

[33] *Mitsch,* Ordnungswidrigkeitenrecht, Teil III § 3 Rn. 12; *Pohl-Sichtermann,* Geldbuße gegen Verbände, S. 156; KK-OWiG-*Rogall,* § 30 Rn. 85 f.; *Rotberg,* OWiG, § 30 Rn. 9. Die Gegenansicht verzichtet auf das Erfordernis des Schutzzweckzusammenhangs und will dagegen unbilligen Härten über das Opportunitätsprinzip begegnen, vgl. Rebmann / Roth / Herrmann-*Förster,* § 30 Rn. 32; *Müller,* Stellung der juristischen Person, S. 75.

[34] Der Begriff des „Vertreterbezuges" ist im vorliegenden Zusammenhang angesichts der Einbeziehung von Leitungspersonen ohne förmliche Vertreterstellung untechnisch zu verstehen.

[35] Vgl. die Gesetzesbegründung BT-Drucks. V / 1269, S. 61; *Achenbach,* in: ders. (Hrsg.), Beraterhandbuch zum Steuer- und Wirtschaftsstrafrecht, § 3 Rn. 12; *ders.,* JR 1997, 205, 206; *Demuth / Schneider,* BB 1970, 642, 651; Rebmann / Roth / Herrmann-*Förster,* § 30 Rn. 33; *Göhler,* OWiG, § 30 Rn. 24; *Mitsch,* Ordnungswidrigkeitenrecht, Teil III § 3 Rn. 1; siehe auch *Hirsch,* Frage der Straffähigkeit, S. 25; *Stratenwerth,* R. Schmitt-FS, S. 295, 299; *Wegner,* wistra 2000, 361.

[36] Rebmann / Roth / Herrmann-*Förster,* § 30 Rn. 34; *Göhler,* OWiG, § 30 Rn. 25; *Rotberg,* OWiG, § 30 Rn. 10; vgl. auch *K. Schmidt,* wistra 1990, 131, 137. *Ransiek,* Unternehmensstrafrecht, S. 114, verzichtet bei Verletzung von Pflichten des Verbandes gänzlich auf das Erfordernis eines funktionalen Zusammenhangs zwischen Organhandeln und Unternehmenstätigkeit; die Zurechnung des Vertreterhandelns rechtfertige sich allein aus der Verletzung von Verbandspflichten.

gezeigt – im Tätigkeitsfeld der Gesellschaft. Eine Verletzung erfolgt in der Regel innerhalb des mit der Leitungsfunktion verbundenen Handlungsspielraums.

Fraglich ist jedoch, ob der Täter zumindest auch im Interesse des Verbandes gehandelt haben muss, um den Vertreterbezug bejahen zu können[37]. Solch ein Handeln im Verbandsinteresse wird bei der zweiten Alternative des § 30 OWiG zwar immer gegeben sein. Auch bei Verletzung betriebsbezogener Pflichten sind zahlreiche Fälle vorstellbar, in denen das Täterverhalten zum wirtschaftlichen Vorteil des Verbandes gelangen soll, beispielsweise wenn das betreffende Organ die Erneuerung einer Anlage zur Filterung luftgefährdender Abgase nicht veranlasst, um die Investitionskosten zu sparen. Jedoch versagt der Gedanke der Nutznießerschaft in Fallgestaltungen, in denen sich der Täter gar keine Vorstellungen über die Ziele und Auswirkungen seines Verhaltens macht, wenn sein Handeln weder ihm persönlich noch für das Unternehmen förderlich ist beziehungsweise sein soll. Dies ist vor allem denkbar in Konstellationen unbewusster Fahrlässigkeit, bei Fällen von betrieblicher Nachlässigkeit („Schlamperei") oder weil sich die konkrete Verantwortlichkeit wegen innerbetrieblicher Aufgabenteilung „aufgelöst" hat in dem Sinne, dass sich keiner zuständig fühlt[38]. Unterbleibt zum Beispiel die Anordnung des Austausches der Filteranlage, weil der grundsätzlich zuständige Vertreter dies nicht zu seinen Aufgaben zählte oder weil er den Wartungstermin schlicht vergessen hat, und kommt es dann zum Austritt luftverschmutzender Stoffe, so erfolgte diese Unterlassung weder im Verbands- noch im Eigeninteresse des Täters, wohl aber im Tätigkeitsbereich des Unternehmens und innerhalb der vom Organ wahrzunehmenden Aufgaben. Die Interesserichtung kann für die Bestimmung des Vertreterbezugs daher nur eine Indizfunktion übernehmen[39]. Bei Exzesstaten, bei denen der Täter wie ein beliebiger Dritter die Handlungsmöglichkeiten, die sich aus der Verbandsstruktur ergeben, für seine Straftat oder Ordnungswidrigkeit ausnutzt, wird jedoch häufig ein Handeln im ausschließlichen Eigeninteresse vorliegen.

---

[37] Für eine Anwendung der sog. Interessentheorie ergänzend zum Erfordernis eines funktionalen Zusammenhangs *Brender,* Neuregelung der Verbandstäterschaft, S. 128; *Ehrhardt,* Unternehmensdelinquenz, S. 36 und S. 235 ff.; KK-OWiG-*Rogall,* § 30 Rn. 93 f. Siehe auch *Müller,* Stellung der juristischen Person, S. 78, der Verhaltensweisen, die der Täter zur Verfolgung ausschließlich eigener Interessen vornimmt, als taugliche Anknüpfungstaten ausscheiden will; danach müsste der Verband aber auch für Fälle ausschließlicher Drittbegünstigung haften; vgl. *Ehrhardt,* a. a. O., S. 235 Fn. 93; *Brender,* a. a. O., S. 127 f. Vgl. zudem *BGH*St 6, 314, 316; 28, 371, 374; 30, 127, 129 f.; *BGH* NJW 1969, 1494; NStZ 2000, 206, 207; *Deruyck,* ZStW 103 (1991), 705, 730; *Seiler,* Strafrechtliche Maßnahmen, S. 75; *Schünemann,* Unternehmenskriminalität, S. 253; *Schmitt,* Strafrechtliche Maßnahmen, S. 191; *Tiedemann,* Gutachten zum 49. DJT 1972, Bd. I, S. C 58.

[38] Vgl. *Ehrhardt,* Unternehmensdelinquenz, S. 234; *Pohl-Sichtermann,* Geldbuße gegen Verbände, S. 159; *Stratenwerth,* R. Schmitt-FS, S. 295, 298 f.; siehe auch unten, 1. Teil, E. II. 2.

[39] Auch die Begründung des Regierungsentwurfes zum „EU-Rechtsinstrumente-AG" (oben Fn. 6), BT-Drucks. 14/8998, S. 8 verweist im Zusammenhang mit dem in § 14 StGB, § 9 OWiG sachgleichen Problem nicht auf ein Interesse des Unternehmens, sondern auf das Begriffspaar „in Ausübung" – „bei Gelegenheit".

3*

4. Probleme hinsichtlich der dogmatischen Begründbarkeit der Verbandsgeldbuße

Wie die Ausführungen zu den einzelnen Haftungsvoraussetzungen verdeutlichen, ermöglicht § 30 OWiG die Verhängung der Geldbuße gegen den Verband unter Zurechnung einer individuellen Straftat beziehungsweise Ordnungswidrigkeit einer Leitungsperson des Unternehmens. § 30 OWiG liegt folglich ein akzessorisches Zurechnungsmodell zugrunde[40]. Diese Regelung ist im Hinblick auf ihre dogmatische Stimmigkeit nicht unproblematisch[41].

Ursprünglich war die Verbandsgeldbuße als „Nebenfolge" zu einer Sanktionierung eines Individualtäters wegen einer Straftat oder Ordnungswidrigkeit ausgestaltet[42]. Damit wollte der Gesetzgeber „etwaige dogmatische Bedenken" gegen die Festsetzung einer Geldbuße gegen den Verband, nämlich die (angeblich) fehlende Handlungs- und Schuldfähigkeit von Unternehmen beseitigen[43]. Bei jener Rechtsfolge handelte es sich jedoch um eine repressive Sanktion[44], die „der Individualstrafe nicht einfach angehängt werden" kann[45], will man nicht eine Verantwortlichkeit für fremde Schuld begründen[46]. Das Problem von Handlungs- und Schuldfähigkeit konnte mit dem Konstrukt der „Nebenfolge" somit nicht ausgeräumt werden.

Das Defizit der dogmatischen Fundierung der Verbandsgeldbuße wurde auch nicht durch die Aufgabe der Nebenfolgenkonzeption[47] beseitigt[48]. Jedenfalls muss die Verbandsgeldbuße seitdem als eigenständige Sanktion[49] verstanden werden[50].

---

[40] Vgl. dazu im Einzelnen näher unten zur Begründung von (echten) Unternehmensstrafen 1. Teil, E. III. 3. b).

[41] Bedenken auch bei *v. Freier*, Kritik der Verbandsstrafe, S. 211 f.; *Kaufmann*, Möglichkeiten der sanktionsrechtlichen Erfassung, S. 167 f.

[42] Vgl. BGBl. I (1968), 481, 488.

[43] Regierungsentwurf, BT-Drucks. V/1269, S. 59.

[44] Vgl. die Zweckbestimmung durch den Gesetzgeber oben 1. Teil, A. II. 1.

[45] *Jescheck*, Strafrecht AT³, § 23 III 2, S. 182.

[46] Vgl. *Ehrhardt*, Unternehmensdelinquenz, S. 76 f.

[47] Durch das „Zweite Gesetz zur Bekämpfung der Wirtschaftskriminalität" v. 15. 5. 1986, BGBl. I 721, 724; ausdrücklich klargestellt nochmals in der Begründung zum „EU-Rechtsinstrumente-AG", BT-Drucks.14/8998, S. 12; vgl. oben Fn. 6.

[48] Obwohl der Gesetzgeber die Konstruktion der Verbandsgeldbuße als „Nebenfolge" auf dogmatische Erwägungen gestützt hatte, blieb bei Aufgabe dieser Konzeption eine Erörterung mit den dogmatischen Konsequenzen aus, vgl. die Kritik bei *Brender*, Neuregelung der Verbandstäterschaft, S. 92; *Schroth*, wistra 1986, 158, 163.

[49] Vgl. ausdrücklich die Begründung zum 2. UKG (oben Fn. 6), BT-Drucks. 12/192, S. 33.

[50] FK-GWB-*Achenbach*, Vor § 81 Tz. 101; *Brender*, Neuregelung der Verbandstäterschaft, S. 132 f.; *Deruyck*, ZStW 103 (1991), 705, 715 f.; *Ehrhardt*, Unternehmensdelinquenz, S. 81 f.; Rebmann/Roth/Herrmann-*Förster*, Vor § 30 Rn. 11; *Göhler*, OWiG, Vor § 29 a Rn. 14; *van Jeger*, Geldbuße gegen juristische Personen, S. 12 und 40; KK-OWiG-*Rogall*,

Wie sich aus § 1 OWiG ergibt, sind Handlung und Vorwerfbarkeit Voraussetzungen für die Ordnungswidrigkeit und das daran anknüpfende Bußgeld. Damit stellt sich auch für § 30 OWiG die Frage, ob der Verband als Sanktionsadressat überhaupt handlungs- und schuldfähig ist[51]. Diese beiden Problempunkte, welche die Begründung von (echten) Unternehmensstrafen so schwierig machen[52], bestehen damit ebenso im Zusammenhang mit der Verbandsgeldbuße, und zwar unabhängig davon, ob man das materielle Verhältnis zwischen Kriminalstrafrecht und Ordnungswidrigkeitenrecht ausschließlich quantitativ[53] oder (auch) qualitativ[54] bestimmen will[55]. Denn auch wenn die Ordnungswidrigkeit einen sittlichen Tadel und ein ehrenrühriges Unwerturteil nicht enthalten soll[56], bedarf es dennoch zumindest eines Vorwurfs mangelnder Richtigkeit beziehungsweise des Zurückbleibens hinter den rechtlichen Erwartungen[57]. Selbst bei Zugrundelegung eines abgesenkten Vorwerfbarkeitsmaßstabs aufgrund ethischer Indifferenz beziehungsweise Wertneutralität der Verbandsgeldbuße muss dieser Vorwurf an den Sanktionsadressaten selbst ergehen, also an das betreffende Unternehmen[58]. Die Schwierigkeit, Unternehmenssanktionen mit dem Schuldgrundsatz in Einklang zu bringen, löst sich also nicht durch die Einordnung der Sanktion in das Ordnungswidrigkeiten-

---

§ 30 Rn. 14; *Schroth,* wistra 1986, 158, 162; *Tiedemann,* NJW 1988, 1169, 1171. Anders offensichtlich *BGH*St 46, 207, 211, wonach der Gesetzgeber mit Aufgabe der Bezeichnung „Nebenfolge" die Konstruktion der Sanktion nicht verändern wollte. In dieser Entscheidung ging es allerdings um die Frage nach der Akzessorietät der Verjährung der Verbandsgeldbuße zur Individualstraftat bzw. -ordnungswidrigkeit. Diesem Ergebnis zur Verjährung sollte laut Begründung zum „EU-Rechtsinstrumente-AG" (oben Fn. 6), BT-Drucks. 14 / 8998, S. 12, trotz der ausdrücklichen Klarstellung, dass es sich bei § 30 OWiG nicht um eine „Nebenfolge" handelte, nicht entgegen getreten werden. Zum schwierigen Problem von Handlungs- und Schuldfähigkeit nehmen jedoch weder der BGH noch die Begründung zum „EU-Rechtsinstrumente-AG" Stellung.

[51] *Van Jeger,* Geldbuße gegen juristische Personen, S. 79 und 84; KK-OWiG-*Rogall,* § 30 Rn. 5.

[52] Siehe dazu ausführlich unten 1. Teil, E. III. 1. und 2.

[53] Danach besteht zwischen Straftat und Ordnungswidrigkeit lediglich ein gradueller Unterschied im Unrechts- und Schuldgehalt; die Ordnungswidrigkeit ist damit kein Aliud, sondern ein Minus zur Straftat.

[54] Danach existiert im Ausgangspunkt zwischen Straftat und Ordnungswidrigkeit ein wesensmäßiger Unterschied. Es besteht jedoch ein Grenzbereich zwischen Strafrecht und Ordnungswidrigkeitenrecht, in dem die Einordnung nach quantitativen Kriterien erfolgten muss; der Gesetzgeber hat insoweit einen Ermessensspielraum.

[55] Ausführlich zum gegenwärtigen Meinungsstand KK-OWiG-*Bohnert,* Einl. Rn. 82 ff. m. w. N.

[56] *BVerfG*E 22, 49, 80; 27, 18, 33; 45, 272, 288 f.

[57] Vgl. z. B. KK-OWiG-*Rogall,* § 1 Rn. 8; Rebmann / Roth / Herrmann-*Förster,* Vor § 1 Rn. 45; *Jescheck / Weigend,* Strafrecht AT, § 23 VII 3, S. 228 f.; *Schmitt,* Lange-FS, S. 877, 878. Vgl. auch *Jescheck,* Strafrecht AT[3], § 23 III 2, S. 182; vgl. auch *Haeusermann,* Verband als Straftäter und Strafprozeßsubjekt, S. 150.

[58] Daher wird zur Legitimierbarkeit der Verbandsgeldbuße auf die Diskussion um die Statuierung von Kriminalsanktionen gegen Unternehmen verwiesen, vgl. unten 1. Teil, E. III. 3. b).

recht auf[59]. Es ist daher nicht überzeugend, die Zulässigkeit der Verbandsgeldbuße anzuerkennen, gleichzeitig aber an der Schuldunfähigkeit von Verbänden festzuhalten und aus diesem Grunde Kriminalstrafen gegen Unternehmen für dogmatisch nicht begründbar zu halten[60]. Einige Stimmen in der Literatur, welche (zumindest) die Schuldfähigkeit von Unternehmen ablehnen, wenden sich daher auch gegen die Regelung des § 30 OWiG. Es handele sich dabei um eine „dogmatische Fehlkonstruktion" beziehungsweise um einen „Etikettenschwindel"[61].

Festzuhalten bleibt jedoch, dass der Gesetzgeber mit der positiven Regelung des § 30 OWiG die Sanktionsfähigkeit von Verbänden anerkannt hat, zumindest im Hinblick auf die Sanktionierung mittels einer Geldbuße[62]. Der vielbemühte Satz „Societas delinquere non potest" ist daher de facto zumindest im Bereich des Ordnungswidrigkeitenrechts überholt[63].

5. Verfahren

Die Verhängung der Verbandsgeldbuße erfolgt grundsätzlich in einem verbundenen Verfahren, in dem sowohl die Verantwortlichkeit des Täters der Anknüpfungstat sowie die daraus erwachsenen Sanktionsfolgen als auch die Rechtsfolgen gegen den Verband festgestellt werden[64]. Nur in den in § 30 IV OWiG abschließend genannten Fällen darf ausnahmsweise die Geldbuße gegen die Personenvereinigung in einem selbständigen (isolierten) Verfahren festgesetzt werden. Das bedeutet im Umkehrschluss, dass getrennte Verfahren gegen Individualtäter und Verband grundsätzlich nicht zulässig sind[65].

---

[59] Siehe *Heine*, in: Hettinger (Hrsg.), Reform des Sanktionenrechts, Bd. 3, S. 121, 134 f.

[60] So aber jüngst die Mehrheit der *Kommission zur Reform des strafrechtlichen Sanktionssystems,* wo einerseits die Einführung von Unternehmenskriminalstrafen wegen Bedenken im Hinblick auf die Schuldfähigkeit von Verbänden abgelehnt werden, andererseits aber auf die Sanktionsmöglichkeit des § 30 OWiG hingewiesen wird, welcher gemeinsam mit § 130 OWiG ein ausreichendes Instrumentarium zur Unternehmenssanktionierung darstelle, Abschlussbericht, in: Hettinger (Hrsg.), Reform des Sanktionenrechts, Bd. 3, S. 351, 354 f. Vgl. auch KK-OWiG[1]-*Cramer*, § 30 Rn. 16 f.; *Hamm*, in: F. Herzog (Hrsg.), Quo vadis, Strafprozeß?, S. 33, 47 f.; *Krekeler*, Hanack-FS, S. 639, 645 f. und 659; *Köhler*, Strafrecht AT, S. 560 und 564; siehe auch *Ransiek*, Unternehmensstrafrecht, S. 343 ff.; kritisch *Kaufmann*, Möglichkeiten der sanktionsrechtlichen Erfassung, S. 169.

[61] *Jescheck/Weigend*, Strafrecht AT, § 23 VII 3, S. 228 f.; *Zieschang*, Sanktionensystem, S. 386 f. Ablehnend auch *Hartung*, 40. DJT, Bd. II, S. E 43, E 44 f.; *Kaiser*, Verbandssanktionen, S. 93 ff.; *Lang-Hinrichsen*, H. Mayer-FS, S. 49, 66; *Pohl-Sichtermann*, Geldbuße gegen Verbände, S. 38 f.; *Schmitt*, Lange-FS, S. 877, 878 und 881.

[62] *Ehrhardt*, Unternehmensdelinquenz, S. 82; KK-OWiG-*Rogall*, § 30 Rn. 1.

[63] *Möhrenschlager*, wistra 1983, 49, 52; KK-OWiG-*Rogall*, § 30 Rn. 8.

[64] Rebmann / Roth / Herrmann-*Förster*, § 30 Rn. 37; *Göhler*, OWiG, § 30 Rn. 28; KK-OWiG-*Rogall*, § 30 Rn. 141; *Többens*, NStZ 1999, 1, 7.

[65] *OLG Frankfurt* (bei Göhler) NStZ 1990, 73, 74; Rebmann / Roth / Herrmann-*Förster*, § 30 Rn. 40; *Göhler*, OWiG, § 30 Rn. 31; KK-OWiG-*Rogall*, § 30 Rn. 158.

Im Einzelnen ermöglicht § 30 OWiG – neben spezialgesetzlichen Ermächtigungen[66] – die Durchführung eines selbständigen Verfahrens gegen das Unternehmen in Konstellationen, in denen eine straf- oder bußgeldrechtliche Verfolgung des Täters aus prozessualen Gründen ausscheidet. Die Unmöglichkeit der Sanktionierung des Vertreters wegen prozessualer Verfahrenshindernisse soll dem Unternehmensträger nicht zugute kommen[67]. Eine isolierte Verbandsgeldbuße ist damit zulässig bei Nichteinleitung des Verfahrens, etwa aus tatsächlichen Gründen wie Tod des Betroffenen, Verhandlungsunfähigkeit oder bei Verzicht auf die Verfahrenseinleitung im Rahmen des § 47 OWiG, weiterhin in Fällen der Einstellung des Verfahrens aus Opportunitätsgründen nach den §§ 153 StPO ff. oder § 47 OWiG sowie bei Absehen von Strafe, beispielsweise nach § 60 StGB. Auch im selbständigen Verfahren muss jedoch die volldeliktische, das heißt tatbestandsmäßige, rechtswidrige sowie schuldhafte, Verwirklichung der Straftat beziehungsweise Ordnungswidrigkeit durch den Unternehmensvertreter nachgewiesen werden[68]. Nicht erforderlich ist allerdings die Feststellung der Identität des Täters der Anknüpfungstat, sogenannte anonyme Verbandsgeldbuße[69]. Deren Anwendungsbereich dürfte aber angesichts der Notwendigkeit des Nachweises subjektiver Unrechts- und Schuldmerkmale gering sein[70]. Ein isoliertes Vorgehen gegen das Unternehmen ist jedoch ausgeschlossen, sofern die Anlasstat aus rechtlichen

---

[66] § 30 IV 2 OWiG eröffnet die Möglichkeit, weitere Fälle der selbständigen Anordnung von Verbandsgeldbußen durch Gesetz zu bestimmen. Eine derartige Regelung findet sich in § 82 S. 1 GWB, wonach im Zusammenhang mit Submissionsabsprachen die ausschließliche Kompetenz zur Festsetzung einer Geldbuße gegen eine juristische Person oder Personenvereinigung den Kartellbehörden obliegt. Damit besteht eine gespaltene Zuständigkeit hinsichtlich der Sanktionierung des Individualtäters und des Unternehmensträgers. Dies gilt jedoch dann nicht, wenn die Kartellbehörde das Verfahren an die Staatsanwaltschaft abgibt (§ 82 S. 2 GWB). Im Hinblick auf die Individualtat ist die Kartellbehörde zur Abgabe an die Staatsanwaltschaft jedoch nach § 41 I OWiG verpflichtet, wenn Hinweise auf eine Straftat bestehen. Vgl. zum Ganzen FK-GWB-*Achenbach*, § 82 Tz. 8; *ders.*, wistra 1998, 168; *ders.*, wistra 1999, 241, 244; *Bangard*, wistra 1997, 161, 170 ff.; *Kleinmann/Berg*, BB 1998, 277, 282; *König*, JR 1997, 397, 403; *Korte*, NStZ 1997, 513, 517 f.

[67] *Mitsch*, Ordnungswidrigkeitenrecht, Teil III § 30 Rn. 16; *Többens*, NStZ 1999, 1, 7.

[68] BGH NStZ 1994, 346; OLG Düsseldorf wistra 1996, 77; NStZ 1984, 366, 367; OLG Koblenz BB 1977, 1571; Rebmann/Roth/Herrmann-*Förster*, § 30 Rn. 52; *Göhler*, OWiG, § 30 Rn. 40; *Müller*, Stellung der juristischen Person, S. 89; *Peltzer*, NJW 1978, 2131, 2132; *Pohl-Sichtermann*, Geldbuße gegen Verbände, S. 181; KK-OWiG-*Rogall*, § 30 Rn. 165.

[69] BGH NStZ 1994, 346; BayObLG NJW 1972, 1771, 1772; OLG Hamm wistra 2000, 433; OLG Köln GewA 1974, 141, 143; Rebmann/Roth/Herrmann-*Förster*, § 30 Rn. 52; *Göhler*, OWiG, § 30 Rn. 40; *ders.*, wistra 1991, 207, 208 f.; *Müller*, Stellung der juristischen Person, S. 89; *Ransiek*, Unternehmensstrafrecht, S. 119 f.; KK-OWiG-*Rogall*, § 30 Rn. 165; *Schmitt*, Lange-FS, S. 877, 885; *Többens*, NStZ 1999, 1, 7.

[70] *Demuth/Schneider*, BB 1970, 642, 651; Rebmann/Roth/Herrmann-*Förster*, § 30 Rn. 52; *Müller*, Stellung der juristischen Person, S. 89; *Rotberg*, OWiG, § 30 Rn. 12; *Schmitt*, Lange-FS, S. 877, 885; *Schroth*, wistra 1986, 158, 164; *Wegner*, NJW 2001, 1979, 1981; auch *Ransiek*, Unternehmensstrafrecht, S. 120. Kritisch zur großzügigen Handhabung der anonymen Verbandsgeldbuße *Bosch*, Organisationsverschulden, S. 57 f.

Gründen nicht verfolgt werden kann[71], zum Beispiel aufgrund Eintritts der Verfolgungsverjährung vor Einleitung des selbständigen Verfahrens[72], Immunität oder Amnestie.

III. Verfall gegen Unternehmensträger, § 73 III StGB, § 29 a II OWiG

1. Voraussetzungen und Gegenstand des Verfalls

Nutznießer von straf- oder bußgeldbewehrten Zuwiderhandlungen sind im Bereich der Wirtschaftskriminalität häufig Unternehmen. Es wäre unangemessen, die Vermögensvorteile, welche dem Personenverband durch die Verstöße der Betriebsangehörigen erwachsen sind, diesem zu belassen. Daher sieht § 73 III StGB obligatorisch und § 29 a II OWiG fakultativ die Anordnung des Verfalls von aus einer rechtswidrigen Tat herrührenden Vorteilen gegen tatunbeteiligte Dritte vor. Auch juristische Personen und Personenvereinigungen können „andere" im Sinne der genannten Vorschriften und somit Adressaten der Verfallsanordnung sein[73].

Dem Verfall unterliegen die gesamten Einnahmen, die das bereicherte Unternehmen erzielt hat, ohne dass geleistete Aufwendungen berücksichtigt werden (Bruttoprinzip)[74]. Damit geht es nicht mehr nur um den Entzug unrechtmäßig erlangter Vermögenszuwächse, sondern mit der Abschöpfung des Vermögenswertes über den Nettogewinn hinaus wird dem Betroffenen ein selbständiges Übel auferlegt. Dadurch erlangt das Rechtsinstitut des Verfalls auch Straf- beziehungsweise Bußgeldcharakter, was zur Beachtung des Schuldgrundsatzes zwingt[75]. Die Ver-

---

[71] *Brender,* Neuregelung der Verbandstäterschaft, S. 136; *Demuth/Schneider,* BB 1970, 642, 651; *Göhler,* OWiG, § 30 Rn. 42; Rebmann/Roth/Herrmann-*Förster,* § 30 Rn. 58; *Kaiser,* Verbandssanktionen, S. 226 ff.; *Müller,* Stellung der juristischen Person, S. 92 ff.; *Pohl-Sichtermann,* Geldbuße gegen Verbände, S. 184; KK-OWiG-*Rogall,* § 30 Rn. 169; *Schroth,* wistra 1986, 158, 163.

[72] *BGH* wistra 1995, 314; *OLG Dresden* NStZ 1997, 348, 349; *OLG Frankfurt* NStZ 1992, 193; *Göhler,* OWiG, § 30 Rn. 42; Rebmann/Roth/Herrmann-*Förster,* § 30 Rn. 58; KK-OWiG-*Rogall,* § 30 Rn. 169; vgl. auch *Göhler,* NJW 1979, 1436 ff.; *Peltzer,* NJW 1978, 2131 ff.

[73] *Achenbach,* Stree/Wessels-FS, S. 545, 546; *ders.,* Coimbra-Symposium, S. 283, 290; *Tröndle/Fischer,* § 73 Rn. 21; *Günthert,* Gewinnabschöpfung, S. 53; *Lackner/Kühl,* § 73 Rn. 9; *Schroth,* wistra 1986, 158, 161.

[74] Eingeführt wurde das Bruttoprinzip durch das „Gesetz zur Änderung des Außenwirtschaftsgesetzes, des Strafgesetzbuches und anderer Gesetze" v. 28. 2. 1992, BGBl. I 372. Vgl. die Gesetzesbegründung BT-Drucks. 12/1134, S. 12 sowie *BGH* NStZ 1994, 123; 1995, 495; 1996, 539; NJW 2002, 3339, 3340; *BayObLG* wistra 1997, 317; wistra 2000, 395, 397; *OLG Hamburg* wistra 1997, 72, 74.

[75] *Cramer,* Meyer-Goßner-FS, S. 733, 740 f.; *Dessecker,* Gewinnabschöpfung, S. 362; *Drathjer,* Abschöpfung rechtswidrig erlangter Vorteile, S. 38; *Eser,* Stree/Wessels-FS, S. 833, 853; *Hellmann,* GA 1997, 503, 521 f.; NK-StGB-*Herzog,* § 73 Rn. 14; SK-StGB-*Horn,* § 73 Rn. 5; *Hoyer,* GA 1993, 406, 421; *Jescheck/Weigend,* Strafrecht AT, § 76 I 5, S. 793;

fallsvorschriften verlangen jedoch nur, dass der Tatbeteiligte für den Verband gehandelt hat – das heißt in Wahrnehmung dessen Angelegenheiten und in dessen
Interesse[76] – und dass dieser aus der Anknüpfungstat unmittelbar etwas erlangt hat.
Schuldhaftes Verhalten ist also nach den Gesetzesfassungen nicht notwendig.
Diese Voraussetzungen legitimieren zwar die Entziehung des Nettoerlöses, denn
soweit nur der Ausgleich einer unrechtmäßigen Bereicherung bezweckt wird, fehlt
es am pönalen Charakter. Geht es jedoch um die Abschöpfung der Bruttogewinne,
so erfordert der Schuldgrundsatz eine eigene „schuldhafte Verstrickung des Unternehmens in die Tat"[77]. Daher wird eine verfassungskonforme Auslegung der entsprechenden Vorschriften vorgeschlagen. Die Anordnung des Verfalls der Brutto-
erlöse gegen juristische Personen oder Personenvereinigungen sei nur gestattet,
wenn schuldhaftes beziehungsweise vorwerfbares Handeln des für das Unternehmen handelnden Tatbeteiligten[78] vorliege, das dem Verband – sofern es sich um
eine Leitungsperson des Unternehmens handelte – zugerechnet werden könne[79].

Lackner / Kühl, § 73 Rn. 4 b; KK-OWiG-*Mitsch,* § 29 a Rn. 12; vgl. auch *Mainzer,* DRiZ 2002,
97, 98; *Meyer,* ZRP 1990, 86, 89 Fn. 60; *Weßlau,* StV 1991, 226, 231. – Der Gesetzgeber hat
zur einer möglichen Änderung der Rechtsnatur nicht Stellung genommen; er versteht den Verfall folglich trotz der Einführung des Bruttoprinzips weiterhin als „quasi-kondiktionelle Aus-
gleichsmaßnahme", vgl. den Regierungsentwurf zum Außenwirtschaftsänderungsgesetz (oben
Fn. 74), BT-Drucks. 12 / 134, S. 12; Entwurf des Bundesrates zum „Gesetz zur Bekämpfung
des illegalen Rauschgifthandels und anderer Erscheinungsformen der Organisierten Kriminalität" (OrgKG), BT-Drucks. 11 / 7663, S. 21 f., 47; die Gegenäußerung der Bundesregierung
zur Stellungnahme des Bundesrates zum „Strafrechtsänderungsgesetz", BT-Drucks. 11 / 6623,
S. 13; gegen einen Straf- bzw. Bußgeldcharakter auch *BGH* NJW 1995, 2235; wistra 2002,
255, 258; NJW 2002, 3339, 3340; *Best,* JR 2003, 337, 341; *Katholnigg,* JR 1994, 353, 355;
Kracht, wistra 2000, 326, 329 f.; *Krey* / *Dierlamm,* JR 1992, 353, 358; *Baumann* / Weber /
Mitsch, Strafrecht AT, § 35 Rn. 14. Vgl. weiter *Wolters,* Neufassung der strafrechtlichen Verfallsvorschrift, S. 63 ff., der zur Bestimmung des „erlangten Etwas" nach der Deliktsnatur der
Anknüpfungstaten differenziert und nach dem nur bei Verletzungsdelikten mit „gegenständ-
licher Verschiebung des Angriffsobjekts" das Bruttoprinzip überhaupt zur Anwendung kommen kann, der somit i.E. ebenfalls einen pönalen Charakter des Verfalls verneint.

[76] Erforderlich ist aber weder ein Organ- oder Auftragsverhältnis, noch dass der Täter nach
außen hin erkennbar für das Unternehmen handelt; ein Handeln im rein faktischen Interesse
genügt. Vgl. *BGHSt* 45, 235, 245 f.; *BGH* NJW 1991, 367, 371; *OLG Düsseldorf* NJW 1979,
992; *Brenner,* DRiZ 1977, 203, 205; *ders.,* NStZ 1998, 557, 560; *Drathjer,* Abschöpfung
rechtswidrig erlangter Vorteile, S. 133; Schönke / Schröder-*Eser,* § 73 Rn. 37; *Lackner* / Kühl,
§ 73 Rn. 9; *Schmid* / Winter, NStZ 2002, 8, 12.

[77] FK-GWB-*Achenbach,* Vor § 81 Tz. 119; vgl. auch *Drathjer,* Abschöpfung rechtswidrig
erlangter Vorteile, S. 136; KK-OWiG-*Mitsch,* § 29 a Rn. 36.

[78] *Achenbach,* in: ders. (Hrsg.), Beraterhandbuch zum Steuer- und Wirtschaftsstrafrecht,
§ 3 Rn. 29; *ders.,* FK-GWB, Vor §§ 38 – 39 Rn. 85; *Cramer,* Meyer-Goßner-FS, S. 733, 740;
Schönke / Schröder-*Eser,* § 73 Rn. 37 a; *Franzheim,* Gaul-FS, S. 135, 146; *Hoyer,* GA 1993,
406, 422; vgl. auch *OLG Celle* NStZ 1997, 554, 556. Dagegen hält *Drathjer,* Abschöpfung
rechtswidrig erlangter Vorteile, S. 51 f., die Möglichkeit einer verfassungskonformen Auslegung für ausgeschlossen und erachtet § 29 a OWiG daher wegen Missachtung des Schuldgrundsatzes für verfassungswidrig.

[79] FK-GWB-*Achenbach,* Vor § 81 Tz. 119; Schönke / Schröder-*Eser,* § 73 Rn. 37 a; KK-
OWiG-*Rogall,* § 30 Rn. 108.

Ist dies nicht nachzuweisen, so kann nur der tatsächliche Vermögenszuwachs abgeschöpft werden; getätigte Aufwendungen sind dann anzurechnen.

2. Selbständige Anordnung gegen den Unternehmensträger, § 76 a StGB, § 29 a IV OWiG

Im Regelfall erfolgt die Anordnung des Verfalls gegen das Unternehmen im Rahmen des subjektiven Verfahrens gegen den Tatbeteiligten. Die juristische Person beziehungsweise die Personenvereinigung wird nach § 442 II 1 StPO, bei Verfallsanordnung nach § 29 a II OWiG gemäß § 442 I StPO in Verbindung mit §§ 87 VI, I, 46 I OWiG, beteiligt.

Möglich ist jedoch auch eine selbständige Verfallsfestsetzung gegen den Unternehmensträger. Solch ein objektives Verfahren ist zwingend durchzuführen, wenn eine bestimmte Person wegen einer Straftat aus tatsächlichen Gründen nicht verfolgt werden kann, wenn das Gericht von Strafe absieht oder das Verfahren nach Ermessen des Gerichts beziehungsweise der Staatsanwaltschaft eingestellt wird (§ 76 a I, III StGB). Weiter ist ein selbständiges Verfahren nach Ermessen der Verwaltungsbehörde einzuleiten, wenn das Bußgeldverfahren gegen den Täter nicht eingeleitet oder eingestellt wird (§ 29 a IV OWiG). Folglich kann eine selbständige Verfallsanordnung auch dann ergehen, wenn die konkrete Person des Tatbeteiligten nicht ermittelt werden kann. Allerdings sind auch hier die mit der Geltung des Bruttoprinzips verbundenen Einschränkungen[80] zu beachten[81]. Das bedeutet, eine selbständige Abschöpfung des gesamten Bruttoerlöses kommt nur in Betracht, wenn sichergestellt ist, dass einer der betreffenden Tatbeteiligten schuldhaft handelte. Kann ein derartiges Verschulden nicht nachgewiesen werden, ist nur eine Gewinnabschöpfung nach dem Nettoprinzip statthaft.

3. Verhältnis zur Verbandsgeldbuße, § 30 V OWiG

Gemäß § 30 V OWiG wird die Möglichkeit der Verfallsanordnung durch die Festsetzung einer Verbandsgeldbuße wegen derselben Tat verdrängt[82]. Allerdings besteht die Praxis, ein Bußgeldverfahren wegen einer Ordnungswidrigkeit sowohl gegen das Organ der juristischen Person beziehungsweise den gesetzlichen Vertreter der Personengesellschaft als auch gegen die Gesellschaft selbst zunächst einzuleiten, dieses dann jedoch aus Opportunitätsgründen gegen sämtliche Beteiligte nach § 47 I OWiG einzustellen. Zugleich ergeht aber gegen die betroffene Personenvereinigung die Anordnung des Verfalls des aus der Ordnungswidrigkeit „Er-

---

80 Siehe oben 1. Teil, A. III. 1.

81 Schönke / Schröder-*Eser,* § 76 a Rn. 2 und 7.

82 *Göhler,* OWiG, § 30 Rn. 37; KK-OWiG-*Rogall,* § 30 Rn. 135 je m. w. N.

langtem" nach § 29 a II, IV OWiG[83]. Hintergrund ist dabei die angestrebte Vorteilsabschöpfung nach dem Bruttoprinzip, was bei Verhängung und Zumessung einer Verbandsgeldbuße nach §§ 30 III, 17 IV OWiG ausgeschlossen ist. Diese Vorgehensweise stellt jedoch eine unzulässige Umgehung der Konkurrenzregel des § 30 V OWiG dar[84]. Ein Wahlrecht zwischen Verbandsgeldbuße und Verfallsanordnung nach § 29 a II OWiG[85] kann daher nicht angenommen werden.

IV. Einziehung gegen Personenverbände, § 75 StGB, § 29 OWiG

StGB und OWiG gestatten die Einziehung „tatverstrickter" Gegenstände auch gegen rechtsfähige Personengesellschaften. Eine Sicherungseinziehung nach § 74 II Nr. 2, III StGB beziehungsweise § 22 II Nr. 2, III OWiG kann unter der Bedingung einer bestehenden, mit dem Gegenstand verbundenen Gefährdung der Allgemeinheit auch gegen tatunbeteiligte Inhaber der Sachen oder Rechte – also auch gegen Unternehmensträger – gerichtet werden. Dagegen darf eine Strafeinziehung gemäß §§ 74 II Nr. 1 StGB, 22 II Nr. 1 OWiG nur gegen den Täter oder Teilnehmer ergehen, dem der tatverstrickte Gegenstand gehört beziehungsweise zusteht. Damit im letzteren Falle auch verbandseigene Sachen oder Rechte eingezogen werden können, ermöglichen § 75 StGB und § 29 OWiG die Zurechnung von Straftaten beziehungsweise Ordnungswidrigkeiten von Repräsentanten des Unternehmens zum Verband, als habe dieser die relevante Zuwiderhandlung selbst begangen. Dabei entsprechen die Verbände, die als Einziehungsadressaten in Betracht kommen, denen des § 30 OWiG, ebenso wie der Kreis der Täter der Anknüpfungstat. Auch hier müssen diese „als" Organe, Vertreter usw. des Unternehmens gehandelt haben, das heißt in Wahrnehmung der Angelegenheiten des Verbandes[86].

Unter den Voraussetzungen des § 76 a StGB beziehungsweise § 27 OWiG kann die Einziehung in einem selbständigen Verfahren gegen den Unternehmensträger angeordnet werden. Danach ist ein objektives Einziehungsverfahren vor allem auch möglich, wenn die Tatbeteiligung einer bestimmten Person nicht nachgewiesen werden kann. Die übrigen Einziehungsvoraussetzungen müssen jedoch erfüllt sein.

---

[83] Zu dieser Praxis *Cramer,* Meyer-Goßner-FS, S. 733 ff.

[84] Ausführlich *Cramer,* Meyer-Goßner-FS, S. 733 ff.

[85] So aber *Drathjer,* Abschöpfung rechtswidrig erlangter Vorteile, S. 158 f.

[86] Vgl. *BGH* JR 1997, 204, 205 mit zustimmender Anmerkung *Achenbach,* S. 205; Schönke / Schröder-*Eser,* § 75 Rn. 9; *Müller,* Stellung der juristischen Person, S. 12.

V. Mehrerlösabschöpfung, §§ 8, 10 II WiStG 1954

Schließlich kann gegen eine juristische Person oder eine Personenhandelsgesellschaft die Abführung des Mehrerlöses nach §§ 8, 10 II WiStG 1954[87] angeordnet werden, sofern diese aufgrund eines Preisverstoßes im Sinne der §§ 1 bis 6 WiStG 1954 einen höheren als zulässigen Preis erzielt hat. Wegen der sehr geringen praktischen Bedeutung[88] soll diese Maßnahme hier jedoch außer Betracht bleiben.

VI. Die Gefährdungssituation des Unternehmens

Bereits nach bestehender Rechtsordnung sind Unternehmen strafrechtlichen Sanktionen im weiteren Sinne ausgesetzt. Von entscheidender Bedeutung ist dabei vor allem die Verbandsgeldbuße nach § 30 OWiG. Können Unternehmen sanktioniert werden, so besteht auch für sie die Möglichkeit, in den entsprechenden Verfahren strafrechtlich[89] belastende Umstände einräumen zu müssen. Die Frage nach der Geltung des nemo tenetur-Grundsatzes zugunsten von Unternehmen stellt sich folglich bereits nach derzeitiger Rechtslage[90].

B. Selbstbelastungsgefahren für Unternehmen durch verwaltungsrechtliche Mitwirkungspflichten

I. Einführung

Selbstbelastungsgefahren drohen den Unternehmen nicht nur im unmittelbaren Zusammenhang mit der Verhängung von Unternehmenssanktionen, sondern auch – gewissermaßen vorgelagert – in verwaltungsrechtlichen Verfahren.

Gerade im Wirtschaftsverwaltungsrecht ist es zunehmend die Aufgabe des Staates, Risiken, die im Zusammenhang mit wirtschaftlicher Produktion und dem Auftreten am Markt bestehen, zu steuern und möglicherweise auftretende Gefahren für Verbraucher, Umwelt oder auch funktionierenden Wettbewerb abzuwehren. Zur Erfüllung dieser Aufgabe ist er in großem Maße auf Informationen aus dem jewei-

---

[87] Gesetz zur weiteren Vereinfachung des Wirtschaftsstrafrechts (Wirtschaftsstrafgesetz 1954) in der Fassung der Bekanntmachung v. 3. 6. 1975 (BGBl. I 1313).

[88] *Ehrhardt,* Unternehmensdelinquenz, S. 37; siehe auch *Wolters,* Neufassung der strafrechtlichen Verfallsvorschrift, S. 23.

[89] Im weiteren Sinne.

[90] Einfach-gesetzlich wird Unternehmen bereits Schutz vor strafrechtlicher Selbstbelastung gewährt: vgl. §§ 444 II 2, 432 II, 163 a III 2, 136 I 2 StPO, §§ 88, 46 I OWiG bzw. §§ 444 II 2, 433 I, 243 IV 1 StPO, § 46 I OWiG.

ligen wirtschaftlichen Tätigkeitsfeld des betreffenden Unternehmens angewiesen. Die benötigten Informationen kann sich der Staat jedoch oftmals nicht selbst beschaffen. Es sind zum einen die nur begrenzten finanziellen, sachlichen und personellen Ressourcen, die eine eigene Informationsermittlung durch staatliche Behörden vielfach ausschließen. Die Kapazitätsgrenzen würden gesprengt[91].

Zum anderen verfügen die Unternehmen über einen zum Teil sehr erheblichen Wissensvorsprung gegenüber dem Staat[92]. Produktionsabläufe und interne Zuständigkeiten können außenstehende staatliche Behörden ohne Mitwirkung von Seiten des Unternehmens her nicht überblicken. Aufgrund der Spezialisierung je nach Tätigkeitsgebiet und dem täglichen Umgang mit den Produktionsmitteln können mögliche Gefährdungslagen in den jeweiligen Betrieben besser abgeschätzt werden als durch externe Dritte. Mögliche Störfälle werden meist schon aufgrund der Nähe zum Geschehen hier zuerst erkannt. Außerdem werden Erfahrungen aus der Konstruktion und Entwicklung der Produkte sowie Ergebnisse aus Produkt- und Markbeobachtung im Unternehmen gebündelt. Unternehmen verfolgen den Stand der technischen Entwicklung und können so auf neue Erkenntnisse, auch im Hinblick auf bislang unbekannte Gefährdungen, am schnellsten reagieren. Schließlich verfügen die Unternehmen regelmäßig über gut ausgebildete Fachleute und über die entsprechenden technischen Möglichkeiten.

Zur Erlangung der zur Aufsicht benötigten Informationen wird der Staat auf dieses Wissenspotential zugreifen[93]. Zahlreiche Gesetze des Wirtschaftsverwaltungsrechts statuieren daher ein Reihe von Auskunfts-, Anzeige-, Offenlegungs- und Vorlagepflichten. Adressaten dieser Verpflichtungen sind nicht nur natürliche Personen, sondern vor allem auch Unternehmensträger. Damit ist die Gefahr verbunden, in Erfüllung der Mitwirkungspflichten Zuwiderhandlungen gegen gesetzliche Vorgaben einräumen zu müssen, die gegebenenfalls zur Verhängung einer Verbandsgeldbuße nach § 30 OWiG führen können.

Am Beispiel des Immissionsschutzrechtes, also aus einem Bereich, in dem typischerweise auch Unternehmen agieren, sollen die besonderen Gefährdungslagen näher dargestellt werden.

---

[91] Vgl. auch BT-Drucks. 10/6028, S. 13; *Nobbe/Vögele,* NuR 1988, 313. Ausführlich zu Vollzugsdefiziten im Immissionsschutzrecht *Ludwig,* Privatisierung staatlicher Aufgaben, S. 115 ff.

[92] Vgl. *Heine,* Strafrechtliche Verantwortlichkeit, S. 296; *Pieth,* ZStrR 119 (2001), 1, 3.

[93] Zur Tendenz der Ausweitung von Informationspflichten im Verwaltungsrecht *Heine,* in: Arnold u. a. (Hrsg.), Grenzüberschreitungen, S. 51, 73; *ders.,* in: Eser u. a. (Hrsg.), Strafrechtswissenschaft vor der Jahrtausendwende, S. 397, 406; *Mäder,* Betriebliche Offenbarungspflichten, S. 43 f.

II. Mitwirkungspflichten am Beispiel des Immissionsschutzrechtes

Die verschiedenen Mitwirkungspflichten für Unternehmen und daraus möglicherweise entstehende Konfliktlagen mit dem nemo tenetur-Grundsatz lassen sich besonders gut anhand der Instrumentarien der Gesetzesüberwachung im Immissionsschutzrecht verdeutlichen.

1. Mitwirkungspflichten im Rahmen von Eröffnungskontrollen

Vernachlässigt werden können behördliche Auskunftsverlangen im Rahmen von Eröffnungskontrollen[94]. Gerade im Umweltrecht stehen zahlreiche gefahrträchtige Nutzungen und Vorhaben unter dem Vorbehalt staatlicher Erlaubnis[95]. So kann vorab überprüft werden, ob die betreffenden Tätigkeiten im Einklang mit den gesetzlichen Anforderungen stehen[96]. Im Immissionsschutzrecht bedürfen beispielsweise Errichtung und Betrieb von Anlagen mit erheblicher Umweltbelastung[97] sowie deren wesentliche Änderung[98] einer Genehmigung. Zu den Möglichkeiten präventiver Kontrolle zählen schließlich neben erlaubnisersetzenden Anmeldepflichten[99] vor allem auch Anzeigepflichten[100] für Beginn oder Änderung von

---

[94] Sie dienen der einmaligen, vorgeschalteten Überprüfung von umweltrelevanten Tätigkeiten und Vorhaben hinsichtlich ihrer Vereinbarkeit mit den materiell-rechtlichen Vorgaben des Umweltrechts. Dagegen spricht man von Befolgungskontrolle im Zusammenhang mit fortlaufender Überwachung der Einhaltung gesetzlicher oder administrativer Vorgaben während der Vornahme bestimmter umweltrechtlich bedeutsamer Aktivitäten. Vgl. hierzu *Bender / Sparwasser / Engel*, Grundzüge des öffentlichen Umweltrechts, Kap. 2 Rn. 19; *Breuer*, in: Schmidt-Aßmann, Besonderes Verwaltungsrecht, 5. Kap. Rn. 71; *Kloepfer*, Umweltrecht, § 5 Rn. 38 f.; *Ludwig*, Privatisierung staatlicher Aufgaben, S. 81 und 99.

[95] Es besteht dabei keine einheitliche Begriffswahl; verwendet werden Bezeichnungen wie etwa Bewilligung, Genehmigung, Gestattung, Zulassung, Konzession, Ausnahme, Befreiung. Vgl. *Bender / Sparwasser / Engel*, Grundzüge des öffentlichen Umweltrechts, Kap. 2 Rn. 20, Fn. 18; *Hoppe / Beckmann / Kauch*, Umweltrecht, § 8 Rn. 30.

[96] Vgl. *Hoppe / Beckmann / Kauch*, Umweltrecht, § 8 Rn. 33.

[97] Vgl. § 4 BImSchG. Welche Anlagen einer Genehmigung bedürfen, ist in der 4. BImSchV (Vierte Verordnung zur Durchführung des Bundes-Immissionsschutzgesetzes – Verordnung über genehmigungsbedürftige Anlagen, i. d. F. v. 14. 3. 1997, BGBl. I 504) und in der 13. BImSchV (Dreizehnte Verordnung zur Durchführung des Bundes-Immissionsschutzgesetzes – Verordnung über Großfeuerungsanlagen, v. 22. 6. 1983, BGBl. I 719) geregelt.

[98] Vgl. § 16 I BImSchG.

[99] Vgl. § 67 II BImSchG, allgemein dazu *Breuer*, in: Schmidt-Aßmann, Besonderes Verwaltungsrecht, 5. Kap. Rn. 71; *Hoppe / Beckmann / Kauch*, Umweltrecht, § 8 Rn. 23 ff.; *Kloepfer*, Umweltrecht, § 5 Rn. 38.

[100] Vgl. § 15 I BImSchG. Ob die Anzeigepflicht nach § 15 BImSchG zur Eröffnungskontrolle (so *Fluck*, VerwArch 1997, 265, 270; *Hoppe / Beckmann / Kauch*, Umweltrecht,

bestimmten potentiell umweltbeeinträchtigenden Handlungen, die wegen ihrer geringeren Gefährlichkeit keiner Kontrollerlaubnis bedürfen, aber der jeweiligen Behörde mitgeteilt werden müssen, damit diese gegebenenfalls notwendige Überwachungsmaßnahmen ergreifen kann[101]. Zur Durchführung der präventiven Kontrollen benötigt die zuständige Behörde umfassende Informationen über das beabsichtigte Vorhaben, welche sie regelmäßig nicht selbst ermittelt, sondern die der Antragsteller selbst beibringen muss[102]. § 10 I 2 BImSchG sieht daher vor, dass dem Zulassungsantrag sämtliche genehmigungsrelevanten Unterlagen hinzuzufügen sind[103].

Im Zusammenhang mit Eröffnungskontrollen ist damit durchaus die tatsächliche Gefahr, strafbares oder ordnungswidriges Verhalten einräumen zu müssen, zu sehen, besonders sofern die Änderung oder Erweiterung einer bereits bestehenden Erlaubnis in Rede steht. In diesen Konstellationen geht es aber nicht um erzwingbare Mitwirkungs*pflichten,* sondern es handelt sich lediglich um verfahrensrechtliche Mitwirkungs*lasten*[104]. Der Antragsteller kann im Falle der Weigerung nicht zur entsprechenden Offenlegung gezwungen werden. Unterlässt er die Mitwirkung, drohen ihm allerdings Rechtsnachteile. Aufgrund der Geltung des Untersuchungs-

---

§ 8 Rn. 25) oder zur Befolgungskontrolle (so *Ludwig,* Privatisierung staatlicher Aufgaben, S. 218 f.) zu zählen ist, wird nicht einheitlich beurteilt. Stellt man die gesamte Anlage in den Vordergrund der Betrachtung, spricht dies für eine Zugehörigkeit in den Bereich der Befolgungskontrolle. Durch die Anzeige kann kontrolliert werden, ob die Anlage trotz der Veränderung noch den gesetzlichen Anforderungen entspricht. Überzeugender ist es jedoch, den systematischen Zusammenhang mit § 16 BImSchG zu berücksichtigen und die einzelne Änderung in den Mittelpunkt zu rücken. Mit der Anzeige soll die Behörde in die Lage versetzt werden, überprüfen zu können, ob die geplante Änderung so gravierend ist, dass sie einer Änderungsgenehmigung i. S. d. § 16 I BImSchG, also einer erneuten Eröffnungskontrolle bedarf. Bei § 15 BImSchG handelt es sich somit um ein präventives Verbot mit Anzeige- bzw. Reaktionsvorbehalt; die Änderung darf erst nach Mitteilung der Behörde über die fehlende Genehmigungsbedürftigkeit oder nach Fristablauf gemäß § 15 II BImSchG vollzogen werden (*Fluck,* VerwArch 1997, 265, 270; *Hansmann,* in: Landmann / Rohmer, § 15 BImSchG Rn. 46; *Jarass,* BImSchG, § 15 Rn. 23). Im Hinblick auf die Selbstbelastungsproblematik ist die Zuordnung jedoch nicht wirklich entscheidend. Maßgeblich ist vielmehr, dass eine für den nemo tenetur-Grundsatz relevante Zwangslage nicht besteht. Der Betreiber kann und muss zwischen Vornahme der Änderung und einer Anzeige mit ggf. verbundener Selbstbelastung wählen.

[101] *Bender / Sparwasser / Engel,* Grundzüge des öffentlichen Umweltrechts, Kap. 2 Rn. 25; *Breuer,* in: Schmidt-Aßmann, Besonderes Verwaltungsrecht, 5. Kap. Rn. 71; *Kloepfer,* Umweltrecht, § 5 Rn. 38; *Pohl,* in: Himmelmann u. a., Handbuch des Umweltrechts, A.3. Rn. 75.

[102] Vgl. ausführlich für den Bereich der immissionsschutzrechtlichen Genehmigung *Ludwig,* Privatisierung staatlicher Aufgaben, S. 170 ff.

[103] Dies gilt entsprechend für die Änderungsgenehmigung und auch für die Änderungsanzeige (§ 15 I 2 BImSchG). Die §§ 4 – 4 e und 9. BImSchV (Neunte Verordnung zur Durchführung des Bundes-Immissionsschutzgesetzes – Verordnung über das Genehmigungsverfahren – i. d. F. v. 29. 5. 1992, BGBl. I 1001) enthalten Konkretisierungen zu den erforderlichen Antragsunterlagen.

[104] Vgl. *Kopp / Ramsauer,* VwVfG, § 26 Rn. 40; *Ludwig,* Privatisierung staatlicher Aufgaben, S. 171; *Stelkens / Kallerhoff,* in: Stelkens / Bonk / Sachs, VwVfG, § 26 Rn. 46.

grundsatzes im Verwaltungsverfahren[105] sowie im Verwaltungsprozess[106] sind zwar die Verwaltungsbehörden beziehungsweise die Verwaltungsgerichte im Rahmen des Möglichen und Zumutbaren zur Sachverhaltsaufklärung verpflichtet. Die Ermittlungspflicht kann sich jedoch dahingehend reduzieren, dass der Antrag, wenn die Weigerung des Antragstellers eine Sachentscheidung vereitelt, ohne weitere Ermittlungen abgelehnt werden kann[107]. Der Antragsteller trägt folglich das Risiko der Unaufklärbarkeit des entsprechenden Sachverhaltes, was unter Umständen dazu führen kann, dass der Erlaubnisantrag abgewiesen wird[108]. Er muss sich also zwischen Rechtsdurchsetzung und Selbstbelastung entscheiden. Entsprechendes gilt für die erlaubnisersetzenden Anmeldepflichten und für die Anzeigepflichten. Auch hier hat der Betroffene zwischen der Vornahme der beabsichtigten Tätigkeit und der Anzeige mit gegebenenfalls selbstbelastendem Inhalt zu wählen. Es fehlt daher an einer dem nemo tenetur-Grundsatz entsprechenden Zwangslage[109]. Dieses am Beispiel des Immissionsschutzrechts gefundene Ergebnis lässt sich auf die Genehmigungsvorbehalte sowie Anmelde- und Anzeigepflichten anderer Verfahrensarten übertragen.

2. Behördliche Überwachung und Eigenüberwachung

Im Rahmen der Befolgungskontrolle bestehen dagegen erzwingbare Mitwirkungspflichten, die im Folgenden betrachtet werden sollen. Dabei ist es sinnvoll, zwischen behördlicher Überwachung und betreibereigener Überwachung zu unterscheiden. Die Abgrenzung erfolgt anhand der Verteilung der Verantwortung für die Überwachung[110].

Um *behördliche Überwachung* handelt es sich, wenn die Überwachung und Informationsgewinnung in Verantwortung staatlicher Behörden, staatsnaher Stellen oder staatsunabhängiger an Stelle des Staates handelnder Institutionen liegt, auch wenn der Betroffene zur Informationsgewinnung herangezogen wird[111]. Erfolgt

---

[105] Siehe § 24 I VwVfG.

[106] Siehe § 86 I VwGO.

[107] Vgl. *BVerwG* DVBl. 1997, 609, 610; *OVG Münster* NWVBl. 1995, 356, 357.

[108] *Kopp / Ramsauer,* VwVfG, § 24 Rn. 46 und 50; *Ludwig,* Privatisierung staatlicher Aufgaben, S. 171; *Stelkens / Kallerhoff,* in: Stelkens / Bonk / Sachs, VwVfG, § 24 Rn. 29; *Stürner,* NJW 1981, 1757, 1761 f.

[109] *Nothhelfer,* Freiheit vom Selbstbezichtigungszwang, S. 96 f.; SK-StPO-*Rogall,* Vor § 133 Rn. 139; *Stürner,* NJW 1981, 1757, 1761 f.; siehe auch *Wolff,* Selbstbelastung und Verfahrenstrennung, S. 134, für als repressive Verbote mit Erlaubnisvorbehalt ausgestaltete Genehmigungsvorbehalte.

[110] Die Begriffbestimmungen erfolgen allerdings nicht eindeutig, vgl. dazu *Mäder,* Betriebliche Offenbarungspflichten, S. 10 Fn. 18.

[111] *Mäder,* Betriebliche Offenbarungspflichten, S. 10; vgl. auch *Dahme,* in: Sieder / Zeitler / Dahme / Knopp, WHG, § 21 Rn. 2; *Jarass,* BImSchG, § 52 Rn. 1; *Rengier,* Schmitt-FS, S. 263.

die Überwachung dagegen in Verantwortung des – durch Gesetz oder aufgrund einer Anordnung der zuständigen Behörde – Pflichtigen, so geht es um Maßnahmen der *Eigenüberwachung*[112]. Davon zu unterscheiden sind Maßnahmen zur Überprüfung umweltrelevanten Verhaltens, die der Betreiber aus eigener Initiative heraus vornimmt, das heißt ohne eine besondere gesetzliche oder behördliche Verpflichtung. Ein derartiges Vorgehen kann als *Eigenkontrolle*[113] bezeichnet werden.

3. Mitwirkungspflichten im Rahmen behördlicher Überwachung

a) Die Überwachungsinstrumente des § 52 BImSchG

Mitwirkungspflichten bestehen zunächst im Rahmen behördlicher Überwachung. Zentrale Vorschrift im Immissionsschutzrecht ist § 52 BImSchG. Neben der Verpflichtung, das Betreten von Grundstücken, Geschäfts- und (unter eingeschränkten Voraussetzungen) von Wohnräumen zu dulden, statuiert § 52 II 1 BImSchG auch Handlungspflichten, bei deren Erfüllung der Pflichtige aktiv mitwirken muss. So ist die zuständige Behörde berechtigt, die Erteilung von Auskünften oder die Vorlage von Unterlagen zu verlangen. Weiter müssen die für die Überwachung erforderlichen Arbeitskräfte und Hilfsmittel zur Verfügung gestellt werden, § 52 II 4 BImSchG. Sofern Immissionsschutz- oder Störfallbeauftragte bestellt sind, sind diese bei entsprechendem Verlangen der Behörde hinzuzuziehen, § 52 II 3 BImSchG. Bei den statuierten Mitwirkungspflichten handelt es sich um sogenannte unselbständige Offenbarungspflichten. Sie entstehen erst mit einer entsprechenden Aufforderung der Behörde[114].

Mitwirkungspflichtige nach § 52 II BImSchG sind die jeweiligen Eigentümer und Betreiber von Anlagen[115] sowie Eigentümer und Besitzer von Grundstücken,

---

[112] *Mäder,* Betriebliche Offenbarungspflichten, S. 10; vgl. auch *Dahme,* in: Sieder / Zeitler / Dahme / Knopp, WHG, § 21 Rn. 2; *Jarass,* BImSchG, § 52 Rn. 1; *BMU,* UGB-KomE, § 133, S. 163; *Ludwig,* Privatisierung staatlicher Aufgaben, S. 225; *Steiner,* DVBl. 1987, 1133 f.

[113] *Mäder,* Betriebliche Offenbarungspflichten, S. 10 f.; *Steiner,* DVBl. 1987, 1133.

[114] Im Gegensatz dazu kann man Pflichten, denen der Betroffene unaufgefordert, d. h. ohne Aktualisierung durch eine behördliche Aufforderung nachkommen muss, als selbständige Offenbarungspflichten bezeichnen. Zu dieser Unterscheidung *Hahn,* Offenbarungspflichten, S. 97 ff.; *Hoppe / Beckmann,* Umweltrecht[1], § 8 Rn. 110 ff.; *Mäder,* Betriebliche Offenbarungspflichten, S. 13; *Nobbe / Vögele,* NuR 1988, 313, 314; *Rengier,* Schmitt-FS, S. 263, 264 f.

[115] Betreiber ist, wer bestimmenden Einfluss auf Lage, Beschaffenheit und Betrieb der Anlage ausübt, d. h. regelmäßig derjenige, der die rechtliche oder tatsächliche Verfügungsgewalt über die Anlage innehat und nach außen als Verantwortlicher auftritt, vgl. z. B. *Fluck,* in: Ule / Laubinger, BImSchG, § 16 Rn. C 3; *Jarass,* BImSchG, § 3 Rn. 81 f.; *Manssen,* GewA 1993, 280. Zum Anlagenbegriff im Immissionsschutzrecht siehe die Legaldefinition in § 3 V BImSchG, dazu *Jarass,* BImSchG, § 3 Rn. 66 ff. m. w. N.

auf denen Anlagen betrieben werden[116]. Dies können selbstverständlich auch juristische Personen und Personenvereinigungen sein[117]. Auch wenn die Erfüllung der auferlegten Verpflichtungen durch natürliche Personen wahrgenommen werden müssen[118], bleibt der Unternehmensträger selbst Adressat der betreffenden Pflichten[119].

Die Gefahr möglicher Selbstbelastung durch die Verpflichtung, Auskünfte zu erteilen oder Unterlagen vorzulegen, ist nicht zu übersehen. Allerdings ist in § 52 V BImSchG für den zur Auskunft Verpflichteten ein Auskunftsverweigerungsrecht für Fragen, die ihn selbst oder einen Angehörigen im Sinne des § 383 I Nr. 1–3 ZPO der Gefahr strafgerichtlicher Verfolgung oder eines Bußgeldverfahrens aussetzen würden, niedergelegt. Inwieweit dieses Recht auch Unternehmen Schutz bietet, wird näher zu untersuchen sein[120].

b) Mitteilungspflichten zur Betriebsorganisation, § 52 a BImSchG

Besonders interessant im Zusammenhang mit der Übwachung von Unternehmen sind die Anzeige- und Mitteilungspflichten nach § 52 a BImSchG. Abs. 1 betrifft genehmigungsbedürftige Anlagen, die von Kapitalgesellschaften und Personengesellschaften, bei denen die Führungsebene aus mehreren Personen besteht, betrieben werden[121]. Die jeweiligen Betreiber haben der zuständigen Behörde anzuzeigen, welches Mitglied des Vertretungsorgans beziehungsweise welcher der vertretungsberechtigten Gesellschafter nach der unternehmensinternen Geschäftsführungsverteilung für die Wahrnehmung der immissionsschutzrechtlichen Pflichten zuständig ist. Nach § 52 a II BImSchG müssen Betreiber genehmigungspflichtiger

---

116 Nach § 52 III BImSchG finden die Überwachungsbefugnisse auch auf Eigentümer oder Besitzer von Anlagen, Stoffen und Erzeugnissen, Brenn-, Treib- oder Schmierstoffen, für die auf Grundlage der §§ 32–35, 37 BImSchG Rechtsverordnungen erlassen worden sind, Anwendung.

117 Vgl. zur Stellung von juristischen Personen und Personenvereinigungen als Anlagenbetreiber *Jarass*, BImSchG, § 3 Rn. 84 m. w. N. Die Eigentümer- und Besitzereigenschaft bestimmt sich nach zivilrechtlichen Regelungen, vgl. *Jarass*, BImSchG, § 52 Rn. 24 m. w. N.

118 Die Pflichten sind von den Organen bzw. gesetzlichen Vertretern des Unternehmens wahrzunehmen. Im Immissionsschutzrecht findet sich keine ausdrückliche gesetzliche Bestimmung des Personenkreises, der den dem Unternehmensträger obliegenden Mitwirkungsverpflichtungen nachkommen muss. Eine solche Regelung findet sich dagegen in § 59 II GWB.

119 Dies wird durch § 52 a I BImSchG bestätigt, der immissionsschutzrechtliche Betreiberpflichten voraussetzt und lediglich die Wahrnehmung der Pflichten durch Unternehmensvertreter betrifft, vgl. *Manssen*, GewA 1993, 280 und 282.

120 Siehe unten 3. Teil, B. II. 1. a).

121 Bei Personengesellschaften stellt das Gesetz auf die Existenz mehrerer vertretungsberechtigter Gesellschafter ab; kritisch dazu und stattdessen für ein Abstellen auf die Geschäftsführungsbefugnis *Jarass*, BImSchG, § 52 a Rn. 3; *Manssen*, GewA 1993, 280, 281.

Anlagen und die nach § 52 a I 1 BImSchG zu benennenden Unternehmensvertreter[122] Maßnahmen der Betriebsorganisation, mit denen die Einhaltung der immissionsschutzrechtlichen Vorschriften und Anordnungen sichergestellt werden sollen, der zuständigen Behörde mitteilen[123]. Eine besondere Organisationsstruktur und Zuständigkeitsverteilung wird durch § 52 a BImSchG aber nicht vorgeschrieben, sondern vielmehr vorausgesetzt[124].

Die Mitwirkungspflichten setzen keine Aufforderung der Behörde voraus, sondern entstehen mit Beginn der Anlagenerrichtung (Abs. 1) beziehungsweise spätestens mit Aufnahme des (Probe-)Betriebes (Abs. 2)[125]. Wesentliche[126] Änderungen in der Betriebsorganisation sind unverzüglich der zuständigen Behörde mitzuteilen[127]. Mit § 52 a BImSchG sind folglich selbständige Offenbarungspflichten statuiert.

Die Offenlegung der organisatorischen Maßnahmen soll den Betreiber zur Reflexion der betrieblichen Umweltschutzvorkehrungen anhalten, aber vor allem auch die Überwachungsaufgabe der Behörde unterstützen und entlasten. Ihr soll bekannt sein, an welche natürliche Person an der Unternehmensspitze sie sich im Zusammenhang mit Fragen des Immissionsschutzes wenden kann. Durch die größere Transparenz können Mängel in der Betriebsorganisation im Hinblick auf die Einhaltung immissionsschutzrechtlicher Belange besser erkannt und behoben werden. Die behördlichen Überwachungstätigkeiten können sich daher primär auf die Kontrolle der Eigenüberwachungsmaßnahmen beziehen[128]. § 52 a BImSchG kann daher als Schnittstelle zwischen behördlicher und betreibereigener Überwachung aufgefasst werden[129].

---

[122] Die nach dem Gesetzeswortlaut vorgegebene Erfassung dieser natürlichen Personen als Pflichtenadressaten wird teilweise als ein Widerspruch zum System der Trägerverantwortlichkeit des BImSchG aufgefasst, *Jarass,* BImSchG, § 52 a Rn. 9; *Manssen,* GewA 1993, 280, 282.

[123] Der Inhalt der Mitteilungspflicht ist nicht gesetzlich konkretisiert, vgl. dazu näher *Feldhaus,* NVwZ 1991, 927, 934; *Jarass,* BImSchG, § 52 a Rn. 11; *Fluck/Laubinger,* in: Ule/Laubinger, BImSchG, § 52 a Rn. D 6 ff.; *Hansmann,* in: Landmann-Rohmer, § 52 a BImSchG Rn. 9 ff.; *Müller,* VR 1998, 149, 150.

[124] *Feldhaus,* NVwZ 1991, 927, 928; *Knopp/Striegl,* BB 1992, 2009, 2010; *Mäder,* Betriebliche Offenbarungspflichten, S. 19 Fn. 59; *Manssen,* GewA 1993, 280, 281; *Rebentisch,* NVwZ 1991, 310, 314.

[125] *Fluck/Laubinger,* in: Ule/Laubinger, BImSchG, § 52 a Rn. B 11; *Hansmann,* in: Landmann/Rohmer, § 52 a BImSchG Rn. 14; *Jarass,* BImSchG, § 52 a Rn. 4 f. und 12.

[126] Kritisch zur Unterscheidung wesentlicher/unwesentlicher Änderungen als Abgrenzungsmerkmal der nachträglichen Aktualisierungsverpflichtung *Manssen,* GewA 1993, 280, 283.

[127] *Fluck/Laubinger,* in: Ule/Laubinger, BImSchG, § 52 a Rn. B 14; *Jarass,* BImSchG, § 52 a Rn. 12.

[128] *Büge,* DB 1990, 2408, 2409; *Feldhaus,* NVwZ 1991, 927, 933; *Jarass,* BImSchG, § 52 a Rn. 1; *Kloepfer,* DB 1993, 1125, 1127; *Knopp/Striegl,* BB 1992, 2009, 2010; *Ludwig,* Privatisierung staatlicher Aufgaben, S. 280; *Manssen,* GewA 1993, 280, 281; *Rehbinder,* UTR Bd. 26, S. 29, 34.

[129] *Dolde/Vetter,* NVwZ 1995, 943, 946; *Renken,* KritJ 1994, 218, 232.

Dabei sollte jedoch nicht übersehen werden, dass die Mitteilungspflichten zur Betriebsorganisation auch im Zusammenhang mit der Verfolgung von Straftaten oder Ordnungswidrigkeiten bedeutsam sind. Die Offenlegung von Organisationseinheiten, internen Zuständigkeiten und Weisungsbefugnissen kann bei eventuellen Hinweisen für die Begehung von Straftaten oder Ordnungswidrigkeiten aus dem Unternehmen heraus die Individualisierung des einzelnen Verantwortlichen sowie die Feststellung von etwaigen Sorgfalts- oder Überwachungspflichtverletzungen erleichtern. Die beklagte „organisierte Unverantwortlichkeit"[130] wird hierdurch etwas aufgelöst.

4. Mitwirkungspflichten im Rahmen betrieblicher Eigenüberwachung

Das Immissionsschutzrecht kennt weiterhin ein differenziertes System betreibereigener Überwachung, teilweise mit sehr weitreichenden Mitwirkungspflichten. Die einzelnen betrieblichen Überwachungsmaßnahmen sind in den verschiedenen Vorschriften des BImSchG oder in Rechtsverordnungen niedergelegt, wobei sie für ihre Geltung häufig einer Anordnung durch die zuständige Behörde bedürfen, teilweise aber auch unmittelbar gelten. Eigenüberwachungsmaßnahmen können aber auch durch Nebenbestimmungen, insbesondere Auflagen festgesetzt werden[131]. Die wichtigsten Regelungen sollen nachfolgend vorgestellt werden.

a) Messungen von Emissionen und Immissionen, §§ 26, 28 und 29 BImSchG

In den §§ 26, 28 und 29 BImSchG sind Verpflichtungen zur Ermittlung von Emissionen und Immissionen durch den Betreiber selbst oder in seinem Auftrag agierende Dritte vorgesehen.

Nach § 26 BImSchG kann die zuständige Behörde bei genehmigungsbedürftigen Anlagen die Ermittlung von Art und Ausmaß der anlagenbezogenen Emissionen und Immissionen durch eine dritte Messstelle anordnen. Gleiches gilt unter den Voraussetzungen des § 22 BImSchG auch bei nicht genehmigungsbedürftigen Anlagen. Durch die Messungen soll in Zweifelsfällen aufgeklärt werden, ob der Betreiber seinen immissionsschutzrechtlichen Pflichten nachkommt[132]. Voraus-

---

130 Siehe unten 1. Teil, E. II. 2.

131 Nach § 12 BImSchG können Erst- oder Änderungsgenehmigungen mit Nebenbestimmungen versehen werden, welche grds. auch Pflichten der Eigenüberwachung zum Gegenstand haben können. So ist es insb. zulässig, Auflagen zur Durchführung von Immissions- oder Emissionsmessungen bzw. zur Errichtung von Messanlagen, verbunden mit der Verpflichtung, die Ergebnisse in Form der Messprotokolle der zuständigen Behörde vorzulegen, zu erteilen, *Hansmann,* in: Landmann / Rohmer, Vor § 26 BImSchG Rn. 9; *Jarass,* BImSchG, § 12 Rn. 8; *Mäder,* Betriebliche Offenbarungspflichten, S. 17 Fn. 47.

132 *Hansmann,* in: Landmann / Rohmer, § 26 BImSchG Rn. 2; *Jarass,* BImSchG, § 26 Rn. 9; *Mäder,* Betriebliche Offenbarungspflichten, S. 27.

setzung ist ein Verdacht, dass von der Anlage schädliche Umwelteinwirkungen ausgehen[133]. Der Betreiber darf die entsprechenden Messungen nicht selbst durchführen, sondern muss eine nach Landesrecht zuständige Messstelle[134] beauftragen[135] und diese bei Durchführung des Ermittlungsauftrags unterstützen[136].

Gemäß § 28 BImSchG können die Verpflichtungen des § 26 BImSchG auch ohne Vorliegen des Verdachts schädlicher Umwelteinwirkungen gegen Betreiber genehmigungsbedürftiger Anlagen festgesetzt werden, allerdings nicht jederzeit wie bei § 26 BImSchG, sondern nur nach Inbetriebnahme der Anlage oder nach Änderungen im Sinne der §§ 15, 16 BImSchG sowie danach weiterhin nach Ablauf von jeweils drei Jahren.

Zunehmende Bedeutung haben schließlich kontinuierliche Messungen nach § 29 BImSchG erlangt. Diese Vorschrift gestattet die fortlaufende Ermittlung von Immissionen und Emissionen, in der Regel durch den Einsatz von selbständig aufzeichnenden Messgeräten, an Stelle oder neben den Messungen nach §§ 26 und 28 BImSchG[137]. Dabei hat der Anlagenbetreiber die Messungen grundsätzlich selbst durchzuführen. Er muss nur bei einer ausdrücklichen Anordnung der zuständigen Aufsichtsbehörde eine der bekanntgegebenen Messstellen einschalten[138]. Durch die lückenlose Dokumentation handelt es sich bei § 29 BImSchG um ein sehr effektives Mittel der Eigenüberwachung, aber natürlich auch um ein sehr einschneidendes.

Ergänzt werden die Messverpflichtungen der §§ 26, 28 und 29 BImSchG durch die Nebenpflichten des § 31 BImSchG[139]. Diese betreffen die Weiterleitung der

---

133 *VGH Mannheim* GewA 1980, 393, 394; *Feldhaus*, BImschG, § 26 Rn. 6; *Hansmann*, in: Landmann / Rohmer, § 26 BImSchG Rn. 9; *Jarass*, BImSchG, § 26 Rn. 12; GK-BImSchG-*Lechelt*, § 26 Rn. 13.

134 Der Kreis der zugelassenen Messstellen wird von der zuständigen obersten Landesbehörde festgelegt.

135 *BVerwG* DVBl. 1983, 943, 944; *VGH Mannheim* GewA 1980, 393, 394; *Hoppe / Beckmann / Kauch,* Umweltrecht, § 21 Rn. 197; *Jarass*, BImSchG, § 26 Rn. 20; *Sellner*, Immissionsschutzrecht, Rn. 473. Der Dritte handelt also nicht im Auftrag der Behörde, sondern aufgrund der Beauftragung durch den Anlagenbetreiber.

136 *Hansmann*, in: Landmann / Rohmer, § 26 BImSchG Rn. 72; *Jarass*, BImSchG, § 26 Rn. 21.

137 Derartige Messungen können grds. bei genehmigungsbedürftigen Anlagen festgesetzt werden, wobei bei Anlagen mit einem Abgasstrom von mehr als 50 000 m^3 je Stunde kontinuierliche Messungen angeordnet werden sollen, § 29 I 2 BImSchG. Da größere Anlagen regelmäßig von Wirtschaftsverbänden betrieben werden, dürfte diese Verpflichtung häufig Unternehmensträger treffen. Bei nicht genehmigungsbedürftigen Anlagen sind Messungen nach § 29 BImSchG dagegen nur zulässig, wenn dies zur Feststellung, ob schädliche Umwelteinwirkungen durch die Anlage hervorgerufen werden, erforderlich ist, § 29 II BImSchG.

138 Vgl. z. B. *Jarass*, BImSchG, § 29 Rn. 8.

139 Die Verpflichtungen können während der Durchführung oder nach Abschluss der Messungen auferlegt werden. Es ist auch möglich, entsprechende Mitteilungs- und Aufbewahrungspflichten bereits mit der Messanordnung zu verbinden, wobei z. T. strittig ist, ob dies

gewonnenen Daten an die zuständige Behörde. Nach Satz 1 dieser Vorschrift ist der Anlagenbetreiber[140] zunächst verpflichtet, nach entsprechendem behördlichen Verlangen die Ergebnisse der Messungen der Behörde mitzuteilen. Die Form der Übermittlung kann behördlicherseits vorgegeben werden[141]. Insbesondere ist es zulässig, eine computergerechte Mitteilung zu verlangen oder die kontinuierliche Übertragung der Daten in Wege eines Fernüberwachungssystems anzuordnen[142]. Der Betreiber kann auch verpflichtet werden, Durchschnittswerte oder Häufigkeitsverteilungen anzugeben[143]. Schließlich muss der Anlagenbetreiber im Falle kontinuierlicher Messungen nach § 29 BImSchG die gewonnenen Aufzeichnungen fünf Jahre lang aufbewahren. Obwohl § 31 BImSchG eine ausdrückliche Aufbewahrungspflicht für Ergebnisse aus Messungen nach §§ 26, 28 BImSchG nicht ausdrücklich vorsieht, wird überwiegend eine entsprechende Aufbewahrungspflicht angenommen[144].

Durch die Erhebung und Weiterleitung der Messergebnisse kann der Pflichtige durchaus gezwungen werden, selbstbelastendes Material zu liefern. Ein Auskunftsverweigerungsrecht beziehungsweise ein Recht, belastende Messresultate bei der Mitteilung an die Behörde zurückhalten zu dürfen, ist im Bereich der §§ 26, 28 und 29 BImSchG nicht statuiert.

b) Emissionserklärung, § 27 BImSchG

Unabhängig von eventuell nach den §§ 26, 28 und 29 BImSchG angeordneten Messungen[145] sind Betreiber genehmigungsbedürftiger Anlagen nach § 27 I 1 BImSchG verpflichtet, im Rahmen bestimmter Fristen[146] eine Emissionserklärung abzugeben, die über Art, Menge, räumliche und zeitliche Verteilung der von der

---

auf § 31 BImSchG oder auf § 26 S. 2 BImSchG zu stützen ist, vgl. *Hansmann*, in: Landmann / Rohmer, § 31 BImSchG Rn. 5; *Jarass*, BImSchG, § 31 Rn. 2 m. w. N.

[140] Nicht aber eventuell tätig gewordene Messstellen oder im Auftrag des Betreibers handelnde Dritte, vgl. z. B. *Jarass*, BImSchG, § 31 Rn. 2 – die Weiterleitungpflicht hat der Anlagenbetreiber somit selbst zu erfüllen.

[141] Vgl. § 31 S. 2 BImSchG.

[142] *BVerwG* DVBl. 1997, 726; *OVG Lüneburg* DÖV 1995, 961 f.

[143] *Jarass*, BImSchG, § 31 Rn. 2; GK-BImSchG-*Lechelt*, § 31 Rn. 26; Feldhaus-*Rebentisch*, BImSchG, § 31 Rn. 3.

[144] Dies wird mittels eines Erst-Recht-Schlusses begründet: Wenn eine Aufbewahrungspflicht bei fortlaufenden Messungen besteht, müsse dies auch bei den einzelnen Messungen gemäß §§ 26, 28 BImSchG gelten, *Jarass*, BImSchG, § 31 Rn. 5; Feldhaus-*Rebentisch*, BImSchG, § 31 Rn. 3.

[145] *Hansmann*, in: Landmann / Rohmer, § 27 BImSchG Rn. 7; *Hahn*, Offenbarungspflichten, S. 59.

[146] Zu Erklärungszeitraum und -punkt vgl. § 3 I, II 11. BImSchV (Elfte Verordnung zur Durchführung des BImSchG – Emissionserklärungs-Verordnung – v. 12. 12. 1991, BGBl. I 2213).

Anlage ausgehenden Luftverunreinigungen sowie über die Austrittsbedingungen Auskunft erteilen soll[147]. Die Erklärung ist aller vier Jahre entsprechend dem neuesten Stand zu ergänzen, § 27 I 1, 2. HS BImSchG. § 27 BImSchG stellt keine bloße Ermächtigung für die zuständige Behörde dar, die Abgabe einer entsprechenden Erklärung anzuordnen, sondern statuiert eine unmittelbare Verpflichtung des Anlagenbetreibers[148]. Dieser hat für die Erklärung die Emissionen im Berichtszeitraum zu ermitteln, wobei ihm die Art und Weise der Datenermittlung grundsätzlich nicht vorgeschrieben ist. Regelmäßig werden aber die Ergebnisse der Messungen nach den §§ 26, 28 und 29 BImSchG zu berücksichtigen sein[149]. Daneben ist der Betreiber verpflichtet, die betreffenden Unterlagen mindestens vier Jahre nach Abgabe der Erklärung aufzubewahren[150].

Auch im Rahmen der Emissionserklärung besteht die Möglichkeit, strafbares oder ordnungswidriges Fehlverhalten einräumen zu müssen. Nach § 27 I 2 BImSchG findet jedoch das Auskunftsverweigerungsrecht des § 52 V BImSchG entsprechende Anwendung[151].

c) Sicherheitstechnische Prüfungen, § 29 a BImSchG

Eine weitere Regelung der Eigenüberwachung findet sich in § 29 a BImSchG. Hiernach kann die Behörde vom Betreiber genehmigungsbedürftiger Anlagen sicherheitstechnische Prüfungen der Anlage sowie die Prüfung von sicherheitstechnischen Unterlagen durch Sachverständige[152] oder Störfallbeauftragte im Sinne des § 58 a BImSchG verlangen. Der Prüfende wird dabei im Auftrag des Betreibers, nicht der Behörde, tätig[153]. Bei Vorliegen eines Verdachtes von Sicherheitsdefiziten ist die Prüfungsanordnung jederzeit möglich. Verdachtsunabhängige Kontrollen können vor und nach Inbetriebnahme, nach Betriebsstilllegung sowie innerhalb bestimmter Abstände veranlasst werden, § 29 a II BImSchG. Nach § 29 a III BImSchG ist der Anlagenbetreiber verpflichtet, die Ergebnisse der Prüfungen spätestens einen Monat nach deren Durchführung der zuständigen Behörde vorzulegen. Sofern dies zur Abwehr einer gegenwärtigen Gefahr erforderlich ist, muss

---

147 Inhalt und Umfang der Erklärung sind in § 4 der 11. BImSchV geregelt.

148 *Hansmann,* in: Landmann / Rohmer, § 27 BImSchG Rn. 18; *Hoppe / Beckmann / Kauch,* Umweltrecht, § 21 Rn. 204; *Jarass,* BImSchG, § 27 Rn. 1; *Mäder,* Betriebliche Offenbarungspflichten, S. 27.

149 Vgl. z. B. *Jarass,* BImSchG, § 27 Rn. 1.

150 Vgl. konkretisierend zur Emissionsermittlungs- und Aufbewahrungspflicht § 6 11. BImSchV.

151 Zur Geltung und Reichweite im Unternehmensbereich siehe unten 3. Teil, B. II. 1. a).

152 Der Kreis der zugelassenen Sachverständigen ist in § 29 a I 1, 2 BImSchG geregelt; vgl. *Hansmann,* in: Landmann / Rohmer, § 29 a BImSchG Rn. 22 ff.; GK-BImSchG-*Lechelt,* § 29 a Rn. 41 m. w. N.

153 *Jarass,* BImSchG, § 29 a Rn. 1; GK-BImSchG-*Lechelt,* § 29 a Rn. 32; *Rebentisch,* NVwZ 1991, 310, 311.

er die Daten unverzüglich weiterleiten[154]. Eine Verpflichtung, die Prüfungsergebnisse über einen bestimmten Zeitraum aufzubewahren, besteht nur, wenn eine derartige Verpflichtung in der Prüfungsanordnung festgelegt wurde[155]. Ein Auskunftsverweigerungsrecht besteht nicht.

d) Mitwirkungspflichten der Störfall-Verordnung

Weitreichende Mitwirkungspflichten enthält schließlich die Störfall-Verordnung (12. BImSchV)[156]. § 6 I 12. BImSchV statuiert für Betreiber bestimmter genehmigungsbedürftiger Anlagen[157] detaillierte Überwachungs- und Wartungspflichten, um die technische Sicherheit der Anlage zu gewährleisten. Die Durchführung dieser Prüfungs- und Wartungsarbeiten ist gemäß § 6 II 12. BImSchV zu dokumentieren, wobei die Aufzeichnungen zur Einsichtnahme der Behörde mindestens fünf Jahre aufbewahrt werden müssen. Des Weiteren sind die Anlagenbetreiber gemäß § 7 12. BImSchV zur Erstellung einer sogenannten Sicherheitsanalyse verpflichtet, welche eine Beschreibung der Anlage und der sicherheitsrelevanten Anlagenteile sowie von möglichen Gefahrenquellen enthalten und Entstehungsvoraussetzungen und Auswirkungen möglicher Störfälle angeben muss. Die Analyse ist ständig fortzuschreiben und bereitzuhalten; eine Ausfertigung ist bei der zuständigen Behörde zu hinterlegen, §§ 8, 9 12. BImSchV.

Besonders bedeutsam im Hinblick auf die Selbstbelastungsproblematik sind die bestehenden Meldepflichten bei Eintritt eines Störfalls[158] nach § 11 12. BImSchV. Danach hat der Betreiber den Störfall sowie möglicherweise eingetretene Schäden und nicht offensichtlich auszuschließende Gefahren für die Allgemeinheit oder Nachbarschaft der zuständigen Behörde unverzüglich mitzuteilen. Möglich und oftmals auch zweckmäßig ist eine fernmündliche Meldung[159]. Diese Mitteilung ist spätestens nach einer Woche schriftlich zu bestätigen. Dabei muss die Bestätigung den Störfall, seine Auswirkungen und auch seine Ursachen beschreiben sowie die Maßnahmen, die zur Verhinderung des Störfalls und Begrenzung seiner Auswirkungen ergriffen worden sind, angeben. Bei diesen Meldeverpflichtungen handelt es sich um selbständige Offenbarungspflichten. Es ist augenfällig, dass die Erfüllung dieser Pflichten unter Umständen verlangt, Tatsachen preiszugeben, welche

---

[154] *Hansmann,* in: Landmann / Rohmer, § 29 a BImSchG Rn. 30.

[155] *Jarass,* BImSchG, § 29 a Rn. 9; GK-BImSchG-*Lechelt,* § 29 a Rn. 46.

[156] Zwölfte Verordnung zur Durchführung des BImSchG v. 20. 9. 1991 (BGBl. I 1891).

[157] Der genaue Anwendungsbereich der einzelnen Vorschriften der Störfall-Verordnung ist in § 1 12. BImSchV geregelt.

[158] § 2 I 12. BImSchV definiert den Begriff des Störfalls als Störung des bestimmungsgemäßen Betriebes, bei der ein in den Anhängen der Verordnung aufgeführter Stoff durch Ereignisse wie größere Emissionen, Brände oder Explosionen sofort oder später eine ernste Gefahr hervorruft.

[159] *Hansmann,* in: Landmann / Rohmer II, § 11 12. BImSchV Rn. 7.

zum Nachweis einer Straftat oder Ordnungswidrigkeit dienen können. Auch im Rahmen der Störfall-Verordnung ist jedoch ein Auskunftsverweigerungsrecht nicht niedergelegt.

III. Die Gefährdungssituation des Unternehmens

Der vorangegangene knappe Überblick am Beispiel des Immissionsschutzrechtes hat eine Reihe von Mitwirkungspflichten im Verwaltungsverfahren offengelegt, die sich auch an Unternehmensträger richten können. In zahlreichen anderen Verwaltungsgesetzen bestehen ähnliche Verpflichtungen, so dass die beispielhafte Darstellung verallgemeinert werden kann, um Situationen möglichen Selbstbelastungszwangs im verwaltungsrechtlichen Verfahren aufzuzeigen. Im Rahmen behördlicher Überwachung finden sich dabei regelmäßig Auskunfts-[160] und Vorlageverpflichtungen[161]. Meldepflichten bei besonderen (in der Regel gefahrträchtigen und unvorhergesehenen) Ereignissen[162] sowie Pflichten zur Durchführung eigener Überwachungsmaßnahmen und deren Aufzeichnung[163] sind je nach Verfahrensart unterschiedlich stark ausgeprägt, aber dennoch in weiten Bereichen vorgesehen. Da Unternehmen in nahezu allen gesellschaftlichen Gebieten agieren, können sie in der Regel auch Adressaten der jeweiligen Mitwirkungsverpflichtungen sein.

Bei Erfüllung dieser Pflichten besteht die Möglichkeit, dass Umstände offenbart werden müssen, die Anknüpfungspunkte für eine Bestrafung beziehungsweise eine

---

[160] Vgl. z. B. § 93 I 1 AO; § 19 II 2 AtG; § 138 I 1 BauGB; § 50 I BNatSchG (benennt juristische Personen und nicht rechtsfähige Personenvereinigungen ausdrücklich als Auskunftspflichtige); §§ 22 I Nr. 2, 24 I BtMG (juristische Personen und nicht rechtsfähige Personenvereinigungen als Auskunftspflichtige); § 18 II 1 EnWG (Unternehmen als Auskunftspflichtige); § 22 I GaststättenG; § 25 II GenTG; § 29 I GewO; §§ 12 V 1 Nr. 1, 21 a III GüKG; § 59 I GWB; §§ 17 I, 111 I 1 HandwO; § 16 II 1 IfSG; § 44 I Nr. 1 KWG; § 40 II KrW-/AbfG; § 14 III Nr. 1, V KrWaffG; § 22 III Nr. 1 LadSchlG; § 41 III Nr. 4 LMBG (juristische Personen und nicht rechtsfähige Personenvereinigungen als Auskunftspflichtige); § 54 a I Nr. 2 PBefG (Unternehmer als auskunftspflichtige Person); § 31 I SprengG; § 16 II TierSchG (juristische Personen und nicht rechtsfähige Personenvereinigungen als Auskunftspflichtige); § 21 I 3 WHG; § 16 II WpHG (Unternehmen, Kreditinstitute als Auskunftspflichtige). § 53 KrW-/AbfG enthält zudem die Verpflichtung zu Mitteilungen zur Betriebsorganisation.

[161] Vgl. z. B. § 97 I 1 AO; § 24 I BtMG; § 25 III 1 Nr. 1 i.V. m. S. 3 GenTG; § 59 I Nr. 2 i.V. m. II GWB; § 111 I 1 HandwO; § 16 II 3 IfSG; §§ 26, 44 I Nr. 1 KWG; § 14 V KrWaffG; § 22 III Nr. 2 LadSchlG; § 41 III Nr. 3 i.V. m. § 43 LMBG; § 54 a I Nr. 1 PBefG; § 31 II 1 SprengG; § 16 III 1 Nr. 3 i.V. m. S. 2 TierSchG; § 21 I 3 WHG; § 16 III WpHG.

[162] Vgl. z. B. § 5 I GenTNotfV; § 26 SprengG; §§ 51 I 2, 71 I, II StrahlenschutzVO; § 9 I TierSG.

[163] Vgl. z. B. § 17 BtMG; § 6 III GenTG; § 12 II KrWaffG; § 21 I Nr. 2 i.V. m. § 21 III Nr. 2 LadSchlG; § 49 IV 4 PBefG; § 16 I 1 SprengG; §§ 40–42, 48, 66 StrahlenschutzVO; §§ 9 a, 11 a TierSchG; § 19 i II, III WHG.

Bebußung von einzelnen Unternehmensangehörigen liefern können. Zumindest können die Angaben weitere Nachforschungen der Verwaltungsbehörde (die für Bußgeldsachen gleichzeitig Ermittlungsbehörde ist) auslösen[164]. Besteht aber die Möglichkeit, dass ein straf- beziehungsweise bußgeldbewehrter Pflichtverstoß[165] eines Unternehmensvertreters beziehungsweise eines leitenden Angestellten im Sinne des § 30 OWiG[166] aufgedeckt wird, ist damit auch der Weg für die Verhängung einer Verbandsgeldbuße eröffnet. Es besteht somit durchaus die Möglichkeit, Umstände offenbaren zu müssen, die letztlich zu einer Sanktionierung des Unternehmens führen können. Damit sind auch für das Unternehmen selbst nemo tenetur-relevante Gefährdungslagen gegeben.

C. Selbstbelastungsgefahren für Unternehmen durch zivilrechtliche Mitwirkungspflichten

Schließlich soll ein Blick auf mögliche im Zivilrecht drohende Gefahren für Unternehmen, sich selbst belasten zu müssen, erfolgen.

I. Mitwirkung der Parteien im Zivilprozess

Allerdings kennt auch der Zivilprozess Mitwirkungslasten, welche zwar rein tatsächlich mit der Gefahr, selbstbelastende Umstände einräumen zu müssen, verbunden sein können, die jedoch wegen der fehlenden Erzwingbarkeit für die vorliegende Untersuchung nicht bedeutsam sind.

Aufgrund der Geltung des Beibringungsgrundsatzes obliegt es den Prozessparteien, wozu natürlich auch Unternehmensträger zählen können, die entsprechenden prozessrelevanten Tatsachen und Beweismittel zu beschaffen[167]. Trägt die selbstbelastungsgefährdete Partei die Darlegungs- und Beweislast, muss sie sich entscheiden, zur Anspruchsdurchsetzung selbstbelastende Tatsachen einzugestehen oder aber diesbezüglich zu schweigen und dadurch gegebenenfalls den Verlust der privaten Rechtsdurchsetzung in Kauf zu nehmen[168]. Die Beibringungslasten werden nicht reduziert. Ist die Gegenseite Trägerin der Darlegungs- und Beweislast und hat die selbstbelastungsgefährdete als nicht-risikobelastete Partei zur Sachver-

---

[164] *Mäder*, Betriebliche Offenbarungspflichten, S. 42.

[165] Ggf. unter Anwendung der „Vertreterklauseln" der §§ 14 StGB, 9 OWiG.

[166] Darunter fallen auch Aufsichtspflichtverstöße gemäß § 130 OWiG.

[167] Vgl. *BVerfG* NJW 1979, 1925, 1927; NJW 1990, 3151; *Reichold*, in: Thomas / Putzo, ZPO, Einl. I Rn. 1 f.

[168] *Nothhelfer*, Freiheit vom Selbstbezichtigungszwang, S. 94; SK-StPO-*Rogall*, Vor § 133 Rn. 139; *Stürner*, NJW 1981, 1757, 1759.

haltsermittlung beizutragen[169], muss sie, wenn sie die Mitwirkung verweigert, eine für sie ungünstige Tatsachenwürdigung, welche unter Umständen Prozessverlust bedeuten kann, hinnehmen. Auch hier hat folglich die betroffene Partei zwischen Schutz vor Selbstbezichtigung und Rechtsverwirklichung zu wählen[170]. Ein verfassungsrechtlicher Anspruch auf Aussetzung des Verfahrens nach § 149 ZPO bis zum Abschluss des Strafverfahrens besteht daher aufgrund der fehlenden finalen Zwangswirkung nicht und kommt zudem wegen der mit der Prozessverzögerung verbundenen nachteiligen Wirkung für die Gegenpartei[171] nicht ohne weiteres[172] in Betracht[173].

II. Materiell-rechtliche Informationspflichten

Die Möglichkeit, strafbares oder ordnungswidriges Verhalten, welches letztlich zur Verhängung einer Unternehmenssanktion führen kann, einräumen zu müssen, besteht auch bei Erfüllung zivilrechtlicher Informationspflichten. Diese bestehen regelmäßig in Konstellationen, in denen „allein der Auskunftsverpflichtete zu der erforderlichen Information imstande ist und der Auskunftsberechtigte ohne diese Auskunft erheblich benachteiligt wäre oder seine Aufgaben nicht ordnungsgemäß wahrnehmen könnte"[174]. Solche Pflichten sind zunächst ausdrücklich gesetzlich statuiert[175]. Sie sind aber auch aus Treu und Glauben (§ 242 BGB) als Nebenpflichten innerhalb von Sonderbeziehungen anerkannt, wenn der Gläubiger eines plausibel bestehenden Hauptanspruchs sich die zur Rechtsdurchsetzung notwen-

---

[169] Z. B. durch Erklärung zu behaupteten Tatsachen (§ 138 II i.V.m. I, § 138 IV ZPO), aufgrund Urkundenvorlage (§§ 421 ff. ZPO) oder durch Parteivernehmung (§§ 445 ff. ZPO). Die Einordnung dieser prozessualen Mitwirkung der nicht-risikobelasteten Partei als „Pflicht" oder „Last" ist jedoch umstritten, vgl. ausführlich dazu *Stürner,* Aufklärungspflicht, S. 71 ff.

[170] *BVerfG* NStZ 1995, 599, 600; *BGH*St 36, 328, 334; *Böse,* wistra 1999, 451, 455; *Nothhelfer,* Freiheit vom Selbstbezichtigungszwang, S. 95; SK-StPO-*Rogall,* Vor § 133 Rn. 139; *Stürner,* NJW 1981, 1757, 1759; *ders.,* Aufklärungspflicht, S. 184, 242 ff.

[171] Regelmäßig handelt es sich dabei um den Kläger, der beispielsweise einen Schadensersatzanspruch aus unerlaubter Handlung wegen eines Vorwurfs geltend macht, der gleichzeitig den Gegenstand eines strafrechtlichen Ermittlungsverfahrens bildet, vgl. *Rode,* StraFo 2003, 42, 46.

[172] Das Zivilgericht hat im Rahmen seiner Ermessensentscheidung die Vorteile der Aussetzung (also den möglichen Erkenntnisgewinn aus dem Strafverfahren) mit den Nachteilen durch den Verfahrensstillstand abzuwägen. Die Aussagefreiheit des Beschuldigten spielt für die rein prozessökonomische Entscheidung nach § 149 ZPO keine Rolle und stellt daher keinen zu berücksichtigenden Abwägungsfaktor dar, vgl. *Böse,* wistra 1999, 451, 455; *Greger,* in: Zöller, ZPO, § 149 Rn. 2; auch *Rode,* StraFo 2003, 42, 46.

[173] Ausführlich *Böse,* wistra 1999, 451, 455 f. m. w. N.

[174] *BVerfG*E 56, 37, 45.

[175] Vgl. z. B. §§ 402, 444, 666 BGB; § 35 I GenTG; § 19 I MarkenG; §§ 8, 10 UmweltHG; §§ 26 III, IV, 97 I 2, 101 I UrhG.

digen Kenntnisse nicht selbst beschaffen, der Verpflichtete die Ungewissheit aber unschwer beseitigen kann[176]. Es handelt sich hierbei um erzwingbare Pflichten. Ihre Erfüllung kann eingeklagt und nach § 888 ZPO vollstreckt werden. Der Wahrheitsgehalt der Auskünfte ist mittels erzwingbarer eidesstattlicher Versicherung nach § 889 ZPO überprüfbar.

Nicht nur natürliche Personen, sondern auch juristische Personen und Personenvereinigungen können Schuldner von Auskunftsverlangen sein. Dabei sind Situationen, in denen die vollständige und wahrheitsgemäße Pflichterfüllung zwangsläufig mit der Einräumung für das Unternehmen selbstbelastender Umstände verbunden ist, nicht auszuschließen.

III. Erzwingbare Mitwirkungspflichten in der Zwangsvollstreckung

Erzwingbare Mitwirkungspflichten finden sich weiterhin in Verfahren der Zwangsvollstreckung. So hat im Insolvenzverfahren nach § 97 I 1 InsO der Gemeinschuldner dem Insolvenzgericht, dem Insolvenzverwalter, dem Gläubigerausschuss und auf Anordnung des Gerichts der Gläubigerversammlung über alle das Verfahren betreffenden Verhältnisse Auskunft zu geben. Die Erfüllung dieser Pflicht kann durch Anordnung einer eidesstattlichen Versicherung (§ 98 I InsO) und durch Beugehaft gemäß § 98 II Nr. 1 InsO erzwungen werden[177]. Zudem ist der Schuldner nach § 97 II InsO verpflichtet, den Insolvenzverwalter bei Erfüllung seiner Aufgaben zu unterstützen. Hierzu zählt unter anderem die Verpflichtung, dem Verwalter umfassende Einsicht in die Geschäftsunterlagen zu gewähren[178]. Im Zwangsvollstreckungsverfahren wegen Geldforderungen statuiert § 807 ZPO eine Offenbarungspflicht des Schuldners hinsichtlich seiner Vermögensverhältnisse, um dem Gläubiger Kenntnis von Vermögensbestandteilen, die möglicherweise einem Zugriff im Wege der Zwangsvollstreckung unterliegen, zu verschaffen. Die Angaben sind eidesstattlich zu versichern, § 807 III ZPO. Für die Überweisung von Geldforderungen verpflichtet § 836 III 1 ZPO den Schuldner, dem Gläubiger die zur Geltendmachung der Forderung benötigten Auskünfte zu erteilen und die zur Forderung vorhandenen Unterlagen herauszugeben. Der Auskunftsanspruch kann gemäß § 836 III 2, 3 ZPO im Wege des Offenbarungsverfahrens (§ 899 ZPO), der Herausgabeanspruch im Wege der Zwangsvollstreckung (§ 883 ZPO) verfolgt werden. Im Herausgabeverfahren verlangt § 883 II ZPO

---

176 Ständige Rechtsprechung seit *RGZ* 108, 1, 7. Siehe dazu Palandt-*Heinrichs*, § 261 Rn. 8 ff.; Erman-*Kuckuk*, §§ 259, 260 Rn. 4; *Lüke*, JuS 1986, 2, 6; Staudinger-*Selb*, § 260 Rn. 18 ff.; weiter *Katzenmeier*, JZ 2002, 533, 534 f.; *Stürner*, NJW 1981, 1757, 1760; *ders.*, Aufklärungspflicht, S. 287 ff. je m. w. N. Vgl. auch *Dingeldey*, NStZ 1984, 529, 532.

177 Diese Verpflichtungen treffen den Schuldner nach § 20 InsO bereits im Eröffnungsverfahren.

178 Vgl. z. B. MüKo-InsO-*Passauer*, § 97 Rn. 31.

vom Schuldner auf Antrag des Gläubigers eine eidesstattliche Versicherung zum Verbleib der Sache.

Bei diesen Informationspflichten ist es durchaus nicht auszuschließen, dass der Schuldner strafbares oder ordnungswidriges Verhalten einräumen muss. Da sich diese Verfahren auch gegen Unternehmen richten können, unterliegen auch sie der Gefahr strafrechtlicher Selbstbelastung. Lediglich § 97 I 3 InsO enthält hinsichtlich der Auskünfte des Schuldners ein Verwendungsverbot für ein sich eventuell anschließendes Straf- oder Bußgeldverfahren. Neben dessen sachlicher Reichweite ist vor allem zu klären, ob das Verwendungsverbot des § 97 I 3 InsO auch die Verwertung der Auskünfte in einem etwaigen strafrechtlichen Verfahren gegen Unternehmen hindert[179]. Da in Bezug auf die sonstigen Mitwirkungspflichten keine derartige Regelung vorgesehen ist, stellt sich in diesem Zusammenhang die Frage, ob und inwieweit Selbstbelastungsschutz zugunsten von Unternehmen von Verfassungs wegen geboten ist[180].

Festzuhalten bleibt an dieser Stelle, dass auch in Verfahren der Zwangsvollstreckung Selbstbelastungsgefahren für Unternehmen bestehen können.

IV. Fazit

Wie die vorangegangenen Ausführungen gezeigt haben, ergeben sich für Unternehmen durch im Zivilrecht angesiedelte Mitwirkungspflichten Situationen, in denen Umstände eingeräumt werden müssen, die zur Verhängung einer Verbandsgeldbuße nach § 30 OWiG führen können. Auch im Zivilrecht drohen demnach Selbstbezichtigungsgefahren für Unternehmen.

D. Unternehmenssanktionen und Mitwirkungspflichten im europäischen Kartellordnungswidrigkeitenrecht

Strafrechtliche Sanktionen im weiteren Sinne drohen Unternehmen auch im Recht der Europäischen Gemeinschaften[181]. Besondere praktische Bedeutung weisen dabei die von der Kommission nach dem EG-Vertrag verhängten Geldbußen

---

[179] Siehe hierzu unten 3. Teil, C. II. 1.

[180] Siehe unten 3. Teil, C. II. 2.

[181] Nach überwiegender Ansicht verfügen die Gemeinschaften zwar nicht über eine eigene Kriminalstrafgewalt (*EuGH* Rs. 203/80 [Casati], Slg. 1981, 2595 Rn. 27; Rs. 186/87 [Cowan/Trésor public], Slg. 1989, 195 Rn. 19; *BGH*St 25, 190, 193 f.; *Oehler*, Jescheck-FS, S. 1399, 1403 ff.; *Sieber*, ZStW 103 [1991], 957, 969 ff.; *Thomas*, NJW 1993, 2233, 2234; *Tiedemann*, Jescheck-FS, S. 1411, 1415; *ders.*, NJW 1993, 23, 24; *Tsolka*, Allgemeiner Teil

im Bereich des europäischen Kartellrechts auf. Insbesondere könnten die im Kartellverfahren entwickelten Kriterien bezüglich der Handhabung von Selbstbelastungsgefahren[182] für die Frage nach der Geltung des nemo tenetur-Grundsatzes für Unternehmen aufschlussreich sein.

I. Unternehmensgeldbußen bei Verstößen
gegen materielles EG-Kartellrecht

Zur Sicherung wirksamen und unverfälschten Wettbewerbs im Gemeinsamen Markt verbietet Art. 81 EGV[183] Vereinbarungen, Beschlüsse und abgestimmte Verhaltensweisen, die geeignet sind, den Handel zwischen den Mitgliedstaaten zu beeinträchtigen und die Verhinderung, Einschränkung oder Verfälschung des Wettbewerbs im Gemeinsamen Markt bezwecken oder bewirken. Ebenso unzulässig ist nach Art. 82 EGV[184] der Missbrauch einer marktbeherrschenden Stellung, soweit dieser zur Beeinträchtigung des zwischenstaatlichen Handels geeignet ist. Diese Verbote sind sanktionsbewehrt. Nach Art. 15 Abs. 2 a der Durchführungsverordnung 17/62[185] kann die Kommission bei vorsätzlichen oder fahrlässigen Zuwiderhandlungen gegen Art. 81 Abs. 1 EGV und Art. 82 EGV Geldbußen gegen Unternehmen und Unternehmensvereinigungen verhängen. Gleiches gilt bei Verstößen gegen eine von der Kommission gemäß Art. 8 Abs. 1 VO 17/62 erteilte Auflage, Art. 15 Abs. 2 b VO 17/62.

Die Rechtsnatur dieser Geldbußen wird nicht einheitlich beurteilt. Zwar bezeichnet Art. 15 Abs. 4 VO 17/62 die genannten Geldbußen ausdrücklich als

---

des europäischen supranationalen Strafrechts i. w. S., S. 30; *Vogel*, in: Dannecker [Hrsg.], Bekämpfung des Subventionsbetruges, S. 170, 173; a.A. *Appel*, in: Dannecker [Hrsg.], Lebensmittelstrafrecht und Verwaltungssanktionen in der EU, S. 165, 175 ff.; *Pache*, EuR 1993, 173 f.; *ders.*, Schutz der finanziellen Interessen, S. 336 ff., 342). Jedoch finden sich in zahlreichen Vorschriften des Primär- und Sekundärrechts Befugnisse zur Verhängung von Buß- und Zwangsgeldern (vgl. zsf. z. B. *Pache*, Schutz der finanziellen Interessen, S. 250; *Tiedemann*, NJW 1993, 23, 27) sowie zu einer Reihe sonstiger Verwaltungssanktionen (Kautionsverfall, Strafzuschläge oder Subventionssperren), deren Rechtsnatur und die entsprechende Sanktionskompetenz der Gemeinschaft allerdings nicht unumstritten sind (vgl. zsf. *Böse*, Strafen und Sanktionen, S. 253 ff.; *Heitzer*, Punitive Sanktionen, S. 47 ff.; *Pache*, Schutz der finanziellen Interessen, S. 254 ff.).

182 Siehe dazu unten 2. Teil, C.

183 Vormals Art. 85 EGV.

184 Vormals Art. 86 EGV.

185 Allgemeine Durchführungsverordnung zu Art. 85, 86 EGV (jetzt Art. 81, 82 EGV), ABl. 1962 Nr. 13 S. 204 – im Folgenden VO 17/62. Diese Verordnung wird am 1. Mai 2004 durch Verordnung (EG) Nr. 1/2003 des Rates vom 16. Dezember 2002 zur Durchführung der in den Artikeln 81 und 82 des Vertrags niedergelegten Wettbewerbsregeln, ABl. L 1, S. 1 ff., abgelöst; die im vorliegenden Zusammenhang relevanten Ermittlungsbefugnisse der Kommission entsprechen denen der VO 17/62; ein Auskunftsverweigerungsrecht bei Gefahr der Selbstbelastung des betroffenen Unternehmens enthält auch die VO 1/2003 nicht.

Maßnahmen „nichtstrafrechtlicher Natur", dennoch werden sie von der überwiegenden Ansicht als Strafen im weiteren Sinne, die der Geldbuße im deutschen, portugiesischen und italienischen Ordnungswidrigkeitenrecht entsprechen[186], angesehen. Mit der Einordnung in das Strafrecht im weiteren Sinne wird sichergestellt, dass strafrechtliche Grundsätze bei Verhängung der Geldbuße, die immerhin auch repressive Zwecke verfolgt, Anwendung finden[187].

1. Sanktionsadressaten

Die Art. 81 und 82 EGV wenden sich lediglich an Unternehmen und Unternehmensvereinigungen. Daran anknüpfend ist auch die Bußgeldnorm des Art. 15 Abs. 2 a VO 17/62 allein an die Unternehmen und Unternehmensvereinigungen gerichtet[188]; diese werden als Täter betrachtet[189]. Gegen Individualpersonen ist dagegen eine Sanktionierung nicht vorgesehen. Bei den kartellstrafrechtlichen Verstößen handelt es sich somit um echte Sonderdelikte[190].

---

[186] Vgl. *Böse*, Strafen und Sanktionen, S. 148; *Dannecker*, ZStW 111 (1999), 256, 257; *Tiedemann*, Jescheck-FS, S. 1411, 1417 m. w. N. Nach a.A. soll es sich dagegen um Sanktionen mit kriminalstrafrechtlichem Charakter bzw. Sanktionen sui generis handeln, vgl. die Nachweise bei *Böse*, Strafen und Sanktionen, S. 140 ff.; *Dannecker*, ZStW 111 (1999), 256, 257 Fn. 7.

[187] *Böse*, Strafen und Sanktionen, S. 149; *Dannecker*, ZStW 111 (1999), 256, 257; *Dannecker/Fischer-Fritsch*, EG-Kartellrecht in der Bußgeldpraxis, S. 7; *Heitzer*, Punitive Sanktionen, S. 17; *Otto*, Strafbarkeit von Unternehmen, S. 27 f.; *Tiedemann*, NJW 1993, 23, 27 f.

[188] Der *EuGH* definierte den Begriff des Unternehmens als „einheitliche, einem selbständigen Rechtssubjekt zugeordnete Zusammenfassung personeller, materieller und immaterieller Faktoren, mit welcher auf Dauer ein wirtschaftlicher Zweck verfolgt wird" (*EuGH* verb. Rs. 17 und 20/61 [Klöckner und Hoesch/Kommission], Slg. 1962, 653, 687). Dagegen hat sich in der Kommissionspraxis ein wirtschaftlich-funktionaler Unternehmensbegriff herausgebildet, der sich im Interesse möglichst lückenlosen Wettbewerbsschutzes von der Zuordnung zu einem eigenständigen Rechtssubjekt löst und primär auf die wirtschaftliche Tätigkeit der Organisationseinheit abstellt (vgl. *KomE*, ABl. 1986, L 230, 1, 32 [Polypropylen]; ABl. 1989, L 74, 1, 14 [PVC]; ABl. 1989, L 74, 21, 35 [LDPE]; ABl. 1994, L 239, 14, 28 [PVC]; *Dannecker*, in: Immenga/Mestmäcker, EG-Wettbewerbsrecht II, Art. 15 VO 17 Rn. 74; *Dannecker/Fischer-Fritsch*, EG-Kartellrecht in der Bußgeldpraxis, S. 253 f.; *Hamann*, Unternehmen als Täter, S. 13 f.; *Tsolka*, Allgemeiner Teil des europäischen supranationalen Strafrechts i.w.S., S. 112 f.). Der Gerichtshof hat diese weite Auslegung nicht beanstandet (*EuGH* Rs. 170/83 [Hydrotherm], Slg. 1984, 2999 Rn. 11; *EuG* Rs. T-102/92 [Viho Europe BV], Slg. 1995-II, 17 Rn. 50; vgl. *Dannecker*, Madrid-Symposium f. Tiedemann, S. 331, 335; *v. Freier*, Kritik der Verbandsstrafe, S. 68; *Hamann*, Unternehmen als Täter, S. 15). Auswirkungen hat der wirtschaftliche Unternehmensbegriff in Fällen der Rechtsnachfolge und bei Sanktionierungen im Konzern, vgl. zsf. *v. Freier*, Kritik der Verbandsstrafe, S. 68 ff., 74 ff.

[189] *Hamann*, Unternehmen als Täter, S. 17; *Siohl*, Schuldfeststellung, S. 108.

[190] *Böse*, Strafen und Sanktionen, S. 194; *Dannecker*, in: Immenga/Mestmäcker, EG-Wettbewerbsrecht II, Vor Art. 15 VO 17 Rn. 7; *Dannecker/Fischer-Fritsch*, EG-Kartellrecht in der Bußgeldpraxis, S. 253; *Rütsch*, Strafrechtlicher Durchgriff, S. 23; *Tiedemann*, Jescheck-FS, S. 1411, 1419.

Auch wenn, wie gezeigt, die kartellrechtlichen Bußgeldvorschriften an Unternehmen und Unternehmensvereinigungen adressiert sind, wird die Sanktion gegen deren Inhaber, also die jeweiligen Unternehmensträger, verhängt. Dies folgt zum einen daraus, dass nur natürliche oder juristische Personen[191] klagebefugt im Sinne des Art. 230 Abs. 4 EGV (vormals Art. 173 Abs. 4 EGV) sind. Zum anderen können nur Personen im Rechtssinne als Vollstreckungsschuldner herangezogen werden[192].

2. Handlungs- und Schuldfähigkeit

Ob durch die Bußgeldvorschriften des europäischen Kartellrechts eine eigene Handlungsfähigkeit von juristischen Personen anerkannt wird[193] oder ob eine Zurechnung des Verhaltens der für das Unternehmen handelnden Personen erforderlich ist[194], wird unterschiedlich beurteilt. Auf die ständige Bußgeldpraxis hat sich diese Frage aber nicht ausgewirkt. Sämtliche Verhaltensweisen aller natürlichen Personen, die im Rahmen ihrer Befugnisse für das Unternehmen oder die Unternehmensvereinigung handeln, können die Bußgeldhaftung auslösen[195]. Hierzu zählen nicht nur die in einem Beschäftigungsverhältnis zum Unternehmen stehenden Personen, sondern auch unternehmensexterne Bevollmächtigte[196]. Ausgeschlossen sind allein Handlungen von Unternehmensangehörigen oder Beauftragten, die eine Überschreitung der eingeräumten Befugnisse darstellen[197].

Ebenfalls offen ist die Frage, auf welchem Wege der gegen die Unternehmen zu richtende Schuldvorwurf zu ermitteln ist. Kommission und Gerichtshof lösen sich

---

[191] Der Begriff erfährt im Gemeinschaftsrecht eine autonome Auslegung: Juristische Personen i. S. d. Art. 230 EGV (vormals Art. 173 EGV) sind Gesellschaften, die nach innerstaatlichem Recht Träger von Rechten und Pflichten sein können und partei- und prozessfähig sind. Vgl. *Böse,* Strafen und Sanktionen, S. 182 m. w. N.

[192] *Kom*E ABl. 1989, L 74, 1, 15 (PVC); ABl. 1989, L 74, 21, 37 (LDPE); ABl. 1989, L 260, 1, 39 f. (Betonstahlmatten); ABl. 1994, L 239, 14, 28 (PVC); *Böse,* Strafen und Sanktionen, S. 182 f.; Groeben / Tiesing / Ehlermann-*de Bronett,* Bd. 2 / I, Art. 87 EGV, VO 17, Rn. 50 Fn. 221; *Tiedemann,* Jescheck-FS, S. 1411, 1419 je m. w. N. Vgl. ferner die obigen Ausführungen im Zusammenhang mit dem Begriff des Unternehmensträgers, Einführung, D. II.

[193] Vgl. *Dannecker / Fischer-Fritsch,* EG-Kartellrecht in der Bußgeldpraxis, S. 289; *Hamann,* Unternehmen als Täter, S. 163.

[194] *Böse,* Strafen und Sanktionen, S. 184; Grabitz / Hilf-*Koch,* Altband II, nach Art. 87 EWGV, Art. 15 VO 17, Rn. 41; *Ransiek,* Unternehmensstrafrecht, S. 331.

[195] Vgl. *EuGH* verb. Rs. 100 / 80 bis 103 / 80 (Musique Diffusion Française), Slg. 1983, 1825 Rn. 97; Groeben / Tiesing / Ehlermann-*de Bronett,* Bd. 2 / I, Art. 87 EGV, VO 17, Rn. 50; Grabitz / Hilf-*Koch,* Altband II, nach Art. 87 EWGV, Art. 15 VO 17, Rn. 41; *Dannecker / Fischer-Fritsch,* EG-Kartellrecht in der Bußgeldpraxis, S. 258 f.; *Hildebrandt,* Irrtum im Bußgeldrecht, S. 46; *Tiedemann,* Jescheck-FS, S. 1411, 1419 f.; *ders.,* NJW 1993, 23, 30; *Tsolka,* Allgemeiner Teil des europäischen supranationalen Strafrechts i. w. S., S. 157.

[196] Vgl. *Böse,* Strafen und Sanktionen, S. 187; *Schünemann,* Madrid-Symposium f. Tiedemann, S. 265, 291; *Tiedemann,* Jescheck-FS, S. 1411, 1420.

[197] *Dannecker,* Madrid-Symposium f. Tiedemann, S. 331, 335.

von der Notwendigkeit des Nachweises eines individuellen Verschuldens einer konkret bestimmten natürlichen Person und knüpfen eher formal an einer fehlerhaften Organisation des Unternehmens an[198]. Der Vorwurf des Organisationsverschuldens wird dabei jedoch häufig anhand von Verletzung von Organisations- und Überwachungspflichten von natürlichen Personen, vor allem aus der Leitungsebene, ermittelt[199]. Bei der Bestimmung von Vorsatz und Fahrlässigkeit wird auf das Wissen oder Wissen-Müssen des Unternehmens abgestellt[200]; der geforderte Sorgfaltsmaßstab wird unter Hinweis auf unternehmensbezogene Gesichtspunkte, wie etwa Wirtschaftskraft und Größe des Unternehmens oder Dauer des Auftretens im Gemeinsamen Markt, festgelegt[201]. Auch bei der Frage nach der Vorhersehbarkeit und Vermeidbarkeit von Irrtümern können sich die betroffenen Unternehmen nicht darauf berufen, für die jeweils handelnden Unternehmensangehörigen sei der Irrtum unvermeidbar gewesen, sondern es kommt darauf an, ob das Unternehmen den Irrtum hätte vermeiden können[202].

Teilweise wird aus dieser kartellrechtlichen Kommissionspraxis und Rechtsprechung die Anerkennung einer eigenen originären Schuldfähigkeit von Unternehmen abgeleitet[203]. Andere Autoren sind der Auffassung, für die Begründung des Schuldvorwurfes werde das Verschulden natürlicher Personen zur juristischen Person zugerechnet[204]. Daran ändere auch die Berücksichtigung von unternehmensbezogenen Faktoren nichts; diese konstituieren lediglich den Sorgfaltsmaßstab für die Mitglieder der Geschäftsleitung[205]. Die zuständigen Gemeinschaftsorgane haben sich bislang zur Frage der dogmatischen Begründung des Schuldvorwurfs nicht eindeutig geäußert. Jedenfalls aber wurden Forderungen nach einer Begrenzung der haftungsauslösenden Personen auf vertretungsberechtigte Organe

---

198 *Dannecker,* Madrid-Symposium f. Tiedemann, S. 331, 342; *Dannecker/Fischer-Fritsch,* EG-Kartellrecht in der Bußgeldpraxis, S. 287 ff.; *Ransiek,* Unternehmensstrafrecht, S. 329 f. m. w. N.

199 Vgl. *Dannecker/Fischer-Fritsch,* EG-Kartellrecht in der Bußgeldpraxis, S. 289; *Hildebrandt,* Irrtum im Bußgeldrecht, S. 47; *Siohl,* Schuldfeststellung, S. 137 f. m. w. N.

200 Vgl. Groeben/Tiesing/Ehlermann-*de Bronett,* Bd. 2/I, Art. 87 EGV, VO 17, Rn. 50 m. w. N. Ausführlich zur Problematik der Bestimmung von Vorsatz und Fahrlässigkeit *Toepel,* GA 2002, 685 ff.

201 Vgl. *Böse,* Strafen und Sanktionen, S. 184; *Dannecker/Fischer-Fritsch,* EG-Kartellrecht in der Bußgeldpraxis, S. 287 f.; *Ransiek,* Unternehmensstrafrecht, S. 330 m. w. N.

202 Vgl. *EuGH* Rs. C-279/87 (Tipp-Ex), Slg. 1990, 261 (abgekürzte Veröffentlichung) = RIW 1990, 661, 663 und *KomE,* ABl. L 222, 1, 10 (Tipp-Ex); *Ransiek,* Unternehmensstrafrecht, S. 330.

203 So *Dannecker/Fischer-Fritsch,* EG-Kartellrecht in der Bußgeldpraxis, S. 289; *Hildebrandt,* Irrtum im Bußgeldrecht, S. 47; *Müller-Guggenberger,* in: Müller-Guggenberger/Bieneck, Wirtschaftsstrafrecht, § 57 Rn. 107; *Tiedemann,* Stree/Wessels-FS, S. 527, 532; vgl. auch *Ransiek,* Unternehmensstrafrecht, S. 330.

204 *Böse,* Strafen und Sanktionen, S. 184; Groeben/Tiesing/Ehlermann-*de Bronett,* Bd. 2/I, Art. 87 EGV, VO 17, Rn. 50; Grabitz/Hilf-*Koch,* Altband II, nach Art. 87 EWGV, Art. 15 VO 17, Rn. 41; *Siohl,* Schuldfeststellung, S. 139 ff.

205 *Böse,* Strafen und Sanktionen, S. 184.

und leitende Angestellte[206] nicht anerkannt, auch wenn Kommission und Gerichtshof bemüht sind, Zuwiderhandlungen von Angehörigen der Leitungsebene der Unternehmensgeldbuße zugrunde zu legen[207].

II. Ermittlungsbefugnisse
der Kommission und Mitwirkungspflichten
für das betroffene Unternehmen

Das kartellrechtliche Verfahren, welches nicht in Verwaltungs- und Bußgeldverfahren aufgeteilt ist[208], wird grundsätzlich vom Untersuchungsgrundsatz geprägt. Es obliegt also der Kommission selbst, die erforderlichen Beweismittel zu beschaffen[209]. Hierzu stehen ihr zwei zentrale Ermittlungsbefugnisse zur Verfügung: Auskunftsverlangen gemäß Art. 11 VO 17/62 und Nachprüfungsrechte nach Art. 14 VO 17/62. Beide Maßnahmen stehen gleichrangig nebeneinander[210], jedoch kann im Einzelfall in Anwendung des Verhältnismäßigkeitsgrundsatzes einem Auskunftsbegehren der Vorrang einzuräumen sein[211]. Wie zu zeigen ist, sind mit diesen Ermittlungsrechten weitreichende Pflichten der Unternehmen zur Mitwirkung an der Sachverhaltsaufklärung verbunden.

1. Auskunftsverlangen nach Art. 11 VO 17/62

Die Kommission ist gemäß Art. 11 VO 17/62 berechtigt, die erforderlichen Auskünfte einzuholen. Das Auskunftsersuchen wird sich in erster Linie an die eines Kartellrechtsverstoßes verdächtigen Unternehmen oder Unternehmensvereinigungen richten, aber auch an dritte Unternehmen, die zu den mutmaßlichen Verstößen Angaben machen können, ferner an Regierungen und zuständige Behör-

---

[206] *Böse,* Strafen und Sanktionen, S. 189; *Siohl,* Schuldfeststellung, S. 169 f.

[207] *Böse,* Strafen und Sanktionen, S. 190; *Dannecker/Fischer-Fritsch,* EG-Kartellrecht in der Bußgeldpraxis, S. 279 f. und 289 m. w. N.

[208] *Burrichter/Hauschild,* in: Immenga/Mestmäcker, EG-Wettbewerbsrecht II, Vor Art. 11–14 VO 17 Rn. 2; *Dannecker,* ZStW 111 (1999), 256 f.; *Gillmeister,* Ermittlungsrechte, S. 125; *Grützner/Reimann/Wissel,* Richtiges Verhalten bei Kartellamtsermittlungen, Rn. 232; *Hermanns,* Ermittlungsbefugnisse, S. 123; *Müller-Guggenberger,* in: Müller-Guggenberger/Bieneck, Wirtschaftsstrafrecht, § 57 Rn. 87.

[209] *Dannecker,* ZStW 111 (1999), 256, 259; *Ritter,* in: Immenga/Mestmäcker, EG-Wettbewerbsrecht II, Vor VO 17 Rn. 35.

[210] Vgl. *EuGH* Rs. 374/87 (Orkem), Slg. 1989, 3283, 3347 Rn. 14; *Burrichter/Hauschild,* in: Immenga/Mestmäcker, EG-Wettbewerbsrecht II, Vor Art. 11–14 VO 17 Rn. 1; *Weiß,* Verteidigungsrechte, S. 368.

[211] *Gillmeister,* Ermittlungsrechte, S. 168; *Grützner/Reimann/Wissel,* Richtiges Verhalten bei Kartellamtsermittlungen, Rn. 230, nehmen an, dass ein Auskunftsverlangen in der Regel das weniger einschneidende Mittel darstelle; zweifelnd an dieser „Regelvermutung" der geringeren Eingriffsintensität des Auskunftsbegehrens *Weiß,* Verteidigungsrechte, S. 368.

den der Mitgliedsstaaten, Art. 11 Abs. 1 VO 17/62. Auskunftsverpflichtete sind nach Art. 11 Abs. 4 VO 17/62 die Inhaber oder deren gesetzliche Vertreter. Dabei ist die Kommission verpflichtet, in zwei Stufen vorzugehen.

a) Einfaches Auskunftsverlangen
(Art. 11 Abs. 1 VO 17/62)

Zunächst muss sie sich in einem sogenannten einfachen Auskunftsverlangen (Art. 11 Abs. 1 VO 17/62) an das Unternehmen wenden. Dieses formlose Schreiben enthält die Rechtsgrundlage und den Zweck des Verlangens. Hierzu ist die Angabe der konkreten Ermittlungstätigkeit der Kommission und der Verfahrensrolle des Unternehmens erforderlich. Bei einem Vorgehen aufgrund des Verdachtes von Kartellverstößen sind die den Verdacht begründenden Umstände darzulegen. Schließlich ist auf die mögliche Sanktionierung nach Art. 15 Abs. 1 lit. b VO 17/62 bei unrichtiger Auskunftserteilung hinzuweisen, Art. 11 Abs. 3 VO 17/62[212]. Auf das einfache Auskunftsverlangen muss das Unternehmen nicht zwingend antworten. Werden allerdings Auskünfte erteilt, so müssen diese richtig sein, anderenfalls kann ein Bußgeld nach Art. 15 Abs. 1 lit. b VO 17/62 verhängt werden[213].

b) Förmliche Auskunftsentscheidung
(Art. 11 Abs. 5 VO 17/62)

Im Falle der Auskunftsverweigerung oder bei nur unvollständiger oder nicht fristgemäßer Beantwortung durch das Unternehmen kann die Kommission in einem zweiten Schritt die Auskunft durch förmliche Entscheidung anordnen, Art. 11 Abs. 5 VO 17/62. Ein vorangegangener Versuch, die benötigten Informationen zunächst durch das einfache Verfahren zu erlangen, ist hierfür unerlässliche Bedingung[214]. Entsprechend darf sich die Entscheidung nur auf Auskünfte beziehen, die zuvor Gegenstand des einfachen Auskunftsbegehrens waren[215]. Auch die Entscheidung muss die begehrten Auskünfte und deren Zweck im betreffenden Verfahren genau bezeichnen, eine Frist zur Beantwortung festlegen sowie auf die

---

[212] *EuG* Rs. T-34/93 (Société Générale), Slg. 1995-II, 545 Rn. 62; *Burrichter/Hauschild,* in: Immenga/Mestmäcker, EG-Wettbewerbsrecht II, Art. 11 VO 17, Rn. 10; *Grützner/Reimann/Wissel,* Richtiges Verhalten bei Kartellamtsermittlungen, Rn. 248.

[213] *Dannecker,* ZStW 111 (1999), 256, 260; *Grützner/Reimann/Wissel,* Richtiges Verhalten bei Kartellamtsermittlungen, Rn. 249 f.

[214] *EuGH* Rs. 136/79 (National Panasonic), Slg. 1980, 2033 Rn. 10; *EuG* Rs. T-34/93 (Société Générale), Slg. 1995-II, 545 Rn. 38; *Dannecker,* ZStW 111 (1999), 256, 260; *Grützner/Reimann/Wissel,* Richtiges Verhalten bei Kartellamtsermittlungen, Rn. 253.

[215] *Dannecker,* ZStW 111 (1999), 256, 260; *Gillmeister,* Ermittlungsrechte, S. 134; *Grützner/Reimann/Wissel,* Richtiges Verhalten bei Kartellamtsermittlungen, Rn. 253; *Kreis,* RIW/AWD 1981, 281, 285.

gemäß Art. 15 Abs. 1 lit. b, Art. 16 Abs. 1 lit. c VO 17/62 drohenden Zwangsmaßnahmen bei Auskunftsverweigerung beziehungsweise verspäteter oder unrichtig erteilter Auskünfte aufmerksam machen. Weiterhin muss sie eine Rechtsmittelbelehrung zur möglichen Klage zum Gericht Erster Instanz enthalten[216]. Zur richtigen, vollständigen und rechtzeitigen Beantwortung der förmlichen Entscheidung sind die Unternehmen verpflichtet. Die Auskunftserteilung kann mittels eines Zwangsgeldes nach Art. 16 Abs. 1 lit. c VO 17/62 erzwungen werden. Hierbei handelt es sich um ein Beugemittel. Allerdings entfällt das Zwangsgeld nicht bei Erbringung der geforderten Leistung, folglich wird der „fortgesetzte Ungehorsam" des Unternehmens sanktioniert[217]. Zusätzlich setzt sich das nicht zur Mitwirkung bereite Unternehmen der Gefahr der Verhängung eines Bußgeldes gemäß Art. 15 Abs. 1 lit. b VO 17/62 aus[218].

c) Vorlage von Unterlagen

Neben den eigentlichen Auskünften fordert die Kommission regelmäßig die Übersendung von Unterlagen[219], obwohl Art. 11 VO 17/62 dem Wortlaut nach auf Auskünfte beschränkt ist und Art. 14 VO 17/62 nur die Einsichtnahme in Dokumente vor Ort und die Anfertigung von Kopien gestattet. Dennoch hat der Gerichtshof diese Vorgehensweise gebilligt[220].

2. Nachprüfungsbefugnisse gemäß Art. 14 VO 17/62

Gemäß Art. 14 Abs. 1 VO 17/62 ist die Kommission weiter berechtigt, bei den Unternehmen und Unternehmensvereinigungen „alle erforderlichen Nachprüfungen vorzunehmen".

---

[216] Vgl. Art. 11 Abs. 5 VO 17/62; *Burrichter/Hauschild,* in: Immenga/Mestmäcker, EG-Wettbewerbsrecht II, Art. 11 VO 17, Rn. 16; *Dannecker,* ZStW 111 (1999), 256, 261; *Gillmeister,* Ermittlungsbefugnisse, S. 134 f.; *Grützner/Reimann/Wissel,* Richtiges Verhalten bei Kartellamtsermittlungen, Rn. 253 f.

[217] *Müller-Guggenberger,* in: Müller-Guggenberger/Bieneck, Wirtschaftsstrafrecht, § 57 Rn. 90.

[218] *Dannecker,* ZStW 111 (1999), 256, 268; *Grützner/Reimann/Wissel,* Richtiges Verhalten bei Kartellamtsermittlungen, Rn. 280; *Müller-Guggenberger,* in: Müller-Guggenberger/Bieneck, Wirtschaftsstrafrecht, § 57 Rn. 90.

[219] Vgl. z. B. *KomE,* ABl. 1976, L 192, 27 (C.S.V.); ABl. 1978, L 157, 39 (RAI/UNITEL); ABl. 1982, L 27, 31 (Comptoir Commercial d'Importation).

[220] Vgl. *EuGH* Rs. 374/87 (Orkem), Slg. 1989, 3283 Rn. 14 ff. und Rs. 27/88 (Solvay), Slg. 1989, 3355 ff. (abgekürzte Veröffentlichung); *Kreis,* RIW/AWD 1981, 281, 285; kritisch hierzu *Dannecker,* ZStW 111 (1999), 256, 259; *Hermanns,* Ermittlungsbefugnisse, S. 155; *Gillmeister,* Ermittlungsrechte, S. 136; *Kühlhorn,* WuW 1986, 7, 25.

a) Einfaches Nachprüfungsverlangen und
förmliche Nachprüfungsentscheidung

Die Nachprüfungen können – entsprechend dem Auskunftsverfahren – durch ein einfaches Prüfungsbegehren (Art. 14 Abs. 1 VO 17/62) oder durch eine förmliche Nachprüfungsentscheidung (Art. 14 Abs. 3 VO 17/62) durchgeführt werden. Allerdings mangelt es hier an einem subsidiären Stufenverhältnis zwischen den Maßnahmen, das heißt, der Kommission ist es gestattet, ohne vorheriges einfaches Prüfungsverlangen sofort im Wege der Nachprüfungsentscheidung vorzugehen[221]. Ein einfaches Nachprüfungsverlangen muss durch die Unternehmen nicht zwingend erfüllt werden. Legt das Unternehmen jedoch Unterlagen vor, so müssen diese vollständig sein. Bei Unvollständigkeit kann die Kommission Bußgelder verhängen, Art. 15 Abs. 1 lit. c VO 17/62[222]. Dagegen entfalten die Nachprüfungsentscheidungen verpflichtende Wirkung. Verweigert das Unternehmen die Erfüllung der Prüfungsbefugnisse, so kann dies zum einen die Festsetzung eines Zwangsgeldes nach Art. 16 Abs. 1 lit. d VO 17/62 nach sich ziehen, zum anderen zusätzlich die Verhängung eines Bußgeldes gemäß Art. 15 Abs. 1 lit. c VO 17/62 zur Folge haben[223].

b) Umfang der Prüfungsbefugnisse

Die einzelnen Prüfungsrechte sind in Art. 14 Abs. 1 lit. a – d VO 17/62 genannt. Danach kann die Kommission Bücher und Geschäftsunterlagen prüfen, daraus Abschriften oder Auszüge (insbesondere auch Fotokopien) anfertigen, mündliche Erklärungen an Ort und Stelle anfordern sowie Räumlichkeiten, Grundstücke und Transportmittel des Unternehmens betreten. Art. 14 VO 17/62 liegt dabei eine aktive Mitwirkungspflicht des Unternehmens zugrunde[224]. Das bedeutet, die Unternehmen müssen die Nachprüfungen nicht nur passiv erdulden, sondern sie sind verpflichtet, die Kommission bei ihrer Tätigkeit zu unterstützen, insbesondere

---

[221] *EuGH* Rs. 136/79 (National Panasonic), Slg. 1980, 2033 Rn. 11 f.; *EuGH* verb. Rs. 46/87 und 227/88 (Hoechst), Slg. 1989, 2859 Rn. 22; *Burrichter/Hauschild,* in: Immenga/Mestmäcker, EG-Wettbewerbsrecht II, Art. 14 VO 17 Rn. 3; *Dannecker,* ZStW 111 (1999), 256, 262 f.; *Engel/Freier,* EWS 1992, 361, 368; *Gillmeister,* Ermittlungsrechte, S. 168 f.; *Grützner/Reimann/Wissel,* Richtiges Verhalten bei Kartellamtsermittlungen, Rn. 284; *Hermanns,* Ermittlungsbefugnisse, S. 158; *Kreis,* RIW/AWD 1981, 281, 292.

[222] *Dannecker,* ZStW 111 (1999), 256, 262; *Grützner/Reimann/Wissel,* Richtiges Verhalten bei Kartellamtsermittlungen, Rn. 286.

[223] *Dannecker,* ZStW 111 (1999), 256, 262; *Grützner/Reimann/Wissel,* Richtiges Verhalten bei Kartellamtsermittlungen, Rn. 312; *Kreis,* RIW/AWD 1981, 281, 292.

[224] *EuGH* Rs. 46/87 und 227/88 (Hoechst), Slg. 1989, 2859 Rn. 31; *EuGH* Rs. 85/87 (Dow Benelux), Slg. 1989, 3137 Rn. 42; *EuGH* verb. Rs. 97 bis 99/87 (Dow Chemical Ibérica), Slg. 1989, 3165 Rn. 28; *Burrichter/Hauschild,* in: Immenga/Mestmäcker, EG-Wettbewerbsrecht II, Art. 14 VO 17 Rn. 9; *Dannecker,* ZStW 111 (1999), 256, 263; *Grützner/Reimann/Wissel,* Richtiges Verhalten bei Kartellamtsermittlungen, Rn. 294; *Kühlhorn,* WuW 1986, 7, 13.

haben sie die betreffenden Unterlagen vorzulegen und gegebenenfalls anzugeben, wo sich Aufzeichnungen zu bestimmten Vorgängen befinden[225]. Eine Beschlagnahme der Unterlagen durch Bedienstete der Kommission ist dagegen nicht zulässig[226]. Im Falle der Vorlageverweigerung kann die Kommission aber im Wege der Amtshilfe nach Art. 14 Abs. 6 VO 17/62 Beamte des Bundeskartellamtes einschalten, welche die betreffenden Papiere beschlagnahmen können[227].

III. Die Gefährdungssituation
des Unternehmens

Da die Geldbußen im EG-Kartellrecht strafrechtlichen Charakter im weiteren Sinne aufweisen, steht auch die Gefahr strafrechtlicher Selbstbelastung der Unternehmen beziehungsweise Unternehmensvereinigungen im Raum. Die Ausführungen zum kartellrechtlichen Verfahren haben trotz der Geltung des Untersuchungsgrundsatzes sehr weitreichende Mitwirkungspflichten der Unternehmen an der Sachverhaltsaufklärung offengelegt. Die Verpflichtungen zur Erteilung von Auskünften und Herausgabe von Unterlagen tragen stets das Risiko in sich, dass deren Erfüllung die Preisgabe von Informationen erfordert, die eigene Zuwiderhandlungen des Unternehmens betreffen. Dies gilt gerade in Fällen, in denen die Kommission gegen das Unternehmen aufgrund des Verdachts eines Kartellverstoßes vorgeht. Ein Auskunftsverweigerungsrecht bei Gefahr der Selbstbelastung des Unternehmens ist in den kartellverfahrensrechtlichen Vorschriften nicht enthalten und wird vom EuGH grundsätzlich auch nicht anerkannt[228]. Die Maßstäbe, mit denen im Zusammenhang der Auskunftsverlangen die Selbstbelastungsproblematik gehandhabt wird, werden näher zu beleuchten sein[229]. Da lediglich Unternehmen und Unternehmensvereinigungen Adressaten der gemeinschaftsrechtlichen Kartellvorschriften sind, besteht dagegen keine Gefahr, Unternehmensangehörige belasten zu müssen.

---

[225] *Dannecker*, ZStW 111 (1999), 256, 263; *Engel/Freier*, EWS 1992, 361, 369; *Grützner/Reimann/Wissel*, Richtiges Verhalten bei Kartellamtsermittlungen, Rn. 303; Grabitz/Hilf-*Pernice*, Altband I, nach Art. 87 EGV, Art. 14 VO 17, Rn. 43.

[226] *Engel/Freier*, EWS 1992, 361, 370; *Gillmeister*, Ermittlungsrechte, S. 198; *Grützner/Reimann/Wissel*, Richtiges Verhalten bei Kartellamtsermittlungen, Rn. 298; *Hermanns*, Ermittlungsbefugnisse, S. 164.

[227] *Grützner/Reimann/Wissel*, Richtiges Verhalten bei Kartellamtsermittlungen, Rn. 298.

[228] Vgl. ausführlich unten 2. Teil, C. I. 1.

[229] Siehe unten 2. Teil, C. I. 2., II.

E. Mögliche Unternehmensstrafen de lege ferenda

Die bisherigen Darstellungen haben sich mit Unternehmenssanktionen der geltenden Rechtsordnung und mit den danach bereits bestehenden Gefahren strafrechtlichen Selbstbelastungszwangs für Unternehmen befasst. In der strafrechtlichen Debatte finden sich aber auch Forderungen nach einer Einführung von Kriminalsanktionen gegen Unternehmen, verbunden mit dem Hinweis, dass dann auch die prozessuale Stellung des Unternehmens thematisiert, wenn nicht gar neu definiert werden müsse[230]. Dass die prozessuale Problematik häufig nur im Zusammenhang mit der Etablierung von Unternehmensstrafen gesehen wird, verwundert etwas, stellt sich doch die Frage nach der Verfahrensrolle und den Verfahrensrechten von Unternehmen bereits hinsichtlich der Verhängung von Verbandsgeldbußen[231]. Dies gilt auch für das Problem der Anwendbarkeit des nemo tenetur-Grundsatzes auf juristische Personen und Personenvereinigungen. Nichtsdestotrotz darf nicht übersehen werden, dass mit einer eventuellen Einführung von Unternehmensstrafen die Bestimmung von prozessualen Rechten und Pflichten von Unternehmen an Bedeutung und Brisanz gewinnen wird.

I. Internationale und europäische Tendenzen

In den letzten Jahren ist die Diskussion um die Unternehmensstrafbarkeit in Deutschland verstärkt geführt worden[232]. Dies steht in Beziehung zur internationalen Entwicklung und europäischen Tendenzen auf diesem Gebiet. Im anglo-amerikanischen Rechtsraum sind Verbandssanktionen bereits seit längerer Zeit fest ver-

---

[230] *Dannecker,* GA 2001, 101, 129 f.; *Heine,* Strafrechtliche Verantwortlichkeit, S. 304 f.; ders., JZ 1995, 651, 656 f.; *Pieth,* ZStrR 119 (2001), 1, 17; *Tiedemann,* in: Freiburger Begegnung, S. 30, 34; *Wohlers,* SJZ 96 (2000), 381, 390. Vgl. auch *Hamm,* NJW 1998, 662, 663; *Krekeler,* Hanack-FS, S. 639, 641. Siehe auch den Abschlussbericht der *Kommission zur Reform des strafrechtlichen Sanktionensystems,* in: Hettinger (Hrsg.), Reform des Sanktionenrechts, Bd. 3, S. 354. Ausführlich zu verfahrensrechtlichen Fragen bezüglich Unternehmensstrafen *Drope,* Strafprozessuale Probleme bei der Einführung einer Verbandsstrafe, 2002; *Schlüter,* Die Strafbarkeit von Unternehmen, 2000.

[231] Vgl. *Ransiek,* Unternehmensstrafrecht, S. 357 ff.

[232] Die Diskussion um Verbandsstrafen ist freilich nicht neu, zur historischen Entwicklung z. B. *Eidam,* Straftäter Unternehmen, S. 22 ff.; *Ehrhardt,* Unternehmensdelinquenz, S. 26 ff.; *Heinitz,* 40. DJT, Bd. I, S. 67 ff.; *Müller,* Stellung der juristischen Person, S. 29 ff.; KK-OWiG-*Rogall,* § 30 Rn. 22 f.; *Schmitt,* Strafrechtliche Maßnahmen, S. 16 ff. Das Thema wurde insbesondere auch auf dem 40. Deutschen Juristentag (40. DJT, Bd. II S. E 88), von der *Großen Strafrechtskommission* (Niederschriften Bd. IV S. 329 ff.; *Koffka,* Niederschriften Bd. IV S. 564 ff.) und dem *Sonderausschuss für die Strafrechtsreform* (Protokolle 4. Wahlperiode, 23. und 24. Sitzung, S. 397 ff., 419 ff., 5. Wahlperiode, 57. Sitzung, S. 1079 ff.) diskutiert; die Einführung von Unternehmenssanktionen jeweils von der Mehrheit jedoch abgelehnt.

ankert[233], aber auch einige kontinentaleuropäische Länder[234] haben Unternehmensstrafen eingeführt[235]. Auf europäischer Ebene werden die Mitgliedstaaten durch mittlerweile zahlreiche Regelungen aufgefordert, eine ausreichend effiziente Sanktionierung von Personenverbänden sicherzustellen[236]. Wenn auch diese Rechtsakte keine Verpflichtung zur Einführung von Kriminalsanktionen gegen Unternehmen konstituieren, sondern in der Regel lediglich „wirksame, angemes-

---

[233] Zur historischen Entwicklung *Coffee*, in: Eser / Heine / Huber (Hrsg.), Criminal Responsibility, S. 9, 13 ff.; *Wells*, Corporations and Criminal Responsibility, S. 94 ff. Siehe auch *Ehrhardt*, Unternehmensdelinquenz, S. 95 ff.; *Kremnitzer / Ghanayim*, ZStW 113 (2001), 539; *Lütolf*, Strafbarkeit der juristischen Person, S. 246 ff.

[234] Hierzu zählen z. B. die Niederlande (1976), Schweden (1986), Norwegen (1991), Island (1993), Frankreich (1994), Finnland und Spanien (1995), Dänemark (1996), Belgien, Slowenien und Griechenland (1999), Ungarn und Estland (2001), Polen und Malta (2002) sowie die Schweiz (2003). Vgl. Schönke / Schröder-*Cramer / Heine*, Vor §§ 25 ff. Rn. 122; *Zeder*, ÖJZ 2001, 630, 634. Vgl. auch den österreichischen Entwurf eines Bundesgesetzes über die Verantwortlichkeit von Verbänden für mit gerichtlicher Strafe bedrohte Handlungen (Verbandsverantwortlichkeitsgesetz – VbVG), JMZ 318.017 / 0001-II 2 / 2004.

[235] Einen prägnanten Überblick geben *Heine*, ÖJZ 2000, 871, 873 und KK-OWiG-*Rogall*, § 39 Rn. 233 ff. Siehe auch *Möhrenschlager*, in: Eser / Heine / Huber (Hrsg.), Criminal Responsibility, S. 89, 91 Fn. 14.

[236] Siehe insb. Titel II A c, d der Gemeinsamen Maßnahme zur Bekämpfung des Menschenhandels und der sexuellen Ausbeutung von Kindern des Rates der EU v. 24. 2. 1997, ABl. L 63, S. 2, 3; Art. 3, 4 des Zweiten Protokolls v. 19. 6. 1997 zum Übereinkommen zum Schutz der finanziellen Interessen der EU v. 26. 7. 1995, ABl. C 221, S. 11, 13 (dazu *Korte*, NJW 1998, 1464 ff.; *Wegner*, ZRP 1999, 186, 188 ff.); Art. 3 der Gemeinsamen Maßnahme des Rates der EU betreffend die Strafbarkeit der Beteiligung an einer kriminellen Vereinigung in den Mitgliedstaaten der EU v. 21. 12. 1998, ABl. L 351, S. 1, 2 (dazu *Möhrenschlager*, wistra 8 / 1999, VI); Art. 9 des Rahmenbeschlusses über die Verstärkung des mit strafrechtlichen und anderen Sanktionen bewehrten Schutzes gegen Geldfälschung im Hinblick auf die Einführung des Euro v. 29. 5. 2000, ABl. L 140, S. 1, 2; Art. 8 des Rahmenbeschlusses zur Bekämpfung von Betrug und Fälschung im Zusammenhang mit unbaren Zahlungsmitteln v. 28. 5. 2001, ABl. L 149, S. 1, 3; Art. 2, 3 des Rahmenbeschlusses betreffend die Verstärkung des strafrechtlichen Rahmens für die Bekämpfung der Beihilfe zur unerlaubten Ein- und Durchreise und zum unerlaubten Aufenthalt v. 28. 11. 2002, ABl. L 328, S. 1, 2 (dazu *Möhrenschlager*, wistra 5 / 2003, V); Art. 6, 7 des Rahmenbeschlusses über den Schutz der Umwelt durch das Strafrecht v. 27. 1. 2003, ABl. L 29, S. 55, 56 f. (dazu *Möhrenschlager*, wistra 5 / 2003, VI); Art. 5, 6 des Rahmenbeschlusses des Rates zur Bekämpfung der Bestechung im privaten Sektor v. 22. 7. 2003, ABl. L 192, S. 54, 55 f. (dazu *Möhrenschlager*, wistra 9 / 2003, VI); Art. 2, Art. 3 Abs. 2 des OECD-Übereinkommens über die Bekämpfung der Bestechung ausländischer Amtsträger im internationalen Geschäftsverkehr v. 17. 12. 1997, abgedruckt und deutsche Übersetzung BT-Drucks. 13 / 10428, S. 9, 11; Art. 9 des Übereinkommens des Europarates zum strafrechtlichen Schutz der Umwelt v. 4. 11. 1998, ETS Nr. 172, S. 6; Art. 18, 19 des Übereinkommens des Europarates zur strafrechtlichen Bekämpfung von Korruption v. 27. 1. 1999, ETS Nr. 173, S. 6 f. (dazu *Möhrenschlager*, in: Eser / Heine / Huber [Hrsg.], Criminal Responsibility, S. 89, 99 ff.); Art. 13 Abs. 2 der Konvention des Europarates über Cyber-Kriminalität v. 8. 11. 2001, ETS Nr. 185, S. 8; siehe ferner das Grünbuch zum strafrechtlichen Schutz der finanziellen Interessen der Europäischen Gemeinschaften und zur Schaffung einer Europäischen Staatsanwaltschaft v. 11. 12. 2001, KOM (2001), 715, S. 1, 44; vgl. insgesamt auch *Löschnig-Gspandl*, ÖJZ 2002, 241, 242; *Zeder*, ÖJZ 2001, 630, 633.

sene, abschreckende Sanktionen straf- oder auch nicht-strafrechtlicher Natur" verlangen, muss die Möglichkeit von echten Unternehmensstrafen in die entsprechenden Überlegungen zumindest mit einbezogen werden. Dagegen wird in Art. 14 des Corpus Juris[237] ausdrücklich eine Strafbarkeit von juristischen Personen und Personenverbänden vorgeschlagen.

II. Zur kriminalpolitischen Notwendigkeit von Unternehmensstrafen

Grund für die Zuwendung zur Frage der Legitimierbarkeit von Verbandssanktionen sind Zweifel, ob mit den Mitteln des Individualstrafrechts auf kriminelle Verhaltensweisen, die aus körperschaftlich aufgebauten Organisationen heraus begangen werden, wirksam reagiert werden kann. Einerseits sind es Schwierigkeiten, innerhalb arbeitsteilig-organisierter Strukturen einen konkreten Täter für die betriebsbezogene Verfehlung individuell festzustellen und strafrechtlich haftbar zu machen, welche Bedenken an der Effizienz des Individualstrafrechts erwecken. Andererseits erscheint es nicht sinnvoll, nur natürliche Personen zu bestrafen, das Unternehmen als eigentlichen Auslöser des Fehlverhaltens bei der Sanktionierung jedoch außen vor zu lassen.

1. Aufklärungs- und Beweisschwierigkeiten

Für eine Strafbarkeit von Unternehmen werden häufig Schwierigkeiten, einen konkret verantwortlichen Täter ermitteln zu können, angeführt[238]. Eine gewisse Unübersichtlichkeit bis hin zu Undurchsichtigkeit der Wissens- und Verantwortungsverteilung, insbesondere in großen Unternehmen, mag in der Tat nicht von der Hand zu weisen sein. Es kann die außenstehenden Ermittlungsbehörden vor enorme Schwierigkeiten stellen, das Geflecht von Zuständigkeiten und Weisungsbeziehungen in der von Arbeitsteilung beherrschten Organisation zu durchdringen und aufzuhellen. Andererseits können mit der Unternehmensstruktur Erleichterungen für die Sachverhaltsermittlung gegenüber klassischer Individualdelinquenz verbunden sein. Grundsätzlich besteht in Wirtschaftsbetrieben eine Notwendigkeit, Informationen schriftlich oder in ähnlicher Weise festzuhalten und den Informa-

---

[237] *Delmas-Marty* (Hrsg.), Corpus Juris der strafrechtlichen Regelungen zum Schutz der finanziellen Interessen der Europäischen Union, deutsche Übersetzung von Yvonne Kleinke und Marc Tully, 1998. Vgl. hierzu *Braum*, JZ 2000, 493 ff.; *Hassemer*, KritV 1999, 133 ff.; *Otto*, Jura 2000, 98 ff.

[238] *Ackermann*, Strafbarkeit juristischer Personen, S. 189 f.; *Busch*, Grundlagen, S. 116 ff.; *Dannecker*, GA 2001, 101, 102; *Ehrhardt*, Unternehmensdelinquenz, S. 159 f.; *v. Freier*, Kritik der Verbandsstrafe, S. 29; *Müller*, Stellung der juristischen Person, S. 6; *Otto*, Strafbarkeit von Unternehmen, S. 8; *Schlüter*, Strafbarkeit von Unternehmen, S. 32; vgl. auch *Schmitt*, Strafrechtliche Maßnahmen, S. 143; *Wohlers*, SJZ 96 (2000), 381, 382.

tionsaustausch zwischen einzelnen Unternehmenseinheiten formal zu steuern[239]. Verbandsbezogene Entscheidungen und Abläufe sind regelmäßig mehreren Unternehmensangehörigen bekannt. Es gibt also Mitwisser, auf die die Ermittlungsorgane zugreifen können[240]. Allerdings ist nicht zu verkennen, dass diese Vorteile bei Handeln nach einem vorgefassten deliktischen Plan oder bei nachträglich abgestimmtem Vorgehen relativiert werden[241]. Auch findet sich neben den formalen Informationswegen im Betrieb ein Netz informeller Verbindungen[242], wodurch die „offizielle" Zuständigkeits- und Wissensverteilung „nach Organigramm" verzerrt wird[243].

Diese bei Verfolgung von Straftaten innerhalb von Unternehmensorganisationen typischen Beweisschwierigkeiten können natürlich durch Verbandssanktionen vermindert werden, sofern der Unternehmensstraftatbestand die Sanktionierung nicht an ein Fehlverhalten einer konkret festzustellenden Person anknüpft[244]. Dennoch handelt es sich hierbei um tatsächliche Probleme bei der Nachweisbarkeit konkreten Fehlverhaltens. Diese deuten auf Überlastung, mangelnde Qualifikation und unzureichende Ausstattung der Strafverfolgungsbehörden und sprechen daher zunächst für die Behebung dieser Vollzugsdefizite[245]. Einzig entscheidende Bedeutung für die Einführung von Unternehmensstrafen kann dem Argument der Aufklärungs- und Beweisschwierigkeiten demnach nicht zukommen.

2. Probleme der Erfolgszurechnung innerhalb
der von Arbeitsteilung geprägten Unternehmensorganisation

Die Unternehmensstruktur führt neben den Erschwernissen in der Beweisführung aber auch zu dogmatischen Schwierigkeiten beim Umgang mit strafbarem Verhalten, das im Zusammenhang mit der Unternehmenstätigkeit bei arbeitsteiliger Organisation begangen wird. Ausgehend vom Prinzip der Eigenverantwortung ist das bisherige Strafrecht auf Einzelakte von Individualpersonen, die unmittelbar

---

[239] *v. Freier*, Kritik der Verbandsstrafe, S. 29 f.; *Schlüter*, Strafbarkeit von Unternehmen, S. 31; *Schünemann*, Unternehmenskriminalität, S. 47 f.

[240] *v. Freier*, Kritik der Verbandsstrafe, S. 29 f.; *Schlüter*, Strafbarkeit von Unternehmen, S. 31; *Schünemann*, Unternehmenskriminalität, S. 47.

[241] *v. Freier*, Kritik der Verbandsstrafe, S. 30; *Schünemann*, Madrid-Symposium f. Tiedemann, S. 265, 272 f.

[242] *Bosch*, Organisationsverschulden, S. 23; *Heine*, Strafrechtliche Verantwortlichkeit, S. 44 ff.; *Rotsch*, Individuelle Haftung, S. 76 f.; *ders.*, wistra 1999, 368, 372. Siehe auch *Luhmann*, Funktionen und Folgen formaler Organisationen, S. 195 f.

[243] *Schlüter*, Strafbarkeit von Unternehmen, S. 32; *Schünemann*, Unternehmenskriminalität, S. 49 f.

[244] Dies ist eine Frage der Ausgestaltung des Strafmodells, siehe unten 1. Teil, E. III. 3.

[245] Vgl. *Schlüter*, Strafbarkeit von Unternehmen, S. 32; *Schünemann*, Unternehmenskriminalität, S. 49; *ders.*, wistra 1982, 41, 49; *ders.*, Madrid-Symposium f. Tiedemann, S. 265, 272; *Schwinge*, Strafrechtliche Sanktionen, S. 46; *Wohlers*, SJZ 96 (2000), 381, 382.

den entsprechenden deliktischen Erfolg bewirken, zugeschnitten[246]. Es wird derjenige als Täter bestraft, der isolierbare, nicht-konforme Handlungen als zentrale Figur beherrscht und eigenverantwortlich über den Eintritt einer Rechtsverletzung entscheidet[247]. Tatmacht und Tatwissen bestehen gemeinsam in seiner Person[248].

Dieses Konzept der „individual-personalen Verantwortungszurechnung"[249] gerät an seine Grenzen, wenn es um die Reaktion auf die Verwirklichung von Deliktserfolgen aus kollektiven Strukturen heraus geht. Die Größe des Unternehmens und der Umfang der betrieblichen Aktivitäten machen eine Arbeits- und Kompetenzteilung erforderlich. Aufgaben müssen delegiert werden. Dies erfolgt regelmäßig zunächst auf der Ebene der Geschäftsleitung in horizontaler Richtung nach Funktionen (sogenannte Ressorts wie Personal, Konstruktion, Fertigung, Vertrieb usw.)[250]. Zum anderen werden Aufgaben von den jeweiligen Ressorts der Leitungsebene auf nachgeordnete Unternehmenseinheiten zur selbständigen Wahrnehmung übertragen[251]. Zumindest in größeren Unternehmen vollzieht sich dieser Prozess zunehmend nicht in einem rein hierarchisch-linearen Unternehmensaufbau, sondern in einem dezentralisierten System[252].

Je stärker die Unternehmensorganisation unter funktionellen Aspekten ausdifferenziert wird, desto mehr verlagern sich die Handlungen, die letztlich den strafrechtlichen Erfolg bewirken, auf untere Organisationseinheiten. Deren Mitgliedern fehlt es aber in der Regel an eigener Entscheidungsmacht. Außerdem werden sie häufig nicht über die notwendigen Informationen verfügen, um das Gefährdungspotential und die Auswirkungen ihrer Verhaltensweisen – die zudem in der Regel den Außenerfolg nur im Zusammenspiel mit weiteren, ihnen unter Umständen unbekannten Handlungen herbeiführen – einschätzen zu können[253]. Dies bringt es mit sich, dass das entsprechende Wissen, die Entscheidungsbefugnis und die Tatausführung häufig auseinanderfallen[254]. Mängel in der Unternehmensorganisation können

---

[246] *Bosch,* Organisationsverschulden, S. 8 f.; *Heine,* Strafrechtliche Verantwortlichkeit, S. 27 ff.; *Otto,* Jura 1998, 409, 410; *Schmidt-Salzer,* NJW 1994, 1305, 1310; *Wohlers,* SJZ 96 (2000), 381, 382.

[247] *Rotsch,* wistra 1999, 368, 372.

[248] *Bosch,* Organisationsverschulden, S. 10; *Heine,* Strafrechtliche Verantwortlichkeit, S. 28 f.; *Rotsch,* Individuelle Haftung, S. 76; *ders.,* wistra 1999, 368, 373; *Schünemann,* Madrid-Symposium f. Tiedemann, S. 265, 271 f.

[249] *v. Freier,* Kritik der Verbandsstrafe, S. 21.

[250] Ausführlich *Neudecker,* Strafrechtliche Verantwortlichkeit, S. 160 ff.; ferner *Schmidt-Salzer,* Produkthaftung Bd. I, S. 99.

[251] Ausführlich *Neudecker,* Strafrechtliche Verantwortlichkeit, S. 140 ff.; ferner *Eidam,* Unternehmen und Strafe, S. 164; *Schmidt-Salzer,* Produkthaftung Bd. I, S. 99.

[252] Ausführlich *Heine,* Strafrechtliche Verantwortlichkeit, S. 35 ff. Weiter *Hilgers,* Verantwortlichkeit von Führungskräften, S. 2 f.

[253] *Schünemann,* Madrid-Symposium f. Tiedemann, S. 265, 272.

[254] Ausführlich *Heine,* Strafrechtliche Verantwortlichkeit, S. 31 ff. und *Rotsch,* Individuelle Haftung, S. 74 ff.; siehe weiter *Dannecker,* GA 2001, 101, 103 f.; *v. Freier,* Kritik der Ver-

aber auch dazu führen, dass die einzelnen Mitglieder der Ausführungsebene im Zeitpunkt der Rechtsgutsverletzung gar nicht über die konkrete Handlungsmöglichkeit verfügen, um den Eintritt des strafrechtlichen Erfolges abzuwenden, etwa durch unzureichende Koordination der zuständigen Stellen, oder aber weil die betreffende Pflicht keiner Person innerhalb des Systems zugeordnet ist[255]. Umgekehrt verlieren die Mitglieder der Führungsebene an Handlungsmacht mit direkter Auswirkung außerhalb des Unternehmens. Stattdessen wachsen ihnen zunehmend interne Vermittlungs- beziehungsweise Koordinierungsaufgaben zu[256]. Der strafrechtliche Zugriff auf die Leitungspersonen des Unternehmens kann wegen der mangelnden eigenhändigen Erfolgsbewirkung folglich nur an Organisations- und Kontrollfehler anknüpfen. Hieraus erwachsen einerseits dogmatische Schwierigkeiten im Zusammenhang mit der Erfolgszurechnung, anderseits kann auch hier die Unternehmensorganisation die Festlegung konkreter Pflichtverstöße erschweren. Denn die Kontrolle und damit die Möglichkeit, gegebenenfalls wirksam zur Abwehr von Rechtsgutsverletzungen eingreifen zu können, setzt entsprechende Informationen und Bewertungen durch andere Unternehmensangehörige voraus. Unterbleiben derartige Reaktionen, so stößt auch noch so bemühte Kontrolle an ihre Grenzen[257]. Verstärkt werden diese Zurechnungsprobleme zudem durch die häufige Überlagerung des formalen Organisationssystems durch ein System informeller Wissens- und Zuständigkeitsverteilung[258]. Unterschiede zum traditionellen Zurechnungssystem bestehen zudem in zeitlicher Hinsicht. Der Erfolgsunwert ist oft nicht auf eine einzelne Entscheidung zurückzuführen, sondern das Ergebnis eines teilweise sehr langwährenden Prozesses von Fehlentwicklungen. *Heine* spricht in diesem Zusammenhang von systemisch produzierten Risiken mit einem gestreckten Planungs- und Entscheidungsverlauf[259]. Diese lassen sich dann mit den individualstrafrechtlichen Mitteln nicht ohne weiteres auf eine einzelne sozialwidrige Individualhandlung zurückführen beziehungsweise einem einzelnen verantwortlichen Individualtäter zuschreiben[260]. Insgesamt wird das Problem plakativ mit dem vielzitierten Schlagwort der „organisierten Unverantwortlichkeit"[261] umschrieben.

---

bandsstrafe, S. 26; *Krauß*, Plädoyer 1 / 1989, 40, 41 f.; *Martin*, Madrid-Symposium f. Tiedemann, S. 13, 14; *Schlüter*, Strafbarkeit von Unternehmen, S. 33; *Zeder*, ÖJZ 2001, 630, 635.

255 *Papakiriakou*, Griechisches Verwaltungsstrafrecht, S. 289 f.

256 *Bosch*, Organisationsverschulden, S. 12; *Heine*, Strafrechtliche Verantwortlichkeit, S. 35 ff.; *Rotsch*, Individuelle Haftung, S. 74; *Schünemann*, Unternehmenskriminalität, S. 34 f. Vgl. auch *Luhmann*, Funktionen und Folgen formaler Organisationen, S. 219, der von einer Verschiebung der Vorgesetztenstellung vom Herrschaftsstatus zum Vermittlungsstatus spricht. Ferner *Otto*, Strafbarkeit von Unternehmen, S. 8; *Schlüter*, Strafbarkeit von Unternehmen, S. 35; *Schwinge*, Strafrechtliche Sanktionen, S. 42.

257 *Papakiriakou*, Griechisches Verwaltungsstrafrecht, S. 290.

258 Vgl. dazu oben 1. Teil, E. II. 1. sowie *Bosch*, Organisationsverschulden, S. 24 ff.

259 *Heine*, Strafrechtliche Verantwortlichkeit, S. 257.

260 *Heine*, Strafrechtliche Verantwortlichkeit, S. 257; zustimmend *Papakiriakou*, Griechisches Verwaltungsstrafrecht, S. 290.

261 Siehe bereits *Ostermeyer*, ZRP 1971, 75, 76.

Es ist indessen zuzugeben, dass diese Schwierigkeiten nicht zwangsläufig die Einführung von Unternehmensstrafen erfordern[262], sofern es mit den Instrumenten des „herkömmlichen" Strafrechts gelingen kann, die anstehenden Fragen zu lösen[263]. Versuche, diesen Problemen mit einer Anpassung der individualstrafrechtlichen Kriterien zu begegnen, sind jedoch der Kritik ausgesetzt, in Friktionen mit den traditionellen Zurechnungsgrundsätzen zu geraten. Hingewiesen sei an dieser Stelle nur stichwortartig auf Probleme der Kausalitätsfeststellungen bei Gremienentscheidungen[264], der Bestimmung der Täterschaft von Mitgliedern der Geschäftsleitung nach dem Grundsatz der Generalverantwortung und Allzuständigkeit[265], regelmäßig verbunden mit Fragen nach deren Garantenstellung[266] sowie der Ansätze, mittels der sogenannten Organisationsherrschaft die Beteiligung von Führungskräften aufgrund mittelbarer Täterschaft[267] zu begründen. Diese

---

[262] Eine Entlastung von diesen Zurechnungsschwierigkeiten ist jedoch entscheidend von der Ausgestaltung des möglichen Unternehmensstraftatbestandes abhängig, siehe unten 1. Teil, E. III. 3.

[263] Siehe insb. *Wohlers,* SJZ 96 (2000), 381, 383.

[264] *BGH*St 37, 106, 128 ff. (Lederspray). Hierzu ausführlich *Beulke / Bachmann,* JuS 1992, 737, 742 ff.; *Brammsen,* Jura 1991, 533, 536; *Dencker,* Kausalität und Gesamttat, S. 179 ff.; *Deutscher / Körner,* wistra 1996, 327, 332 ff.; *Eidam,* Straftäter Unternehmen, S. 12 ff.; *Hilgendorf,* NStZ 1994, 561; *Hoyer,* GA 1996, 160, 172 ff.; *Jakobs,* Miyazawa-FS, S. 419 ff.; *Kuhlen,* NStZ 1990, 566, 569 f.; *ders.,* JZ 1994, 1142, 1146; *Meier,* NJW 1992, 3193, 3197 f.; *Neudecker,* Strafrechtliche Verantwortlichkeit, S. 209 ff.; *Puppe,* JR 1992, 30, 32 f.; *Ransiek,* Unternehmensstrafrecht, S. 58 ff.; *Röh,* Kausale Erklärung, S. 45 ff. sowie S. 178 ff., 195 ff.; *Rotsch,* Individuelle Haftung, S. 118 ff.; *Samson,* StV 1991, 182, 184; *Schaal,* Strafrechtliche Verantwortlichkeit bei Gremienentscheidungen, passim; *Schmidt-Salzer,* Produkthaftung Bd. I, S. 183 ff.; *Weißer,* Kausalitäts- und Täterschaftsprobleme, S. 105 ff.

[265] *BGH*St 37, 106, 123 f. (Lederspray). Dazu *Amelung,* in: DAV (Hrsg.), Rechtsgestaltende Wirkung, S. 64, 71 f.; *Beulke / Bachmann,* JuS 1992, 737, 741 f.; *Brammsen,* Jura 1991, 533, 536 f.; *Braum,* KritV 1994, 179, 186; *Deutscher / Körner,* wistra 1996, 327, 329 f.; *Dreher,* ZGR 1992, 22, 61 f.; *Eidam,* Unternehmen und Strafe, S. 165 ff.; *Hassemer,* Produktverantwortung, S. 62 ff.; *Kassebohm / Malorny,* BB 1994, 1361, 1364; *Neudecker,* Strafrechtliche Verantwortlichkeit, passim; *Ransiek,* Unternehmensstrafrecht, S. 58 ff.; *Rotsch,* Individuelle Haftung, S. 152 f., 161 ff.; *Schmidt-Salzer,* Produkthaftung Bd. I, S. 119 ff.; *ders.,* NJW 1994, 1305, 1310; *Weißer,* Kausalitäts- und Täterschaftsprobleme, S. 70 ff.

[266] Vgl. *BGH*St 37, 106, 117 f. (Lederspray), wo allerdings zur Ermittlung der Garantenstellung auf Ingerenz abgestellt wird, sowie *Beulke / Bachmann,* JuS 1992, 737, 740; *Brammsen,* GA 1993, 97, 110 ff.; *Braum,* KritV 1994, 179, 185; *Deutscher / Körner,* wistra 1996, 292, 298 ff.; *v. Freier,* Kritik der Verbandsstrafe, S. 262 ff.; *Freund,* Erfolgsdelikt und Unterlassen, S. 214 ff.; *Goll / Winkelbauer,* in: Graf v. Westphalen (Hrsg.), Produkthaftungshandbuch I, § 47 Rn. 6 ff.; *Hassemer,* Produktverantwortung, S. 50 ff.; *Heine,* Strafrechtliche Verantwortlichkeit, S. 113 ff.; *Hilgendorf,* Strafrechtliche Produzentenhaftung, S. 135 ff.; *Hilgers,* Verantwortlichkeit von Führungskräften, S. 117 ff.; *Hoyer,* GA 1996, 160, 174 ff.; *Kuhlen,* NStZ 1990, 566, 567 f.; *Meier,* NJW 1992, 3193, 3196; *Neudecker,* Strafrechtliche Verantwortlichkeit, S. 72 ff.; *Otto,* Jura 1998, 409, 411; *ders.,* Hirsch-FS, S. 291, 296 ff.; *Ransiek,* Unternehmensstrafrecht, S. 34 ff.; *Rotsch,* Individuelle Haftung, S. 187 ff.; *Schlüchter,* Salger-FS, S. 139, 148 ff.; *Schünemann,* wistra 1982, 41, 44; *Weißer,* Kausalitäts- und Täterschaftsprobleme, S. 24 ff. Siehe auch *Hsü,* Garantenstellung des Betriebsinhabers, passim.

Schwierigkeiten setzen sich bei der Bestimmung der Merkmale auf subjektiver Tatseite wie beispielsweise die Festlegung des individuellen Sorgfaltsmaßstabes fort. Selbst wenn diese Modifikationen als sachgerecht für die Lösung der Probleme bei Straftaten im Unternehmensbereich bewertet werden könnten, so werden Zweifel angemeldet, ob sich diese Entwicklungen auf Delikte der Wirtschaftskriminalität beschränken lassen. Vielmehr sei zu befürchten, dass eine Übertragung auf Bereiche klassischer Individualkriminalität erfolgt, verbunden mit einer Absenkung der einzelnen Strafbarkeitsvoraussetzungen und folglich mit einer Ausweitung der Strafbarkeit[268]. Durch solche Rückkopplungseffekte drohten Unstimmigkeiten innerhalb einzelner Zurechnungskategorien wie Kausalität oder Täterschaft, aber auch innerhalb des gesamten Systems[269].

Die Zurechnungsschwierigkeiten des traditionellen Strafrechts beim Umgang mit Straftaten innerhalb arbeitsteilig organisierter Strukturen[270] bilden daher ein ganz wesentliches Argument der Befürworter für die Einführung von Unternehmensstrafen[271].

3. Begrenzte Wirksamkeit und Angemessenheit von Individualsanktionen

Hinzu treten aber auch Bedenken, ob eine alleinige Individualsanktion eine wirksame und angemessene Reaktion auf abweichendes Verhalten darstellt, das zumindest in entscheidendem Maße durch das Unternehmen als soziales System beeinflusst beziehungsweise überhaupt erst ausgelöst wurde.

---

267 *Kuhlen,* in: Amelung (Hrsg.), Individuelle Verantwortung, S. 71, 80 ff.; *Ransiek,* Unternehmensstrafrecht, S. 46 ff. sowie den eher beiläufigen Satz zur Übertragbarkeit der Rechtsfigur des „Täters hinter dem Täter" bei organisierten Machtapparaten auf Wirtschaftsunternehmen in *BGH*St 40, 218, 267 (strafrechtliche Verantwortlichkeit der Mitglieder des Nationalen Verteidigungsrates für die Todesschüsse an der innerdeutschen Grenze); kritisch (zumindest bzgl. einer pauschalen Übertragung auf sämtliche unternehmerische Strukturen) *Ambos,* GA 1998, 228, 239 ff.; *Heine,* Strafrechtliche Verantwortlichkeit, S. 104; *ders.,* in: Arnold u. a. (Hrsg.), Grenzüberschreitungen, S. 51, 66 f.; *Hilgers,* Verantwortlichkeit von Führungskräften, S. 131 ff.; *Kühl,* Strafrecht AT, § 20 Rn. 73 b; *Küpper,* GA 1998, 519, 525; *Murmann,* GA 1996, 269, 279 f.; *Rotsch,* Individuelle Haftung, S. 144 ff.; *ders.,* NStZ 1998, 491, 493 f.; *ders.,* wistra 1999, 321, 327; *Roxin,* JZ 1995, 49, 51 f.; *ders.,* Grünwald-FS, S. 549, 558 f.; *ders.,* Täterschaft und Tatherrschaft, S. 633 und 682 f.; *Schulz,* JuS 1997, 109, 111 f.

268 *Brammsen,* Jura 1991, 533, 538; *Hassemer,* Produktverantwortung, S. 70 ff.; *Heine,* Strafrechtliche Verantwortlichkeit, S. 161 f.; *Rotsch,* wistra 1999, 321, 325 f.; *Schlüter,* Strafbarkeit von Unternehmen, S. 34 ff. Diese Gefahr sehen auch *Bosch,* Organisationsverschulden, S. 40; *Kuhlen,* JZ 1994, 1142, 1144.

269 *Heine,* Strafrechtliche Verantwortlichkeit, passim, siehe insb. a. a. O., S. 165 ff., S. 196 ff.; *Rotsch,* Individuelle Haftung, passim. Vgl. auch *Hilgers,* Verantwortlichkeit von Führungskräften, S. 154 f.; *Zeder,* ÖJZ 2001, 630, 636.

270 Die Auflösung jener Zurechnungsschwierigkeiten ist jedoch von der Ausgestaltung des möglichen Unternehmensstraftatbestandes abhängig, siehe unten 1. Teil, E. III. 3.

271 A. A. *Wohlers,* SJZ 96 (2000), 381, 383.

Auch wenn man der bloßen Eingliederung in einen Verband nicht automatisch eine kriminogene Wirkung zuschreiben kann[272], so dürfte doch anerkannt sein, dass sich in Unternehmen eine sogenannte „kriminelle Verbandsattitüde"[273] herausbilden kann[274]. In Wirtschaftsverbänden als geschlossenen Systemen ist es möglich, dass eigene Normen und Werte entstehen können, die von den Unternehmenszielen geprägt sind und nicht immer mit dem externen (auch strafrechtlichen) Normgefüge konform gehen müssen. Die Übernahme solcher verbandsinterner Normen durch die einzelnen Unternehmensangehörigen wird durch Mechanismen der Gruppe ermöglicht, die eine Modifikation bis Neutralisation vorhandener Einstellungen bewirken. Dies kann sogar so weit führen, dass einerseits existente Hemmschwellen und Schuldvorstellungen völlig verdrängt, andererseits (nachträgliche) Rechtfertigungs- und Selbstentlastungsstrategien aufgebaut werden[275].

Dieser Prozess wird durch die dezentral aufgebaute Unternehmensorganisation unterstützt. Mitglieder der unteren Unternehmenseinheiten werden in der Regel nur über die Informationen verfügen, die sie für ihre jeweils konkrete Aufgabe benötigen, die aber mitunter nicht ausreichen, um die Tragweite ihrer Tätigkeit abschätzen können. So wird das unter Umständen sozialschädliche Verhalten als solches nicht erkannt. Oder aber die Mitarbeiter vertrauen auf die Richtigkeit der Anweisung beziehungsweise verlassen sich auf eine Überwachung durch die übergeordnete Kontrollebene[276]. Auf der anderen Seite ist die Unternehmensleitung auf Angaben der unteren Ebenen angewiesen. Dabei besteht allerdings die Gefahr, dass nicht alle relevanten Informationen (rechtzeitig) weitergeleitet

---

[272] So aber *Busch,* Grundlagen, S. 98 ff.

[273] *Schünemann,* Unternehmenskriminalität, S. 22.

[274] *Ackermann,* Strafbarkeit juristischer Personen, S. 46 und 191 f. (krimineller Verbandsgeist); *Brender,* Neuregelung der Verbandstäterschaft, S. 14; *Dannecker,* GA 2001, 101, 103; *Ehrhardt,* Unternehmensdelinquenz, S. 145 (corporate culture); *Eidam,* Straftäter Unternehmen, S. 62 ff.; *v. Freier,* Kritik der Verbandsstrafe, S. 22 f.; *Heine,* Strafrechtliche Verantwortlichkeit, S. 47 ff.; *Lampe,* ZStW 106 (1994), 683, 699, 708 f. (kriminogene Unternehmensphilosophie); *Lütolf,* Strafbarkeit der juristischen Person, S. 31 ff.; *Müller,* Stellung der juristischen Person, S. 5; *Papakiriakou,* Griechisches Verwaltungsstrafrecht, S. 292 f.; *Rotsch,* Individuelle Haftung, S. 28 ff.; *ders.,* wistra 1999, 368, 369; *Schlüter,* Strafbarkeit von Unternehmen, S. 26 f.; *Tiedemann,* in: Freiburger Begegnung, S. 30, 36; *Vogel,* GA 1990, 241, 252 (erweiternd um eine sog. „kriminelle Unsicherheitsattitüde").

[275] Grundlegend zu den Neutralisationstechniken bei Einbindung in Gruppen *Sykes/Matza,* in: Sack/König (Hrsg.), Kriminalsoziologie, S. 360 ff., sowie *Cohen/Short,* in: Sack/König (Hrsg.), Kriminalsoziologie, S. 372, 373 f.; *Jäger,* Makrokriminalität, S. 187 ff.; speziell im Unternehmenskontext *Brenner/Molander,* Havard Business Review, 1977, 57 ff.; *Clinard/Quinney/Wildeman,* Criminal Behavior Systems, S. 177 ff., S. 204 ff.; *Eidam,* Straftäter Unternehmen, S. 63 ff.; *Heine,* Strafrechtliche Verantwortlichkeit, S. 49 f.; *Rotsch,* Individuelle Haftung, S. 33 ff.; *Schünemann,* Unternehmenskriminalität, S. 20 f.; vgl. auch *Sutherland,* in: Sack/König (Hrsg.), Kriminalsoziologie, S. 187, 198 ff.; *ders.,* White Collar Crime, S. 247 ff.

[276] *Bosch,* Organisationsverschulden, S. 19 f.; *Eidam,* Straftäter Unternehmen, S. 65; *Heine,* Strafrechtliche Verantwortlichkeit, S. 50; *Schünemann,* Unternehmenskriminalität, S. 24.

werden, etwa weil deren Bedeutung verkannt wird[277]. Der Informationsstand des Managements wird aber auch durch Auskünfte und Stellungnahmen von internen beratenden Stäben[278], Experten oder externen Beratern mitbestimmt. Grundsätzlich ist es auch hierbei möglich, dass die Geschäftsleitung diese Voten falsch bewertet oder sich darauf verlässt[279]. Das Verantwortungsempfinden kann also im gesamten Unternehmen beeinträchtigt werden.

Wenn aber Straftaten aus Unternehmen heraus durch die Unternehmensorganisation und die Verbandsmentalität begünstigt werden, so stellt sich doch die Frage nach der Wirksamkeit beziehungsweise Effektivität einer Individualsanktion. Die gegen den verantwortlichen Unternehmensangehörigen zu verhängende Strafe ist selbstverständlich an dessen individuellen Verhältnissen auszurichten. Dies heißt insbesondere, dass Geldstrafen[280] nach den Vermögensverhältnissen des einzelnen Mitarbeiters zu bemessen sind, so dass die Vermögensmacht des Unternehmens und die Vorteile, die ihm aus der Tat erwachsen sind, folglich unberücksichtigt bleiben. Die Höhe der Strafe muss dann unter Umständen recht niedrig ausfallen, gemessen im Verhältnis zum Ausmaß des entstandenen Schadens und zum mit der Tat verbundenen Nutzen für das Unternehmen[281]. Dazu kommt die Gefahr, dass

---

[277] *Bosch,* Organisationsverschulden, S. 19; *Ehrhardt,* Unternehmensdelinquenz, S. 148; *Heine,* Strafrechtliche Verantwortlichkeit, S. 45 f.; *Schlüter,* Strafbarkeit von Unternehmen, S. 28; *Schünemann,* Unternehmenskriminalität, S. 37; *Schwinge,* Strafrechtliche Sanktionen, S. 41.

[278] Sog. Stabliniensystem, vgl. *Bosch,* Organisationsverschulden, S. 20 m. w. N.

[279] *Bosch,* Organisationsverschulden, S. 21; *Heine,* Strafrechtliche Verantwortlichkeit, S. 50; *Schmidt-Salzer,* NJW 1990, 2966, 2971. Vgl. auch *Luhmann,* Funktionen und Folgen formaler Organisationen, S. 30 ff.

[280] Kommt es im Bereich der Wirtschaftskriminalität zu einer gerichtlichen Verurteilung, so sind Geldstrafen die überwiegend verhängte Sanktionsform (und dass obwohl z. T. erheblich höhere Schäden im Vergleich zur klassischen Individualkriminalität aus dem Bereich der Vermögens- und Körperverletzungsdelikte zu verzeichnen sind). Um die Präventionswirkung des Strafrechts im Bereich der Wirtschaftskriminalität zu erhöhen, ist die verstärkte Anordnung von (kurzen) Freiheitsstrafen gegen Angestellte erwogen worden, dazu *Ehrhardt,* Unternehmensdelinquenz, S. 163; *v. Freier,* Kritik der Verbandsstrafe, S. 312 f.; *Schünemann,* wistra 1982, 41, 49; *Tiedemann,* JZ 1975, 185, 187. Dies ist freilich nicht ganz unbedenklich, wenn die Tat durch die Unternehmensstruktur und dem spezifischen Verbandsgeist entscheidend mitgeprägt ist und dadurch ein geringerer Schuldgehalt vorliegt, vgl. *Heine,* Strafrechtliche Verantwortlichkeit, S. 75. Ein großer Teil der Verfahren wird jedoch im Wege der Einstellung erledigt, was auch mit den Beweisschwierigkeiten zusammenhängen dürfte, vgl. *v. Freier,* Kritik der Verbandsstrafe, S. 320 f.; *Heine,* Strafrechtliche Verantwortlichkeit, S. 81. Siehe zur Verteilung der Erledigungsformen von Wirtschaftsstrafverfahren zsf. *Heinz,* in: Kaiser u. a. (Hrsg.), Kleines Kriminologisches Wörterbuch, S. 589, 593 sowie die (älteren) Untersuchungen von *Berckhauer,* Wirtschaftskriminalität und Staatsanwaltschaft, S. 144 ff.; *ders.,* Strafverfolgung bei schweren Wirtschaftsdelikten, S. 102 ff., 177 ff.; *Liebl,* Bundesweite Erfassung, S. 238 ff.; *Meinberg,* Geringfügigkeitseinstellungen, passim.

[281] *Busch,* Grundlagen, S. 108 f.; *Ehrhardt,* Unternehmensdelinquenz, S. 162; *v. Freier,* Kritik der Verbandsstrafe, S. 33; *Hirsch,* ZStW 107 (1995), 285, 287; *Marxen,* JZ 1988, 286, 289; *Schall/Schreibauer,* NuR 1996, 440, 448; *Schlüter,* Strafbarkeit von Unternehmen, S. 30;

die Sanktion den Täter nicht wirklich trifft, denn es besteht durchaus die Möglichkeit für das Unternehmen, die Strafe gegen seinen Mitarbeiter zu übernehmen[282], was angesichts der regelmäßig nur geringen Strafhöhe für das Unternehmen kein größeres Problem darstellt[283]. Damit wird aber die grundsätzlich erstrebte präventive Wirkung der Individualstrafe untergraben. Zudem bleiben die kriminogenen Faktoren innerhalb des Wirtschaftsverbandes unberührt, wenn sich die Reaktion nur gegen einzelne Mitarbeiter richtet. Das Unternehmen droht dann – entweder mit den gleichen oder aber neuen Akteuren – in gleicher Weise fortzufahren[284]. Daher sollte die Sanktion folglich gerade auch bei dem System als solchem ansetzen und zumindest einen Anstoß für Korrekturen durch das Unternehmen selbst auslösen[285].

4. Unternehmenskriminalstrafen trotz bereits bestehender Unternehmenssanktionen (insbesondere der Unternehmensgeldbußen nach § 30 OWiG)?

Erkennt man diese Gründe für eine Sanktionierung des Verbandes selbst an, so spricht dies nicht notwendigerweise für eine Kriminalstrafbarkeit von Unternehmen. Immerhin gestattet § 30 OWiG mit der Verbandsgeldbuße die Verhängung einer zumindest strafähnlichen Sanktion, die unter Umständen eine äußerst empfindliche Höhe erreichen kann[286].

Schmitt, Strafrechtliche Maßnahmen, S. 141; *Wohlers*, SJZ 96 (2000), 381, 383; *Zeder*, ÖJZ 2001, 630, 635.

[282] Die Tilgung fremder Geldstrafen stellt keine Strafvereitelung i. S. d. § 258 StGB dar, *BGH*St 37, 226 ff.

[283] *Ackermann*, Strafbarkeit juristischer Personen, S. 191; *Ehrhardt*, Unternehmensdelinquenz, S. 163 f.; *v. Freier*, Kritik der Verbandsstrafe, S. 33; *Heine*, Strafrechtliche Verantwortlichkeit, S. 76 f.; *Hirsch*, ZStW 107 (1995), 285, 287; *Lütolf*, Strafbarkeit der juristischen Person, S. 20 f.; *Marxen*, JZ 1988, 286, 289; *Ransiek*, Unternehmensstrafrecht, S. 204 ff.; *Rotberg*, DJT-FS, Bd. II, S. 193, 220 f.; *Schall*, in: Schünemann (Hrsg.), Deutsche Wiedervereinigung, Bd. III, S. 99, 124; *Schall/Schreibauer*, NuR 1996, 440, 448; *Schlüter*, Strafbarkeit von Unternehmen, S. 30; *Schmitt*, Strafrechtliche Maßnahmen, S. 141 f.; *Schünemann*, Unternehmenskriminalität, S. 57 f.; *Volk*, JZ 1993, 429, 430; *Wohlers*, SJZ 96 (2000), 381, 383. Vgl. auch *Engisch*, 40. DJT, Bd. II, S. E 9, E 35 f. Aus zivilrechtlicher Sicht *BAG* NJW 2001, 1962 ff.; *Kapp*, NJW 1992, 2796 ff. Siehe auch *Hoffmann/Wißmann*, StV 2001, 249, 250 sowie das Beispiel bei *Scholl*, NStZ 1999, 599 Fn. 1.

[284] *Schünemann*, Madrid-Symposium f. Tiedemann, S. 265, 277 ff.; *Wohlers*, SJZ 96 (2000), 381, 383.

[285] *Schünemann*, Madrid-Symposium f. Tiedemann, S. 265, 271; *Tiedemann*, in: Freiburger Begegnung, S. 30, 36; *Volk*, JZ 1993, 429, 434; vgl. auch *Bottke*, JuS 2002, 320, 323 f.

[286] Nach § 30 III i.V. m. § 17 IV OWiG soll die Geldbuße den wirtschaftlichen Vorteil, den der Verband aus der Tat gezogen hat, übersteigen. Um diese Abschöpfungsfunktion der Verbandsgeldbuße zu erfüllen, darf deren gesetzliches Höchstmaß (gemäß § 30 II OWiG) überschritten werden, so dass die Sanktion eine ganz erhebliche Höhe erreichen kann, vgl. *Brenner*, NStZ 1998, 557; *KK-OWiG-Rogall*, § 30 Rn. 121; *Wegner*, Zumessung unternehmensbezogener Geldbußen, S. 94 f.; *ders.*, wistra 2000, 361, 363; *ders.*, NJW 2001, 1979, 1982. So hat beispielsweise die vom Bundeskartellamt gegen das sog. „Stromkabel"-Kartell ver-

Für eine echte Unternehmensstrafbarkeit können die Schwächen der derzeitigen Regelung, die aus der Akzessorietät der Verbandsgeldbuße zu einer Individualtat eines Organs beziehungsweise Mitarbeiters in leitender Position resultieren, nicht überzeugend ins Feld geführt werden. Diese Mängel könnten auch durch eine Anpassung des § 30 OWiG behoben werden[287]. Entsprechendes gilt für eventuelle Lücken bei den Verfalls- und Einziehungsregelungen.

Mit der Einführung von Verbandssanktionen ins Strafrecht im engeren Sinne versprechen sich die Befürworter einer Unternehmensstrafbarkeit dagegen einen präventiven Effekt, der über den der Verbandsgeldbuße hinausgeht. Die spezielle Einschätzung der Strafe als schärfste Sanktion und die Publizität des strafrechtlichen Verfahrens sollen auch im Unternehmensbereich nutzbar gemacht werden.

Unabhängig von den Kriterien zur materiellen Abgrenzung von Kriminalstrafrecht und Ordnungswidrigkeitenrecht[288] erscheint es nicht überzeugend, Unternehmensdelinquenz im Hinblick auf den involvierten Verband generell als Ordnungswidrigkeit einzustufen, ohne Rücksicht auf Art und Schwere des verwirklichten Rechtsverstoßes. Dies gilt in Bezug auf § 30 OWiG umso mehr, als dass die eine Verbandsgeldbuße auslösende Anlasstat durchaus eine Straftat sein kann. Immerhin beinhalten die jeweiligen Taten denselben Unrechtsgehalt, unabhängig davon, ob sie durch eine natürliche oder juristische Person verwirklicht wurden[289]. Auf diese Weise kann nicht verdeutlicht werden, dass „es sich auch bei Verbandsdelikten um schwerwiegende Rechtsverstöße handelt"[290]; hierzu bedürfe es den Einsatz von Kriminalstrafen auch gegenüber dem Unternehmen. Eine Verfehlung, die mittels einer Kriminalstrafe sanktioniert wird, ist – im Gegensatz zu einer Ordnungswidrigkeit – kaum der Gefahr ausgesetzt, in der öffentlichen Wahrnehmung lediglich als „Bagatell- oder Kavaliersdelikt" begriffen zu werden[291].

---

hängte Geldbuße insgesamt 265 Mio. DM betragen, wobei die höchste Geldbuße gegen ein einzelnes beteiligtes Unternehmen 58,6 Mio. DM umfasste (zitiert nach *Wegner,* Zumessung unternehmensbezogener Geldbußen, S. 29 f.; der Beschluss ist veröffentlicht in WuW / E BKartA 2829, allerdings ohne Ausführungen zur Rechtsfolgenseite). Im sog. „Transportbeton"-Verfahren ergingen gegen 69 Unternehmensgruppen und zahlreiche natürliche Personen Geldbußen in einer Gesamthöhe von 370 Mio. DM („Bericht des Bundeskartellamts über seine Tätigkeit in den Jahren 1999 / 2000 sowie über die Lage und Entwicklung auf seinem Aufgabengebiet", BT-Drucks. 14 / 6300, S. 42 u. 109 f.; zsf. *Möhrenschlager,* wistra 1 / 2002, VI ff.). Gegen insgesamt sechs Unternehmen wurde im April 2003 ein Gesamtbußgeld von rund 660 Mio. € verhängt, vgl. die Pressemitteilung des Bundeskartellamtes vom 14. 4. 2003. Das *AG Düsseldorf* hatte 1999 gegen die *Dresdner Bank* eine Geldbuße in Höhe von 37 Mio. DM festgesetzt (zitiert nach *Wegner,* NJW 2001, 1979); siehe auch das Bußgeld von 59,3 Mio. € gegen die *Deutsche Bank,* F.A.Z. v. 29. 3. 2003, S. 16.

[287] *Schlüter,* Strafbarkeit von Unternehmen, S. 42.

[288] Siehe oben 1. Teil, A. II. 4.

[289] *Hirsch,* ZStW 107 (1995), 285, 290; *Zeder,* ÖJZ 2001, 630, 636.

[290] *Dannecker,* GA 2001, 101, 104.

[291] *Ehrhardt,* Unternehmensdelinquenz, S. 172; *Hirsch,* Frage der Straffähigkeit, S. 22; *Pieth,* ZStrR 119 (2001), 1, 11; *Stratenwerth,* R. Schmitt-FS, S. 295, 296; *Tiedemann,* in: Freiburger Begegnung, S. 30, 42.

Vor allem verspricht auch die Öffentlichkeit des strafrechtlichen Gerichtsverfahrens eine eigenständige Sanktionswirkung und damit verbunden einen stärkeren präventiven Effekt gegenüber dem Bußgeldverfahren. Denn die betreffenden Unternehmen, welche zum Teil mit einem erheblichen Bekanntheitsgrad ausgestattet sind, fürchten als Marktteilnehmer insbesondere sich nachteilig änderndes Konsumverhalten der Verbraucher, welches aus negativer Publizität erwachsen kann[292]. Solch ein verbesserter Präventionseffekt lässt sich allerdings mittels empirischer Forschung kaum nachweisen, dies gilt selbst für die Sanktionsformen im Individualstrafrecht. Letztlich ist es daher Aufgabe, aber auch Befugnis des Gesetzgebers, Wirksamkeit und Notwendigkeit von Kriminalsanktionen gegen Unternehmen abzuschätzen.

III. Zur dogmatischen Begründbarkeit von Kriminalsanktionen gegen Unternehmen

Erkennt man ein Bedürfnis für die Etablierung von Unternehmensstrafen an, so muss deren dogmatische Legitimierbarkeit nachgewiesen werden. Voraussetzung für die Einführung einer Unternehmensstrafbarkeit ist, dass diese mit den Grundkategorien des Strafrechts in Einklang gebracht werden kann. Der Streit um die rechtliche Begründbarkeit von Unternehmensstrafen vollzieht sich dabei insbesondere anhand von zwei auftretenden Problempunkten. Zum einen wird kontrovers diskutiert, ob Unternehmen handlungsfähig sind, zum anderen und vor allem, ob sie schuldfähig sind. In Abhängigkeit von der Beantwortung dieser beiden Fragen haben sich in der Diskussion mehrere Modelle einer Unternehmensstrafbarkeit herausgebildet. Die vorgeschlagenen Lösungsansätze sollen im Folgenden überblicksartig dargelegt werden. Schließlich wird noch auf die Frage nach der Straffähigkeit von Unternehmen einzugehen sein.

---

[292] *Alwart,* ZStW 105 (1995), 752, 770 f.; *Ehrhardt,* Unternehmensdelinquenz, S. 172 f.; *Tiedemann,* in: Freiburger Begegnung, S. 30, 43; *Volk,* JZ 1993, 429, 432. Vgl. auch *Vogel,* GA 1990, 241, 255 f. sowie *Hamm,* PHI 1985, 15, 20. Es ist jedoch anzunehmen, dass informelle Erledigungsverfahren, verbunden mit sog. plea-bargaining-Prozessen, wie sie in großem Maße in Verfahren gegen Individualtäter im Bereich der Wirtschaftsdelinquenz praktiziert werden (vgl. die rechtstatsächlichen Untersuchungen von *Bussmann,* Entdeckung der Informalität, S. 19 ff.; *Bussmann/Lüdemann,* Klassenjustiz, S. 3 ff., 45 f., 54 ff.; *Hassemer/Hippler,* StV 1986, 360, 361; *Schünemann,* 58. DJT, Bd. I, S. B 1, B 18; *Siolek,* Verständigung, S. 31 sowie *Braun,* Absprache, S. 19 ff.; *Dencker/Hamm,* Vergleich im Strafprozeß, S. 12; *Michalke,* wistra 2000, 415; *Rönnau,* Absprache, S. 38; *Schmidt-Hieber,* Verständigung, S. 100; *Steinhögl,* Strafprozessualer Deal, S. 6; *Tscherwinka,* Absprachen im Strafprozeß, S. 42; *Wagner/Rönnau,* GA 1990, 387, 392), auch in Verbandsverfahren Anwendung finden werden, so dass die beabsichtigte Wirkung einer (grds. öffentlichen) Verbandssanktion nicht überbewertet werden darf.

1. Das Problem der Handlungsfähigkeit
von Unternehmen

Nach allen strafrechtlichen Handlungslehren bedarf es für die Annahme einer Handlung im strafrechtlichen Sinne eines von einem Willen getragenen Verhaltens[293]. Über einen natürlichen, das heißt menschlichen Willen verfügen Verbände jedoch nicht. Erachtet man somit den Handlungsbegriff auf menschliches Verhalten begrenzt, so scheitert eine Unternehmensverantwortlichkeit bereits an der fehlenden Handlungsfähigkeit[294]. Dennoch finden sich zahlreiche Stimmen, die von der Handlungsfähigkeit des Unternehmens ausgehen. Entweder man betrachtet die tatsächliche Aktivität des Unternehmens bereits als Handlung des Verbandes[295] oder die Handlung von natürlichen Personen wird dem Verband zugerechnet[296].

2. Das Problem der Schuldfähigkeit von Unternehmen

Ein weiteres und ungleich umstritteneres Problem stellt die Begründung der Schuldfähigkeit von Unternehmen dar. Nach allgemeiner Auffassung ist Schuld eine unabdingbare Voraussetzung für Strafe[297]. Das Schuldprinzip hat dabei Verfassungsrang[298]. In seiner Grundsatzentscheidung hat der *Große Senat des*

---

[293] Vgl. *Ackermann*, Strafbarkeit juristischer Personen, S. 49; *Ehrhardt*, Unternehmensdelinquenz, S. 42; *Lütolf*, Strafbarkeit der juristischen Person, S. 116; *Schlüter*, Strafbarkeit von Unternehmen, S. 48.

[294] Die Handlungsfähigkeit von Unternehmen lehnen beispielsweise ab: *Ralf Busch*, Unternehmen und Umweltstrafrecht, S. 442; Schönke/Schröder[25]-*Cramer*, Vor § 25 Rn. 119; *Engisch*, 40. DJT, Bd. II, S. E 7, E 23 f.; *Hartung*, 40. DJT, S. E 43; *Jescheck*, ZStrR 70 (1955), 243, 259 f.; *Jescheck/Weigend*, Strafrecht AT, § 23 VII 1, S. 227; *Lang-Hinrichsen*, H. Mayer-FS, S. 49, 53 Fn. 21; *Maurach/Zipf*, Strafrecht AT, Teilbd. 1, § 15 Rn. 8; *Niese*, JZ 1956, 457, 463; *Roxin*, Strafrecht AT I, § 8 Rn. 58 u. 62; *Schmitt*, Strafrechtliche Maßnahmen, S. 181 ff.; *Schwinge*, Strafrechtliche Sanktionen, S. 101; *Seiler*, Strafrechtliche Maßnahmen, S. 50 ff.; *Zieschang*, Sanktionensystem, S. 383 ff.

[295] *BGH* NJW 1971, 1093, 1094; 1973, 1379, 1380 (Jenner-Bergbahn); *BGHSt* 37, 106, 114 (Lederspray). Der *BGH* hat hierbei den nicht den Sicherheitsanforderungen entsprechenden Betrieb der Seilbahn bzw. den Vertrieb des gefährlichen Ledersprays zunächst als Verhalten des Unternehmens qualifiziert und (erst danach) dieses Verhalten den verantwortlichen natürlichen Personen als eigenes zugerechnet; *Heine*, Strafrechtliche Verantwortlichkeit, S. 156; *Rotsch*, wistra 1999, 321, 325; *Tiedemann*, in: Freiburger Begegnung, S. 30, 45 f.; vgl. dazu auch *Hassemer*, Produktverantwortung, S. 64 ff.; *Kuhlen*, WiVerw 1991, 181 ff., 243 f.; ders., JZ 1994, 1142, 1144; *Schünemann*, BGH-FG, S. 621, 623 ff.; *Tiedemann*, JuS 1989, 689, 696; siehe auch *BGH* NStZ 1997, 544, 545.

[296] Hierzu unten die Zurechnungsmodelle, 1. Teil, E. III. 3. b).

[297] Vgl. z. B. *BVerfGE* 9, 167, 169; 20, 323, 331; 23, 127, 132; 28, 386, 391; 50, 205, 214 f.; 96, 245, 249; *BGHSt* (GrS) 2, 194, 200; *BGHSt* 10, 259, 262 sowie Schönke/Schröder-*Lenckner*, Vor § 13 Rn. 103/104; *Roxin*, Strafrecht AT I, § 19 Rn. 9.

[298] *BVerfGE* 20, 323, 331; 23, 127, 132; 25, 269, 285 f.; 41, 121, 125; 45, 187, 259 f.; 50, 125, 133; 86, 288, 313; 95, 96, 140; 96, 245, 249. Zur Anerkennung des Schuldgrundsatzes in der Literatur vgl. nur *Jescheck/Weigend*, Strafrecht AT, § 4 I, S. 23 m. w. N.

BGH[299] Schuld als höchstpersönlichen Vorwurf an den Täter umschrieben: Dem Täter wird „vorgeworfen, dass er sich nicht rechtmäßig verhalten und sich für das Unrecht entschieden hat, obwohl er sich rechtmäßig verhalten und sich für das Recht hätte entscheiden können. Der innere Grund des Schuldvorwurfs liegt darin, dass der Mensch auf freie, verantwortliche, sittliche Selbstbestimmung angelegt und deshalb befähigt ist, sich für das Recht und gegen das Unrecht zu entscheiden." Es ist dieses höchstpersönliche, mit dem Menschen als sittlichem Wesen im Mittelpunkt stehende traditionelle Schuldverständnis, welches die Begründung der Schuldfähigkeit von Verbänden so problematisch macht und daher vielfach zur Ablehnung von Unternehmensstrafen führt[300]. Nichtsdestotrotz gibt es vielfältige Bemühungen, Unternehmenssanktionen mit dem Schuldprinzip in Einklang zu bringen, sei es durch die Konzeption schuldunabhängiger Sanktionen, durch die Begründung des Schuldvorwurfs an den Verband mittels Zurechnung von Organverschulden oder im Wege der Entwicklung eines neuen, eigenständigen Unternehmensschuldbegriffs.

3. Die verschiedenen Verantwortlichkeitsmodelle

a) Maßnahmemodelle

Als Maßnahmemodelle sollen hier all diejenigen Lösungsansätze zur strafrechtlichen Sanktionierung von Unternehmen bezeichnet werden, die das Schuldprinzip auf natürliche Personen zugeschnitten erachten und somit dessen Übertragbarkeit auf Unternehmen ausschließen. Gemeinsamer Ausgangspunkt ist also die Überzeugung von der Schuldunfähigkeit von Unternehmen. Unternehmenssanktionen lassen sich hiernach folglich nicht mit dem strafrechtlichen Schuldprinzip vereinbaren, sondern sind nur als schuldunabhängige Maßnahmen konzeptionierbar.

---

[299] *BGH*St (GrS) 2, 194, 200. Daran anknüpfend *BVerfG*E 22, 49, 80; 27, 18, 33.

[300] Gegen die Annahme der Schuldfähigkeit von Unternehmen *Ralf Busch,* Unternehmen und Umweltstrafrecht, S. 444; *Engisch,* 40. DJT, Bd. II, S. E 7, E 24 f.; *Hamm,* NJW 1998, 662; *Hartung,* 40. DJT, S. E 43; *Heinitz,* 40. DJT, Bd. I, S. 65, 85; *Huss,* ZStW 90 (1978), 237, 238 f.; *Jescheck,* ZStW 65 (1953), 210, 213 f.; *Jescheck/Weigend,* Strafrecht AT I, § 23 VII 1, S. 227; *Köhler,* Strafrecht AT, S. 561 f.; *ders.,* KrimP 2000, 10, 11; *Krekeler,* Hanack-FS, S. 639, 643 u. 659; *Lang-Hinrichsen,* H. Mayer-FS, S. 49, 53 Fn. 21; *Lange,* JZ 1952, 261, 262 f.; *Maurach/Zipf,* Strafrecht AT I, Teilbd. 1, § 15 Rn. 8; *Niese,* JZ 1956, 457, 463; *Peglau,* ZRP 2001, 406, 407; *ders.,* Jura 2001, 606, 608; *Roxin,* Strafrecht AT I, § 8 Rn. 58 u. 62; *Trifferer,* in: AJDP (Hrsg.), International Conference, S. 474, 475; *Wilmanns/Urbach,* BB 1953, 102, 103; *Zieschang,* Sanktionensystem, S. 385 f.; vgl. weiterhin die Vertreter der schuldunabhängigen Maßnahmemodelle, unten 1. Teil, C. III. 3. a).

aa) Präventionsnotstand und Veranlassungsprinzip

Bereits 1979 hat *Schünemann*[301] ein selbstständiges, das heißt vom Schuldgrundsatz unabhängiges, Legitimationsprinzip zur Begründung von Unternehmensstrafen entwickelt. Nach diesem Ansatz[302] sind schuldunabhängige Unternehmenssanktionen durch das Prinzip des sogenannten Rechtsgüternotstandes legitimierbar. Unter Anwendung des Rechtsgedankens des § 34 StGB (Rechtsgüternotstand) sei dies der Fall, wenn der erforderliche Rechtsgüterschutz auf andere Weise nicht sichergestellt werden kann und die Erhaltung der gefährdeten Rechtsgüter schwerer wiegt als die dem Verband zugefügte Einbuße. Dies sei im Wirtschaftsstrafrecht aufgrund der besonderen Organisationsstruktur des Verbandes und der daraus resultierenden Zurechnungsprobleme sowie der kriminellen Verbandsattitüde[303] der Fall, es läge mithin ein Präventionsnotstand vor[304]. Hinzukommend ergebe sich aus dem Veranlassungsprinzip eine weitere Legitimationswirkung. Da die Anteilseigner des Unternehmens die mangelhafte Organisation und den sozialschädlichen Betrieb veranlasst haben, sei eine Sanktionsbelegung des Unternehmens nicht unbillig[305].

Voraussetzung für die Sanktionierung des Unternehmens ist nach diesem Begründungsansatz, dass aus dem Verband heraus eine strafbare Individualtat zum (beabsichtigten) Vorteil des Unternehmens begangen worden ist. Die Identität des konkreten Täters müsse jedoch nicht feststehen. Es handelt sich folglich um eine akzessorische Sanktionierung des Unternehmens. Hinzukommen muss weiter ein Mangel an Leitungs- beziehungsweise Aufsichtsmaßnahmen, durch welche die Verwirklichung der Individualtat zumindest wesentlich erschwert worden wäre. In-

---

[301] *Schünemann,* Unternehmenskriminalität, S. 236 ff.; *ders.,* in: AJDP (Hrsg.), International Conference, S. 433, 461 ff.; *ders.,* in: LK § 14 Rn. 78; *ders.,* Madrid-Symposium f. Tiedemann, S. 265, 287 f.

[302] Jeweils im Anschluss an *Schünemann* auch: *Schwinge,* Strafrechtliche Sanktionen, S. 120 ff.; *Stratenwerth,* R. Schmitt-FS, S. 295, 304. Nahestehend *Lütolf,* Strafbarkeit der juristischen Person, S. 318, die jedoch Unternehmenssanktionen über das Schuldprinzip für möglich und vorzugswürdig hält.

[303] Siehe oben 1. Teil, E. II. 3.

[304] In der ursprünglichen Grundlegung (Unternehmenskriminalität, S. 248) hielt *Schünemann* solch einen Präventionsnotstand allerdings nur dann für gegeben, wenn ein individueller Täter nicht feststellbar war. Folglich kam von dieser Position aus nur eine anonyme Verbandsgeldbuße, gewissermaßen als Ersatzsanktion bei Unmöglichkeit der Bestrafung einer natürlichen Person, in Betracht. Nunmehr jedoch (Madrid-Symposium f. Tiedemann, S. 265, 277 ff.; in: AJDP (Hrsg.), International Conference, S. 433, 464; LK § 14 Rn. 77) hält er – unter stärkerer Betonung des Veranlassungsprinzips – auch und gerade eine kumulative Sanktionierung des Unternehmens neben der Individualsanktion für erforderlich, denn nur durch solch eine Verschränkung könnten die Präventionsprobleme, die aus der sog. „organisierten Unverantwortlichkeit" sowie der kriminellen Verbandsattitüde erwachsen, begrenzt werden.

[305] *Schünemann,* Unternehmenskriminalität, S. 240 f.; *ders.,* in: AJDP (Hrsg.), International Conference, S. 433, 464 f.; *ders.,* in: LK § 14 Rn. 78; *ders.,* Madrid-Symposium f. Tiedemann, S. 265, 286 f.

folge des schuldunabhängigen Legitimationskonzepts soll jedoch ein objektiver Mangel im Hinblick auf die erforderliche Aufsicht genügen. Die Feststellung einer individuell schuldhaften Pflichtverletzung sei hingegen nicht notwendig[306].

Trotz dieses an rein präventiven Gesichtspunkten ausgerichteten Begründungsansatzes[307] versteht *Schünemann* die von ihm befürworteten Unternehmenssanktionen[308], die er selbst als Maßregeln bezeichnet[309], nicht als rein (spezial-)präventive Maßnahmen, sondern sieht darin auch repressive Zwangselemente vereinigt[310].

Damit entstehen Bedenken hinsichtlich der Tragfähigkeit dieser schuldunabhängigen „Legitimationsbasis" sowie in Bezug auf deren Verhältnis zum (Schuld-) Strafrecht. Hauptvorwurf gegen das Konzept des Rechtsgüternotstandes ist denn auch die rein utilitaristische Konzeption: Durch den Rückgriff auf den Beweisnotstand werden mit Hilfe des materiellen Strafrechts prozessuale Nöte behoben[311]. Der Übergang vom Schuldprinzip auf das andere Legitimationsprinzip des Rechtsgüternotstandes erfolgt somit praktisch dann, wenn die Schuldzuschreibung scheitert. Damit wird doch aber – zumindest wenn es um die Rechtfertigung von (auch) repressiven Maßnahmen geht – das Schuldprinzip mit Hilfe rein präventiver Nützlichkeitserwägungen umgangen[312]. Einer Ausweitung dieser „Legitimationsbasis" über Verbandssanktionen hinaus stünde dann nichts im Wege; selbst Verdachtsstrafen wären so begründbar[313]. Legt man jedoch das Prinzip des Rechtsgüternotstandes für die Begründung von Unternehmensstrafen zugrunde, so ist das

---

306 Siehe insb. *Schünemann*, Madrid-Symposium f. Tiedemann, S. 265, 288.

307 Demgegenüber will *Stratenwerth* Unternehmenssanktionen, die er grds. als Maßregeln versteht, nicht nur anhand des spezialpräventiven Aspektes der Vermeidung der Begehung künftiger ähnlicher Unternehmensverstöße (Spezialprävention als eigentliches Ziel von Maßregeln) rechtfertigen, sondern vielmehr auch den Gedanken der Generalprävention nutzbar machen: Da eine unterlassene Reaktion auf bekannt gewordene Unternehmensdelikte gewissermaßen eine Aufforderung zur Nachahmung darstelle, könne diese Fernwirkung den Unternehmen zugerechnet werden. Daher könnten Sanktionen gegen das Unternehmen auch verhängt werden, wenn die Gefahr weiterer Unternehmensdelikte nicht besteht, *Stratenwerth*, R. Schmitt-FS, S. 295, 304 ff.

308 Das Konzept wurde ursprünglich zur Rechtfertigung der Verbandsgeldbußen, ggf. auch einer Verbandsgeldstrafe entwickelt (vgl. *Schünemann*, Unternehmenskriminalität, S. 254). In neuerer Zeit favorisiert *Schünemann* v. a. eine sog. Unternehmenskuratel, welche jedoch auch repressive Elemente beinhalten soll (vgl. hierzu insb. *Schünemann*, in: ders. [Hrsg.], Deutsche Wiedervereinigung, Bd. III, S. 129, 139 ff.).

309 LK-*Schünemann*, § 14 Rn. 78. Gegen die Einordnung der Unternehmenssanktionen als Maßregeln im traditionellen Sinne, stattdessen für eine „dritte Spur" eigenständiger Unternehmenssanktionen *Schwinge*, Strafrechtliche Sanktionen, S. 132 ff.

310 LK-*Schünemann*, § 14 Rn. 78.

311 *Tiedemann*, in: Freiburger Begegnung, S. 30, 48.

312 *v. Freier*, Kritik der Verbandsstrafe, S. 198 f.; *Otto*, Strafbarkeit von Unternehmen, S. 25; *ders.*, Jura 1998, 409, 416; vgl. auch *Brender*, Neuregelung der Verbandstäterschaft, S. 95 ff.; *Ransiek*, Unternehmensstrafrecht, S. 335; *Triffterer*, in: AJDP (Hrsg.), International Conference, S. 474, 476.

313 *Lampe*, ZStW 106 (1994), 683, 731.

Erfordernis einer strafbaren (nicht nur rechtswidrigen) Individualtat aus dem Unternehmen heraus als Voraussetzung für die Sanktionierung des Verbandes nicht einzusehen. Eine Notstandslage infolge von Nachweis- und Verfolgungsproblemen entsteht doch gerade häufig im Hinblick auf die Individualisierung des konkret verantwortlichen Täters[314].

bb) Unternehmenssanktionen als rein spezial-präventive Maßnahmen

Andere Vorschläge für schuldunabhängige Unternehmenssanktionen wollen das bereits im traditionellen Strafrecht vorhandene System der Maßregeln der Besserung und Sicherung für die Sanktionierung von Verbänden nutzbar machen[315]. Sinn und Zweck der Maßregeln ist es, künftigen Straftaten vorzubeugen. Dementsprechend müssen die als Maßregeln verstandenen Unternehmenssanktionen strikt am Präventionszweck ausgestaltet sein: Die Sanktionen sollen (nur) sicherstellen, dass von dem betreffenden Unternehmen künftig keine Gefahren ausgehen; im Mittelpunkt steht die objektive Gefährlichkeit des Verbandes[316]. Die Auferlegung einer Geldsanktion, die lediglich als bloße Reaktion auf eine vorangegangene Rechtsgutverletzung an den Staat zu leisten ist, ist hiernach konsequenterweise nicht begründbar[317]. Zur Anwendung können nur spezial-präventiv ausgerichtete Maßnahmen kommen[318]. Voraussetzung für die Maßregelverhängung ist dann, dass Anhaltspunkte für die Gefahr künftiger Straftaten bestehen und dass die zu verhängende Sanktion zur Bekämpfung des Gefahrenzustandes nicht unverhältnis-

---

[314] *Alwart*, ZStW 105 (1993), 752, 768; *Lampe*, ZStW 106 (1994), 683, 731.

[315] *Wohlers*, SJZ 96 (2000), 381, 387, der jedoch entsprechend der Terminologie des Schweizer Strafrechts von „Maßnahmen" spricht; vgl. ferner *Stratenwerth*, R. Schmitt-FS, S. 295, 303 f., jedoch unter ausdrücklicher Zuhilfenahme des Prinzips des Rechtsgüternotstandes und unter Einbeziehung generalpräventiver Zwecke (vgl. oben Fn. 307); siehe auch *Bottke*, wistra 1997, 241, 252; *Hilgers*, Verantwortlichkeit von Führungskräften, S. 242, sowie bereits *Exner*, Theorie der Sicherungsmittel, S. 53 ff.; *Hafter*, Schweizer Strafrecht AT, S. 64; *Jescheck*, ZStrR 70 (1955), 243, 262 ff.; *Schmitt*, Strafrechtliche Maßnahmen, S. 129 ff., sowie die Vorschläge des 40. Deutschen Juristentages: *Hartung*, 40. DJT, S. E 43, E 50 ff.; *Henkel*, 40. DJT, S. E 68, E 70 f.

[316] *Schmitt*, Strafrechtliche Maßnahmen, S. 200; *Wohlers*, SJZ 96 (2000), 381, 387.

[317] Vgl. *Hartung*, 40. DJT, S. E 43, E 54; *Schmitt*, Strafrechtliche Maßnahmen, S. 216 f.; *Wohlers*, SJZ 96 (2000), 381, 388.

[318] *Wohlers*, SJZ 96 (2000), 381, 388 schlägt als Sanktionsformen die Zwangsauflösung bzw. -liquidation des Unternehmens, eine temporäre Unternehmenskuratel, Tätigkeitsbeschränkungen und sog. Sicherheitsleistungen vor, bei denen das Unternehmen eine Geldsumme als Sicherheit für entstandene oder aus drohenden Taten entstehende Schäden für einen bestimmten Zeitraum zu hinterlegen hat, die jedoch dem Unternehmen zurückerstattet werden, wenn es im Bewährungszeitraum nicht zu Schadensfällen gekommen ist. Vgl. zu solch einem Sicherungsgeld auch *Jescheck*, ZStrR 70 (1955), 243, 265; *Korte*, Juristische Person, S. 186 ff. und S. 197 ff.; dagegen *Brender*, Neuregelung der Verbandstäterschaft, S. 22 f.

mäßig ist[319]. Anlass für die Sanktionierung soll aber ebenfalls die Begehung einer Straftat durch einen Unternehmensangehörigen[320] sein, welche Ausdruck einer mit der Tätigkeit des Unternehmens verbundenen Gefährlichkeit ist und die Gefahr weiterer künftiger Straftaten begründet[321]. Es handelt sich folglich auch hier um ein akzessorisches Modell.

Die nach diesem Lösungsansatz begründeten Sanktionen stellen der Sache nach wirtschaftsaufsichtsrechtliche Maßnahmen[322] dar. Die Verortung im Strafrecht ist daher nicht zwangsläufig angezeigt[323]. Jedoch könnten vor allem Zweckmäßigkeitsaspekte und Gründe der Prozessökonomie für die Verhängung im strafrechtlichen Verfahren, und zwar in dem Verfahren, bei dem es um die Verhandlung der Anlasstat geht, sprechen[324]. Zwingend ist eine derartige Lösung jedoch nicht. Im Hinblick auf die Maßregelkonstruktion und der Anknüpfung der Unternehmensmaßnahme an die objektive Gefährlichkeit des Verbandes ist im Übrigen das Erfordernis einer Individualstraftat für die Sanktionierung des Unternehmens zweifelhaft[325], wobei dann freilich das prozessökonomische Argument für die strafrechtliche Verankerung der Unternehmenssanktion entfällt[326].

---

[319] *Wohlers*, SJZ 96 (2000), 381, 389.

[320] Nach *Wohlers*, SJZ 96 (2000), 381, 389 Fn. 89, ist eine Beschränkung auf leitende Mitarbeiter als taugliche Anlasstäter aufgrund des Maßregelkonzeptes nicht angezeigt.

[321] *Wohlers*, SJZ 96 (2000), 381, 389.

[322] So auch für die Verbandsgeldbuße des § 30 OWiG *K. Schmidt*, wistra 1990, 131, 133, sowie im Anschluss daran *Otto*, Strafbarkeit von Unternehmen, S. 25 ff., der nicht nur Strafen sondern auch Geldbußen nur gegenüber natürlichen Personen für vertretbar erachtet (a. a. O., S. 23) und die Verbandsgeldbuße kurzer Hand in eine wirtschaftsaufsichtsrechtliche Maßnahme „uminterpretiert" (!) (a. a. O., S. 26). Nach diesem Verständnis soll die Verbandsgeldbuße in erster Linie der präventiven Wirtschaftsaufsicht dienen und sei daher nicht mit rein strafrechtlichen Kategorien erfassbar. Funktionierende Wirtschaftsaufsicht sei nämlich nicht ohne die Ergänzung durch vergangenheitsbezogene Sanktionen realisierbar. Bei der Verbandsgeldbuße handele es sich demnach (zwar nicht um eine rein präventive Maßnahme, sondern) um eine „repressiv orientiertes Präventionsmittel". Anknüpfungspunkt für eine so verstandene Unternehmensgeldbuße sei ein Organ- und Organisationsverschulden, welches vorliegen soll, wenn sich bei Betrieb des Unternehmens Rechtsgutsgefährdungen Dritter realisiert haben, die bei ordnungsgemäßer Umsetzung der (staatlichen) Sorgfaltsanforderungen verhindert oder zumindest vermindert worden wären (a. a. O., S. 29). Es ist aber nicht ersichtlich, wodurch diese Uminterpretation der Verbandsgeldbuße gerechtfertigt sein soll. Kritisch hierzu auch *v. Freier*, Kritik der Verbandsstrafe, S. 228.

[323] So selbst *Wohlers,* SJZ 96 (2000), 381, 389; kritisch diesbzgl. *v. Freier,* Kritik der Verbandsstrafe, S. 189; *Peglau*, ZRP 2001, 406, 408 f.

[324] *Schmitt*, Strafrechtliche Maßnahmen, S. 226 f.; *Wohlers*, SJZ 96 (2000), 381, 389.

[325] Vgl. *v. Freier*, Kritik der Verbandsstrafe, S. 188 f.

[326] Vgl. auch *v. Freier*, Kritik der Verbandsstrafe, S. 188.

b) Zurechnungsmodelle

Anders als die Maßnahmekonzeptionen beabsichtigen die sogenannten Zurechnungsmodelle die Begründung von *Straf*sanktionen. Die Unternehmensstrafen müssen hiernach somit mit dem Schuldgrundsatz in Einklang gebracht werden. Dabei wollen die Befürworter dieser Strafmodelle sowohl die Handlungen als auch die Schuld von für das Unternehmen handelnden Personen dem Unternehmen zurechnen. Notwendigerweise muss es sich dann um eine von einer Individualtat abhängige Sanktionierung des Verbandes handeln.

Die Zurechnungsmodelle wurden dabei zunächst entwickelt, um die bereits existierende Möglichkeit, Unternehmen mittels der Verbandsgeldbuße nach § 30 OWiG zu sanktionieren, dogmatisch zu legitimieren. Ausgangspunkt war dabei der „Bertelsmann-Lesering"-Beschluss[327] des Bundesverfassungsgerichts. Hier wurde die Möglichkeit, Handeln und Schuld von natürlichen Personen[328] dem Unternehmen als eigene zuzurechnen, eröffnet[329], ohne jedoch diese Vorgehensweise näher zu begründen.

aa) Zur Begründung der Handlungsfähigkeit
mittels Zurechnung

Einige der Zurechnungsansätze in der Literatur lösen das Problem der Handlungsfähigkeit durch einen Hinweis auf bereits bestehende Regelungen, welche gesetzlich die Zurechnung des Vertreterhandelns zum Unternehmen vorsehen. So sollen die §§ 31 BGB, 30 OWiG, 75 StGB eine gesetzgeberische Anerkennung der Handlungsfähigkeit von Verbänden darstellen. Auch im Bereich von Verbandsstrafen könne daher der Gesetzgeber eine Handlungszurechnung statuieren[330]. Solch eine Zurechnung sei von ihrer Struktur her im Individualstrafrecht bekannt: So wird der mittelbare Täter so behandelt, als habe er selbst die Handlung des Tatmittlers vorgenommen und auch bei der Mittäterschaft werden die Tatbeiträge der Mittäter jeweils wechselseitig zugerechnet[331].

---

327 *BVerfGE* 20, 323 ff.

328 Ob der Kreis der die Unternehmensverantwortlichkeit auslösenden Personen auf die Organe beschränkt werden müsse, wird vom *BVerfG* ausdrücklich offengelassen, *BVerfGE* 20, 323, 336.

329 *BVerfGE* 20, 323, 336: „Die juristische Person ist als solche nicht handlungsfähig. Wird sie jedoch für schuldhaftes Handeln im strafrechtlichen Sinne in Anspruch genommen, so kann nur die Schuld der für sie verantwortlich handelnden Personen maßgebend sein.".

330 *Ackermann,* Strafbarkeit juristischer Personen, S. 211 ff.; *Ehrhardt,* Unternehmensdelinquenz, S. 177 ff.; *Heinitz,* 40. DJT Bd. I, S. 65, 84 f.

331 *Ackermann,* Strafbarkeit juristischer Personen, S. 215 f.; *Ehrhardt,* Unternehmensdelinquenz, S. 184; *Schroth,* Unternehmen als Normadressaten, S. 178; *Tiedemann,* NJW 1988, 1169, 1172; *Wohlers,* SJZ 96 (2000), 381, 385. Kritisch hierzu *Heine,* Strafrechtliche Verantwortlichkeit, S. 243; *Hirsch,* Frage der Straffähigkeit, S. 10; *Schlüter,* Strafbarkeit von Unternehmen, S. 52; *Schmitt,* Strafrechtliche Maßnahmen, S. 183: Der Vergleich mit den Figuren der Mittäterschaft und mittelbarer Täterschaft könne dieses Ergebnis nicht tragen, da

Vor allem aber ist es die (primäre) Normadressateneigenschaft von Unternehmen, welche zur Anerkennung der Handlungsfähigkeit von Verbänden führt. Theoretischer Hintergrund ist dabei *v. Gierkes* Theorie der realen Verbandspersönlichkeit[332], die von der sozialen Realität des Verbandes ausgeht, so dass dieser selbst Träger von Rechten und Pflichten ist, (nur) deren Wahrnehmung den Organen und gesetzlichen Vertretern obliegt[333]. In weiten Bereichen der Rechtsordnung finden sich Vorschriften, die sich zumindest *auch* an Verbände wenden; man denke beispielsweise an die Regelungen des Kartellrechts oder zur Bankenaufsicht. Aber ebenso enthält das Kriminalstrafrecht Normen, welche von der Adressatenstellung von Verbänden ausgehen. So richten sich die §§ 283, 288 StGB auch an juristische Personen, soweit diese Insolvenz- beziehungsweise Vollstreckungsschuldner sind[334]. Deutlich wird dies schließlich in den Regeln der Vertreterhaftung des § 14 StGB (sowie in der entsprechenden Regelung des § 9 OWiG)[335]. Unternehmen trifft außerdem die allgemeine Verpflichtung, im Rahmen ihrer unternehmerischen Tätigkeit keine Rechtsgüter Dritter zu verletzen, also zum Beispiel die Pflicht sicherzustellen, dass von den vertriebenen Produkten keine Gesundheitsgefahren für die Verbraucher ausgehen[336]. In mehreren Entscheidungen hat die Rechtsprechung eine derartige Verpflichtung dem Unternehmensträger zugeordnet und betriebliche Aktivitäten, die zu einer Verletzung der Pflicht führten, als Verhalten des Unternehmens selbst bezeichnet[337]. Wer also Adressat von Rechtspflichten sein kann, kann diese nicht nur erfüllen, sondern auch verletzen[338]. Die Handlungsfähigkeit resultiert dann direkt aus der Adressatenstellung. Die Anknüpfung an das Verhalten einer natürlichen für das Unternehmen handelnden Person erfolgt dabei nur in

---

hier jeweils die Verbindung zur Tat des anderen durch die objektive Beteiligung an der Tatherrschaft und einen darauf konkret bezogenen Entschluss erfolgt.

[332] *v. Gierke,* Deutsches Privatrecht I, S. 470 f.; *ders.,* Das Wesen der menschlichen Verbände, S. 5, 13 ff. Vgl. hierzu nur *K. Schmidt,* Gesellschaftsrecht, § 8 II, S. 187 ff.

[333] Vgl. KK-OWiG-*Rogall,* § 30 Rn. 8.

[334] *Tiedemann,* NJW 1988, 1169, 1172; vgl. auch *Brender,* Neuregelung der Verbandstäterschaft, S. 118.

[335] *Brender,* Neuregelung der Verbandstäterschaft, S. 119; *Ehrhardt,* Unternehmensdelinquenz, S. 188; *v. Freier,* Kritik der Verbandsstrafe, S. 101; *Schroth,* Unternehmen als Normadressaten, S. 32; *Tiedemann,* NJW 1988, 1169, 1172; *ders.,* in: Freiburger Begegnung, S. 30, 47.

[336] *Dannecker,* GA 2001, 101, 109; *Ransiek,* Unternehmensstrafrecht, S. 334. Vgl. auch – bereits oben Fn. 295 – *BGH* NJW 1971, 1093, 1094; 1973, 1379, 1380 (Jenner-Bergbahn); *BGH*St 37, 106, 114 (Lederspray) sowie *Brender,* Neuregelung der Verbandstäterschaft, S. 121.

[337] In einem zweiten Schritt wurde das Verhalten anschließend anhand unternehmensinterner Verantwortungszuweisungen Einzelpersonen zugerechnet, um deren strafrechtliche Verantwortlichkeit zu begründen; vgl. *BGH* NJW 1971, 1093, 1094; 1973, 1379, 1380 (Jenner-Bergbahn); *BGH*St 37, 106, 114 (Lederspray) sowie die Nachweise aus der Literatur oben in Fn. 295.

[338] *Dannecker,* GA 2001, 101, 111; *Heinitz,* 40. DJT Bd. I, S. 65, 84; *Hirsch,* Frage der Straffähigkeit, S. 12; *v. Liszt / Schmidt,* Lehrbuch, § 28 I 2, S. 153 f. Fn. 4; vgl. auch die amtliche Begründung zu § 30 OWiG, BT-Drucks. 10 / 318, S. 40.

der Weise, dass der Handelnde eine Pflicht verletzt hat, die den Unternehmensträger selbst trifft[339].

bb) Zur Begründung der Schuldfähigkeit mittels Zurechnung

Nach den Zurechnungsmodellen soll es auch für die Begründung der Schuld des Unternehmens auf das individuell-schuldhafte Verhalten einer Organ- beziehungsweise Vertreterperson des Verbandes ankommen. Verwiesen wird dabei zunächst wiederum auf § 30 OWiG, welcher eine gesetzliche Anerkennung der Zurechnung der Individualschuld der für den Verband handelnden natürlichen Person als *eigene* Schuld des Unternehmens darstelle. Da auch eine Ordnungswidrigkeit nicht wertneutral und in materieller Hinsicht nur fließend zur Straftat abgrenzbar sei, könne dieser Ansatz auch im Kriminalstrafrecht Anwendung finden[340]. Bestätigt werde dies durch § 75 StGB, der das für die Einziehung relevante Organverhalten der Personenvereinigung ohne Unterschied zwischen unrechts- und schuldbezogenen Merkmalen zurechne[341]. Der Grund, der diese Zuschreibung des strafbaren Verhaltens der betreffenden Unternehmensangehörigen rechtfertige, wird dabei regelmäßig in einem Organisationsverschulden des Unternehmen gesehen: Weil und soweit es der Verband unterlassen hat, Vorsorgemaßnahmen zu treffen, um einen ordentlichen, nicht-deliktischen Geschäftsbetrieb sicherzustellen beziehungsweise durch eine fehlerhafte defizitäre Unternehmensstruktur oder eine kriminogene Unternehmensphilosophie die Begehung einer Straftat aus dem Unternehmen heraus ermöglicht oder gefördert hat, sei es möglich, das strafbare Verhalten seiner Organe beziehungsweise Vertreter als Verbandstaten anzusehen[342].

---

[339] *Dannecker,* GA 2001, 101, 111; KK-OWiG-*Rogall,* § 30 Rn. 8; vgl. auch *Papakiriakou,* Griechisches Verwaltungsstrafrecht, S. 298 ff.

[340] *Ackermann,* Strafbarkeit juristischer Personen, S. 220 f.; *Hirsch,* Frage der Straffähigkeit, S. 14; *ders.,* ZStW 107 (1995), 285, 293; *Schroth,* Unternehmen als Normadressaten, S. 209 f.

[341] *Ehrhardt,* Unternehmensdelinquenz, S. 197; *Schlüter,* Strafbarkeit von Unternehmen, S. 61; *Schroth,* Unternehmen als Normadressaten, S. 208.

[342] Grundlegend *Tiedemann,* NJW 1988, 1169, 1172 (aber lediglich im Hinblick auf § 30 OWiG); *ders.,* in: Freiburger Begegnung, S. 30, 48; weiter *Dannecker,* GA 2001, 101, 113 u. 119; *Deruyck,* Verbandsdelikt, S. 155 ff.; *Ehrhardt,* Unternehmensdelinquenz, S. 192 f.; *Pieth,* ZStR 119 (2001), 1, 15; *Schroth,* Unternehmen als Normadressaten, S. 203 ff.; vgl. auch *Bottke,* wistra 1997, 241, 253; Baumann / *Weber* / Mitsch, Strafrecht AT, § 18 Rn. 27, sowie bereits *Busch,* Grundlagen, S. 176 („pflichtwidrige Nichthinderung des Verbandsdelikts"); weiterhin *Brender,* Neuregelung der Verbandstäterschaft, S. 113, 122, der ein organisatorisches Hauptverschulden des Verbandes des Inhalts annimmt, „dass der Verband mit den Anknüpfungstaten nicht so organisiert ist, wie es den Verhaltensanforderungen der Gesellschaft entspricht" und in § 30 OWiG eine Transformationsnorm sieht, die es gestatte, Handlung und Schuld der Organe „in verbandsadäquate Verantwortlichkeit" umzuwandeln. Anders *Bauer,* wistra 1992, 47, 50, der (allerdings nur bei § 30 OWiG) den „Zurechnungsgrund in der (generellen) Handlungsunfähigkeit von Unternehmen und nicht

Die verschiedenen Zurechnungsmodelle sind dem Vorwurf der Zirkelschluss-Argumentation ausgesetzt: Die Zurechnung fremder Schuld könne nämlich eine fehlende Schuld des Verbandes nicht schaffen; die Zurechnung fremder Schuld ist eben keine Schuld[343]. Da es sich bei strafrechtlicher Schuld um einen höchstpersönlichen Sachverhalt handele, sei eine Zurechnung ausgeschlossen[344].

Dem wird entgegengehalten, dass es nicht um eine Zurechnung von Fremdverantwortung geht[345], sondern dem Unternehmen mit dem Organisationsverschulden ein eigener Vorwurf gemacht wird[346]. Allerdings handelt es sich dabei nicht um einen Vorwurf personaler, psychologisch geprägter Schuld, sondern um einen sozial-ethischen, an rechtlichen Kategorien ausgerichteten Vorwurf im Sinne unzulänglicher Organisation beziehungsweise fehlerhafter Unternehmenskultur[347]. Voraussetzung ist dann jedoch, dass die Organisationsleistung eine Leistung des Verbandes ist. Spricht man dem Unternehmen die Fähigkeit, sich selbst zu organisieren ab, und geht man davon aus, dass die Organisationsleistung letztlich wiederum nur durch das Verhalten natürlicher Personen erbracht werden könne, führt das Modell des Organisationsverschuldens zu einem endlosen Regress[348]. Dieser Einwand soll entkräftet werden, indem man anerkennt, dass Struktur und Tätigkeit des Unternehmens nicht lediglich durch die bloße Summe von individuellen Einzelakten konstituiert werden[349], sondern dass der Verband als zweckrationales, rea-

---

in einem fingierten Organisationsmangel" erblickt; kritisch hierzu *v. Freier,* Kritik der Verbandsstrafe, S. 108.

[343] *Bosch,* Organisationsverschulden, S. 48 f.; *v. Freier,* Kritik der Verbandsstrafe, S. 109; *Köhler,* Strafrecht AT, S. 562; *Lampe,* ZStW 106 (1994), 683, 730; *Otto,* Strafbarkeit von Unternehmen, S. 19; *Roxin,* Strafrecht AT I, § 8 Rn. 62; *Schünemann,* in: ADJP (Hrsg.), International Conference, S. 433, 456; *ders.,* in: LK § 14 Rn. 78.

[344] *Eidam,* Straftäter Unternehmen, S. 116 f.; *Lampe,* ZStW 106 (1994), 683, 731; *Otto,* Strafbarkeit von Unternehmen, S. 15; *Peglau,* ZRP 2001, 406, 407; *Zieschang,* ZStW 115 (2003), 118, 129; vgl. auch *Jakobs,* Lüderssen-FS, S. 559, 568 ff.

[345] KK-OWiG-*Rogall,* § 30 Rn. 8.

[346] *Dannecker,* GA 2001, 101, 112 f.; KK-OWiG-*Rogall,* § 30 Rn. 8; *Tiedemann,* in: Freiburger Begegnung, S. 30, 49.

[347] *Dannecker,* in: Alwart (Hrsg.), Verantwortung und Steuerung, S. 5, 29; *ders.,* GA 2001, 101, 113; *Tiedemann,* NJW 1988, 1169, 1172; *ders.,* in: Freiburger Begegnung, S. 30, 49; vgl. auch *Ackermann,* Strafbarkeit juristischer Personen, S. 230 f.; *Brender,* Neuregelung der Verbandstäterschaft, S. 115; *Deruyck,* Verbandsdelikt, S. 155 f.; *Ehrhardt,* Unternehmensdelinquenz, S. 191; *Papakiriakou,* Griechisches Verwaltungsstrafrecht, S. 304 und 307; *Pieth,* ZStrR 119 (2001), 1, 12. Anders *Scholz,* ZRP 2000, 435, 439, der meint, es gehe weniger um die Schuldfähigkeit von Verbänden, als um die Frage, ob Unrechtsfolgen und daran anknüpfende Sanktionen der juristischen Person zugerechnet werden könnten, was er – ohne nähere dogmatische Begründung – bejaht.

[348] So *Schünemann,* in: AJDP (Hrsg.), International Conference, S. 433, 457 f.; *ders.,* in: LK § 14 Rn. 78; siehe auch *Roxin,* Strafrecht AT I, § 8 Rn. 62.

[349] *Heine,* ZUR 1995, 63, 71; *ders.,* ÖJZ 1996, 211, 216; *ders.,* in: Eser u. a. (Hrsg.), Einzelverantwortung und Mitverantwortung, S. 95, 109 m. w. N. aus organisationssoziologischer Perspektive; *ders.* auch in: Hettinger (Hrsg.), Reform des Sanktionenrechts, Bd. 3, S. 121, 124; siehe ebenfalls *Lampe,* ZStW 106 (1994), 683, 722 f.

les Gebilde – gesteuert durch die eigenständige Unternehmensphilosophie – selbst agiert und sich damit auch selbst organisieren kann[350]. Dementsprechend sind die Verantwortungsbereiche der im Verband agierenden natürlichen Personen und der des Unternehmens nicht identisch. Aus der Organisationsmacht des Verbandes folge ein „kollektiver Verantwortungsüberschuss", welcher einer Zuordnung an einzelne natürliche Personen nicht zugänglich sei[351].

Ist aber der vorgelagerte Pflichtverstoß des unternehmerischen Organisationsverschuldens Auslöser und Grund der strafrechtlichen Unternehmensverantwortlichkeit, so muss dem Unternehmen die Möglichkeit, sich durch entsprechende Organisation exkulpieren zu können, eingeräumt werden[352]. Wenn dagegen einige Vertreter der Zurechnungsmodelle solch eine Exkulpation versagen und auch auf den konkreten Kausalitätsnachweis zwischen dem Organisationsverschulden und der Begehung der Anlasstat verzichten wollen[353], so stellt dies eine inkonsequente Vorgehensweise dar und führt letztlich zu einer reinen Erfolgshaftung[354]. „Ein Haftungsprinzip ist keines, wenn es auf das Vorliegen seiner Voraussetzungen nicht ankommt."[355] Für – und gerade nicht gegen die Möglichkeit einer Exkulpation[356] – sprechen daneben auch kriminalpolitische Gesichtspunkte. Wenn nämlich die Bestrafung das Unternehmen trotz organisatorischer Vorkehrungen trifft, besteht folglich kaum ein Anreiz, bereits im Vorfeld deliktsvorbeugende Maßnahmen zu ergreifen[357].

cc) Fazit

Die reinen Zurechnungsansätze, die das Organisationsverschulden des Verbandes lediglich als Zurechnungsgrund für die Zurechnung des Verschuldens natür-

---

350 Vgl. *Dannecker,* GA 2001, 101, 113; *Tiedemann,* in: Freiburger Begegnung, S. 30, 46 f.

351 *Heine,* ZStrR 119 (2001), 22, 24 f.; *ders.,* in: Hettinger (Hrsg.), Reform des Sanktionenrechts, Bd. 3, S. 121, 124.

352 *Dannecker,* in: Alwart (Hrsg.), Verantwortung und Steuerung, S. 5, 28; *ders.,* GA 2001, 101, 113; *Papakiriakou,* Griechisches Verwaltungsstrafrecht, S. 304.

353 So aber *Ehrhardt,* Unternehmensdelinquenz, S. 195; *Tiedemann,* NJW 1988, 1169, 1173.

354 *v. Freier,* Kritik der Verbandsstrafe, S. 105, 108; *Lütolf,* Strafbarkeit der juristischen Person, S. 323 und 332. Vgl. auch *Brender,* Neuregelung der Verbandstäterschaft, S. 109, der aus diesem Grunde nicht im Vorverschulden des Organisationsmangels den Haftungsgrund sieht, sondern nur von einem abstrakt verstandenen Vorverschulden dergestalt ausgeht, dass bei Vorliegen einer Organtat stets unterstellt werde, dass der Verband das deliktisch handelnde Organ fehlerhaft ausgesucht bzw. unzureichend überwacht hat, das Hauptverschulden aber im Verschulden der Organe der Anknüpfungstat erblickt, das auf Ebene des Verbandes kraft § 30 OWiG normativ als organisatorisches Hauptverschulden des Verbandes gewertet werde (*Brender,* a. a. O., S. 114).

355 *v. Freier,* Kritik der Verbandsstrafe, S. 107 f.

356 So aber *Ehrhardt,* Unternehmensdelinquenz, S. 195.

357 *Lütolf,* Strafbarkeit der juristischen Person, S. 332 f.; auch *Schünemann,* Unternehmenskriminalität, S. 209.

licher Personen erachten, knüpfen die Strafbarkeit des Verbandes damit streng an das Vorliegen einer rechtswidrigen und schuldhaften Individualtat an. Lässt sich der Täter nicht ermitteln, greift die Sanktionierung des Verbandes folglich ins Leere. Daran ändert die Tatsache, dass auch eine anonyme Bestrafung des Unternehmens möglich sein soll, also dass die Identität des konkret handelnden Täters nicht feststehen müsse, nur wenig. Denn die subjektiven Unrechts- und Schuldelemente der Anlasstat, welche ja volldeliktisch feststehen muss, werden sich sonst kaum nachweisen lassen[358]. Es darf also nicht übersehen werden, dass die akzessorischen Zurechnungsmodelle das vielzitierte Problem der „organisierten Unverantwortlichkeit" nicht lösen können[359].

Betrachtet man dagegen das Organisationsverschulden nicht lediglich als Zurechnungsgrund, sondern als eigenen Schuldvorwurf an den Verband, so geht es nicht mehr um Zurechnung des Individualverschuldens als eigenes Verbandsverschulden. Damit ist die Anknüpfung an die rechtswidrige und schuldhafte Individualtat nicht notwendig und im Hinblick auf die Schwierigkeiten bei der Erfolgszurechnung in den arbeitsteilig organisierten Unternehmensstrukturen, die bei Anbindung an individuelles Fehlverhalten auftreten, wenig überzeugend[360]. Ausreichend wäre dann die Verwirklichung einer auf das Organisationsverschulden des Unternehmens zurückzuführenden Rechtsgutsverletzung. Damit ist aber bereits der Übergang zu Konstruktionen einer originären Verantwortlichkeit von Unternehmen – unabhängig vom Vorliegen einer individuellen Anlasstat – hergestellt.

c) Modelle einer originären Verbandsverantwortlichkeit

Die beiden bisher geschilderten Ansätze haben die zu begründenden Unternehmenssanktionen an den traditionell individualistischen Haftungskategorien ausgerichtet und die Verbandsstrafbarkeit an eine volldeliktisch begangene Straftat einer natürlichen Person angeknüpft. Diese Vorgehensweise hat jedoch Befürchtungen schädlicher Rückkopplungseffekte auf das Individualstrafrecht hervorgerufen, etwa die Gefahr einer Nivellierung der individualstrafrechtlichen Haftungs-

---

[358] Siehe bereits *Schmitt,* Lange-FS, S. 877, 885; ferner *Alwart,* ZStW 105 (1993), 753, 767 f.; *Bosch,* Organisationsverschulden, S. 57 f. Vgl. auch oben die Ausführungen zur Verbandsgeldbuße nach § 30 OWiG, 1. Teil, A. II. 3. und 5.

[359] *Heine,* Strafrechtliche Verantwortlichkeit, S. 244; *ders.,* ÖJZ 1996, 211, 214 und 216; *Otto,* Strafbarkeit von Unternehmen, S. 25; *ders.,* Jura 1998, 409, 416; *Stratenwerth,* R. Schmitt-FS, S. 295, 301 f.; *Zeder,* ÖJZ 2001, 630, 637.

[360] So aber *Dannecker,* GA 2001, 101, 119. In jüngerer Zeit hat *Tiedemann* die Möglichkeit einer eigenen Verbandsschuld innerhalb einer zweiten strafrechtlichen Spur eines Verbandsstrafrechts erwogen, was eine Einordnung in das dritte Modell einer originären Unternehmensverantwortlichkeit – siehe sogleich unten 1. Teil, E. III. 3. c) – nahe legt, wobei hier nicht ganz deutlich wird, ob es dennoch für die Verantwortlichkeit des Unternehmens der Anknüpfung an eine Individualstraftat bedürfe (*Tiedemann,* in: Freiburger Begegnung, S. 30, 49 ff.).

voraussetzung und einer Ausweitung der Verantwortung von natürlichen Personen[361]. Ein Unternehmensstrafrecht müsse demnach unabhängig vom Individualstrafrecht und seinen auf individuelles Verhalten zugeschnittenen Haftungsfiguren entwickelt werden[362]. Dabei gehe es nicht um die Weiterentwicklung beziehungsweise Anpassung personaler Unrechts- und Schuldkategorien, sondern um die originär organisatorische Neubegründung eines systemischen Unrechts und eines speziell systemischen Schuldbegriffs[363]. Begründet wird also eine selbständige originäre Verantwortlichkeit von Unternehmen. Bei solch einer eigenständigen, von einer individuellen Anlasstat unabhängigen Konzeption stellt sich dann auch das Problem der „organisierten Unverantwortlichkeit" nicht.

Ein separates System originärer kollektiver Verantwortlichkeit von Verbänden hat vor allem *Heine* als „zweite Spur" neben dem Individualstrafrecht entwickelt[364]. Leitidee ist dabei, die strafrechtliche Verantwortung von Unternehmen auf eine fehlerhafte Verbandsorganisation verbunden mit einem externen Anknüpfungsunwert zu gründen. Voraussetzungen zur Bestrafung von Unternehmen sind danach ein fehlerhaftes Risikomanagement als notwendige und eine betriebstypische Gefahrverwirklichung, also der Eintritt eines externen Erfolges[365], als hinreichende Bedingung. Der Erfolgseintritt ist dabei als objektive Ahndungsbedingung ausgestaltet. Zwischen der Ahndungsbedingung und dem fehlerhaften Risikomanagement muss ein verbandsspezifischer Risikoerhöhungszusammenhang bestehen, das heißt, der Erfolg soll dem Unternehmen dann zugerechnet werden, wenn er sich aus dem fehlerhaften betrieblichen Gefahrmanagement ergibt[366]. Die Schuld

---

[361] *Heine,* Strafrechtliche Verantwortlichkeit, S. 248 f.

[362] *Achenbach,* Coimbra-Symposium, S. 283, 302; *Heine,* Strafrechtliche Verantwortlichkeit, S. 248 ff.; *Hetzer,* wistra 1999, 361, 367; *Lütolf,* Strafbarkeit der juristischen Person, S. 338 ff.; *Schall / Schreibauer,* NUR 1996, 440, 449. Vgl. auch *Alwart,* ZStW 105 (1993), 752, 767 f. sowie im Anschluss daran *Gröschner,* in: Alwart (Hrsg.), Verantwortung und Steuerung, S. 60, 66, die eine subsidiäre Unternehmensverantwortlichkeit (vgl. unten 1. Teil, E. III. 4.) ohne Anbindung an eine Individualstraftat befürworten, einen eigenen originären Schuldbegriff jedoch nicht entwickeln.

[363] *Heine,* ÖJZ 2000, 871, 880 Fn. 67; vgl. auch *Lampe,* ZStW 106 (1994), 683 ff.

[364] Grundlegend in: Strafrechtliche Verantwortlichkeit, S. 248 ff.; ferner ZUR 1995, 63, 71; in: Arnold u. a. (Hrsg.), Grenzüberschreitungen, S. 51, 75; ÖJZ 1996, 211, 217 ff.; in: Eser u. a. (Hrsg.), Einzelverantwortung und Mitverantwortung, S. 95, 112 ff.; in: Eser u. a. (Hrsg.), Strafrechtswissenschaft vor der Jahrtausendwende, S. 397, 410; ÖJZ 2000, 871, 879; ZStrR 119 (2001), 22, 37 ff.; in: Hettinger (Hrsg.), Reform des Sanktionenrechts, Bd. 3, S. 121 ff. Im Anschluss daran *Lütolf,* Strafbarkeit der juristischen Person, S. 338 ff. sowie zustimmend *Hetzer,* wistra 1999, 361, 367; *Mäder,* Betriebliche Offenbarungspflichten, S. 298 f. Vgl. auch die Überlegungen von *Tiedemann,* in: Freiburger Begegnung, S. 30, 49 ff. (oben Fn. 360).

[365] Nach *Heine* kommen nur schwerwiegende soziale Störungen, in denen sich die betriebstypische Gefährdung niederschlägt, als Auslöser für die Unternehmensbestrafung in Betracht: Tötungen oder schwere Körperverletzungen einer unbestimmten Vielzahl von Personen, Gemeingefahren sowie besonders gravierende Umweltbeeinträchtigungen, *Heine,* Strafrechtliche Verantwortlichkeit, S. 288 f. Vgl. auch *Alwart,* ZStW 105 (1993), 752, 771.

[366] *Heine,* Strafrechtliche Verantwortlichkeit, S. 292 ff.

des Unternehmens sieht *Heine* in einer spezifischen „Betriebsführungsschuld". Hierbei handelt es sich um eine eigene originäre Schuld des Unternehmens. Für *Heine* ist Schuld eine Systemkategorie, über deren Voraussetzungen auf sozial konsensfähiger Grundlage normativ entschieden wird. Folglich ändere sich der Inhalt der Systemkategorie mit den jeweiligen Funktionen des Systems. Damit sei die Einbeziehung von nicht-natürlichen Personen und somit auch eine Verständigung über Schuld von Verbänden grundsätzlich möglich. Da die betrieblichen Fehlentwicklungen oft auf einem langjährigen Defizit an Vorsorge bezüglich betrieblicher Risiken basieren[367], sei eine „Langzeitperspektive" unter Loslösung vom individualstrafrechtlichen Koinzidenzprinzip im Hinblick auf den Schuldsachverhalt notwendig. Es geht danach nicht um „Einzeltatschuld" wie im Individualstrafrecht, sondern eben um eine „Betriebsführungsschuld", welche auch Fehlentwicklungen über langgestreckte Zeiträume erfasse[368].

Eingebunden in eine einheitliche Dogmatik der Verantwortung von Unrechtssystemen hat auch *Lampe* ein Konzept einer vom Individualstrafrecht unabhängigen Unternehmensverantwortlichkeit dargelegt[369]. Für ihn sind Wirtschaftsunternehmen mit krimineller Attitüde kriminell anfällige, verfasste Unrechtssysteme, die in Lage sind, eigenes Systemunrecht[370] zu produzieren. Als Systemunrecht bezeichnet er dabei alle rechtsgutsverletzende Verhaltensweisen, die mit der Philosophie des Unternehmens verträglich sind oder von seiner Organisation begünstigt werden[371]. Das Unternehmen sei hiernach strafrechtlich verantwortlich, wenn sich das eigene unternehmerische Systemunrecht durch normverletzendes Verhalten von Unternehmensangehörigen in Erfolgsunrecht realisiert hat[372] und der Erfolgseintritt zum Unternehmen nach Regeln der Risikoerhöhung zugerechnet werden kann[373]. Entsprechend zum originären Systemunrecht sei es weiter auch möglich, an das System einen originären *sozial*ethischen Vorwurf mangelnder

---

[367] *Heine,* Strafrechtliche Verantwortlichkeit, S. 141. Insoweit auch zustimmend *Otto,* Jura 1998, 409, 416.

[368] *Heine,* Strafrechtliche Verantwortlichkeit, S. 261 ff.

[369] *Lampe,* ZStW 106 (1994), 683 ff.

[370] Als spezifische Unrechtsform neben dem sog. „Beziehungsunrecht", *Lampe,* a. a. O., S. 702.

[371] *Lampe,* a. a. O., S. 709. Vier Faktoren, die Systemunrecht konstituieren, müssen kumulativ vorliegen: (1) ein erhebliches Risikopotential und (2) der organisierte Einsatz gegen Rechtsgüter oder mangelhaft organisierte Einbindung in ein Schutzkonzept für die Rechtsgüter als objektive Voraussetzungen sowie (3) ein spezifisches „Wir-Gefühl" bzw. mangelhaftes Verantwortungsbewusstsein der im System verbundenen Personen und (4) die Unterstellung des Risikopotentials einem der Rechtsordnung widersprechenden Zweck oder Preisgabe der Sorglosigkeit als subjektive Voraussetzungen; vgl. *Lampe,* a. a. O., S. 713 ff.

[372] Das normverletzende Verhalten der Unternehmensmitglieder wird – anders als bei den Zurechnungsmodellen und als bei § 30 OWiG – nicht als personales *Handlungs*-, sondern als unternehmerisches *Erfolgs*unrecht zugerechnet, *Lampe,* a. a. O., S. 732. Es handelt sich danach aber dennoch um ein letztlich akzessorisches Modell, *Schlüter,* Strafbarkeit von Unternehmen, S. 68 Fn. 296.

[373] *Lampe,* a. a. O., S. 732.

Richtigkeit zu adressieren. Denn da das Unternehmen als rationaler Zweckverband in der Lage sei, seine Leitziele den ethischen Anforderungen zu unterstellen und sich entsprechend zu organisieren, könne auch eine rechtliche Missbilligung erfolgen, wenn der Verband den entsprechenden Anforderungen nicht nachkommt. Somit könne dem Unternehmen eine Strafe, ausschließlich bemessen nach *sozialer* Schuld, auferlegt werden[374].

Auch diese Begründungsansätze sind nicht ohne Kritik geblieben. So wird zunächst bezweifelt, ob die durch die „Zweispurigkeit" beabsichtigte Verhinderung von negativen Rückwirkungen auf das Individualstrafrecht wirklich sichergestellt werden kann[375]. Aber auch die Bestimmung der subjektiven Unrechtskriterien und der Unternehmensschuld – speziell der „Betriebsführungsschuld" nach dem Ansatz von *Heine* – sind angegriffen worden.

Selbst wenn man nämlich anerkennt, dass im Individualstrafrecht subjektive Merkmale und auch gerade die Schuld des Täters nicht durch die Ermittlung ihres realen Vorliegens bei dem individuellen Täter festgestellt, sondern im konkreten Fall aus objektiven Merkmalen geschlossen, also mittels eines normativen Wertungsaktes begründet werden, ermögliche dies nicht eine entsprechende normative Feststellung im Hinblick auf Verbände. Denn Voraussetzung und Grundlage der Vorsatzbeziehungsweise Schuldfeststellung ist dabei stets die grundsätzliche Fähigkeit, entsprechendes Wissen erlangen beziehungsweise sich gegen das Recht entscheiden zu können. Diese generelle Fähigkeit fehlt aber Verbänden[376]. Vor allem mittels der zeitlich-gestreckten Betriebsführungsschuld könne „kein Vorwurf begründet werden, der auch nur eine Ähnlichkeit mit einem persönlichen Vorwurf habe"[377].

Diese Argumente fragen aber letztlich danach, ob Vorsatz, Vermeidbarkeit, Vorhersehbarkeit und Schuld des Unternehmens mit den diesbezüglichen Kategorien des Individualstrafrechts in Einklang gebracht werden können. Für die Modelle einer originären Verantwortlichkeit geht es aber nicht um eine Modifikation oder Flexibilisierung der individuumsbezogenen Voraussetzungen, um darunter auch Unternehmen fassen zu können. Ziel ist also nicht die Bestimmung eines dem Individualstrafrecht „ähnlichen" Vorsatzes oder einer „ähnlichen" Schuld, sondern die Festlegung von Verantwortungskategorien, die eine entsprechende *Funktion* wie die des traditionellen Strafrechts erfüllen[378]. Es ist jedoch nicht zu verkennen, dass

---

374 *Lampe,* a. a. O., S. 724 f.

375 *v. Freier,* Kritik der Verbandsstrafe, S. 204 f.; *Seelmann,* ZStW 108 (1996), 652, 663. Siehe auch *Wohlers,* SJZ 96 (2000), 381, 386 f.

376 *v. Freier,* Kritik der Verbandsstrafe, S. 204 f.; *Jakobs,* Lüderessen-FS, S. 559, 570 f.; *Otto,* Jura 1998, 409, 416; vgl. auch *Schulz,* in: Institut für Kriminalwissenschaften Frankfurt a.M. (Hrsg.), Vom unmöglichen Zustand des Strafrechts, S. 407, 424 f. (kritisch zur Zuschreibung von subjektiven Voraussetzungen gerade im Hinblick auf die Systemtheorie).

377 *Otto,* GA 1997, 236, 238; *ders.,* Jura 1998, 409, 416 f.; Bedenken auch bei *Bosch,* Organisationsverschulden, S. 75 ff.; KK-OWiG-*Rogall,* § 30 Rn. 11.

378 *Heine,* ÖJZ 2000, 871, 880 Fn. 67; *ders.,* in: Hettinger (Hrsg.), Reform des Sanktionenrechts, Bd. 3, S. 121, 139.

die Verantwortlichkeit des Unternehmens nach dieser Bestimmung depersonal und objektiviert erscheint. Vorsatz beziehungsweise Vorhersehbarkeit werden nicht durch das reale Vorhandensein umfassenden Wissens oder Wissen-Könnens bestimmt, sondern aufgrund objektiver Anhaltspunkte aus der Informationsverteilung im gesamten Unternehmen ermittelt[379]. Das Schuldelement ist entkoppelt von einer höchstpersönlichen Gewissensentscheidung[380]. Stattdessen ist die Betriebsführungsschuld aber subjektiv auf die fehlerhafte Verbandsmentalität beziehungsweise Unternehmenskultur bezogen, welche die Art und Weise der Erfüllung betrieblicher Funktionen prägt und sich somit auch bei Organisationsmängeln auswirkt[381]. Damit werde der Schuldvorwurf nicht an irgendeinem Durchschnittsmaßstab orientiert, sondern vielmehr an den Gegebenheiten des konkret betroffenen Unternehmens ausgerichtet, so dass sich auf diese Weise eine „besondere Verantwortlichkeit des individuellen Unternehmens" begründen lasse[382].

Hält man solch eine normativierte Begründung der subjektiven Unrechtsmerkmale und speziell von Schuld nach der entsprechenden Funktion im jeweiligen System für möglich, so lässt sich mit *Heine* und *Lampe* eine eigenständige Unternehmensverantwortlichkeit bestimmen. Verlangt man dagegen natürliches Wissen beziehungsweise Wissen-Können für die Bestimmung subjektiver Unrechtsanforderungen, sind diese Kategorien Unternehmen nicht zugänglich. Und erachtet man eine sittlich fehlerhafte Gewissensentscheidung für eine konstitutive Voraussetzung von Schuld, muss die Anwendung des Schuldgedankens natürlichen Personen vorbehalten bleiben und ist damit nicht auf Verbände übertragbar[383].

4. Konkurrierende oder subsidiäre Unternehmensverantwortlichkeit

Die verschiedenen Begründungsansätze zur Unternehmensstrafbarkeit werden nicht nur durch die Problematik der Handlungs- und Schuldfähigkeit geprägt. Die Ausgestaltung der Verantwortlichkeitsmodelle ist auch von der Frage abhängig, ob

---

379 *Heine,* Strafrechtliche Verantwortlichkeit, S. 261; vgl. auch die unternehmensbezogene Vorsatz- und Sorgfaltsmaßstabsbestimmung von Kommission und EuGH im EG-Wettbewerbsrecht, siehe oben 1. Teil, D. I. 2., sowie die allerdings nicht rechtskräftige Entscheidung des *LG Frankfurt a.M.* ZUR 1994, 33, 35 ff. (Holzschutzmittel), wo – zur Bestimmung der Verantwortlichkeit der Geschäftsleitung – auf die Erkennbarkeit für das Unternehmen abgestellt wird.

380 *Heine,* Strafrechtliche Verantwortlichkeit, S. 264; siehe hierzu auch die objektivierte Bestimmung des Organisationsverschuldens im Rahmen der Zurechnungsmodelle, oben 1. Teil, E. III. 3. b) bb).

381 *Heine,* in: Hettinger (Hrsg.), Reform des Sanktionenrechts, Bd. 3, S. 121, 138.

382 *Heine,* in: Hettinger (Hrsg.), Reform des Sanktionenrechts, Bd. 3, S. 121, 139.

383 Vgl. *Bosch,* Organisationsverschulden, S. 79 f.; *v. Freier,* Kritik der Verbandsstrafe, S. 205; *Otto,* GA 1997, 236, 238; *ders.,* Jura 1998, 406, 416 f.; siehe insoweit selbst *Heine,* Strafrechtliche Verantwortlichkeit, S. 263.

eine Bestrafung des Unternehmens neben eventuellen Individualtätern möglich sein soll (konkurrierende beziehungsweise kumulative Verantwortlichkeit) oder ob man die Verhängung einer Unternehmensstrafe nur dann zulassen will, wenn eine Straftat eines Individualtäters nicht festgestellt werden kann (subsidiäre Verantwortlichkeit). Sowohl akzessorische als auch nicht-akzessorische Konzepte können jeweils als konkurrierende und subsidiäre Unternehmenshaftung begründet werden.

Subsidiäre Modelle[384] werden häufig aus kriminalpolitischen Gründen befürwortet. In den Fällen, in denen mit den Mitteln des Individualstrafrechts auf Rechtsgutsverletzungen aus dem Unternehmen heraus reagiert werden kann, soll eine Unternehmensstrafe nicht notwendig sein. Nur dann, wenn ein Individualtäter nicht ermittelt werden kann, müsse auf die Bestrafung des Unternehmens übergegangen werden[385]. Das Unternehmen ist quasi „Ersatztäter" im Falle fehlender Verantwortlichkeit natürlicher Personen[386]. Da eine akzessorische Unternehmenshaftung die Begehung einer Straftat durch eine natürliche Person für die Verbandsverantwortlichkeit voraussetzt, ist die Verbandsstrafe nach dieser Konzeption notwendigerweise eine anonyme Strafe[387].

Solch eine subsidiäre Haftung stellt aber eine zumindest halbherzige Lösung dar und erweist sich letztlich kontraproduktiv. Denn wenn die Notwendigkeit der Unternehmenssanktionierung mit der speziellen Verbandsattitüde und der unzureichenden Sanktionswirkung von Individualstrafen begründet wird, ist es nicht einleuchtend, die Unternehmensstrafe nur verhängen zu dürfen, wenn keine natürliche Person verantwortlich gemacht werden kann[388]. Es besteht dann vor allem die Gefahr, dass die Organisation des Unternehmens so ausgestaltet wird, dass jederzeit für jedes strafrechtlich relevante Fehlverhalten aus dem Unternehmen heraus eine natürliche Person als sogenannter „Sitzdirektor" verantwortlich ausgewiesen werden kann, um auf diese Weise die Bestrafung des Unternehmens abzuwenden[389].

---

[384] *Alwart,* ZStW 105 (1993), 752, 769; im Anschluss daran *Gröschner,* in: Alwart (Hrsg.), Verantwortung und Steuerung, S. 60, 66, auf Grundlage einer von Individualstrafrecht unabhängigen Unternehmensverantwortlichkeit; vgl. weiter den ursprünglichen Entwurf von *Schünemann,* Unternehmenskriminalität, S. 248 ff. auf Grundlage seines Modells vom Präventionsnotstand, jedoch ausdrücklich aufgegeben in: Madrid-Symposium f. Tiedemann, S. 265, 287 f. (nunmehr kumulative Unternehmenshaftung). Siehe auch *Lagodny,* Strafrecht vor den Schranken der Grundrechte, S. 414 f., der verfassungsrechtlich lediglich eine subsidiäre Unternehmensverantwortlichkeit für zulässig erachtet, um mittelbare Eingriffe in Grundrechte der Unternehmensvertreter zu vermeiden.

[385] Vgl. *Alwart,* ZStW 105 (1993), 752, 769; *Gröschner,* in: Alwart (Hrsg.), Verantwortung und Steuerung, S. 60, 66; *Schünemann,* Unternehmenskriminalität, S. 243 ff.

[386] *Schlüter,* Strafbarkeit von Unternehmen, S. 69.

[387] *Schlüter,* Strafbarkeit von Unternehmen, S. 77.

[388] Vgl. *Wohlers,* SJZ 96 (2000), 381, 384. Nunmehr auch *Schünemann,* in: Madrid-Symposium f. Tiedemann, S. 265, 287.

[389] Vgl. *Heine,* in: Hettinger (Hrsg.), Reform des Sanktionenrechts, Bd. 3, S. 121, 129; *v. Freier,* Kritik der Verbandsstrafe, S. 210; *Seelmann,* Kollektive Verantwortung, S. 14; *Wohlers,* SJZ 96 (2000), 381, 384.

Überwiegend wird daher eine konkurrierende Unternehmenshaftung befürwortet, sowohl von Vertretern akzessorischer Verantwortlichkeitsmodelle[390], aber auch von Vertretern, die eine originäre Verbandsverantwortlichkeit vorschlagen[391]. Die prozessuale Verfolgbarkeit und die Bestrafung des Unternehmens erfolgt danach unabhängig davon, ob ein Individualtäter ermittelt werden kann oder nicht[392]. Die Strafe gegen das Unternehmen tritt neben eventuelle Strafen gegen Unternehmensangehörige.

5. Das Problem der Straffähigkeit von Unternehmen

Schließlich musste sich die Diskussion um die Einführung einer Verbandsstrafbarkeit mit der Frage nach der Straffähigkeit von Unternehmen auseinander setzen.

Nach überwiegender Ansicht sind unter Zugrundelegung des „klassischen Strafverständnisses" Unternehmen, im Einklang mit der Ablehnung ihrer Schuldfähigkeit, nicht straffähig, da sie weder für das mit der Strafe verbundene Urteil ethischer Missbilligung zugänglich sind noch das für Sühne und Genugtuung notwendige Übel beziehungsweise Schmerzgefühl empfinden können[393]. Wird jedoch die Schuldfähigkeit von Verbänden bejaht, so soll auch das Problem der Straffähigkeit gelöst werden können. So wird darauf verwiesen, dass Unternehmen als Adressaten rechtlicher Verhaltenspflichten bei verantwortlicher Nichterfüllung jener Anforderungen dem Vorwurf nicht-normgemäßen Verhaltens und einem sozialethischen Unwerturteils ausgesetzt werden können[394]. Das Strafübel und die mit der Sanktion auferlegten Nachteile werden an das Unternehmen selbst adressiert. Die Verbandsmitglieder nehmen den Strafeffekt zwar wahr, doch ist die öffentliche Missbilligung nicht an sie gerichtet[395]. Weiter stünde die mangelnde Sühnefähigkeit von Verbänden nicht entgegen, da die Leistung von Sühne als ein rein inner-

---

390 Die meisten akzessorischen Modelle gehen von einer konkurrierenden Verantwortlichkeit aus, häufig jedoch ohne diese Frage ausdrücklich zu erörtern. Das konkurrierend akzessorische Verantwortlichkeitsmodell liegt auch § 30 OWiG zugrunde.

391 *Heine*, Strafrechtliche Verantwortlichkeit, S. 308 f.; *Lampe*, ZStW 106 (1994), 683, 745.

392 Im Falle akzessorischer Unternehmenshaftung muss natürlich die Begehung einer Individualstraftat festgestellt werden, lediglich die Identität des konkreten Täters darf nach den meisten Ansätzen offen bleiben, siehe oben 1. Teil, E. III. 3. b) cc). Bei der Unternehmensstrafe handelt es sich in diesen Fällen um eine sog. anonyme Strafe. Vgl. auch § 30 IV OWiG (dazu oben 1. Teil, A. II. 5.).

393 Vgl. z. B. *Engisch*, 40. DJT, Bd. II, S. E 9, E 15; *Jescheck*, ZStW 65 (1953), 210, 213; *Hartung*, 40. DJT, Bd. II, S. E 43, E 46; *Kohler*, GA 64 (1917), 500, 503; *Peglau*, ZRP 2001, 406, 408; *ders.*, Jura 2001, 606, 609.

394 Vgl. *Dannecker*, GA 2001, 101, 115; *Ehrhardt*, Unternehmensdelinquenz, S. 201 f.; *Hirsch*, Frage der Straffähigkeit, S. 18; *Tiedemann*, in: Freiburger Begegnung, S. 30, 52.

395 *Dannecker*, GA 2001, 101, 115; *Ehrhardt*, Unternehmensdelinquenz, S. 206; *Hirsch*, Frage der Straffähigkeit, S. 18.

licher, psychologischer Vorgang nicht erzwingbar sei, so dass Sühne nicht Ziel der Strafe sein könne, sondern nur ein wünschenswerter Effekt, der mit der Bestrafung erstrebt werden kann[396].

Auch die mit Kriminalstrafen verfolgten Strafzwecke lassen sich mit der Anerkennung der Straffähigkeit von Verbänden vereinbaren. Unternehmenssanktionen sollen sowohl spezial- als auch generalpräventive Wirkungen entfalten[397]. So wird eine Steuerung des Verbandes durch die Strafe dergestalt beabsichtigt, dass das Unternehmen, vermittelt über seine Angehörigen, seine interne Kontrolle effektuiert und seine Organisationsstruktur so ausgestaltet, dass künftig rechtstreues Verhalten gewährleistet werden kann[398]. Schließlich werde durch Unternehmensstrafen verdeutlicht, dass der Staat Rechtsgutsverletzungen, die das Ergebnis von Pflichtverstößen des Verbandes darstellen, nicht toleriert, sondern in gleicher Weise verfolgt wie Individualdelinquenz. Dies habe angesichts des streng wirtschaftlich kalkulierenden Agierens von Unternehmen insbesondere eine abschreckende, aber auch normbekräftigende Wirkung[399].

6. Fazit

Im Rahmen dieser Arbeit sind die verschiedenen Ansätze zur Begründung von Unternehmensstrafen im Einzelnen nicht zu würdigen. Die vorangegangen Ausführungen haben aber jedenfalls gezeigt, dass die Etablierung strafrechtlicher Sanktionen gegen Unternehmen nur mit der Bereitschaft verwirklicht werden kann, insoweit nicht in den Grundsätzen traditioneller – an selbständig agierenden Einzelpersonen ausgerichteter – Dogmatik zu verharren, sondern diese Grundsätze kollektiven Strukturen zugänglich zu machen. Es gilt folglich, das Strafrecht auch für kollektive Einheiten zu öffnen, gleichzeitig aber die strafrechtlichen Haftungskategorien im Individualstrafrecht vor Aushöhlung zu sichern. Die Entscheidung über die Einführung und Ausgestaltung von Unternehmensstrafen bewegt sich daher im Spannungsverhältnis zwischen pragmatischer Neubestimmung verbandsbezogener Verantwortlichkeitskategorien und der Bewahrung der dogmatischen Grundsätze des Individualstrafrechts. Die Diskussion, ob eine Unternehmensver-

---

[396] *Ackermann,* Strafbarkeit juristischer Personen, S. 200; *Ehrhardt,* Unternehmensdelinquenz, S. 207.

[397] Vgl. dazu auch die Ausführungen zum Zweck der Verbandsgeldbuße nach § 30 OWiG (oben 1. Teil, A. II. 1.) sowie zur begrenzten Wirksamkeit von Individualsanktionen (oben 1. Teil, E. II. 3.).

[398] *Ackermann,* Strafbarkeit juristischer Personen, S. 198; *Ehrhardt,* Unternehmensdelinquenz, S. 205; *Müller,* Stellung der juristischen Person, S. 25; *Tiedemann,* in: Freiburger Begegnung, S. 30, 52; *v. Weber,* GA 1954, 237, 240 f.

[399] *Ackermann,* Strafbarkeit juristischer Personen, S. 196 f.; *Dannecker,* GA 2001, 101, 114; *Ehrhardt,* Unternehmensdelinquenz, S. 204; *Hirsch,* Frage der Straffähigkeit, S. 17; *Tiedemann,* in: Freiburger Begegnung, S. 30, 52; *Volk,* JZ 1993, 429, 430. Die Abschreckungsfähigkeit von Unternehmen erkennt auch *Kohler,* GA 64 (1917), 500, 503, an.

antwortlichkeit in Deutschland statuiert werden soll und gegebenenfalls in welcher Form, sollte jedenfalls ergebnisoffen erfolgen und wird dabei auch die internationale Entwicklung einzubeziehen haben.

IV. Die Gefährdungssituation des Unternehmens

Sollte sich der Gesetzgeber für die Etablierung von Unternehmenssanktionen aussprechen, ist auch das Verfahrensrecht entsprechend anzupassen und zu ergänzen. Insbesondere wird die prozessuale Stellung der betroffenen Unternehmen zu klären sein. Damit muss auch entschieden werden, ob Unternehmen unter den Schutz des nemo tenetur-Grundsatzes zu stellen sind oder ob (und gegebenenfalls inwieweit) den betroffenen Unternehmen Mitwirkungsverpflichtungen im Hinblick auf die Aufklärung des Sachverhaltes auferlegt werden können.

Nemo tenetur-relevante Gefährdungen drohen dann aber nicht nur im eigentlichen Sanktionsverfahren. Auch in die oben herausgearbeiteten vorgelagerten Gefährdungssituationen durch verwaltungs- und zivilrechtliche Mitwirkungspflichten können Unternehmen geraten, nur dass dann nicht lediglich die Mitwirkung des Unternehmens eine Verbandsgeldbuße nach § 30 OWiG nach sich ziehen könnte, sondern sogar eine kriminalstrafrechtliche Sanktionierung.

Die unterschiedlichen Sanktionsmodelle spielen dabei insoweit eine Rolle, als sie möglicherweise aufgrund ihrer Zielrichtung und Konstruktion Auswirkungen auf die Geltung des nemo tenetur-Grundsatzes entfalten könnten. Unabhängig von der Frage, ob der Grundsatz nemo tenetur se ipsum accusare überhaupt auf Unternehmen Anwendung findet, könnten Besonderheiten im Hinblick auf die Gewährleistung des Schutzes vor strafrechtlichen Selbstbelastungszwang erwachsen. Ein besonderes Augenmerk wird auf die Maßnahmemodelle zu richten sein, die Verbandssanktionen in erster Linie mit präventiven Erwägungen als schuldunabhängige Maßnahmen begründen wollen. Dies könnte sich auf die verfahrensrechtliche Stellung des Unternehmens in solch einem Maßnahmeverfahren auswirken. Da es sich nicht um Strafsanktionen handelt, würde das betroffene Unternehmen jedenfalls nicht einen (speziell auf Verbände zugeschnittenen) Beschuldigtenstatus einnehmen können[400]. Im Hinblick auf den Grundsatz nemo tenetur se ipsum accusare stellt sich insbesondere die Frage, ob sich – unabhängig von der Frage nach der prinzipiellen Anwendbarkeit dieses Rechtsgrundsatzes zugunsten von Unternehmen – aus der präventiven Ausrichtung der Sanktionen Auswirkungen auf die Geltung beziehungsweise Reichweite des nemo tenetur-Prinzips ergeben[401].

---

[400] *Wohlers,* SJZ 96 (2000), 381, 390.
[401] Dazu unten 2. Teil, D. IV. 7. h).

F. Zusammenfassung

Die vorangegangenen Ausführungen haben belegt, dass bereits nach geltender Rechtslage strafrechtliche Sanktionen im weiteren Sinne gegen Unternehmen beziehungsweise konkret gegen den jeweiligen Unternehmensträger verhängt werden können. Bedeutsamste Sanktion nach derzeitigem nationalen Recht ist dabei die Verbandsgeldbuße nach § 30 OWiG. Damit sind Unternehmen schon de lege lata nemo tenetur-relevanten Gefährdungslagen ausgesetzt. Die Gefahr, belastende Umstände einräumen zu müssen, welche die Sanktionierung des Verbandes selbst nach sich ziehen könnte, kann dabei im eigentlichen Sanktionsverfahren, aber auch bereits im Vorfeld, nämlich durch verwaltungs- und zivilrechtliche Mitwirkungspflichten, eintreten. Die Frage, ob der Verband zur selbstbelastenden Mitwirkung in den jeweiligen Verfahren gezwungen werden kann, ist daher bereits für die derzeitige Rechtslage zu beantworten.

In der strafrechtlichen Diskussion finden sich aber auch zunehmend Forderungen nach der Einführung von Kriminalsanktionen gegen Unternehmen. Dabei sind verschiedene dogmatische Ansätze zur Begründung von Unternehmensstrafen entwickelt worden. Mit der Etablierung solch einer Unternehmensstrafbarkeit muss auch die verfahrensrechtliche Stellung des betroffenen Unternehmens geklärt werden. Zentrale Bedeutung wird auch hierbei der Frage zukommen, ob Unternehmen unter den Schutz des Grundsatzes nemo tenetur se ipsum accusare fallen.

Zweiter Teil

Geltung des nemo tenetur-Grundsatzes für Unternehmen

A. Art. 14 III lit. g IPbpR

Gemäß Art. 14 III lit. g des Internationalen Paktes für bürgerliche und politische Rechte (IPbpR)[1] darf der „wegen einer Straftat Angeklagte nicht gezwungen werden, gegen sich selbst als Zeuge auszusagen oder sich schuldig zu bekennen". Seinem Wortlaut nach statuiert Art. 14 III lit. g IPbpR, welchem innerstaatlich der Rang einfachen Bundesrechts zukommt[2], lediglich ein Schweigerecht für den Angeklagten im gerichtlichen Verfahren[3]. Da es sich bei dem Pakt um einen Vertrag zwischen verschiedenen Staaten mit unterschiedlichen Rechtsordnungen handelt, kann diese Vorschrift kaum im Sinne einer umfassenden Garantie des nemo tenetur-Grundsatzes interpretiert werden[4]. Bereits die Geltung im ordnungswidrigkeitenrechtlichen Verfahren erscheint fraglich.

Jedenfalls aber könnten Unternehmen, sofern eine Unternehmensstrafbarkeit besteht, in den gegen sie gerichteten Sanktionsverfahren als Angeklagte verstanden werden. Der Wortlaut des Art. 14 III lit. g IPbpR steht somit prinzipiell einer Anwendung gegenüber Unternehmen offen[5]. Allerdings statuiert der IPbpR grundsätzlich nur individuelle Rechte. Dies ergibt sich aus Art. 2 des Fakultativprotokolls zum IPbpR[6], welcher lediglich die Möglichkeit einer Individualbeschwerde vorsieht, ebenso aus Art. 2 I IPbpR, wonach die Anwendung der Rechte des Paktes unabhängig von Rasse, Hautfarbe, Religion, Geschlecht usw., also (bis auf Vermögen) allesamt rein individuelle Merkmale, zu erfolgen hat. Umgekehrt ist eine Kollektivbeschwerde nur im Zusammenhang mit Art. 1 IPbpR anerkannt, wo ausdrücklich das Selbstbestimmungsrecht der Völker niedergelegt ist[7].

---

[1] BGBl. II (1973), 1534 ff.

[2] Vgl. Löwe-Rosenberg-*Gollwitzer,* Einl. MRK, IPBPR Rn. 19.

[3] *Weiß,* JZ 1998, 289, 291.

[4] So wohl aber *Dingeldey,* JA 1984, 407, 409; SK-StPO-*Rogall,* Vor § 133 Rn. 131; für eine enge, streng am Wortlaut orientierte Interpretation *Weiß,* JZ 1998, 289, 291.

[5] *Weiß,* JZ 1998, 289, 291 f.

[6] BT-Drucks. 7 / 660, S. 66.

[7] *Weiß,* JZ 1998, 289, 292.

Aus Art. 14 III lit. g IPbpR kann daher kein Aussageverweigerungsrecht für juristische Personen und Personenvereinigungen begründet werden.

B. Gewährleistung von Selbstbelastungsschutz für Unternehmen durch die EMRK

I. Die Garantie des nemo tenetur-Grundsatzes durch die EMRK

Die EMRK enthält keine ausdrückliche Regelung, welche dem Beschuldigten ein Schweigerecht oder sonstigen Schutz, sich nicht selbst strafrechtlich belasten zu müssen, gewährt. Der EGMR hat jedoch im Falle einer Verpflichtung des Beschuldigten, bestimmte Dokumente an die Ermittlungsbehörden herauszugeben, eine Verletzung von Art. 6 I EMRK (Fairness des Verfahrens) festgestellt. Dabei hat der Gerichtshof ausdrücklich ein „Recht des Angeklagten[8], im Sinne der autonomen Bedeutung dieses Begriffs in Art. 6 EMRK, zu schweigen und nicht dazu beitragen zu müssen, sich selbst zu beschuldigen" anerkannt und dieses Recht in Art. 6 I EMRK verortet[9]. Offen gelassen hat er dagegen eine mögliche Verletzung der Unschuldsvermutung des Art. 6 II EMRK[10].

Fraglich ist aber, ob der insoweit durch die EMRK anerkannte nemo tenetur-Grundsatz ein absolut geschütztes Recht gewährt, das heißt jedweder Abwägung mit anderweitigen Interessen, also zum Beispiel mit den Interessen an effektiver Strafverfolgung, entzogen ist. In der *Funke*-Entscheidung liefert der EGMR selbst Anhaltspunkte für die Möglichkeit einer solchen Abwägung, wenn er formuliert: „Die Besonderheiten des Zollrechts können solch einen Eingriff in das Recht, (...) nicht dazu beitragen zu müssen, sich selbst zu beschuldigen, nicht *rechtfertigen*"[11].

---

[8] „(A)nyone ‚charged with a criminal offence'".

[9] *EGMR,* Slg. 256-A, S. 22, Nr. 44 (Funke / Frankreich) = ÖJZ 1993, 532, 533; siehe auch *EGMR,* Slg. 1996, S. 30, 49, Nr. 45 (Murray / Vereinigtes Königreich) = EuGRZ 1996, 587, 590; Slg. 1996, S. 2044, 2064, Nr. 68 (Saunders / Vereinigtes Königreich) = ÖJZ 1998, 32, 33; Slg. 1997, 2159, 2173, Nr. 46 (Serves / Frankreich); Urt. v. 21. 12. 2000, 34720 / 97, Nr. 47 (Heaney&McGuinness / Irland); Urt. v. 21. 12. 2000, 36887 / 97, Nr. 47 (Quinn / Irland); Urt. v. 3. 5. 2001, 31827 / 96, Nr. 64 (J.B. / Schweiz) = NJW 2002, 499, 501; Urt. v. 5. 11. 2002, 48539 / 99, Nr. 44 (Allan / Vereinigtes Königreich) = StV 2003, 257, 259.

[10] *EGMR,* Slg. 256-A, S. 22, Nr. 45. Auch die Menschenrechtskommission hat den Schutz vor zwangsweiser strafrechtlicher Selbstbelastung durch die EMRK anerkannt, dessen Gewährleistung jedoch aus Art. 10 EMRK abgeleitet, B 16002 / 90 v. 13. 10. 1992, Nr. 45 (K. / Austria), gleichzeitig aber festgestellt, dass es sich bei dem Grundsatz des Schutzes vor Selbstbezichtigung um einen fundamentalen Aspekt des Rechts auf ein faires Verfahren handelt, a. a. O., Nr. 49.

[11] *EGMR,* Slg. 256-A, S. 22, Nr. 44: „The special features of customs law cannot *justify* such an infringement." (Hervorhebungen von der Verfasserin).

Dagegen hat der Gerichtshof im späteren *Saunders*-Fall, bei dem es um Betrugs-handlungen im Bereich von Wirtschaftskriminalität ging, diese Frage ausdrücklich offengelassen. Er hat gleichzeitig jedoch klargestellt, dass die Verfahrensgarantien des Art. 6 EMRK in allen strafrechtlichen Verfahren gelten, „ohne Unterscheidung zwischen einfachsten oder komplexesten strafbaren Handlungen"[12]. Auch im Falle von Kapitalverbrechen hat der EGMR den Vorrang des Schweigerechts gegenüber staatlichen Informationsinteressen bekräftigt[13].

Selbst bei Zugrundelegung eines nicht absolut geschützten Rechts tritt das Inte-resse des Betroffenen auf Schutz vor erzwungener Selbstbelastung folglich keines-falls automatisch gegenüber den staatlichen Aufklärungs- und Sanktionsinteressen zurück[14]. Festzuhalten ist damit jedenfalls, dass Art. 6 I EMRK den nemo tenetur-Grundsatz garantiert und dieses Recht in aller Regel gegenüber staatlichen Straf-verfolgungsinteressen Vorrang genießt[15].

Art. 6 I EMRK spricht von strafrechtlicher Anklage. Der EGMR legt den Begriff des Strafrechts im Sinne von Art. 6 EMRK jedoch eigenständig aus und stellt dabei nicht auf die formale Einordnung der betreffenden Sanktion durch den nationalen Gesetzgeber ab, sondern primär auf deren Art und Schwere[16]. Die aus Art. 6 I EMRK folgenden Verfahrensgrundsätze gelten hiernach nicht nur im Strafverfah-ren im engeren Sinne, sondern auch im Bußgeldverfahren nach dem deutschen Ordnungswidrigkeitengesetz[17].

II. Geltung für juristische Personen und Personenvereinigungen

Auch wenn die materiellen Gewährleistungsgarantien der EMRK auf juristische Personen grundsätzlich nicht ausdrücklich Bezug nehmen[18], so wird doch nach überwiegender Ansicht eine Anwendung der durch die Konvention verbürgten Rechte bejaht, wenn und soweit diese Rechte auch Personenvereinigungen zuste-hen können. Dies lässt sich aus der Regelung der Aktivlegitimation aus Art. 34

---

12 *EGMR,* Slg. 1996, S. 2044, 2066, Nr. 74 (Saunders / Vereinigtes Königreich).

13 *EGMR,* Urt. v. 21. 12. 2000, 34720 / 97, Nr. 57 (Heaney&McGuinness / Irland); Urt. v. 21. 12. 2000, 36887 / 97, Nr. 58 f. (Quinn / Irland).

14 Vgl. *Esser,* Auf dem Weg zu einem europäischen Strafverfahrensrecht, S. 529.

15 Vgl. auch *Ambos,* NStZ 2002, 628, 633; *Gaede,* StV 2003, 260; *Schohe,* NJW 2002, 492, 493.

16 Vgl. *EGMR,* Slg. 22-A, S. 33 ff., Nr. 80 – 85 (Engel u. a.) = EuGRZ 1976, 221, 231 ff.; Urt. v. 3. 5. 2001, 31827 / 96, Nr. 44 (J.B. / Schweiz) m. w. N. = NJW 2002, 499, 500; vgl. hierzu ausführlich *Esser,* Auf dem Weg zu einem europäischen Strafverfahrensrecht, S. 51 ff.

17 *EGMR,* Slg. 73-A, S. 17 ff., Nr. 47 ff. (Öztürk) = NJW 1985, 1273 ff.

18 Eine Ausnahme bildet Art. 1 I 1 des 1. Zusatzprotokolls zur EMRK. Hiernach hat jede natürliche oder juristische Person das Recht auf Achtung ihres Eigentums.

EMRK begründen[19]. Dieser eröffnet nicht nur natürlichen Personen, sondern auch nichtstaatlichen Organisationen und Personengruppen die Möglichkeit der Beschwerde zum Gerichtshof im Hinblick auf die Verletzung eines Rechtes der Konvention oder eines Zusatzprotokolls.

Art. 6 EMRK verbürgt die rechtsstaatlichen Verfahrensgrundsätze. Diese finden grundsätzlich auf alle, die durch das Verfahren betroffen sind, Anwendung. Es ist kein Grund ersichtlich, diese prozessualen Garantien nicht auch juristischen Personen zukommen zu lassen, sofern und soweit sie Adressaten von strafrechtlichen Verfahren im Sinne des Art. 6 EMRK sind. Selbst der EuGH hat in seiner *Orkem*-Entscheidung das europäische Wettbewerbsverfahren betreffend die Geltung von Art. 6 I EMRK für Unternehmen anerkannt[20]. Aufgrund der Ableitung des nemo tenetur-Grundsatzes aus der Garantie des fair trial des Art. 6 I EMRK erfahren somit juristische Personen Schutz vor strafrechtlicher Selbstbelastung, wenn sie von strafrechtlichen Verfahren betroffen sind[21].

III. Konsequenzen für die nationale Rechtsordnung

Nach herrschender Auffassung nimmt die EMRK in unserer nationalen Rechtsordnung den Rang eines einfachen Bundesgesetzes ein[22]. Somit entfalten die in Art. 6 I EMRK verankerten Verfahrensgarantien und mithin ebenfalls der nemo tenetur-Grundsatz auch für juristische Personen einfachgesetzliche Geltung. Demzufolge unterliegen die aus der Konvention resultierenden Rechte grundsätzlich der lex posterior derogat legi priori-Regel, wonach ein gegenläufiges späteres Gesetz einem früherem vorgeht. Das bedeutet, dass der Gesetzgeber prinzipiell befugt ist, die Konventionsrechte durch ein der EMRK nachfolgendes Gesetz ab-

---

[19] *Bethge,* Grundrechtsberechtigung, S. 59; *Dreier,* in: Dreier, Grundgesetz, Art. 19 III Rn. 12; Löwe-Rosenberg-*Gollwitzer,* Art. 6 MRK / Art. 14 IPBPR Rn. 14; *Weiß,* JZ 1998, 289, 291; *ders.,* NJW 1999, 2236, 2237.

[20] *EuGH* Rs. 374/87, Slg. 1989, 3283, 3350, Rn. 30 (Orkem). Allerdings hat der *EuGH* ein Auskunftsverweigerungsrecht für selbstbelastende Angaben nicht zugebilligt, siehe unten 2. Teil, C. I.

[21] Siehe ausführlich *Weiß,* Verteidigungsrechte, S. 391; *ders.,* JZ 1998, 289, 291; *ders.,* NJW 1999, 2236, 2237 sowie *Alvarez Ligabue,* Nemo tenetur und Vertraulichkeit der Korrespondenz, S. 79; *Bertossa,* Unternehmensstrafrecht, S. 133 f.; *Böse,* in: Schwarze, EU-Kommentar, Art. 284 EGV Rn. 4; *Burrichter/Hauschild,* in: Immenga/Mestmäcker, EG-Wettbewerbsrecht II, Art. 11 VO 17 Rn. 25 f.; *Dannecker,* ZStW 111 (1999), 256, 284; *Hoffmeister,* Der Staat 40 (2001), 349, 376; *Minoggio,* Wirtschaftsunternehmen als Nebenbeteiligte, S. 76 f.; *ders.,* wistra 2003, 121, 127; *Weiß,* EWS 1997, 253, 256; zweifelnd *Haeusermann,* Verband als Straftäter und Strafprozeßsubjekt, S. 332.

[22] Vgl. z. B. *BVerfGE* 74, 258, 370; *BVerwG* NJW 1999, 1649, 1650; *Kempen,* in: v. Mangoldt/Klein/Starck, Grundgesetz, Art. 59 Rn. 92; *Limbach,* EuGRZ 2000, 417, 418; *Uerpmann,* Europäische Menschenrechtskonvention, S. 64 ff., 78 ff.; a.A. *Bleckmann,* EuGRZ 1994, 149, 152 ff.; *Kleeberger,* Stellung der Rechte der Europäischen Menschenrechtskonvention, passim; *Marxen,* GA 1980, 365, 372.

zuändern[23]. Nach der Rechtsprechung des Bundesverfassungsgerichts sind zwar die Gesetze „im Einklang mit den völkerrechtlichen Verpflichtungen auszulegen und anzuwenden, selbst wenn sie zeitlich später erlassen worden sind als ein geltender völkerrechtlicher Vertrag", da „nicht anzunehmen sei, dass der Gesetzgeber, sofern er dies nicht klar bekundet hat, von den völkerrechtlichen Verpflichtungen (...) abweichen" oder deren „Verletzung ermöglichen will"[24]. Dadurch wird letztlich eine objektiv-rechtliche Wirkung der Konventionsrechte für die Gesetzesauslegung begründet[25]. Ist eine bestimmte Regelung einer konventionskonformen Auslegung aber nicht zugänglich, bleibt es beim Vorrang des späteren, von der EMRK abweichenden Gesetzes. Entscheidend ist daher vor allem auch, inwieweit die Konvention die Interpretation des Grundgesetzes beeinflusst. Das Bundesverfassungsgericht hat sich für eine Auslegung der Grundrechte im Lichte der Europäischen Menschenrechtskonvention ausgesprochen. Es hat diesbezüglich explizit festgestellt, dass „Inhalt und Entwicklungsstand der EMRK in Betracht zu ziehen" sind. Auch diene die Rechtsprechung des EGMR als „Auslegungshilfe für die Bestimmung von Inhalt und Reichweite von Grundrechten und rechtsstaatlicher Grundsätze des Grundgesetzes"[26].

Leider bedeutet dies nicht, dass die EMRK bei der Auslegung unserer Verfassung stets entsprechend ausführliche Berücksichtigung findet[27], was durchaus zu gegenläufigen Ergebnissen führen kann. Gerade im Hinblick auf die Frage, ob auch Unternehmen in den Schutzbereich des nemo tenetur-Grundsatzes fallen, hat das Bundesverfassungsgericht trotz der aufgezeigten Geltung des Art. 6 I EMRK für juristische Personen deren Einbeziehung in den Schutzbereich der Freiheit vom

---

[23] *Ehlers,* Jura 2000, 372, 373; *Kempen,* in: v. Mangoldt/Klein/Starck, Grundgesetz, Art. 59 Rn. 93; *Uerpmann,* Europäische Menschenrechtskonvention, S. 72 ff., insb. S. 83. Die lex posterior-Regel kann selbstverständlich durch spezialgesetzliche Kollisionsnormen oder dadurch verdrängt werden, dass die EMRK als lex specialis der (späteren) allgemeineren Norm vorgeht, siehe ausführlich *Uerpmann,* a. a. O., S. 83 ff.

[24] *BVerfGE* 74, 258, 370.

[25] *Ehlers,* Jura 2000, 372, 373; a.A. *Bleckmann,* EuGRZ 1994, 149, 152, der hierin einen Ausschluss der lex posterior-Regel sieht.

[26] *BVerfGE* 74, 258, 370; ferner *BVerfGE* 82, 106, 115; 83, 119, 128; *BVerfG* NJW 2001, 2245, 2246; siehe auch *BGHSt* 45, 321, 329; *BGH* wistra 2000, 466, 469. Vgl. nunmehr § 359 Nr. 6 StPO, wonach ein Urteil des *EGMR,* das einen Konventionsverstoß feststellt, einen Wiederaufnahmegrund bildet, sofern das Urteil auf dem vom *EGMR* festgestellten Verstoß beruht; allerdings ist eine Wiederaufnahme nur zugunsten der Person, die das obsiegende Urteil in Straßburg erlangt hat, zulässig (vgl. BT-Drucks. 13/10333, S. 4 sowie z. B. KK-StPO-*Schmidt,* § 359 Rn. 40). Nach der Gesetzesbegründung sollte mit dieser Erweiterung der Wiederaufnahmegründe dem „Prinzip der konventionsfreundlichen Ausgestaltung des innerstaatlichen Rechts" Rechnung getragen werden, BT-Drucks. 13/10333, S. 4.

[27] *Frowein,* DÖV 1998, 806, 809; *ders.,* NVwZ 2002, 29; *Hoffmeister,* Der Staat 40 (2001), 349, 376. Siehe aber auch die Fälle, in denen sich das BVerfG mit der EMRK auseinander setzte: Überblick bei *Hoffmeister,* a. a. O., S. 375 f.; *Sternberg,* Rang von Menschenrechtsverträgen, S. 54 f. sowie bei *Degenhart,* in: Sachs, Grundgesetz, Art. 103 Rn. 3 b. Zur Berücksichtigung der EMRK durch die Strafsenate des BGH zsf. *Sommer,* StraFo 2002, 309 ff.

Selbstbelastungszwang verneint[28], ohne auf die Konvention auch mit nur einem Wort einzugehen[29].

Um einen umfassenden Selbstbelastungsschutz für Unternehmen sicherstellen zu können, kommt es daher entscheidend darauf an, ob die Anwendung des nemo tenetur-Grundsatzes auf juristische Personen durch das Grundgesetz gewährt wird und insoweit dem Gesetzgeber vorgegeben ist.

C. Schutz vor strafrechtlicher Selbstbelastung im europäischen Kartellordnungswidrigkeitenrecht

Zur Beantwortung der Frage nach der Geltung des nemo tenetur-Grundsatzes zugunsten von Unternehmen könnte sich ein Vergleich mit dem Verfahren im europäischen Kartellordnungswidrigkeitenrecht als sinnvoll erweisen. Schließlich handelt es sich dabei um ein sanktionsbewehrtes Verfahren, dem ausschließlich Unternehmen und Unternehmensvereinigungen unterworfen sind[30] und bei dem, angesichts der umfassenden Mitwirkungspflichten, die den beteiligten Unternehmen auferlegt sind[31], das Problem des Selbstbelastungsschutzes bereits mehrfach thematisiert worden ist. Zwar unterfällt das europäische Kartellverfahren nicht der nationalen Rechtsordnung, jedoch könnten die hier getroffenen Kriterien, Begründungswege und Wertungen zur Bewältigung der Selbstbezichtigungsproblematik möglicherweise Rückschlüsse und Argumentationshilfen bieten, um die Geltung des nemo tenetur-Satzes zugunsten von Unternehmen aus dem Grundgesetz abzuleiten.

I. Die Bewältigung der Selbstbelastungsproblematik durch den Europäischen Gerichtshof beziehungsweise durch das Gericht erster Instanz

Ein Auskunftsverweigerungsrecht wegen der Gefahr der Selbstbelastung ist in der dem Kartellverfahren zugrunde liegenden Durchführungsverordnung (VO 17 / 62)[32] nicht enthalten. Obwohl das Europäische Parlament eine entsprechende Empfehlung ausgesprochen hatte, ist eine ausdrückliche Normierung eines Aus-

---

28 *BVerfGE* 95, 220, 241 f.

29 Vgl. die Kritik von *Hoffmeister,* Der Staat 40 (2001), 349, 376; *Minoggio,* Wirtschaftsunternehmen als Nebenbeteiligte, S. 77; *ders.,* wistra 2003, 121, 127 und von *Weiß,* JZ 1998, 289, 296; *ders.,* NJW 1999, 2236, 2237.

30 Vgl. oben 1. Teil, D. I. 1.

31 Vgl. oben 1. Teil, D. II.

32 ABl. 1962 Nr. 13 S. 204, siehe oben 1. Teil, Fn. 185.

kunftsverweigerungsrechtes nicht vorgenommen worden[33]. Auch das Primärrecht beinhaltet keine entsprechende explizite Regelung[34]. Der Gerichtshof musste also anhand allgemeiner Grundsätze des Gemeinschaftsrechts zur Selbstbelastungs-problematik Stellung beziehen[35].

1. Keine Anerkennung des nemo tenetur-Prinzips zugunsten von Unternehmen als allgemeinen Grundsatz des Gemeinschaftsrechts

Erstmals hat sich der EuGH grundlegend zum Selbstbelastungsschutz von Unternehmen 1989 in der „Orkem"-Entscheidung[36] geäußert. Dabei hat er einen all-gemeinen Grundsatz des Gemeinschaftsrechts, dass Unternehmen bei Gefahr von Selbstbelastung ein Recht zur Auskunftsverweigerung zustünde, welches auch im kartellrechtlichen Bußgeldverfahren zu beachten wäre, abgelehnt. Dies ergebe sich aus der vergleichenden Untersuchung der Rechtsordnungen der Mitgliedstaaten, wonach ein Recht auf Verweigerung selbstbelastender Auskünfte nur natürlichen Personen, nicht aber juristischen Personen in Bezug auf Zuwiderhandlungen auf dem Gebiet des Wettbewerbsrechts zustehe[37]. Ferner verwies das Gericht auf Art. 6 EMRK, auf den sich zwar Unternehmen, die einem Wettbewerbsverfahren unter-liegen, berufen könnten, aus dem sich jedoch kein Recht ergebe, nicht gegen sich selbst als Zeuge aussagen zu müssen[38].

2. Lösung über den Grundsatz der „Wahrung der Rechte der Verteidigung"

Stattdessen hat der EuGH eine Begrenzung der Aussageverpflichtung des Unter-nehmens anhand des Grundsatzes der „Wahrung der Rechte der Verteidigung" vor-

---

[33] Vgl. *Dannecker / Fischer-Fritsch*, EG-Kartellrecht in der Bußgeldpraxis, S. 48; *Kreis,* RIW / AWD 1981, 281, 285; *Schwarze,* in: ders. (Hrsg.), Der Gemeinsame Markt, S. 159, 164; *Sedemund,* EuR 1973, 306, 320; *Weiß,* Verteidigungsrechte, S. 361 f.

[34] Das Auskunftsverweigerungsrecht der Mitgliedstaaten nach Art. 296 Abs. 1 a EGV (vormals Art. 223 Abs. 1 EGV) kann für die vorliegende Selbstbelastungsproblematik nicht herangezogen werden, da es sich hierbei um ein Verweigerungsrecht aufgrund wesentlicher Sicherheitsinteressen der Staaten handelt, vgl. *Weiß,* Verteidigungsrechte, S. 361.

[35] Vgl. *EuGH* Rs. 374 / 87 (Orkem), Slg. 1989, 3283 Rn. 28.

[36] *EuGH* Rs. 374 / 87 (Orkem), Slg. 1989, 3283 ff.; auch *EuGH* Rs. 27 / 88 (Solvay), Slg. 1989, 3355 ff. (abgekürzte Veröffentlichung).

[37] *EuGH* Rs. 374 / 87 (Orkem), a. a. O., Rn. 29.

[38] *EuGH* Rs. 374 / 87 (Orkem), a. a. O., Rn. 30. – Damit ist freilich nicht gemeint, dass sich Unternehmen vor den Gemeinschaftsgerichten auf die EMRK berufen könnten; vielmehr geht es um die Anwendbarkeit des Art. 6 EMRK zugunsten von Unternehmen, vgl. bereits oben 2. Teil, B. II. Zur mangelnden Berücksichtigung der Entwicklung der EGMR-Recht-sprechung durch EuGH und EuG siehe die Kritik der Literatur unten 2. Teil, C. II.

genommen, den er als „fundamentalen Grundsatz der Gemeinschaftsordnung" angesehen hat[39]. In einer neueren Entscheidung hat das EuG zudem auf den Grundsatz des Anspruchs auf einen fairen Prozess verwiesen[40]. Danach dürfe die Kommission das Unternehmen verpflichten, „ihr alle erforderlichen Auskünfte über ihm eventuell bekannte Tatsachen zu erteilen und ihr erforderlichenfalls die in seinem Besitz befindlichen Schriftstücke, die sich hierauf beziehen, zu übermitteln, selbst wenn sie dazu verwendet werden können, den Beweis für ein wettbewerbswidriges Verhalten (...) zu erbringen"[41]. Jedoch sei das Unternehmen nicht verpflichtet, „Antworten zu erteilen, durch die es das Vorliegen einer Zuwiderhandlung eingestehen müsste, für die die Kommission den Beweis zu erbringen hat"[42].

Der Gerichtshof hat somit ein allgemeines Auskunftsverweigerungsrecht wegen der Gefahr von Selbstbelastung abgelehnt und der Kommission lediglich untersagt, Auskünfte, die ein komplettes Eingeständnis einer Zuwiderhandlung beinhalten, vom Unternehmen zu erzwingen. Diese Grundsätze wurden durch die Gemeinschaftsrechtsprechung mehrfach bestätigt[43]. Sofern der Gerichtshof in einer jüngeren Entscheidung auf die Rechtsprechung des EGMR im Zusammenhang mit dem nemo tenetur-Grundsatz[44] einging[45], bewertete er die Handhabung des Selbstbelastungsschutzes in dem in Rede stehenden Fall im Einklang mit den Vorgaben aus Art. 6 I EMRK[46] und sah daher keine Veranlassung, ein generelles Auskunftsverweigerungsrecht anzuerkennen[47].

II. Kritik der Literatur

Die Kritik der Literatur an den Entscheidungen der Gemeinschaftsgerichte zum Schutz vor strafrechtlicher Selbstbelastung bezieht sich zum einen auf die unzu-

---

[39] *EuGH* Rs. 322/82 (Michelin), Slg. 1983, 3461 Rn. 7; *EuGH* Rs. 374/87 (Orkem), a. a. O., Rn. 32.

[40] *EuG* Rs. T-112/98 (Mannesmannröhren-Werke), Slg. 2001-II, 732 Rn. 77.

[41] *EuGH* Rs. 374/87 (Orkem), a. a. O., Rn. 34.

[42] *EuGH* Rs. 374/87 (Orkem), a. a. O., Rn. 35.

[43] *EuGH* Rs. 27/88 (Solvay), Slg. 1989, 3355 ff. (abgekürzte Veröffentlichung); *EuGH* Rs. C-60/92 (Otto BV), Slg. 1993-I, 5683 Rn. 11 f.; *EuG* Rs. T-34/93 (Société Générale), Slg. 1995-II, 545 Rn. 72 f.; *EuG* verb. Rs. T-305/94 bis T-307/94, T-313/94 bis T-316/94, T-325/94, T-328/94, T-329/94, T-335/94 (LVM u. a.), Slg. 1999-II, 945 Rn. 447 ff.; *EuG* verb. Rs. T-25/95, T-26/95, T-30/95 bis T-32/95, T-34/95 bis T-39/95, T-42/95 bis T-46/95, T-48/95, T-50/95 bis T-65/95, T-68/95 bis T-71/95, T-87/95, T-88/95, T-103/95 und T-104/95 (Cimenteries CBR SA u. a.), Slg. 2000-II, 491 Rn. 732; *EuG* Rs. T-112/98 (Mannesmannröhren-Werke), Slg. 2001-II, 732 Rn. 65 ff.

[44] Vgl. oben 2. Teil, B. I.

[45] Ausdrücklich *EuGH* verb. Rs. C-238/99 P, C-244/99 P, C-245/99 P, C-247/99 P, C-250/99 P bis C-252/99 P und C-254/99 P, Urt. v. 25. 10. 2002 (LVM u. a.) Rn. 274.

[46] Vgl. auch die Bewertung von *Rodríguez Iglesias,* NJW 1999, 1, 7.

[47] *EuGH* verb. Rs. C-238/99 P u. a. (LVM u. a.) Rn. 275 f., insb. Rn. 292.

reichende Berücksichtigung der Rechtsprechung des EGMR, welcher im Jahre 1993 das Recht, sich nicht selbst belasten zu müssen, aus Art. 6 I EMRK abgeleitet[48] und seither mehrfach bestätigt und konkretisiert hat[49]. Zwar sind die Gemeinschaftsorgane nicht direkt an die EMRK gebunden[50], und somit ist es ausgeschlossen, sich vor den Gemeinschaftsgerichten direkt auf die EMRK zu berufen[51]. Für die Bestimmung der allgemeinen Grundsätze des Gemeinschaftsrechts, insbesondere der Gemeinschaftsgrundrechte, entnehmen EuGH und das Gericht erster Instanz jedoch Leitlinien aus der gemeinsamen Verfassungstradition der Mitgliedstaaten und den völkerrechtlichen Verträgen über den Schutz der Menschenrechte, denen die Mitgliedstaaten beigetreten sind[52]. In diesem Zusammenhang haben die Gemeinschaftsgerichte selbst festgestellt, dass insoweit der EMRK eine besondere Bedeutung zukommt[53]. Zudem achtet nach Art. 6 II EUV die Union „die Grundrechte, wie sie in der (...) Europäischen Konvention zum Schutze der Menschenrechte und Grundfreiheiten gewährleistet sind". Angesichts jener anerkannten Funktion der EMRK als Auslegungshilfe zur Konkretisierung der Gemeinschaftsgrundrechte sind die Entscheidungen, welche jegliche inhaltliche Auseinandersetzung mit der EGMR-Rechtsprechung vermissen lassen[54], schwerwiegenden Bedenken ausgesetzt[55].

---

48 *EGMR*, Slg. 256-A, S. 22, Nr. 44 (Funke / Frankreich).

49 Vgl. oben 2. Teil, B. I.

50 Die Europäischen Gemeinschaften sind der EMRK nicht beigetreten, zur Diskussion über einen Beitritt zur EMRK siehe *Böse*, ZRP 2001, 402 ff. m. w. N.

51 Vgl. z. B. *EuG* Rs. T-112/98 (Mannesmannröhren-Werke), Slg. 2001-II, 732 Rn. 59.

52 *EuGH* Rs. 4/73 (Nold), Slg. 1974, 491 Rn. 13; *EuGH* Rs. 222/84 (Johnston), Slg. 1986-I, 1651 Rn. 18; *EuGH* Rs. C-299/95 (Kremzow), Slg. 1997-I, 2629 Rn. 14; *EuG* Rs. T-347/94 (Mayr-Melnhof), Slg. 1998-II, 1751 Rn. 312; *EuG* Rs. T-112/98 (Mannesmannröhren-Werke), Slg. 2001-II, 732 Rn. 60; *EuGH* verb. Rs. C-238/99 P u. a., Urt. v. 25. 10. 2002 (LVM u. a.) Rn. 274.

53 *EuGH* Rs. 222/84 (Johnston), Slg. 1986, 1651 Rn. 18; *EuGH* Rs. C-299/95 (Kremzow), Slg. 1997-I, 2629 Rn. 14; *EuG* Rs. T-347/94 (Mayr-Melnhof), Slg. 1998-II, 1751 Rn. 312; *EuG* Rs. T-112/98 (Mannesmannröhren-Werke), Slg. 2001-II, 732 Rn. 60.

54 *EuG* Rs. T-34/93 (Société Générale), Slg. 1995-II, 545 Rn. 71 ff.; *EuG* verb. Rs. T-305/94 bis T-307/94, T-313/94 bis T-316/94, T-325/94, T-328/94, T-329/94, T-335/94 (LVM u. a.), Slg. 1999-II, 945 Rn. 445 ff.

55 Kritisch *Böse*, in: Schwarze, EU-Kommentar, Art. 284 EGV Rn. 4; *Burrichter / Hauschild*, in: Immenga / Mestmäcker, EG-Wettbewerbsrecht II, Art. 11 VO 17 Rn. 26; *Dannecker*, ZStW 111 (1999), 256, 284; *Gumbel*, Grundrechte im EG-Kartellverfahren, S. 134 ff.; *Jones / Sufrin*, EC Competition Law, S. 859; *Roß*, Auskunftsverweigerungsrechte, S. 131; *Schohe*, NJW 2002, 492, 493; *Weiß*, EWS 1997, 253, 256. Diese Kritik trifft auch die „Mannesmannröhren-Werke"-Entscheidung *EuG* Rs. T-112/98, Slg. 2001-II, 732 ff.: Obwohl das Gericht der EMRK eine „besondere Bedeutung" für die Auslegung der allgemeinen Rechtsgrundsätze des Gemeinschaftsrechts zuerkannt hat (Rn. 60), geht es inhaltlich auf die Rechtsprechung des EGMR speziell zum Problem des Selbstbelastungsschutzes nicht ein, sondern verweist stattdessen pauschal auf die gemeinschaftsrechtlichen Grundsätze der Wahrung der Verteidigungsrechte und des Anspruchs auf ein faires Verfahren, welche „einen Schutz bieten, der dem durch Art. 6 EMRK gewährten gleichwertig" sei (Rn. 77). Das klägerische Vorbringen, wonach Art. 6 EMRK ein umfassendes Auskunftsverweigerungsrecht gewährleiste,

Weiterhin trägt die Kritik vor, dass anhand des vom EuGH entwickelten Maßstabes eine saubere Abgrenzung zwischen unzulässiger Ausforschung und erlaubter Befragung kaum möglich ist. Zwar haben sich die Gemeinschaftsgerichte bemüht, die Kriterien für jene Differenzierung zu präzisieren. So soll eine Verletzung des Grundsatzes der Wahrung der Verteidigungsrechte nicht vorliegen, wenn das Unternehmen zur Beantwortung von Fragen nach rein tatsächlichen Gegebenheiten und nur zur Übermittlung der vorhandenen angeforderten Unterlagen verpflichtet wird[56]. Dagegen dürfe die Kommission nicht nach Ziel und Zwecken von Zusammenkünften fragen[57]. Doch auch jener Konkretisierungsversuch vermag eine eindeutige Grenzziehung nicht zu leisten, so dass die Einordnung in den zulässigen beziehungsweise unzulässigen Fragenbereich letztlich von der Geschicklichkeit der Kommission bei der Fragestellung abhänge[58]. Die Kommission kann die Unternehmen also verpflichten, Auskünfte auf eine Vielzahl raffiniert formulierter Fragen zu erteilen, die zwar isoliert betrachtet nicht mit einem wörtlichen Geständnis zu beantworten sind, jedoch im Zusammenhang den Nachweis der Zuwiderhandlung erbringen. Auch der Hinweis auf die Beweislast der Kommission erweist sich in diesem Zusammenhang als nicht hilfreich. Schließlich ist die Kommission aufgrund der Geltung des Untersuchungsgrundsatzes[59] für alle bußgeldrelevanten Umstände beweispflichtig, also auch für solche tatsächlicher Natur[60].

Angesichts dieser Festlegung des Bereichs zulässiger Ausforschung erweist sich der gewährleistete Schutz als unzureichend, um die Verteidigungsrechte des Unternehmens effektiv zu wahren[61]. Die Literatur fordert daher zunehmend die Einführung eines generellen Auskunftsverweigerungsrechts bei Gefahr der Selbstbelastung für die durch das Kartellverfahren betroffenen Unternehmen[62]. Ob diese For-

---

wird mit den Hinweis zurückgewiesen, dass eine unmittelbare Berufung auf die EMRK vor dem Gemeinschaftsrichter nicht möglich ist (Rn. 75) – eine diesbezügliche Berücksichtigung bei der Auslegung der Grundsätze des Gemeinschaftsrechts hat das Gericht jedoch nicht vorgenommen.

[56] Vgl. *EuG* Rs. T-34/93 (Société Générale), Slg. 1995-II, 545 Rn. 75; *EuG* Rs. T-112/98 (Mannesmannröhren-Werke), Slg. 2001-II, 732 Rn. 77 f.

[57] In der „Mannesmannröhren-Werke"-Entscheidung hat das Gericht festgestellt, dass es sich auch bei Fragen nach den besprochenen „Themen" bei in Rede stehenden Zusammenkünften nicht um Fragen nach tatsächlichen Angaben handelt und diese somit unzulässig sind (*EuG*, a. a. O., Rn. 71).

[58] *Dannecker,* ZStW 111 (1999), 256, 283; *Grützner/Reimann/Wissel,* Richtiges Verhalten bei Kartellamtsermittlungen, Rn. 275; *Roß,* Auskunftsverweigerungsrechte, S. 116 f.; *Scholz,* WuW 1990, 99, 104; *Schuler,* JR 2003, 265, 269; *Weiß,* Verteidigungsrechte, S. 359 f.; *ders.,* JZ 1998, 289, 292.

[59] *Dannecker,* ZStW 111 (1999), 256, 259; *Ritter,* in: Immenga/Mestmäcker, EG-Wettbewerbsrecht II, Vor VO 17 Rn. 35.

[60] *Weiß,* Verteidigungsrechte, S. 360.

[61] Anders ausdrücklich *EuG* Rs. T-112/98 (Mannesmannröhren-Werke), Slg. 2001-II, 732 Rn. 78; vgl. dazu ausführlich unten 2. Teil, D. IV. 2. und 7. d).

[62] *Böse,* in: Schwarze, EU-Kommentar, Art. 284 EGV Rn. 4 (anders noch in: Strafen und Sanktionen, S. 237); *Burrichter/Hauschild,* in: Immenga/Mestmäcker, EG-Wettbewerbs-

derung in naher Zukunft Aussicht auf Umsetzung hat, darf in Anbetracht der Rechtsprechung der Gemeinschaftsgerichte und der Kommissionspraxis[63] bezweifelt werden.

D. Gewährleistung von Selbstbelastungsschutz für Unternehmen durch das Grundgesetz

In Rechtsprechung und Literatur besteht jedenfalls dahingehend Einigkeit, *dass* der Grundsatz nemo tenetur se ipsum accusare durch unser Grundgesetz garantiert wird[64]. Umstritten ist dagegen dessen konkrete verfassungsrechtliche Verortung. Im Mittelpunkt stehen dabei die Menschenwürdegarantie (Art. 1 I GG) und das allgemeine Persönlichkeitsrecht (Art. 2 I, 1 I GG), also Grundrechte. Aber auch das Rechtsstaatsprinzip oder der Grundsatz des rechtlichen Gehörs (Art. 103 I GG) werden stattdessen oder daneben als verfassungsrechtlicher Standort des nemo tenetur-Prinzips benannt.

I. Die Anwendung von Grundrechten auf juristische Personen nach Art. 19 III GG

Aufgrund der überwiegend grundrechtlichen Verankerung des nemo tenetur-Grundsatzes beurteilt sich insoweit dessen Anwendung auf juristische Personen gemäß Art. 19 III GG. Hiernach gelten die Grundrechte auch für inländische juris-

---

recht II, Art. 11 VO 17 Rn. 26; *Dannecker,* ZStW 111 (1999), 256, 286 f. (anders noch *Dannecker / Fischer-Fritsch,* EG-Kartellrecht in der Bußgeldpraxis, S. 48); *Gillmeister,* Ermittlungsrechte, S. 158 ff.; *Grützner / Reimann / Wissel,* Richtiges Verhalten bei Kartellamtsermittlungen, Rn. 276; *Gumbel,* Grundrechte im EG-Kartellverfahren, S. 141; *Hermanns,* Ermittlungsbefugnisse, S. 138 f.; *Kühlhorn,* WuW 1986, 7, 13 ff.; *Schohe,* NJW 2002, 492, 493; *Scholz,* WuW 1990, 99, 103 f.; *Schuler,* JR 2003, 265, 269; *Sedemund,* EuR 1973, 306, 321; *Streinz,* Bundesverfassungsgerichtlicher Grundrechtsschutz, S. 453 ff.; *Weiß,* Verteidigungsrechte, S. 360 ff., insb. 372 ff. und 392 ff.; *ders.,* EWS 1997, 253, 256; *v. Winterfeld,* RIW 1992, 524, 528; zweifelnd bzgl. der Ablehnung eines Auskunftsverweigerungsrechts *Schriefers,* WuW 1993, 98, 101. Gegen die Anerkennung eines Auskunftsverweigerungsrechtes jedoch *Schwarze,* in: ders. (Hrsg.), Der Gemeinsame Markt, S. 159, 164 ff.; wohl auch *Kreis,* RIW / AWD 1981, 281, 285.

63 Siehe auch das „Weißbuch der Kommission über die Modernisierung der Vorschriften zur Anwendung der Artikel 85 und 86 EG-Vertrag" (jetzt Art. 81 und 82 EGV), ABl. 1999 C 132 / 1, 28 Rn. 116: „Auskunftsverlangen, die die Kommission gemäß Artikel 11 der Verordnung Nr. 17 an die Unternehmen richtet, verursachen nach bisherigen Erfahrungen keine größeren Schwierigkeiten. Der Gerichtshof hat nur die Beantwortung derjenigen Fragen, welche direkt auf ein Geständnis abzielen, von dem wiederholt bestätigten Grundsatz ausgenommen, da die Unternehmen zur Erteilung der erbetenen Auskünfte verpflichtet sind.".

64 Zu vereinzelten Stimmen, die eine verfassungsrechtliche Verortung ablehnen, siehe Einführung, A., Fn. 8.

tische Personen, soweit sie ihrem Wesen nach auf diese anwendbar sind. Bevor konkret auf die Anwendung des nemo tenetur-Satzes auf Unternehmen eingegangen wird, sollen vorab einige allgemeine Fragen zur Auslegung von Art. 19 III GG geklärt und damit der Maßstab zur Überprüfung der Geltung des nemo tenetur-Prinzips zugunsten von Unternehmen festgelegt werden.

1. Juristische Person im Sinne des Art. 19 III GG

a) Inländische juristische Personen des Privatrechts

Unter die Bezeichnung der juristischen Person im Sinne des Art. 19 III GG fallen zunächst die vollrechtsfähigen Personengesellschaften des Privatrechts, beispielsweise die Gesellschaft mit beschränkter Haftung (GmbH), die Aktiengesellschaft (AG) und die Kommanditgesellschaft auf Aktien (KGaA)[65]. Der Begriff wird im Rahmen des Art. 19 III GG jedoch nicht im technisch zivilrechtlichen Sinne verstanden. Erfasst werden vielmehr auch nur teilrechtsfähige Personenvereinigungen, das heißt Organisationseinheiten, denen die Rechtsordnung nur in bestimmter Hinsicht und auf bestimmten Gebieten die Rechtsfähigkeit zuerkannt hat[66]. Somit können sich zum Beispiel auch offene Handelsgesellschaften (OHG) und Kommanditgesellschaften (KG) sowie die Gesellschaft bürgerlichen Rechts (GbR) auf Art. 19 III GG berufen. Damit erstreckt sich der Anwendungsbereich von Art. 19 III GG auf die für kollektive Unternehmensträger typischen Rechtsformen[67].

Die Grundrechtsfähigkeit nach Art. 19 III GG kommt allerdings nur inländischen juristischen Personen zu. Inländisch sind dabei solche juristischen Personen, die ihren Sitz im Geltungsbereich des Grundgesetzes haben[68]. Umgekehrt können sich ausländische juristische Personen nicht auf Art. 19 III GG berufen[69]. Dies gilt jedoch nicht für die Justizgrundrechte der Art. 19 IV GG, Art. 101 I GG und Art. 103 I GG; diese werden auch ausländischen juristischen Personen zuerkannt[70].

---

[65] Vgl. nur *Dreier,* in: Dreier, Grundgesetz, Art. 19 III Rn. 26; *Krüger/Sachs,* in: Sachs, Grundgesetz, Art. 19 Rn. 59.

[66] Vgl. nur *Dreier,* in: Dreier, Grundgesetz, Art. 19 III Rn. 26; *Krüger/Sachs,* in: Sachs, Grundgesetz, Art. 19 Rn. 62.

[67] Unternehmensträger kann selbstverständlich auch eine natürliche Person sein, siehe oben Einführung, D. II.

[68] *Isensee,* in: Isensee/Kirchhof, HStR V, § 118 Rn. 44; *Rüfner,* in: Isensee/Kirchhof, HStR V, § 116 Rn. 60.

[69] *BVerfGE* 21, 207, 208 f. Ob sich juristische Personen mit Sitz im EG-Gebiet aufgrund des Anwendungsvorrangs des Gemeinschaftsrechts bzw. des Diskriminierungsverbotes von Art. 12 EGV entgegen dem Wortlaut auf Art. 19 III GG berufen dürfen, ist umstritten, vgl. zsf. *Dreier,* in: Dreier, Grundgesetz, Art. 19 III Rn. 14; *Jarass,* in: Jarass/Pieroth, Grundgesetz, Art. 19 Rn. 10, 17; *Quaritsch,* in: Isensee/Kirchhof, HStR V, § 120 Rn. 40; *Rüfner,* 50 Jahre Bundesverfassungsgericht, Bd. 2, S. 55, 71 f.

[70] *BVerfGE* 21, 362, 373; 64, 1, 11; *Dreier,* in: Dreier, Grundgesetz, Art. 19 III Rn. 25; *Dürig,* in: Maunz/Dürig, Grundgesetz, Art. 19 III Rn. 30 m. w. N.

b) Juristische Personen des öffentlichen Rechts

Sofern öffentlich-rechtliche Unternehmen als Adressaten strafrechtlicher Sanktionen anerkannt werden[71], stellt sich auch für diese das Problem der Geltung des nemo tenetur-Privilegs. Die Grundrechtsträgerschaft von juristischen Personen des öffentlichen Rechts wird jedoch vom Grundsatz her überwiegend abgelehnt, jedenfalls sofern sie öffentliche Aufgaben erfüllen[72]. Ausnahmen werden nur für die Prozessgrundrechte der Art. 101 I und 103 I GG[73] sowie für solche Bereiche, in denen die juristische Person einem Lebensbereich unmittelbar zugeordnet ist, der durch die betreffenden Grundrechte geschützt wird, und so dem Staat als unabhängige Einrichtung gegenüber steht[74], zugelassen. Bei grundrechtlicher Herleitung des nemo tenetur-Grundsatzes ergeben sich folglich für Unternehmen öffentlicher Rechtsträger besondere Schwierigkeiten im Hinblick auf die Gewährleistung von Selbstbelastungsschutz.

Die folgenden Ausführungen beziehen sich daher zunächst nur auf ausschließlich privatrechtliche Unternehmen. Auf die Frage der Anwendbarkeit des nemo tenetur-Grundsatzes auf rein öffentlich-rechtliche, aber auch auf gemischt-wirtschaftliche Unternehmen, also privatrechtsförmig organisierte Gesellschaften, an denen neben öffentlich-rechtlichen Trägern auch natürliche oder juristische Personen des Privatrechts beteiligt sind[75], wird daher gesondert einzugehen sein[76].

2. Anwendung der Grundrechte „dem Wesen nach"

Hauptproblem im Rahmen von Art. 19 III GG ist die Frage, wann ein Grundrecht „dem Wesen nach" anwendbar ist. Das Bundesverfassungsgericht und weite Teile der Literatur legen im Hinblick auf den Wesensvorbehalt von Art. 19 III GG

---

[71] Bereits nach geltender Rechtslage bezieht die überwiegende Ansicht öffentlich-rechtliche Unternehmen in den Kreis tauglicher Adressaten für eine Verbandsgeldbuße gemäß § 30 OWiG ein, siehe oben 1. Teil, A. II. 2.

[72] Vgl. z. B. *Bethge,* Grundrechtsberechtigung, S. 130; *Rüfner,* in: Isensee / Kirchhof, HStR V, § 116 Rn. 64 f. m. w. N.

[73] *BVerfG*E 6, 45, 49 f.; 13, 132, 139 f.; 21, 362, 373; 39, 302, 312; 45, 63, 79; 61, 82, 104; 62, 354, 369; 75, 192, 200; *Dreier,* in: Dreier, Grundgesetz, Art. 19 III Rn. 25 m. w. N.

[74] So können sich Universitäten und Fakultäten auf die Wissenschaftsfreiheit, öffentlich-rechtliche Rundfunkanstalten auf die Rundfunkfreiheit berufen, vgl. z. B. *Dreier,* in: Dreier, Grundgesetz, Art. 19 III Rn. 42; *Krüger/Sachs,* in: Sachs, Grundgesetz, Art. 19 Rn. 96 f. m. w. N. Zur Grundrechtsfähigkeit von Kirchen und anderen Religionsgemeinschaften als Körperschaften des öffentlichen Rechts siehe nur *Bethge,* Grundrechtsberechtigung, S. 78 ff.; *Rüfner,* in: Isensee / Kirchhof, HStR V, § 116 Rn. 73. Diese Ausnahmen spielen im vorliegenden Zusammenhang jedoch keine Rolle.

[75] *Dreier,* in: Dreier, Grundgesetz, Art. 19 III Rn. 49; *Huber,* in: v. Mangoldt / Klein / Starck, Grundgesetz, Art. 19 Rn. 296; *Poschmann,* Grundrechtsschutz gemischt-wirtschaftlicher Unternehmen, S. 1.

[76] Siehe unten 2. Teil, D. IV. 7. g).

ein individualistisch geprägtes Grundrechtsverständnis zugrunde und stellen auf das personale Substrat des jeweiligen Grundrechts ab. Die Einbeziehung juristischer Personen in den Schutzbereich eines Grundrechts sei gerechtfertigt, „wenn ihre Bildung und Betätigung Ausdruck der freien Entfaltung der natürlichen Personen sind, besonders wenn der ‚Durchgriff' auf die hinter den juristischen Personen stehenden Menschen dies als sinnvoll und erforderlich erscheinen lässt"[77].

Allerdings bedarf es für die Begründung der Grundrechtsgeltung für juristische Personen des „Durchgriffs" auf die sich „hinter" der Gesellschaft verbergenden natürlichen Personen nicht. Art. 19 III GG stellt vielmehr eine eigenständige Legitimationsgrundlage für die Grundrechtsgeltung juristischer Personen dar[78]. Hierdurch erfährt die juristische Person um ihrer selbst willen grundrechtlichen Schutz, nicht lediglich als Treuhänderin oder Sachwalterin für die an ihr beteiligten natürlichen Personen[79]. So ist auch die prinzipielle Grundrechtsträgerschaft privater Stiftungen oder von Aktiengesellschaften, deren Mitglieder ausschließlich aus Kapitalgesellschaften bestehen, anerkannt, obwohl es diesen Organisationen gerade am personalen Substrat mangelt[80]. Überzeugender ist es daher, die Anwendbarkeit eines Grundrechts auf juristische Personen danach zu beurteilen, ob sich diese in einer „grundrechtstypischen Gefährdungslage" gegenüber dem Hoheitsträger befinden[81].

Allerdings ist auch damit noch kein ausreichend bestimmtes Kriterium zur Beurteilung, welche Grundrechte einer wesensgemäßen Anwendung auf juristische Personen offen stehen, gefunden[82]. Solch ein allgemeines Differenzierungskriterium hat *Kau* entwickelt: Hiernach sind solche Grundrechte auf juristische Per-

---

77 *BVerfGE* 21, 362, 369; 61, 82, 101 (Das *BVerfG* spricht jedoch hier nicht von „Durchgriff", sondern von „Durchblick", ohne dass damit eine inhaltliche Änderung verbunden zu sein scheint.); 68, 193, 205 f.; 75, 192, 195 f. – st. Rspr. Aus der Literatur siehe z. B. *Badura*, BayVBl. 1989, 1, 2; *Bethge*, Grundrechtsberechtigung, S. 27, 65; *Dürig*, in: Maunz / Dürig, Grundgesetz, Art. 19 III Rn. 1; *Storr*, Der Staat als Unternehmer, S. 205 f.

78 *Kau*, Vom Persönlichkeitsschutz, S. 54; *v. Mutius*, in: Bonner Kommentar, Art. 19 Rn. 33.

79 *Achterberg*, Klein-GedS, S. 1, 6; *Dreier*, in: Dreier, Grundgesetz, Art. 19 III Rn. 21; *v. Mutius*, in: Bonner Kommentar, Art. 19 Rn. 32; *Poschmann*, Grundrechtsschutz gemischtwirtschaftlicher Unternehmen, S. 224; *Rüfner*, in: Isensee / Kirchhof, HStR V, § 116 Rn. 31; *ders.*, 50 Jahre Bundesverfassungsgericht, Bd. 2, S. 55, 59; *Stern*, Staatsrecht III / 1, S. 1088.

80 *Krebs*, in: v. Münch / Kunig, Grundgesetz, Art. 19 Rn. 38; *Rüfner*, in: Isensee / Kirchhof, HStR V, § 116 Rn. 31; *ders.*, 50 Jahre Bundesverfassungsgericht, Bd. 2, S. 55, 59; *Stern*, Staatsrecht III / 1, S. 1119.

81 *Dreier*, in: Dreier, Grundgesetz, Art. 19 III Rn. 21; *Erichsen / Scherzberg*, NVwZ 1990, 8, 11; *v. Mutius*, in: Bonner Kommentar, Art. 19 Rn. 37 und 114; *ders.*, Jura 1983, 30, 35.

82 Überblick über verschiedene Differenzierungskriterien bei *v. Mutius*, in: Bonner Kommentar, Art. 19 Rn. 150 ff., insb. auch zu *Dürigs* (in: Maunz / Dürig, Grundgesetz, Art. 19 III Rn. 32) „Testfrage", ob das betreffende Grundrecht nur individuell („innermenschlich", „einzelmenschlich") oder auch korporativ betätigt werden kann. Kritisch hierzu, *Kau*, Vom Persönlichkeitsschutz, S. 58 f.

sonen wesensmäßig anwendbar, „deren finale Gewährleistungsfunktion sich auch
bei einer Trägerschaft durch juristische Personen erfüllt". Dies sei „anhand des das
Grundrecht prägenden funktionalen Wirkungszusammenhangs zwischen finaler
Gewährleistung, das heißt dem telos der Norm, und der tatsächlichen Grundrechtswirkung" zu ermitteln. „Nur wenn die bestimmungsgemäße Funktion eines Grundrechts sich bei der Anwendung auf juristische Personen derart realisiert, dass auch
in diesem Fall tatsächliche Grundrechtswirkung und finale Gewährleistungsfunktion im Einklang stehen, komme eine Anwendung auf juristische Personen in
Betracht"[83].

3. Zwischenergebnis

Ausgangspunkt für die Feststellung der wesensgemäßen Anwendbarkeit sind
damit Sinn und Zweck der konkreten Grundrechtsverbürgung, also deren jeweilige
Gewährleistungsfunktion. Bei grundrechtlicher Verankerung des nemo tenetur-Satzes muss somit dessen spezifische Freiheitsidee ermittelt werden, um überprüfen
zu können, ob sich diese Schutzfunktion gegenüber juristischen Personen in gleicher Weise verwirklicht wie gegenüber natürlichen Personen.

Kommt es somit für die Beurteilung der grundrechtlichen Anwendbarkeit der
Selbstbelastungsfreiheit für Unternehmen auf die finale Gewährleistungsfunktion
des nemo tenetur-Prinzips an, so ist es sinnvoll, die in Literatur und Rechtsprechung vorhandenen unterschiedlichen nemo tenetur-Ansätze anhand der jeweils
zugewiesenen Schutzfunktion, also anhand ihrer Freiheitsidee abzugrenzen. Die
konkrete verfassungsrechtliche Rechtsgrundlage, die selbstverständlich mit der
Festlegung des Schutzzweckes korrespondiert, stellt damit „nur" ein sekundäres
Ordnungskriterium dar.

Bei solch einer an der Zweckbestimmung ausgerichteten Differenzierung lassen
sich naturalistische und nicht-naturalistische nemo tenetur-Ansätze unterscheiden.
Dabei wird bei der folgenden Systematisierung der Gewährleistungsumfang des
nemo tenetur-Prinzips zugrundegelegt, den er nach seiner traditionellen Interpretation erfährt: nämlich den Schutz vor Zwang, an der eigenen strafrechtlichen Verfolgung selbst aktiv mitwirken zu müssen[84].

II. Naturalistische nemo tenetur-Konzeptionen

Als naturalistische nemo tenetur-Konzeptionen werden hier alle Begründungsansätze verstanden, die ein natürliches Selbstbegünstigungs- beziehungsweise
Selbsterhaltungsinteresse des Menschen als Grund des nemo tenetur-Prinzips an-

---

[83] *Kau,* Vom Persönlichkeitsschutz, S. 59; zustimmend *Pieroth,* DVBl. 1990, 607; siehe
auch *Krüger / Sachs,* in: Sachs, Grundgesetz, Art. 19 Rn. 67.

[84] Siehe hierzu oben Einführung, C.

sehen und daher einen Selbstbelastungszwang als widernatürlich und dem Betroffenen nicht zumutbar erachten.

1. Der Gedanke der Unzumutbarkeit von strafrechtlicher Selbstbelastung als Grundlage des nemo tenetur-Prinzips

Mittel- und Ausgangspunkt des überwiegenden nemo tenetur-Verständnisses ist das – oftmals auch auf dem naturrechtlichen Prinzip des Selbstschutzes gegründete[85] – Selbstbegünstigungsinteresse des Menschen[86]. Dieses zweifellos vorhandene Interesse, eigenes Fehlverhalten nicht offenbaren zu müssen, erfährt unbedingte rechtliche Anerkennung durch den Gedanken der Unzumutbarkeit[87]. Da eine Selbstbezichtigung und damit die Mitwirkung an der eigenen Bestrafung ganz erhebliche Selbstüberwindung verlange, wozu die menschliche Natur vielfach nicht ohne weiteres in der Lage sei, würde eine derartige Verpflichtung diese Befindlichkeiten negieren und sei daher unzumutbar. Es sei ein zu hohes Verlangen an den Menschen, „sich selbst ans Messer zu liefern"[88] und gegebenenfalls „seine Verurteilung selbst zu besiegeln"[89]. Das Recht aber dürfe keine Pflichten statuieren, die den Betroffenen ethisch überfordern und moralisch erniedrigen würden; es wäre „ein Unrecht gegen den Beschuldigten, ihm Rechtsnachteile oder Strafen aufzuerlegen, wenn er derart überzogene Forderungen nicht erfüllt"[90].

Wird der nemo tenetur-Grundsatz auf den Aspekt der Unzumutbarkeit gestützt, so ergibt sich daraus ein Gewährleistungsbereich, der auf den Schutz vor einer „notstandsähnlichen Konfliktlage" festgelegt ist. Der Beschuldigte soll nicht in

---

[85] Siehe *Eser,* ZStW 79 (1967), 565, 571 Fn. 24; *Hassemer,* Maihofer-FS, S. 183, 203; *Kopf,* Selbstbelastungsfreiheit, S. 62 f.; *Lammer,* Verdeckte Ermittlungen, S. 156; SK-StPO-*Rogall,* Vor § 133 Rn. 132; *ders.,* Der Beschuldigte, S. 145; *Rossmanith,* Verfassungsmäßigkeit von körperlichen Eingriffen, S. 72; *Sautter,* AcP 161 (1962), 215, 258; *Schramm,* Verpflichtung des Abwassereinleiters, S. 46; *Stürner,* Aufklärungspflicht, S. 184; *Welzel,* JZ 1958, 494, 496; vgl. auch *BGHSt* 11, 353, 356 („natürliches Recht auf Selbstschutz").

[86] Vgl. z. B. *Rogall,* Der Beschuldigte, S. 145 f.; *Rüping,* JR 1974, 135, 136; *Torka,* Nachtatverhalten und Nemo tenetur, S. 52 ff.; auch *Kopf,* Selbstbelastungsfreiheit, S. 62 f.

[87] *BVerfGE* 56, 37, 49 („Unzumutbar und mit der Würde des Menschen unvereinbar wäre ein Zwang, durch eigene Aussagen die Voraussetzungen für eine strafgerichtliche Verurteilung oder die Verhängung entsprechender Sanktionen liefern zu müssen."); *BVerfG* NJW 2002, 1411, 1412; *BGHSt* (GrS) 11, 213, 216 f.; *BGHSt* 47, 8, 15; siehe insb. auch *Bährle,* Aussagefreiheit, S. 84; *Günther,* GA 1978, 193, 194; *ders.,* JR 1978, 89, 91; *Lammer,* Verdeckte Ermittlungen, S. 156; *Puppe,* GA 1978, 289, 298 f.; SK-StPO-*Rogall,* Vor § 133 Rn. 132; *ders.,* Der Beschuldigte, S. 146; *Weichert,* Informationelle Selbstbestimmung, S. 123; *Welzel,* JZ 1958, 494, 496; siehe auch *Kopf,* Selbstbelastungsfreiheit, S. 63 f. (Ein Selbstbelastungszwang würde vom Menschen „Unrealistisches" verlangen.).

[88] *Peters,* ZStW 91 (1979), 121, 123.

[89] *Günther,* JR 1978, 89, 91.

[90] *Puppe,* GA 1978, 289, 298.

den Zwiespalt geraten, sich entweder selbst belasten zu müssen oder aber der Selbstbezichtigung nur durch Lüge entgehen zu können beziehungsweise bei einer Verweigerung der Mitwirkung mit Zwangsmitteln belegt zu werden[91]. Es ist die als Qual verstandene Wahl zwischen zwei Übeln, nämlich Selbstbelastung oder Lüge beziehungsweise Erduldung von Zwangsmaßnahmen, die dem Betroffenen erspart werden müsse[92].

Hieraus folgt, dass der Schutz des nemo tenetur-Grundsatzes nur soweit bestehen kann, wie die Konfliktsituation für den Betroffenen tatsächlich subjektiv erfahrbar ist. Wird er darüber getäuscht, dass seine Mitwirkung zu seiner eigenen strafrechtlichen Überführung beitragen kann, so gerät er gar nicht in den beschriebenen Zwiespalt[93]. Die herrschende Ansicht begrenzt den nemo tenetur-Grundsatz daher auf das Verbot von *zwangs*weiser Selbstbezichtigung. Unbewusste oder durch Täuschung herbeigeführte Selbstbelastungen sollen dagegen nicht vom Schutzbereich des Prinzips umfasst sein[94].

2. Verfassungsrechtliche Verortung des nemo tenetur-Prinzips auf der Basis des Unzumutbarkeitsgedankens

Erachtet man jede Art von Zwang zur Mitwirkung an der eigenen strafrechtlichen Überführung als psychologische Überforderung und für den Betroffenen unzumutbar, so liegt ein Zusammenhang mit der Garantie der Menschenwürde nahe. In der Tat sind sämtliche naturalistische nemo tenetur-Ansätze zumindest menschenwürdeorientiert, sei es dadurch, dass die verfassungsrechtliche Grundlage direkt in der Menschenwürdegarantie des Art. 1 I GG erblickt wird, oder aber durch die Einordnung in den Kernbereich des allgemeinen Persönlichkeitsrechts (Art. 2 I, 1 I GG). Durch die Berufung auf den Menschenwürdegehalt des Prinzips führen beide Ableitungen der Mitwirkungsfreiheit dazu, dass das Selbstbelastungsprivileg zum unverfügbaren Bestand des Strafverfahrens zählt und zumindest im Bereich des Strafprozessrechts jedweder Abwägung entzogen ist[95].

---

[91] *BVerfGE* 56, 37, 41; 95, 220, 241; NStZ 1985, 277; *Dörr,* JuS 1998, 76, 78; *Eser,* ZStW 79 (1967), 565, 571 Fn. 24; *Grünwald,* JZ 1981, 424, 428; *Puppe,* GA 1978, 289, 299; *Rogall,* Der Beschuldigte, S. 208.

[92] *Grünwald,* JZ 1981, 424, 428; *Lammer,* Verdeckte Ermittlungen, S. 161; vgl. ferner *Rinck,* DVBl. 1964, 706, 708.

[93] Ausdrücklich z. B. *Lammer,* Verdeckte Ermittlungen, S. 161; *Puppe,* GA 1978, 289, 299; vgl. auch *Bosch,* Aspekte des nemo-tenetur-Prinzips, S. 33.

[94] Vgl. die Nachweise (auch zur Gegenposition) oben, Einführung, C. Fn. 9.

[95] Vgl. *Bosch,* Aspekte des nemo-tenetur-Prinzips, S. 38.

a) Menschenwürde, Art. 1 I GG

aa) Mitwirkungszwang als Verletzung der Objektformel

Oftmals wird die Grundlage des nemo tenetur-Prinzips direkt in der Menschenwürde (Art. 1 I GG) gesehen. Begründet wird diese grundgesetzliche Verankerung dabei vielfach mit Hilfe der sogenannten Objektformel. Ausgehend vom Autonomiegedanken *Kants,* wonach Würde in der nur dem Menschen als geistig-sittliches Wesen zukommenden Fähigkeit zu Selbstreflexion und Selbstbestimmung begründet sei[96], verbiete es die menschliche Würde, den Menschen einer verächtlichen Behandlung[97] auszusetzen, die ihn zum bloßen fremdbestimmten Objekt herabstufe[98]. Ein strafrechtlicher Mitwirkungszwang mit dem alleinigen Zweck, die gewonnenen Informationen in einem gegen den Betroffenen adressierten Strafverfahren zu verwenden, begründe aber – wegen der damit verbundenen psychischen Überforderung – ein nicht mehr erträgliches Maß an Objektqualität. Der Betroffene werde so zum reinen Gegenstand der Wahrheitsfindung gemacht, was seine Stellung als selbstbestimmtes Verfahrenssubjekt negiere. Die in der Menschenwürde wurzelnde Freiheit zur Selbstbestimmung und damit zur freien Willensentschließung werde somit durch den Zwang zu strafrechtlicher Selbstbelastung verletzt[99].

---

[96] Siehe *Kant,* Grundlegung zur Metaphysik der Sitten, S. 61 ff. (S. 434 ff.); vgl. zsf. *Geddert-Steinacher,* Menschenwürde als Verfassungsbegriff, S. 31 f.; *Giese,* Würde-Konzept, S. 35 ff.; *Nothhelfer,* Freiheit vom Selbstbezichtigungszwang, S. 66; *Wolff,* Selbstbelastung und Verfahrenstrennung, S. 43 f.; *Zippelius,* in: Bonner Kommentar, Art. 1 Rn. 7 f.

[97] *BVerfGE* 30, 1, 26.

[98] Siehe insb. *Dürig,* AöR 81 (1956), 117, 127: „Die Menschenwürde ist als solche getroffen, wenn der konkrete Mensch zum Objekt, zu einem bloßen Mittel, zur vertretbaren Größe herabgewürdigt wird."; *ders.,* in: Maunz / Dürig[1958], Art. 1 Rn. 28; weiter v. a. *BVerfGE* 30, 1, 25 f.; 45, 187, 228; 50, 166, 175; 72, 105, 116. Diese Objektformel stellt letztlich eine Variante des *Kant'schen* Praktischen Imperativs dar: „Handle so, dass du die Menschheit, sowohl in deiner Person als in der Person eines jeden anderen, jederzeit zugleich als Zweck, niemals bloß als Mittel brauchest." (Grundlegung zur Metaphysik der Sitten, S. 54 f. [S. 429 f.]), so *Geddert-Steinacher,* Menschenwürde als Verfassungsbegriff, S. 31.

[99] *Benda,* in: Benda / Maihofer / Vogel, HVerfR, § 6 Rn. 20; *Bruns,* Schmidt-Leichner-FS, S. 1, 8; *Eser,* ZStW 79 (1967), 565, 571 Fn. 24; *ders.,* ZStW-Beiheft 86 (1974), 136, 144 f.; *Habscheid,* Peters-GedS, S. 840, 871; *Rüping,* JR 1974, 135, 136 f.; *Salditt,* GA 1992, 51, 66; *Sautter,* AcP 161 (1962), 215, 243; *Weigend,* in: Leipold (Hrsg.), Selbstbestimmung in der modernen Gesellschaft, S. 149, 153; SK-StPO-*Wolter,* Vor § 151 Rn. 124; w. N. bei *Mäder,* Betriebliche Offenbarungspflichten, S. 71 Fn. 126; *Nothhelfer,* Freiheit vom Selbstbezichtigungszwang, S. 63 Fn. 418, sowie bei *Wolff,* Selbstbelastung und Verfahrenstrennung, S. 39 Fn. 133. Auch die Rechtsprechung bringt die Selbstbelastungsfreiheit mit der Menschenwürde in Verbindung: *BVerfGE* 38, 105, 114 f.; 55, 144, 150; 56, 37, 42 u. 49; *BGHSt* 14, 358, 364.

bb) Schutz vor strafrechtlichem Mitwirkungszwang aufgrund des
„Gebots der intrapersonalen Orientierung des Rechts"

Im Gegensatz zu dem vorangegangenen Argumentationsweg versucht *Torka*[100],
eine Verankerung des nemo tenetur-Prinzips in der Menschenwürdegarantie ohne
Inanspruchnahme der Objektformel zu begründen. Nach seiner Ansicht verlange
die Garantie des Art. 1 I GG, dass das Recht sich am Menschen so auszurichten
hat, „wie es ihn vorfindet", „wie er also ist", und nicht, wie er nach einem den
Moralvorstellungen entsprechenden Idealbild „sein soll"[101]. Dies bedeute, dass
solche Eigenschaften, welche die Natur des Menschen prägen, vom Recht nicht
übergangen werden dürfen, sondern vielmehr zwingend Beachtung finden müssen.
Dieses aus Art. 1 I GG abzuleitende Postulat bezeichnet er als „Gebot der intrapersonalen Orientierung des Rechts". Danach sei die Menschenwürde jedenfalls dann
verletzt, „wenn gesetztes Recht ‚der Natur des Menschen schlechthin[]' wider-
spricht"[102]. Weil es sich aber bei dem Selbstbegünstigungstrieb um ein „den Menschen konstituierendes Wesensmerkmal"[103] handele, müsse dieser Charakterzug
bei Ausgestaltung und Auslegung des einfachen Rechts berücksichtigt werden.
Folglich finde der nemo tenetur-Grundsatz seine verfassungsrechtliche Gewährleistung in der Menschenwürde des Art. 1 I GG[104].

b) Allgemeines Persönlichkeitsrecht, Art. 2 I, 1 I GG

Die wohl überwiegende Ansicht entscheidet sich jedoch gegen eine verfassungsrechtliche Verortung einzig in der Garantie der Menschenwürde und begreift stattdessen den nemo tenetur-Grundsatz als Bestandteil des allgemeinen Persönlichkeitsrechts (Art. 2 I, 1 I GG). Grundgedanke ist aber auch hier regelmäßig der
Schutz vor unzumutbarem Zwang, selbst zur eigenen strafrechtlichen Verfolgung
beitragen zu müssen.

Die Bevorzugung des allgemeinen Persönlichkeitsrechts bietet sich bei naturalistischem nemo tenetur-Verständnis zunächst für jene Auffassung an, welche
durch Art. 1 I GG kein subjektives Recht begründet sieht[105]. Davon abgesehen

---

100 Nachtatverhalten und Nemo tenetur.

101 *Torka*, a. a. O., S. 52, ebenfalls *Sautter*, AcP 161 (1962), 215, 257; *Wolff*, Selbstbelas
tung und Verfahrenstrennung, S. 45. Mit seinem Ansatz wendet sich *Torka* v. a. auch gegen
jene Ansichten, die eine würderechtliche Ableitung des nemo tenetur-Satzes ablehnen, weil
mit der menschlichen Würde gerade die Forderung nach Verantwortungsübernahme für Fehlverhalten verknüpft sei, siehe hierzu unten 2. Teil, D. II. 4. c).

102 *Torka*, a. a. O., S. 53.

103 *Torka*, a. a. O., S. 52.

104 *Torka*, a. a. O., S. 53. Zur Bestimmung des Schutzbereichs im Einzelnen siehe noch
unten 2. Teil, D. II. 4. b).

105 Im nemo tenetur-Kontext *Castringius*, Schweigen und Leugnen, S. 42 f.; *Helgerth*, Der
Verdächtige, S. 170; *Schramm*, Verpflichtung des Abwassereinleiters, S. 49. Die wohl über-

werden aber auch Schwierigkeiten bei der Festlegung des genauen Schutzumfangs der Menschenwürde angeführt[106]. Ohne Hinzutreten weiterer Wertungsgesichtspunkte lasse sich nicht bestimmen, wann eine Verletzung der Menschenwürde anzunehmen sei. Dies gelte insbesondere für die Objektformel, da der Mensch in vielen Situationen, auch im Strafverfahren, nicht selbstbestimmt agieren kann, sondern fremdbestimmt wird[107]. Die Objektformel kann daher nur als „Hilfsformel" gebraucht werden, „die lediglich die Richtung andeuten könne", wann eine Würdeverletzung vorliegt[108]. Durch die Ableitung aus dem allgemeinen Persönlichkeitsrecht soll derartigen Unsicherheiten begegnet werden[109]. Ob die persönlichkeitsrechtliche Grundlegung aber tatsächlich weniger Unbestimmtheiten aufweist und ohne zusätzliche Wertungen auskommt, darf an dieser Stelle bereits bezweifelt werden[110].

Hauptgrund für die Verortung im allgemeinen Persönlichkeitsrecht ist denn auch weniger die Problematik der exakten Bestimmung der Würdeverletzung, sondern dürfte stattdessen in erster Linie in der Begründbarkeit der konkreten Reichweite des nemo tenetur-Prinzips liegen. Die Unterschiede zwischen persönlichkeitsrechtlicher und rein würdebezogener Bestimmung des Schutzumfangs des nemo tenetur-Privilegs bestehen allerdings kaum im Ergebnis, sondern vielmehr in methodischer Hinsicht, nämlich in der Art und Weise, wie der Gewährleistungsumfang begründet werden kann[111]. Während bei einer Grundlegung in der Menschenwürde jeder Eingriff in die Selbstbelastungsfreiheit eine unzulässige Grundrechtsverletzung darstellt, da der insoweit gewährte Freiheitsbereich abwägungsfest ist[112], ermöglicht die Verankerung im Recht auf Entfaltung der Persönlichkeit grundsätzlich eine Abwägung mit anderen betroffenen Interessen. Der die Selbstbelastungsfreiheit begrenzende Eingriff kann folglich aufgrund des Zwecks, der mit der Einschränkung verfolgt wird, gerechtfertigt werden. Dies wird besonders bei Mitwirkungspflichten in außerstrafrechtlichen Verfahren bedeutsam. Im Bereich des Strafverfahrens soll aber stets ein Vorrang des individuellen Interesses am Schutz vor strafrechtlicher Selbstbelastung bestehen[113]. Jene Unterschiede in der Reichweitenbestimmung bilden folglich den Hintergrund im Verhältnis der würde- zur persönlichkeitsrechtlichen Ableitung des nemo tenetur-Grundsatzes, was bei Be-

---

wiegende Ansicht geht von einer echten Grundrechtsgewährleistung des Art. 1 I GG aus, vgl. z. B. *Starck,* in: v. Mangoldt / Klein / Starck, Grundgesetz, Art. 1 Abs. 1 Rn. 24 ff. m. w. N.

106 *Rogall,* Der Beschuldigte, S. 141.

107 *Rogall,* Der Beschuldigte, S. 141.

108 Siehe *BVerfGE* 30, 1, 25.

109 Vgl. zsf. *Wolff,* Selbstbelastung und Verfahrenstrennung, S. 41.

110 Siehe unten 2. Teil, D. II. 4. b).

111 *Mäder,* Betriebliche Offenbarungspflichten, S. 71 f.; *Nothhelfer,* Freiheit vom Selbstbezichtigungszwang, S. 77.

112 Vgl. z. B. *Dreier,* in: Dreier, Grundgesetz, Art. 1 I Rn. 75; *Starck,* in: v. Mangoldt / Klein / Starck, Grundgesetz, Art. 1 Abs. 1 Rn. 30 f.

113 Vgl. zsf. *Wolff,* Selbstbelastung und Verfahrenstrennung, S. 41.

trachtung der persönlichkeitsrechtlichen nemo tenetur-Ansätze nicht ganz unberücksichtigt bleiben sollte. Innerhalb der Stimmen, welche die Selbstbelastungsfreiheit durch Art. 2 I, 1 I GG gewährleistet sehen, bestehen jedoch verschiedene Begründungsvarianten, die im Folgenden aufgezeigt werden sollen.

aa) Der nemo tenetur-Satz als besonderes Persönlichkeitsrecht

Nach *Rogall*[114] stellt das Verbot des Zwangs zu strafrechtlicher Selbstbelastung ein besonderes Persönlichkeitsrecht nach Art. 2 I, 1 I GG dar, welches aufgrund seiner Ausstattung mit einem hohen Menschenwürdegehalt der Disposition des Gesetzgebers entzogen sei[115].

Ausgangspunkt ist für ihn dabei letztlich die sogenannte „Sphärentheorie" des Bundesverfassungsgerichts. Nach der bundesverfassungsgerichtlichen Rechtsprechung sichert Art. 2 I GG durch das Zusammenspiel mit Art. 1 I GG und der Wesensgehaltgarantie des Art. 19 II GG einen letzten unantastbaren Kernbereich menschlicher Freiheit und privater Lebensgestaltung, welcher der öffentlichen Gewalt schlechthin entzogen ist. In diesem absolut geschützten Intimbereich ist jedwede Abwägung mit anderweitigen Interessen der Allgemeinheit ausgeschlossen[116]. Die Zugehörigkeit des nemo tenetur-Grundsatzes zu diesem absolut geschützten Gewährleistungsbereich des Art. 2 I GG begründet *Rogall* mit dem oben beschriebenen Gedanken der Unzumutbarkeit, eigene strafrechtlich relevante Verfehlungen einräumen zu müssen: „Jeder Zwang zur Selbstbelastung würde (. . .) die psychologischen Grenzen überschreiten, die durch den Selbsterhaltungs-‚Trieb' des Menschen gesetzt werden[ ]. In diesem Bereich, in dem es um elementare Bedürfnisse geht, das heißt um die Entfaltung eigener Rechtsgüter[ ], muss der Mensch seine Individualität wahren können, er muss das Recht haben, in diesem Bereich ‚für sich zu sein, sich selber zu gehören', ein Eindringen oder einen Einblick durch andere auszuschließen[ ]"[117]. Für *Rogall* steht daher unzweifelhaft fest, dass „jede Zumutung an den Beschuldigten, sich selbst zu überliefern und sich einer unüberwindlichen inneren Zwangslage aussetzen zu müssen" in den generell geschützten Kernbereich des allgemeinen Persönlichkeitsrechts eingreift[118].

---

[114] Grundlegend „Der Beschuldigte als Beweismittel gegen sich selbst", S. 139 ff. Siehe auch SK-StPO, Vor § 133 Rn. 132 ff.; StV 1996, 63, 64.

[115] *Rogall,* Der Beschuldigte, S. 147.

[116] Vgl. insb. *BVerfGE* 6, 32, 41; 34, 238, 245; 54, 143, 146; 148, 153; 80, 367, 373; auch *Rogall,* a. a. O., S. 145. Die im Hinblick auf die Sphärentheorie bestehenden Bedenken, insb. dass durch die extensive Bestimmung des Sozialbezugs im zweiten „Tagebuch"-Urteil (*BVerfGE* 80, 367 ff.) die Einschlägigkeit des absolut geschützten Intimbereichs kaum noch vorstellbar ist, sollen an dieser Stelle außer Betracht bleiben, vgl. zur Kritik z. B. *Krauß,* Gallas-FS, S. 365, 378 ff.; *Lorenz,* GA 1992, 254, 262 ff.; *Rohlf,* Grundrechtlicher Schutz der Privatsphäre, S. 42 ff., 123 ff.; andererseits aber auch *Geis,* JZ 1991, 112, 115 ff. Kritisch speziell im Zusammenhang mit dem nemo tenetur-Prinzip *Nothhelfer,* Freiheit vom Selbstbezichtigungszwang, S. 80 f.

[117] *Rogall,* Der Beschuldigte, S. 146.

Bei Mitwirkungsverpflichtungen in außerstrafrechtlichen Verfahren soll der Kernbereich des nemo tenetur-Satzes dagegen nicht betroffen sein. Damit wird eine Abwägung mit den einschlägigen Informationsinteressen des Staates oder von privaten Dritten ermöglicht. Je nach Dringlichkeit des Informationsbedürfnisses führt dies entweder bereits zum Ausschluss der nicht-strafrechtlichen Mitwirkungspflicht oder zumindest zur Unverwertbarkeit der gewonnenen Ergebnisse in einem sich anschließenden Straf- oder Bußgeldverfahren für den Fall, dass der Betroffene aufgrund des überwiegenden Aufklärungsinteresses die Verpflichtung erfüllen muss[119].

Bei dem so begründeten nemo tenetur-Grundsatz handelt es sich nach *Rogall* um ein besonderes Persönlichkeitsrecht mit selbständigem persönlichkeitsrechtlichen Charakter. Die Selbstbelastungsfreiheit wird nach dieser Ansicht folglich nicht von einem der traditionell anerkannten Teilbereiche des allgemeinen Persönlichkeitsrechts, wie etwa dem Recht am eigenen Bild, am eigenen Wort, dem Schutz der Ehre oder dem Recht auf informationelle Selbstbestimmung[120], mitumfasst[121]. Vielmehr soll sie als eigenständiges Persönlichkeitsrecht, welches als Recht auf Selbsterhaltung bezeichnet werden könnte[122], gewährleistet sein.

bb) Der nemo tenetur-Grundsatz als Bestandteil
des Schuldprinzips

Nach Ansicht *Wolff's*[123] besteht die Grundlage des Grundsatzes nemo tenetur se ipsum accusare im Schuldprinzip, welches nach allgemeiner Ansicht durch Art. 2 I, 1 I GG in Verbindung mit dem Rechtsstaatsprinzip verfassungsrechtlich garantiert ist[124]. Ausgangspunkt ist für ihn dabei der Umstand, dass der nemo tenetur-Grundsatz im Strafverfahren im weiteren Sinne ausnahmslos Anwendung findet, in vielen außerstrafrechtlichen Verfahrensarten jedoch Mitwirkungspflichten statuiert sind, die der Adressat trotz möglicher Selbstbelastungsgefahren zu erfüllen hat[125]. Die Erklärung für diese unterschiedliche Vorgehensweise sieht er in der Besonderheit der drohenden Sanktionen des Straf- und Ordnungswidrigkeiten-

---

[118] *Rogall*, a. a. O., S. 147; in diesem Sinne auch *Dingeldey*, JA 1984, 407, 409; *Drope*, Strafprozessuale Probleme, S. 187 f.; *Seebode*, JA 1980, 493, 497; *Stürner*, NJW 1981, 1757; *Weßlau*, Vorfeldermittlungen, S. 211 f.

[119] Z. B. *Dingeldey*, NStZ 1984, 529, 531 ff.; SK-StPO-*Rogall*, Vor § 133 Rn. 142; *Stürner*, NJW 1981, 1757, 1760 ff.

[120] Hierzu *Nothhelfer*, Freiheit vom Selbstbezichtigungszwang, S. 81 f.

[121] SK-StPO-*Rogall*, Vor § 133 Rn. 136.

[122] Vgl. *Böse*, GA 2002, 98, 103.

[123] Selbstbelastung und Verfahrenstrennung, S. 49 ff.; zustimmend *Brüning*, Der Staat (39) 2000, 472 f.

[124] Ausführliche Nachweise aus Rechtsprechung und Literatur bei *Wolff*, a. a. O., S. 59 Fn. 290.

[125] *Wolff*, a. a. O., S. 46 f.

rechts[126]. Der Betroffene erfahre hierdurch eine „hoheitliche sozialethische Missbilligung des schuldhaften Verhaltens"; er werde in den „Zustand des ‚Bestraftseins'" versetzt[127]. Damit verbunden ist ein Eingriff in seinen sozialen Achtungsanspruch, um so das „durch das Verbrechen erfolgte Ungleichgewicht des allgemeinen gegenseitigen Anerkennungsverhältnisses" innerhalb der Gesellschaft „wieder auszugleichen"[128]. Durch keine andere staatliche Maßnahme werde also die „persönliche Selbständigkeit" des Betroffenen stärker beeinträchtigt als durch eine Strafsanktion[129]. Dieser gewichtige Eingriff verlange nicht nur in materiellrechtlicher Hinsicht besondere Voraussetzungen für die Sanktionsverhängung, nämlich das Vorliegen „schuldhaften Handelns, das heißt einer steuerbaren Entscheidung für das Unrecht"[130], sondern erfordere auch verfahrensrechtliche Sicherungen. Das Strafverfahren müsse sicherstellen, dass gerade die Position, in welche durch das abschließende Urteil eingegriffen wird, nämlich die beschriebene persönliche Selbständigkeit, in diesem Zeitraum noch vollständig gewährt wird. Dies gelte gerade auch, um dem Betroffenen zu ermöglichen, die Entscheidung für sich anzunehmen und so in das gegenseitige Anerkennungsverhältnis zurückkehren zu können[131]. Aus dieser Verpflichtung, den Beschuldigten während des Prozesses als Selbständigen anzuerkennen, resultiere die Geltung des nemo tenetur-Prinzips. Es verlange, „ihn von jeglichen Pflichten inhaltlicher Art freizustellen"[132].

Entscheidendes Argument bei *Wolff's* nemo tenetur-Verständnis ist damit letztlich die spezielle Intensität der Strafsanktion. Es ist durchaus zutreffend und schon aufgrund des Verhältnismäßigkeitsgrundsatzes geboten, wegen dieser Eingriffsschwere sowohl in materiell-rechtlicher als auch in prozessualer Hinsicht strenge Schutzanforderungen zu verlangen, um die Auferlegung der Sanktion rechtfertigen zu können. Aufgabe des Schuldprinzips ist es dabei sicherzustellen, dass die Strafe im weiteren Sinne nur demjenigen auferlegt wird, der sich trotz der Fähigkeit, sich strafrechtskonform zu verhalten, für den Rechtsbruch entschieden hat[133]. Schuldhaftes Verhalten ist folglich unabdingbares und somit limitierendes[134] Kriterium auf der Voraussetzungsseite von Strafe. Davon zu unterscheiden ist die Frage, wie das Verfahren, welches zur Sanktionsverhängung führt, ausgestaltet sein muss, folglich auch, ob der Beschuldigte durch eigenes Verhalten an seiner Überführung beizutragen hat. Wenn aber nach *Wolff* der Schuldgrundsatz seine verfahrensrecht-

---

126 *Wolff*, a. a. O., S. 47.

127 *Wolff*, a. a. O., S. 50.

128 *Wolff*, a. a. O., S. 54.

129 *Wolff*, a. a. O., S. 55.

130 *Wolff*, a. a. O., S. 54.

131 *Wolff*, a. a. O., S. 57.

132 *Wolff*, a. a. O., S. 56.

133 Vgl. *BGH*St (GrS) 2, 194, 200; *BGH*St 18, 87, 94; *Appel,* Verfassung und Strafe, S. 517 f.

134 Vgl. *BGH*St 20, 264, 267; *Jescheck/Weigend*, Strafrecht AT, § 37 I 1, S. 407.

liche Dimension dahingehend entfaltet, dem Beschuldigten seine „Selbständigkeit" zu erhalten[135], so sind daraus jedenfalls keine konkreten Vorgaben zu entnehmen, wie die hieraus folgenden Verfahrensrechte im Einzelnen auszugestalten sind. Keinesfalls erkennt das Strafverfahrensrecht einen kompletten Anspruch auf „Freistellung von jeglichen Pflichten inhaltlicher Art" an. *Wolff* versteht hierunter scheinbar nur solche Pflichten, welche die „Betätigung des geistigen Handlungszentrums" voraussetzen[136]. Nimmt man jedoch das Moment der „Selbständigkeit" als Ausgangspunkt, so müssten auch die Pflichten zur (passiven) Erduldung der verschiedenen strafprozessualen Zwangsmaßnahmen wegen eines Verstoßes gegen das Schuldprinzip unzulässig sein. Gerade bei Hinnahme dieser, gegebenenfalls mittels vis absoluta durchzusetzenden, Maßnahmen ist doch der Beschuldigte den Strafverfolgungsbehörden als Augenschein*objekt* ausgeliefert und hat in dieser Situation seine Selbständigkeit verloren. Folglich ist die Argumentation, dass das Schuldprinzip die Selbstbelastungsfreiheit garantiere, weil es die Wahrung der Selbständigkeit des Beschuldigten im Strafverfahren erfordere, nicht ausreichend, um den nemo tenetur-Grundsatz zu erklären. Weder in Bezug auf seine Geltung noch auf seinen konkreten Schutzinhalt kann er aus dem Schuldprinzip geschlossen werden. Gerade *Wolff's* Inblicknahme der Besonderheit der Strafsanktion spricht vielmehr für ein Verhältnis des selbständigen Nebeneinanders von Schuldgrundsatz und nemo tenetur-Prinzip, welche mit der speziellen Eingriffsintensität allenfalls einen gleichen Bezugspunkt aufweisen[137].

Im Ergebnis betrifft *Wolff's* Ansatz lediglich die Ausstrahlungswirkung des nemo tenetur-Prinzips in nicht-strafrechtliche Verfahren. Den Grund der Selbstbelastungsfreiheit sieht er letztlich ebenfalls in der Menschenwürdegarantie und im Unzumutbarkeitsaspekt: Eine Mitwirkungspflicht würde die Möglichkeit zur Selbstreflexion ausschließen und stelle eine ethische Überforderung des Beschuldigten dar[138]. Die Menschenwürde lehnt er nur deshalb als einzige Grundlage des nemo tenetur-Satzes ab, weil er im Schuldgrundsatz eine „konkretere Verfassungsgewährleistung" sieht[139]. Nichtsdestotrotz handelt es sich bei dem *Wolff'schen* nemo tenetur-Verständnis um eine naturalistische Konzeption.

---

135 Sofern *Wolff* von der Wahrung der Selbständigkeit des Beschuldigten im Verfahren spricht, beschreibt er damit letztlich nichts anderes als die jedenfalls in dieser Allgemeinheit allseits anerkannte Position des Beschuldigten als Verfahrenssubjekt (vgl. nur KK-StPO-*Pfeiffer*, Einl. Rn. 86; SK-StPO-*Rogall*, Vor § 133 Rn. 59 f. je m. w. N.). Ob diese Stellung tatsächlich aus dem Schuldprinzip abzuleiten ist oder es sich dabei vielmehr um einen konstituierenden Bestandteil eines rechtsstaatlichen, menschenwürdigen Verfahrens handelt, mag hier dahingestellt bleiben (siehe dazu unten 2. Teil, D. IV. 2.).

136 *Wolff*, a. a. O., S. 94 f.

137 So i. E. auch *Torka*, Nachtatverhalten und Nemo tenetur, S. 87 f.

138 *Wolff*, a. a. O., S. 45 f.

139 Vgl. *Wolff*, a. a. O., S. 46.

c) Das nemo tenetur-Verständnis der Rechtsprechung

Sowohl das Bundesverfassungsgericht als auch der BGH haben in ihren bisherigen Entscheidungen den Grundsatz nemo tenetur se ipsum accusare nicht eindeutig einer einzigen Vorschrift des Grundgesetzes zugeordnet. Die Gerichte geben vielmehr regelmäßig eine ganze Reihe von Verfassungsnormen an, welche den nemo tenetur-Satz garantieren sollen. So wird die allgemeine Handlungsfreiheit (Art. 2 I GG)[140], das allgemeine Persönlichkeitsrecht (Art. 2 I, 1 I GG)[141] sowie die Menschenwürde (Art. 1 I GG)[142] mit dem nemo tenetur-Prinzip in Verbindung gebracht. Ferner hat die Rechtsprechung die Aussagefreiheit als „selbstverständlichen Ausdruck einer rechtsstaatlichen Grundhaltung" bezeichnet[143], sieht die Gewährleistung des nemo tenetur-Satzes folglich auch als Ausprägung des Rechtsstaatsprinzips[144]. Für die Überprüfung, ob das nemo tenetur-Konzept der Rechtsprechung auf juristische Personen übertragen werden kann, ist es jedoch notwendig, über die betroffenen Verfassungsnormen hinaus den Schutzzweck beziehungsweise die Freiheitsidee, welche von der Judikatur hinter dem nemo tenetur-Prinzip erkannt werden, aufzuspüren[145].

Hierzu hat das Bundesverfassungsgericht im „Gemeinschuldner"-Beschluss festgestellt, dass „ein Zwang, durch eigene Aussagen die Voraussetzungen für eine strafrechtliche Verurteilung (. . .) liefern zu müssen, mit der Würde des Menschen unvereinbar und folglich unzumutbar wäre"[146]. An anderer Stelle heißt es, dass „der Einzelne vom Staat grundsätzlich nicht in eine Konfliktlage gebracht werden soll, in der er sich selbst strafbarer Handlungen (. . .) bezichtigen muss oder in Versuchung gerät, durch Falschaussagen ein neues Delikt zu begehen, oder wegen seines Schweigens in Gefahr kommt, Zwangsmitteln unterworfen zu werden"[147]. Auch die Rechtsprechung legt somit ein naturalistisches nemo tenetur-Verständnis zugrunde: Pflichten, zur eigenen strafrechtlichen Verfolgung beizutragen, würden das (natürliche[148]) Selbstbegünstigungsinteresse des Adressaten verneinen und seien daher diesem nicht zumutbar. Folglich beschränkt sich der Geltungsbereich

---

[140] *BVerfGE* 56, 37, 41; *BGHSt* 37, 340, 342.

[141] *BVerfGE* 56, 37, 41 f.; auch *BVerfGE* 38, 105, 114; *BVerfG* NStZ 1995, 555; *BGHSt* (GrS) 11, 213, 216; *BGHSt* 14, 358, 364 f.; 245, 246; 36, 328, 332; 38, 214, 220; 263, 266; 302, 305; (GrS) 42, 139, 152.

[142] *BVerfGE* 56, 37, 42; auch *BVerfGE* 38, 105, 114 f.; 55, 144, 150; *BVerfG* NStZ 1995, 555; NJW 2002, 1411, 1412; *BGHSt* 14, 358, 364; 34, 39, 46; 38, 214, 220; 263, 266; 302, 305.

[143] *BVerfGE* 56, 37, 43.

[144] Vgl. auch *BVerfGE* 38, 105, 115; 55, 144, 150; NStZ 1985, 277; *BVerfG* NStZ 1995, 555; *BGHSt* 1, 39, 40; 14, 358, 364; 25, 325, 330; 38, 214, 220; 263, 266; 302, 305.

[145] Vgl. bereits oben 2. Teil, D. I. 2.

[146] *BVerfGE* 56, 37, 42; ausdrücklich zur Unzumutbarkeit eines derartigen Mitwirkungszwangs auch bereits *BGHSt* (GrS) 11, 213, 216 f.

[147] *BVerfGE* 95, 220, 241; auch NStZ 1985, 277, sowie *BGHSt* 9, 34, 36; (GrS) 11, 213, 216 f.

[148] *BGHSt* 11, 353, 356.

des nemo tenetur-Prinzips auf den Schutz vor einer notstandsähnlichen Zwangslage, sich entweder selbst belasten oder aber lügen beziehungsweise Zwangsmaßnahmen erdulden zu müssen[149]. Aus diesem begrenzten Schutzbereich (und aus dem Zuschnitt der §§ 136 I 2, 136 a StPO auf offene Vernehmungen) resultieren die Schwierigkeiten im Umgang mit „staatlich veranlassten, irrtumsbedingten Selbstbelastungen"[150] im Rahmen von heimlichen Ermittlungen. Die Rechtsprechung hat – ausgehend von der zugrundegelegten Schutzidee des nemo tenetur-Prinzips durchaus konsequent – an der zwangsorientierten Interpretation festgehalten und eine direkte Einbeziehung von täuschungsbedingten Selbstbelastungen in den Schutzbereich des nemo tenetur-Grundsatzes abgelehnt[151]. Sie will aber derartige täuschungsbedingte Einlassungen nicht generell für zulässig erklären und versuchte daher, das Spannungsverhältnis zwischen effizienter Strafverfolgung und beschuldigtenschützender Offenheit und Förmlichkeit des Verfahrens über verschiedene Umgehungsverbote zur Einlassungsfreiheit[152] aufzulösen. Der *Große Senat* hat in der „Hörfallen"-Entscheidung den – methodisch angreifbaren[153] – Weg über die Annahme eines Verwertungsverbotes aufgrund eines „Beinahe-Verstoßes" gegen den nemo tenetur-Satz[154] gewählt, das jedoch dann nicht eingreifen solle, wenn es um die Verfolgung einer „Straftat von erheblicher Bedeutung" geht und der „Einsatz anderer Ermittlungsmethoden (. . .) erheblich weniger erfolgversprechend oder wesentlich erschwert wäre"[155]. Jedenfalls aber wurde das traditionelle, auf der

---

[149] Vgl. oben 2. Teil, D. II. 1.

[150] So die treffende Formulierung von *Roxin,* NStZ 1995, 465, 466; *ders.,* NStZ 1997, 18.

[151] *BGH*St (GrS) 42, 139, 152 f.; im Anschluss daran *BGH*St 44, 129, 133 f.; ausdrücklich ebenfalls bereits *BGH*St 39, 335, 347. Vgl. aber demgegenüber den Vorlagebeschluss des 5. Strafsenates (*BGH* StV 1996, 242 ff. = NStZ 1996, 200 ff.): Wenn der Senat dabei feststellt, dass es nicht subjektiv darauf ankomme, „ob der Beschuldigte selbst sich in einer Vernehmungssituation sieht", sondern ob er „von seinem ihm durch die Verfassung garantierten Recht, gegenüber Ermittlungsbehörden zu einem strafrechtlichen Vorwurf schweigen zu dürfen, Gebrauch machen kann oder nicht" (StV 1996, 242, 246), so scheint hierin eine Abkehr vom Schutzzweckverständnis des nemo tenetur-Satzes als Schutz vor der unzumutbaren Konfliktlage i. S. v. Selbstbelastung oder Lüge bzw. Zwangsmittel zu liegen.

[152] Vgl. *BGH*St 31, 304, 308; 34, 39, 46; 40, 66, 71 f.

[153] Kritisch *Bernsmann,* StV 1997, 116, 119; *Renzikowski,* JZ 1997, 710, 717; *Rieß,* NStZ 1996, 505; *Roxin,* NStZ 1997, 18, 20; *Verrel,* Selbstbelastungsfreiheit, S. 155 ff.; *Weßlau,* ZStW 110 (1998), 1, 15 f.

[154] *BGH*St (GrS) 42, 139, 156: Ermittlungsmaßnahmen, die „ihren Schwerpunkt (. . .) in der Heimlichkeit der Ausforschung des Beschuldigten haben", könnten „einem Verstoß gegen den nemo tenetur-Grundsatz nahekommen". Bestätigt in *BGH*St 44, 129, 133 f.

[155] *BGH*St (GrS) 42, 139, 157. – Vgl. jedoch nunmehr *EGMR,* Urt. v. 5. 11. 2002, 48539/99, Nr. 50 ff. (Allan/Vereinigtes Königreich) = StV 2003, 257, 259 f.: Der Gerichtshof hat in dieser Entscheidung einen Schutz vor Umgehung des Schweigerechtes bei „vernehmungsersetzenden" Befragungen (vgl. zu diesem Begriff SK-StPO-*Wohlers,* § 163 a Rn. 45) durch Privatpersonen, die dem Staat als Informanten zuzurechnen sind, grundsätzlich anerkannt, und zwar unabhängig von Art und Schwere des Delikts; zur (mangelnden) Konvergenz der Rechtsprechung des Bundesgerichtshofes mit jener Entscheidung des EGMR *Gaede,* StV 2003, 260, 262.

Unzumutbarkeit der beschriebenen Konfliktlage beruhende nemo tenetur-Verständnis von der Unzulässigkeit des Selbstbelastungs*zwangs* beibehalten[156].

Auch wenn das Bundesverfassungsgericht im „Gemeinschuldner"-Beschluss den Unzumutbarkeitsgedanken mit der Menschenwürde in Verbindung gebracht hat, bedeutet dies nicht, dass die Rechtsprechung den Schutz vor strafrechtlicher Selbstbelastung einschränkungslos gewährleistet. Bei der Statuierung von Mitwirkungspflichten in außerstrafrechtlichen Verfahren hat der Gesetzgeber vielmehr das Interesse des Pflichtigen, sich nicht selbst belasten zu müssen, und die berechtigten Informationsinteressen des Staates oder auch privater Dritter gegeneinander abzuwägen[157]. In neueren Gesetzen wird das Selbstschutzinteresse dabei regelmäßig durch die Gewährung eines Auskunftsverweigerungsrechts für die Gefahr der Selbstbelastung berücksichtigt[158]. Kommt aber solch ein Auskunftsverweigerungsrecht aufgrund überwiegender Informationsinteressen nicht in Betracht, so ist zumindest sicherzustellen, dass die Erkenntnisse in einem sich anschließenden Strafverfahren nicht verwertet werden dürfen[159]. Eine Zweckentfremdung der Informationen und deren Verwertung zur Strafverfolgung würde nämlich das Persönlichkeitsrecht des Betroffenen unverhältnismäßig beeinträchtigen[160].

Diese Ausführungen zur Zweckbestimmung und zur Reichweite des nemo tenetur-Prinzips lassen auch Eingrenzungen im Hinblick auf die Sichtweise der Rechtsprechung zur verfassungsrechtlichen Grundlage dieses Rechtssatzes zu. Dass jedwede Mitwirkungsverpflichtungen die allgemeine Handlungsfreiheit (Art. 2 I GG) tangieren, ist selbstverständlich. Wegen der weiten Einschränkungsmöglichkeiten dieses Grundrechts lässt sich die unbedingte Gewährleistung des Verbots des Selbstbelastungszwangs im Strafverfahren jedoch nicht allein daraus erklären[161]. Die Gerichte stellen für die Ermittlung der Grenzen des Selbstbelastungsschutzes denn auch nicht auf die Handlungsfreiheit ab. Vielmehr leitet die Rechtsprechung die Geltung und die Reichweite des nemo tenetur-Prinzips überwiegend aus dem allgemeinen Persönlichkeitsrecht (Art. 2 I, 1 I GG) her[162]. Dessen ausgeprägter Menschenwürdebezug sorgt für die uneingeschränkte Anwendung des nemo tene-

---

[156] Vgl. zur sog. Hörfallen-Problematik insgesamt z. B. die Übersicht zu Rechtsprechung und Literatur bei *Verrel,* Selbstbelastungsfreiheit, S. 148 ff.

[157] Vgl. *BVerfGE* 56, 37, 49; *BGHSt* 36, 328, 332; 37, 340, 342 f.; siehe auch unten 2. Teil, D. IV. 5. d).

[158] Vgl. die Beispiele oben Einführung, C. Fn. 17.

[159] Eine gesetzliche Regelung für ein solches Verbot, die gewonnenen Ergebnisse im Strafverfahren zu verwerten, findet sich z. B. in § 97 I 3 InsO. Hierzu unten 3. Teil, C. II. 1.

[160] Vgl. *BVerfGE* 56, 37, 50, bezogen auf die Auskunftspflicht des Gemeinschuldners.

[161] Vgl. *Rogall,* Der Beschuldigte, S. 137; *Wolff,* Selbstbelastung und Verfahrenstrennung, S. 30 f.

[162] In einer neueren Entscheidung hat das Bundesverfassungsgericht auch lediglich das allgemeine Persönlichkeitsrecht als Rechtsgrundlage des Schutzes vor Selbstbelastungszwang genannt (*BVerfGE* 95, 220, 241).

tur-Satzes in strafrechtlichen Verfahren. Der Verweis auf das Rechtsstaatsprinzip in einigen Entscheidungen hat bei dieser Zweckbestimmung lediglich eine klarstellende Funktion. Denn eine Mitwirkungsverpflichtung, welche wegen Negierung des Selbstbegünstigungsinteresses nicht zumutbar und menschenunwürdig ist, wäre selbstverständlich mit einem rechtsstaatlichen Verfahren nicht vereinbar[163]. Eine eigenständige Ableitung des nemo tenetur-Grundsatzes aus dem Rechtsstaatsprinzip ist hiermit also nicht verbunden.

Zusammenfassend kann damit festgehalten werden, dass auch die Judikatur ein Recht auf Schutz vor zwangsweiser strafrechtlicher Selbstbelastung als Bestandteil des allgemeinen Persönlichkeitsrechts anerkennt. Es handelt sich dabei um ein naturalistisches nemo tenetur-Verständnis.

d) Zwischenergebnis

Trotz teilweise unterschiedlicher verfassungsrechtlicher Verortung liegt allen naturalistischen nemo tenetur-Konzeptionen die gleiche Schutzzweckbestimmung zugrunde. Ziel des nemo tenetur-Grundsatzes ist es danach, den Betroffenen vor der Zwangslage zu bewahren, sich selbst strafrechtlich belasten zu müssen oder aber Zwangsmitteln ausgesetzt zu werden beziehungsweise der Selbstbelastung nur mittels einer Lüge und damit gegebenenfalls durch eine erneute Straftat entgehen zu können. Ein derartiger Konflikt stelle eine psychologische Überforderung dar und sei daher – auch rechtlich – nicht zumutbar.

3. Anwendbarkeit des nemo tenetur-Prinzips zugunsten von Unternehmen auf Grundlage der naturalistischen Konzeptionen

Anhand des oben herausgearbeiteten Prüfungsmaßstabes[164] ist nunmehr zu klären, ob der Grundsatz nemo tenetur se ipsum accusare auch auf Unternehmen Anwendung finden kann, wenn er, wie beschrieben, auf den Gedanken der Unzumutbarkeit des Selbstbelastungskonflikts gestützt wird. Zu prüfen ist, ob sich die zugrundegelegte naturalistische Schutzidee des Grundsatzes gegenüber juristischen Personen in gleicher Weise verwirklichen kann wie gegenüber einer betroffenen natürlichen Person.

Auszuscheiden sind an dieser Stelle jedoch die Ansichten, die den nemo tenetur-Grundsatz einzig in der Garantie der Menschenwürde gewährleistet sehen. Aufgrund der generellen Nichtanwendbarkeit des Art. 1 I GG auf juristische Per-

---

163 Siehe SK-StPO-*Rogall*, Vor § 133 Rn. 132; *Stürner*, NJW 1981, 1757 f.
164 Siehe oben 2. Teil, D. I. 2. und 3.

sonen[165] ist auf dieser Basis die Geltung des nemo tenetur-Prinzips für Unternehmen nicht herzuleiten. Ein verfassungsrechtlich vorgegebener, eigener Selbstbelastungsschutz für Unternehmen bestünde danach folglich nicht.

Einer ausführlichen Betrachtung bedarf jedoch die Frage, ob sich die Anwendbarkeit des nemo tenetur-Satzes nach dem wohl herrschenden Verständnis im Sinne eines Rechts auf Selbsterhaltung als ein Bestandteil des allgemeinen Persönlichkeitsrechts (Art. 2 I, 1 I GG) begründen lässt. Hierzu finden sich bereits Stellungnahmen in Rechtsprechung und Literatur.

a) Vorhandensein eines eigenen Selbstschutzinteresses von Unternehmen

Voraussetzung für die Gewährleistung von Selbstbelastungsschutz zugunsten von juristischen Personen ist zunächst die Anerkennung eines eigenen Selbstschutzinteresses jener Verbände. Über einen natürlichen Selbsterhaltungstrieb können Unternehmen selbstverständlich nicht verfügen[166]. Jedoch haben sie als zielorientiert agierende Gebilde, die ihr Wirken vorwiegend anhand des Strebens nach Gewinn ausrichten, durchaus ein objektives Interesse, solche Tatsachen und Umstände, die eine Sanktionierung des Gesamtgebildes nach sich ziehen können, den Strafverfolgungsbehörden nicht offen legen zu müssen. Die beabsichtigte Wirkung der Sanktion[167] soll ja gerade mit Hilfe der Auferlegung von Nachteilen beziehungsweise „Übeln" erreicht werden, also durch Maßnahmen, welche sich für deren Empfänger als negativ erweisen sollen. Dann wird aber der Sanktionsadressat versucht sein, jenen Folgen zu entgehen. Das Streben nach Verhinderung der Nachteilszufügung ist somit im Wesen der Sanktion angelegt, ihr also mehr oder weniger immanent. Dies gilt auch für die hier fraglichen Konstellationen, in denen sich die Strafe (im weiteren Sinne) an ein Unternehmen richtet. Geht man nämlich bei der Bestrafung des Verbandes von einem selbständigen Sanktionseffekt im Hinblick auf das Unternehmen aus, so kann man umgekehrt schwerlich ein Interesse des Unternehmens an der Abwendung dieses Effekts abstreiten. Insbesondere treffen die meisten Sanktionsarten direkt dessen Vermögen. Damit stehen für das betroffene Unternehmen auch wirtschaftliche Interessen auf dem Spiel, also Interessen, die unproblematisch juristischen Personen zuerkannt werden können. Dies gilt zunächst für die bereits nach geltender Gesetzeslage existierende Verbandsgeldbuße nach § 30 OWiG sowie für die vielfach de lege ferenda geforderten „echten" Geldstrafen. Aber auch andere mögliche Sanktionen können durch eine damit verbundene Rufbeeinträchtigung zu Wettbewerbsnachteilen und Gewinnrückgängen führen, sich also ebenfalls vermögensmindernd niederschlagen. Geht es also für

---

165 *Jarass,* in: Jarass / Pieroth, Grundgesetz, Art. 1 Rn. 6; *Kunig,* in: v. Münch / Kunig, Grundgesetz, Art. 1 Rn. 11; *Zippelius,* in: Bonner Kommentar, Art. 1 Rn. 56.

166 *Drope,* Strafprozessuale Probleme, S. 195.

167 Vgl. oben 1. Teil, E. III. 5.

das betreffende Unternehmen (schon aus wirtschaftlichen Gründen) um die Verhinderung der Sanktionierung, so korrespondiert damit das Interesse, die sanktionsbegründenden Umstände nicht mitteilen zu müssen.

Dass sich dieses Abwehrbedürfnis dabei nur über die Organe des Verbandes aktualisieren kann, hindert nicht das Vorhandensein und die Begründung eigener Unternehmensinteressen. Es ist doch gerade wesenstypisch für eine juristische Person, dass sich deren Willensbildung und Handeln nur mit Hilfe der zuständigen Organe vollziehen kann. Trotz dieser Tatsache geht Art. 19 III GG von der Möglichkeit einer eigenen Grundrechtsträgerschaft von juristischen Personen aus[168]. Würde die Notwendigkeit der Einschaltung von Organen die Existenz eigener Interessen und einer eigenen Grundrechtsbetroffenheit ausschließen, so wäre ein Grundrechtsschutz für juristische Personen generell nicht denkbar. Eine derartige Schlussfolgerung ist aber durch die Vorschrift des Art. 19 III GG nicht zu begründen. Allein der Umstand, dass sich juristische Personen ihrer Organe bedienen müssen, um in Erscheinung treten zu können, hindert die Zuordnung eigener Interessen an den Verband nicht[169]. Dies gilt auch für das beschriebene Interesse, bestimmte Umstände, welche eine Unternehmenssanktion nach sich ziehen können, nicht offenbaren zu müssen.

b) Mangelnde Erfahrbarkeit der unzumutbaren Konfliktlage durch juristische Personen

Dieses vorhandene Selbstschutz- beziehungsweise Selbstbegünstigungsinteresse des Unternehmens ist aber nach der hier in Rede stehenden Zweckbestimmung für die Einbeziehung von Unternehmen in den Schutzbereich des nemo tenetur-Grundsatzes nicht ausreichend. Denn wie gezeigt, ist das Selbstbegünstigungsinteresse zwar Bezugspunkt des nemo tenetur-Satzes, wird aber nicht als solches geschützt. Nach der naturalistischen Begründung liegt Sinn und Zweck des nemo tenetur-Grundsatzes vielmehr in der Verhinderung einer dem Betroffenen unerträglichen, ja unzumutbaren Konfliktlage, sich selbst belasten zu müssen oder diesem Zwang nur durch Lüge entgehen zu können. Die mit der Selbstbelastung verbundene Zwangslage überfordere den Betroffenen in psychologischer Hinsicht. Wegen dieser unerträglichen Ausnahmesituation soll ein Selbstbezichtigungszwang nicht zugemutet werden dürfen[170].

Dem Gesichtspunkt der Unzumutbarkeit liegt im vorliegenden Zusammenhang somit eine rein psychologische Deutung zugrunde. Da aber juristische Personen über keine eigene Psyche verfügen, ist der Unzumutbarkeitsgedanke nicht auf sie übertragbar. Unternehmen können nicht in die beschriebene Zwangslage geraten, denn den Zwiespalt kann die Organisation nicht (subjektiv) erfahren beziehungs-

---

[168] Siehe oben 2. Teil, D. I. 2.
[169] Vgl. *Weiß*, JZ 1998, 289, 296.
[170] Siehe oben 2. Teil, D. II. 1.

weise erleben[171]. Eine psychologische Überforderung ist im Zusammenhang mit Unternehmen nicht denkbar. Sie sind nicht fähig, die Erniedrigung, die von der Selbstbelastung ausgehen soll, und den übermächtigen Motivationsdruck zu spüren. Weil sich aber nach dem hier in Frage stehenden naturalistischen Verständnis der Zweck des nemo tenetur-Prinzips darin erschöpft, den Betroffenen nicht dieser unerträglichen Zwangslage auszusetzen, können sich Unternehmen nicht darauf berufen.

Auch das Bundesverfassungsgericht[172] hat eine Erstreckung des Verbots strafrechtlichen Selbstbezichtigungszwangs nach Art. 19 III GG auf juristische Personen abgelehnt, weil jener „Zwiespalt, in den ein solcher Zwang den Einzelnen führt, vor allem aus Gründen der Menschenwürde vermieden werden" müsse, und damit an Eigenschaften anknüpfe, „die nur natürlichen Personen wesenseigen sein können"[173]. Insoweit ist die Nichteinbeziehung juristischer Personen in den Schutzbereich der Selbstbelastungsfreiheit die konsequente Folge der vom Gericht – ganz in Tradition seiner bisherigen Rechtsprechung[174] – zugrunde gelegten naturalistischen, aus dem allgemeinen Persönlichkeitsrecht abgeleiteten nemo tenetur-Konzeption[175].

In der Entscheidung sind aber darüber hinaus zusätzliche Argumente zur Begründung dieses Ergebnisses dargelegt, welche jedoch nicht vollends überzeugen können. So ist zunächst der Hinweis darauf, dass juristische Personen ihren Willen nur durch Organe bilden können, zumindest so pauschal nicht weiterführend. Denn wie bereits dargelegt, hindert dieses verbandstypische Phänomen prinzipiell nicht die Möglichkeit eigener Grundrechtsträgerschaft der juristischen Person[176].

---

171 Auch *Drope*, Prozessuale Probleme, S. 195. Ausführlich zu *Drope's* Ansatz noch unten 2. Teil, D. II. 3. d).

172 *BVerfGE* 95, 220 ff. In jenem Fall hatte das Gericht zu entscheiden, ob ein privater Rundfunkveranstalter durch ein Landesmediengesetz verpflichtet werden kann, bestimmte Sendungen aufzuzeichnen und diese Aufzeichnungen der Landesmedienanstalt vorzulegen (vgl. die §§ 37, 38 und 60 des Landesmediengesetzes von Baden-Württemberg i. d. F. v. 17. 3. 1992 [GBl. S. 189]; im Beschluss abgedruckt, a. a. O., S. 221 f.). Bezogen auf diese Mitwirkungspflichten rügte der Beschwerdeführer, ein als GmbH organisierter privater Rundfunkveranstalter, u. a. die Verletzung des durch Art. 2 I, 1 I GG verbürgten Rechtes, sich nicht selbst einer Straftat oder Ordnungswidrigkeit bezichtigen zu müssen (a. a. O., S. 226 f.).

173 *BVerfGE* a. a. O., S. 242; zustimmend *Dörr*, JuS 1998, 76, 78; *Di Fabio*, in: Maunz/Dürig, Grundgesetz, Art. 2 Abs. 1 Rn. 224 Fn. 3; *Huber*, in: v. Mangoldt/Klein/Starck, Grundgesetz, Art. 19 Rn. 333; *Jarass*, in: Jarass/Pieroth, Grundgesetz, Art. 2 Rn. 39; *Murswiek*, in: Sachs, Grundgesetz, Art. 2 Rn. 136 a; siehe auch bereits *Mäder*, Betriebliche Offenbarungspflichten, S. 302 f.

174 Siehe oben 2. Teil, D. II. 2. c).

175 „Der Einzelne solle vom Staat grundsätzlich nicht in eine Konfliktlage gebracht werden, in der er sich selbst strafbarer Handlungen oder ähnlicher Verfehlungen bezichtigen muss oder in Versuchung gerät, durch Falschaussagen ein neues Delikt zu begehen, oder wegen seines Schweigens in Gefahr kommt, Zwangsmitteln unterworfen zu werden." – so die Zweckbestimmung durch das *BVerfG*, a. a. O., S. 241.

176 Siehe oben 2. Teil, D. II. 3. a).

Weiter hat das Gericht ausgeführt, dass „gegen die juristische Person lediglich gemäß § 30 OWiG eine Geldbuße festgesetzt werden kann, die aber weder einen Schuldvorwurf noch eine ethische Missbilligung enthält, sondern einen Ausgleich für die aus der Tat gezogenen Vorteile schaffen soll"[177]. Mit dieser Sichtweise wird aber der Charakter der Verbandsgeldbuße des § 30 OWiG, welche nach geltender Rechtslage die nemo tenetur-relevante Gefährdungssituation des Unternehmens zustande bringt, nicht zutreffend erfasst. Denn die Verbandsgeldbuße stellt zwar auch, aber nicht nur eine Maßnahme der Vorteilsabschöpfung dar[178]. Dies wird zum einen durch die Existenz des Verfalls, der auch gegen juristische Personen angeordnet werden kann[179], deutlich. Die Abschöpfung von Gewinnen, welche aus Straftaten oder Ordnungswidrigkeiten herrühren, könnte allein mit Hilfe dieses Rechtsinstituts betrieben werden; der Verhängung einer Verbandsgeldbuße bedürfte es hierzu nicht. Zum anderen ist durch § 17 IV, § 30 III OWiG vorgesehen, dass die Geldbuße den durch die Ordnungswidrigkeit erlangten wirtschaftlichen Vorteil übersteigen soll. Beabsichtigt ist damit die Auferlegung eines eigenständigen, über die Vorteilsabschöpfung hinausgehenden Nachteils. Folglich handelt es sich bei der Verbandsgeldbuße (auch) um eine repressive Sanktion[180], die – wenn sie auch keine ethische Missbilligung ausdrückt – nicht ohne einen eigenen Schuld- beziehungsweise Ahndungsvorwurf an den Sanktionsadressaten, also das Unternehmen, auskommt[181]. Die Verbandsgeldbuße zählt daher zu den strafrechtlichen Sanktionen im weiteren Sinne. Solche strafähnlichen Sanktionen unterliegen grundsätzlich den strafrechtlichen Garantien[182]. Mit der Einordnung der Rechtsfolge in das Strafrecht im weiteren Sinne ist zwar nicht automatisch die Geltung des nemo tenetur-Grundsatzes für juristische Personen begründet, aber umgekehrt kann dessen Anwendbarkeit jedenfalls nicht lediglich mittels des Hinweises auf die Rechtsnatur der Verbandsgeldbuße ausgeschlossen werden.

Außerdem verweist das Bundesverfassungsgericht auf die nach derzeitiger Gesetzeslage lediglich bestehende Möglichkeit, Verbände mit einer Geldbuße nach § 30 OWiG, nicht aber mittels Kriminalstrafe sanktionieren zu können. Hierin sieht es eine „im Hinblick auf Straftaten und Ordnungswidrigkeiten nur eingeschränkte Verantwortlichkeit"[183]. Aber auch wenn juristische Personen derzeit nicht uneingeschränkt mit strafrechtlichen Sanktionen belegt werden können, so sind sie von strafrechtlicher Haftung nicht gänzlich ausgeschlossen. Die verbleibende Verantwortlichkeit nach § 30 OWiG müsste doch daher vielmehr Anlass dazu sein, die

---

[177] *BVerfGE* a. a. O., S. 242.

[178] *Dannecker,* ZStW 111 (1999), 256, 285; *Schuler,* JR 2003, 265, 268; *Weiß,* JZ 1998, 289, 295.

[179] § 73 III StGB; § 29 a II OWiG, hierzu oben 1. Teil, A. III. 2.

[180] Siehe oben 1. Teil, A. II. 1.

[181] Siehe oben 1. Teil, A. II. 4.

[182] *Dannecker,* ZStW 111 (1999), 256, 285; *Göhler,* OWiG, Vor § 1 Rn. 10.

[183] *BVerfGE* a. a. O., S. 242.

Zuerkennung von Selbstbelastungsfreiheit in Erwägung zu ziehen, anstatt einen derartigen Schutz per se zu versagen[184]. Umgekehrt würde jenes Argument dazu führen, dass das nemo tenetur-Prinzip auch zugunsten von juristischen Personen eingreift, sobald der Gesetzgeber eine echte Unternehmensstrafbarkeit, und damit eine uneingeschränkte Verantwortlichkeit, statuiert hätte[185]. Solch eine Konsequenz stünde aber im Widerspruch zur hier in Rede stehenden naturalistischen Zweckbestimmung des Selbstbelastungsprivilegs. Selbst bei umfassender strafrechtlicher Inanspruchnahme des Unternehmens, könnte es die beschriebene Konfliktlage nicht erleben. Auch mit dem Umstand, dass die Gewährleistung des Schutzes vor allem aus Gründen der Menschenwürde erfolgen soll[186], wäre dies nicht zu vereinbaren.

Schließlich ist der Entscheidung des Bundesverfassungsgerichts die mangelnde Befassung mit der Rechtssprechung des EGMR vorzuwerfen[187]. Gleiches gilt im Hinblick auf die Praxis zur Handhabung des Selbstbelastungsschutzes von Unternehmen im europäischen Kartellverfahren durch die Gemeinschaftsgerichte beziehungsweise durch die Kommission[188].

Entscheidendes Argument für den Ausschluss juristischer Personen aus dem Anwendungsbereich des nemo tenetur-Grundsatzes bleibt bei Zugrundelegung der traditionellen Sichtweise folglich die Unfähigkeit des Verbandes, die unzumutbare Konfliktlage selbst zu erfahren.

c) Nemo tenetur-Schutz des Unternehmens aufgrund einer unzumutbaren Zwangslage in Person der Organe?

Kann sich also die Zwangssituation nicht bei der juristischen Person selbst einstellen, so fragt sich, ob nicht auf die eventuelle Empfindung einer Zwangslage beziehungsweise eines Gewissenskonflikts der Organe abgestellt werden könnte. Auf diese Weise versucht *Weiß*, die Gewährleistung von Selbstbelastungsschutz für juristische Personen mit den naturalistischen nemo tenetur-Konzepten in Einklang zu bringen. Aufgabe der Vertreter des Verbandes sei es, dessen Interessen zu wahren. Dürfen sie in Situationen möglicher Belastung des Unternehmens jedoch nicht schweigen, müssten sie folglich entgegen den Verbandsinteressen handeln. Somit stelle sich in deren Person der maßgebliche Konflikt ein[189]. Da aber juris-

---

[184] Vgl. *Weiß*, JZ 1998, 289, 296.

[185] Vgl. *Drope*, Strafprozessuale Probleme, S. 201.

[186] *BVerfGE* 95, 220, 242.

[187] Vgl. dazu bereits oben 2. Teil, B.

[188] Vgl. *Minoggio*, Wirtschaftsunternehmen als Nebenbeteiligter, S. 77; *ders.*, wistra 2003, 121, 127.

[189] *Weiß*, JZ 1998, 289, 296; auch *Dannecker*, ZStW 111 (1999), 256, 287; *Schuler*, JR 2003, 265, 268.

tische Personen ihrem Wesen gemäß Willensbildung und Handeln stets nur unter Einschaltung vertretungsberechtigter Personen vollziehen können, sei für die Begründung der Anwendbarkeit des nemo tenetur-Grundsatzes deren Konflikt ausreichend und entscheidend. Außerdem sei Fehlverhalten des Unternehmens stets eigenes Fehlverhalten der Organe. Müssen sie unternehmensbelastende Umstände einräumen, so gehe damit zwangsläufig die Verpflichtung, auch eigenes strafbegründendes Verhalten eingestehen zu müssen, einher[190].

Wie soeben gezeigt, hindert zwar der Umstand, dass juristische Personen nur mit Hilfe ihrer Organe ihren Willen bilden und handeln können, nicht die Zuordnung eigener Rechte beziehungsweise Interessen an die Organisation[191]. Diese Tatsache befreit jedoch nicht von der Notwendigkeit, die jeweils in Frage stehenden Rechte entsprechend ihrem Inhalt für die juristische Person originär zu begründen. Von der Zuordnung eigener, originärer Rechte des Verbandes ist aber die Wahrnehmung dieser Rechte durch die Unternehmensvertreter abzugrenzen. Aus der generellen Wahrnehmungsmöglichkeit kann nicht die Existenz des wahrzunehmenden Rechtes selbst geschlossen werden. Für die Anwendbarkeit des nemo tenetur-Satzes auf juristische Personen ist folglich nicht entscheidend, dass ein eventuelles Schweigerecht des Unternehmens durch die Verbandsorgane ausgeübt werden könnte[192]. Vielmehr gilt es zunächst das Recht selbst, also hier die Anwendbarkeit des nemo tenetur-Grundsatzes nach der hier in Rede stehenden Zweckbestimmung, zu begründen. Wenn aber nach dem naturalistischen nemo tenetur-Verständnis die unzumutbare Zwangslage den Grundrechtsschutz erst ausmacht, ist der Schutz der juristischen Person versperrt, weil diese konstituierende Voraussetzung bei ihr selbst nicht vorliegen kann. Ein Abstellen auf den Zwiespalt bei den vertretungsberechtigten Personen würde eine lediglich abgeleitete Grundrechtsträgerschaft des Verbandes bedeuten. Von der nur mittelbaren Betroffenheit würde auf die Anwendbarkeit des Grundrechts auf die juristische Person geschlossen. Stellt man auf die Befindlichkeiten der Unternehmensangehörigen ab, so ließe sich letztlich die Anwendbarkeit eines jeden Grundrechts, auch die der Menschenwürdegarantie, begründen[193]. Art. 19 III GG gewährt aber nicht nur, sondern verlangt auch, eine selbständige Grundrechtsbetroffenheit des Verbandes.

Unbeachtlich für die Begründung der Geltung des nemo tenetur-Prinzips für Unternehmen ist schließlich auch jenes Argument von *Weiß*, dass die Organe möglicherweise eigenes sanktionsbegründendes Fehlverhalten einräumen müssten. In solchen Konstellationen, in denen die Gefahr einer Bestrafung des Organs als natürliche Person im Raum steht, muss auf jeden Fall dessen Selbstbelastungsschutz sichergestellt werden. Dies resultiert aber aus eigener natürlicher Betroffen-

---

190 *Weiß*, JZ 1998, 289, 296; auch *Schuler*, JR 2003, 265, 268.

191 So *Weiß*, JZ 1998, 289, 296; siehe auch die bereits vorangegangenen Ausführungen 2. Teil, D. II. 3. a).

192 So aber die Begründung von *Weiß*, JZ 1998, 289, 296.

193 *Schlüter*, Strafbarkeit von Unternehmen, S. 118.

heit, unabhängig von der Schutzsituation des Unternehmens[194]. Wenn sich die Mitwirkungsverweigerung eines Organs ebenfalls schützend auf das Unternehmen auswirkt, so stellt dies lediglich einen Reflex der Freiheit von Selbstbelastungszwang der natürlichen Person dar, kann aber eigenen Grundrechtsschutz der juristischen Person nicht begründen.

d) Selbstbelastungsschutz für Unternehmen aufgrund der Anerkennung einer eigenen Strafrechtspersönlichkeit von Verbänden durch die Statuierung von Verbandsstrafen?

Möglicherweise ergeben sich aus der Statuierung einer Verbandsstrafbarkeit Rückwirkungen auf die Verfahrensposition des betroffenen Unternehmens. *Schlüter*[195] und *Drope*[196] haben besonderes Augenmerk auf die Stellung als Sanktionsadressaten gerichtet und versucht, aus der gesetzgeberischen Anerkennung der Straffähigkeit von Verbänden die Geltung des nemo tenetur-Grundsatzes für Unternehmen abzuleiten.

aa) Begründung der (teilweisen) Geltung des nemo tenetur-Grundsatzes für Verbände durch *Schlüter* und *Drope*

Unter Hinweis auf die überwiegende Ansicht in Literatur und Rechtsprechung verortet *Schlüter* das nemo tenetur-Prinzip in das allgemeine Persönlichkeitsrecht. Dieses Grundrecht und damit auch den nemo tenetur-Grundsatz unterteilt er dabei in einen durch seinen Menschenwürdegehalt bestimmten Kernbereich und in den Bereich einer Privatsphäre im Sinne des allgemeinen Persönlichkeitsrechts[197]. Da aber menschliche Würde Verbänden nicht zukommen kann, müssten „solche Schutzwirkungen des allgemeinen Persönlichkeitsrechts, die auf den Menschenwürdegehalt dieses Grundrechts zurückzuführen sind, gegenüber juristischen Personen unberücksichtigt bleiben"[198]. Grundlage von Selbstbelastungsschutz von Unternehmen sei daher ein „um den Menschenwürdegehalt beschnittenes Persönlichkeitsrecht aus Art. 2 I GG"[199]. Das Persönlichkeitsrecht der juristischen Person sei aber von den ihr entsprechend ihrem Betätigungsfeld zugewiesenen Funktionen abhängig[200]. Diese Funktionszuweisung erfolge einerseits durch die den Verband bildenden natürlichen Personen, andererseits aber auch durch die Rechtsord-

---

[194] Vgl. dazu näher unten 3. Teil, A. II. 4.

[195] Die Strafbarkeit von Unternehmen in einer prozessualen Betrachtung, S. 100 ff.

[196] Strafprozessuale Probleme bei der Einführung einer Verbandsstrafe, S. 176 ff.

[197] *Schlüter,* a. a. O., S. 106.

[198] *Schlüter,* a. a. O., S. 108.

[199] *Schlüter,* a. a. O., S. 108; vgl. zur alleinigen Verankerung in Art. 2 I GG auch *BVerfG* NJW 2002, 3619, 3622.

[200] *Schlüter,* a. a. O., S. 109 f.

nung[201]. Der Gesetzgeber könne folglich durch die Ausstattung des Unternehmens mit bestimmten Rechten und Pflichten eine spezifisch unternehmensbezogene Persönlichkeit anerkennen[202]. *Schlüter* leitet nun solch eine Anerkennung von Unternehmenspersönlichkeit bei Statuierung strafbewehrter Verhaltenspflichten aus der Geltung des Schuldgrundsatzes ab. Der Vorwurf schuldhaften Verhaltens setze notwendigerweise ein Urteil über die Persönlichkeit des Sanktionsadressaten voraus. Folglich seien Unternehmenssanktionen, welche einen Schuldvorwurf erheben, nur begründbar, wenn der juristischen Person eine Persönlichkeit zuerkannt wird. Mit Errichtung einer auf dem Schuldprinzip beruhenden Verbandsstrafbarkeit würde der Gesetzgeber folglich eine Unternehmenspersönlichkeit im Bereich des Strafrechts anerkennen[203]. Diese Anerkennung im materiellen Strafrecht erfordere aber auch Beachtung der Unternehmenspersönlichkeit im Strafverfahren[204]. Stellt somit der Schuldspruch einen Eingriff in das Persönlichkeitsrecht der juristischen Person dar, so werde „durch die Pflicht zur Mitwirkung an der Begründung des Urteils eine ‚grundrechtstypische‘[], mit der Situation natürlicher Personen vergleichbare Gefährdungslage verursacht"[205]. Folglich sei hiernach der Schutzbereich des auf das allgemeine Persönlichkeitsrecht gestützten nemo tenetur-Grundsatzes auch für juristische Personen eröffnet.

Auch *Drope* hat im Anschluss an *Schlüter* die prinzipielle Geltung des nemo tenetur-Prinzips für juristische Personen als Folge der Statuierung einer Verbandsstrafbarkeit begründet[206]. Da die Konstruktion einer Verbandsstrafe „bei der juristischen Person eine ‚Persönlichkeit‘ mit quasi-sittlichem Geltungsanspruch" voraussetze, sei es nur konsequent, „diese ‚Persönlichkeit‘ auch bei der Frage nach dem Grundrechtsschutz zu berücksichtigen"[207]. Aufgrund der beabsichtigten, besonderen Belastungswirkung der Verbandsstrafe[208] hält sie eine Betrachtungsweise für möglich, „wonach auch eine juristische Person einen Prozess als ‚Stress‘, also besondere Belastung ‚empfinden‘ und ihr deswegen nicht zugemutet werden kann, diesen einschneidenden Nachteil auch noch ‚selbst‘, das heißt durch ihre für sie handelnden Vertreter, herbeizuführen"[209].

---

201 *Schlüter*, a. a. O., S. 110.

202 *Schlüter*, a. a. O., S. 110 f.

203 *Schlüter*, a. a. O., S. 112 f.

204 *Schlüter*, a. a. O., S. 114.

205 *Schlüter*, a. a. O., S. 119.

206 *Drope*, Strafprozessuale Probleme bei der Einführung einer Verbandsstrafe, S. 195 ff.

207 *Drope*, a. a. O., S. 199.

208 Gemeint sind hier nur Kriminalstrafen, deren besondere Belastungswirkung in der ausgesprochenen ethischen Missbilligung bestehe. *Drope* nimmt folglich eine qualitative Abgrenzung zwischen Strafen i. e. S. und Ordnungswidrigkeiten vor. Insoweit konsequent stellt sie fest, dass bei Zugrundelegung einer quantitativen Abgrenzung die Geltung des nemo tenetur-Satzes auch im Hinblick auf eine drohende Geldbuße nach § 30 OWiG bejaht werden müsse, a. a. O., S. 201.

209 *Drope*, a. a. O., S. 199.

Aufgrund des um den Menschenwürdegehalt verkürzten Persönlichkeitsschutzes gelangen sowohl *Schlüter* als auch *Drope* zu einer nur relativen Geltung des nemo tenetur-Grundsatzes, soweit es um dessen Anwendbarkeit zugunsten von Unternehmen geht[210]. Es ist danach möglich, die Schutzinteressen des Unternehmens und das öffentliche Strafverfolgungsinteresse gegeneinander abzuwägen[211].

Schlüter nimmt dabei das funktionalistische Verständnis des allgemeinen Persönlichkeitsrechts von Unternehmen zum Ausgangspunkt, um die Reichweite der unternehmensbezogenen Selbstbelastungsfreiheit festzulegen. Da der Persönlichkeitsschutz juristischer Personen von einer entsprechenden Funktionszuweisung abhänge und diese Zuweisung durch den jeweiligen Unternehmensstraftatbestand erfolge, werde der Persönlichkeitsschutz zugleich durch die im Straftatbestand formulierten Verhaltensgebote begrenzt. Die Reichweite des nemo tenetur-Grundsatzes sei daher „abhängig vom Zusammenhang des konkreten Beweisthemas zum strafrechtlichen Vorwurf"[212]. Folglich dürften Unternehmen die Mitwirkung an der Aufklärung solcher Umstände, die im unmittelbaren Zusammenhang mit dem strafrechtlichen Vorwurf der Verbandspflichtverletzung stehen[213], verweigern. Demgegenüber bestehe aber eine Mitwirkungspflicht des Unternehmens bei so genannten Rahmentatsachen[214], also Informationen, die keine unmittelbare Beziehung zum Vorwurf aufweisen[215].

Demgegenüber will *Drope* den Bereich des nemo tenetur-Satzes, auf den sich Verbände berufen können, anhand des Kriteriums der Schwere der Tat bestimmen. Zwar steige das Interesse des Unternehmens, nicht an der eigenen Strafverfolgung mitzuwirken, ebenso wie die damit verbundene „Stresssituation", mit zunehmender Schwere der vorgeworfenen Tat[216]. Jedoch nehme auch das öffentliche Interesse an der Wahrheitserforschung zu, sofern es um die Verfolgung schwerer Straftaten geht[217]. Da juristischen Personen mangels Menschenwürde ein abwägungsfreier Kern des Schutzes vor Selbstbezichtigungszwang nicht zukomme, könne dem Interesse an der Verfolgung schwerer Straftaten ein stets höheres Schutzbedürfnis des Verbandes nicht entgegengehalten werden[218]. Allerdings soll ein insoweit zulässiger Mitwirkungszwang nur dann auferlegt werden dürfen, wenn die

---

[210] *Drope,* a. a. O., S. 202; *Schlüter,* a. a. O., S. 124.

[211] *Drope,* a. a. O., S. 206; *Schlüter,* a. a. O., S. 124.

[212] *Schlüter,* a. a. O., S. 129.

[213] Als Beispiele nennt *Schlüter* Fragen bzgl. Kenntnisnahme betriebstypischer Gefahrenquellen, Angaben zu Sicherungs-, Organisations- und Kontrollmaßnahmen oder zum Weisungs- und Informationsfluss im Unternehmen (vgl. S. 136 f.).

[214] Hierunter fällt nach *Schlüter* v. a. das „‚Zahlenmaterial', das Grundlage der handels- und steuerrechtlichen Bilanzierung ist" (vgl. S. 138).

[215] *Schlüter,* a. a. O., S. 135 ff.

[216] *Drope,* a. a. O., S. 207.

[217] *Drope,* a. a. O., S. 208 mit Fn. 594 unter Hinweis auf die Rechtsprechung des Bundesverfassungsgerichts.

[218] *Drope,* a. a. O., S. 209, auch S. 206.

Strafverfolgungsbehörden nicht über andere Möglichkeiten zur Aufklärung des Sachverhaltes verfügen[219].

bb) Kritik und Stellungnahme

Verdichtet man beide Ansichten auf ihren wesentlichen Argumentationsgang, so liegt ihnen folgender Begründungszusammenhang zugrunde: Wenn der Gesetzgeber die Strafbarkeit von Verbänden und damit deren Fähigkeit, Adressat strafrechtlicher Sanktionen sein zu können, anerkennt, folgt hieraus die (zumindest eingeschränkte) Geltung des nemo tenetur-Grundsatzes. Selbstbelastungsschutz wird damit aufgrund der formalen Verfahrensstellung des Unternehmens gewährt[220]. Beiden Ansichten ist darin Recht zu geben, dass die Etablierung einer Verbandsstrafbarkeit Auswirkungen auf die Ausgestaltung des Strafverfahrens entfalten muss. Die Begründung einer materiellen Strafbarkeit ohne Zuerkennung flankierender Verfahrensrechte würde tatsächlich den „Eindruck der gesetzgeberischen Beliebigkeit"[221] hinterlassen und erhebliche Schwierigkeiten aufwerfen, das Verbandsstrafverfahren zu legitimieren[222]. Dies bedeutet jedoch nicht, dass sämtliche prozessuale Rechte des Individualstrafverfahrens auch juristischen Personen zukommen müssen. Ein Automatismus, dass aus der Sanktionsadressatenstellung die Geltung strafprozessualer Prinzipien des Individualverfahrens auch für kollektive Sanktionssubjekte folgt, muss jedenfalls dann an seine Grenze geraten, wenn dem in Frage stehenden Prinzip eine Zweckbestimmung zugrunde liegt, die sich einzig gegenüber natürlichen Personen realisieren kann. Der Schluss von der Stellung als Sanktionsadressat auf die Geltung des nemo tenetur-Satzes ist folglich nur dann begründbar, wenn dessen Ratio einer Anwendbarkeit auf Verbände nicht entgegen steht.

Obwohl *Schlüter* betont, dass die wesensgemäße Anwendbarkeit nach Art. 19 III GG anhand der speziellen Freiheitsidee des betreffenden Grundrechts zu überprüfen ist[223], stellt er nicht auf die Idee des nemo tenetur-Grundsatzes ab, sondern prüft letztlich, ob das allgemeine Persönlichkeitsrecht als solches auf juristische Personen anwendbar ist: „Das allgemeine Persönlichkeitsrecht gewährleiste zum Schutze einer persönlichen Lebenssphäre einen Geheim- und Privatbereich. Diese (...) Freiheitsidee müsste juristischen Personen zugänglich sein, um eine Anwendung von nemo tenetur im Strafverfahren gegen Unternehmen begründen zu können"[224]. Es ist aber bereits fraglich, ob mit dieser rein sphärischen Bestimmung

---

[219] *Drope,* a. a. O., S. 209.

[220] Vgl. hierzu *Drope,* a. a. O., S. 168, 175, 176.

[221] *Drope,* a. a. O., S. 199.

[222] Zum Gesichtspunkt der notwendigen Legitimation des Strafverfahrens, siehe unten 3. Teil, D. IV. 7. d).

[223] Vgl. *Schlüter,* a. a. O., S. 106 f.

[224] *Schlüter,* a. a. O., S. 107.

die Schutzidee des allgemeinen Persönlichkeitsrechts umfassend beschrieben ist[225]. Davon abgesehen unterlässt es *Schlüter* darzulegen, inwieweit der nemo tenetur-Grundsatz dieser allgemeinen Schutzidee entspricht. Letztlich ist aber das allgemeine Persönlichkeitsrecht als ganzes auch nicht der entscheidende Maßstab. Denn selbst wenn man das allgemeine Persönlichkeitsrecht auf juristische Personen prinzipiell für anwendbar hält[226], bedeutet dies nicht, dass dessen spezielle Freiheitsgewährleistungen sämtlich für Verbände Geltung erlangen können. Maßgeblich für die Beurteilung der wesensgemäßen Anwendbarkeit nach Art. 19 III GG ist vielmehr die Eigenart der jeweiligen Schutzverbürgung. Diese muss nicht für jedes Grundrecht einheitlich ausfallen[227]. Gerade das allgemeine Persönlichkeitsrecht verfügt über mehrere, verschiedenartige Einzelausprägungen[228]. Im Rahmen des Art. 19 III GG ist daher zu prüfen, ob die konkret betroffene Gewährleistung – hier also das nemo tenetur-Prinzip – wesensgemäß anwendbar ist. Entscheidend ist daher, ob der spezielle Schutzgedanke, der das nemo tenetur-Prinzip trägt, juristischen Personen zugänglich ist[229].

Bei *Schlüter* bleibt die spezifische Freiheitsidee des nemo tenetur-Grundsatzes jedoch diffus. Der pauschale Hinweis auf den Schutz eines Geheim- beziehungsweise Privatbereichs[230] vermag den nemo tenetur-Satz nicht zu erklären. Richtig ist zwar, dass dieser Grundsatz zur Geheimhaltung bestimmter Umstände berechtigt. Damit ist aber nicht dargelegt, warum diese Umstände nicht offen gelegt werden müssen. Im Rahmen des nemo tenetur-Satzes ist die Information gerade nicht als solche geschützt. Sie darf nur nicht mittels Zwang vom Betroffenen gewonnen werden. Durch andere Ermittlungsmaßnahmen der Strafverfolgungsorgane kann die relevante Tatsache ja durchaus aufgeklärt und ins Verfahren eingeführt wer-

---

[225] Siehe z. B. *Kau,* Vom Persönlichkeitsschutz, S. 63 ff., insb. S. 68 f.; auch *Jarass,* in: Jarass / Pieroth, Grundgesetz, Art. 2 Rn. 30 ff. m. w. N.

[226] Ob sich juristische Personen auf das allgemeine Persönlichkeitsrecht berufen können, wird nicht einheitlich beantwortet, vgl. zum Streitstand z. B. *Di Fabio,* in: Maunz / Dürig, Grundgesetz, Art. 2 Abs. 1 Rn. 224; *Dreier,* in: Dreier, Grundgesetz, Art. 2 I Rn. 56; *Jarass,* in: Jarass / Pieroth, Grundgesetz, Art. 2 Rn. 39; *Kunig,* in: v. Münch / Kunig, Grundgesetz, Art. 2 Rn. 39 je m. w. N. (auch zur zivilrechtlichen Literatur und Rechtsprechung, welche die Anwendbarkeit überwiegend bejahen). Das *BVerfG* hat diese Frage bislang ausdrücklich offengelassen, *BVerfG* NJW 1994, 1784; *BVerfG*E 95, 220, 242; *BVerfG* NJW 2002, 3619, 3622. Ausführlich zum Ganzen insb. *Jarass,* NJW 1989, 857, 860; *Kau,* Vom Persönlichkeitsschutz, S. 94 ff., 102 ff. Eine „ganz überwiegende Ansicht" – wie von *Schlüter* behauptet (a. a. O., S. 107) –, welche das allgemeine Persönlichkeitsrecht auf juristische Personen in dem Umfang anwende, „wie es nicht wesenhaft mit natürlichen Personen verbunden ist", ist daher nicht ersichtlich, kritisch auch *Drope,* Strafprozessuale Probleme, S. 190 Fn. 500.

[227] *Sachs,* Verfassungsrecht II, A 6 Rn. 67; *v. Mutius,* in: Bonner Kommentar, Art. 19 III Rn. 157.

[228] Z. B. Recht am eigenen Bild, am eigenen Wort, Ehrschutz, Recht auf informationelle Selbstbestimmung, vgl. hierzu nur *Degenhart,* JuS 1992, 361; *Kunig,* in: v. Münch / Kunig, Grundgesetz, Art. 2 Rn. 32 ff.

[229] Siehe ausführlich oben 2. Teil, D. I. 2. und 3.

[230] Vgl. *Schlüter,* a. a. O., S. 107.

den[231]. Die Befugnis zur Geheimhaltung ist daher Folge, nicht aber Grund des nemo tenetur-Prinzips.

Wenn *Schlüter* bei seinen Ausführungen auf die herrschende Ansicht in Literatur und Rechtssprechung verweist[232], legt er stattdessen – unausgesprochen – ein nemo tenetur-Verständnis zugrunde, welches in der Vermeidung der mit einem Selbstbelastungszwang einhergehenden unzumutbaren Zwangslage die maßgebliche Freiheitsidee erblickt. Nach dieser Konzeption erschöpft sich der nemo tenetur-Satz jedoch vollends in diesem naturalistischen, menschenwürdcorientierten Gesichtspunkt der Unzumutbarkeit. Wie gezeigt, ist dieser aber gerade nicht auf Unternehmen anwendbar[233]. Streicht man diesen Grundgedanken, so bleibt von der nemo tenetur-relevanten Gefährdungslage nichts übrig. Die von *Schlüter* beabsichtigte Reduktion um den Menschenwürdegehalt des nemo tenetur-Satzes führt mithin zum Verlust seines Schutzzwecks und läuft damit ins Leere. *Schlüter's* Ansatz, die Anwendbarkeit des nemo tenetur-Grundsatzes über die Geltung des Schuldprinzips zu begründen, steht daher – entgegen seiner Behauptung[234] – auch nicht mit dem Urteil des Bundesverfassungsgerichts zu den landesmediengesetzlichen Mitwirkungspflichten[235] im Einklang. Zwar hat das Gericht in zweifelhafter Weise die Verbandsgeldbuße als Maßnahme ohne Schuldvorwurf eingeordnet[236] und dadurch die Tragfähigkeit der Begründung seines ablehnenden Ergebnisses abgeschwächt[237]. Nichtsdestotrotz verbleibt das entscheidende Argument, dass Unternehmen den – jedenfalls bei naturalistischem Verständnis – dem nemo tenetur-Satz zugrunde liegenden, unzumutbaren Zwiespalt nicht erfahren können[238].

Während *Schlüter* also den naturalistischen Schutzgrund des von ihm zugrundegelegten nemo tenetur-Verständnisses ausblendet, erkennt *Drope* ausdrücklich die Vermeidung der mit der Selbstbezichtigung einhergehenden Konfliktlage als Sinnbestimmung des nemo tenetur-Satzes an[239]. Zunächst stellt sie zutreffend fest, dass weder eine Konfliktsituation noch eine seelische Zwangslage korporativ betätigt werden kann und es dem Verband an einem „Selbsterhaltungstrieb im natürlichen Sinne" fehlt[240]. Nicht überzeugen kann jedoch, wenn sie dieses Hindernis zur

---

231 *Bosch*, Aspekte des nemo-tenetur-Prinzips, S. 53; *Lorenz*, GA 1992, 254, 267; *ders.*, JZ 1992, 1000, 1006; *Reiß*, Besteuerungsverfahren, S. 166; *Verrel*, Selbstbelastungsfreiheit, S. 261. Vgl. auch *Schneider*, Selbstbegünstigungsprinzip, S. 47 f.

232 Vgl. *Schlüter*, a. a. O., S. 102 f. sowie dessen Hinweise auf *BVerfG*E 95, 220 ff., a. a. O., S. 107 f. u. 114.

233 Siehe oben 2. Teil, D. II. 3. b).

234 *Schlüter*, a. a. O., S. 114.

235 *BVerfG*E 95, 220 ff., siehe hierzu oben 2. Teil, D. II. 3. b).

236 Ob das Gericht damit die Verbandsgeldbuße wirklich als rein verwaltungsrechtliche Maßnahme charakterisiert hat – so *Schlüter*, a. a. O., S. 114 – mag hier dahingestellt bleiben.

237 Zur Kritik siehe oben 2. Teil, D. II. 3. b).

238 Mit diesem Argument setzt sich *Schlüter* leider nicht auseinander.

239 *Drope*, a. a. O., S. 187 f.

240 *Drope*, a. a. O., S. 195.

Begründung der nemo tenetur-Geltung für Unternehmen dadurch überwinden will, indem sie aus der beabsichtigten Wirkung der Unternehmensstrafe ableitet, Verbände könnten als Einheiten betrachtet werden, die „einen Prozess als ‚Stress', als besondere Belastung ‚empfinden'" könnten[241]. Der nemo tenetur-Grundsatz knüpft nach der zugrundegelegten naturalistischen Konzeption mit der unzumutbaren Zwangslage an natürliche, psychische Befindlichkeiten an. Solche können aber nicht durch eine gesetzgeberische Entscheidung zuerkannt werden. Es ist vielmehr notwendig, dass der Sanktionsadressat in der Lage ist, diese Umstände selbst zu erleben. *Drope* lässt dagegen lediglich eine „Betrachtungsweise (. . .), wonach eine juristische Person einen Prozess als ‚Stress', als besondere Belastung ‚empfinden'" könne, ausreichen, um die nemo tenetur-Geltung auszulösen. Der Verband kann also keinen Stress empfinden, wird aber so betrachtet, als sei er dazu in der Lage[242]. Die Empfindungsfähigkeit wird daher nicht beim Verband selbst nachgewiesen, sondern als Folge eines gesetzlichen Wertungsaktes zugeschrieben. Die Eigenschaften beziehungsweise Fähigkeiten, an die der jeweilige Grundrechtsschutz anknüpft, müssen aber bei dem fraglichen Grundrechtsträger selbst vorliegen. Ersetzt man diese Voraussetzung durch Zuschreibung, so könnte letztlich jedes Grundrecht, auch die Menschenwürde, juristischen Personen zuerkannt werden. Die Wirkung der Unternehmenssanktion ändert an diesem Ergebnis nichts. Zwar lässt sich aus der beabsichtigten Sanktionswirkung ein eigenes Sanktionsabwehr-, also ein eigenes Selbstschutzinteresse des Unternehmens begründen[243]. Wie aber bereits mehrfach dargelegt, genügt nach dem herrschenden Verständnis das Selbstschutzinteresse allein nicht, um den nemo tenetur-Schutz auslösen zu können. Entscheidend ist danach die unzumutbare Zwangslage, in der sich der Mitwirkungspflichtige befinden soll. Und diese können Unternehmen eben nicht erleben. Im Übrigen ist es widersprüchlich, wenn eine Konfliktsituation, eine seelische Zwanglage von juristischen Personen nicht erfahrbar sein soll, „Stress" dagegen empfunden werden können soll. Auch dem Versuch *Drope's,* den Anwendungsbereich des nemo tenetur-Grundsatzes auf naturalistischer Basis für juristische Personen zu öffnen, kann daher nicht gefolgt werden.

Selbst wenn man den Schutzbereich des nemo tenetur-Prinzips betroffen sieht, erscheinen die vorgebrachten Kriterien zur Einschränkbarkeit der Selbstbelastungsfreiheit fragwürdig. Problematisch erweist sich zunächst der von *Drope* vorgeschlagene Aspekt der Schwere der Straftat. Es ist zuzugeben, dass das öffentliche Interesse an der Wahrheitserforschung steigt, je gravierender sich die zu verfolgende Straftat darstellt. Auch das Bundesverfassungsgericht hat mehrfach die Schwere der Tat als Abwägungspunkt zwischen Individualinteressen des Beschuldigten und dem staatlichen Strafverfolgungsinteresse genannt und dabei betont, dass die „wirksame Aufklärung gerade schwerer Straftaten (. . .) ein wesentlicher

---

241 *Drope*, a. a. O., S. 195; siehe auch bereits die obigen Ausführungen.

242 Bezeichnenderweise stehen die nur Menschen wesenseigenen Eigenschaften bzw. Fähigkeiten auch in Anführungszeichen.

243 Siehe oben 2. Teil, D. II. 3. a).

Auftrag eines rechtsstaatlichen Gemeinwesens" sei[244]. Mit zunehmender Schwere des strafrechtlichen Vorwurfs steigt aber gleichfalls das Interesse des Unternehmens, nicht an der Aufklärung mitwirken zu müssen[245]. Wollte man aber dem Aufklärungsinteresse bei der Verfolgung schwerer Kriminalität den Vorrang einräumen, so hieße das, dem Unternehmen den Selbstbelastungsschutz gerade in den Situationen zu versagen, in denen der Verband am schutzbedürftigsten ist. Geht es dagegen um die Verfolgung nur leichterer Vergehen, so sinkt sowohl das öffentliche Aufklärungsinteresse als auch das Schutzinteresse des Verbandes. Die Schwere beziehungsweise die Geringfügigkeit der Tat beeinflusst folglich gleichermaßen das öffentliche wie das individuelle Interesse. Keines der kollidierenden Interessen vermag daher durch die Tatschwere gegenüber des jeweils anderen an besonderer Bedeutung gewinnen. Das Kriterium der Schwere der Tat ist daher ungeeignet, um eine Einschränkung der Selbstbelastungsfreiheit des Unternehmens begründen zu können[246].

Nicht überzeugen kann aber auch *Schlüter's* Ergebnis, dass die betroffenen Unternehmen ihre Mitwirkung zur Sachverhaltsaufklärung nur bezüglich der in unmittelbarem Zusammenhang mit dem strafrechtlichen Vorwurf stehenden Tatsachen verweigern dürften. Die insoweit notwendige Abgrenzung zwischen Informationen, welche den Vorwurf unmittelbar betreffen, und Rahmentatsachen ist zu unpräzise. Es ist durchaus denkbar, dass viele einzelne Rahmentatsachen mosaikartig den strafrechtlichen Vorwurf begründen beziehungsweise erhärten können. Unter Umständen entscheidet dann das Ermittlungsgeschick der Strafverfolgungsbehörden, ob die Mitwirkung verweigert werden darf oder nicht[247]. Letztlich haben alle im Strafverfahren auftretenden Fragen, sei es nun unmittelbar oder mittelbar, Relevanz für die Aufklärung des Tatgeschehens[248]. Im Sinne größtmöglicher Rechtssicherheit ist stattdessen ein einheitlich ausfallender Selbstbelastungsschutz der Unternehmen anzustreben.

Nach alledem ist festzuhalten, dass sich auch allein aus der Zuerkennung der Straffähigkeit von Verbänden die Geltung des nemo tenetur-Grundsatzes für Unternehmen nicht begründen lässt, sofern ein naturalistisches Verständnis der Selbstbelastungsfreiheit zugrundegelegt wird.

---

[244] *BVerfG*E 29, 183, 194; 33, 367, 383; 34, 238, 248 f.; siehe auch 80, 367, 380; *BVerfG* NJW 2002, 3619, 3624.

[245] *Arzt,* JZ 2003, 456, 458; *Schlüter,* a. a. O., S. 127 f. Vgl. auch *Drope,* a. a. O., S. 207, die das Selbstschutzinteresse des Verbandes dennoch hinter das staatliche Aufklärungsinteresse zurücktreten lässt.

[246] So auch *Arzt,* JZ 2003, 456, 458; *Schlüter,* a. a. O., S. 127 f.

[247] Vgl. den gleichartigen Vorwurf gegen die Handhabung des Selbstbelastungsschutzes von Unternehmen im europäischen Kartellverfahren (oben 2. Teil, C.): *Dannecker,* ZStW 111 (1999), 256, 283; *Moosecker,* in: FIW (Hrsg.), Schwerpunkte des Kartellrechts 1988/89, 1990, S. 87, 91; *Scholz,* WuW 1990, 99, 104; *Weiß,* Verteidigungsrechte, S. 360; *ders.*, JZ 1998, 289, 292; kritisch diesbzgl. selbst *Schlüter,* a. a. O., S. 133.

[248] *Drope,* Strafprozessuale Probleme, S. 209.

e) Fazit: Keine Übertragbarkeit der naturalistischen Schutzidee des nemo tenetur-Grundsatzes auf juristische Personen

Stützt man den nemo tenetur-Grundsatz also auf den Aspekt der Unzumutbarkeit, so wird der Selbstbelastungsschutz aufgrund von Umständen beziehungsweise Fähigkeiten gewährt, welche nur natürlichen Personen wesenseigen sein können. Die insoweit bestimmungsgemäße Funktion des Grundrechts kann sich demzufolge gegenüber juristischen Personen nicht realisieren. Damit scheidet eine wesensgemäße Anwendbarkeit gemäß Art. 19 III GG eines naturalistisch bestimmten nemo tenetur-Grundsatzes auf juristische Personen aus.

4. Tragfähigkeit der naturalistischen nemo tenetur-Konzeptionen

Es ist jedoch fraglich, ob die naturalistischen Ansätze überhaupt in der Lage sind, den Grundsatz nemo tenetur se ipsum accusare überzeugend und in sich geschlossen zu erklären.

a) Ungeeignetheit des Unzumutbarkeitsgedankens zur Erklärung des nemo tenetur-Prinzips

Soll die Ratio des nemo tenetur-Grundsatzes darin liegen, den Einzelnen von der mit dem Zwang zur Selbstbelastung einhergehenden unerträglichen Konfliktsituation zu bewahren, so setzt dieses Verständnis voraus, dass ein derartiger Zwang automatisch und ausnahmslos dazu führen muss, dass der Betroffene psychologisch gar nicht mehr imstande ist, der Verpflichtung nachzukommen und die Selbstbezichtigung vorzunehmen. Seine Fähigkeit, die fragliche Mitwirkungspflicht zu erfüllen, müsste komplett ausgeschlossen sein. Verfassungsrechtlich wäre jeder Zwang zur Selbstbelastung bereits aufgrund mangelnder Geeignetheit zur Zweckerreichung unzulässig: Weil es dem Betroffenen gar nicht möglich wäre, diese Pflicht zu erfüllen und die relevanten Informationen preiszugeben, müsste sich jedwede zwangsweise Verpflichtung zur Offenlegung selbstbelastender Umstände als illegitim erweisen[249].

Zwar mag die Befähigung zur Normbefolgung aufgrund der Ausnahmesituation, in der sich der Straftäter[250] befindet, beeinträchtigt sein. Die generelle Annahme eines gänzlichen Ausschlusses der normativen Ansprechbarkeit im Falle der Statuierung eines Selbstbelastungszwangs lässt sich jedoch nicht belegen[251] und dürfte

---

[249] Siehe hierzu *Böse*, GA 2002, 98, 104.

[250] Zur Situation des Unschuldigen siehe sogleich, siehe auch Fn. 262.

[251] *Böse*, GA 2002, 98, 104; weiter *Schneider*, Selbstbegünstigungsprinzip, S. 366 und 382 (im Selbstbegünstigungskontext) sowie *Bernsmann*, „Entschuldigung" durch Notstand,

die Fähigkeit des Menschen, sich auch in schwierigen Situationen von Rechtsnormen leiten zu lassen, unterschätzen[252].

Steht also bereits die Grundannahme der naturalistischen Ansätze auf äußerst schwachen Füßen, so birgt die Begründung des nemo tenetur-Satzes mit Hilfe des Unzumutbarkeitsaspekts weiterhin zahlreiche Ungereimtheiten bei der Bestimmung von dessen Schutzbereich und Reichweite sowie im Verhältnis zu anderen Regelungen des Strafverfahrens in sich.

Würde der nemo tenetur-Grundsatz tatsächlich auf die Unzumutbarkeit der Zwangslage zurückzuführen sein, so spräche dies zunächst für eine Staffelung des Umfangs des Selbstbelastungsschutzes nach dem Schweregrad der psychischen Belastung. Stattdessen wird das Schweigerecht jedem Straftäter und sogar dem Täter einer Ordnungswidrigkeit[253] gleichermaßen gewährt, obwohl die Belastungssituation etwa für den Täter eines Kapitalverbrechens schwerwiegender ausfallen müsste, als für den Täter eines Bagatelldelikts oder einer Ordnungswidrigkeit[254]. Dies gilt nicht nur aufgrund der unterschiedlichen Schwere der Sanktionsandrohungen, sondern auch wegen der verschiedenartigen Wahrnehmung und Bewertung der Tat durch die Gesellschaft. So kommt einer geringfügigen Geldbuße aufgrund einer Verkehrsordnungswidrigkeit wohl kaum eine stigmatisierende Wirkung zu, einer Freiheitsstrafe dagegen schon[255].

Weiterhin können die naturalistischen nemo tenetur-Konzeptionen nicht begründen, warum unser Strafverfahrensrecht den Beschuldigten vor unzumutbaren Zwangslagen bewahren soll, andere Prozessbeteiligte jedoch äußerst belastenden Situationen ausgesetzt werden, ohne dass die geforderte Mitwirkung durch Zumutbarkeitserwägungen begrenzt beziehungsweise ausgeschlossen werden kann. So

---

S. 179 f.; *Jescheck/Weigend,* Strafrecht AT, § 43 III 2 a, S. 477 (im Zusammenhang mit § 35 StGB). Ob stattdessen bei jedem Täter ein Geständniszwang aufgrund seines Schuldgefühls und des Bedürfnisses nach Strafe angenommen werden kann (vgl. *Böse,* GA 2002, 98, 104 Fn. 51 unter Hinweis auf *Reiwald,* Die Gesellschaft und ihre Verbrecher, S. 171 f. = psychoanalytischer Ansatz), darf bezweifelt werden. Aber zumindest teilweise wird auch beim Beschuldigten ein Geständnisdruck vorliegen können; zur besonderen Geständnisfreudigkeit von Jugendlichen siehe z. B. *Albrecht,* Jugendstrafrecht, § 14 B III 2 a; *Eisenberg,* JGG, § 45 Rn. 24 ff. je m. w. N. sowie *Ludwig-Mayerhofer,* Strafrecht und seine administrative Rationalisierung, S. 159 ff., der aufzeigt, dass diese Geständnisneigung häufig nicht auf Reue oder Schuldgefühle zurückzuführen ist.

252 Vgl. *Jescheck/Weigend,* Strafrecht AT, § 43 III 2 a, S. 477. Im Bereich materiell-rechtlich relevanter Selbstbegünstigungshandlungen, bei denen sich der Täter in einer vergleichbaren psychischen Situation befindet, hat der Gesetzgeber nicht einheitlich Privilegierungen für den sich begünstigenden Täter vorgesehen, sondern fordert teilweise auch, dass sich dieser trotz der damit verbundenen Selbstbelastung normtreu verhält, vgl. *Schneider,* Selbstbegünstigungsprinzip, S. 365 ff. und 382.

253 Siehe zur Geltung des nemo tenetur-Grundsatzes im Ordnungswidrigkeitenverfahren oben Einführung, C.

254 *Bosch,* Aspekte des nemo-tenetur-Prinzips, S. 33.

255 Vgl. *Böse,* GA 2002, 98, 107.

sind beispielsweise Opfer sexueller Gewalt nach § 68 a I StPO verpflichtet, als Zeugen über die betreffende Tat, teilweise aber auch zu ihrem sexuellen Vor-leben[256], auszusagen, sofern dies für die Wahrheitsfindung unerlässlich ist. Dies gilt, obwohl sich die erzwungene Einlassung für das Opfer häufig nicht nur als unangenehm oder peinlich darstellt[257], sondern sogar eine erneute Traumatisierung bedeuten und somit zu einer sekundären Viktimisierung führen kann[258]. Auch Zeu-genaussagen, welche gravierende wirtschaftliche Nachteile mit sich bringen, wer-den durchaus zugemutet[259]. Ferner wird demjenigen Zeugen, der als Beschuldigter trotz seines Leugnens rechtskräftig verurteilt wurde, in einem späteren Verfahren gegen einen Mitbeschuldigten ein Auskunftsverweigerungsrecht bezüglich der Tat-sachen, die seiner Verurteilung zugrunde lagen, nicht zugebilligt, weil diese Ein-lassungen keiner Verwertung zugeführt werden können[260]. Bedenkt man jedoch, dass hierdurch der Zeuge entgegen seinem Selbsterhaltungsdrang unter Umständen zur Korrektur seiner früheren Aussage und damit zur nachträglichen Bestätigung des Urteils veranlasst wird, ließe sich vom Standpunkt der naturalistischen Ansät-ze, die ja den natürlichen Selbsterhaltungstrieb als Ausgangspunkt des nemo tene-tur-Satzes anerkennen, durchaus eine kaum erträgliche Belastung annehmen[261]. Unerklärt bleibt schließlich, warum sich ein Unschuldiger ebenso wie ein zu Recht Beschuldigter auf die Selbstbelastungsfreiheit berufen darf, obwohl ersterer gar nicht in die umschriebene unzumutbare Konfliktlage geraten kann[262].

Nicht ganz unproblematisch aus Sicht des naturalistischen nemo tenetur-Ver-ständnisses ist ferner die Zulässigkeit selbstbelastender Auskünfte in außerstraf-rechtlichen Verfahren[263]. Wenn nämlich Sinn des nemo tenetur-Prinzips der Schutz vor psychologischer Überforderung bei Zwang zur Einräumung von eigenen Straf-

---

256 Vgl. z. B. KK-StPO-*Senge*, § 68 a Rn. 1 a.

257 *Ransiek*, Rechte des Beschuldigten, S. 51.

258 Siehe *Schneider*, Einführung in die Kriminologie, S. 316 f.; ausführlich *Sczesny/Krauel*, MschrKrim1996, 338, 343 u. 351; *Weis*, Vergewaltigung, S. 171 ff.

259 *Bosch*, Aspekte des nemo-tenetur-Prinzips, S. 34.

260 *BVerfG* NStZ 1985, 277 – das Gericht stellt sogar ausdrücklich fest, dass in diesem Falle vom Zeugen „nichts Unzumutbares verlangt" werde.

261 *Bosch*, Aspekte des nemo-tenetur-Prinzips, S. 34; *Rengier*, Zeugnisverweigerungsrech-te, S. 235; kritisch auch *Roxin*, Strafverfahrensrecht, § 26 Rn. 31.

262 *Bosch*, Aspekte des nemo-tenetur-Prinzips, S. 120; *Ransiek*, Rechte des Beschuldigten, S. 51; *Lesch*, ZStW 111 (1999), 624, 637. Demgegenüber sieht *Verrel*, Selbstbelastungs-freiheit, S. 244, hierin keinen Widerspruch: Die Miterfassung des Unschuldigen stelle keinen Einwand dar, da kein anderer verlässlicher Weg möglich sei, „den zu Recht Beschuldigten vor einer selbstbelastenden Äußerung zu bewahren, als jedem Beschuldigten die Einlassung zur Sache freizustellen und gleichzeitig die Wahrnehmung dieses Rechts nicht als Ausdruck von Schuld zu werten".

263 Vgl. hierzu oben Einführung, C. sowie 2. Teil, D. IV. 5. d): Sofern die Mitwirkung an der Sachverhaltsermittlung im außerstrafrechtlichen Verfahren nicht verweigert werden darf, wird dem Selbstbelastungsschutz durch ein entsprechendes Verwertungsverbot im späteren Strafverfahren Rechnung getragen.

taten ist, spricht dies für sich betrachtet für eine Dispensierung von der Mitwirkungsverpflichtung auch in nicht-strafrechtlichen Verfahren[264]. Denn die Schwierigkeit der Überwindung beziehungsweise die Unerträglichkeit, das eigene Fehlverhalten eingestehen zu müssen, besteht gleichermaßen, unabhängig davon, ob die Einlassung im Strafprozess selbst oder im Vorfeld des Sanktionsverfahrens abverlangt wird.

Schließlich kann die herkömmliche Unterscheidung zwischen unzulässigen aktiven Mitwirkungsakten und zulässigen passiven Duldungspflichten nicht auf die psychologischen Gegebenheiten des natürlichen Selbsterhaltungstriebes zurückgeführt werden[265]. Aus Sicht des Beschuldigten spielt es keine Rolle, ob er durch die Vornahme aktiver Handlungen oder durch passive Erduldung bestimmter Zwangsmaßnahmen, etwa der Abgabe einer Blutprobe, zur Selbstbelastung veranlasst wird. In beiden Fällen wird er gezwungen, entgegen seinem Selbstschutzinteresse ihn belastende Umstände zu offenbaren und zu seiner Überführung beizutragen. Es ist nicht ersichtlich, warum die Grenze des Zumutbaren lediglich bei der Auferlegung aktiver Handlungspflichten überschritten sein soll[266]. Die pauschale Behauptung, dass der Beschuldigte eine aktive, regelmäßig verbale Selbstbezichtigung belastender empfindet als die Erduldung – unter Umständen gewaltsam durchgesetzten – passiven Verhaltens, letzteres also ohne weiteres ertragen könne, lässt sich nicht belegen und ist angesichts der damit verbundenen, teilweise erheblichen körperlichen Beeinträchtigungen rein spekulativ[267]. Entsprechendes gilt für den Vorschlag *Verrel's*[268], den nemo tenetur-Grundsatz als Freiheit von Zwang zur Preisgabe von Tatwissen zu bestimmen[269], um vor allem auch das Dilemma dieser aktiv-passiv-Differenzierung aufzulösen. Er sieht die größere Schutzbedürftigkeit des noch nicht stofflich fixierten Tatwissens gegenüber rein non-verbalen Mitwirkungsakten primär darin, dass in der verbalen Einräumung der Tatbeteiligung – anders als bei rein körperlicher Inanspruchnahme – eine erhebliche Demütigung liege. Damit bleibt aber auch er letztlich eine Erklärung dafür schuldig, warum ein Geständnis demütigender beziehungsweise belastender sein soll, als beispielsweise eine gewaltsame Erlangung einer Blut- oder Speichelprobe, die möglicherweise als Grundlage einer DNA-Analyse dienen soll und einen sehr hohen Beweiswert erlangen kann.

---

[264] Siehe *Bosch,* Aspekte des nemo-tenetur-Prinzips, S. 42 f.

[265] *Kopf,* Selbstbelastungsfreiheit, S. 163 u. 166 f.; *Neumann,* Wolff-FS, S. 373, 392 mit Fn. 78; *Reiß,* Besteuerungsverfahren, S. 171 u. 174; *Rossmanith,* Verfassungsmäßigkeit von körperlichen Eingriffen, S. 70 und 72 f.; *Sautter,* AcP 161 (1962), 215, 250; *Verrel,* Selbstbelastungsfreiheit, S. 230; *ders.,* NStZ 1997, 415, 418; *Wolfslast,* NStZ 1987, 103, 104; siehe auch *Dietrich,* § 142 n. F. StGB und das Verbot zwangsweiser Selbstbelastung, S. 44.

[266] *Reiß,* Besteuerungsverfahren, S. 173.

[267] Vgl. die anschaulichen Beispiele bei *Reiß,* Besteuerungsverfahren, S. 173 f.

[268] Selbstbelastungsfreiheit, S. 253 ff.

[269] Eine Aussage zur verfassungsrechtlichen Grundlage des nemo tenetur-Prinzips trifft *Verrel* dabei jedoch nicht.

b) Kritik an der würderechtlichen Ableitung
des nemo tenetur-Prinzips

In diesem Zusammenhang treten auch die Schwierigkeiten, die sich aus der Bezugnahme auf die Menschenwürde ergeben, augenfällig zu Tage. Soll es beim nemo tenetur-Satz darum gehen, eine Behandlung des Beschuldigten als fremdbestimmtes Objekt zu vermeiden, so ist es nicht einsichtig, den Schutz darauf zu beschränken, nicht *aktiv* an der eigenen Strafverfolgung mitwirken zu müssen. Allein vom Standpunkt der Objektformel aus betrachtet, müssten zahlreiche der prozessualen Zwangsmaßnahmen, die mit der körperlichen Inanspruchnahme des Beschuldigten verbunden sind, unzulässig sein, denn auch hier dient der Betroffene entgegen seinem Willen als Gegenstand der staatlichen Wahrheitsfindung[270]. Unter dem Gesichtspunkt der Instrumentalisierung macht es beispielsweise keinen Unterschied, ob der Beschuldigte zur Abgabe von Atemluft (etwa mit Hilfe einer Bußgeldandrohung) gezwungen wird[271] oder (durch Gewalteinsatz) die Entnahme einer Blutprobe[272] über sich ergehen lassen muss[273]. In beiden Fällen wird er als Beweismittel zum Zwecke seiner eigenen Überführung in Anspruch genommen[274]. Die generelle Annahme, dass der Beschuldigte nur im Falle erzwungener tätiger Mitwirkungshandlungen zum „Objekt" der Ermittlungen gemacht werde, im Gegensatz dazu passive Duldungsakte aufgrund angeblich mangelnder Instrumentalisierung zulässig sein sollen, kann daher nicht überzeugen[275]. Die traditionelle Bestimmung zulässiger Mitwirkungsakte nach dem aktiv-passiv-Schema lässt sich somit nicht mit Hilfe der Objektformel begründen.

---

270 *Verrel*, Selbstbelastungsfreiheit, S. 228; *ders.*, NStZ 1997, 415, 417; *Wolfslast*, NStZ 1987, 103, 104; siehe auch *Haeusermann*, Verband als Straftäter und Strafprozeßsubjekt, S. 336 f. und *Kopf*, Selbstbelastungsfreiheit, S. 169.

271 Nach herrschender Ansicht soll der Beschuldigte eine Atemprobe verweigern dürfen, weil es sich hierbei um eine aktive Verhaltensweise (Ausatmen) handelt, vgl. z. B. *BGH* VRS 39, 184, 185; *Löwe-Rosenberg*[24]-*Dahs*, § 81 a Rn. 19; *KK-StPO*-*Senge*, § 81 a Rn. 4. Im Zusammenhang mit präventiven verdachtslosen Atemalkoholkontrollen *Geppert*, Spendel-FS, S. 655 ff.; *ders.*, BA 1992, 289 ff.; *Schöch*, BA 1997, 169 ff.; *ders.*, DAR 1996, 44, 49 f.; *Verrel*, Selbstbelastungsfreiheit, S. 225 ff.; *ders.*, NStZ 1997, 415, 417. Siehe auch 35. Verkehrsgerichtstag bei *Bürck / Krug*, BA 1997, 143, 144 f.

272 Nach § 81 a StPO zulässig.

273 So das anschauliche Beispiel bei *Verrel*, Selbstbelastungsfreiheit, S. 227 f.; *ders.*, NStZ 1997, 415, 417.

274 *Rademacher*, Zulässigkeit genetischer Analysemethoden, S. 109 f.; *Verrel*, Selbstbelastungsfreiheit, S. 228; *Wolfslast*, NStZ 1987, 103, 104.

275 *Bosch*, Aspekte des nemo-tenetur-Prinzips, S. 40 f.; *Drope*, Strafprozessuale Probleme, S. 186; *Fischer*, Divergierende Selbstbelastungspflichten, S. 97; *Günther*, GA 1978, 193, 196; *Neumann*, Wolff-FS, S. 373, 382; *Salger*, Schweigerecht des Beschuldigten, S. 13; *Schneider*, Selbstbegünstigungsprinzip, S. 47 f.; *Verrel*, Selbstbelastungsfreiheit, S. 228; *ders.*, NStZ 1997, 415, 417; *Weßlau*, StV 1997, 341, 342 f.; *dies.*, ZStW 110 (1998), 1, 28 ff.; *Wolfslast*, NStZ 1987, 103, 104. Vgl. auch *Keller*, Rechtliche Grenzen der Provokation, S. 136.

Aber auch dem Versuch von *Torka*[276], die Zulässigkeit von Mitwirkungsakten des Beschuldigten (ohne Zugriff auf die Objektformel) anhand einer verhaltensunabhängigen Neuinterpretation des nemo tenetur-Grundsatzes festzulegen, kann nicht gefolgt werden. Wie bereits dargelegt, schließt *Torka* aus dem aus der Menschenwürde resultierenden „Gebot der intrapersonalen Orientierung des Rechts", dass der Selbsterhaltungstrieb als ein den Menschen konstituierender Wesenszug „bei der Ausgestaltung (und Auslegung) einfachgesetzlicher Normen berücksichtigt werden müsse"[277]. Aus dieser Berücksichtigungspflicht kreiert er eine umfassende Selbstbezichtigungsfreiheit, welche grundsätzlich aktive und passive Verhaltensweisen umschließe. Die hieraus folgende Weite des Schutzbereiches sei jedoch durch immanente Beschränkungen limitiert. Aus dem Gebot der Achtung der Menschenwürde folge nämlich auch, dass das Recht für ein gedeihliches und geordnetes Zusammenleben in der Gemeinschaft zu sorgen hat[278] und für den Fall von Verletzungen dieser Grundregeln des Zusammenlebens entsprechende Sanktionen vorsehen und durchsetzen muss[279]. Das Strafvermeidungsinteresse des Einzelnen und das Rechtsdurchsetzungsinteresse der Allgemeinheit in Form des Strafverfolgungsinteresses[280] müssen demnach im Wege praktischer Konkordanz zum Ausgleich gebracht werden[281]. Daher bestehe die Mitwirkungsfreiheit nur so weit, wie dem Beschuldigten keine Duldungspflichten gegenüber konkreten Maßnahmen der Strafverfolgung auferlegt sind[282]. Lediglich im Hinblick auf Aussagen könne nemo tenetur zu einem echten Schweige*recht* erstarken, da insoweit keine Duldungspflicht „denkbar" sei[283].

Torka legt jedoch nicht dar, nach welchen Kriterien die Duldungspflichten des Beschuldigten zu begründen sind. Dadurch bleibt offen, wo die Grenze zwischen zulässiger und unzulässiger Mitwirkungspflicht verlaufen muss. Im Hinblick auf die Bestimmung der konkreten Reichweite des Schutzbereiches der „neuen" Bezichtigungsfreiheit bleibt letztlich dem Gesetzgeber ein weiter Interpretationsspielraum belassen. Problematisch erscheint es insbesondere, wenn *Torka* die Verdichtung von nemo tenetur im Aussagekontext zu einem Schweige*recht* lediglich damit begründet, weil diesbezüglich eine Duldungspflicht nicht „denkbar" sei. Dies würde doch bedeuten, dass auch dem Schweigen des Beschuldigten (immanente) Beschränkungen auferlegt werden dürften, sofern eine derartige Duldung möglich werden würde, falls durch eine entsprechende technische Entwicklung der Zugriff auf das Wissen des Beschuldigten realisiert werden könnte. Die absolute

---

[276] Nachtatverhalten und Nemo tenetur; siehe dazu bereits oben 2. Teil, D. II. 2. a) bb).

[277] *Torka*, a. a. O., S. 53.

[278] Dies bezeichnet *Torka* als „Gebot der interpersonalen Zielsetzung", a. a. O., S. 53; vgl. auch S. 27 f., S. 120.

[279] *Torka*, a. a. O., S. 120.

[280] *Torka*, a. a. O., S. 120.

[281] *Torka*, a. a. O., S. 125 f.

[282] *Torka*, a. a. O., S. 127 ff.

[283] Dies bezeichnet *Torka* als Verdichtungsthese, a. a. O., S. 133.

Geltung des Schweigerechts wäre demnach nicht von normativen Erwägungen, sondern vom tatsächlichen Stand der technischen Möglichkeiten abhängig.

Im Übrigen sollte nicht übersehen werden, dass aus der Verortung des nemo tenetur-Satzes in Art. 1 I GG beziehungsweise in den Kernbereich des allgemeinen Persönlichkeitsrechts (Art. 2 I, 1 I GG) nur auf den ersten Blick ein wirklich absoluter Schutz der Selbsterhaltungsinteressen folgt. Zwar führt die Ableitung eines Rechtssatzes aus der Garantie der Menschenwürde oder seine Einstellung in den persönlichkeitsrechtlichen Kernbereich methodisch zu dessen Abwägungsfestigkeit. Das bedeutet, dass ein diesbezüglicher Eingriff von vornherein einer Rechtfertigung aufgrund überwiegender Interessen nicht zugänglich ist. Ein Zurücktreten etwa zugunsten der Strafverfolgungsinteressen ist damit ausgeschlossen[284]. Die Interessen der Allgemeinheit werden letztlich aber dennoch berücksichtigt, zwar nicht bei der Frage nach einer Eingriffsrechtfertigung, sondern bereits bei Bestimmung des konkreten Schutzumfangs[285]. Es findet folglich eine „verdeckte Abwägung"[286] auf Schutzbereichsebene statt[287]. Gerade die Bestimmung der zulässigen Mitwirkungshandlungen anhand der aktiv-passiv-Unterscheidung oder mit Hilfe der Konstruktion von Duldungspflichten[288] bei *Torka* zeigt beispielhaft, dass insoweit im Wege eines Wertungsvorgangs festgelegt wird, was für den Einzelnen zumutbar sein soll und was ihm nicht mehr zugemutet werden dürfe. Nicht die Unzumutbarkeit der Selbstbelastung steht damit unter dem absoluten Schutz der Menschenwürdegarantie, sondern nur und erst das Ergebnis dieses Abwägungsvorgangs. Will man also den nemo tenetur-Grundsatz in der Garantie der

---

[284] *BVerfGE* 34, 238, 245; 80, 367, 373; 93, 266, 293; *Dreier,* in: Dreier, Grundgesetz, Art. 1 I Rn. 75; *Starck,* in: v. Mangoldt / Klein / Starck, Grundgesetz, Art. 1 Abs. 1 Rn. 30 f.; *Wolter,* Meyer-GedS, S. 493, 503.

[285] *Bosch,* Aspekte des nemo-tenetur-Prinzips, S. 41; weiter *Keller,* Rechtliche Grenzen der Provokation, S. 136 f.; *Ransiek,* Rechte des Beschuldigten, S. 53; *Schneider,* Selbstbegünstigungsprinzip, S. 46; auch *Wolff,* Selbstbelastung und Verfahrenstrennung, S. 41 f.

[286] *Bosch,* Aspekte des nemo-tenetur-Prinzips, S. 41.

[287] *Bosch,* Aspekte des nemo-tenetur-Prinzips, S. 41; *Lorenz,* GA 1992, 254, 264; *ders.,* JZ 1992, 1000, 1006 mit Fn. 89. Ferner *Alexy,* Theorie der Grundrechte, S. 96 f. sowie *Wolter,* Meyer-GedS, S. 493, 510. Vgl. auch die Bestimmung des „absolut geschützten Kernbereichs" des allgemeinen Persönlichkeitsrechts durch *BVerfGE* 80, 367, 379: Danach sei bei der Verwertung von Tagebuchaufzeichnungen eine Verletzung der Menschenwürde nicht gegeben, „wenn die Auswertung privater Schriftstücke (...) Aufschluss über Ursachen und Hintergründe der Straftat geben kann, also die für ein rechtsstaatliches Strafverfahren unerlässlichen Untersuchungen in dem Umfang ermöglicht, dass die Grundlagen für eine gerechte Bewertung des Tatgeschehens geschaffen werden, wie sie durch das nicht zuletzt in Art. 1 Abs. 1 GG wurzelnde materielle Schuldprinzip gefordert wird". – Das Gericht ermittelt mithin die Einschlägigkeit des absolut geschützten Kernbereichs unter Einbeziehung von Allgemeininteressen; dies bedeutet „Schutzbereichsbestimmung durch Abwägung", vgl. *Lorenz,* GA 1992, 254, 264 und 269 f.; kritisch hierzu insb. *Wolter,* StV 1990, 175, 178; auch *Köhler,* ZStW 107 (1995), 10, 16; *Küpper,* JZ 1990, 416, 420.

[288] Aufgrund der Verortung in der Menschenwürdegarantie handelt es sich nach *Torka* bei den beschriebenen Duldungspflichten um „systemimmanente Grenzen", Nachtatverhalten und nemo tenetur, S. 127.

Menschenwürde oder im Kernbereich des allgemeinen Persönlichkeitsrechts verankern, so ist die Berücksichtigung immanenter Beschränkungen bei der Ermittlung des Schutzbereiches aufgrund der sozialen Eingebundenheit des Einzelnen notwendig und im Verfassungssystem angelegt[289]. Die besondere Schwierigkeit liegt dabei in der konkreten Festlegung, wo der abwägungsfeste Bereich verläuft[290]. Es besteht die Gefahr, dass (insbesondere unter Hinweis auf schwerwiegende Kriminalitätsformen) die Grenze des Unantastbaren verschoben und so der unbestrittene Kernbestand relativiert wird[291]. Daher sollte das nemo tenetur-Prinzip – unabhängig von den damit einhergehenden Unstimmigkeiten – nicht in der Menschenwürde oder im Kernbereich des allgemeinen Persönlichkeitsrechts angesiedelt werden, wenn eine entsprechende Sicherung durch spezielle Freiheitsgrundrechte oder institutionelle Gewährleistungen geleistet werden kann[292].

c) Selbsterhaltungsinteresse und Folgenverantwortung

Der Gedanke der Unzumutbarkeit und der (damit verbundene) Hinweis auf die Garantie der Menschenwürde können somit keinen stimmigen Grund dafür liefern, dass das zweifellos vorhandene natürliche Selbstbegünstigungsinteresse des Menschen durch das Recht generell Anerkennung finden müsse[293]. Eine derartige Annahme, dass die Rechtsordnung dieses Interesse generell zu rezipieren habe, ließe sich insbesondere auch nur schwerlich mit der sozialen Eingebundenheit des Einzelnen in die Gesellschaft in Einklang bringen. Die naturalistischen nemo tenetur-Konzeptionen sind daher auch dem Vorwurf mangelnder „gesellschaftlicher Rückkopplung"[294] ausgesetzt[295].

Insbesondere *Pawlik*[296] und *Lesch*[297] haben im Zusammenhang mit dem nemo tenetur-Grundsatz aufgezeigt, dass mit der Zubilligung von Handlungsfreiheiten notwendigerweise auch die Auferlegung von Rechtspflichten als „Kosten der Freiheit" verbunden ist. Sie gehen dabei davon aus, dass der Mensch vom Recht nicht

---

289 Vgl. *Günther*, GA 1978, 193, 196.

290 *Küpper*, JZ 1990, 416, 418; *Wolter*, Meyer-GedS, S. 493, 510.

291 Vgl. *Krack*, Rehabilitierung des Beschuldigten, S. 274; *Wolter*, StV 1990, 175, 178 ff.

292 Vgl. *Schneider*, Selbstbegünstigungsprinzip, S. 49; ferner *Paeffgen*, Vorüberlegungen, S. 70 f. Siehe auch *Krack*, Rehabilitierung des Beschuldigten, S. 274.

293 Vgl. die Kritik von *Lesch*, ZStW 111 (1999), 624, 637; *Pawlik*, GA 1998, 378, 379; kritisch insoweit auch *Verrel*, Selbstbelastungsfreiheit, S. 240; *Haeusermann*, Verband als Straftäter und Strafprozeßsubjekt, S. 338.

294 *Verrel*, Selbstbelastungsfreiheit, S. 240.

295 De facto findet eine Anbindung an die Interessen der Gemeinschaft lediglich bei der Festlegung des Schutzbereichs statt, nicht jedoch bereits bei der Ermittlung der Freiheitsidee des nemo tenetur-Prinzips, siehe oben 2. Teil, D. II. 4. b).

296 GA 1998, 378, 379 ff.

297 ZStW 111 (1999), 624, 637 f.; auch GA 2000, 355, 362 f. sowie Strafprozessrecht, 2. Kap. Rn. 245 f.

als „Individuum" mit seinen „faktisch-kreatürlichen Interessen" aufgenommen wird, sondern einem „spezifisch normativen Verständnis" als „(Rechts-)Person" unterliegt[298]. Der Einzelne gewinnt seine Handlungs- beziehungsweise Organisationszuständigkeit letztlich nur mit Hilfe des Staates, der die Aufrechterhaltung und Durchsetzung der Rechte des Einzelnen gewährleistet. Dieser ist als Kehrseite dazu verpflichtet, die Verantwortung für die aus der Ausübung seiner Handlungsfreiheit resultierenden Folgen zu tragen[299].

Diese Sichtweise geht bis auf *Hobbes'* Idee von der Konstitution des Staates mittels eines Vertrages durch sämtliche Individuen untereinander zurück[300]. Danach unterwirft sich jeder Einzelne freiwillig der Ordnungsmacht des Staates, um so den „Naturzustand" des „Krieges eines jeden gegen jeden"[301] zu beenden und öffentlichen Frieden herzustellen[302]. Dies bedeutet zweierlei: Der Einzelne verzichtet auf die gewaltsame Durchsetzung seiner Interessen[303] (Gehorsams- oder Friedenspflicht der Bürger) und autorisiert[304] stattdessen den zu diesem Zweck kreierten Staat, den Freiheitsgebrauch des Einzelnen zu regulieren und so die Einhaltung des öffentlichen Friedens zu gewährleisten und gegebenenfalls zu erzwingen[305] (Schutzpflicht des Staates)[306]. Auch in unserem modernen Verfassungsstaat realisiert sich der staatliche Herrschaftsanspruch über die allgemeine Staatsbürgerpflicht zum Gesetzesgehorsam, jedoch nur (und insoweit begrenzt) zum Zwecke der Sicherung bestmöglicher Freiheitsgewährleistung seiner Bürger[307]. Aufgabe des Staates ist es also, dafür zu sorgen, dass sich die größtmögliche Freiheit eines *jeden* Einzelnen (das heißt die Freiheit des einen neben der Freiheit des anderen) bei notwendiger Sicherheit *aller* realisieren kann[308]. Aus dieser Gesamtverpflich-

---

[298] *Lesch,* ZStW 111 (1999), 624, 637; *Pawlik,* GA 1998, 378, 379 f.

[299] *Lesch,* ZStW 111 (1999), 624, 637; *Pawlik,* GA 1998, 378, 381.

[300] Siehe ausführlich *Hobbes,* Leviathan, Kap. 17 bis 21.

[301] *Hobbes,* Leviathan, 13. Kap. (S. 96).

[302] Von diesem Ziel der Schaffung öffentlichen Friedens und damit dem Schutz des Einzelnen ist *Hobbes'* gesamtes Staatsverständnis geprägt, siehe zum Ziel der Friedensgewährleistung insb. Leviathan, 17. Kap. (S. 134 f.), 18. Kap. (S. 136), 21. Kap. (S. 171).

[303] Siehe *Hobbes,* Leviathan, 14. Kap. (S. 100).

[304] Durch einen „Vertrag eines jeden mit jedem" mit jeweiligem Inhalt: „Ich autorisiere diesen Menschen oder diese Versammlung von Menschen und übertrage ihnen mein Recht, mich zu regieren, unter der Bedingung, dass du ihnen ebenso dein Recht überträgst und alle ihre Handlungen autorisierst.", *Hobbes,* Leviathan, 17. Kap. (S. 134).

[305] Siehe *Hobbes,* Leviathan, 18. Kap. (S. 139); zur Strafgewalt, 18. Kap. (S. 141).

[306] *Hobbes,* Leviathan, 21. Kap. (S. 171).

[307] *Enders,* Menschenwürde, S. 502; *Isensee,* in: Isensee / Kirchhof, HStR I[2], § 13 Rn. 77; *Sternberg-Lieben,* Objektive Schranken der Einwilligung, S. 356. Vgl. auch zum Zusammenspiel von Friedens- und Schutzpflicht in unserem Verfassungsstaat *Isensee,* in: Isensee / Kirchhof, HStR I[2], § 13 Rn. 82, *ders.,* Eichenberger-FS, S. 23, 26.

[308] Siehe *Isensee,* in: Isensee / Kirchhof, HStR I[2], § 13 Rn. 83; *Maihofer,* in: Benda / Maihofer / Vogel (Hrsg.), HVerfR, § 12 Rn. 125; auch *de Figueiredo Dias,* Roxin-FS, S. 531, 540.

tung des Staates erwachsen notwendigerweise Grenzen für die individuellen Interessen des Einzelnen um der Gewährleistung der Freiheit aller willen[309]. Ist der Staat also verpflichtet, die Befolgung der Grundregeln für ein geordnetes Zusammenleben sicherzustellen, so darf und muss er auf diesbezügliche Verstöße reagieren[310], in den Grenzen der Verhältnismäßigkeit auch mit Mitteln des Strafrechts[311]. Damit korrespondiert aber die Pflicht des Bürgers, die Verantwortung für eigenes Fehlverhalten zu übernehmen[312].

Bezugnehmend auf diese Verpflichtung wurde zunächst die Verortung des nemo tenetur-Grundsatzes in Art. 1 I GG abgelehnt. Es entspreche gerade menschlicher Würde, dem Betroffenen die Verantwortung für begangene Straftaten nicht abzunehmen, sondern stattdessen von ihm zu verlangen, für die Folgen seines Fehlverhaltens einzustehen[313]. Bei einer Verpflichtung des Beschuldigten zur Mitwirkung an der strafrechtlichen Aufklärung des gegen ihn gerichteten Vorwurfs könne er „sich entweder im Falle seiner Unschuld entlasten oder muss im Falle seiner Schuld nur die Konsequenzen seiner Handlungen tragen", was seine Menschenwürde nicht verletzen könne[314].

Über diese bloße Kritik an der Verankerung der Selbstbelastungsfreiheit in der Menschenwürde hinaus stellt sich aber die viel grundlegendere Frage, ob unter dem Gesichtspunkt der Folgenverantwortung die Annahme der generellen Schutzwürdigkeit und -bedürftigkeit des Selbstbegünstigungsinteresses überhaupt aufrecht erhalten werden kann.

Die Verpflichtung, für eigenes Fehlverhalten einzustehen, legitimiert zunächst nur die Sanktionierung des Fehlverhaltens durch den Staat[315]. Dies steht mit dem

---

[309] Vgl. *Günther,* GA 1978, 193, 196.

[310] Es ist ausgeschlossen, dass sämtliche Verhaltensnormen komplett freiwillig befolgt werden, *Appel,* Verfassung und Strafe, S. 429; *Maurach/Zipf,* Strafrecht AT Teilbd. 1, § 7 Rn. 2; *Zipf,* Kriminalpolitik, S. 39.

[311] Aufgabe des Strafrechts ist die Gewährleistung von Rechtsfrieden (vgl. z. B. *BVerfGE* 51, 324, 343; *Jescheck/Weigend,* Strafrecht AT, § 1 I 1, 2, S. 2 f.); es dient also – als ultima ratio (*BVerfGE* 39, 1, 47; *Roxin,* Strafrecht AT I, § 2 Rn. 38) – der Erfüllung des beschriebenen staatlichen Ordnungs- und Schutzauftrages, *Appel,* Verfassung und Strafe, S. 429 u. 440 f.; *Götz,* in: Isensee/Kirchhof, HStR III, § 79 Rn. 12; *Maurach/Zipf,* Strafrecht AT Teilbd. 1, § 7 Rn. 2 u. 5; *Sternberg-Lieben,* Objektive Schranken der Einwilligung, S. 359; *Torka,* Nachtatverhalten und Nemo tenetur, S. 27.

[312] *Enders,* Menschenwürde, S. 502. A. A. *Lagodny,* Strafrecht vor den Schranken der Grundrechte, S. 123: Das allgemeine Persönlichkeitsrecht gewähre die „Freiheit, sich wegen des eigenen vergangenen Verhaltens vor niemandem, insbesondere nicht vor der Gesellschaft, verantworten zu müssen"; dagegen *Jakobs,* ZStW 110 (1998), 716, 718 f.; KMR-*Lesch,* § 136 Rn. 17.

[313] *BVerfGE* 16, 191, 194; *Fischer,* Divergierende Selbstbelastungspflichten, S. 99; *Günther,* GA 1978, 193, 197; *Schneider,* Selbstbegünstigungsprinzip, S. 46; *Weiß,* Verteidigungsrechte, S. 375. Siehe auch *Paeffgen,* Vorüberlegungen, S. 48 Fn. 169, sowie *Händel,* NJW 1964, 1139, 1141.

[314] *Starck,* in: v. Mangoldt/Klein/Starck, Grundgesetz, Art. 1 Abs. 1 Rn. 51; auch KMR-*Lesch,* § 136 Rn. 17; *Peres,* Strafprozessuale Beweisverbote, S. 120.

Regelungsinhalt des nemo tenetur-Satzes in Einklang. Der Beschuldigte muss sich in jedem Falle dem Strafverfahren stellen; er „darf also nicht vor seiner Vergangenheit davonlaufen"[316]. Fraglich ist aber, ob sich darüber hinaus eine generelle staatsbürgerliche Mitwirkungspflicht, im vorliegenden Kontext also eine Verpflichtung, zur Aufklärung eigener Straftaten beizutragen, welche in verschiedene strafprozessuale Mitwirkungspflichten konkretisiert werden könnte, begründen lässt.

Pawlik hat aus dem Korrelat von Freiheit und Folgenverantwortung solch eine allgemeine Mitwirkungsverpflichtung abgeleitet[317], will aber trotzdem dem Beschuldigten das Schweigerecht einräumen, was er jedoch als strenge Ausnahme vom Regelfall der Mitwirkungspflicht konstruiert[318]. Diese Ausnahme sei notwendig, weil eine Aussagepflicht „mit der rechtlichen und sozialen Wirklichkeit moderner, pluralistisch verfasster Großgesellschaften nicht in Einklang zu bringen" sei, sondern eine „offenkundige Fiktion" darstellen würde[319]. Der Bürger müsse nämlich „im Staat sein Auskommen finden"; folglich müsse die Rechtsordnung „seinen individuellen Interessen in gewissem Maße Rechnung tragen"[320]. *Verrel* hat *Pawlik* diesbezüglich vorgeworfen, er greife abweichend von seinem normativen Personenverständnis letztlich doch auf die natürlichen Befindlichkeiten des Individuums zurück und begründe das Schweigerecht somit entgegen seiner Ausgangsthese mit Hilfe des natürlichen Selbstbegünstigungsinteresses, wenn auch als eng begrenzte Ausnahme gegenüber einer generellen Mitwirkungsverpflichtung[321].

Abgesehen davon erweist sich *Pawlik's* Annahme einer allgemeinen Pflicht zur Mitwirkung im Strafverfahren nicht ohne weiteres als tragfähig. Denn die Begründung von Rechtspflichten des Bürgers aufgrund seiner Eingebundenheit in die staatliche Gemeinschaft darf den Grund für die Konstituierung und Existenz des Staates nicht aus den Augen verlieren. Der Staat besteht nämlich nicht um seiner selbst willen, sondern bezieht seine Legitimation vom einzelnen Individuum her[322]. Der Einzelne wird daher von der Verfassungsordnung vorstaatlich als Trä-

---

315 Insoweit (noch) zustimmend *Verrel,* Selbstbelastungsfreiheit, S. 240; *Wolff,* Selbstbelastung und Verfahrenstrennung, S. 45. Allgemein zum staatlichen Strafanspruch siehe bereits oben Fn. 310 und 311.

316 *Verrel,* Selbstbelastungsfreiheit, S. 241.

317 *Pawlik,* GA 1998, 378, 381.

318 *Pawlik,* GA 1998, 378, 382 f. Siehe auch *Fischer,* Divergierende Selbstbelastungspflichten, S. 94.

319 *Pawlik,* GA 1998, 378, 382 (im Anschluss an *Rousseau*).

320 *Pawlik,* GA 1998, 378, 383 (unter Hinweis auf *Hegel*).

321 *Verrel,* Selbstbelastungsfreiheit, S. 243. Kritisch auch *Torka,* Nachtatverhalten und Nemo tenetur, S. 53 mit Fn. 179.

322 Z. B. *Isensee,* in: Isensee / Kirchhof, HStR I², § 13 Rn. 100; *Maihofer,* Rechtsstaat und menschliche Würde, S. 31. Vgl. auch die prägnante Formulierung des Art. 1 Abs. 1 des sog. Herrenchiemsee-Entwurfs zum Grundgesetz: „Der Staat ist um des Menschen willen da,

ger von Rechten anerkannt[323]. Diese allgemeine Berechtigung des Menschen, Subjekt personaler Rechte zu sein, bildet den Zweckgrund des Staates[324]; deren Gewährleistung und Schutz seine Aufgabe[325]. Hieraus folgt die Verpflichtung des Staates, das Dasein des Einzelnen zu sichern[326]. Trotz der Zusammengehörigkeit von Freiheit und Verantwortung darf der Staat dem Einzelnen keine Pflichten auferlegen, deren Erfüllung die Existenz des Betroffenen zerstören würde[327].

Sieht man also in der erzwungenen Mitwirkung an der Aufklärung eigener Straftaten eine Verpflichtung, welche die Existenz des Beschuldigten bedroht beziehungsweise vernichtet, so ließe sich die Selbstbelastungsfreiheit mit Hilfe des unserer Verfassung zugrundeliegenden Staatsverständnisses begründen[328]. In der Tat meinen zahlreiche Autoren, dass das Strafverfahren stets die Existenz des Beschuldigten treffe[329]. Natürlich werden an die Strafe als dem schärfsten Mittel der Rechtsordnung zur Verhaltenssteuerung (bewusst) schwerwiegende nachteilige Folgen angeknüpft, welche für den jeweiligen Verurteilten durchaus äußerst gravierende Einschnitte in seiner bisherigen Lebensführung bedeuten können. Die Behauptung aber, dass es stets um die Existenz des Täters gehe, ist in dieser Allgemeinheit zu undifferenziert, um für alle Verfahren und für alle Sanktionsarten gleichermaßen gelten zu können. Besinnt man sich einerseits auf den Einzelnen als Grund der Staatslegitimation, andererseits aber auf dessen Eingebundenheit in die Gesellschaft, so kann nicht jedwedem persönlichen Nachteil existentielle Relevanz zugeschrieben werden. Bei Fragen der Existenz kann es vielmehr nur um das Dasein des Menschen als solches gehen, also um die absolut notwendigen Entfaltungsbedingungen für menschliche Individualität. Als Maßstab könnte § 35 StGB dienen, welcher die Notstandshandlung lediglich zum Schutz von Rechtsgütern von ganz besonderem Gewicht, nämlich Leib, Leben und Freiheit, ermöglicht[330].

---

nicht der Mensch um des Staates willen.", in: *Der Parlamentarische Rat* 1948–1949, Akten und Protokolle, Bd. 2, S. 504, 580; trotz der später anders lautenden Formulierung wurde dieses personale Staatsverständnis im Grundgesetz beibehalten, vgl. *Marx,* Zur Definition des Begriffs ‚Rechtsgut', S. 33 f.; *Nipperdey,* in: Neumann u. a. (Hrsg.), Die Grundrechte, S. 1, 11.

[323] *Böse,* GA 2002, 98, 105; *Enders,* Menschenwürde, S. 502; *Isensee,* in: Isensee / Kirchhof, HStR I[2], § 13 Rn. 100.

[324] *Isensee,* in: Isensee / Kirchhof, HStR I[2], § 13 Rn. 100; *Köhler,* ZStW 107 (1995), 10, 17.

[325] *Isensee,* in: Isensee / Kirchhof, HStR I[2], § 13 Rn. 100.

[326] *Böse,* GA 2002, 98, 105.

[327] *Böse,* GA 2002, 98, 105. Siehe auch *Hobbes,* Leviathan, 14. Kap. (S. 107) und speziell im Kontext der Aussagefreiheit 21. Kap. (S. 168): „Wird ein Mensch vom Souverän (. . .) wegen eines von ihm begangenen Verbrechens verhört, so ist er, wenn ihm nicht Gnade zugesichert ist, nicht verpflichtet, es zuzugestehen, denn niemand kann, (. . .), durch Vertrag verpflichtet werden, sich selbst anzuklagen.".

[328] *Böse,* GA 2002, 98, 105; siehe auch *Wolff,* Selbstbelastung und Verfahrenstrennung, S. 57 f.

[329] *Rogall,* Der Beschuldigte, S. 146; *Torka,* Nachtatverhalten und Nemo tenetur, S. 52. Siehe auch *BGH*St 1, 342, 343.

[330] Vgl. z. B. Schönke / Schröder-*Lenckner / Perron,* § 35 Rn. 4 m. w. N.

Strafrechtliche Mitwirkungspflichten würden danach eine selbstveranlasste Bedrohung der eigenen Existenz darstellen, wenn mit der Auferlegung der Strafe derart wichtige Rechtsgüter angegriffen würden[331]. Nachdem dem Straftäter weder die Todesstrafe[332], noch Körperstrafen[333] drohen, also Leib und Leben nicht in Gefahr geraten können, stellt die (lebenslange) Freiheitsstrafe den schwersten der möglichen Eingriffe durch Strafe dar. Es wird also – wenn man § 35 StGB zugrundelegt[334] – als besonders wichtiges Rechtsgut die Freiheit des Menschen betroffen. Ob § 35 StGB einen geeigneten Maßstab darstellt, bleibt dennoch fraglich. Denn die Annahme der Existenzvernichtung durch eine lebenslange[335] wie zeitige Freiheitsstrafe würde nicht lediglich die Mitwirkung an der Aufklärung des Sachverhaltes, der zur Sanktionierung mittels einer Freiheitsstrafe führen könnte, ausschließen, sondern die Freiheitsstrafe selbst wegen ihrer vernichtenden Wirkung untersagen[336]. Jedenfalls aber ist das Vermögen, in das Geldstrafen und Geldbußen eingreifen, kein von § 35 StGB erfasstes Rechtsgut[337]. Daraus wird deutlich, dass der nemo tenetur-Grundsatz auf dieser Grundlage jedenfalls nicht mit seinem umfassenden Schutzgehalt erklärt werden kann. Etwas anderes könnte nur gelten, wenn der mit dem Schuldausspruch verbundene Ehreingriff[338] so schwerwiegend wäre, dass er stets eine existentielle Bedrohung für den Täter nach sich ziehen würde[339]. Unabhängig davon, dass Ehre kein in § 35 StGB genanntes Rechtsgut darstellt, erweist sich jedenfalls eine generell existenzbedrohende Bewertung von

---

[331] *Böse,* GA 2002, 98, 106.

[332] Art. 102 GG.

[333] Vgl. zur Geschichte der Körperstrafen und ihrer allmählichen Verdrängung durch Formen der Freiheitsentziehung zsf. *Laubenthal,* Strafvollzug, Rn. 72 ff.; *Eb. Schmidt,* Geschichte der deutschen Strafrechtspflege, S. 60 ff.; *Walter,* Strafvollzug, Rn. 4 ff.; *Wesel,* Geschichte des Rechts, S. 336 ff. und 393 ff.

[334] *Böse,* GA 2002, 98, 106.

[335] Nach *BVerfGE* 45, 187, 228 f.; 239, 245 ist eine lebenslange Freiheitsstrafe v. a. mit der Gefahr schwerwiegender Persönlichkeitsveränderungen durch die besondere Dauer des Vollzugs, ohne die Chance jemals die Freiheit wieder erlangen zu können, verfassungswidrig. Dem trägt § 57 a StGB Rechnung.

[336] Im Übrigen versagt § 35 I 2 StGB die Entschuldigung, wenn der Täter die abzuwendende Gefahr selbst verursacht hat; selbst derart gewichtige Rechtsgüter wie Leben, Leib und Freiheit sind somit nicht einschränkungslos geschützt. Der Gesichtspunkt der Selbstverursachung der Gefahr greift zumindest beim zu Recht Beschuldigten ein, so dass aus diesem Grunde die Befreiung von der Mitwirkung an der Sachverhaltsaufklärung versagt werden könnte – andererseits geht es bei § 35 StGB um die Entschuldigung von Eingriffen in die Rechtsgüter dritter Individualpersonen, während bei der Strafverfolgung (lediglich) die Interessen des Staates betroffen sind.

[337] Siehe nur Schönke / Schröder-*Lenckner / Perron,* § 35 Rn. 4 m. w. N.

[338] Vgl. z. B. *Appel,* Verfassung und Strafe, S. 467 f.; *Lagodny,* Strafrecht vor den Schranken der Grundrechte, S. 122; *Wolff,* Selbstbelastung und Verfahrenstrennung, S. 54.

[339] Vgl. *Lagodny,* Strafrecht vor den Schranken der Grundrechte, S. 122; *ders.,* StV 1996, S. 167, 171 Fn. 54 (siehe dazu aber auch unten 2. Teil, D. III. 2.); *Puppe,* GA 1978, 289, 299; *Rogall,* Der Beschuldigte, S. 146; *Verrel,* Selbstbelastungsfreiheit, S. 260; *Wolff,* Selbstbelastung und Verfahrenstrennung, S. 54.

Ehreingriffen als zu ungenau. Unleugbar kann die Verurteilung, insbesondere zu einer Freiheitsstrafe, für den Betroffenen eine starke Beeinträchtigung seiner sozialen Geltung mit sich bringen. Die Stigmatisierungswirkung fällt jedoch – regelmäßig nach Sanktionsschwere – unterschiedlich aus[340]. So kommt einer Geldbuße wegen Falschparkens keineswegs eine solch entehrende Wirkung zu, die den Betroffenen derart außerhalb der Gesellschaft stellen würde, dass sein Dasein als solches beeinträchtigt wäre[341]. Auch der Gesichtspunkt des Ehreingriffs vermag folglich nicht eine generelle Existenzbedrohung durch Strafverfahren und Strafe darzulegen.

Damit wird deutlich, dass das nemo tenetur-Prinzip mit seinem umfassenden Schutzgehalt nicht aus dem grundgesetzlichen Staatsverständnis abgeleitet werden kann[342]. Außerdem könnte eine derartige nemo tenetur-Begründung die Zulässigkeit passiver Duldungspflichten ebenfalls nicht erklären. Auch würde die Anwendung des nemo tenetur-Satzes auf dieser Basis nicht auf das Strafverfahren beschränkt bleiben können. Denn beispielsweise auch im verwaltungsrechtlichen Verfahren sind Mitwirkungspflichten denkbar, deren Erfüllung eine Zuwiderhandlung gegen eigene Interessen bedeuten würde[343].

Zusammenfassend lässt sich aus den staatstheoretischen Ausführungen damit zweierlei festhalten: Erstens ist eine generelle strafprozessuale Mitwirkungspflicht des Beschuldigten nicht konstruierbar. Ihre Grenze verläuft dort, wo die Pflichterfüllung zur Vernichtung der Existenz des Adressaten führen würde[344]. Zweitens ist aber auch deutlich geworden, dass ein Recht auf jedwede Selbstbegünstigung nicht bestehen kann. Dies folgt aus dem Korrelat zwischen Freiheitsgewährleistung und Folgenverantwortung. Denn die Einbindung des Einzelnen in die Gesellschaft und die daraus erwachsende Pflicht, für eigenes Fehlverhalten einstehen zu müssen, implizieren, dass das natürliche Selbstbegünstigungsinteresse vom Recht nicht schrankenlos rezipiert werden kann[345].

---

[340] *Böse,* GA 2002, 98, 107; vgl. auch *Drope,* Strafprozessuale Probleme, S. 197; *Ehrhardt,* Unternehmensdelinquenz, S. 172.

[341] *Böse,* GA 2002, 98, 107. Siehe bereits oben 2. Teil, D. II. 4. c).

[342] Von diesem staatstheoretischen Ansatz her hält *Böse,* GA 2002, 98, 107, eine Aussagepflicht für begründbar, sofern dem Beschuldigten nur eine Geldstrafe oder eine Geldbuße droht. Eine Einschränkung der Aussagefreiheit im Ordnungswidrigkeitenverfahren halten ebenfalls für zulässig *Günther,* GA 1978, 193, 205; *Schöch,* DAR 1996, 44, 49; *Stümpfler,* DAR 1973, 1, 10; *Stürner,* NJW 1981, 1757, 1759 u. 1763; *ders.,* Aufklärungspflicht, S. 59; *Werner,* Bekämpfung der Geldwäsche, S. 116; vgl. auch *Paeffgen,* Vorüberlegungen, S. 73 (Einschränkungen im Bereich von Bagatellordnungswidrigkeiten).

[343] *Böse,* GA 2002, 98, 107 f.

[344] Wenn *Pawlik,* GA 1998, 378, 383, letztlich doch darauf verweist, dass „der Bürger im Staat auch sein persönliches Auskommen finden und dass die Rechtsordnung seinen individuellen Interessen daher in einem gewissen Maße Rechnung tragen" müsse, erkennt er – im Ergebnis – ebenfalls diese Grenze an.

[345] *Böse,* GA 2002, 98, 108. So i.E. auch *Lesch,* ZStW 111 (1999), 624, 637 f., der jedoch vom mit *Pawlik* gemeinsamen Ausgangspunkt des Synallagmas von Organisationsfreiheit

Es ist daher nicht möglich, den nemo tenetur-Satz mit Hilfe natürlicher Selbstbegünstigungsinteressen zu begründen.

d) Fazit: Keine Begründbarkeit des nemo tenetur-Grundsatzes auf Basis der naturalistischen Konzeptionen

Wie die vorangegangenen Ausführungen gezeigt haben, sind die naturalistischen Ansätze nicht in der Lage, den nemo tenetur-Grundsatz in sich geschlossen und stimmig zu erklären. Die Freiheitsidee des nemo tenetur-Satzes kann nicht in der Vermeidung einer unzumutbaren Konfliktlage und dem Schutz natürlicher Selbstbegünstigungsinteressen liegen.

5. Zusammenfassung

Die herrschende Ansicht in Literatur und Rechtsprechung sieht in der Vermeidung der als unzumutbar erachteten Zwangslage, sich selbst strafrechtlich belasten zu müssen oder Zwangsmitteln ausgesetzt zu werden beziehungsweise nur mittels Lüge und damit gegebenenfalls durch Begehung einer neuen Straftat die Selbstbezichtigung umgehen zu können, die Ratio des nemo tenetur-Grundsatzes. Ausgehend von diesem gemeinsamen Schutzzweck wird das nemo tenetur-Prinzip dabei entweder als Bestandteil der Menschenwürde (Art. 1 I GG) oder des absolut geschützten Kernbereichs des allgemeinen Persönlichkeitsrechts (Art. 2 I, 1 I GG) erachtet. Trotz unterschiedlicher verfassungsrechtlicher Einordnung geht es jenen Konzeptionen darum, dem natürlichen Selbstbegünstigungsinteresse des Menschen Rechnung zu tragen. Daher können sie als naturalistische nemo tenetur-Auffassungen bezeichnet werden.

Auf dieser naturalistischen Basis lässt sich die Anwendbarkeit der Selbstbelastungsfreiheit auf juristische Personen nach Art. 19 III GG nicht begründen. Denn mit der Vermeidung der unzumutbaren Konfliktlage knüpft der Grundrechtsschutz an Fähigkeiten an, die für juristische Personen nicht erfahrbar sind, also nur natürlichen Personen wesenseigen sein können.

Jedoch vermag das naturalistische Verständnis den Schutzbereich des nemo tenetur-Prinzips nicht widerspruchsfrei und in sich geschlossen zu erklären. Es gilt daher, weitere Ableitungen der Selbstbelastungsfreiheit auf ihre Stimmigkeit und mögliche Anwendbarkeit auf Unternehmen hin zu untersuchen.

---

und Folgenverantwortung strafrechtliche Mitwirkungspflichten aus dem Grunde ablehnt, da auch dem zu Unrecht Beschuldigten Pflichten auferlegt werden könnten, obwohl dieser ja mangels Begehung einer Straftat bzw. Ordnungswidrigkeit gar keine Verantwortung übernehmen kann und muss.

11 Queck

III. Persönlichkeitsrechtliche nemo tenetur-Konzeptionen auf nicht-naturalistischer Grundlage

In der Literatur finden sich aber auch Ansätze, welche die verfassungsrechtliche Grundlage des nemo tenetur-Grundsatzes im allgemeinen Persönlichkeitsrecht des Art. 2 I, 1 I GG erblicken, jedoch nicht ein natürliches, von Zumutbarkeitserwägungen geprägtes Recht auf Selbstschutz beziehungsweise Selbsterhaltung zugrunde legen. Dabei existieren verschiedene Zweckbestimmungen. Diese sollen im Folgenden auf ihre Tragfähigkeit zur Erklärung des nemo tenetur-Prinzips hin untersucht werden.

1. Der nemo tenetur-Satz als Bestandteil des Rechts auf informationelle Selbstbestimmung

Der Grundsatz nemo tenetur se ipsum accusare wird zum Teil im Recht auf informationelle Selbstbestimmung verankert[346]. Dieses, als Konkretisierung des allgemeinen Persönlichkeitsrechts ebenfalls durch Art. 2 I, Art. 1 I GG garantierte Grundrecht, gewährt dem Einzelnen die Befugnis, „grundsätzlich selbst über Preisgabe und Verwendung seiner persönlichen Daten zu bestimmen"[347]. Mit der Verpflichtung, strafrechtlich relevante Umstände einzuräumen, wird der Betroffene gezwungen, persönliche Lebenssachverhalte offen zu legen, über deren Verwendung im Strafverfahren er nicht disponieren kann. Auf den ersten Blick liegt daher eine Ableitung des nemo tenetur-Prinzips aus dem Recht auf informationelle Selbstbestimmung nicht fern.

Jedoch setzt die Verortung in das Recht auf informationelle Selbstbestimmung voraus, dass es dem nemo tenetur-Grundsatz um den Schutz der strafrechtlich relevanten Informationen als solche geht. Es müsste sich dabei um ein Informationsverfügungsrecht handeln. Maßgeblich wäre also der Schutzgegenstand, nämlich die entsprechenden Informationen beziehungsweise das Wissen des Beschuldigten. Die Methode der Informationserhebung spielt insoweit keine Rolle. Dies hätte zur Folge, dass der Betroffene jedwede Form von Offenlegung und Verwendung der Informationen abwehren kann. Zumindest auf Schutzbereichsebene müsste daher das nemo tenetur-Prinzip entgegen der traditionellen Reichweitenbestimmung auch auf täuschungsbedingte beziehungsweise unbewusste Selbstbelastungen ausgeweitet werden. Insoweit konsequent wollen denn auch *Keller*[348] und *Renzikowski*[349] den Gewährleistungsbereich von nemo tenetur nicht ausschließlich auf

---

[346] *Keller,* Rechtliche Grenzen der Provokation, S. 132; *Nothhelfer,* Freiheit vom Selbstbezichtigungszwang, S. 82 f. und 91 f.; *Renzikowski,* JZ 1997, 710, 714; SK-StPO-*Wohlers,* § 163 a Rn. 44; siehe auch *Bährle,* Aussagefreiheit, S. 82.

[347] *BVerfGE* 65, 1, 43.

[348] Rechtliche Grenzen der Provokation, S. 135 f.

[349] JZ 1997, 710, 714.

den Schutz vor Zwang zu Selbstbelastung begrenzen, sondern auch die Erlangung von belastenden Angaben durch Täuschung erfassen[350].

Fraglich ist aber, ob es sich beim nemo tenetur-Grundsatz tatsächlich um ein Informationsverfügungsrecht handelt. Zwar geht es bei den in Frage stehenden Mitwirkungspflichten um die Verwendung von vom Beschuldigten selbst stammender Daten beziehungsweise um sein Wissen im Hinblick auf die Straftat. Aber die Informationen über ein Geschehen, das immerhin in die Rechtsgüter Dritter massiv eingreift, sind der Verwendung im Strafverfahren nicht schlechthin entzogen. Zwar schließt es der nemo tenetur-Satz aus, dass die Informationen durch eigenes Verhalten des Betroffenen in das Verfahren eingebracht werden, aber durch anderweitige Beweismittel ist deren Einführung und Verwendung im Strafprozess durchaus möglich. Die Information als solche ist nicht schützwürdig[351].

Selbst wenn man den Schutzbereich des Rechts auf informationelle Selbstbestimmung eröffnet sieht, so stellt sich das Problem, dass dieses Grundrecht nicht schrankenlos gewährleistet ist. Vielmehr sind Eingriffe hinzunehmen, wenn diese aufgrund eines überwiegenden öffentlichen Interesses erforderlich sind[352]. Legitimer Zweck im Zusammenhang mit strafrechtlichen Mitwirkungspflichten ist das öffentliche Interesse an der Aufklärung von Straftaten[353]. Soll der nemo tenetur-Grundsatz mit seinem ausnahmslos gewährten Geltungsbereich durch das Recht auf informationelle Selbstbestimmung begründet sein, so müssen besondere Umstände dargelegt werden, welche derartige Mitwirkungspflichten des Beschuldigten im Vergleich zu anderen Ermittlungsmaßnahmen stets unverhältnismäßig erscheinen lassen. Es müsste also eine generelle Vorrangregel des Selbstbelastungsschutzes gegenüber staatlichen Interessen, speziell gegenüber dem staatlichen Aufklärungsinteresse, begründet werden können[354].

Ausgehend von der traditionellen Inhaltsbestimmung des nemo tenetur-Grundsatzes könnte sich dieser Vorrang aus der Verwendung von Zwang zur Gewinnung der selbstbelastenden Informationen ergeben. Dann müsste der Zwangseinsatz einen viel schwerwiegenderen Eingriff darstellen als eine heimliche Informationsbeschaffung. Täuschungsbedingte Selbstbelastungen könnten sich danach als weniger intensive Eingriffe nicht gegen die Aufklärungsinteressen des Staates durch-

---

[350] Vgl. auch SK-StPO-*Wohlers*, § 163 a Rn. 44.

[351] *Bosch,* Aspekte des nemo-tenetur-Prinzips, S. 53; *Lorenz,* GA 1992, 254, 267; *ders.,* JZ 1992, 1000, 1006; *Verrel,* Selbstbelastungsfreiheit, S. 261; siehe auch *Günther,* GA 1978, 193, 197; *Reiß,* Besteuerungsverfahren, S. 166; siehe auch bereits oben 2. Teil, D. II. 3. d) bb).

[352] *BVerfGE* 65, 1, 43 f.

[353] Die Pflicht des Staates eine funktionsfähige bzw. effiziente Strafrechtspflege zu gewährleisten, folgt aus dem Rechtsstaatsprinzip, vgl. z. B. *BVerfGE* 33, 367, 383; 46, 214, 222; 51, 324, 343 f.; 74, 257, 262; 77, 65, 76; zsf. *Hill,* in: Isensee / Kirchhof, HStR VI, § 156, Rn. 39; *Limbach,* in: Organisationsbüro der Strafverteidigervereinigungen (Hrsg.), 20. Strafverteidigertag, S. 35 ff.; siehe auch unten 2. Teil, D. IV. 3. c) bb).

[354] Vgl. *Bosch,* Aspekte des nemo-tenetur-Prinzips, S. 53; *Böse,* GA 2002, 98, 101.

setzen und wären somit seitens des nemo tenetur-Grundsatzes zulässig[355]. Gerade aber im Hinblick auf die Schutzidee des Rechtes auf informationelle Selbstbestimmung lässt sich ein derartiges Stufenverhältnis nicht begründen. Jenes Grundrecht sichert nämlich insbesondere auch, dass dem Grundrechtsträger bekannt ist, dass bestimmte Informationen über ihn erhoben werden und in welcher Weise diese Daten Verwendung finden[356]. Nur so ist es ihm überhaupt möglich, selbst zu entscheiden, „wann und innerhalb welcher Grenzen persönliche Lebenssachverhalte offenbart werden"[357]. Er soll „wissen können, wer was wann und bei welcher Gelegenheit über (ihn) weiß"[358]. Im Gegenteil handelt es sich um ein viel perfideres Vorgehen, wenn dem Betroffenen die Informationserhebung verborgen bleibt. Hinzu kommt, dass in diesem Falle die Rechtsschutzmöglichkeiten mangels aktueller Kenntnis von der Durchführung der Ermittlungshandlung zumindest eingeschränkt sind[359]. Heimliche Aufklärungsmaßnahmen sind in bestimmten Grenzen aber nicht nur durch die StPO[360], sondern auch durch die Verfassung[361] anerkannt, also trotz ihrer Eingriffsintensität nicht per se ausgeschlossen[362]. Im Vergleich zu solch verdeckten Maßnahmen kann folglich eine besondere Schwere der Sachverhaltserforschung unter Zuhilfenahme von Zwang nicht belegt werden[363].

Auch der Straftatbezug und damit die Verwendung der vom Beschuldigten erlangten Erkenntnisse im Strafverfahren[364] können das Überwiegen des Selbstschutzinteresses nicht begründen. Denn der Einsatz der gewonnenen Informationen im Strafverfahren zur Erhellung des Sachverhaltes ist Sinn und Zweck der Infor-

---

[355] So *Keller,* Rechtliche Grenzen der Provokation, S. 137; auch SK-StPO-*Wohlers,* § 163 a Rn. 44 (keine Teilnahme am absolut geschützten Kernbereich). Vgl. zudem *Verrel,* Selbstbelastungsfreiheit, S. 265, der die geringere Eingriffsintensität bei Täuschung deshalb annimmt, weil dem Beschuldigten die „Verrufswirkung" und die Sanktionsfolgen seines Tuns, im Gegensatz zu zwangsweiser Selbstbelastung, verborgen bleiben.

[356] Vgl. *BVerfGE* 65, 1, 43, sowie *Böse,* GA 2002, 98, 102; *Riepl,* Informationelle Selbstbestimmung, S. 11; *Rosenbaum,* Jura 1988, 178, 182.

[357] *BVerfGE* 65, 1, 42.

[358] *BVerfGE* 65, 1, 43.

[359] *Böse,* GA 2002, 98, 102; *Ernst,* Verarbeitung und Zweckbindung von Informationen, S. 93 f.

[360] Siehe z. B. § 100 a StPO (Telefonüberwachung) oder § 110 a (Einsatz verdeckter Ermittler).

[361] Art. 13 III GG (akustische Wohnraumüberwachung).

[362] Vgl. z. B. *BVerfGE* 57, 250, 284; *BVerfG* StV 1985, 177; NStZ 1991, 445; *BGH*St (GrS) 32, 115, 121 f.; 39, 335, 346; 40, 211, 215 f.; 41, 42, 43; StV 1996, 242, 244 f.; *BGH*St (GrS) 42, 139, 150 f.; *Ernst,* Verarbeitung und Zweckbindung von Informationen, S. 114; *Rogall,* JZ 1987, 847, 850; *Sternberg-Lieben,* JZ 1995, 844; *Verrel,* Selbstbelastungsfreiheit, S. 261 f.; SK-StPO-*Wolter,* Vor § 151 Rn. 106.

[363] *Bosch,* Aspekte des nemo-tenetur-Prinzips, S. 54 f.; *Böse,* GA 2002, 98, 102.

[364] So aber *Keller,* Rechtliche Grenzen der Provokation, S. 132: Die Verwendung der Informationen gegen den Beschuldigten mache ihn zum „Funktionselement staatlicher Zwecke"; der nemo tenetur-Grundsatz schütze vor einer „besonders zugespitzten Form von Funktionalisierung des Einzelnen durch den Staat".

mationsbeschaffung und als solcher durchaus legitim[365]. Das Recht auf informationelle Selbstbestimmung setzt aber gerade voraus, dass die Informationsbeschaffung nur zweckgebunden erfolgen darf[366]. Allein aus dem Verwendungszusammenhang lässt sich somit die Unverhältnismäßigkeit des Eingriffs nicht ableiten[367].

Wenn schließlich *Nothhelfer*[368] und *Bährle*[369] den generellen Vorrang des Selbstbelastungsschutzes deshalb annehmen wollen, weil jede Form von Zwang, an der eigenen strafrechtlichen Überführung mitwirken zu müssen, den Betroffenen zum bloßen Objekt der Wahrheitsfindung herabwürdige, also die Menschenwürde verletze, so stellt dies einen Rückgriff auf das naturalistische nemo tenetur-Verständnis dar. Dann ist aber der Begründungsstrang über das Recht auf informationelle Selbstbestimmung nicht notwendig und letztlich ein „Umweg". Vor allem aber ist diese Lösung ebenfalls den dargestellten Bedenken gegen eine Ableitung des nemo tenetur-Prinzips mit Hilfe der Objektformel[370] ausgesetzt.

Nach alledem kann der nemo tenetur-Grundsatz nicht als Informationsverfügungsrecht interpretiert werden. Er findet seine verfassungsrechtliche Grundlage nicht im Recht auf informationelle Selbstbestimmung, Art. 2 I, 1 I GG.

2. Der nemo tenetur-Grundsatz als Teilausprägung des persönlichen Ehrschutzes

Lagodny versteht den Grundsatz nemo tenetur se ipsum accusare als Teilausprägung des Ehrschutzes[371]. Nach überwiegender Ansicht wird auch die Ehre vom Schutzbereich des allgemeinen Persönlichkeitsrechts, Art. 2 I, 1 I GG, umfasst[372]. Dieses Grundrecht begründet nicht nur eine staatliche Schutzpflicht zur Verhinderung von Ehrangriffen Privater untereinander, sondern bietet – in seiner Abwehrfunktion – auch Schutz vor Eingriffen in den sozialen Achtungsanspruch durch den Staat selbst[373]. Bereits der die Strafsanktion begründende staatliche Vorwurf[374]

---

[365] Siehe oben Fn. 311 und 353.

[366] *BVerfGE* 65, 1, 46.

[367] *Böse*, GA 2002, 98, 101 f.

[368] Freiheit vom Selbstbezichtigungszwang, S. 90 i.V.m. S. 76 f.

[369] Aussagefreiheit, S. 83 ff.

[370] Siehe oben 2. Teil, D. II. 4. b).

[371] StV 1996, 167, 171 Fn. 54. Eine Verbindung des nemo tenetur-Grundsatzes zum Gesichtspunkt des Ehrschutzes sehen ebenfalls *Kunig*, in: v. Münch / Kunig, Grundgesetz, Art. 2 Rn. 35; *Sautter*, AcP 161 (1962), 215, 255 f.; siehe ferner *Weigend*, in: Leipold (Hrsg), Selbstbestimmung in der modernen Gesellschaft, S. 149, 153.

[372] *BVerfGE* 54, 208, 217; 93, 266, 299 f.; *Kunig*, in: v. Münch / Kunig, Grundgesetz, Art. 2 Rn. 35; *Lagodny*, Strafrecht vor den Schranken der Grundrechte, S. 116 ff. m. w. N.

[373] *Lagodny*, Strafrecht vor den Schranken der Grundrechte, S. 121 f.

[374] *Lagodny* differenziert zwischen dem strafrechtlichen Vorwurf als eigenständigen Grundrechtseingriff und dem davon zu unterscheidenden Eingriff durch die hierauf aufbauende Sanktion, vgl. Strafrecht vor den Schranken der Grundrechte, S. 96 ff.

berühre den jeweiligen Adressaten in seinem gesellschaftlichen Ehr- und Achtungsanspruch. Er stellt hiernach folglich einen Eingriff in die durch das allgemeine Persönlichkeitsrecht garantierte Ehre des Beschuldigten dar[375]. Den nemo tenetur-Grundsatz begreift *Lagodny* nun als „Kehrseite" dieses Ehreingriffes: Der Einzelne könne „nicht dazu verpflichtet sein, die Voraussetzungen für einen solchen schweren staatlichen Eingriff zu schaffen"[376].

Diese reine „Kehrseiten"-Argumentation greift jedoch zu kurz. Bei der Missbilligung der Straftatbegehung geht es ja schließlich um einen legitimen Eingriff. Eine generelle Regel aber, dass der Staat, wenn er in zulässiger Weise in die Grundrechte seiner Bürger eingreift, nicht auch deren Mitwirkung bei der Verwirklichung des Eingriffsziels beanspruchen darf, ist nicht begründbar[377]; auch nicht für den Bereich des Strafverfahrens[378]. Allein aus der Eingriffsqualität des Vorwurfs kann nicht auf die Geltung des nemo tenetur-Prinzips geschlossen werden. Allerdings bedeutet die Offenlegung von Umständen, welche den Strafvorwurf belegen, die Preisgabe ehrenrühriger Tatsachen[379]. Eine derartige Mitwirkungsverpflichtung stellt somit einen eigenständigen Eingriff in das Grundrecht der Ehre dar. Dieser Eingriff ist von jenem durch den strafrechtlichen Vorwurf zu unterscheiden. Er ist selbständig auf die Möglichkeit seiner verfassungsrechtlichen Rechtfertigung hin zu überprüfen.

Die Ehre wird wie jeder Teilbestandteil des allgemeinen Persönlichkeitsrechts nicht vorbehaltlos gewährleistet[380]. Einschränkungen des Grundrechts zum Zwecke der Aufklärung von Straftaten können daher nicht von vornherein ausgeschlossen werden[381]. Das Strafverfahren enthält denn auch zahlreiche Ermittlungsmaß-

---

[375] *Lagodny,* Strafrecht vor den Schranken der Grundrechte, S. 122; *ders.,* StV 1996, 167, 171 Fn. 54.

[376] *Lagodny,* StV 1996, 167, 171 Fn. 54.

[377] Allerdings ist der Staat nicht berechtigt, dem Einzelnen Mitwirkungspflichten aufzuerlegen, deren Erfüllung schlichtweg existenzvernichtend wäre, vgl. oben 2. Teil, D. II. 4. c).

[378] In außerstrafrechtlichen Verfahren, die ohne einen strafrechtlichen, missbilligenden Vorwurf auskommen, hält *Lagodny* die Statuierung von Mitwirkungspflichten durchaus für möglich. Im Bereich des Strafverfahrens scheide aber die Verpflichtung, an der Begründung des Vorwurfs (der ja einen Eingriff in das allgemeine Persönlichkeitsrecht darstelle) beizutragen, deshalb aus, weil die das Persönlichkeitsrecht prägende Menschenwürdegarantie eine „Verstärkungsfunktion" dahingehend entfalte, dass Einschränkungen nur in „krassen Ausnahmefällen" gerechtfertigt werden könnten (StV 1996, 167, 171 insb. Fn. 54). Aber auch der Menschenwürdebezug führt nicht automatisch dazu, dass jegliche Mitwirkungsakte, welche der Verwirklichung des legitimen Primäreingriffs dienen, per se unzulässig wären. Deren Verfassungsmäßigkeit ist vielmehr (ggf. auch unter Berücksichtigung des Menschenwürdegehalts der dadurch betroffenen Grundrechte) separat festzustellen; siehe dazu die folgenden Ausführungen.

[379] Siehe *Böse,* GA 2002, 98, 100.

[380] Siehe z. B. *Jarass,* in: Jarass/Pieroth, Grundgesetz, Art. 2 Rn. 45 ff.; *Kunig,* in: v. Münch/Kunig, Grundgesetz, Art. 2 Rn. 41 ff.

[381] *Böse,* GA 2002, 98, 100; vgl. auch die Nachweise zu den folgenden Beispielen.

nahmen, die den sozialen Geltungs- und Achtungsanspruch des Betroffenen beeinträchtigen. So hat der Beschuldigte prozessuale Zwangseingriffe, beispielsweise körperliche Untersuchungen nach § 81 a StPO, zu erdulden. Hierdurch werden ebenfalls Voraussetzungen geschaffen, die den strafrechtlichen Vorwurf erhärten beziehungsweise belegen. Auch diese Eingriffe lassen sich somit als Beschränkungen der persönlichen Ehre qualifizieren, werden aber ganz überwiegend
als zulässig erachtet[382]. Ferner hat das Bundesverfassungsgericht zwangsweise
Veränderungen von Haar- und Bartwuchs zum Zwecke von Gegenüberstellungen
mit der Notwendigkeit für die Strafverfolgung gerechtfertigt[383]. Auch von Zeugen wird im Übrigen die Preisgabe von entehrenden Tatsachen abverlangt, sofern
diese für die Wahrheitsermittlung unerlässlich sind[384]. Es ist also nicht prinzipiell
ausgeschlossen, prozessuale Ehreingriffe mit dem staatlichen Interesse an der
Aufklärung von Straftaten zu rechtfertigen. Die verfassungsrechtliche Unverein-
barkeit von nemo tenetur-relevanten Mitwirkungspflichten mit dem Grundrecht
der persönlichen Ehre ließe sich daher nur stimmig begründen, wenn diesen
Pflichten eine besondere Eingriffsschwere zukäme, welche mit jener der genannten Ermittlungsakte in keiner Weise vergleichbar wäre[385]. Wie aber bereits gezeigt, lässt sich ein derart grundsätzliches Stufenverhältnis zwischen passiven
Duldungs- und aktiven Mitwirkungsverpflichtungen nicht belegen[386]. Zudem
könnte solch ein ehrschutzbezogener Ansatz die Geltung des nemo tenetur-Satzes
auch für den Unschuldigen nicht erklären. Von diesem könnte verlangt werden,
zur Aufklärung des Falles beizutragen, denn hierdurch würde der ehrenrührige
Vorwurf ja ausgeräumt[387].

Somit ist es ebenfalls nicht überzeugend, im Ehrschutz als besondere Ausprägung des allgemeinen Persönlichkeitsrechts die Grundlage des nemo tenetur-Prinzips zu verankern.

IV. Das nemo tenetur-Prinzip
als Verfahrensgrundrecht

Wie die vorangegangenen Ausführungen gezeigt haben, ist es nicht ohne weiteres möglich, den nemo tenetur-Grundsatz vollständig und in sich geschlossen
über materiell-grundrechtliche Ableitungen zu erfassen. Die jeweiligen persönlichkeitsrechtlichen Zweckbestimmungen und der Menschenwürdebezug müssten zu
einem derart umfassenden Selbstbelastungsschutz führen, der sich mit dem tradi-

---

382 *Bosch,* Aspekte des nemo-tenetur-Prinzips, S. 49.

383 *BVerfGE* 47, 239, 248 f.

384 Vgl. § 68 a I StPO; *BVerfGE* 38, 105, 117, geht problemlos von der verfassungsrechtlichen Vereinbarkeit dieser Norm aus.

385 Siehe *Böse,* GA 2002, 98, 100.

386 Siehe oben 2. Teil, D. III. 1.

387 *Bosch,* Aspekte des nemo-tenetur-Prinzips, S. 49.

tionell gewährten Schutzumfang und unserem Strafverfahrenssystem nicht vollends in Einklang bringen lässt. Diese Schwierigkeiten sind nicht wirklich verwunderlich, wenn man bedenkt, dass es sich bei dem nemo tenetur-Prinzip um einen Rechtsgrundsatz mit langer Tradition handelt, dessen historische Entstehung nicht in den Freiheitsrechten des Grundgesetzes ihren Anfang nahm. Dies bedeutet natürlich andererseits nicht, dass die Verfahrensfunktionen, die dem nemo tenetur-Grundsatz zugrunde liegen, sich nicht auch in unserer Verfassung wiederfinden könnten. Aber für die Ermittlung der Schutzidee und damit für eine stimmige Erklärung des nemo tenetur-Prinzips erscheint es sinnvoller, nicht den absoluten Gewährleistungsbereich der Menschenwürde beziehungsweise des Kernbereichs des allgemeinen Persönlichkeitsrechts „von außen" an das nemo tenetur-Prinzip heranzutragen, sondern stattdessen Wesen und Systematik unseres Strafprozesses auch unter Inblicknahme seiner geschichtlichen Entwicklung zum Ausgangspunkt zu nehmen und den spezifischen Funktionen, die der nemo tenetur-Grundsatz verfahrensintern wahrnimmt, nachzuspüren.

1. Der historische Hintergrund des nemo tenetur-Grundsatzes

Wie zu zeigen sein wird, liegt die Grundbedingung für die Entstehung des nemo tenetur-Prinzips im Sinne eines umfassenden Schweigerechts bezüglich selbstbelastender Umstände, in der Anerkennung der Stellung des Beschuldigten als eigenständiges Verfahrenssubjekt, dem es gestattet ist, sich gegen den strafrechtlichen Vorwurf verteidigen zu dürfen und der zu diesem Zwecke mit bestimmten eigenen Rechten ausgestattet ist. Erst jenes Beschuldigtenverständnis ermöglichte die Etablierung des nemo tenetur-Grundsatzes. Dies gilt sowohl für das englische als auch für das deutsche Strafverfahren.

a) Die Wurzeln des nemo tenetur-Grundsatzes
im englischen Strafverfahren

Während der deutsche Strafprozess seit dem Mittelalter bis in das 19. Jahrhundert hinein vom Inquisitionsverfahren beherrscht wurde[388], war der englische Common Law-Strafprozess (im Hauptverfahren[389]) akkusatorisch organisiert[390]. Inquisitorische Elemente waren dem gemeinen Verfahren weitestgehend fremd; sie

---

[388] Siehe zum Ganzen z. B. *v. Gerlach,* Hanack-FS, S. 117, 122 f.; *Eb. Schmidt,* Geschichte der deutschen Strafrechtspflege, S. 86 ff., 194 ff.; *Wohlers,* Entstehung und Funktion der Staatsanwaltschaft, S. 50 ff.

[389] Zur Ermittlungspraxis im Vorverfahren siehe aber unten Fn. 412.

[390] *Levy,* Origins of the Fifth Amendment, S. 3 ff.; *Stephen,* A history of the criminal law of England, Vol. I, S. 250 ff., 273 ff.; siehe auch *v. Gerlach,* Hanack-FS, S. 117, 123; *Rogall,* Der Beschuldigte, S. 72.

blieben zunächst auf kirchliche Gerichte beschränkt[391], fanden dann aber auch in die Verfahrenspraxis der königlichen Sondergerichte („*Prerogative Courts*") Eingang[392]. Hierzu zählen die 1487 eingesetzte Sternkammer („*Star Chamber*"), welche vor allem in Staatsschutzsachen tätig wurde[393], und der 1557 errichtete „*Court of High Commission*", der die Verfolgung von Gegnern der Staatskirche[394] zur Aufgabe hatte[395]. Beide Gerichte dienten damit vor allem dem Erhalt der politischen Herrschaft der Krone, insbesondere auch zur Begrenzung der Macht des Parlamentes[396]. Die Verfahren vor diesen Sondergerichten waren durch die Anwendung des *ex officio-Eides* gekennzeichnet. Danach hatte der Beschuldigte zu Beginn des Verfahrens einen Eid zu schwören, dass er wahrheitsgemäß aussagen werde, ohne dass ihm jedoch zuvor der konkrete Vorwurf eröffnet worden wäre[397]. Oftmals führte dies nicht nur zu Einlassungen hinsichtlich der Tat, welche die Einleitung des Verfahrens begründet hatte, sondern auch zu einer Selbstbelastung im Hinblick auf Geschehnisse, die den Gerichten noch unbekannt waren[398]. Zur Abwehr des Offizialeides verwiesen die Angeklagten teilweise auf den natürlichen Gedanken der Selbsterhaltung[399] sowie auf das Verbot des Schwörens im Neuen Testament[400]. Aber auch die Common Law-Gerichte selbst trugen zum Fall des *ex officio-Eides* bei. Diese konnten die Durch- beziehungsweise Fortführung eines Verfahrens vor den Kirchengerichten durch sogenannte „*writs of prohibition*" unterbinden, wenn der betreffende Fall nicht das Kirchenrecht betraf, sondern der

---

[391] *v. Gerlach*, Hanack-FS, S. 117, 123; *Rogall*, Der Beschuldigte, S. 73 f.; *Williams*, Proof of Guilt, S. 40.

[392] *Levy*, Origins of the Fifth Amendment, S. 41 f.

[393] *v. Gerlach*, Der Angeklagte als Zeuge für sich selbst, S. 7; *Levy*, Origins of the Fifth Amendment, S. 49 f.; *Rogall*, Der Beschuldigte, S. 75.

[394] Vgl. zum lebhaften Wechsel der Staatsreligion im Laufe der englischen Geschichte: *Guradze*, Loewenstein-FS, S. 151, 153 f. Die Ablehnung der Staatsreligion bedeutete gleichzeitig die Nichtanerkennung der „Oberhoheit" der Krone über die Kirche (*Guradze*, a. a. O., S. 155), war damit also eine Gefahr für den uneingeschränkten Autoritätsanspruch des Königs bzw. der Königin.

[395] Vgl. *Böse*, GA 2002, 98, 108; *Levy*, Origins of the Fifth Amendment, S. 76; *Rogall*, Der Beschuldigte, S. 76; *Wigmore*, Evidence in Trials at Common Law, Vol. 8, § 2250, S. 278.

[396] Siehe *Rogall*, Der Beschuldigte, S. 76.

[397] *Alschuler*, in: Helmholz u. a. (Hrsg.), The Privilege against Self-Incrimination, S. 181, 186 f. (= Michigan Law Review 1996, 2625 ff.); *Böse*, GA 2002, 98, 109; *v. Gerlach*, Der Angeklagte als Zeuge für sich selbst, S. 8 f.; *ders.*, Hanack-FS, S. 117, 124; *Gray*, in: Guth/McKenna (Hrsg.), Tudor Rule and Revolution, S. 345, 355; *Guradze*, Loewenstein-FS, S. 151, 152; *Levy*, Origins of the Fifth Amendment, S. 129 und 131; *Reiß*, Besteuerungsverfahren, S. 151; *Rogall*, Der Beschuldigte, S. 74; *Williams*, Proof of Guilt, S. 38 f.

[398] *v. Gerlach*, Hanack-FS, S. 117, 124.

[399] *Levy*, Origins of the Fifth Amendment, S. 235; *Rogall*, Der Beschuldigte, S. 77.

[400] Matthäus 5, 34 f. Vgl. *Alschuler*, in: Helmholz u. a. (Hrsg.), The Privilege against Self-Incrimination, S. 181, 187; *Böse*, GA 2002, 98, 109; *v. Gerlach*, Hanack-FS, S. 117, 124; *Rogall*, Der Beschuldigte, S. 77.

Zuständigkeit der Common Law-Gerichtsbarkeit unterfiel[401]. Damit war eine Vernehmung des Beschuldigten nur im Hinblick auf die ihm im Anklagevorwurf zur Last gelegten Tat möglich; anderenfalls hätte die Gefahr bestanden, dass sich das Verfahren auf solche Delikte erstreckte, die im Kompetenzbereich der gemeinen Gerichtsbarkeit lagen[402]. Insbesondere zu Beginn des 17. Jahrhunderts nahm die Zahl der Interventionen mittels „*writs of prohibition*" durch die Common Law-Gerichte stetig zu[403]. Schließlich bemühte sich auch das von Puritanern, welche ebenfalls der Verfolgung durch die *High Commission* ausgesetzt waren, beeinflusste Parlament um die Beseitigung der verhassten Sondergerichte und des Offizialeides. Nachdem die Befugnis der Monarchie zur Errichtung der *Prerogative Courts* zunehmend in Frage gestellt wurde[404], gelang es schließlich 1641 dem Parlament, die Auflösung jener außerordentlichen Gerichte und die Abschaffung des *ex officio-Eides* durchzusetzen[405]. Der Widerstand gegen den Offizialeid stellte folglich nicht nur den Kampf des einzelnen Betroffenen zur Verbesserung seiner Verfahrensposition dar. Er vollzog sich vor allem auch vor dem Hintergrund der Auseinandersetzung um Machteinflüsse zwischen Krone und Parlament und war damit Bestandteil des Kampfes um politische und religiöse Freiheiten[406].

Der Fall des Offizialeides bedeutete aber nicht automatisch die Etablierung eines umfassenden Schweigerechts zugunsten des Beschuldigten im Common Law-Prozess[407]. Im gemeinen Strafverfahren hatte sich der Angeklagte zu Beginn

---

[401] *Alschuler,* in: Helmholz u. a. (Hrsg.), The Privilege against Self-Incrimination, S. 181, 189; *Böse,* GA 2002, 98, 109; *Gray,* in: Guth / McKenna (Hrsg.), Tudor Rule and Revolution, S. 345, 355; *Langbein,* in: Helmholz u. a. (Hrsg.), The Privilege against Self-Incrimination, S. 82, 101 (= Michigan Law Review 1994, 1047 ff.); *Levy,* Origins of the Fifth Amendment, S. 145 u. 217 ff.; *Rogall,* Der Beschuldigte, S. 78.

[402] *Böse,* GA 2002, 98, 109 f.; *Gray,* in: Helmholz u. a. (Hrsg.), The Privilege against Self-Incrimination, S. 47, 61 f.

[403] *Böse,* GA 2002, 98, 110 Fn. 101; *Rogall,* Der Beschuldigte, S. 78 f.

[404] Teilweise wurde hierin ein Verstoß gegen die *Magna Charta* gesehen, vgl. *Levy,* Origins of the Fifth Amendment, S. 235 ff.

[405] *Böse,* GA 2002, 98, 110; *v. Gerlach,* Der Angeklagte als Zeuge für sich selbst, S. 9; *Guradze,* Loewenstein-FS, S. 151, 155; *Kraft,* Das nemo tenetur-Prinzip, S. 40; *Langbein,* in: Helmholz u. a. (Hrsg.), The Privilege against Self-Incrimination, S. 82, 101; *Levy,* Origins of the Fifth Amendment, S. 281; *Rogall,* Der Beschuldigte, S. 79; *Wigmore,* Evidence in Trials at Common Law, Vol. 8, § 2250, S. 283 und 289.

[406] Siehe *Langbein,* in: Helmholz u. a. (Hrsg.), The Privilege against Self-Incrimination, S. 82, 101 f.

[407] Dass der Wegfall des Offizialeides die Anerkennung des nemo tenetur-Grundsatzes auch im Common Law-Verfahren bedeutete, meinen v. a. *Levy,* Origins of the Fifth Amendment, S. 313 f.; *Rogall,* Der Beschuldigte, S. 81; *Wigmore,* Evidence in Trials at Common Law, Vol. 8, § 2250, S. 289 f. Dagegen aber insbesondere *Gray,* in: Guth / McKenna (Hrsg.), Tudor Rule and Revolution, S. 345 und 362 ff.; *Langbein,* in: Helmholz u. a. (Hrsg.), The Privilege against Self-Incrimination, S. 82, 103 ff. Siehe auch *Böse,* GA 2002, 98, 111 (mit Fn. 111 f.); *v. Gerlach,* Hanack-FS, S. 117, 125 f. sowie die folgenden zusammenfassenden Ausführungen.

der Hauptverhandlung für „schuldig" oder „nicht schuldig" zu erklären[408]. Er war gehalten, zur Sache auszusagen. Allerdings musste er seine Erklärungen nicht beeiden und im Falle der Aussageverweigerung war er keiner Bestrafung ausgesetzt[409]. Umgekehrt hatte er aber auch kein Recht, seine Aussagen zu beschwören. Die eidliche Vernehmung des Angeklagten war also gänzlich ausgeschlossen[410]. Im Vorverfahren vor dem Friedensrichter (*„Justice of Peace"*) war der Angeklagte verpflichtet, der Wahrheit entsprechend auszusagen. Seine dort getätigten, ebenfalls nicht beeideten[411] Einlassungen wurden regelmäßig über eine Vernehmung des Richters als Zeuge in das Hauptverfahren eingeführt[412].

Diese Vorgehensweise, welche einen wirksamen Schutz vor strafrechtlicher Selbstbelastung illusorisch machte[413], wurde auch nach Abschaffung der Sondergerichte noch bis ins 19. Jahrhundert hinein beibehalten[414]. Ein Verstoß gegen das als Argumentationsfigur durchaus bekannte nemo tenetur-Prinzip wurde darin aber nicht gesehen[415]. Der Grund hierfür war, dass jene nemo tenetur-Maxime lediglich

---

[408] *Böse,* GA 2002, 98, 110; *Rogall,* Der Beschuldigte, S. 73; *Stephen,* A history of the criminal law of England, Vol. I, S. 297.

[409] *Böse,* GA 2002, 98, 110; *v. Gerlach,* Der Angeklagte als Zeuge für sich selbst, S. 10; *Reiß,* Besteuerungsverfahren, S. 152.

[410] Ausführlich zur sog. *„disqualification for interest",* welche nicht nur im Strafverfahren galt, sondern auch alle Verfahrensbeteiligte in Zivilverfahren, die ein direktes Interesse am Ausgang des Verfahrens hatten, von der Möglichkeit zur eidlichen Aussage ausschloss: *Smith,* in: Helmholz u. a. (Hrsg.), The Privilege against Self-Incrimination, S. 145, 146 und 148 ff. Siehe auch *Alschuler,* in: Helmholz u. a. (Hrsg.), The Privilege against Self-Incrimination, S. 181, 190 ff.; *v. Gerlach,* Der Angeklagte als Zeuge für sich selbst, S. 15 f. Das Verbot, unter Eid in eigener Sache auszusagen, wurde in England erst 1898 abgeschafft. Zur Entstehungsgeschichte jenes „Criminal Evidence Act" *v. Gerlach,* a. a. O., S. 15 ff. In Nordamerika hatte zuerst Maine 1864 die eidliche Aussage des Angeklagten zugelassen, *Alschuler,* a. a. O., S. 198; *v. Gerlach,* Hanack-FS, S. 117, 134 Fn. 80.

[411] *Alschuler,* in: Helmholz u. a. (Hrsg.), The Privilege against Self-Incrimination, S. 181, 196; *Levy,* Origins of the Fifth Amendment, S. 325; *Moglen,* Michigan Law Review 1994, 1086, 1092 und 1098.

[412] *Alschuler,* in: Helmholz u. a. (Hrsg.), The Privilege against Self-Incrimination, S. 181, 194; *Böse,* GA 2002, 98, 111; *v. Gerlach,* Der Angeklagte als Zeuge für sich selbst, S. 13; *Langbein,* in: Helmholz u. a. (Hrsg.), The Privilege against Self-Incrimination, S. 82, 92; *Levy,* Origins of the Fifth Amendment, S. 325; *Moglen,* Michigan Law Review 1994, 1086, 1092; *ders.,* in: Helmholz u. a. (Hrsg.), The Privilege against Self-Incrimination, S. 109, 112; *Reiß,* Besteuerungsverfahren, S. 152. Sofern jedoch die Beschuldigten entgegen der im 18. Jahrhundert üblichen Praxis unter Eid aussagten, wurden jene Einlassungen als Beweis im Hauptverfahren nicht zugelassen, vgl. *Alschuler,* in: Helmholz u. a. (Hrsg.), The Privilege against Self-Incrimination, S. 181, 196.

[413] *Langbein,* in: Helmholz u. a. (Hrsg.), The Privilege against Self-Incrimination, S. 82, 92.

[414] *Böse,* GA 2002, 98, 111; *Langbein,* in: Helmholz u. a. (Hrsg.), The Privilege against Self-Incrimination, S. 82, 92; *Smith,* in: Helmholz u. a. (Hrsg.), The Privilege against Self-Incrimination, S. 145, 170.

[415] Es finden sich keine Quellen aus dem 17. und 18. Jahrhundert, die belegen würden, dass Beschuldigte die Antwort auf selbstbelastende Fragen mit dem Hinweis auf ein ent-

als Privileg, inkriminierende Umstände nicht *unter Eid*[416] einräumen zu müssen, verstanden wurde[417], jedoch ein umfassendes Recht, die Auskunft bezüglich selbstbelastender Umstände gänzlich zu verweigern, nicht gewährte[418].

Ein vollständiges Schweigerecht konnte sich – einhergehend mit einem entsprechenden Wandel des nemo tenetur-Verständnisses[419] – vielmehr erst im Laufe des 19. Jahrhunderts mit der Entstehung der Anwaltschaft und deren zunehmenden Eindringens in den Strafprozess herausbilden[420]. Bis zu jenem Zeitpunkt war nämlich das gemeine Verfahren von seiner Struktur her gar nicht darauf ausgelegt, dass der Angeklagte überhaupt schweigen konnte. Im Juryprozess kam es darauf an, dass es dem Angeklagten gelang, die Geschworenen von seiner Unschuld zu überzeugen. Insbesondere mangels Verteidiger[421], der diese Rolle für den Beschuldigten hätte wahrnehmen können, war es notwendig, dass der Angeklagte in eigener Person redete und sich zur Entkräftung der gegen ihn erhobenen Vorwürfe einließ[422]. Schweigen hingegen hätte mit allergrößter Wahrscheinlichkeit seine Ver-

---

gegenstehendes nemo tenetur-Prinzip verweigert hätten, vgl. *Langbein,* in: Helmholz u. a. (Hrsg.), The Privilege against Self-Incrimination, S. 82, 95 f. Siehe auch *Alschuler,* in: Helmholz u. a. (Hrsg.), The Privilege against Self-Incrimination, S. 181, 195.

[416] Zur besonderen (gerade auch rechtlichen) Bedeutung des Eides siehe *Alschuler,* in: Helmholz u. a. (Hrsg.), The Privilege against Self-Incrimination, S. 181, 187 f.

[417] *Alschuler,* in: Helmholz u. a. (Hrsg.), The Privilege against Self-Incrimination, S. 181, 190 ff.

[418] *Alschuler,* in: Helmholz u. a. (Hrsg.), The Privilege against Self-Incrimination, S. 181, 192. Zur Bedeutung der Unterscheidung zwischen eidlichen und uneidlichen Aussagen für die Inhaltsbestimmung des nemo tenetur-Prinzips ausführlich *Alschuler,* a. a. O., insb. S. 192 und 201. Auch das 5. Amendment der US-Verfassung („No person shall be compelled in any criminal case to be a witness against himself.") wurde bei seiner Einführung in diesem Sinne, also nicht im Sinne eines umfassenden Schweigerechts, verstanden, *Alschuler,* a. a. O., S. 192.

[419] *Alschuler,* in: Helmholz u. a. (Hrsg.), The Privilege against Self-Incrimination, S. 181, 197; *Langbein,* in: Helmholz u. a. (Hrsg.), The Privilege against Self-Incrimination, S. 82, 107.

[420] Siehe insb. *Langbein,* in: Helmholz u. a. (Hrsg.), The Privilege against Self-Incrimination, S. 82 ff. sowie *Alschuler,* in: Helmholz u. a. (Hrsg.), The Privilege against Self-Incrimination, S. 181, 197; *Böse,* GA 2002, 98, 111; *v. Gerlach,* Hanack-FS, S. 117, 125 f.; *Moglen,* Michigan Law Review 1994, 1086, 1088; *Smith,* in: Helmholz u. a. (Hrsg.), The Privilege against Self-Incrimination, S. 145, 163; ausführlich zum Eindringen von Verteidigern in den englischen Strafprozess *Beattie,* Law & History Review 1991, 221 ff.

[421] Vgl. *Langbein,* in: Helmholz u. a. (Hrsg.), The Privilege against Self-Incrimination, S. 82, 84. Verteidiger waren in allen Verfahren betreffend Hochverrats und anderer (Schwer-) Verbrechen („treason & felony") nicht zugelassen; der Ausschluss galt nicht bei leichten Vergehen („misdemeanor"), vgl. *Langbein,* a. a. O., S. 84 mit Endnote 6 auf S. 231; siehe ferner *Beattie,* Crime and the Courts, S. 339 mit Fn. 62; *ders.,* Law & History Review 1991, 221; *Williams,* Proof of Guilt, S. 43.

[422] *Langbein* umschrieb die Verfahrensgestaltung als *„the accused speaks-trial",* in: Helmholz u. a. (Hrsg.), The Privilege against Self-Incrimination, S. 82, 84 und 89 f.; siehe auch *Alschuler,* in: Helmholz u. a. (Hrsg.), The Privilege against Self-Incrimination, S. 181, 193; *Beattie,* Crime and the Courts, S. 341 und 348 f.; *ders.,* Law & History Review 1991, 221, 223 und 231; *Moglen,* Michigan Law Review 1994, 1086, 1088 f.; *Williams,* Proof of Guilt, S. 43; ferner *Böse,* GA 2002, 98, 110; *v. Gerlach,* Hanack-FS, S. 117, 126.

urteilung bedeutet. Ein wie auch immer ausgestaltetes Schweigerecht hätte sich also nicht nur als nutzlos, sondern sogar als schädlich erwiesen[423]. Entscheidende Bedingung für die Entstehung eines Schweigerechts war daher die Beteiligung von Strafverteidigern, welche anstelle des Angeklagten das Verfahren beeinflussen konnten. Erstmals wurden Verteidiger durch den *„Treason Act"* von 1696[424] in Hochverratsprozessen zugelassen[425]. Nur allmählich traten auch in den gewöhnlichen Strafverfahren Verteidiger auf[426]. Diesen war es anfangs jedoch nur erlaubt, Zeugen zu befragen und im Kreuzverhör zu vernehmen[427]. Im Jahre 1836 wurde aber schließlich die Beteiligung eines Verteidigers durch den *„Prisoner's Counsel Act"* gesetzlich geregelt, wobei auch die Befugnis des Anwalts, vor der Jury zu plädieren, statuiert wurde[428]. Nunmehr konnte der Angeklagte über seinen Verteidiger seine Interessen effektiv in die Verhandlung einbringen, ohne sich dabei selbst als Informationsquelle und Beweismittel zur Verfügung zu stellen. Er konnte schweigen, weil ein anderer für ihn sprach[429].

Diese aktive Rolle des Verteidigers und die damit verbundene Möglichkeit zur Passivität des Angeklagten[430] führte zu einem grundlegend veränderten Strafprozess[431]. Die Verteidigung übernahm zunehmend die Aufgabe, die Tragfähigkeit des Anklagevorwurfs in Frage zu stellen[432]. Damit entstand für die Anklage-

---

[423] „… the right to remain silent was tantamount to the right to commit suicide", so die pointierte Formulierung von *Langbein,* in: Helmholz u. a. (Hrsg.), The Privilege against Self-Incrimination, S. 82, 107.

[424] Zu dessen Entstehungsgeschichte ausführlich *Shapiro,* Law & History Review 1993, 215 ff.

[425] *Langbein,* in: Helmholz u. a. (Hrsg.), The Privilege against Self-Incrimination, S. 82, 96; *Shapiro,* Law & History Review 1993, 215, 217.

[426] Diese, je nach Ermessen durch richterliche Praxis zugelassene Entwicklung, begann ungefähr in den 30er Jahren des 18. Jahrhunderts, konnte sich jedoch vor allem nach 1780 verstärken, *Beattie,* Law & History Review 1991, 221, 226 ff.; *Langbein,* in: Helmholz u. a. (Hrsg.), The Privilege against Self-Incrimination, S. 82, 96.

[427] Siehe *v. Gerlach,* Hanack-FS, S. 117, 126; *Langbein,* in: Helmholz u. a. (Hrsg.), The Privilege against Self-Incrimination, S. 82, 87.

[428] *Beattie,* Law & History Review 1991, 221, 250 ff.; *Langbein,* in: Helmholz u. a. (Hrsg.), The Privilege against Self-Incrimination, S. 82, 97 mit Endnote 85 auf S. 240; *Smith,* in: Helmholz u. a. (Hrsg.), The Privilege against Self-Incrimination, S. 145, 164; auch *Böse,* GA 2002, 98, 111; *v. Gerlach,* Hanack FS, S. 117, 127.

[429] *Langbein,* in: Helmholz u. a. (Hrsg.), The Privilege against Self-Incrimination, S. 82, 87 und 100; *Smith,* in: Helmholz u. a. (Hrsg.), The Privilege against Self-Incrimination, S. 145, 163; auch *Böse,* GA 2002, 98, 111.

[430] Die Entwicklung führte allerdings dazu, dass der Angeklagte sämtliche Argumente durch seinen Verteidiger in den Prozess einführen musste; sein Schweigen wurde damit obligatorisch, vgl. *Böse,* GA 2002, 98, 112; *v. Gerlach,* Hanack-FS, S. 117, 126 f.

[431] *Alschuler,* in: Helmholz u. a. (Hrsg.), The Privilege against Self-Incrimination, S. 181, 197; *Langbein,* in: Helmholz u. a. (Hrsg.), The Privilege against Self-Incrimination, S. 82, 98 ff.

[432] *Beattie,* Crime and the Courts, S. 375; *Langbein,* in: Helmholz u. a. (Hrsg.), The Privilege against Self-Incrimination, S. 82, 98; auch *Böse,* GA 2002, 98, 112. Diese Art der

behörde die Notwendigkeit, ihr Vorbringen stichhaltig zu beweisen[433]. Dies entspricht der typischen Aufgabenverteilung für die Beteiligten im adversatorischen Verfahrensmodell. Der Angeklagte wuchs aus seiner Stellung als bloße Informationsquelle heraus und trat der Anklagebehörde als eigenständige Prozesspartei gegenüber. Nur mit der Hilfe seines Verteidigers gelang es ihm, seine Parteistellung effektiv auszuüben und das Verfahren seinen Interessen entsprechend zu beeinflussen. Dabei konnte Schweigen des Beschuldigten ein adäquates Mittel, um sich gegen den Strafvorwurf zu verteidigen, darstellen, insbesondere wenn es der Anklage nicht gelang, den Vorwurf lückenlos und zweifelsfrei nachzuweisen.

Die Statuierung eines subjektiven Rechts zum Schweigen vollzog sich schließlich durch die Verbindung zweier bis dahin bestehender Beweisregeln[434]. Nach der sogenannten *„confession rule"* waren im Vorverfahren erzwungene Geständnisse im Verfahren nicht verwertbar. Diese Regelung hatte aber nicht den Schutz des Beschuldigten zum Zweck, sondern diente der Sicherung der Wahrheitsfindung. Durch Zwang[435] herbeigeführte Aussagen waren im Hinblick auf die Ermittlung des wahren Sachverhaltes unzuverlässig und aus diesem Grunde von der Verwertung im Strafverfahren ausgeschlossen[436]. Ein individualschützendes Schweigerecht gewährte die *„confession rule"* somit nicht[437]. Das sogenannte *„witness privilege"* hingegen erlaubte Zeugen, die nicht Parteien des betreffenden Verfahrens waren[438], die Auskunft auf solche Fragen zu verweigern, die sie einer zukünftigen Strafverfolgung aussetzen könnten[439]. Hierbei stand also die Problematik der Selbstbelastung und der Schutz des betroffenen Zeugen im Mittelpunkt. Bei Verletzung dieser Regelung bestand jedoch kein Verwertungsverbot[440].

Verfahrensgestaltung lässt sich als *„testing the prosecution"* bezeichnen, so *Langbein,* a. a. O., S. 98.

[433] *Langbein,* in: Helmholz u. a. (Hrsg.), The Privilege against Self-Incrimination, S. 82, 98.

[434] Ausführlich *Smith,* in: Helmholz u. a. (Hrsg.), The Privilege against Self-Incrimination, S. 145 ff.

[435] Gemeint waren hier Aussagen, die unter Aufhebung des freien Willens entstanden sind. Die Zwangswirkung wurde bei Angst vor Folter oder sonstigen schweren Nachteilen, aber auch bei Inaussichtstellung von Begünstigungen angenommen; ein generelles Schweigerecht gewährte die *„confession rule"* jedoch nicht, vgl. *Smith,* in: Helmholz u. a. (Hrsg.), The Privilege against Self-Incrimination, S. 145, 154.

[436] *Smith,* in: Helmholz u. a. (Hrsg.), The Privilege against Self-Incrimination, S. 145, 154 f.; auch *Böse,* GA 2002, 98, 112.

[437] *Smith,* in: Helmholz u. a. (Hrsg.), The Privilege against Self-Incrimination, S. 145, 153; auch *Böse,* GA 2002, 98, 112.

[438] Dem Beschuldigten als Partei des Verfahrens war es gar nicht gestattet, unter Eid Zeugnis in eigener Sache abzulegen – sog. *„disqualification for interest";* vgl. *Smith,* in: Helmholz u. a. (Hrsg.), The Privilege against Self-Incrimination, S. 145, 148 ff.; siehe auch bereits oben Fn. 410.

[439] *Smith,* in: Helmholz u. a. (Hrsg.), The Privilege against Self-Incrimination, S. 145, 156 f.

[440] *Smith,* in: Helmholz u. a. (Hrsg.), The Privilege against Self-Incrimination, S. 145, 157.

Nachdem Anfang des 19. Jahrhunderts die unterschiedliche Behandlung von Beschuldigten und Zeugen zunehmend Zweifeln ausgesetzt war[441], wurden die Regelungen der *„confession rule"* und des *„witness privilege"* vereinigt. Das Verwertungsverbot der *„confession rule"* wurde in einer Entscheidung von 1847 auf selbstbelastende Zeugenaussagen ausgedehnt[442]. Damit war der Ausgangspunkt für ein umfängliches Schweigerecht des Beschuldigten geschaffen. Es ging nicht mehr ausschließlich um die Sicherung der Wahrheitsfindung als Ziel des Ausschlusses erzwungener selbstbelastender Aussagen, sondern vielmehr trat der Schutz des Beschuldigten in den Vordergrund[443]. Die Möglichkeit zu schweigen, war damit ein subjektives Recht des Beschuldigten[444]. In der Folge jener Entwicklung wurde schließlich 1848 der Friedensrichter gesetzlich verpflichtet, den Beschuldigten über sein Schweigerecht und, sofern sich der Beschuldigte zur Aussage entschließt, über die Verwertbarkeit dieser Einlassungen im Hauptverfahren zu belehren[445].

Damit liegt der Ursprung des modernen nemo tenetur-Grundsatzes, welcher ein umfassendes Schweigerecht des Beschuldigten zum Inhalt hat, in der Mitte des 19. Jahrhunderts. Er ist Ergebnis des Einflusses des Verteidigers auf die Gestaltung des Strafverfahrens und der damit verbundenen Anerkennung der Stellung des Angeklagten als Prozesspartei im adversatorischen Verfahren[446].

---

[441] *Smith,* in: Helmholz u. a. (Hrsg.), The Privilege against Self-Incrimination, S. 145, 171 ff. Die Unangemessenheit der unterschiedlichen Behandlung trat v. a. zu Tage, wenn die Verfahrensstellung des Betroffenen von Zeuge zu Beschuldigtem wechselte.

[442] So die Entscheidung Regina v. Garbett von 1847; siehe *Smith,* in: Helmholz u. a. (Hrsg.), The Privilege against Self-Incrimination, S. 145, 175 f.

[443] *Böse,* GA 2002, 98, 113.

[444] Der Beschuldigte hatte damit aber noch keine umfassende Aussagefreiheit erlangt; ihm war vielmehr auch weiterhin versagt, unter Eid in eigener Sache auszusagen. In England wurde diese *„disqualification for interest"* erst im Jahre 1898 abgeschafft (siehe bereits oben Fn. 410) – eine Entwicklung, die ebenfalls aus der veränderten Stellung des Beschuldigten resultiert, vgl. *Böse,* GA 2002, 98, 113 Fn. 129. Damit war eine Vernehmung des Angeklagten als Zeugen ausgeschlossen, es sei denn, er selbst entscheidet sich für die Aussage und setzt sich damit aber gleichfalls einem Kreuzverhör durch den Ankläger aus, siehe ausführlich *v. Gerlach,* Der Angeklagte als Zeuge für sich selbst, S. 27 ff.; *ders.,* Hanack-FS, S. 117, 134.

[445] Sog. *„Jervis's Act",* vgl. dazu *Freestone / Richardson,* Criminal Law Review 1980, 5, 9 ff.; *Langbein,* in: Helmholz u. a. (Hrsg.), The Privilege against Self-Incrimination, S. 82, 92; *Smith,* in: Helmholz u. a. (Hrsg.), The Privilege against Self-Incrimination, S. 145, 169 f.

[446] *Böse,* GA 2002, 98, 113; *Langbein,* in: Helmholz u. a. (Hrsg.), The Privilege against Self-Incrimination, S. 82, 108; *Smith,* in: Helmholz u. a. (Hrsg.), The Privilege against Self-Incrimination, S. 145, 179 f. Vgl. auch *Alschuler,* in: Helmholz u. a. (Hrsg.), The Privilege against Self-Incrimination, S. 181, 197; *v. Gerlach,* Hanack-FS, S. 117, 126.

b) Die Etablierung des nemo tenetur-Grundsatzes im deutschen reformierten Strafprozess

Von einer Partei- beziehungsweise Subjektstellung war der Beschuldigte im inquisitorisch geprägten Strafprozess der verschiedenen deutschen Partikularstaaten bis in das 19. Jahrhundert hinein weit entfernt. Dem Beschuldigten war in erster Linie die Rolle eines Untersuchungsobjekts zugewiesen, welches der schrankenlosen und unkontrollierten Aufklärungstätigkeit der Strafverfolgungsorgane unterworfen war[447]. Über eigene prozessuale Mitwirkungs- und Gestaltungsrechte, welche ihm eine effektive Verteidigung gegen den strafrechtlichen Vorwurf ermöglicht hätten, verfügte er nicht[448]. Vielmehr war er verpflichtet, an der Aufklärung des Sachverhaltes, also an seiner eigenen Überführung, mitzuwirken[449]. Die Jagd nach dem Geständnis[450], das vielfach mittels Folter, nach deren formaler Abschaffung[451] durch sogenannte Lügen- und Ungehorsamsstrafen erzwungen wurde[452], beherrschte den Prozess[453]. Der Betroffene war „unwissendes Objekt unkontrollierbarer Ausforschung"[454]. Erst mit dem sich im Übergang vom absolutistischen Herrschaftsstaat[455] zum liberalen Rechtsstaat herausbildenden reformierten Strafprozess konnte sich eine Wende vollziehen[456].

---

[447] Vgl. *Wohlers,* Entstehung und Funktion der Staatsanwaltschaft, S. 55; *Zachariä,* Gebrechen und Reform des deutschen Strafverfahrens, S. 91 ff.

[448] *Biener,* GS 1855 (Bd. 1), 408, 430; *Köstlin,* Wendepunkt des deutschen Strafverfahrens, S. 81; *Zachariä,* Gebrechen und Reform des deutschen Strafverfahrens, S. 138 ff. Siehe auch *Wohlers,* Entstehung und Funktion der Staatsanwaltschaft, S. 54 f.

[449] *Biener,* GS 1855 (Bd. 1), 408, 435; *Rieß,* JA 1980, 293; *Wohlers,* Entstehung und Funktion der Staatsanwaltschaft, S. 50.

[450] Siehe *Köstlin,* Wendepunkt des deutschen Strafverfahrens, S. 94, der die Vorgehensweise zur Erlangung eines Geständnisses als „perfide Jagdwissenschaft" bezeichnet hatte.

[451] In Preußen wurde bereits 1740 durch Verordnung vom 3. Juni 1740 die Zulässigkeit der Folter stark eingeschränkt; ihre vollständige Aufhebung erfolgte dann 1754, siehe *v. Gerlach,* NJW 1986, 2292 f.; *Eb. Schmidt,* Geschichte der deutschen Strafrechtspflege, S. 269 f. In Österreich erfolgte die Abschaffung 1776, in Bayern 1806, zuletzt in Gotha im Jahre 1828, vgl. *Eb. Schmidt,* a. a. O., S. 279 ff.; *Reifferscheidt,* JA 1980, 102, 103.

[452] *Köstlin,* Wendepunkt des deutschen Strafverfahrens, S. 101 ff.; *Lesch,* ZStW 111 (1999), 624, 630; *Reiß,* Besteuerungsverfahren, S. 148; *Rogall,* Der Beschuldigte, S. 90 f.

[453] *Glaser,* Handbuch des Strafprozesses I, S. 127; *Kleinheyer,* Conrad-GedS, S. 367, 378. Die Bedeutung des Geständnisses erklärt sich aus den gesetzlichen Beweisregeln, die eine Verurteilung des Beschuldigten weitestgehend nur dann ermöglichten, wenn der Delinquent die Tat gestand, vgl. *Kleinheyer,* a. a. O., S. 378; *Kopf,* Selbstbelastungsfreiheit, S. 15 f.; *Lesch,* ZStW 111 (1999), 624, 627 f.; *Wohlers,* Entstehung und Funktion der Staatsanwaltschaft, S. 50.

[454] *Fezer,* NStZ 1996, 289, 290.

[455] Der Inquisitionsprozess entsprach dem Staatsverständnis des absolutistischen Obrigkeitsstaates, der seinen absoluten Anspruch auf Entfaltung und Durchsetzung staatlicher Macht durch weitestgehende Rechtlosstellung des einzelnen Untertanen verwirklichte, vgl. *Eb. Schmidt,* Geschichte der deutschen Strafrechtspflege, S. 324; *Wohlers,* Entstehung und Funktion der Staatsanwaltschaft, S. 51 u. 54.

Seit Beginn des 19. Jahrhunderts war in der Strafrechtswissenschaft die Reformbedürftigkeit des bis dahin praktizierten Verfahrens anerkannt[457]. Vor allem die inhumane Behandlung und Rechtlosstellung des Beschuldigten ließ sich mit dem aufkommenden Verständnis des Menschen als ein mit Persönlichkeit und Würde ausgestattetes Wesen nicht vereinbaren. Auch im Strafverfahren sollte der Täter seine Persönlichkeit nicht verlieren, sondern dem Staat als freier, mit Grundrechten versehener Bürger und nicht als gehorsamsverpflichteter Untertan gegenüber stehen[458]. Die Kritik am Inquisitionsverfahren mündete in Forderungen nach einem öffentlichen, mündlichen Anklageprozess, verbunden mit der Einführung von Staatsanwaltschaften[459] und der Etablierung des Grundsatzes der freien Beweiswürdigung[460]. Jene Postulate fanden Eingang in die Frankfurter Reichsverfassung von 1848. In Art. X §§ 178, 179 der Paulskirchenverfassung wurden Öffentlichkeit und Mündlichkeit von Gerichtsverfahren sowie die Geltung des Anklageprozesses in Strafverfahren festgelegt, wenn damit auch keine exakten Vorstellungen für die konkrete Umsetzung des Anklagegrundsatzes bei Ausgestaltung des Verfahrens verbunden waren[461]. Zwar scheiterte das Inkrafttreten der Paulskirchenverfassung vor allem an ihrer Ablehnung durch Preußen, aber das Gedankengut ihrer Grund- und Verfahrensrechte blieb erhalten und beeinflusste das sich fortsetzende Reformstreben, dem sich schließlich auch die einzelnen Regierungen der Partikularstaaten nicht entziehen konnten[462].

In der Diskussion um die Neuerung des Strafprozesses war umstritten, ob ein reines Akkusationsmodell nach englischem Vorbild, bei dem ein Verhör des Beschuldigten zum Tathergang ausgeschlossen war, einzuführen sei[463] oder, ob das Verfahren auch weiterhin vom Untersuchungsgrundsatz gekennzeichnet sein sollte,

---

[456] *Böse,* GA 2002, 98, 114; *Reiß,* Besteuerungsverfahren, S. 146; *Rüping,* JR 1974, 135, 136; *Rogall,* Der Beschuldigte, S. 91; *Eb. Schmidt,* Geschichte der deutschen Strafrechtspflege, S. 324; *Schneider,* Selbstbegünstigungsprinzip, S. 40.

[457] Vgl. *Wohlers,* Entstehung und Funktion der Staatsanwaltschaft, S. 56; auch *Glaser,* Handbuch des Strafprozesses I, S. 125 f.

[458] Vgl. *Böse,* GA 2002, 98, 114 f.; *Kahlo,* KritV 1997, 183, 189; *Rogall,* Der Beschuldigte, S. 93; *Eb. Schmidt,* Geschichte der deutschen Strafrechtspflege, S. 338; *Schneider,* Selbstbegünstigungsprinzip, S. 40 f.; *Zachariä,* Gebrechen und Reform des deutschen Strafverfahrens, S. 68 f.

[459] Speziell hierzu ausführlich *Wohlers,* Entstehung und Funktion der Staatsanwaltschaft, passim; auch *Roxin,* DRiZ 1997, 109 ff.

[460] *Rogall,* Der Beschuldigte, S. 92; *Eb. Schmidt,* Geschichte der deutschen Strafrechtspflege, S. 327. Siehe auch *Glaser,* Handbuch des Strafprozesses I, S. 163 f.

[461] Im Begriff des Anklageprozesses kommt in erster Linie die grundsätzliche Ablehnung des Inquisitionsprozesses durch die Parlamentarier zum Ausdruck: *Böse,* GA 2002, 98, 115 Fn. 146; *A. Limbach,* Strafrecht der Paulskirchenverfassung, S. 99; *Mittermaier,* Gesetzgebung und Rechtsübung über Strafverfahren, S. 275.

[462] *Wohlers,* Entstehung und Funktion der Staatsanwaltschaft, S. 110; *Reiß,* Besteuerungsverfahren, S. 148.

[463] *Gneist,* Vier Fragen zur Deutschen Strafprocessordnung, S. 132 ff.; *Mittermaier,* GS I / 1 (1849), S. 17 ff., insb. S. 23 und 40; *ders.,* GS II / 2 (1850), S. 469, 473.

mit der Folge, dass eine Vernehmung des Beschuldigten grundsätzlich zugelassen blieb und der freien Beweiswürdigung durch das Gericht unterfiel[464, 465]. Die Auseinandersetzung um das „richtige" Verfahrensmodell schlug sich damit insbesondere in der Diskussion um die Funktion der Vernehmung nieder[466]. Es ging um die Frage, ob die Vernehmung lediglich dazu dienen dürfe, dem Beschuldigten den strafrechtlichen Vorwurf zu eröffnen und ihm die Gelegenheit einzuräumen, sich gegen den Vorwurf zu verteidigen[467], oder ob ihr daneben eine Inquisitionsfunktion zukommen sollte[468]. Aber auch von jenen Vertretern, welche die Vernehmung als Möglichkeit zur Wahrheitsfindung nicht ausschließen wollten, war die Notwendigkeit, dem Beschuldigten im Rahmen der Vernehmung die Möglichkeit zu rechtlichem Gehör und zu materieller Verteidigung zu gewähren, nicht bestritten[469]. Denn unabhängig vom jeweiligen Vernehmungsverständnis herrschte jedenfalls Einigkeit darüber, dass der Beschuldigte nicht mehr als bloßes Untersuchungsobjekt und als schlichte Informationsquelle zur Aufklärung des Tatgeschehens fungieren durfte, wie dies noch im inquisitorischen Verhör, dessen Überwindung das gemeinsame Ziel der Änderungsbestrebungen darstellte, der Fall war[470]. Das Recht auf Verteidigung gegen den Anklagevorwurf wurde von beiden Strömungen anerkannt[471].

Wollte man aber die Vernehmung weiterhin zulassen, gleichzeitig jedoch die Subjektstellung und die Verteidigungsinteressen des Beschuldigten wahren, so konnte ein Geständnis nur dann ein zulässiges Beweismittel darstellen, wenn es frei von Täuschung und Zwang zustande gekommen war[472]. Von diesem Standpunkt aus kam eine rechtliche Verpflichtung des Beschuldigten zur wahrheitsgemäßen Aussage nicht mehr in Betracht[473]. Der Beschuldigte musste also frei darüber disponieren können, ob und inwieweit er durch eigene Einlassungen zur

---

[464] *Köstlin,* Wendepunkt des deutschen Strafverfahrens, S. 97 f.; *Planck,* Systematische Darstellung des deutschen Strafverfahrens, S. 246 ff., 357 ff.; *Sundelin,* GA VI (1858), S. 624 ff.; *Zachariä,* Handbuch des deutschen Strafprozesses, Bd. II, S. 232 ff.

[465] Vgl. zsf. *Lesch,* ZStW 111 (1999), 624, 631 f.; auch *Mittermaier,* Deutsche Strafverfahren, S. 591 ff.; *Sundelin,* GA VI (1858), S. 624, 626 ff.; *Zachariä,* Handbuch des deutschen Strafprozesses, Bd. II, S. 232 ff.

[466] Siehe *Böse,* GA 2002, 98, 115.

[467] *Glaser,* 7. DJT 1868 Bd. I, S. 86, 90; zustimmend *Stenglein,* 7. DJT 1868 Bd. II, S. 109.

[468] Vgl. die Stellungnahmen auf dem 7. DJT 1868, Bd. II: *Brauer,* S. 115; *Graevenitz,* S. 112 f.; *v. Kalb,* S. 114; *v. Pestel,* S. 119.

[469] *Köstlin,* Wendepunkt des deutschen Strafverfahrens, S. 97 ff.; *Mittelstaedt,* 7. DJT 1868 Bd. II, S. 119; *Stenglein,* 7. DJT 1868 Bd. II, S. 109.

[470] Vgl. *Glaser,* Handbuch des Strafprozesses I, S. 212 und 215 sowie die Stellungnahmen auf dem 7. DJT 1868, Bd. II: *Graevenitz,* S. 112 f.; *v. Kalb,* S. 114; *Mittelstaedt,* S. 119; siehe auch *Reiß,* Besteuerungsverfahren, S. 147.

[471] Vgl. *Böse,* GA 2002, 98, 117.

[472] *Köstlin,* Wendepunkt des deutschen Strafverfahrens, S. 98 und 101.

[473] Vgl. *Köstlin,* Wendepunkt des deutschen Strafverfahrens, S. 101; *Rieß,* JA 1980, 293, sowie den Beschluss des 7. DJT 1868 Bd. II, S. 122.

Aufklärung des Sachverhaltes beitragen wollte. Sein Geständnis konnte nur als freiwillig dargebotenes Untersuchungsmittel verwertet werden. Zu diesem Zwecke musste ihm folglich ein umfassendes Schweigerecht hinsichtlich des Tatvorwurfs eingeräumt werden[474]. Damit war der moderne nemo tenetur-Grundsatz anerkannt.

Im Zuge der Verwirklichung jener Reformideen durch die Gesetzgebungen der deutschen Einzelstaaten und ebenso in der Reichsstrafprozessordnung von 1877 konnte sich ein reiner Parteienprozess nach englischem Vorbild nicht durchsetzen[475]. Die Reichsstrafprozessordnung entschied sich für ein „gemischtes System": Anklage- und Untersuchungsgrundsatz wurden einander integriert[476]. Dem Gericht obliegt dabei auch weiterhin die Aufgabe, die materielle Wahrheit zu ermitteln[477]. Der Beschuldigte ist aber nicht mehr Beweismittel im formellen Sinne[478]. Dementsprechend kommt der Vernehmung eine doppelte Funktion zu: Sie dient in erster Linie der Gewährung rechtlichen Gehörs und der Verteidigung gegen den strafrechtlichen Vorwurf, andererseits aber auch der Wahrheitsfindung, jedoch nur soweit dies mit der Subjektstellung des Beschuldigten vereinbar ist[479]. Grenze der Untersuchungsfunktion sind damit die Verteidigungsinteressen des Beschuldigten[480].

Jenes Konzept liegt nach überwiegender Ansicht auch den heutigen Regelungen der StPO zur Vernehmung des Beschuldigten zugrunde[481]. Die Vernehmung stellt zulässiges Erkenntnismittel zur Erforschung der materiellen Wahrheit dar[482]. Vorrangig dient sie aber den Verteidigungsinteressen des Beschuldigten beziehungsweise des Angeklagten[483], indem er einerseits die Gelegenheit erhalten soll, die

---

[474] Siehe *Böse*, GA 2002, 98, 117; *Lesch*, ZStW 111 (1999), 624, 630 f.; *Rieß*, JA 1980, 293.

[475] *Böse*, GA 2002, 98, 116; *Lesch*, ZStW 111 (1999), 624, 632; *Reiß*, Besteuerungsverfahren, S. 154; vgl. insb. auch den Kommissionsbericht bei *Hahn*, Materialien zur StPO, 2. Abt., S. 1554.

[476] *Lesch*, ZStW 111 (1999), 624, 632.

[477] Vgl. *Mittermaier*, Deutsche Strafverfahren I, S. 595; auch *Hahn*, Materialien zur StPO, 2. Abt., S. 1554.

[478] *Rieß*, JA 1980, 293.

[479] Vgl. *Bosch*, Aspekte des nemo-tenetur-Prinzips, S. 163; *Böse*, GA 2002, 98, 117; *Lesch*, ZStW 111 (1999), 624, 633 ff.; *Mittermaier*, Deutsche Strafverfahren I, S. 590; *Stenglein*, Strafprozeß-Ordnung für das Deutsche Reich, § 136 Anm. 1; *Ullmann*, Strafprocessrecht, S. 384.

[480] *Böse*, GA 2002, 98, 117.

[481] Vgl. z. B. *Bosch*, Aspekte des nemo-tenetur-Prinzips, S. 164; KK-StPO-*Boujong*, § 136 Rn. 1; Löwe-Rosenberg-*Hanack*, § 136 Rn. 35; *Lesch*, ZStW 111 (1999), 624, 636; *Rieß*, JA 1980, 293, 297; *Rogall*, Der Beschuldigte, S. 31 f.; *Roxin*, Strafverfahrensrecht, § 25 Rn. 7; *Verrel*, Selbstbelastungsfreiheit, S. 114; anders aber *Dencker*, StV 1994, 667, 675; *Degener*, GA 1992, 443, 462 ff.; *Grünwald*, Beweisrecht, S. 69; *Kruse*, Parteierklärungen und Sachverhaltsfeststellung, S. 66; *Prittwitz*, Der Mitbeschuldigte im Strafprozeß, S. 223, nach denen die Vernehmung des Beschuldigten ausschließlich der Verteidigung des Beschuldigten dienen soll.

[482] Vgl. §§ 160 I, 163 I, 244 II StPO.

[483] Zur Verteidigungsfunktion siehe auch *BGH*St 25, 325, 332; 39, 349, 351.

gegen ihn vorliegenden Verdachtsgründe zu beseitigen und die zu seinen Gunsten sprechenden Tatsachen geltend zu machen[484], andererseits dahingehend zu belehren ist, dass es ihm freistehe, sich zu der Beschuldigung zu äußern oder nicht zur Sache auszusagen[485]. Damit ist der nemo tenetur-Satz nicht explizit formuliert, seine Geltung ergibt sich aber mittelbar aus den Belehrungsregeln[486].

Wie im englischen Strafverfahren gründet sich die Gewährleistung der Aussagefreiheit damit auf das gewandelte Verständnis der Stellung des Beschuldigten weg von einer schlichten Informationsquelle hin zu einem Prozessbeteiligten, der sich gegen den strafrechtlichen Vorwurf zur Wehr setzen darf und zu diesem Zwecke mit eigenen Rechten ausgestattet ist. Es wurde ihm die Befugnis zuerkannt, auf den Prozessausgang Einfluss zu nehmen. Insbesondere das Recht, über sein Aussageverhalten frei entscheiden zu dürfen, war effektive Möglichkeit, aber auch Notwendigkeit, um auf das Verfahren einwirken zu können. Dieses Grundverständnis ist die dem englischen und deutschen Strafverfahren gemeinsame Basis für die Sicherung der Aussagefreiheit. Lediglich die rechtsmethodische Umsetzung erfolgte in unterschiedlicher Weise. Im englischen Verfahren konnte der Beschuldigte einerseits das Verfahren beeinflussen, indem er auf „schuldig" plädierte („guilty plea") und auf diese Weise den Prozessgegenstand vorgab. Indessen war im gegenteiligen Falle seine Vernehmung zu Beweiszwecken gänzlich ausgeschlossen; die Beteiligung eines Verteidigers stellte sicher, dass er seine Interessen in das Verfahren einbringen konnte. Dagegen legte der deutsche reformierte Strafprozess den Beschuldigten nicht auf die Rolle als Prozesspartei, verbunden mit einem Ausschluss, „Zeugnis in eigener Sache" ablegen zu können, fest. Es stand ihm offen, (freiwillig) ein Geständnis abzulegen und dadurch das Verfahren in eine bestimmte Richtung zu drängen. Seine Aussagefreiheit war aber auch in negativer Hinsicht abgesichert, indem ihm ein umfassendes Schweigerecht eingeräumt wurde. Es oblag dem Beschuldigten selbst zu entscheiden, ob er seine Aussage als Beweismittel zur Verfügung stellte[487].

c) Fazit

Die Grundlage für die Herausbildung des nemo tenetur-Grundsatzes liegt somit in der Anerkennung des Beschuldigten als Prozesssubjekt. Dieses Beschuldigtenverständnis fällt zusammen mit der Gewährung der Befugnis, sich gegen den straf-

---

[484] § 136 II, § 243 IV 2 StPO.

[485] § 115 III 1, § 136 I 2, 1. HS, § 243 IV 1 StPO. Die Belehrungsvorschriften wurden erst durch das Strafprozessänderungsgesetz von 1964 eingeführt. In die RStPO wurde eine Belehrung über die Aussagefreiheit nicht aufgenommen, mit der Begründung, es könnte der „Anschein, dadurch werde eine sittliche Pflicht zur wahrheitsgemäßen Aussage verneint" erweckt werden, *Hahn,* Materialien zur StPO, 1. Abt., 139; siehe auch bereits *Sundelin,* GA VI (1859), 624, 628, 633.

[486] Vgl. nur SK-StPO-*Rogall,* Vor § 133 Rn. 130.

[487] Siehe zum Ganzen *Böse,* GA 2002, 98, 117 f.

rechtlichen Vorwurf zu verteidigen. Das Recht, zu den strafrechtlichen Anschuldigungen schweigen zu dürfen, bildete einen Bestandteil jener materiellen Verteidigungsfreiheit und bot dem Beschuldigten eine Möglichkeit, auf das Verfahren in seinem Sinne einzuwirken[488].

2. Die Ratio des nemo tenetur-Prinzips: Schutz der materiellen Verteidigungsfreiheit und Sicherung von Einflussnahme auf das Verfahren

Ausgehend von den Ausführungen zur historischen Entwicklung des nemo tenetur-Grundsatzes könnte seine Ratio darin bestehen, das Interesse des Beschuldigten, sich gegen den strafrechtlichen Vorwurf verteidigen zu dürfen, zu schützen und ihm damit die Einflussnahme auf das Verfahren zu ermöglichen. Dies wäre dann der Fall, wenn die Grundbedingungen, die zur Herausbildung des Prinzips führten, nämlich die Achtung des Beschuldigten als ein mit eigenen Mitwirkungs- und Gestaltungsrechten ausgestattetes Prozesssubjekt, auch dem gegenwärtigen Strafverfahren vorgegeben sind und wenn das Recht, nicht an der Aufklärung des Vorwurfs selbst mitwirken zu müssen, für jene Subjektstellung unerlässlich ist.

Dass der Beschuldigte auch im heutigen Strafprozess nicht nur als bloßes Objekt der Wahrheitsfindung der staatlichen Ausforschung unterworfen werden darf, sondern als selbständiges mit eigenen prozessualen Rechten versehenes Verfahrenssubjekt behandelt werden muss, ist unbestritten[489]. So hat das Bundesverfassungsgericht herausgestellt, dass der Beschuldigte „im Rahmen der von der Verfahrensordnung aufgestellten, angemessenen Regeln, die Möglichkeit haben und auch tatsächlich ausüben können muss, auf das Verfahren einzuwirken, sich persönlich zu den gegen ihn erhobenen Vorwürfen zu äußern, entlastende Umstände vorzutragen, deren umfassende und erschöpfende Nachprüfung und gegebenenfalls auch Berücksichtigung zu erreichen"[490]. Es geht also um die Einräumung von Rechten, die dem Beschuldigten sicherstellen, dass er sich gegen den Tatvorwurf zur Wehr setzen und den Verfahrensablauf beeinflussen kann[491]. Dieses allgemeine Postulat der Subjektbehandlung ergibt sich zum einen aus der Garantie der Menschenwürde des Art. 1 I GG[492], zum anderen aus dem Rechtsstaatsprinzip[493]. Dies bedeutet

---

[488] Vgl. *Böse,* GA 2002, 98, 117 f. und 125 ff.; *Lesch,* ZStW 111 (1999), 635 f.; siehe auch *Bosch,* Aspekte des nemo tenetur-Prinzips, S. 105.

[489] Vgl. z. B. KMR-*Lesch,* Vor § 133 Rn. 12; KK-StPO-*Pfeiffer,* Einl. Rn. 86; *Rieß,* BMJ-FS, S. 373, 432; SK-StPO-*Rogall,* Vor § 133 Rn. 59; *Roxin,* Strafverfahrensrecht, § 18 Rn. 1.

[490] *BVerfG*E 63, 332, 337 f.

[491] *Dahs,* Rechtliches Gehör, S. 30; *Müller-Dietz,* ZStW 93 (1981), 1177, 1207.

[492] Vgl. z. B. *BVerfG*E 7, 275, 279; 9, 89, 95; 26, 66, 71; 39, 156, 168; 63, 332, 337; *Maihofer,* Rechtsstaat und menschliche Würde, S. 33; *Pieroth / Schlink,* Grundrechte, Rn. 362;

freilich nicht, dass der Beschuldigte nicht auch Verpflichteter des Verfahrens ist. Er muss das Verfahren über sich ergehen lassen, dient als Beweismittel (im materiellen Sinne)[494] und ist der Duldung zahlreicher Zwangsmaßnahmen unterworfen[495]. Die Position des Beschuldigten ist also ambivalent: Er verfügt über eine Doppelstellung als Berechtigter und zugleich Verpflichteter des Verfahrens[496]. Der Begriff der Subjektstellung darf folglich nicht dahingehend verabsolutiert werden, dass der Beschuldigte nicht als Adressat eingreifender Ermittlungsmaßnahmen in Anspruch genommen werden dürfte und insoweit nicht auch instrumentalisiert würde[497]. Durch den schlichten Gegensatz von unzulässiger Objekt- und notwendiger Subjektbehandlung lässt sich die Position des Beschuldigten im Verfahren nicht vollständig erfassen.

Hinter dem Terminus der Subjektstellung verbirgt sich vielmehr die Forderung, zwischen dem staatlichen Interesse an Strafverfolgung und den Rechten des Beschuldigten derart einen Ausgleich zu finden, der es dem Beschuldigten – trotz des legitimen Ziels der Wahrheitsfindung – ermöglicht, seine Interessen in das Verfahren einzubringen[498]. Lassen sich daraus zwar keine abschließenden Hinweise für die konkrete Ausgestaltung des Strafprozesses gewinnen, so ist damit doch als wichtige Grundbedingung anerkannt, die, gewissermaßen als Programmsatz, dem gesamten Verfahren zugrundegelegt werden muss: Der Beschuldigte hat das Recht, sich gegen den Tatvorwurf zu verteidigen, darf also seinen Interessen entsprechend auf Verlauf und Ausgang des Verfahrens einwirken. Das staatliche Aufklärungsinteresse muss jedenfalls dort seine Grenze finden, wo eine derartige Einflussnahme nicht mehr erreicht werden könnte. In dieser Nachordnung des Ziels der Wahrheitsfindung hinter die Sicherstellung des Minimalgehalts von Verteidigungspositionen lag wie beschrieben auch die Grundbedingung für die Entstehung des

---

AK-GG-*Podlech,* Art. 1 Abs. 1 Rn. 42; zu unterschiedlichen (allesamt menschenwürdebezogenen) Konzeptionen der Subjektstellung ausführlich *Velten,* Befugnisse der Ermittlungsbehörden, S. 169 ff.

[493] Vgl. *BVerfGE* 26, 66, 71; 46, 202, 210; 63, 332, 337; *Müller-Dietz,* ZStW 93 (1981), 1177, 1207 unter Hinweis auf den Gedanken des „fair trial"; siehe auch *Rzepka,* Fairneß im deutschen Strafverfahren, S. 183 f.

[494] Vgl. bereits oben 2. Teil, D. IV. 1. b).

[495] Vgl. bereits oben 2. Teil, D. II. 4. a).

[496] *Grüner,* Mißbrauch von Mitwirkungsrechten, S. 33; *Grünwald,* Beweisrecht, S. 59 f.; *Hellmann,* Strafprozessrecht, § 5 Rn. 6; KMR-*Lesch,* Vor § 133 Rn. 12; *Müller-Dietz,* ZStW 93 (1981), 1177, 1216 f.; *Rieß,* BMJ-FS, S. 373, 432; SK-StPO-*Rogall,* Vor § 133 Rn. 62; *Roxin,* Strafverfahrensrecht, § 18 Rn. 1.

[497] Hier zeigt sich wiederum die Ungeeignetheit der Objektformel zur exakten Bestimmung der Verfahrensstellung des Beschuldigten, vgl. bereits oben 2. Teil, D. II. 4. b): Er wird eben im Verfahren nicht ausschließlich als Subjekt, sondern auch als Untersuchungsobjekt behandelt; Formulierungen wie „Verfahrensbetroffener" (SK-StPO-*Rogall,* Vor § 133 Rn. 62) oder „Passivbeteiligter" (*Roxin,* Strafverfahrensrecht, § 18 Rn. 2) können dies nur verbal verschleiern.

[498] Vgl. *Müller-Dietz,* ZStW 93 (1981), 1177, 1201; *Rieß,* BMJ-FS, S. 373, 432.

nemo tenetur-Prinzips. Die Voraussetzungen, die zur Herausbildung des modernen nemo tenetur-Satzes geführt haben, beanspruchen somit auch für das gegenwärtige Strafverfahrensrecht Geltung.

Der nemo tenetur-Grundsatz ist zudem für die Freiheit, sich gegen den Tatvorwurf verteidigen zu dürfen und für die Gewährleistung von Einflussnahme auf das Verfahren unerlässlich. Dies wird unmittelbar deutlich, wenn man jenen Grundsatz aus dem Strafverfahren hinwegdenkt. Bestünde also für den Beschuldigten eine Pflicht zur wahrheitsgemäßen Aussage, so bliebe von der materiellen Verteidigungsfreiheit des Beschuldigten nichts übrig. Denn eine derartige Verpflichtung würde im Ergebnis auf einen Geständniszwang hinauslaufen. Hierdurch wäre der zu Recht Beschuldigte praktisch verpflichtet, das Tatgeschehen einzuräumen. Bedenkt man, dass ein Geständnis im Prinzip die „vollständige, aus sich heraus verwertbare Grundlage für die strafrechtliche Verurteilung"[499] darstellt und zudem das „bequemste und zugleich die das Gewissen beruhigendste Form der Beweismittel"[500] ist, so wird schnell die dann drohende irreparable Schädigung beziehungsweise sogar Entwertung der Verteidigungsposition des Beschuldigten deutlich[501]. Wenn die dem Anklagevorwurf zugrundeliegenden Tatsachen festgestellt sind, erfolgt in aller Regel eine Verurteilung[502]. Die Verteidigung könnte folglich nicht mehr am oftmals entscheidenden Punkt ansetzen, nämlich die Tatbegehung als solche in Frage zu stellen. Vielmehr kann sie sich nur auf Randfragen beziehen, wie etwa die Motive der Tat, das Vorleben des Täters oder sein Nachtatverhalten[503]. Diese Punkte, welche sich zwar durchaus auf die Strafzumessung auswirken können, erscheinen aber als eine eher zu vernachlässigende Größe neben der Frage, ob die Tat an sich bestritten werden darf. Eine Aussagepflicht würde das Verteidigungsverhalten somit an entscheidender Stelle festlegen[504]. Dem Beschuldigten wäre es genommen, eine eigene Verteidigungsstrategie zu entwickeln und im Verfahren zu vertreten. Stattdessen wäre er gezwungen, fremde Situationsdefinitionen zu übernehmen[505]. Zudem erstreckt sich die zwangsweise Festlegung regelmäßig über das gesamte Verfahren. Ist nämlich das Tatgeschehen erst einmal eingeräumt, so gibt es für den Beschuldigten kaum noch die Möglichkeit, seine Äußerungen im Nachhinein zu relativieren oder sich gar davon zu distan-

---

499 *Verrel,* Selbstbelastungsfreiheit, S. 259.

500 *Bosch,* Aspekte des nemo-tenetur-Prinzips, S. 164.

501 Vgl. *Minoggio,* wistra 2003, 121, 124.

502 *Böse,* GA 2002, 98, 126; *Bosch,* Aspekte des nemo-tenetur-Prinzips, S. 177; siehe auch die Untersuchung von *Blankenburg / Sessar / Steffen,* Staatsanwaltschaft im Prozeß strafrechtlicher Sozialkontrolle, S. 138 ff. Ein Geständnis erhöht also das Risiko einer Verurteilung ganz signifikant; zur etwaigen strafmildernden Wirkung eines Geständnisses siehe aber unten Fn. 521.

503 Vgl. *BGHSt* 43, 195, 207.

504 *Böse,* GA 2002, 98, 120 und 126; vgl. auch *Müller,* Hanack-FS, S. 67, 68; *Ransiek,* Rechte des Beschuldigten, S. 94.

505 *Müller,* StV 1996, 358, 359; *Ransiek,* Rechte des Beschuldigten, S. 94.

zieren[506], ohne dass er Gefahr liefe, dass seine Darstellung im Prozess durch nachträglich abweichende Äußerungen inkonsistent erscheint[507]. Eine angemessene Einflussnahme auf den Ausgang des Verfahrens wäre somit nicht mehr realisierbar[508].

Hieraus wird ersichtlich, dass das Recht, auf den Ausgang des Verfahrens einzuwirken, nicht auf die Befugnis zur Beeinflussung im Wege aktiver Verhaltensweisen, also insbesondere durch die Wahrnehmung des Anspruchs auf rechtliches Gehör (Art. 103 I GG) oder durch die Möglichkeit, Beweisanträge zu stellen, verengt werden darf. Auch durch Schweigen, also durch passives Verhalten, kann der Beschuldigte den Ausgang des Verfahrens in seinem Sinne mitbestimmen. Je nach Prozesssituation kann sich Schweigen als die effektivste Form der Verteidigung erweisen, und zwar in der Regel dann, wenn er die Tat tatsächlich begangen hat und sich die Tatsachengrundlage der Anklage als nur dürftig beziehungsweise unklar erweist[509]. Einlassungen und Schweigen sind somit grundsätzlich gleichwertige Formen zur Verteidigung[510], über die der Beschuldigte – je nach Prozessstrategie – selbstbestimmt verfügen darf[511]. Er hat das Recht, die Art und Weise seiner Verteidigung selbst festzulegen[512]. Die materielle Verteidigungsfreiheit des Beschuldigten bedingt daher die Freiheit, über sein Aussageverhalten selbst zu entscheiden. Hieraus erwächst der Anspruch auf rechtliches Gehör, aber auch das Recht, sich nicht zum Tatvorwurf einlassen zu müssen[513].

Damit wird der Beschuldigte als Kommunikationsteilnehmer im Prozess der Sachverhaltsermittlung ernst genommen[514]. Dem Strafverfahrensrecht ist es nicht

---

[506] Vgl. *BGHSt* 43, 195, 207; *Bosch,* Aspekte des nemo tenetur-Prinzips, S. 104 f.; *Widmaier,* StV 1986, 357, 359.

[507] *Böse,* ZStW 114 (2002), 148, 170. Zur Bedeutung konsistenter Selbstdarstellung im Gerichtsverfahren allgemein vgl. auch *Luhmann,* Legitimation durch Verfahren, S. 67 und 92 ff.

[508] Unzutreffend daher die Annahme *Verrels,* Selbstbelastungsfreiheit, S. 242 f., der nemo tenetur-Grundsatz betreffe nicht den status activus, da sich der schweigende Beschuldigte dem Kommunikationsprozess verweigere und die Möglichkeit zur Beeinflussung des Entscheidungsergebnisses nicht wahrnehme. Dies verkennt, dass Schweigen zwar der äußeren Form nach ein passives Verhalten darstellt, aber in seiner Wirkung in beträchtlichem Maße auf den Ausgang des Verfahrens einwirken kann.

[509] *Bosch,* Aspekte des nemo tenetur-Prinzips, S. 114. Vgl. auch *BGHSt* 25, 325, 332; *Meyer-Goßner,* § 136 Rn. 7; SK-StPO-*Rogall,* Vor § 133 Rn. 67.

[510] *Bosch,* Aspekte des nemo-tenetur-Prinzips, S. 123; *Böse,* GA 2002, 98, 119; *Lutz,* ZStrR 120 (2002), 410, 413; siehe auch *BGH* NJW 1966, 1718, 1719; KK-StPO-*Boujong,* § 136 Rn. 12; SK-StPO-*Rogall,* Vor § 133 Rn. 67.

[511] Dies umfasst auch die Möglichkeit, die Verteidigungsstrategie während des Verfahrens jederzeit zu ändern, vgl. SK-StPO-*Rogall,* Vor § 133 Rn. 67.

[512] *Lesch,* ZStW 111 (1999), 624, 638; siehe auch *Böse,* GA 2002, 98, 120; *Müller,* Hanack-FS, S. 67, 75, sowie *Rzepka,* Fairneß im deutschen Strafverfahren, S. 387.

[513] *Bosch,* Aspekte des nemo-tenetur-Prinzips, S. 165.

[514] *Böse,* GA 2002, 98, 119 und 121; *ders.,* ZStW 114 (2002), 148, 170; *Lesch,* ZStW 111 (1999), 624, 636; *Pawlik,* GA 1998, 378, 383; vgl. auch *Müssig,* GA 1999, 119, 127; *Köhler,* ZStW 107 (1995), 10, 25 und 33; *Wolter,* ZStW 107 (1995), 793, 794.

lediglich aufgegeben, für eine möglichst „symmetrische Verteilung der Kommunikationschancen"[515] zu sorgen, sondern es muss generell sicherstellen, dass jener Kommunikationsprozess frei abläuft. Es geht folglich nicht nur um das „Wie" der Ausgestaltung der Verfahrenskommunikation, vielmehr muss auch das „Ob" der Teilnahme daran dem Beschuldigten überlassen sein. Im Übrigen dürfte sich das Ziel der Kommunikationsoptimierung[516] als illusorisch erweisen, wenn der Beschuldigte zwangsweise in den Diskurs einbezogen wird. Schweigerecht und positive Äußerungsfreiheit können daher auch aus kommunikationstheoretischer Sicht nicht getrennt voneinander betrachtet werden[517].

Der nemo tenetur-Grundsatz schützt folglich das Interesse des Beschuldigten, sich gegen den strafrechtlichen Vorwurf verteidigen zu dürfen und sichert die Einflussnahme auf Verlauf und Ausgang des Verfahrens[518]. Es handelt sich dabei um ein prozessuales Verteidigungsrecht.

Diese Zweckbestimmung dürfte auch eher mit den tatsächlichen Gründen der Gebrauchmachung des Schweigerechts in Einklang stehen als die Unzumutbarkeitskonzeptionen. In der Praxis wird die Verweigerung der Aussage wohl weniger erfolgen, weil der Betroffene die Selbstbezichtigung als unzumutbar empfindet. Im Vordergrund dürften stattdessen regelmäßig prozesstaktische Gründe stehen, weil etwa das Vorenthalten der Informationen des Beschuldigten beziehungsweise des Angeklagten der Staatsanwaltschaft den prozessordnungsgemäßen Nachweis der Tatbegehung unmöglich macht oder zumindest erschwert[519]. Dies entspricht auch

---

[515] *Bosch,* Aspekte des nemo-tenetur-Prinzips, S. 113.

[516] *Kühne,* Strafverfahrensrecht als Kommunikationsproblem, S. 59 ff.

[517] Vgl. *Groth,* Unbewusste Äußerungen, S. 73 f. Anders aber *Bosch,* Aspekte des nemo-tenetur-Prinzips, S. 113 f.; *Kühne,* Strafverfahrensrecht als Kommunikationsproblem, S. 61 f., die den schweigenden, also nicht-kommunizierenden Beschuldigten aus dem kommunikationstheoretischen Modell herausnehmen.

[518] So v. a. *Böse,* GA 2002, 98, 125 ff. („Wahrung von Einflussmöglichkeiten in einem ergebnisoffenem Verfahren"); *ders.,* ZStW 114 (2002), 148, 170; siehe auch *Lesch,* ZStW 111 (1999), 624, 638 (der aber den nemo tenetur-Grundsatz lediglich als „unselbständigen Reflex des Rechts auf freie Verteidigungsauswahl" betrachtet; dagegen *Böse,* GA 2002, 98, 120 Fn. 187). Die Verteidigungsfunktion des nemo tenetur-Prinzips betonen auch *Bosch,* Aspekte des nemo-tenetur-Prinzips, S. 119 und 123; KK-StPO-*Boujong,* § 136 Rn. 10; *Ransiek,* Rechte des Beschuldigten, S. 54; siehe auch *Schroeder,* NJW 1987, 301, 302 (Bestandteil der materiellen Verteidigungsfreiheit). Zum Gesichtspunkt der Einflussnahme auch *Eser,* ZStW 79 (1967), 565, 570 f. – Schließlich stellen auch die europäischen Gemeinschaftsgerichte auf den Aspekt der Verteidigung gegen den Vorwurf ab, wenn sie für die Bestimmung des Selbstbelastungsschutzes für Unternehmen im europäischen Kartellordnungswidrigkeitenverfahren den gemeinschaftsrechtlichen Grundsatz der „Wahrung der Rechte der Verteidigung" als Prüfungsmaßstab heranziehen. Ein absolutes Auskunftsverweigerungsrecht wurde jedoch bislang daraus nicht abgeleitet, vgl. oben 2. Teil, C. I. sowie unten Fn. 720.

[519] *Burhoff,* Handbuch für die strafrechtliche Hauptverhandlung, S. 386; *Malek,* Verteidigung in der Hauptverhandlung, S. 106; AK-StPO-*Schlothauer,* Vor § 213 Rn. 63; *Tondorf,* in: Hamm/Lohberger, Formularhandbuch für den Strafverteidiger, S. 284 f.; vgl. auch *Eser,* ZStW 79 (1967), 565, 571 Fn. 24.

der durchaus nicht unüblichen Verfahrensweise der Verteidigung, zunächst das Schweigerecht in Anspruch zu nehmen, im Laufe des Verfahrens dann aber doch eine Aussage zu leisten[520], beispielsweise um eine positive Berücksichtigung eines Geständnisses im Rahmen der Strafzumessung[521] zu erreichen[522]. In jenen Konstellationen werden Schweigen und Einlassung also strikt prozessstrategisch eingesetzt[523]; Zumutbarkeitserwägungen dürften kaum eine Rolle spielen. Nichtsdestotrotz bewahrt der nemo tenetur-Grundsatz selbstverständlich auch jenen Betroffenen, der eine Selbstbezichtigung als unzumutbar empfindet, davor, sich zum Tatvorwurf einlassen zu müssen. Dabei handelt es sich aber nicht um das Ziel jenes Grundsatzes, sondern lediglich um einen reflexartigen Schutz.

Die vorliegende Konzeption der Selbstbelastungsfreiheit ist zudem auch in der Lage, die Einbeziehung Unschuldiger in den Schutzbereich des nemo tenetur-Grundsatzes zu erklären[524]. Ihm steht das Schweigerecht zu, weil auch er der Garantie, sich in selbstbestimmter Art und Weise gegen den Anklagevorwurf zu verteidigen, unterfällt. Hält er – warum auch immer – die Verweigerung der Aussage als die für ihn angemessene Verteidigungsstrategie, so darf er sich auf das Schweigerecht berufen[525].

Dient der nemo tenetur-Satz der Sicherung der Verteidigung gegen den strafrechtlichen Vorwurf, so lässt sich in dieser Zweckbestimmung durchaus ein Moment von Selbstschutz oder Selbstbegünstigung erkennen. Wenn sich nämlich der Beschuldigte gegen die Anklage zur Wehr setzt, so kämpft er darum, die Verurteilung und vor allem auch die sich anschließende Sanktion abzuwenden oder zumindest abzumildern. Er versucht, so auf das Verfahren einzuwirken, um die abschließende Entscheidung für sich selbst so günstig wie möglich zu gestalten. Dies darf jedoch nicht dahingehend interpretiert werden, dass damit eine grenzenlose Rezeption von Selbstbegünstigungsinteressen durch das Strafprozessrecht verbunden sei[526]. Die

---

[520] Das Verteidigungskonzept darf während des Verfahrens jederzeit geändert werden, vgl. oben Fn. 511.

[521] Allein das Geständnis soll aber noch keine positive Wirkung bei der Strafzumessung entfalten können (vgl. nur *Dencker,* ZStW 102 [1990], 51, 58 ff.); es wird in der Praxis aber häufig aufgrund der damit verbundenen Förderung der Tataufklärung als strafmildernder Aspekt berücksichtigt (siehe z. B. Schönke/Schröder-*Stree,* § 46 Rn. 41 a m. w. N.). Nach der Rechtsprechung soll jedenfalls auch ein in erster Linie aus prozesstaktischen Gründen abgelegtes Geständnis strafmildernde Bedeutung erlangen können (*BGH*St 43, 195, 209 – im Rahmen einer Absprache).

[522] *Tondorf,* in: Hamm/Lohberger, Formularhandbuch für den Strafverteidiger, S. 285.

[523] *Burhoff,* Handbuch für die strafrechtliche Hauptverhandlung, S. 385; *Malek,* Verteidigung in der Hauptverhandlung, S. 106; *Tondorf,* in: Hamm/Lohberger, Formularhandbuch für den Strafverteidiger, S. 285 f.; vgl. auch *Rode,* StraFo 2003, 42, 43 f.

[524] Siehe zu den Erklärungsnöten der naturalistischen Konzeptionen oben 2. Teil, D. II. 4. a).

[525] *Lesch,* ZStW 111 (1999), 624, 637; auch *Bosch,* Aspekte des nemo-tenetur-Prinzips, S. 120.

[526] Wie bereits dargelegt, kann das Selbstbegünstigungsinteresse von der Rechtsordnung nicht generell Anerkennung finden, siehe oben 2. Teil, D. II. 4. c).

Verfahrensordnung gewährt dem Beschuldigten die Verteidigungsrechte nicht etwa, um ihm größtmögliche Selbstbegünstigung zu ermöglichen. Selbstschutzinteressen sind vielmehr lediglich das Motiv, welches die Entscheidung über die Ausübung des Schweigerechts bestimmt. Nach der vorliegenden Konzeption bildet damit nicht ein natürliches Selbstbegünstigungsinteresse des Beschuldigten den Grund des Schweigerechts, sondern das Recht, sich gegen den Anklagevorwurf zu verteidigen und das Verfahren zu beeinflussen.

3. Die verfassungsrechtliche Verankerung des nemo tenetur-Grundsatzes

Ausgehend von der herausgearbeiteten verteidigungsrechtlichen Konzeption gilt es nunmehr, die Verortung des nemo tenetur-Grundsatzes in der Verfassung zu untersuchen.

a) Menschenwürde (Art. 1 I GG)

Sowohl im Hinblick auf die historische Entwicklung als auch auf das gegenwärtige Strafverfahren wurde die notwendige Behandlung des Beschuldigten als eigenständiges Verfahrenssubjekt als Basis für das Recht, sich gegen den strafrechtlichen Vorwurf verteidigen zu dürfen, und damit als Grundbedingung für den nemo tenetur-Satz betont. Dies macht es erforderlich, auf die Garantie der Menschenwürde als mögliche Grundlage des nemo tenetur-Prinzips einzugehen.

Zwar ist es richtig, dass die Subjektstellung des Beschuldigten im Strafverfahren aus der Menschenwürde (neben dem Rechtsstaatsprinzip) folgt[527]. Es wurde aber bereits dargelegt, dass der Begriff der Subjektstellung zu unbestimmt ist, um einzelne, konkret bestimmte Verfahrensrechte hieraus ableiten zu können. Die Interessen des Beschuldigten und die staatlichen Aufklärungsinteressen müssen durch die Ausgestaltung des Strafverfahrensrechts einander integriert werden. Das Postulat der Behandlung des Beschuldigten als Prozesssubjekt erfordert dabei, ihm die Verteidigung gegen den strafrechtlichen Vorwurf und die Einflussnahme auf das Verfahren zu ermöglichen und jenen Interessen jedenfalls dort den Vorrang gegenüber dem Ziel der Wahrheitsfindung einzuräumen, wo eine effektive Verteidigung gänzlich undurchführbar gemacht würde[528]. Wo diese Grenze aber exakt verläuft, lässt sich nicht einzig mit Blick auf die Menschenwürdegarantie bestimmen. Vielmehr macht das systematische Zusammenspiel von Verfahrensrechten und staatlichen Eingriffsbefugnissen die Subjektstellung aus. Dies schließt es natürlich nicht aus, dass die Verfahrensrechte bis auf die Menschenwürde zurückverfolgt werden können, im Kern also einen Menschenwürdebezug aufweisen.

---

[527] Siehe oben Fn. 492 und 493.
[528] Siehe oben 2. Teil, D. IV. 2.

Speziell im Hinblick auf den nemo tenetur-Grundsatz wurde im Rahmen der Auseinandersetzung mit den naturalistischen Konzeptionen die Ungeeignetheit der Garantie der Menschenwürde als verfassungsrechtliche Grundlage jenes Prinzips belegt. Diese Argumente gelten auch im Hinblick auf die hier zugrundegelegte Zweckbestimmung des nemo tenetur-Satzes. Das Interesse, sich durch den Ausschluss der Mitwirkung an der Aufklärung des Tatvorwurfes zu verteidigen, wird nicht uneingeschränkt geschützt, wie insbesondere die Inanspruchnahme des Beschuldigten bei den körperlichen Untersuchungen nach §§ 81 ff. StPO zeigt. Der nemo tenetur-Grundsatz folgt daher auch nach der vorliegenden Zweckbestimmung nicht aus der Menschenwürdegarantie des Art. 1 I GG.

b) Der Anspruch auf rechtliches Gehör (Art. 103 I GG)

Ausgehend vom gegenüber der Sachverhaltsaufklärung vorrangigen Vernehmungszweck, dem Beschuldigten die Gelegenheit zur Verteidigung einzuräumen[529], begreift *Böse*[530] den nemo tenetur-Grundsatz als Bestandteil des Anspruchs auf rechtliches Gehör. Verfassungsrechtliche Grundlage ist somit Art. 103 I GG[531].

Der Anspruch auf rechtliches Gehör gewährt im Strafverfahren dem Beschuldigten das Recht, im Rahmen der Vernehmung zu dem ihm gegenüber erhobenen Tatvorwurf Stellung zu nehmen. Er sichert die Position des Beschuldigten als ein mit eigenen Rechten ausgestattetes Verfahrenssubjekt. Bei allen Entscheidungen, die seine Rechte betreffen, soll er zu Wort kommen und somit auf das Verfahren Einfluss nehmen können[532]. Verleiht aber Art. 103 I GG ein „Recht auf Selbstbehauptung im Prozess", so umfasse dies auch die Verteidigung durch Schweigen[533]. Der Anspruch auf rechtliches Gehör erschöpfe sich nicht lediglich in dem Recht, gehört zu werden, sondern gebe dem Beschuldigten zudem die Befugnis, „selbst über die Art und Weise seiner Verteidigung zu entscheiden"[534]. Aussage und Schweigen sind damit gleichwertige Formen der Verteidigung[535]. Beide Varianten dienen

---

[529] Siehe bereits oben 2. Teil, D. IV. 1. b).

[530] GA 2002, 98, 118 ff.

[531] Der Anspruch auf rechtliches Gehör wurde bereits von *Bauer,* Die Aussage des nicht über das Schweigerecht belehrten Beschuldigten, S. 51, und *Niese,* ZStW 63 (1951), 199, 219, als Grundlage des nemo tenetur-Prinzips angesehen, ohne jedoch auf die hier zugrundegelegte Zweckbestimmung abzustellen. Wohl nahestehend auch *Castringius,* Schweigen und Leugnen, S. 21 und 51, der aber i. E. in Art. 2 I GG die verfassungsrechtliche Grundlage erblickt (a. a. O., S. 60).

[532] *Böse,* a. a. O., S. 118.

[533] *Böse,* a. a. O., S. 119; vgl. auch *Rüping,* NVwZ 1985, 304, 305; *ders.,* Grundsatz des rechtlichen Gehörs, S. 133 f.: Jenes Recht auf Selbstbehauptung umfasse „sowohl angriffsweises Vorbringen als auch Verteidigungshandlungen". Allerdings fällt nach *Rüping* Schweigen als Form der Selbstbehauptung nicht unter die Garantie des Gehörs.

[534] *Böse,* a. a. O., S. 120.

[535] *Böse,* a. a. O., S. 119.

damit demselben Zweck, nämlich der „Wahrung von Einflussmöglichkeiten in einem ergebnisoffenen Verfahren"[536]. Aufgrund jenes gemeinsamen Schutzzwecks und des Zusammenhangs zwischen Aussageverhalten und Verteidigung versteht *Böse* den nemo tenetur-Grundsatz als „Kehrseite", also als „negative Komponente" des Anspruchs auf rechtliches Gehör[537].

Allerdings ist der sachliche Geltungsbereich des Art. 103 I GG seinem Wortlaut nach nur bei Verfahren „vor Gericht" eröffnet. Auf außergerichtliche Verfahren, insbesondere auch auf das staatsanwaltschaftliche Ermittlungsverfahren, ist jene Verfassungsnorm nicht anwendbar[538]. Stattdessen wird der Anspruch auf rechtliches Gehör in diesen Verfahrensarten aus dem Rechtsstaatsprinzip, teilweise in Verbindung mit Art. 1 I GG, abgeleitet[539]. Wenn man den nemo tenetur-Grundsatz als Ausfluss des Anspruchs auf rechtliches Gehör begreift, müsste er bezogen auf das Ermittlungsverfahren auf jene beiden Verfassungsvorschriften gestützt werden[540]. Nur bezüglich der gerichtlichen Verfahren käme Art. 103 I GG als verfassungsrechtliche Grundlage in Betracht.

Es gilt also zu prüfen, ob sich der nemo tenetur-Grundsatz als Kehrseite des Anspruchs auf rechtliches Gehör erweist. In der Tat ist es seitens der Grundrechtsdogmatik nicht ungewöhnlich und im Sinne umfassenden Grundrechtsschutzes unter Umständen zudem geboten, aus dem regelmäßig positiv formulierten Grundrecht auch die Gewährleistung der negativen Freiheit abzuleiten[541]. Die überwiegende Ansicht wendet sich jedoch gegen eine Verankerung des nemo tenetur-Grundsatzes in dem durch Art. 103 I GG verfassungsrechtlich geschützten Anspruch auf rechtliches Gehör. Als Haupteinwand gegen eine derartige Lozierung wird vorgebracht, dass der Anspruch auf rechtliches Gehör nur ein aktives Mitwirkungsrecht statuiere, der nemo tenetur-Grundsatz dagegen ein Mitwirkungsverweigerungsrecht gewähre, also die „,negativen' Rechte des Beschuldigten"[542] betreffe[543]. Während der Anspruch auf rechtliches Gehör dem Betroffenen die

[536] *Böse*, a. a. O., S. 125.

[537] *Böse*, a. a. O., S. 120. Diesen Schluss zieht auch *Bauer*, Die Aussage des nicht über das Schweigerecht belehrten Beschuldigten, S. 51.

[538] *BVerfG*E 27, 88, 103; vgl. auch die Nachweise der nachfolgenden Fußnote.

[539] *Degenhart*, in: Sachs, Grundgesetz, Art. 103 Rn. 5; *Knemeyer*, in: Isensee / Kirchhof, HStR VI, § 155 Rn. 39 f.; *Nolte*, in: v. Mangoldt / Klein / Starck, Grundgesetz, Art. 103 Rn. 20; SK-StPO-*Rogall*, Vor § 133 Rn. 91; *Sobota*, Prinzip Rechtsstaat, S. 195; nur Rechtsstaatsprinzip *Maurer*, 50 Jahre Bundesverfassungsgericht, Bd. 2, S. 467, 497; vgl. auch *Voßen*, Rechtsprechung des Bundesverfassungsgerichts zur Rechtsweggarantie, S. 279 f.

[540] Für die ausschließliche Verankerung in Art. 103 I GG dagegen offenbar *Böse*, GA 2002, 98, 121 – die Hinweise auf Zweck und Entstehungsgeschichte können aber den entgegenstehenden Wortlaut des Art. 103 I GG nicht überwinden.

[541] Grundlegend *Hellermann*, Die sogenannte negative Seite der Freiheitsrechte, passim; *Fenchel*, Negative Informationsfreiheit, S. 24 ff.

[542] So ausdrücklich *Rogall*, Der Beschuldigte, S. 125.

[543] *Bährle*, Aussagefreiheit des Angeklagten, S. 77 f.; *Dingeldey*, JA 1984, 407, 409; *Eser*, ZStW 79 (1967), 565, 571; *Rogall*, Der Beschuldigte, S. 125; *Schlüter*, Strafbarkeit von

Möglichkeit, sein tatsächliches Wissen und seine rechtliche Meinung einzubringen, gewähre, gestatte der nemo tenetur-Grundsatz dagegen, das Wissen vorzuenthalten[544].

Der nemo tenetur-Grundsatz schützt aber nicht, worauf *Böse* in diesem Zusammenhang zutreffend hingewiesen hat[545], die Information beziehungsweise das Wissen des Beschuldigten als solches[546]. Der Beschuldigte wird durch den nemo tenetur-Grundsatz nur insoweit vor Zwang zur Offenlegung von Informationen geschützt, „als diese seine Möglichkeiten zur verfahrensinternen Kommunikation und konsistenten Selbstdarstellung im Strafverfahren beeinträchtigen"[547]. Auf dieser Basis kann auch der Vergleich zwischen aktiver Teilhabe im Wege der Inanspruchnahme rechtlichen Gehörs und passiver beziehungsweise negativer Mitwirkungsverweigerung durch Schweigen die Einbeziehung der Selbstbelastungsfreiheit in Art. 103 I GG nicht grundsätzlich ausschließen. Denn dient der nemo tenetur-Satz der Einwirkung auf den Verfahrensausgang, dann lässt sich jenes Prinzip durchaus von seiner Zweckbestimmung und Wirkungsweise her auch als Teilhabe- oder Gestaltungsrecht erfassen[548]. Zudem wird gar nicht bestritten, dass die Inanspruchnahme des nemo tenetur-Prinzips sich als Mitwirkungsverweigerung äußert und damit, wenn man das äußere Verhalten des Beschuldigten in Blick nimmt, seine negativen Rechte betroffen sind. Die Kehrseitenargumentation will ja gerade den negativen Freiheitsgehalt aufdecken, der im positiv formulierten Wortlaut des Art. 103 I GG nicht ausdrücklich niedergelegt ist.

Wendet man sich der negativen Seite des Anspruchs auf rechtliches Gehör im Bereich des gerichtlichen Strafverfahrens zu, so scheint das Verständnis des nemo tenetur-Grundsatzes als Ausfluss des Anspruchs auf rechtliches Gehör naheliegend: Der Anspruch auf rechtliches Gehör gibt dem Beschuldigten die Möglichkeit, zum strafrechtlichen Vorwurf Stellung zu nehmen, insbesondere Entlastendes vorzutragen, um sich auf diese Weise gegen die Anklage zu verteidigen. Die dazugehörige negative Freiheit besteht darin, dass der Beschuldigte diese Möglichkeit nicht wahrnehmen muss[549]. Es besteht ein Recht, aber keine Pflicht zur Stellungnahme[550]. Dies scheint dem Inhalt des Schweigerechts zu entsprechen: Der Beschuldigte darf nicht zur Aussage verpflichtet werden.

Unternehmen, S. 101; *Wolff,* Selbstbelastung und Verfahrenstrennung, S. 32; vgl. auch *Besson,* Steuergeheimnis und nemo tenetur-Prinzip, S. 76.

544 *Nothhelfer,* Freiheit vom Selbstbezichtigungszwang, S. 53 f.

545 *Böse,* GA 2002, 98, 121.

546 Siehe dazu bereits oben 2. Teil, D. III. 1.; auch 2. Teil, D. II. 3. d) bb).

547 *Böse,* GA 2002, 98, 121.

548 Vgl. *Böse,* GA 2002, 98, 121; auch *Bosch,* Aspekte des Nemo-tenetur-Prinzips, S. 103.

549 *Zierlein,* in: Umbach / Clemens, Grundgesetz, Art. 103 Rn. 80: „Als Kehrseite dieses (positiven) Äußerungsrechts besteht für den Beteiligten auch das (negative) Recht, sich nicht zu äußern . . .".

550 *Dahs,* Rechtliches Gehör, S. 52; *Degenhart,* in: Sachs, Grundgesetz, Art. 103 Rn. 27; *Nolte,* in: v. Mangoldt / Klein / Starck, Grundgesetz, Art. 103 Rn. 38; *Rüping,* Grundsatz des

Art. 103 I GG findet aber in allen gerichtlichen Verfahren Anwendung. Handelt es sich bei dem nemo tenetur-Satz um die Kehrseite des Anspruchs auf rechtliches Gehör, so müsste er ebenfalls in all diesen Verfahren zur Geltung kommen. Die fehlende Pflicht, die Gelegenheit zur Stellungnahme wahrzunehmen, würde es stets ausschließen, den Beteiligten zur Auskunftserteilung (zwangsweise) heranzuziehen. Das nemo tenetur-Prinzip wäre dann kein auf das Strafverfahren begrenztes Verfahrensgrundrecht, sondern bildete einen allgemeinen Prozessgrundsatz[551]. Zwar finden sich tatsächlich in zahlreichen außerstrafrechtlichen Verfahren Auskunftsverweigerungsrechte, sofern die Auskunftserteilung mit einer strafrechtlichen Selbstbelastung verbunden ist[552]. Aber es existieren auch Auskunftsverpflichtungen, die – trotz der Gefahr der Selbstbelastung – aufgrund überwiegender Informationsinteressen des Staates oder privater Dritter erfüllt werden müssen[553]. So ist beispielsweise der Gemeinschuldner nach § 97 I 1 InsO zur Auskunft gegenüber dem Insolvenzgericht[554] verpflichtet. Derartige Auskunftspflichten ließen sich nur dann mit der „negativen Gehörsfreiheit" vereinbaren, wenn es sich dabei um verfassungsgemäße Einschränkungen der negativen Seite des Art. 103 I GG handeln würde[555]. Da es sich bei Art. 103 I GG um ein vorbehaltlos gewährtes Grundrecht beziehungsweise grundrechtsgleiches Recht[556] handelt, könnten Eingriffe nur durch verfassungsimmanente Schranken, also durch die Grundrechte

---

rechtlichen Gehörs, S. 145 f.; *Schmidt-Aßmann,* in: Maunz / Dürig, Grundgesetz, Art. 103 Rn. 81; *Schulze-Fielitz,* in: Dreier, Grundgesetz, Art. 103 I Rn. 54; *Waldner,* Anspruch auf rechtliches Gehör, S. 36.

551 In diesem Sinne *Böse,* GA 2002, 98, 122 f., unter Hinweis auf die Handhabung von Selbstbelastungsschutz im Zivilverfahren: Die Parteivernehmung kann durch einfache Weigerung verhindert werden (§ 446 ZPO); Gleiches gilt für die Beeidigung der Aussage (§ 453 II ZPO). Die Partei kann also auch im Zivilverfahren nicht zur Aussage gezwungen werden, muss aber daraus resultierende Beweisnachteile hinnehmen. Daraus schließt *Böse,* dass der nemo tenetur-Grundsatz auch im Zivilverfahren Geltung beansprucht, also nicht auf das Strafverfahren begrenzt bleibt. Inwieweit die auferlegte prozessuale Last mit dem Schutzgehalt des nemo tenetur-Grundsatzes zu vereinbaren ist, bleibt aber offen. Zu anderweitigen Auskunftsverpflichtungen und deren Vereinbarkeit mit dem nemo tenetur-Satz trifft *Böse* ebenfalls keine Aussage.

552 Siehe oben Einführung, C. Fn. 17.

553 Vgl. zu Mitwirkungspflichten im Verwaltungsverfahren, insb. im Bereich der Gefahrenabwehr, oben 1. Teil, B. und zu zivilrechtlichen Mitwirkungspflichten oben 1. Teil, C.

554 Daneben auch gegenüber dem Insolvenzverwalter, dem Gläubigerausschuss und auf Anordnung des Gerichts gegenüber der Gläubigerversammlung. Nach § 97 I 3 InsO darf jedoch die Auskunft in einem späteren Straf- oder Bußgeldverfahren nicht verwendet werden, siehe dazu unten 3. Teil, C. II. 1. a).

555 Nach der vorliegenden Kehrseitenargumentation ist durch eine Auskunftspflicht stets die negative Seite des Art. 103 I GG berührt; dass diese Aussagen im späteren Strafverfahren nicht verwertet werden dürfen, ändert nichts an der Betroffenheit des Schutzbereiches.

556 Vgl. BVerfGE 53, 219, 222; 61, 14, 17; 65, 305, 307 einerseits (Prozessgrundrecht), BVerfGE 61, 82, 104 andererseits (grundrechtsähnlich); zsf. *Schulze-Fielitz,* in: Dreier, Grundgesetz, Art. 103 I Rn. 12. Angesichts Art. 93 I Nr. 4 a GG kann die Frage nach der Grundrechtsqualität dahingestellt bleiben.

Dritter oder andere Rechtswerte mit Verfassungsrang, gerechtfertigt werden[557]. Im genannten Beispiel könnten die durch Art. 14 GG geschützten Gläubigerinteressen Vorrang gegenüber dem Interesse des Schuldners, strafrechtlich relevante Umstände nicht einzuräumen, beanspruchen. Auf den ersten Blick scheint sich der nemo tenetur-Grundsatz aus dem Anspruch auf rechtliches Gehör zumindest von der Grundrechtsdogmatik her ableiten zu lassen.

Die Kehrseitenargumentation erweist sich aber als problematisch, wenn man den jeweiligen Zweck des nemo tenetur-Grundsatzes und den des Anspruchs auf rechtliches Gehör genauer betrachtet. Nur im Bereich des Strafverfahrens verfolgen beide Grundsätze das gleiche Ziel: Sie sichern die Einflussnahme des Beschuldigten auf den Verfahrensausgang und dienen damit seiner Verteidigung. Dem Anspruch auf rechtliches Gehör liegt aber eine weitere Zweckbestimmung zugrunde. Es geht darum, dem Beteiligten bei allen Entscheidungen, die seine Rechtsgüter betreffen, die Chance zu gewähren, Stellung zu beziehen und seine Sichtweise darzulegen. Dieser generelle Zweck ist im Strafverfahren durch den Bezug zum strafrechtlichen Vorwurf konkretisiert. Die Zweckbestimmungen des Anspruchs auf rechtliches Gehör und des nemo tenetur-Grundsatzes überschneiden sich folglich nur in Teilbereichen.

Bei der Bestimmung der Kehrseite der positiven Gehörsfreiheit muss man aber ihren umfassenden Schutzbereich zugrunde legen. Aus der fehlenden Verpflichtung zur Stellungnahme würde sich ein Recht zur Auskunftsverweigerung ergeben, und zwar unabhängig davon, ob bei Auskunftserteilung überhaupt die Gefahr einer strafrechtlichen Verfolgung droht. Dies entspricht aber gerade nicht dem Schutzzweck des nemo tenetur-Grundsatzes. Letzteres Prinzip steht von seiner Ratio her immer in Bezug zur Verteidigung gegen einen strafrechtlichen Vorwurf, sei es in direkter Weise wie im Strafverfahren oder aber im Wege eines Vorfeldschutzes[558] in außerstrafrechtlichen Verfahren. Es besteht aber kein Bedürfnis, Verfahrensbeteiligte, die in keiner Weise von Strafverfolgung bedroht sind oder künftig bedroht werden könnten, von einer Aussageverpflichtung freizustellen. Die Gefahr einer Vorfestlegung der Verteidigung durch die Erfüllung der Auskunftspflicht besteht in solchen Konstellationen nicht. Hieraus wird deutlich, dass die Kehrseite des Anspruchs auf rechtliches Gehör nicht dem nemo tenetur-Satz entspricht. Der nemo tenetur-Grundsatz bildet also nicht das negative Pendant des rechtlichen Gehörs.

Zusammenfassend ist daher festzuhalten, dass es sich bei Art. 103 I GG nicht um die verfassungsrechtliche Grundlage des nemo tenetur-Grundsatzes handelt. Im Bereich des Strafverfahrens verfolgen aber sowohl der Anspruch auf rechtliches Gehör als auch der nemo tenetur-Grundsatz denselben Zweck. Beide sichern die

---

[557] *Knemeyer,* in: Isensee / Kirchhof, HStR VI, § 155 Rn. 35; *Pieroth / Schlink,* Grundrechte, Rn. 1082.

[558] Entsprechende Auskunftsverweigerungsrechte schützen die Verteidigungsfreiheit des Betroffenen bereits im Vorfeld des Strafverfahrens, vgl. *Böse,* GA 2002, 98, 121 Fn. 197.

Einflussnahme des Beschuldigten auf Ablauf und Ausgang des Verfahrens. Einlassung und Schweigen bilden gleichwertige Formen der Verteidigung, über deren Einsatz der Beschuldigte frei entscheiden kann. Insoweit besteht zwischen dem Anspruch auf rechtliches Gehör und dem nemo tenetur-Prinzip durchaus ein enger Zusammenhang[559]. Im Strafverfahren bilden beide je einen Bestandteil der Aussagefreiheit, die jedoch nebeneinander bestehen und sich nicht jeweils einander als Kehrseite erweisen.

c) Rechtsstaatsprinzip (in Verbindung mit Art. 2 I GG)

aa) Der nemo tenetur-Grundsatz als Bestandteil des Rechtsstaatsprinzips

Der nemo tenetur-Grundsatz wird vielfach als „selbstverständlicher Ausdruck einer rechtsstaatlichen Grundhaltung"[560] bezeichnet und damit als Bestandteil des Rechtsstaatsprinzips anerkannt[561]. Für die herrschenden naturalistischen nemo tenetur-Konzeptionen bildet aber die Menschenwürdegarantie (Art. 1 I GG) oder das allgemeine Persönlichkeitsrecht (Art. 2 I, 1 I GG) die primäre verfassungsrechtliche Verankerung. Auf das Rechtsstaatsprinzip wird neben diesen Grundlagen regelmäßig nur aufzählungsartig verwiesen, ohne dass damit eine eigenständige Bedeutung des Rechtsstaatsgedankens erkennbar wird[562]. Insbesondere *Rogall* hält die Einbeziehung des Rechtsstaatsprinzips, das er als lediglich „blankettartige Bezeichnung" etikettiert, für die Bestimmung der verfassungsrechtlichen Grundlage jenes Verfahrensprinzips nicht weiterführend. Derselbe Sachverhalt werde nur aus anderer Perspektive nochmals betrachtet, nämlich nicht vom Individuum, sondern vom Staat her[563]. Damit spiegele sich die Selbstbelastungsfreiheit als Persönlichkeitsrecht lediglich als „Kehrseite der Medaille" im ohnehin materiell zu verstehenden[564] Rechtsstaatsprinzip wider[565].

---

[559] So auch *Bosch,* Aspekte des nemo tenetur-Prinzips, S. 166.

[560] *BVerfG*E 56, 37, 43.

[561] Für die Rechtsprechung siehe die Nachweise oben in Fn. 144; aus der Literatur vgl. z. B. *Bosch,* Aspekte des Nemo-tenetur-Prinzips, S. 69; *Sachs,* in: Sachs, Grundgesetz, Art. 20 Rn. 163; *Sobota,* Prinzip Rechtsstaat, S. 198 f. und 512 f ; vgl. speziell zur Bezugnahme auf den Anspruch auf ein faires Verfahren die Nachweise unten Fn. 620 – regelmäßig jedoch neben einer grundrechtlichen Ableitung des nemo tenetur-Satzes.

[562] Vgl. *Bosch,* Aspekte des nemo-tenetur-Prinzips, S. 70.

[563] *Rogall,* Der Beschuldigte, S. 138.

[564] Das Rechtsstaatsprinzip verkörpert nicht nur staatsorganisatorische Formprinzipien (Gesetzmäßigkeit der Verwaltung, Unabhängigkeit der Gerichte, Gewaltenteilung), sondern umfasst auch inhaltliche Anforderungen, insb. die Garantie der Menschenwürde und die Verpflichtung zur Wahrung der Grundrechte, an die der Gesetzgeber unmittelbar gebunden ist (Art. 1 III, 20 III GG), vgl. *Benda,* in: Benda / Maihofer / Vogel, HVerfR, § 17 Rn. 10.

[565] *Rogall,* StV 1996, 63, 64.

Ob das Rechtsstaatsprinzip für die menschenwürde- oder persönlichkeitsrecht-lichen Ableitungen des nemo tenetur-Satzes keinerlei selbständigen Gehalt auf-weist[566], kann hier dahingestellt bleiben. Da der nemo tenetur-Grundsatz nach der vorliegenden Auffassung auf grundgesetzlicher Ebene nicht in Einzelgrundrechten und auch nicht im Anspruch auf rechtliches Gehör des Art. 103 I GG verortet wer-den kann, ist das Rechtsstaatsprinzip als verfassungsrechtliche Grundlage näher zu untersuchen. Eine allgemeine Vorrangregel, zur Begründung einzelner Verfahrens-rechte zunächst die materiellen Freiheitsgrundrechte oder die speziellen Verfah-rensgarantien der Art. 101, 103 und 104 GG heranzuziehen[567], greift somit nach der hier begründeten Konzeption nicht ein.

Nichtsdestotrotz sollte nicht übersehen werden, dass die originäre Ableitung ein-zelner Verfahrensrechte aus dem Rechtsstaatsprinzip in zweierlei Hinsicht nicht ganz unproblematisch ist. Zum einen handelt es sich dabei um ein Rechtsinstitut von großer Offenheit und begrifflicher Unschärfe, das in hohem Maße inhaltlicher Präzisierung und Konkretisierung bedarf. Die Einordnung des nemo tenetur-Satzes in das Rechtsstaatsprinzip darf also nicht pauschal erfolgen, sondern muss sich in vorhandene Konkretisierungen einfügen. Zum anderen dient das Rechtsstaats-prinzip nicht nur dazu, durch Bindung der Staatsgewalt die Freiheit des Bürgers zu schützen, sondern enthält mit dem Gebot der wirksamen Strafrechtspflege[568] ebenso die Möglichkeit, die Freiheitsrechte Einzelner (um des Schutzes der Frei-heit aller willen[569]) einzuschränken[570]. Es hat also durchaus eine zweischneidige Funktion: Es wirkt zugunsten des Bürgers freiheitsschützend, aber auch legitimie-rend im Hinblick auf staatliche Eingriffe. Diese Antinomien werden bei Bestim-

---

566 Anders *Bosch,* Aspekte des nemo-tenetur-Prinzips, S. 72 ff., der dem nemo tenetur-Grundsatz nicht nur eine persönlichkeitsorientierte, sondern auch eine objektivrechtliche, verfahrensgestaltende Funktion beimisst, die sich durch die Qualifizierung als Freiheitsrecht nicht hinreichend erfassen lasse.

567 Vgl. speziell für den nemo tenetur-Satz *Nothhelfer,* Freiheit vom Selbstbezichtigungs-zwang, S. 51; siehe allgemein *Kunig,* Rechtsstaatsprinzip, S. 381; *ders.,* FS 50 Jahre Bundes-verfassungsgericht, Bd. 2, S. 421, 443; *Schmidt-Aßmann,* in: Isensee / Kirchhof, HStR I², § 24 Rn. 7.

568 *BVerfGE* 19, 342, 347; 33, 367, 383; 34, 238, 248 f.; 36, 174, 186; 38, 105, 115; 39, 156, 163; 41, 246, 250; 46, 214, 222 f. – st. Rspr., wobei das Bundesverfassungsgericht zunächst den Topos der „Funktionstüchtigkeit der Strafrechtspflege" verwendete (vgl. v. a. E 33, 367, 383), ihn später jedoch durch die „Erfordernisse rechtsstaatlicher Gewährung der Strafrechtspflege" ersetzte (E 77, 65, 82; 80, 367, 375); *BVerfG* NJW 2002, 3619, 3624 spricht dagegen wiederum von funktionstüchtiger Strafrechtspflege; siehe insb. auch *Limbach,* in: Organisationsbüro der Strafverteidigervereinigungen (Hrsg.), 20. Strafverteidi-gertag, S. 35, 36 ff.; *Niemöller/Schuppert,* AöR 107 (1982), 387, 394 ff.; siehe auch oben Fn. 353.

569 Siehe dazu bereits oben 2. Teil, D. II. 4. c).

570 *Bosch,* Aspekte des nemo-tenetur-Prinzips, S. 71; *Heinrich,* Jura 2003, 167, 169; *Kunig,* Rechtsstaatsprinzip, S. 278 f.; *Rieß,* Schäfer-FS, S. 155, 182; *Schneider,* FG 25 Jahre Bundesverfassungsgericht, Bd. 2, S. 390, 391; *Sobota,* Prinzip Rechtsstaat, S. 196 f.; weiter *Achterberg,* Der Staat 8 (1969), 159, 164; vgl. auch *BVerfGE* 57, 250, 276; 65, 283, 290: „im Rechtsstaatsprinzip selbst angelegte Gegenläufigkeiten".

mung von Reichweite und der Frage nach der Einschränkbarkeit des nemo tenetur-Prinzips zum Ausgleich zu bringen sein.

Das Grundgesetz hat sich in Art. 28 I 1 GG und in den Art. 16 II 2, 23 I 1 GG ausdrücklich zum Rechtsstaat bekannt und weist zudem zahlreiche Regelungen auf, die unstreitig als Elemente der Rechtsstaatlichkeit anerkannt sind[571]. Nach überwiegender Ansicht erschöpft sich die Rechtsstaatlichkeit unserer Verfassungsordnung nicht in diesen explizit niedergelegten Ausprägungen[572]. Vielmehr liegt dem Grundgesetz ein Rechtsstaatsprinzip zugrunde, das einen eigenständigen, über die positiv-rechtlichen Gewährleistungen hinausgehenden dogmatischen Gehalt aufweist[573], welcher behutsamer Konkretisierung bedarf[574]. Jene Konkretisierung hat sich an den speziellen Ausprägungen zu orientieren, muss aber auch auf ein „vorverfassungsmäßiges Gesamtbild" an allgemeinen Leitideen und Grundsätzen, das der Verfassungsgeber vorgefunden und bei der Konzeption des Grundgesetzes zugrundegelegt hat, zugreifen[575]. Einzelne Bestandteile des Rechtsstaatsprinzips können daher auch auf „althergebrachter, unbestrittener Rechtsüberzeugung"[576] beruhen[577]. Zumindest im Hinblick auf seinen unstreitigen Kerngehalt – Schutz vor Zwang zu selbstbelastenden Aussagen – könnte der nemo tenetur-Grundsatz als solch eine „althergebrachte Rechtsüberzeugung" eine materielle Komponente der Rechtsstaatlichkeit bilden und an unserer Verfassungsordnung teilhaben.

Ausgehend von diesem die institutsprägenden Rechtstraditionen berücksichtigenden Ansatz ist das Rechtsstaatsprinzip von Teilen der Literatur bereits als Heimstatt des nemo tenetur-Grundsatzes ausgemacht worden, regelmäßig unter Hinweis auf dessen historische Entwicklung, aber ohne ausdrückliche Bezugnahme auf die hier zugrundegelegte Ratio dieses Verfahrensprinzips[578]. So stimmt *Paeffgen*[579] mit der herrschenden Meinung darin überein, dass dem nemo tenetur-

---

[571] Hierzu zählen die Grundrechte der Art. 1 – 17 GG sowie die Art. 1 III, 19 IV, 20, 34, 80 I 2, 82, 97, 101, 103 und 104 GG.

[572] So aber v. a. *Kunig*, Rechtsstaatsprinzip, S. 548 ff.; *Schnapp*, in: v. Münch / Kunig, Grundgesetz, Art. 20 Rn. 21; *ders.*, JuS 1983, 850, 852; siehe auch *Hofmann*, Der Staat 34 (1995), 1, 3 – sog. summatives Rechtsstaatsverständnis; dagegen insb. *Sobota*, Prinzip Rechtsstaat, S. 399 ff.; auch *Schmidt-Aßmann*, in: Isensee / Kirchhof, HStR I², § 24 Rn. 8.

[573] Sog. integrales Rechtsstaatsverständnis *BVerfGE* 57, 250, 276; 65, 283, 290; *Calliess*, Rechtsstaat und Umweltstaat, S. 50 f.; *Görisch*, JuS 1997, 988, 992; *Sobota*, Prinzip Rechtsstaat, passim; *Schmidt-Aßmann*, in: Isensee / Kirchhof, HStR I², § 24 Rn. 8; *Wolff*, Ungeschriebenes Verfassungsrecht unter dem Grundgesetz, S. 247 f.

[574] *BVerfGE* 57, 250, 276.

[575] *BVerfGE* 2, 380, 403; *Herzog*, in: Maunz / Dürig, Grundgesetz, Art. 20, Abschn. VII, Rn. 32 f.; vgl. auch *Benda*, in: Benda / Maihofer / Vogel, HVerfR, § 17 Rn. 12 f.; *Böckenförde*, Arndt-FS, S. 53 f.; *Spaniol*, Recht auf Verteidigerbeistand, S. 203.

[576] *BVerfGE* 2, 380, 403.

[577] *Herzog*, in: Maunz / Dürig, Grundgesetz, Art. 20, Abschn. VII, Rn. 32 f., auch Rn. 21; *Schmidt-Aßmann*, in: Isensee / Kirchhof, HStR I², § 24 Rn. 8 und 69.

[578] Vgl. auch *Weiß*, JZ 1998, 289, 293.

[579] Vorüberlegungen, S. 68 f.

Grundsatz der Gedanke zugrunde liege, dem Menschen dürfe nicht zugemutet werden, eigene Verfehlungen einzugestehen, sieht aber im Rechtsstaatsprinzip vor allem aufgrund der historischen Entwicklung des nemo tenetur-Satzes die gegenüber der Menschenwürde beziehungsweise dem allgemeinen Persönlichkeitsrecht vorrangige, sachnähere Norm[580]. Auch *Reiß*[581] erkennt unter Hinweis auf die Entstehungsgeschichte den nemo tenetur-Grundsatz als gewachsenen Bestandteil des Rechtsstaatsprinzips an, was eine Verankerung im Kernbereich des allgemeinen Persönlichkeitsrechts beziehungsweise in der Menschenwürde zumindest entbehrlich mache[582]. *Schneider*[583] wendet sich dagegen explizit gegen den Rekurs auf den Selbstschutzgedanken, verweist aber ebenfalls nachdrücklich auf den historischen Kontext. Der nemo tenetur-Satz ist danach „Ausfluss althergebrachter, rechtsstaatlicher Überzeugungen"[584] und als „justizgrundrechtsähnliches Rechtsinstitut" im Rechtsstaatsprinzip anzusiedeln[585].

Wie die obigen Ausführungen gezeigt haben, vollzog sich die Anerkennung des nemo tenetur-Grundsatzes im deutschen Strafprozess im Wege zunehmenden Eindringens liberalen Rechtsdenkens mit der Herausbildung des reformierten Strafprozesses. Dem nemo tenetur-Satz liegt damit ein gewandeltes Verhältnis zwischen Bürger und Staat zugrunde[586]. Der Einzelne ist nicht mehr ein rechtloser, der Allmacht des Staates unterworfener und gehorsamspflichtiger Untertan, sondern ein (insbesondere auch gegenüber dem Staat) freier, mit eigenen Rechten ausgestatteter Bürger. Dies bedingte im Strafprozess den Wandel vom ausschließlichen Untersuchungsobjekt hin zu einem mit eigenen Rechten ausgestatteten Verfahrenssubjekt, das sich gegen den strafrechtlichen Vorwurf zur Wehr setzen darf[587]. Der Staat erkennt also die Verteidigungsinteressen des Beschuldigten an und nimmt korrespondierend dazu sein Aufklärungs- und Strafverfolgungsinteresse zurück. Der nemo tenetur-Grundsatz ist somit Ausfluss jenes Verhältnisses von „individueller Selbstbestimmung und staatlicher Selbstbeschränkung"[588], welches dem Selbstverständnis des konstitutionellen Rechtsstaates entspricht[589]. Bereits bei Anerkennung des nemo tenetur-Satzes Mitte des 19. Jahrhunderts wurde ausdrücklich

---

[580] A. a. O., S. 71 i. V. m. S. 66 f.

[581] Besteuerungsverfahren, S. 155 ff.

[582] A. a. O., S. 157 und 167 ff.

[583] Selbstbegünstigung, S. 48 f.

[584] A. a. O., S. 40.

[585] A. a. O., S. 49.

[586] Vgl. *Schneider,* Selbstbegünstigung, S. 40; *Reiß,* Besteuerungsverfahren, S. 148; *Rogall,* Der Beschuldigte, S. 99 f.

[587] Siehe bereits oben 2. Teil, D. IV. 2.

[588] *Schneider,* Selbstbegünstigung, S. 41.

[589] *Scheuner,* in: Listl / Rüfner (Hrsg.), Ulrich Scheuner, Gesammelte Schriften, S. 185, 189 ff. Vgl. *Grimm,* Zukunft der Verfassung, S. 159 ff.; *Herzog,* in: Maunz / Dürig, Grundgesetz, Art. 20, Abschn. VII, Rn. 12; *Schmidt-Aßmann,* in: Isensee / Kirchhof, HStR I², § 24 Rn. 1.

auf die veränderte Stellung des Bürgers im konstitutionellen Rechtsstaat hingewiesen[590]. Der nemo tenetur-Grundsatz ist damit seit seiner Anerkennung im deutschen Strafverfahren Ausdruck einer rechtsstaatlichen Grundhaltung[591]. Er steht in
der Tradition des liberalen Rechtsstaates, welche auch in das Grundgesetz Eingang
gefunden hat[592].

Der nemo tenetur-Grundsatz lässt sich somit bereits aufgrund des in ihm zum
Ausdruck kommenden Verhältnisses zwischen Bürger und Staat und von seiner
historischen Entwicklung her als Ausprägung des Rechtsstaatsprinzips begrei-
fen[593]. Dies gilt zumindest für seinen anerkannten Minimalgehalt, der Freiheit
vom Zwang zu selbstbelastenden Einlassungen.

bb) Insbesondere: Der nemo tenetur-Grundsatz als Bestandteil
des Anspruchs auf ein faires Verfahren

Nimmt man den hier zugrundegelegten Zweck des nemo tenetur-Satzes näher in
den Blick der Betrachtung, so stellt sich dieses Verfahrensprinzip gleichfalls als
Bestandteil des im Rechtsstaatsprinzip wurzelnden sowie in Art. 6 I EMRK niedergelegten[594] Rechts auf ein faires Verfahren dar.

Die insbesondere bundesverfassungsgerichtliche Rechtsprechung hat mit dem
Anspruch auf ein faires Verfahren aus dem Rechtsstaatsprinzip in Verbindung mit
dem allgemeinen Freiheitsrecht des Art. 2 I GG ein allgemeines Prozessgrund-

---

590 *Wahlberg,* Kleine Schriften II, S. 298; demgegenüber wurzele eine Aussagepflicht im
„Subjektionsverhältnis des absolutistischen Polizeistaates" (a. a. O., S. 297). *Biener,* Eng-
lisches Geschworenengericht II, S. 129, hatte klargestellt, dass eine Pflicht „die Wahrheit
auch gegen sich selbst auszusagen, sich selbst anzuschuldigen (. . .) überhaupt nur in speziellen Subjektions- und Dienstverhältnissen, nicht gegen einen freien Bürger" behauptet werden
könne. Jeweils zitiert nach *Reiß,* Besteuerungsverfahren, S. 155. Vgl. auch *Liepmann,* ZStW
44 (1923/24), 647, 659 und 668; *Ullmann,* Strafprocessrecht, S. 236; zsf. *Reiß,* a. a. O.;
Rogall, Der Beschuldigte, S. 99 f.; *Schneider,* Selbstbegünstigungsprinzip, S. 41.

591 *Schneider,* Selbstbegünstigungsprinzip, S. 41; vgl. auch *Paeffgen,* Vorüberlegungen,
S. 72, sowie *Weiß,* Verteidigungsrechte, S. 372 f. (im Zusammenhang mit dem europäischen
Kartellverfahren). Vgl. ferner *Haeusermann,* Verband als Straftäter und Strafprozeßsubjekt,
S. 342, der den Grund des Schweigerechts im „Selbstverständnis des Staates" erblickt. Inso-
weit lassen sich auch die Verweise der Rechtsprechung auf das Rechtsstaatsprinzip im Kon-
text mit dem nemo tenetur-Grundsatz in die vorliegende Argumentation integrieren, vgl. insb.
BVerfGE 56, 37, 43 „selbstverständlicher Ausdruck einer rechtsstaatlichen Grundhaltung".

592 *Reiß,* Besteuerungsverfahren, S. 156.

593 Für eine Verankerung im Rechtsstaatsprinzip auch *Dannecker,* ZStW 111 (1999), 256,
286; Immenga/Mestmäcker-GWB-*Dannecker/Biermann,* Vor § 81 Rn. 167; *Minoggio,*
wistra 2003, 121, 128. Vgl. zudem *Bertossa,* Unternehmensstrafrecht, S. 148.

594 Hierzu ausführlich *Rzepka,* Fairneß im deutschen Strafverfahren, S. 34 ff.; *Pache,*
NVwZ 2001, 1342 ff. – Zur Bedeutung der EMRK und der Rechtsprechung des EGMR für
das nationale Recht, siehe oben 2. Teil, B. III.; speziell zum Anspruch auf ein faires Verfahren hat das Bundesverfassungsgericht die Konvention und die darauf beruhende Straßburger
Judikatur als Auslegungshilfe gesehen, *BVerfG* NJW 2001, 2245, 2246.

recht[595] abgeleitet. Seine Wurzeln findet es „in den in einem materiell verstandenen Rechtsstaatsprinzip verbürgten Grundrechten und Grundfreiheiten des Menschen, (...), ferner in Art. 1 I GG, der es verbietet, den Menschen zum bloßen Objekt eines staatlichen Verfahrens herabzuwürdigen und deshalb einen Mindestbestand an aktiven verfahrensrechtlichen Befugnissen des Angeklagten voraussetzt"[596]. Auch in der Literatur findet das Recht auf ein faires Verfahren grundsätzlich Anerkennung[597], die Kritik an jenem Institut betrifft vor allem dessen Weite und Unbestimmtheit, welche die Gewinnung einzelner Anforderungen an die Verfahrensgestaltung unmöglich mache, und die Befürchtung, einfachgesetzliche Regelungen könnten durch das Fairnessprinzip überspielt werden[598]. In der Tat ist das Recht auf ein faires Verfahren aus grundgesetzlicher Sicht schwer konkretisierbar. So hat auch das Bundesverfassungsgericht herausgestellt, dass das Recht auf ein faires Verfahren behutsamer Konkretisierung durch den Gesetzgeber[599] je nach den sachlichen Gegebenheiten bedürfe. „Erst wenn sich bei Berücksichtigung aller Umstände und nicht zuletzt der im Rechtsstaatsprinzip selbst angelegten Gegenläufigkeiten unzweideutig ergibt, dass rechtsstaatlich unverzichtbare Erfordernisse nicht mehr gewahrt sind, können aus diesem selbst konkrete Folgerungen für die Ausgestaltung des Strafverfahrens im Rahmen der vom Gesetzgeber gewählten Grundstruktur des Verfahrens gezogen werden."[600]

Trotz dieser Unbestimmtheiten lassen sich Mindestkriterien ausmachen, die einen Zugang zur inhaltlichen Präzisierung des Anspruchs auf faires Verfahren eröffnen: Das Verfahren wird als fair angesehen, wenn dem Betroffenen aktive ver-

---

[595] *BVerfG*E 57, 250, 275; 78, 123, 126; *BVerfG* NJW 2001, 2245, 2246; StV 2002, 578, 580; *Geppert,* Jura 1992, 597, 599; *Ransiek,* Rechte des Beschuldigten, S. 5; SK-StPO-*Rogall,* Vor § 133 Rn. 102; *Spaniol,* Recht auf Verteidigerbeistand, S. 201 f.; *Tettinger,* Fairneß und Waffengleichheit, S. 13.

[596] *BVerfG* NJW 2001, 2245, 2246; StV 2002, 578, 580 – st. Rspr., vgl. v. a. *BVerfG*E 38, 105, 111; 39, 238, 242 f.; 40, 95, 99; 41, 246, 249; 57, 250, 274 f.; 63, 45, 60 f.; 70, 297, 308; 86, 288, 317; 87, 48, 65; siehe auch bereits 26, 66, 71 (jedoch noch ohne Bezugnahme auf Grundrechte; die Entscheidung betraf aber ein Normenkontrollverfahren, so dass eine grundrechtliche Verankerung entbehrlich schien). Aus der Rechtsprechung des Bundesgerichtshofs vgl. z. B. *BGH*St 24, 125, 131; 36, 305, 308 f.; 42, 170, 175; 43, 195, 203 f.; 44, 129, 134; NJW 1996, 1547, 1548 f.; Überblick bei *Rzepka,* Fairneß im deutschen Strafverfahren, S. 129 m. w. N.

[597] *Bottke,* Materielle und formelle Verfahrensgerechtigkeit, S. 61; *ders.,* Meyer-Goßner-FS, S. 73, 74 f.; *Dörr,* Faires Verfahren, passim; *Hamm,* Salger-FS, S. 273, 290 f.; *Heinrich,* Jura 2003, 169, 171 f.; *Marczak,* Fairneßgebot im Prozeß, S. 28; *Meyer-Goßner,* Einl. Rn. 19; KK-StPO-*Pfeiffer,* Einl. Rn. 28; SK-StPO-*Rogall,* Vor § 133 Rn. 101 ff.; *Rzepka,* Fairneß im deutschen Strafverfahren, passim; *Steiner,* Fairneßprinzip, S. 113 ff.; *Tettinger,* Fairneß als Waffengleichheit, passim; a.A. *Heubel,* Der „fair trial" – ein Grundsatz des Strafverfahrens?, S. 145.

[598] *Dörr,* Faires Verfahren, S. 146 f.; *Meyer,* JR 1984, 173, 174; *Schmidt-Jorzig,* FS 50 Jahre Bundesverfassungsgericht, Bd. 2, S. 505, 523; kritsch auch *Heubel,* Der „fair trial" – ein Grundsatz des Strafverfahrens?, S. 61 ff.; *Tettinger,* Der Staat 36 (1997), 575, 591.

[599] Die Regelungsprärogative liegt damit grundsätzlich bei der Legislative.

[600] *BVerfG*E 57, 250, 276; 70, 297, 308 f.; 86, 288, 317 f.; *BVerfG* NJW 2001, 2245, 2246.

fahrensrechtliche Befugnisse gewährt sind[601], um den staatlichen Strafausspruch abzuwehren und sich zu verteidigen[602]. Es muss dem Beschuldigten die Möglichkeit einräumen, auf den Gang und das Ergebnis des Verfahrens Einfluss zu nehmen[603]. Das Fairnessprinzip gewährleiste dem Betroffenen, „prozessuale Rechte und Möglichkeiten mit der erforderlichen Sachkunde selbständig wahrnehmen und Übergriffe der im vorstehenden Sinn rechtsstaatlich begrenzten Rechtsausübung staatlicher Stellen oder anderer Verfahrensbeteiligter angemessen abwehren zu können"[604]. Damit sind Kriterien angesprochen, die bereits zur Charakterisierung der Subjektstellung herangezogen worden sind[605], was nicht weiter verwundert, schließlich lässt sich eine unfaire Verfahrensgestaltung kaum mit dem Erfordernis der Subjektbehandlung des Beschuldigten in Einklang bringen. Die Wahrung der Subjektstellung des Beschuldigten wird daher auch mit dem Anspruch auf ein faires Verfahren in Verbindung gebracht[606].

Nach der hier erarbeiteten Zweckbestimmung dient der nemo tenetur-Grundsatz dem Schutz der Verteidigungsfreiheit des Beschuldigten und ermöglicht ihm, sich gegen den strafrechtlichen Vorwurf zur Wehr zu setzen und auf das Verfahren Einfluss zu nehmen[607]. Er steht folglich im Einklang mit den zur Beschreibung des Inhalts des Anspruchs auf ein faires Verfahren herangezogenen Maßstäben.

Wie aber dargelegt, obliegt die Ausgestaltung des einfachen Verfahrensrechts dem Gesetzgeber. Dieser hat bei seiner Entscheidung nicht nur die Interessen des Beschuldigten zu berücksichtigen, sondern auch das ebenfalls durch das Rechtsstaatsprinzip geschützte staatliche Interesse an der Aufklärung von Straftaten und deren Verfolgung[608]. Wirksame Strafrechtspflege ist unabdingbares Mittel zur Sicherung des Rechtsfriedens und damit wichtige Aufgabe der staatlichen Gewalt[609]. Dies darf aber nicht bedeuten, dass Verteidigungsrechte des Individuums

601 *BVerfG*E 57, 250, 275; 63, 45, 61; 64, 135, 145.

602 *Müller-Dietz,* ZStW 93 (1981), 1177, 1207; *Roxin,* Strafverfahrensrecht, § 11 Rn. 10.

603 *BVerfG*E 41, 246, 249; 46, 202, 210; 63, 45, 61; 63, 380, 390; 64, 135, 145; 65, 171, 175; 66, 313, 318; 70, 297, 323; *BVerfG* NJW 1987, 2662, 2663; NStZ 1995, 555; StV 2002, 578, 580; *ThürVerfGH* NJW 2003, 740; *BGH*St 36, 305, 309; *Heinrich,* Jura 2003, 169, 172; *Müller-Dietz,* ZStW 93 (1981), 1177, 1207.

604 *BVerfG*E 38, 105; *Niemöller,* in: Umbach/Clemens, BVerfGG, Strafgerichtsbarkeit, Rn. 30; KK-StPO-*Pfeiffer,* Einl. Rn. 29.

605 Siehe oben 2. Teil, D. IV. 2.

606 *Beulke,* Verteidiger, S. 37; *Drope,* Strafprozessuale Probleme, S. 244; *Hill,* in: Isensee/Kirchhof, HStR VI, § 156 Rn. 35; *Kuhlmann,* DRiZ 1976, 11, 14; *Müller-Dietz,* ZStW 93 (1981), 1177, 1207; Löwe-Rosenberg-*Rieß,* Einl. Abschn. H, Rn. 102; *Spaniol,* Recht auf Verteidigerbeistand, S. 205; *Steiner,* Fairneßprinzip, S. 166 f.

607 Vgl. oben 2. Teil, D. IV. 2.

608 Vgl. oben 2. Teil, D. IV. 3. c) aa) mit Fn. 570.

609 *BVerfG*E 51, 324, 343; *Niemöller/Schuppert,* AöR 107 (1982), 387, 395; *Rieß,* StraFo 2000, 364, 367; *Schmidt-Jorzig,* 50 Jahre Bundesverfassungsgericht, Bd. 2, S. 505; vgl. zu dieser Aufgabenstellung bereits oben 2. Teil, D. II. 4. c).

gegenüber dem Postulat der Aufrechterhaltung der Strafrechtspflege „stets einer besonderen Legitimation, um vor der Verfassung Bestand zu haben,"[610] bedürften[611]. Trotz der Bedeutung für das gesellschaftliche Zusammenleben kann der Aspekt der Strafrechtspflege im Abwägungsprozess zwischen dem Interesse des Beschuldigten und dem an staatlicher Strafverfolgung nicht per se Übergewicht erlangen. Im materiellen Rechtsstaat gibt es keine inhaltsneutrale Strafrechtspflege; allein ihre Funktionstüchtigkeit oder Effizienz an sich erfährt keinen Schutz[612]. Dem Bundesverfassungsgericht ist daher zuzustimmen, wenn es nunmehr die Funktion des Strafprozesses nicht nur in der Verwirklichung des staatlichen Strafanspruches sieht, sondern verlangt, jenen Anspruch „in einem justizförmig geordneten Verfahren durchzusetzen und damit dem vom Gewicht der Strafe Bedrohten eine wirksame Sicherung seiner Grundrechte zu gewährleisten"[613]. Das Strafverfahren verfolgt daher ein doppeltes Ziel: Neben der Durchsetzung des staatlichen Strafanspruches dient es ebenso der Sicherung der individuellen Freiheit des Beschuldigten[614]. Verteidigungsrechte müssen sich daher nicht vor einer funktionstüchtigen Strafrechtspflege erst rechtfertigen, sondern sind als Mechanismen zum Schutz der Grundrechte des Beschuldigten integraler Bestandteil rechtsstaatlicher Strafverfolgung[615].

Der Gesetzgeber kann folglich bei der Ausgestaltung des Verfahrensrechts Beeinträchtigungen der Beschuldigtenposition nicht unter dem vordergründigen Hinweis auf die Funktionstüchtigkeit der Strafrechtspflege durch reine Zweckmäßigkeits- oder Plausibilitätserwägungen begründen[616]. Die durch das Recht auf faires Verfahren gezogene Grenze der gesetzgeberischen Gestaltungsfreiheit verläuft (zumindest) dort, wo „rechtsstaatlich unverzichtbare Erfordernisse" nicht mehr gewahrt würden[617]. Das nemo tenetur-Prinzip ist damit verfassungsrechtlich vorgegeben, wenn es für ein rechtsstaatliches Verfahren unverzichtbar ist. Es kann nicht geleugnet werden, dass sich auch jene Grenzziehung als in gewissem Grade

---

[610] So aber das Bundesverfassungsgericht in der Entscheidung zum Auskunftsverweigerungsrecht von Sozialarbeitern, *BVerfGE* 33, 367, 383.

[611] *Niemöller/Schuppert,* AöR 107 (1982), 387, 399.

[612] *Lorenz,* GA 1992, 254, 278; *Niemöller/Schuppert,* AöR 107 (1982), 387, 401 f.

[613] *BVerfGE* 57, 250, 275.

[614] *Hassemer,* StV 1982, 275, 277; *Krack,* Rehabilitierung des Beschuldigten, S. 46; *Neumann,* ZStW 101 (1989), 52, 62; *Paeffgen,* NJW 1990, 537, 545; *Riehle,* KritJ 1980, 316, 319; *Roxin,* Strafverfahrensrecht, § 1 Rn. 7; *Eb. Schmidt,* Lehrkommentar StPO I, S. 30; *Weigend,* ZStW 113 (2001), 271, 278.

[615] *Hassemer,* StV 1982, 275, 278; *Hill,* in: Isensee/Kirchhof, HStR VI, § 156 Rn. 41; *Lorenz,* GA 1992, 254, 278; *Niemöller/Schuppert,* AöR 107 (1982), 387, 402; *Riehle,* KritJ 1980, 316, 319 f.

[616] *Limbach,* in: Organisationsbüro der Strafverteidigervereinigungen (Hrsg.), 20. Strafverteidigertag, S. 35, 41.

[617] *BVerfGE* 57, 250, 276; 70, 297, 308 f.; *Niemöller,* in: Umbach/Clemens, BVerfGG, Strafgerichtsbarkeit, Rn. 30; vgl. auch *Sax,* in: Nipperdey/Bettermann/Scheuner, Die Grundrechte, Bd. III/2, S. 909, 970.

offen erweist und Anlass zu Bedenken und Skepsis bezüglich der originären Begründung einzelner Verfahrensrechte aus dem Fairnessprinzip hervorruft[618]. Nichtsdestotrotz ist mit dem Merkmal der Unverzichtbarkeit ein Kriterium eingeführt, dass sich zumindest im Hinblick auf den nemo tenetur-Grundsatz bereits bei der Ermittlung seiner Schutzidee als tauglich erwiesen hat[619]. Es wurde belegt, dass die Freiheit von zwangsweiser Selbstbezichtigung für die Befugnis des Beschuldigten, sich gegen den Tatvorwurf zur Wehr setzen zu dürfen und auf das Verfahren seinen Interessen entsprechend einzuwirken, unerlässlich ist. Eine Pflicht zur wahrheitsgemäßen Aussage würde das Verteidigungsverhalten des Beschuldigten entscheidend festlegen und die Möglichkeit, auf das Verfahren, das ergebnisoffen zu gestalten ist, einzuwirken, ausschließen. Seine Verteidigungsposition wäre folglich eklatant entwertet. Die Gewährleistung des nemo tenetur-Satzes ist daher für ein faires Verfahren unverzichtbar.

Das Recht, sich nicht selbst strafrechtlich bezichtigen zu müssen, ist somit als Bestandteil des Rechts auf ein faires Verfahren vom Grundgesetz vorgegeben[620].

cc) Subjektives Recht und objektiver Rechtsgrundsatz

Bei grundgesetzlicher Ableitung des nemo tenetur-Satzes aus dem Rechtsstaatsprinzip, insbesondere aus dem Recht auf ein faires Verfahren ist zu klären, ob es sich dabei um einen allgemeinen Rechtsgrundsatz oder auch um ein subjektives verfassungsmäßiges Recht des Beschuldigten handelt.

Das Rechtsstaatsprinzip zählt zum objektiven Verfassungsrecht. Daher ist der nemo tenetur-Grundsatz als Bestandteil des Rechtsstaatsprinzips vom Gesetzgeber bei Ausgestaltung des Strafverfahrensrechts und von der Rechtsprechung bei des-

---

[618] Vgl. die Kritik in Fn. 598 sowie *Rzepka,* Fairneß im deutschen Strafverfahren, S. 235.

[619] Vgl. oben 2. Teil, D. IV. 2.

[620] So auch *BVerfG* NStZ 1995, 555; *BGH*St 14, 358, 364 f.; 25, 325, 330; 38, 214, 220 f.; 38, 263, 266; 38, 302, 305; *BGH* NStZ 1995, 410, 411; *BayObLG* StV 1984, 192, 193; *OLG Celle* StV 1991, 249, 250; *Bringewat,* JZ 1981, 289, 294; *Günther,* GA 1978, 193, 199; *Müller-Dietz,* ZStW 93 (1981), 1177, 1208; *Ransiek,* Rechte des Beschuldigten, S. 7 und 53; *Rzepka,* Fairneß im deutschen Strafverfahren, S. 387; *Sachs,* in: Sachs, Grundgesetz, Art. 20 Rn. 163; *Sobota,* Prinzip Rechtsstaat, S. 198 f. und 512 f.; *Stern,* Staatsrecht III / 2, S. 1208; *Stürner,* NJW 1981, 1757 – allerdings neben einer regelmäßig auf den Unzumutbarkeitsaspekt gestützten grundrechtlichen Ableitung. Vgl. auch *Bottke,* Meyer-Goßner-FS, S. 73, 78; *Dörr,* Faires Verfahren, S. 152 f.; *Tettinger,* Fairneß und Waffengleichheit, S. 67. Für eine Verankerung im Recht auf ein faires Verfahren bei nicht-naturalistischer Ableitung *Lesch,* Strafprozeßrecht, 2. Kap. Rn. 237. – Auch der EGMR hat das Recht, nicht zu selbstbelasteten Auskünften gezwungen zu werden, aus dem in Art. 6 I EMRK verankerten Anspruch auf ein faires Verfahren abgeleitet, vgl. oben 2. Teil, B. I. Ebenso verwies das EuG in einer jüngeren Entscheidung (Rs. T-112 / 98 [Mannesmannröhren-Werke], Slg. 2001-II, 732 ff. Rn. 77) auf den Grundsatz des Anspruchs auf einen fairen Prozess, um den (nur eingeschränkten) Selbstbelastungsschutz im europäischen Kartellordnungswidrigkeitenverfahren zu bestimmen, vgl. dazu oben 2. Teil, C. I.

sen Auslegung zu berücksichtigen[621]. Dies ergibt sich aus der Verfassungsbindung von Legislative und Judikative gemäß Art. 20 III GG.

Ein einklagbares subjektives Recht des Beschuldigten ist damit aber nicht begründet; insbesondere kann eine Verletzung des Rechtsstaatsprinzips nicht im Wege einer Verfassungsbeschwerde nach Art. 93 I Nr. 4 a GG geltend gemacht werden[622]. Jedoch geht das Bundesverfassungsgericht in ständiger Rechtsprechung von einem justitiablen Individualanspruch auf ein faires Verfahren aus und hat jenes Recht sogar als „allgemeines Prozessgrundrecht"[623] charakterisiert. Begründen lässt sich diese Subjektivierung mit Hilfe von Art. 2 I GG, der – wie seit dem „Elfes"-Urteil[624] anerkannt ist – die allgemeine Handlungsfreiheit in einem umfassenden Sinne gewährleistet[625]. Damit stellt jede gezielt belastende staatliche Regelung zumindest[626] einen Eingriff in die allgemeine Handlungsfreiheit dar[627]. Da der Schrankenbegriff der „verfassungsmäßigen Ordnung" als „verfassungsmäßige Rechtsordnung" interpretiert wird, sind Eingriffe in die allgemeine Handlungsfreiheit gerechtfertigt, wenn sie auf einer gesetzlichen Grundlage beruhen, die formell und materiell mit der Verfassung im Einklang steht[628]. Durch jene vollständige Überprüfung der Verfassungsmäßigkeit lässt sich im Wege der Verfassungsbeschwerde die Verletzung objektiven Verfassungsrechts, also insbesondere auch mangelnde Vereinbarkeit mit dem Rechtsstaatsprinzip, rügen[629]. Art. 2 I GG

---

[621] *Rzepka*, Fairneß im deutschen Strafverfahren, S. 322; *Spaniol*, Recht auf Verteidigerbeistand, S. 199.

[622] *Dörr*, Faires Verfahren, S. 143.

[623] Vgl. die Nachweise oben in Fn. 595.

[624] *BVerfG*E 6, 32 ff.

[625] *BVerfG*E 6, 32, 36 ff.; vgl. z. B. auch *BVerfG*E 80, 137, 152 (Reiten im Walde); zustimmend aus der Literatur z. B. *Di Fabio*, in: Maunz / Dürig, Grundgesetz, Art. 2 Abs. 1 Rn. 12 f.; *Jarass*, in: Jarass / Pieroth, Grundgesetz, Art. 2 Rn. 3; *Murswiek*, in: Sachs, Grundgesetz, Art. 2 Rn. 43 ff. Zur engeren Schutzbereichsbestimmung vgl. das Sondervotum von *Grimm*, in: BVerfGE 80, 137, 164 ff.; *Hesse*, Grundzüge des Verfassungsrechts, Rn. 428.

[626] Sofern spezielle Freiheitsgrundrechte betroffen sind, genießen diese Vorrang gegenüber der allgemeinen Handlungsfreiheit; diese stellt ein Auffanggrundrecht dar, vgl. nur *Dreier*, in: Dreier, Grundgesetz, Art. 2 I Rn. 22.

[627] Solch klassische Eingriffe werden unstreitig erfasst; ob und unter welchen Voraussetzungen auch nur faktische Beeinträchtigungen als Eingriff zu qualifizieren sind, wird nicht einheitlich beantwortet, zum Streitstand *Di Fabio*, in: Maunz / Dürig, Grundgesetz, Art. 2 Abs. 1 Rn. 48 f.

[628] *BVerfG*E 6, 32, 37 f. und 41.

[629] *Dreier*, in: Dreier, Grundgesetz, Art. 2 I Rn. 28; *Di Fabio*, in: Maunz / Dürig, Grundgesetz, Art. 2 Abs. 1 Rn. 41; speziell im Zusammenhang mit der Frage nach Schutz vor strafrechtlicher Selbstbelastung *Gumbel*, Grundrechte im EG-Kartellverfahren, S. 147. – Dabei handelt es sich nicht um eine auf die allgemeine Handlungsfreiheit begrenzte Besonderheit; auch bei speziellen Freiheitsrechten sind Eingriffe nur zulässig, wenn das einschränkende Gesetz in jeder Hinsicht verfassungsgemäß, also auch nicht wegen eines Verstoßes gegen objektives Verfassungsrecht nichtig ist, vgl. z. B. *Dreier*, a. a. O.; *Kube*, JuS 2003, 111, 117; *Murswiek*, in: Sachs, Grundgesetz, Art. 2 I Rn. 57; *Schlaich / Korioth*, Bundesverfassungsgericht, Rn. 213.

kommt somit die Funktion zu, die aus objektiven Verfassungsgeboten wachsende Folgerungen in subjektive, einklagbare Rechte zu transformieren, sofern und soweit sie dem Schutz und den Interessen der betroffenen Bürger dienen[630].

Es kann nicht bestritten werden, dass durch das Strafverfahren die Grundrechte des Beschuldigten tangiert werden. Sofern nicht spezielle Freiheitsgrundrechte berührt sind, wird durch die strafprozessualen Eingriffsbefugnisse die allgemeine Handlungsfreiheit betroffen. Dementsprechend müssen die Eingriffsnormen des Strafverfahrensrechts den aus dem Rechtsstaatsprinzip folgenden Anforderungen entsprechen, da anderenfalls die Maßnahme durch die verfassungsmäßige Ordnung nicht gedeckt ist[631].

Speziell im Hinblick auf den nemo tenetur-Grundsatz eröffnet dies dessen Funktion als subjektives, einklagbares Recht des Beschuldigten. Es ist offensichtlich, dass Auskunftspflichten die allgemeine Handlungsfreiheit des Adressaten betreffen und damit nur verfassungsrechtlich gerechtfertigt werden können, wenn diese Verpflichtung (auch) mit dem Rechtsstaatsprinzip zu vereinbaren ist. Da Verfahrensvorschriften, die den Beschuldigten zu einer selbstbelastenden Auskunft zwingen, nach der hier zugrundeliegenden Konzeption gegen den im Rechtsstaatsprinzip verankerten nemo tenetur-Satz verstoßen und somit die verfassungsmäßige Ordnung verletzen, scheidet eine verfassungsrechtliche Rechtfertigung eines derartigen Eingriffs aus. Jene Grundrechtsverletzung kann im Wege der Verfassungsbeschwerde geltend gemacht werden.

Der Grundsatz nemo tenetur se ipsum accusare begründet daher ein subjektives Recht des Beschuldigten.

4. Einschränkungsmöglichkeiten

Nach der vorliegenden Konzeption erfährt der nemo tenetur-Grundsatz aufgrund seiner verfassungsrechtlichen Lozierung keine absolute Geltung. Er ist mangels Verankerung in der Menschenwürde beziehungsweise im von der Menschenwürdegarantie vorgegebenen Kernbereich des allgemeinen Persönlichkeitsrechts grundsätzlich der Möglichkeit zur Abwägung mit anderweitigen verfassungsrechtlich geschützten Interessen unterworfen[632].

Dies führt jedoch nicht dazu, dass der nemo tenetur-Satz gegenüber dem staatlichen Interesse an der Verfolgung von (schweren) Straftaten zurücktreten muss. Denn im Abwägungsvorgang wird das Interesse des Beschuldigten stets gegenüber den Strafverfolgungsinteressen überwiegen. Wie dargelegt, ist die Befugnis, selbstbelastende Auskünfte nicht erteilen zu müssen, ein ganz elementarer Bestandteil

---

630 *Maurer*, FS 50 Jahre Bundesverfassungsgericht, Bd. 2, S. 467, 492; siehe auch *Hufen*, FS 50 Jahre Bundesverfassungsgericht, Bd. 2, S. 105, 122.

631 *Spaniol*, Recht auf Verteidigerbeistand, S. 200.

632 Zu den „Gegenläufigkeiten" des Rechtsstaatsprinzips siehe oben 2. Teil, D. IV. 3. c) aa).

für die Verteidigungsfreiheit des Beschuldigten. Sie ist für das Recht, gegen den strafrechtlichen Vorwurf ankämpfen zu dürfen, unverzichtbar[633]. Der Beschuldigte müsste den praktischen Verlust seiner Verteidigungsfreiheit hinnehmen, würde man ihm das Recht zur Aussageverweigerung versagen. Dagegen wird dem Staat die Möglichkeit zur Strafverfolgung durch die Gewährung des Schweigerechts nicht entzogen. Ihm stehen weiterhin zahlreiche Ermittlungsbefugnisse zur Aufklärung der Tat zur Verfügung. Die Nachteile, die der Beschuldigte bei Versagung des nemo tenetur-Privilegs zu tragen hat, sind also viel schwerwiegender als die durch das Recht zur Aussageverweigerung entstehenden Einschränkungen des Aufklärungsinteresses des Staates. Eine Relativierung des nemo tenetur-Prinzips zugunsten von staatlichen Strafverfolgungsinteressen ist danach nicht zulässig.

Dieses Ergebnis entspricht der Handhabung des nemo tenetur-Grundsatzes durch die Rechtsprechung des Europäischen Gerichtshofs für Menschenrechte, die – wie bereits gezeigt – nach Ansicht des Bundesverfassungsgerichts als „Auslegungshilfe für die Bestimmung von Inhalt und Reichweite von Grundrechten und rechtsstaatlicher Grundsätze des Grundgesetzes" zu berücksichtigen ist[634]. Der EGMR hat aus dem in Art. 6 I EMRK verankerten Fairnessanspruch das Recht, selbstbelastende Auskünfte zu verweigern, abgeleitet. Er hat dabei ausdrücklich offengelassen, ob es sich bei dem durch die EMRK gewährten Selbstbelastungsschutz um ein absolutes Recht handelt. Er hat aber festgestellt, dass der nemo tenetur-Satz auch bei komplexen Straftaten Anwendung findet und ihm auch bei Kapitalverbrechen Vorrang gegenüber dem staatlichen Strafverfolgungsinteresse eingeräumt[635].

5. Sachlicher Anwendungsbereich des nemo tenetur-Grundsatzes

Die Ausführungen zu den naturalistischen nemo tenetur-Konzeptionen haben deren Schwierigkeiten, die inhaltliche Reichweite des Selbstbelastungsschutzes abzustecken und stimmig mit dem System unseres Strafverfahrens in Einklang zu bringen, offen gelegt. Im Folgenden soll daher versucht werden, auf Basis der hier favorisierten Schutzidee des nemo tenetur-Prinzips dessen sachlichen Anwendungsbereich klar zu umgrenzen, ohne dabei die gesamte Systematik des Strafprozesses aus den Augen zu verlieren. Dabei wird sich auch die Ableitung aus dem Rechtsstaatsprinzip in zweierlei Hinsicht als bedeutsam erweisen. Zum einen ist es in der Lage, aus der historischen Entwicklung erklärbare Besonderheiten im Hinblick auf die Reichweite des nemo tenetur-Satzes zu berücksichtigen[636]. Des Weiteren kann es die sich aus dem Gebot der Rechtsstaatlichkeit ergebenden Ver-

---

[633] Vgl. oben 2. Teil, D. IV. 2.

[634] Vgl. oben 2. Teil, B. III.

[635] Vgl. oben 2. Teil, B. I.

[636] Vgl. die Nachweise in Fn. 575 sowie insb. *Paeffgen,* Vorüberlegungen, S. 309.

fahrensgrundsätze in die Grundstruktur und Systematik des Strafverfahrens integrieren[637].

a) Beschränkung des Schutzbereiches
auf verbale Mitwirkungsakte

Aus der hier zugrundegelegten Ratio des nemo tenetur-Satzes ergibt sich zunächst die Begrenzung des Schutzbereiches auf verbale Mitwirkungsakte[638]. Das
nemo tenetur-Prinzip sichert dem Beschuldigten eine effektive Verteidigung gegen
den strafrechtlichen Vorwurf, indem es ihm die freie Entscheidung überlässt, ob
und inwieweit er sich an der Kommunikation im Prozess beteiligt, um ihm so zu
ermöglichen, dass er seinem Interesse entsprechend auf das Verfahren Einfluss
nehmen kann. Es geht folglich nicht um grenzenlosen Schutz von Selbstbegünstigungsinteressen des Beschuldigten, was diesen zu kompletter Mitwirkungsverweigerung berechtigen würde. Der nemo tenetur-Grundsatz schützt den Beschuldigten nur soweit vor staatlichen Mitwirkungsverpflichtungen, als diese „seine
Möglichkeiten zur verfahrensinternen Kommunikation und konsistenten Selbstdarstellung beeinträchtigen"[639]. Damit werden nonverbale Verhaltensweisen aus
dem Anwendungsbereich des nemo tenetur-Prinzips ausgeschlossen[640].

Auch das Bundesverfassungsgericht hat im Rahmen von Überprüfungen von
Herausgabepflichten in verwaltungsrechtlichen Verfahren im Hinblick auf deren
Vereinbarkeit mit dem nemo tenetur-Grundsatz[641] stets von der *Aussage*freiheit ge-
sprochen[642] und jene Verpflichtungen – auch unter dem Aspekt einer möglichen
Verwertung in strafrechtlichen Verfahren – für zulässig erachtet[643].

Zudem entspricht es den geschichtlichen Ursprüngen des modernen nemo tenetur-Satzes, den Beschuldigten lediglich vor Zwang zu verbalen Mitwirkungshand-

---

[637] Vgl. *BVerfG*E 57, 250, 276; 70, 297, 308 f.; *Hill*, in: Isensee / Kirchhof, HStR VI, § 156
Rn. 36.

[638] So auch *Böse*, GA 2002, 98, 128; *Lesch*, ZStW 111 (1999), 624, 638; *ders.*, GA 2000,
355, 363; *ders.*, Strafprozeßrecht, 4. Kap. Rn. 99.

[639] *Böse*, GA 2002, 98, 121.

[640] Für eine Begrenzung des nemo tenetur-Prinzips auf verbale Mitwirkungsakte auch
Lorenz, JZ 1992, 1000, 1006; *Schöch*, DAR 1996, 44, 49; *Verrel*, NStZ 1997, 415, 418; *ders.*,
Selbstbelastungsfreiheit, S. 235 ff., zsf. S. 284; nahestehend auch *Radtke*, Meyer-Goßner-FS,
S. 321, 331 f.

[641] Hierzu ausführlich unten 3. Teil, B. III.

[642] *BVerfG*E 55, 144, 151; *BVerfG* NJW 1982, 568; VkBl 1985, 303; *BVerfG*E 81, 70, 97;
siehe ebenfalls *VG Berlin* NJW 1988, 1105, 1107. Auch im „Gemeinschuldner"-Beschluss
(*BVerfG*E 56, 37 ff.) ist lediglich vom verbotenen Aussagezwang die Rede, vgl. a. a. O., S. 42,
43 und insb. S. 49, wobei in dieser Entscheidung auch nur die *Auskunfts*pflicht des Gemeinschuldners zu prüfen war.

[643] Ausdrücklich unter dem Gesichtspunkt einer strafprozessualen Verwertbarkeit insb.
*BVerfG*E 55, 144, 151; 81, 70, 97; siehe auch *Bärlein / Pananis / Rehmsmeier*, NJW 2002,
1825, 1828; *Böse*, GA 2002, 98, 121 Fn. 197.

lungen zu schützen[644]. Wie die historischen Ausführungen belegt haben, war es der Kampf gegen die Geständnispflicht beziehungsweise den faktischen Redezwang, der für die allmähliche Herausbildung der gegenüber inquisitorischen Verfahren veränderten Stellung des Beschuldigten als Prozesssubjekt sorgte, verbunden mit der Entstehung eines Schweigerechts[645].

Die Beschränkung auf kommunikative Mitwirkungsbeiträge hat – entgegen der herrschenden Ansicht[646] – zur Folge, dass die Erbringung von sonstigen nonverbalen Verhaltensweisen vom Beschuldigten verlangt werden darf. Insbesondere ist der Beschuldigte grundsätzlich nach § 95 I StPO zur Herausgabe von Gegenständen, damit auch von Geschäftsunterlagen, verpflichtet und kann im Falle seiner Weigerung gemäß § 95 II StPO mit Ordnungs- und Zwangsmitteln belegt werden[647].

Die Vorlageverpflichtung darf jedoch nicht dazu führen, dass die vollumfänglich garantierte Aussagefreiheit ausgehöhlt wird. Sofern die Herausgabe einer selbstbelastenden Aussage gleichkommt, also über Aussagewert verfügt, ist eine entsprechende Mitwirkungsverpflichtung zu verneinen. Das damit korrespondierende Weigerungsrecht stellt keine ausnahmsweise Erweiterung des Schutzbereiches des nemo tenetur-Satzes dar, sondern ergibt sich aus der Aussagefreiheit selbst. Es muss daher bestimmt werden, unter welchen Voraussetzungen der Herausgabe ein Aussagewert zukommt, so dass diese aufgrund der Betroffenheit der Aussagefreiheit in berechtigter Weise verweigert werden darf.

Klarstellend sei dabei zunächst darauf hingewiesen, dass es auf den möglicherweise selbstbelastenden Informationsgehalt, der in dem herauszugebenden Gegenstand verkörpert ist, nicht ankommt. Somit ist insbesondere der Inhalt von Unterlagen nicht entscheidend, um zu bestimmen, ob eine Herausgabepflicht besteht oder die Auslieferung verweigert werden darf[648]. Denn wie bereits dargelegt, ist die Information als solche nicht durch den nemo tenetur-Grundsatz geschützt[649].

Maßgeblich ist vielmehr der (äußere) Herausgabeakt. Dieser muss einer selbstbelastenden Aussage gleichkommen. Das ist der Fall, wenn durch die Herausgabe

---

644 *Böse,* GA 2002, 98, 121 Fn. 197; *Lorenz,* JZ 1992, 1000, 1006.

645 Die Beschränkung auf verbale Akte entspricht auch der Tradition des *common law,* vgl. *Weigend,* ZStW 113, 271, 293 Fn. 76 m w. N.

646 Vgl. die Nachweise oben Einführung, C. Fn. 14. Zur Situation im Verwaltungsverfahren siehe jedoch unten 3. Teil, B. III.

647 *Böse,* GA 2002, 98, 128 Fn. 239; *Lesch,* Strafprozeßrecht, 4. Kap. Rn. 99; ferner *Radtke,* Meyer-Goßner-FS, S. 321, 331 f.

648 Vgl. auch die entsprechende Rechtsprechung des *U.S. Supreme Court* zur Auslegung des 5. Zusatzes der US-amerikanischen Verfassung – ebenfalls auf Basis eines grundsätzlich auf verbale Akte beschränkten Schutzes: *Fischer v. United States* 425 U.S. at 411; *Doe v. United States* 487 U.S. at 612 *(Doe I); Baltimore City DSS v. Bouknight* 493 U.S. at 555; hierzu *Kraft,* Das nemo tenetur-Prinzip, S. 119 ff.

649 Siehe bereits oben 2. Teil, D. III. 1.; auch 2. Teil, D. II. 3. d) bb).

selbst eine für den Tatvorwurf relevante Tatsache eingeräumt, gewissermaßen „zu-gegeben" wird[650]. Die Herausgabe beziehungsweise Vorlagehandlung muss also selbst einen „eigenständigen Erklärungswert"[651] im Hinblick auf den strafrecht-lichen Vorwurf aufweisen. So erklärt der Beschuldigte mit der Herausgabe zu-gleich, dass der Gegenstand überhaupt existiert, dass er im Besitz des Gegenstan-des ist und Kontrolle darüber ausüben kann[652]. Daher ist der Herausgabe ein straf-rechtlich relevanter Erklärungsgehalt zuzumessen, wenn bereits der Besitz bezie-hungsweise die Verfügungsgewalt über den fraglichen Gegenstand belastende Wirkung entfaltet. In derartigen Konstellationen verfügt die Herausgabe somit über Geständniswirkung. Dies wird immer dann anzunehmen sein, wenn der Beschul-digte zum Besitz des betreffenden Objektes nicht befugt ist. So darf zum Beispiel die Herausgabe von Betäubungsmitteln verweigert werden, weil hiermit der per Strafandrohung untersagte[653] Besitz daran eingestanden würde. Andererseits sind Urkunden oder sonstige Unterlagen grundsätzlich herauszugeben, denn deren In-haberschaft wird regelmäßig zulässig sein, so dass deren Vorlage keinen belasten-den Erklärungswert ausdrückt, sondern vielmehr eine neutrale Handlung darstellt. Dies ist jedoch anders zu beurteilen, wenn es sich beispielsweise um Papiere han-delt, die ein Geschäfts- und Betriebsgeheimnis im Sinne des § 17 UWG verkörpern und sich vom Betroffenen unbefugt verschafft worden sind[654].

Ob also der Herausgabe ein eigenständiger Aussagegehalt zukommt, muss im jeweiligen Einzelfall entschieden werden. Dabei ist zu berücksichtigen, dass das Herausgabeverlangen den auszuliefernden Gegenstand genau bezeichnen muss[655]. Erstreckt sich somit das Herausgabebegehren lediglich auf konkretisierte Gegen-stände, kann der Beschuldigte die Auslieferung nicht mit dem pauschalen Hinweis einer möglichen Selbstbelastung abwehren, was bei einer unspezifizierten Auf-forderung durchaus denkbar wäre. Vielmehr ermöglicht es der Bezug zu dem jeweils konkreten Vorlageobjekt den Strafverfolgungsbehörden zu überprüfen, ob die Herausgabe selbst einer Aussage gleichkommt. Anhand der hier vorgeschlage-nen Maßgaben ist damit im jeweils zu entscheidenden Fall eine klare Abgrenzung zwischen Herausgabepflicht und dem Bestehen eines Herausgabeverweigerungs-rechts möglich.

---

650 Vgl. auch *Böse,* GA 2002, 98, 128 Fn. 239.

651 Vgl. *Hefendehl,* wistra 2003, 1, 8: Das Erfordernis eines „eigenständigen Erklärungs-wertes" entspreche auch dem Wesen der Auskunft als regelmäßig mündliche Mitteilung.

652 Vgl. auch die entsprechende Auslegungspraxis des 5. Zusatzartikels der US-amerikani-schen Verfassung durch den *U.S. Supreme Court: Fischer v. United States* 425 U.S. at 410; *Doe v. United States* 487 U.S. at 613 *(Doe I); Doe v. United States* 487 U.S. at 209 *(Doe II); Baltimore City DSS v. Bouknight* 493 U.S. at 555; siehe ferner *Böse,* GA 2002, 98, 128 Fn. 239.

653 Dies erfüllt jedenfalls dann den Straftatbestand des § 29 I Nr. 3 BtMG, wenn der Betroffene über eine schriftliche Erlaubnis für den Erwerb nicht verfügt.

654 Vgl. § 17 II Nr. 1 UWG.

655 AK-StPO-*Amelung,* § 95 Rn. 9; SK-StPO-*Rudolphi,* § 95 Rn. 2.

b) Konsequenzen für die herkömmliche Unterscheidung
zwischen verbotener aktiver Mitwirkungsverpflichtung und
zulässigem passiven Duldungszwang

Die Darstellung der naturalistischen nemo tenetur-Konzeptionen hat belegt, dass sich die Unterscheidung der herrschenden Meinung zwischen unzulässigem Zwang zu selbstbelastender Aktivität und erlaubter passiver Duldung nicht widerspruchsfrei begründen lässt[656]. Der sich aus der hier zugrunde gelegten Ratio des nemo tenetur-Prinzips ergebende Zuschnitt auf verbale Verhaltensweisen löst sich dagegen vom Dilemma des herkömmlichen aktiv-passiv-Schemas zur Bestimmung der Zulässigkeit von Mitwirkungshandlungen des Beschuldigten. Seitens des nemo tenetur-Satzes bestehen keine Einwände gegen körperliche Mitwirkungshandlungen, unabhängig ob vom Beschuldigten aktives oder passives Verhalten geschuldet wird, denn durch solche Untersuchungsmaßnahmen wird die Stellung des Beschuldigten als autonomer Kommunikationsteilnehmer nicht beeinträchtigt. Dies bedeutet freilich nicht, dass Untersuchungsmaßnahmen, welche körperliche Eigenschaften des Beschuldigten betreffen, an keinerlei Beschränkungen gebunden sind. Sie bedürfen selbstverständlich einer gesetzlichen Grundlage und unterliegen der strikten Anwendung des Verhältnismäßigkeitsgrundsatzes[657].

c) Beschränkung auf zwangsweise Selbstbelastungen

Wie die Ausführungen zur Ratio des nemo tenetur-Grundsatzes gezeigt haben, ergibt sich aus dem Ziel, dem Beschuldigten die effektive Einflussnahme auf den Verfahrensausgang zu gewährleisten, die Unzulässigkeit einer Aussagepflicht. Entsprechend der historischen Entwicklung und im Einklang mit dem traditionellen nemo tenetur-Verständnis verbietet es sich daher auch nach der vorliegenden Zweckbestimmung, den Beschuldigten im Wege des Zwangs zu einer Selbstbezichtigung zu veranlassen[658].

Fraglich ist aber, ob der nemo tenetur-Grundsatz darüber hinaus untersagt, den Beschuldigten mittels Täuschung zu einer selbstbelastenden Aussage zu veranlassen[659]. Nimmt man allein das Endprodukt des Geständnisses in den Blick der

---

[656] Vgl. oben 2. Teil, D. II. 4. a) und b).

[657] Vgl. *Verrel,* Selbstbelastungsfreiheit, S. 285.

[658] Vgl. oben 2. Teil, D. IV. 2.

[659] Für eine Einbeziehung von Täuschungen in den Schutzbereich des nemo tenetur-Satzes *Bernsmann,* StV 1997, 116, 118; *Bosch,* Aspekte des nemo tenetur-Prinzips, S. 121 ff., 233 ff.; *Braum,* in: Institut für Kriminalwissenschaften Frankfurt a.M. (Hrsg.), Vom unmöglichen Zustand des Strafrechts, S. 13, 17; *Derksen,* JR 1997, 167, 170; *Eschelbach,* StV 2000, 390, 396; *Fezer,* NStZ 1996, 289, 290; *Groth,* Unbewusste Äußerungen, S. 77 ff.; *Keller,* Rechtliche Grenzen, S. 134 ff.; *Renzikowski,* JZ 1997, 710, 714; *Rothfuß,* StraFo 1998, 289, 293; *Roxin,* NStZ 1995, 465, 466; *ders.,* NStZ 1997, 18, 19 f.; *v. Stetten,* Beweisverwertung beim Einsatz verdeckter Ermittler, S. 126 ff.; *Weiler,* GA 1996, 101, 113;

Betrachtung, so würde auch eine im Wege der Täuschung gewonnene Aussage die Verteidigungsposition des Beschuldigten determinieren. Wie bereits gezeigt, ist eine spätere Distanzierung von einer einmal getätigten Einlassung dem Beschuldigten kaum möglich, ohne dass er Gefahr läuft, dass sein Prozessverhalten widersprüchlich erscheint. Insoweit macht es keinen Unterschied, ob die Aussage durch Zwang oder durch Täuschung bewirkt wurde.

Einer Einbeziehung von Täuschungsschutz in den Schutzbereich des nemo tenetur-Prinzips stehen jedoch verfahrenssystematische Erwägungen entgegen. Bei solch einer Ausdehnung dient der nemo tenetur-Satz der Wahrung der Willensbetätigungs- und Willensentschließungsfreiheit[660]. Der Schutz der Willensbetätigungs- und Willensentschließungsfreiheit wird im geltenden Verfahrensrecht jedoch durch § 136 a StPO geleistet, der nach überwiegender Ansicht im Hinblick auf Täuschungen restriktiv auszulegen ist[661], also gerade nicht jedwede Einwirkung auf die Willensfreiheit erfasst[662]. Zudem gilt § 136 a StPO auch für Zeugen[663] und Sachverständige[664], also auch für Personen, die regelmäßig nicht in die Gefahr einer Selbstbelastung gelangen können und vor allem einer, sogar zwangsweise durchsetzbaren[665], Auskunftpflicht unterliegen[666]. Die Einbeziehung des Täuschungselementes führt daher zu Kollisionen des nemo tenetur-Prinzips mit der Regelung des § 136 a StPO[667]. Vor allem aber gerät eine derartige Erweiterung in Konflikt mit der grundsätzlichen Zulässigkeit verdeckter Ermittlungsmaßnahmen. Unter dem Aspekt der Willensentschließungs- und Willensbetätigungsfreiheit macht es keinen Unterschied, ob dem Beschuldigten bewusst ist, dass er staatlicherseits zur Preisgabe selbstbelastender Informationen veranlasst wird[668]. Damit müssten die – problematischen – „Hörfallen" oder Einlassungen gegenüber verdeckten Ermittlern aus dem Katalog der prozessualen Ermittlungsmaßnahmen gestrichen werden.

Weßlau, ZStW 110 (1998), 1, 31 ff.; SK-StPO-*Wohlers,* § 163 a Rn. 44; *Wolfslast,* NStZ 1987, 103, 104.

660   So *Bosch,* Aspekte des nemo-tenetur-Prinzips, S. 122 ff.

661   *BGH*St (GrS) 42, 139, 149; vgl. auch KK-StPO-*Boujong,* § 136 a Rn. 19; Löwe-Rosenberg-*Hanack,* § 136 a Rn. 33; *Meyer-Goßner,* § 136 a Rn. 12; SK-StPO-*Rogall,* § 136 a Rn. 45; *Roxin,* Strafverfahrensrecht, § 25 Rn. 22; gegen eine einschränkende Interpretation jedoch *Degener,* GA 1992, 443, 464; *Lesch,* ZStW 111 (1999), 624, 644 f.; differenzierend *Puppe,* GA 1978, 289, 298 f.; speziell in Zusammenhang mit einer befürworteten Erweiterung des nemo tenetur-Satzes gegen eine restriktive Interpretation des § 136 a StPO *Bosch,* Aspekte des nemo-tenetur-Prinzips, S. 166 ff.

662   Überwiegend werden Fang- und Suggestivfragen zugelassen, ebenso wie kriminalistische List – kritisch zur Abgrenzung zwischen verbotener Lüge und erlaubter List SK-StPO-*Rogall,* § 136 a Rn. 45.

663   Gemäß § 69 III StPO.

664   Gemäß § 72 StPO.

665   Vgl. die §§ 70 und 77 StPO.

666   *Lesch,* ZStW 111 (1999), 624, 640; *Verrel,* Selbstbelastungsfreiheit, S. 114.

667   *Verrel,* Selbstbelastungsfreiheit, S. 112 ff.

668   So (konsequent) *Bosch,* Aspekte des nemo tenetur-Prinzips, S. 240.

Aber auch sonstige heimliche Ermittlungsmaßnahmen erweisen sich als problematisch[669]. Ist dem Betroffenen nicht bekannt, dass seine Äußerungen, die er beispielsweise im Rahmen einer rechtmäßigen Telefonüberwachung trifft, direkt den Strafverfolgungsbehörden zufließen, so kann er die Entscheidung, inwieweit er zur Sachverhaltsaufklärung beitragen will, gar nicht treffen[670]. Die Erweiterung des nemo tenetur-Satzes um den Schutz vor staatlich veranlassten, irrtumsbedingten Selbstbelastungen würde aber die gesetz- und sogar verfassungsgesetzgeberische Entscheidung für die Notwendigkeit und Zulässigkeit verdeckter Ermittlungsmaßnahmen zur Aufklärung von Straftaten in bestimmten Kriminalitätsbereichen ignorieren[671].

Jene verfahrenssystematischen Gründe verhindern daher, den nemo tenetur-Grundsatz um den Schutz vor täuschungsbedingten Selbstbelastungen zu erweitern. Die Ableitung aus dem Rechtsstaatsprinzip ermöglicht die Berücksichtigung von Struktur und Systematik des geltenden Strafverfahrensrechts[672] und ist daher in der Lage, das nemo tenetur-Privileg in das System des Strafprozesses zu integrieren. Entsprechend seiner traditionellen Inhaltsbestimmung ist daher der nemo tenetur-Satz auf das Verbot des Aussagezwangs zu beschränken.

Der Ausschluss von Täuschung aus dem Geltungsbereich des nemo tenetur-Prinzips bedeutet jedoch selbstverständlich nicht, dass der Beschuldigte im Strafverfahren schutzlos der Gewinnung von selbstbelastenden Aussagen im Wege von Täuschungen ausgeliefert wäre. Wie bereits gezeigt, bewahrt § 136 a StPO den Beschuldigten in abgestuftem Maße vor Beeinträchtigung seiner Willensfreiheit durch Täuschung[673]. Zudem bietet auch bereits die grundsätzlich offene Struktur des Strafprozesses gewissen Täuschungsschutz. Abgesehen von der fehlenden Aussageverpflichtung, über die der Beschuldigte belehrt werden muss, ist sich dieser zumindest im Klaren, dass seine Einlassungen dem Zweck der Aufklärung des Tatvorwurfs dienen. Die Problematik verdeckter Ermittlungen liegt daher nicht in einer möglichen Kollision mit dem nemo tenetur-Grundsatz, sondern in der Frage, inwieweit die mit der förmlichen, offenen Verfahrensstruktur verbundenen Sicherungen der Beschuldigtenstellung umgangen werden dürfen[674].

---

[669] Vgl. *Gössel,* GA 2001, 192, 194; *Verrel,* Selbstbelastungsfreiheit, S. 166.

[670] Vgl. *Popp,* NStZ 1998, 95 f.

[671] Vgl. *Verrel,* Selbstbelastungsfreiheit, S. 166; *Weßlau,* ZStW 110 (1998), 1, 37.

[672] Vgl. oben 2. Teil, D. IV. 3. c) aa).

[673] Unzweifelhaft sind Täuschungen über das Nichtbestehen einer Aussagepflicht und die fehlende Beseitigung von Irrtümern über Bestehen und Reichweite der Aussagefreiheit unzulässig, vgl. SK-StPO-*Rogall,* Vor § 133 Rn. 168 f. und § 136 a Rn. 50.

[674] Dabei werden die Kriterien, die der *EGMR* im Fall „Allan" (Urt. v. 5. 11. 2002, 48539/99, Nr. 50 ff. = StV 2003, 257 ff.) aufgestellt hat, zu berücksichtigen sein: Allerdings sieht der Gerichtshof das in Art. 6 I EMRK verbürgte Schweigerecht nicht auf das Verbot der *zwangsweisen* Aussagegewinnung beschränkt, sondern nimmt eine direkte Verletzung des Art. 6 I EMRK mit der Folge der Unverwertbarkeit der Einlassung auch dann an, wenn die Freiheit des Beschuldigten, selbst zu entscheiden, ob er gegenüber den Strafverfolgungs-

d) Ausstrahlungswirkung in außerstrafrechtlichen Verfahren

Die Ableitung aus dem Rechtsstaatsprinzip könnte zur Konsequenz haben, dass es sich bei dem nemo tenetur-Prinzip um einen allgemeinen rechtsstaatlichen Verfahrensgrundsatz handelt, der folglich in allen Verfahrensarten Geltung beansprucht und nicht nur auf das Strafverfahren Anwendung findet. Angesichts der beschriebenen Offenheit und Weite des Rechtsstaatsprinzips mit seinen zahlreichen speziellen Konkretisierungen ist jedoch für die Bestimmung der Reichweite seiner einzelnen Komponenten nicht das Rechtsstaatsprinzip als Ganzes, sondern die jeweils konkret in Rede stehende Einzelausprägung zugrunde zu legen. Maßgeblich ist also die Ratio des nemo tenetur-Prinzips.

Seiner Zweckbestimmung nach ist der nemo tenetur-Grundsatz auf das Strafverfahren zugeschnitten. Er gewährleistet die Einflussnahme auf Ablauf und Ausgang des Strafprozesses und sichert dadurch die Befugnis des Beschuldigten, sich gegen den strafrechtlichen Vorwurf verteidigen zu dürfen. Das Ziel des nemo tenetur-Prinzips ist daher an die Abwehr eines strafrechtlichen Tatvorwurfes gebunden[675]. Somit erlangt der nemo tenetur-Satz in außerstrafrechtlichen Verfahren ohne repressive Zielsetzung keine direkte Geltung[676]. Dieses Ergebnis wird gleichfalls durch die Entstehungsgeschichte des Grundsatzes[677] bestätigt. Es ging stets um die Gewährleistung des Schweigerechts im Strafverfahren[678]. Schließlich ist auch Art. 14 III lit. g IPbpR[679] auf strafrechtliche Verfahren zugeschnitten[680]. Ebenso bezieht sich der durch den EGMR aus Art. 6 I EMRK entwickelte Selbstbelastungsschutz[681] auf strafrechtliche Verfahren[682].

---

behörden aussagen oder schweigen will, im Wege einer Täuschung unterlaufen wird (a. a. O., Rn. 49). Dies sei dann der Fall, wenn der Informant als ein dem Staat zuzurechnender Agent gehandelt und dem Beschuldigten die Einlassung „entlockt" hat, wobei letzteres bei einer besonderen Beziehung zwischen Informant und Beschuldigtem gegeben ist oder wenn sich das Gespräch als funktionales Äquivalent einer staatlichen Vernehmung darstellt (a. a. O., Rn. 51); vgl. hierzu auch *Gaede*, StV 2003, 260, 261. – Auch wenn, wie hier vertreten, der Schutzbereich des nemo tenetur-Grundsatzes auf das Verbot von Selbstbezichtigungszwang begrenzt werden soll, sind diese Maßstäbe bei Formulierung des notwendigen Umgehungsschutzes zu beachten. Vgl. zum Schutz vor Umgehung der offenen Verfahrensstruktur auch *EGMR*, Urt. 2. Sektion v. 8. 4. 2003, 39339/98 (M.M./Niederlande) = StV 2004, 1 ff. mit Bspr. *Gaede*, StV 2004, 46 ff.

675 Damit ist im vorliegenden Zusammenhang nicht erst der förmliche Anklagevorwurf (§ 200 StPO) gemeint, sondern auch bereits die Erhebung eines Tatverdachtes im Ermittlungsverfahren.

676 *Böse*, wistra 1999, 451 f.; *Wolff*, Selbstbelastung und Verfahrenstrennung, S. 100 und S. 126 f.; vgl. auch *Mäder*, Betriebliche Offenbarungspflichten, S. 122.

677 Siehe dazu oben 2. Teil, D. IV. 1.

678 *Wolff*, Selbstbelastung und Verfahrenstrennung, S. 100.

679 Nach dieser Vorschrift besteht das Schweigerecht zugunsten eines „wegen einer Straftat Angeklagten", siehe hierzu bereits oben 2. Teil, A.

680 *Wolff*, Selbstbelastung und Verfahrenstrennung, S. 100 f.

681 Hierzu oben 2. Teil, B. I.

Der nemo tenetur-Grundsatz steht somit Aufklärungspflichten, die in nichtstrafrechtlichen Verfahren zum Schutz berechtigter Interessen Dritter statuiert sind[683] oder der Gesetzesüberwachung und der Gefahrenabwehr dienen[684], sowie der Verwendung der dadurch gewonnenen Informationen innerhalb des Erhebungszusammenhanges[685] nicht entgegen[686].

Dies darf jedoch nicht dazu führen, dass sich selbstbelastende Äußerungen, die im Wege einer außerstrafrechtlichen Mitwirkungspflicht geleistet wurden, im Ausgang eines sich möglicherweise anschließenden Strafverfahrens niederschlagen. Daher erfordert der unmittelbare Anwendungsbereich des nemo tenetur-Prinzips im Strafverfahren mittelbare Schutzmechanismen hinsichtlich außerstrafrechtlicher Mitwirkungspflichten.

Mit dieser Frage nach den Schutzwirkungen des nemo tenetur-Grundsatzes in außerstrafrechtlichen Verfahren hat sich das Bundesverfassungsgericht grundlegend vor allem[687] in der „Gemeinschuldner"-Entscheidung[688] befasst. Das Gericht hatte dabei über die Verfassungsmäßigkeit der umfassenden Auskunftspflicht des Gemeinschuldners nach § 100 KO damaliger Fassung zu entscheiden[689]. Die Äußerungen des Gerichts zur „Ausstrahlungswirkung"[690] des nemo tenetur-Prinzips weisen dabei durchaus Leitsatzcharakter auf.

Das Bundesverfassungsgericht hielt die erzwingbare Auskunftsverpflichtung nach § 100 KO a.F., die sich auch auf Umstände erstreckte, mit denen sich der

---

[682] Vgl. insb. *EGMR,* Urt. v. 3. 5. 2001, 31827/96, Nr. 64 (J.B./Schweiz) = NJW 2002, 499, 501 m. w. N.

[683] Vgl. bspw. die Auskunftspflicht des Gemeinschuldners nach § 97 I 1, 2 InsO; siehe oben 1. Teil, C. III.

[684] Siehe oben 1. Teil, B.

[685] Vgl. z. B. *Mäder,* Betriebliche Offenbarungspflichten, S. 136.

[686] *BVerfGE* 56, 37, 45 ff.; *BVerfG* NJW 1982, 568; VkBl 1985, 303; *BGHSt* 37, 340, 342; SK-StPO-*Rogall,* Vor § 133 Rn. 146. – Dieses von der herrschenden naturalistischen nemo tenetur-Konzeption unbestritten anerkannte Ergebnis lässt sich freilich nicht ohne weiteres erklären, wenn man die Ratio des nemo tenetur-Satzes im Schutz vor psychologischer Überforderung, die mit der Preisgabe selbstbelastender Umstände verbunden sein soll, erblickt, vgl. oben 2. Teil, D. II. 4. a).

[687] Zu weiteren Entscheidungen siehe die Nachweise unten in 3. Teil, B. IV. 1. b) mit Fn. 319; vgl. zsf. *Wolff,* Selbstbelastung und Verfahrenstrennung, S. 114 ff.

[688] *BVerfGE* 56, 37 ff.

[689] § 100 KO a.F. lautete: „Der Gemeinschuldner ist verpflichtet, dem Verwalter, dem Gläubigerausschusse und auf Anordnung des Gerichts der Gläubigerversammlung über alle das Verfahren betreffende Verhältnisse Auskunft zu geben." Nach § 101 KO a.F. konnte die Auskunftserteilung mit Zwangsmitteln durchgesetzt werden. Ein Auskunftsverweigerungsrecht bei Gefahr der Selbstbelastung durch die Auskunftserfüllung enthielt die Konkursordnung ebenso wenig wie ein Verbot, solche Angaben in einem Strafverfahren gegen den Gemeinschuldner zu verwerten.

[690] *Wolff,* Selbstbelastung und Verfahrenstrennung, S. 99; vgl. auch *Mäder,* Betriebliche Offenbarungspflichten, S. 122.

Gemeinschuldner selbst einer Straftat oder Ordnungswidrigkeit bezichtigte, aufgrund der überwiegenden Informationsinteressen der Gläubiger mit dem nemo tenetur-Grundsatz für vereinbar[691]. Jedoch bedürfe die Auskunftsverpflichtung „einer Ergänzung durch ein strafrechtliches Verwertungsverbot"[692]. Dabei hat das Gericht das Selbstbelastungsprivileg im allgemeinen Persönlichkeitsrecht und der Menschenwürde verankert gesehen[693]. Das entscheidende Argument jedoch, mit dem das Bundesverfassungsgericht die mittelbare Schutzwirkung des nemo tenetur-Prinzips im Hinblick auf die vollstreckungsrechtliche Mitwirkungspflicht begründet, vermag auch bei einer Ableitung des Selbstbelastungsprivilegs als strafprozessuales Verteidigungsrecht aus dem Rechtsstaatsprinzip Geltung zu beanspruchen: Das Schweigerecht des Beschuldigten wäre „illusorisch, wenn eine außerhalb des Strafverfahrens erzwungene Selbstbezichtigung gegen seinen Willen strafrechtlich gegen ihn verwertet werden dürfte"[694]. Könnten Informationen, die im Rahmen der Erfüllung von nicht-strafrechtlichen Auskunftpflichten gewonnen worden sind, im Strafprozess zum Nachweis des Tatvorwurfs verwendet werden, wäre der Beschuldigte in seiner Verteidigungsposition festgelegt. Soll ein Verteidigungsrecht nicht vollständig entwertet werden, so ist es vor Aushöhlung und Umgehung zu schützen[695], und zwar unabhängig von seiner verfassungsrechtlichen Fundierung.

Auf welche Weise der Aushöhlungsschutz zu gewährleisten ist, obliegt weitestgehend der Entscheidung des Gesetzgebers[696]. Hierzu stehen ihm im Wesentlichen zweierlei Wege offen[697]. Die unter dem Gesichtspunkt des Selbstbelastungsschutzes und der Verteidigung gegen den Tatvorwurf effektivste Möglichkeit ist dabei die Statuierung von Auskunftsverweigerungsrechten in den nicht-strafrechtlichen Verfahren, welche der Pflichtige in Anspruch nehmen kann, sofern die Gefahr einer Selbstbelastung im Hinblick auf strafrechtliches Verhalten besteht. Macht eine Abwägung zwischen den Interessen des Auskunftspflichtigen und den entgegenstehenden öffentlichen beziehungsweise privaten Informationsinteressen jedoch die Auskunftserteilung erforderlich, so muss durch ein Verwertungsverbot sichergestellt sein, dass das Ergebnis der Pflichterfüllung nicht im strafrechtlichen Urteil Niederschlag finden kann[698]. Das Bundesverfassungsgericht hat dabei im

---

[691] *BVerfGE* 56, 37, 49 f.

[692] *BVerfGE* 56, 37, 50.

[693] Siehe auch oben 2. Teil, D. II. 2. c). Zur Kritik 2. Teil, D. II. 4.

[694] *BVerfGE* 56, 37, 51.

[695] *Böse,* wistra 1999, 451, 452; *Wolff,* Selbstbelastung und Verfahrenstrennung, S. 103.

[696] *Mäder,* Betriebliche Offenbarungspflichten, S. 140; *Wolff,* Selbstbelastung und Verfahrenstrennung, S. 137 ff.

[697] Vgl. zudem *Wolff,* Selbstbelastung und Verfahrenstrennung, S. 135 ff., der auch auf Konstellationen folgenloser Mitwirkungsverweigerung und auf Strafbefreiungsvorschriften verweist.

[698] Vgl. hierzu insb. die Ausführungen in der „Gemeinschuldner"-Entscheidung, *BVerfGE* 56, 37, 45 ff.

„Gemeinschuldner"-Beschluss ausdrücklich festgehalten, dass nur der Gesetzgeber das „Verwertungsverbot näher ausgestalten und durch Offenbarungsverbote absichern" könne[699]. Verfassungsrechtlich geboten ist somit lediglich ein strafrechtliches Beweisverwertungsverbot im Hinblick auf die zwangsweise erteilten Auskünfte[700]. Ob das Verwertungsverbot mit Fernwirkung auszustatten ist oder ob zusätzlich ein Offenbarungs- beziehungsweise Weitergabeverbot statuiert wird, darf folglich der Gesetzgeber nach pflichtgemäßem Ermessen entscheiden[701].

6. Zwischenergebnis

Der nemo tenetur-Grundsatz dient nach der vorliegenden Konzeption dem Schutz des Interesses des Beschuldigten, sich gegen den strafrechtlichen Vorwurf verteidigen zu dürfen und sichert die Einflussnahme auf Verlauf und Ausgang des Verfahrens. Er ist als Prozessgrundrecht zu charakterisieren und findet seine verfassungsrechtliche Grundlage im Rechtsstaatsprinzip.

7. Anwendbarkeit des nemo tenetur-Prinzips zugunsten von Unternehmen auf Grundlage der prozessgrundrechtlichen Ableitung

Im Folgenden ist nunmehr zu untersuchen, ob der nemo tenetur-Grundsatz auf der Basis der hier vertretenen prozessgrundrechtlichen Ableitung aus dem Rechtsstaatsprinzip zugunsten von Unternehmen Anwendung findet.

a) Prüfungsmaßstab: Verwirklichung des spezifischen Schutzzwecks des nemo tenetur-Grundsatzes im Hinblick auf Unternehmen

Die Frage der Anwendbarkeit des nemo tenetur-Satzes bezüglich Unternehmen lässt sich nicht lediglich unter dem knappen Hinweis auf seine verfassungsrechtliche Verankerung im Rechtsstaatsprinzip begründen. Zwar würde eine rechtsstaatswidrige Aussageverpflichtung einen Eingriff in die nach ganz überwiegender Ansicht auf juristische Personen anwendbare[702] allgemeine Handlungsfreiheit dar-

---

[699] *BVerfGE* 56, 37, 51.

[700] *Mäder*, Betriebliche Offenbarungspflichten, S. 262; *Wolff*, Selbstbelastung und Verfahrenstrennung, S. 139 f.; vgl. auch *Stürner*, NJW 1981, 1757, 1758; für eine generelle Fernwirkung im Zusammenhang mit dem nemo tenetur-Grundsatz dagegen *Rogall*, ZStW 91 (1979), 1, 40.

[701] Anders dagegen das abweichende Votum von *Heußner*, BVerfGE 56, 37, 52 f., der ein Verwertungsverbot allein als nicht ausreichend erachtet und zusätzlich ein Offenbarungsverbot fordert.

stellen, der mangels Unterfallens in die „verfassungsmäßige Ordnung" im Sinne von Art. 2 I GG[703] nicht gerechtfertigt werden könnte – jedoch nur unter der Voraussetzung, dass das Rechtsstaatsprinzip ein derartiges Verbot des Aussagezwangs gerade auch im Hinblick auf Unternehmen untersagt. Die aus dem Rechtsstaatsprinzip beziehungsweise speziell aus dem Recht auf ein faires Verfahren erwachsenen Anforderungen an die Ausgestaltung des Strafprozesses müssen für natürliche und juristische Personen nicht einheitlich ausfallen. Daher ist unter zumindest entsprechender Anwendung[704] des im Rahmen zur Auslegung des Art. 19 III GG herausgearbeiteten Maßstabes zu klären, ob sich das Unternehmen in einer vergleichbaren Gefährdungslage wie eine durch ein Strafverfahren betroffene natürliche Person befindet. Diesbezüglich muss geprüft werden, ob sich die Gewährleistungsfunktion des in Rede stehenden Prozessgrundrechts auch bei Trägerschaft durch juristische Personen erfüllt. Es kommt also auf die spezifische Ratio des nemo tenetur-Grundsatzes und deren Realisierbarkeit im Hinblick auf Unternehmen an.

b) Zur Aussagekraft der historischen Entwicklung des nemo tenetur-Grundsatzes im Hinblick auf seine Geltung zugunsten von Unternehmen

Sowohl Ratio als auch die verfassungsrechtliche Verankerung des nemo tenetur-Grundsatzes im Rechtsstaatsprinzip wurden unter Berufung auf seine historische Entwicklung herausgearbeitet. Dabei wurde gezeigt, dass die Entstehung des nemo tenetur-Prinzips mit einer veränderten Sichtweise des Bürger-Staat-Verhältnisses verbunden war. Auch im Strafprozess sollte der Täter seine Stellung als ein mit Würde und Persönlichkeit ausgestattetes Wesen beibehalten, dem Staat also als freier Bürger und nicht als gehorsamspflichtiger Untertan gegenüberstehen. Die Anerkennung des Beschuldigten als ein mit eigenen Rechten versehenes Prozesssubjekt, das sich gegen den strafrechtlichen Vorwurf verteidigen darf, bildete die Ausgangsbasis für die Herausbildung des Schweigerechts[705]. Die Entstehung des nemo tenetur-Prinzips war also auf Individuen bezogen. Verbände als Adressaten strafrechtlicher Sanktionen spielten dabei keine Rolle. Von einer „althergebrachten, unbestrittenen Rechtsüberzeugung"[706] kann daher im Hinblick auf juristische Personen nicht die Rede sein. Betont man allein den Individualbezug der Entstehungs-

---

702 Vgl. z. B. *BVerfGE* 10, 89, 99; 10, 221, 225; 19, 206, 215; 20, 323, 336; 29, 260, 265 f.; 44, 353, 372; 50, 290, 319; 66, 116, 130; 70, 1, 25; aus der Literatur *Kunig,* in: v. Münch / Kunig, Grundgesetz, Art. 2 Rn. 7; *Murswiek,* in: Sachs, Grundgesetz, Art. 2 Rn. 39.

703 Siehe dazu oben 2. Teil, D. IV. 3. c) cc).

704 Ob sich Art. 19 III GG nur auf die Grundrechte des I. Abschnittes des Grundgesetzes bezieht oder auch im Hinblick auf die grundrechtsgleichen Rechte gilt, wird nicht einheitlich beantwortet, vgl. *Krebs,* in: v. Münch / Kunig, Grundgesetz, Art. 19 Rn. 30 m. w. N.

705 Vgl. oben 2. Teil, D. IV. 1. und 2.

706 Siehe oben 2. Teil, D. IV. 3. c) aa).

geschichte, so erweisen sich die historischen Hinweise für die Frage der Übertragbarkeit des nemo tenetur-Grundsatzes auf Unternehmen in der Tat als unergiebig[707].

Jedoch kann die ursprüngliche Entwicklung in Beziehung auf natürliche Personen einer Anwendung des nemo tenetur-Satzes auf juristische Personen nicht prinzipiell widersprechen. Anderenfalls müsste der individualistische Entstehungshintergrund, den letztlich alle Grundrechte beziehungsweise grundrechtsgleichen Rechte aufweisen, der Möglichkeit der Grundrechtsträgerschaft juristischer Personen als solcher entgegenstehen – ein Ergebnis, welches mit Art. 19 III GG nicht zu vereinbaren wäre[708]. So hat denn auch das Bundesverfassungsgericht festgestellt, dass für die Begründung der Anwendbarkeit von Grundrechten auf juristische Personen, „weniger auf den historischen Ursprung des Grundrechts als vielmehr darauf abzustellen *(sei)*[709], ob es nur individuell oder auch korporativ betätigt werden kann"[710]. Lag der Herausbildung des nemo tenetur-Grundsatzes die Erkenntnis zugrunde, dass der Beschuldigte im Strafverfahren als Prozesssubjekt anerkannt werden muss und sich gegen den erhobenen Vorwurf verteidigen darf, so ist folglich zu klären, ob diese Behandlung auch juristischen Personen zuteil werden muss, wenn sie im Rahmen neuerer Entwicklungen als Adressaten von Strafsanktionen in Anspruch genommen werden. Dies hat anhand des aufgezeigten Prüfungsmaßstabes zu erfolgen.

c) Der Anwendbarkeit auf Unternehmen entgegenstehender Menschenwürdegehalt?

Wie dargelegt, ist jedoch die Ratio des Schweigerechts mit der notwendigen Behandlung des Beschuldigten als ein mit eigenen Rechten ausgestattetes Verfahrenssubjekt verbunden. Eine Übertragbarkeit des nemo tenetur-Prinzips auf juristische Personen wäre von vornherein ausgeschlossen, wenn der im Postulat der Subjektbehandlung innewohnende Menschenwürdegehalt[711] einer verbandsbezogenen Anwendung gänzlich unzugänglich wäre. Schließlich enthält auch das materiell verstandene Rechtsstaatsprinzip[712] und insbesondere ebenso das Recht auf ein faires Verfahren[713] im Kern einen Menschenwürdebezug, welcher der Übertragbarkeit des nemo tenetur-Satzes auf Unternehmen entgegenstehen könnte.

---

[707] *Drope,* Strafprozessuale Probleme, S. 185.

[708] Vgl. auch *Drope,* Strafprozessuale Probleme, S. 191.

[709] Eingefügt von der Verfasserin.

[710] *BVerfG*E 42, 212, 219 im Zusammenhang mit Art. 13 I GG; vgl. auch *BVerfG* NJW 2002, 3619, 3622 bzgl. des Rechts am gesprochenen Wort.

[711] Vgl. zur verfassungsrechtlichen Ableitung der Subjektstellung oben 2. Teil, D. IV. 2. mit Fn. 492 und 493.

[712] Vgl. oben Fn. 564.

[713] Im Hinblick auf die Begründung des Rechts auf ein faires Verfahren hat das Bundesverfassungsgericht ausdrücklich auch auf Art. 1 I GG, der es verbietet, den Menschen zum

Jedoch beinhaltet jedes Grundrecht bereits aufgrund des personalistischen Ursprungs[714] einen Menschenwürdekern[715]. Würde allein diese Tatsache einen Hinderungsgrund für die Anwendbarkeit der Grundrechte auf juristische Personen darstellen, so liefe die Regelung des Art. 19 III GG leer[716]. Folglich kann der Menschenwürdegehalt eines Grundrechts dessen Übertragbarkeit auf juristische Personen nicht per se ausschließen. Auch Grundrechte mit einem besonders hohen Menschenwürdeanteil können durchaus gegenüber juristischen Personen Anwendung finden. Das Bundesverfassungsgericht hat beispielsweise Art. 13 I GG juristischen Personen zuerkannt, obwohl das Wohnungsgrundrecht „dem Einzelnen im Hinblick auf seine Menschenwürde und im Interesse seiner freien Entfaltung einen ‚elementaren Lebensraum' (...) gewährleisten soll"[717]. Ebenso hat es klargestellt, dass es der Anwendung des Rechts am gesprochenen Wort auf juristische Personen nicht entgegensteht, „dass das allgemeine Persönlichkeitsrecht seinem Ursprung nach ein die freie Entfaltung der Persönlichkeit gewährleistendes Individualrecht ist, das seine Grundlage insoweit auch in dem Schutz der Menschenwürde findet"[718].

Der Menschenwürdebezug stellt also für sich genommen kein Hindernis für die Anwendbarkeit des Grundrechts auf juristische Personen dar. Maßgeblich ist vielmehr – wie bereits mehrfach erwähnt – der spezifische Schutzzweck der konkret in Frage stehenden Grundrechtsverbürgung. Nur wenn sich die Freiheitsidee in den menschenwürdeorientierten Aspekten erschöpft, bleibt der Gewährleistungsgehalt für juristische Personen aufgrund des Menschenwürdebezugs unzugänglich.

d) Realisierbarkeit des spezifischen Schutzzwecks gegenüber Unternehmen

Nach der hier vertretenen Konzeption sichert der nemo tenetur-Grundsatz dem Beschuldigten die Möglichkeit, auf Verlauf und Ausgang des Verfahrens Einfluss zu nehmen und sich gegen den strafrechtlichen Vorwurf verteidigen zu können. Jener Zweck müsste sich gegenüber Unternehmen in gleicher Weise wie gegenüber natürlichen Personen verwirklichen.

Hierfür müssten zunächst die betroffenen Unternehmen selbst über ein Interesse an Verteidigung und Einflussnahme verfügen können. Wie bereits dargelegt, besitzen Unternehmen durchaus ein eigenes Interesse, den gegen sie erhobenen Sank-

---

bloßen Objekt eines staatlichen Verfahrens herabzuwürdigen, verwiesen, vgl. oben 2. Teil, D. IV. 3. c) bb).

[714] Vgl. soeben oben 2. Teil, D. IV. 7. b).

[715] „Art. 1 ist (...) die eigentliche gedankliche Quelle aller im Grundgesetz enthaltenen Grundrechte.", *Herzog*, in: Maunz / Dürig, Grundgesetz, Art. 20 Abschn. I, Rn. 18.

[716] *Drope*, Strafprozessuale Probleme, S. 191; *Weiß*, JZ 1998, 289, 294.

[717] *BVerfGE* 42, 212, 219.

[718] *BVerfG* NJW 2002, 3619, 3622.

tionsvorwurf abzuwehren[719]. Daher streben sie ebenso wie ein natürlicher Beschuldigter nach Einflussnahme auf Verlauf und Ergebnis des Strafprozesses. Besteht jedoch eine Aussageverpflichtung, so ist das Unternehmen gezwungen, den Vorwurf zu übernehmen und wäre damit an entscheidender Stelle seines Verteidigungsverhaltens festgelegt[720]. Steht es dem Verband jedoch frei, Auskünfte vorzuenthalten, so ist er in der Lage, eine eigene Verteidigungsposition zu entwickeln und im Verfahren konsistent zu vertreten. Insoweit unterscheidet sich die Situation eines mit einem Tatvorwurf belegten Unternehmens nicht von derjenigen einer von Strafverfolgung betroffenen natürlichen Person. Auch für Unternehmen stellen folglich Einlassung und Aussageverweigerung gleichwertige Möglichkeiten zur Einwirkung auf das Verfahren und damit für eine effektive Verteidigung gegen den strafrechtlichen Vorwurf dar. Insoweit knüpft der Grundrechtsschutz nicht an „Eigenschaften, Äußerungsformen oder Beziehungen" an, „die nur natürlichen Personen wesenseigen sind"[721].

Fraglich ist aber, ob Unternehmen im Hinblick auf ein Verbot des Aussagezwangs in vergleichbarer Weise wie natürliche Personen schutzwürdig sind. Es wurde gezeigt, dass der nemo tenetur-Grundsatz zur Wahrung von Einwirkungschancen auf den Prozess und für eine erfolgversprechende Verteidigung gegen den strafrechtlichen Vorwurf unerlässlich ist. Er bildet daher einen unverzichtbaren Bestandteil der Subjektstellung des Beschuldigten[722]. Die Menschenwürde als Grund für die Verpflichtung, den Beschuldigten als eigenständiges Verfahrenssubjekt zu behandeln, entfällt bei juristischen Personen. Es ist daher zu klären, ob eine Subjektbehandlung des Adressaten der möglichen Strafsanktion und die Zubilligung materieller Verteidigungsfreiheit unabhängig von menschlicher Würde möglich und vor allem auch notwendig ist.

Der Anspruch auf ein faires Verfahren, welcher mit der Subjektstellung des Beschuldigten in enge Verbindung gebracht wird[723], wurde bereits juristischen Personen zuerkannt[724]. Zwar kann daraus – auch wenn der nemo tenetur-Grundsatz

---

[719] Vgl. oben 2. Teil, D. II. 3. a).

[720] Dies verkennt *EuG* Rs. T-112/98 (Mannesmannröhren-Werke), Slg. 2001-II, 732 Rn. 78, wenn es feststellt, dass die „Verpflichtung zur Beantwortung rein tatsächlicher Fragen der Kommission und zur Vorlage vorhandener Unterlagen" den „Grundsatz der Wahrung der Verteidigungsrechte oder den Anspruch auf einen fairen Prozess nicht verletzen" könne, weil das Unternehmen dadurch nicht gehindert sei, „seine Verteidigungsrechte auszuüben und zu beweisen, dass die in den Antworten mitgeteilten Tatsachen oder die übermittelten Unterlagen eine andere als die ihnen von der Kommission beigemessene Bedeutung haben".

[721] Vgl. *BVerfGE* 95, 220, 242.

[722] Siehe oben 2. Teil, D. IV. 2.

[723] Siehe oben 2. Teil, D. IV. 3. c) bb).

[724] *BbgVerfG* NVwZ 2000, 60, 61. – In dieser Entscheidung ging es um die Anforderungen an die Zulassung einer Berufung; das Recht auf ein faires Verfahren schütze auch Gemeinden davor, „dass der Zugang zu einer vom Gesetzgeber eröffneten weiteren Instanz durch die Fachgerichte in unzumutbarer Weise erschwert wird" (vgl. den 1. Leitsatz des Beschlusses, a. a. O., S. 60). Es handelte sich dabei um die Geltendmachung des Anspruchs auf ein faires

nach vorliegendem Verständnis einen Bestandteil des Anspruchs auf ein faires Verfahren darstellt – nicht zwangsläufig auf dessen Geltung für Unternehmen geschlussfolgert werden, denn die Anwendbarkeit für juristische Personen muss für
die jeweilige Einzelausprägung gesondert ermittelt werden[725]. Jedoch könnten die
Kriterien, mit denen die Zubilligung des Rechts auf ein faires Verfahren im Hinblick auf eine andere Teilausprägung begründet worden ist, auf die Problematik
der Anwendbarkeit des nemo tenetur-Satzes zugunsten von Unternehmen übertragen werden. Weiter könnte ein Vergleich mit dem in Art. 103 I GG verankerten
Anspruch auf rechtliches Gehör, welcher – trotz seines starken Menschenwürdebezugs[726] und der Charakterisierung als „prozessuales Urrecht"[727] des Menschen –
auch juristischen Personen zuerkannt wird[728], aufschlussreich sein. Schließlich
dient auch der Anspruch auf rechtliches Gehör der Gewährleistung von Einflussnahme im Verfahren[729] und ist mit dem Erfordernis der Subjektbehandlung des
Beschuldigten untrennbar verbunden[730]. Außerdem besteht zwischen dem Gehörsanspruch und dem nemo tenetur-Prinzip ein enger Zusammenhang[731]. Es bietet
sich daher an, nach Parallelen zwischen beiden Gewährleistungen zu suchen, die
für die Bestimmung der Anwendbarkeit des nemo tenetur-Satzes auf juristische
Personen von Nutzen sein könnten[732].

Die Begründungen zur Anwendbarkeit des Art. 103 I GG auf juristische Personen gehen jedoch auf den Menschenwürdebezug und seiner Dienlichkeit für die

---

Verfahren aus der Landesverfassung; jenes Prozessgrundrecht ist jedoch inhaltsgleich mit
dem entsprechenden Bundesgrundrecht, so ausdrücklich auch das Gericht a. a. O., S. 61.

[725] Zur vergleichbaren Situation beim allgemeinen Persönlichkeitsrecht siehe oben 2. Teil,
D. II. 3. d) bb).

[726] *BVerfGE* 7, 275, 278 f.; 9, 89, 95; 34, 1, 7; 38, 105, 118; 39, 156, 168; 46, 202, 210;
55, 1, 5 f.; 63, 332, 337 f.; *Maurer,* FS 50 Jahre Bundesverfassungsgericht, Bd. 2, S. 467,
497; *Morlok,* Selbstverständnis, S. 197; *Nolte,* in: v. Mangoldt / Klein / Starck, Grundgesetz,
Art. 103 Abs. 1 Rn. 87; *Rüping,* Grundsatz des rechtlichen Gehörs, S. 124 ff.; siehe auch
Arndt, NJW 1959, 1297 f.

[727] *BVerfGE* 55, 1, 6; 70, 180, 188; *Rüping,* NVwZ 1985, 304, 305.

[728] *BVerfGE* 3, 359, 363; 12, 6, 8; 21, 362, 373; 64, 1, 11; 75, 192, 200; *Degenhart,* in: Sachs,
Grundgesetz, Art. 103 Rn. 6; *Drope,* Strafprozessuale Probleme, S. 149 f.; *Huber,* in: v. Mangoldt / Klein / Starck, Grundgesetz, Art. 103 Abs. 3 Rn. 341; *Pieroth / Schlink,* Grundrechte,
Rn. 149; *Rüfner,* AöR 89 (1964), 261, 320 f.; *ders.,* in: Isensee / Kirchhof, HStR V, § 116 Rn. 37;
ders., FS 50 Jahre Bundesverfassungsgericht, Bd. 2, S. 55, 64; *Rüping,* NVwZ 1985, 304, 306;
Stern, Staatsrecht III / 1, S. 1126; *Waldner,* Anspruch auf rechtliches Gehör, S. 111. Siehe aber
auch *Rüping,* Grundsatz des rechtlichen Gehörs, S. 138: Eine Verweigerung rechtlichen
Gehörs treffe die Organe in ihrer individuellen Würde, da sie an der Geltendmachung der aufgetragenen Interessen gehindert werden. Eine derartige Begründung führt jedoch nur zu einer
abgeleiteten Grundrechtbetroffenheit der juristischen Person, eine eigene Grundrechtsträgerschaft ist hierdurch gerade nicht begründet, vgl. dazu auch oben 2. Teil, D. II 3. c).

[729] *BVerfGE* 9, 89, 95; 22, 114, 119; 49, 212, 215; *Morlok,* Selbstverständnis, S. 195.

[730] Vgl. z. B. *BVerfGE* 7, 53, 57; 9, 89, 95; 55, 1, 5 f.; 84, 188, 190; 86, 133, 144.

[731] Siehe oben 2. Teil, D. IV. 3. b).

[732] Vgl. auch *Drope,* Strafprozessuale Probleme, S. 193.

Subjektbehandlung des Verfahrensbetroffenen nicht ein[733]. Gleiches gilt für den Anspruch auf ein faires Verfahren[734]. Es wird stattdessen, wie auch für Art. 101 I GG, auf den Charakter als „objektive Verfahrensgrundsätze" verwiesen, „die für jedes gerichtliche Verfahren gelten und daher auch jedem zukommen müsse, der nach den Verfahrensnormen parteifähig ist oder von dem Verfahren unmittelbar betroffen wird"[735]. Kommt es allein auf das Wesen eines objektiven Verfahrensgrundsatzes an, so fände auch der nemo tenetur-Grundsatz unproblematisch auf juristische Personen Anwendung[736]. Der schlichte Hinweis auf den objektiven Charakter der Norm genügt jedoch nicht, um die Anwendbarkeit der Prozessgrundrechte auf juristische Personen zu begründen. Denn auch die materiellen Grundrechte der Art. 1[737] bis 17 des Grundgesetzes verkörpern neben ihrer Individualfunktion als primär subjektive Abwehrrechte gleichfalls objektive rechtsstaatliche Grundsätze und müssten hiernach ohne jede Einschränkung auf Verbände anwendbar sein[738]. Dies stünde jedoch im Widerspruch zur Notwendigkeit der wesensgemäßen Anwendbarkeit des jeweiligen Grundrechts auf juristische Personen, wie es die Vorschrift des Art. 19 III GG verlangt. Andererseits folgen aus den Verfahrensgrundsätzen durchaus subjektive Berechtigungen[739].

Anstelle des Verweises auf den Charakter als objektive Verfahrensgrundsätze wird daher in der Literatur verbreitet auf die Funktion der Prozessgrundrechte im Verfahren abgestellt. Sie bilden nicht nur flankierende Schutzrechte zur Wahrung der Menschenwürde und Persönlichkeit des Beschuldigten, sondern sichern vor allem auch ein Mindestmaß an prozeduraler Gerechtigkeit[740]. Ein gerechtes Verfahren sei nur denkbar, wenn zwischen allen Verfahrensbeteiligten prinzipielle Chancengleichheit besteht und daher die prozessualen Grundsätze für alle durch

---

[733] Vgl. *Drope,* Strafprozessuale Probleme, S. 192.

[734] *BbgVerfG* NVwZ 2000, 60, 61.

[735] *BVerfGE* 21, 362, 373; vgl. auch *BVerfGE* 12, 6, 8; 61, 82, 104. – Erfasst werden sollen auch juristische Personen des öffentlichen Rechts (*BVerfGE* 6, 45, 49; 13, 132, 139 f.; 21, 362, 373; 39, 302, 312; 45, 63, 79; 61, 82, 104; 62, 354, 369; 75, 192, 200) und ausländische juristische Personen (*BVerfGE* 12, 6, 8; 18, 441, 447; 64, 1, 11); speziell für den Anspruch auf ein faires Verfahren *BbgVerfG* NVwZ 2000, 60, 61.

[736] Siehe zum Charakter als objektiver Verfahrensgrundsatz oben 2. Teil, D. IV. 3. c) cc).

[737] Dass die Grundrechtsqualität der Menschenwürdegarantie des Art. 1 I GG teilweise bestritten wird – vgl. oben 2. Teil, D. II. 2. b) – soll an dieser Stelle dahingestellt bleiben.

[738] *Huber,* in: v. Mangoldt / Klein / Starck, Grundgesetz, Art. 19 Abs. 3 Rn. 343; *Krüger / Sachs,* in: Sachs, Grundgesetz, Art. 19 Rn. 49. Zur objektiv-rechtlichen Funktion der Grundrechte siehe z. B. *BVerfGE* 7, 198, 215 f.; *Pieroth / Schlink,* Grundrechte, Rn. 73 ff.; *Sachs,* in: Sachs, Grundgesetz, Vor Art. 1 Rn. 27 ff.; *Voßen,* Rechtsprechung des Bundesverfassungsgerichts zur Rechtsweggarantie, S. 66; vgl. auch *Ossenbühl,* Stern-FS, S. 887, 891 ff.

[739] *Bethge,* Grundrechtsberechtigung, S. 93; *Bettermann,* NJW 1969, 1321, 1322 f.; *Degenhart,* EuGRZ 1981, 161; *Krüger / Sachs,* in: Sachs, Grundgesetz, Art. 19 Rn. 49; *Poschmann,* Grundrechtsschutz gemischt-wirtschaftlicher Unternehmen, S. 294; *Wassermann,* DRiZ 1984, 425; siehe auch *Arndt,* NJW 1959, 1297, 1298.

[740] Vgl. *Morlok,* Selbstverständnis, S. 193.

das Verfahren Betroffenen gelten. Die Einbeziehung juristischer Personen in den personellen Schutzbereich der Prozessgrundrechte wird daher zunehmend aus Gründen der Waffengleichheit[741] gerechtfertigt[742].

Bevor jedoch untersucht werden soll, ob sich jener Ansatz zur Begründung der Anwendbarkeit der Prozessgrundrechte auf juristische Personen, auf die spezielle Problematik der Ausgestaltung des Unternehmensstrafverfahrens übertragen lässt, soll zunächst eine andere Funktion der Prozessgrundrechte näher beleuchtet werden.

Aufgabe der Prozessgrundrechte ist es nämlich, dem Verfahrensbetroffenen die Durchsetzung seiner materiellen Grundrechte im Verfahren sicherzustellen[743]. Sie sind Instrumente, um die Interessen des Beteiligten im Prozess zu wahren und die Möglichkeit, gegen nachteilige Grundrechtseingriffe anzukämpfen, zu gewährleisten. Diese Befugnis muss dem Verfahrensbetroffenen solange eröffnet sein, wie die Voraussetzungen für den Grundrechtseingriff nicht abschließend belegt sind. Insoweit verfügen die Verfahrensgrundrechte im Verhältnis zu den materiellen Grundrechten eine dienende beziehungsweise unterstützende Funktion[744] und können daher als „prozessuale Hilfsgrundrechte" bezeichnet werden[745]. Die Geltung der Prozessgrundrechte für juristische Personen ergibt sich daher aus ihrer dienenden Funktion im Hinblick auf die Wahrung der materiellen Grundrechte des jeweils involvierten Verbandes, in die das Verfahrensergebnis konkret einzugreifen droht.

Werden Unternehmen einem Strafverfahren unterworfen, so stehen auch für sie eigene Grundrechte auf dem Spiel. Entsprechend des beabsichtigen Sanktionseffekts stellen Unternehmensstrafen einen massiven Eingriff in die Grundrechte des betroffenen Verbandes dar. Zumindest wirtschaftliche Interessen des Unternehmens werden durch die Sanktion berührt, also Interessen, welche durch Art. 12

---

[741] Ob der Aspekt der Waffengleichheit eine spezielle Ausprägung des Anspruchs auf ein faires Verfahren darstellt (*BVerfGE* 38, 105, 111; 63, 45, 61; *BVerfG* StV 2002, 578, 580; *Roxin*, Strafverfahrensrecht, § 11 Rn. 13) oder sich bereits aus dem Gleichheitssatz ergibt (*Maurer*, FS 50 Jahre Bundesverfassungsgericht, Bd. 2, S. 467, 494 und 499) kann hier dahingestellt bleiben.

[742] *Bethge*, Grundrechtsberechtigung, S. 93; *ders.*, AöR 104 (1979), 54, 86 und 101; *Krüger / Sachs*, in: Sachs, Grundgesetz, Art. 19 Rn. 50; *v. Mutius*, in: Bonner Kommentar, Art. 19 Abs. 3 Rn. 92 mit Fn. 55; *Poschmann*, Grundrechtsschutz gemischt-wirtschaftlicher Unternehmen, S. 295; *Roellecke*, in: Wolter u. a. (Hrsg.), Einwirkungen der Grundrechte, S. 137, 144; *Rüfner*, FS 50 Jahre Bundesverfassungsgericht, Bd. 2, S. 55, 64; *Stern*, Staatsrecht III / 1, S. 1155; *Tettinger*, Fairneß als Waffengleichheit, S. 45; *Ulsamer*, Geiger-FS, S. 199, 207.

[743] *Böse*, GA 2002, 98, 118; *Knemeyer*, in: Isensee / Kirchhof, HStR VI, § 155 Rn. 13; *Rüping*, Grundsatz des rechtlichen Gehörs, S. 99 – speziell im Hinblick auf den Anspruch auf rechtliches Gehör. Vgl. auch *Degenhart*, EuGRZ 1981, 161; *Voßen*, Rechtsprechung des Bundesverfassungsgerichts zur Rechtsweggarantie, S. 15 f.

[744] *Böse*, GA 2002, 98, 119 Fn. 173; *Knemeyer*, in: Isensee / Kirchhof, HStR VI, § 155 Rn. 14.

[745] *Böse*, GA 2002, 98, 119 Fn. 173; *Knemeyer*, in: Isensee / Kirchhof, HStR VI, § 155 Rn. 14; *Rüping*, Grundsatz des rechtlichen Gehörs, S. 99.

und Art. 14 GG geschützt sind und anerkanntermaßen juristischen Personen zustehen[746]. Die Wahrung jener Grundrechte erfordert daher prozessuale Möglichkeiten, um sich gegen den strafrechtlichen Vorwurf und die drohende Sanktion verteidigen zu können[747]. Insofern befinden sich die betroffenen Unternehmen in vergleichbarer Situation wie beschuldigte natürliche Personen.

Mit dieser Erkenntnis der Notwendigkeit von Einwirkungschancen auf das Verfahren aufgrund der originär betroffenen Grundrechte des Unternehmens lassen sich nunmehr auch Aussagen zur Gewährleistung von prozeduraler Gerechtigkeit und Waffengleichheit speziell in einem Unternehmensstrafverfahren treffen.

Das Strafverfahren soll soziale Konflikte lösen[748]. Es dient der Wiederherstellung und Bewahrung von Rechtsfrieden[749]. Dies soll zum einen durch die Findung der richtigen Entscheidung erreicht werden[750]. Gemeint ist eine Entscheidung, die auf dem wahren Sachverhalt beruht[751], „ohne den das materielle Schuldprinzip nicht verwirklicht werden kann"[752]. Neben jenem Aspekt materieller Gerechtigkeit im Sinne eines gerechten beziehungsweise richtigen Verfahrensergebnisses tritt die Notwendigkeit, das Verfahren selbst gerecht auszugestalten[753]. Das Zwischenziel[754]

---

[746] Vgl. bereits oben 2. Teil, D. II. 3. a).

[747] Vgl. *Minoggio,* wistra 2003, 121, 128.

[748] *Rieß,* Schäfer-FS, S. 155, 169 f.; *Roxin,* in: Jauernig / Roxin (Hrsg.), 40 Jahre Bundesgerichtshof, S. 66, 91.

[749] Rechtsfrieden als „Zustand, bei dem sich die Gemeinschaft über den Rechtsbruch beruhigen kann" (*Schmidhäuser,* Eb. Schmidt-FS, S. 511, 516) bzw. „bei dem von der Gesellschaft vernünftigerweise erwartet werden kann, dass sie sich über den Verdacht einer Straftat beruhige" – es handelt sich folglich um einen normativen Begriff (a. a. O., S. 522). Die Wiederherstellung jenes Friedenszustandes bezieht sich auf den repressiven Charakter des Strafrechts; durch die Verhinderung weiterer Straftaten wird er zugleich bewahrt, *Krack,* Rehabilitierung des Beschuldigten, S. 33. – Zum Ziel des Rechtsfriedens vgl. insb. auch *BVerfGE* 51, 324, 343; *Bosch,* Aspekte des nemo-tenetur-Prinzips, S. 117; *Kühl,* Unschuldsvermutung, S. 74; *Meyer-Goßner,* Einl. Rn. 4; KK-StPO-*Pfeiffer,* Einl. Rn. 1; Löwe-Rosenberg-*Rieß,* Einl. Abschn. B Rn. 4; *ders.,* Schäfer-FS, S. 155, 170; *Roxin,* Strafverfahrensrecht, § 1 Rn. 2; *Volk,* Prozeßvoraussetzungen, S. 200 ff.; *Weigend,* Deliktsopfer und Strafverfahren, S. 195 ff.

[750] Siehe *BVerfGE* 9, 223, 230; 33, 367, 383; 52, 131, 153; 57, 250, 275; 63, 45, 61; 77, 65, 76; vgl. auch *Grüner,* Mißbrauch von Mitwirkungsrechten, S. 36; *Kühl,* Unschuldsvermutung, S. 74; *Schlüchter,* in: Wolter (Hrsg.), Theorie und Systematik des Strafprozeßrechts, S. 205, 214; *Schmidhäuser,* Eb. Schmidt-FS, S. 511, 523.

[751] *Neumann,* ZStW 101 (1989), 52.

[752] *BVerfGE* 57, 250, 275.

[753] *Bosch,* Aspekte des nemo-tenetur-Prinzips, S. 116; *Grüner,* Mißbrauch von Mitwirkungsrechten, S. 37 f. Zum Verhältnis von materieller zu prozeduraler Gerechtigkeit *Gusy,* StV 2002, 153, 154 f.; *Neumann,* ZStW 101 (1989), 52, 73 f.; *Rzepka,* Fairneß im deutschen Strafverfahren, S. 235 ff. und 303 ff.; *Schlüchter,* in: Wolter (Hrsg.), Theorie und Systematik des Strafprozeßrechts, S. 205, 214 ff.

[754] Die Erforschung der Wahrheit ist im Verhältnis zu Rechtsfriedensstiftung und -bewahrung nicht Endzweck des Verfahrens, vgl. *Krack,* Rehabilitierung des Beschuldigten, S. 41 m. w. N.

der Wahrheitsermittlung wird im Strafverfahren nicht grenzenlos umgesetzt, sondern zugunsten der Rechtsstellung des Beschuldigten Beschränkungen unterworfen[755], was in der vielzitierten Formel des fehlenden Grundsatzes der „Wahrheitsermittlung um jeden Preis"[756] zum Ausdruck kommt[757]. Prozedurale Gerechtigkeit verlangt als Minimalgehalt die Einräumung effektiver Handlungsmacht für den Beschuldigten, also die reale Chance, auf Ablauf und Ausgang des Verfahrens seinen Interessen entsprechend einwirken zu können[758]. Sind natürliche Personen dem Strafverfahren unterstellt, so ergibt sich jenes Grunderfordernis neben rechtsstaatlichen Erwägungen aus der Verpflichtung zur Wahrung der betroffenen Grundrechte und insbesondere zur Wahrung der Menschenwürde und der Persönlichkeit des Beschuldigten[759] – also aus jenen Gesichtspunkten, aus denen das Erfordernis der Subjektbehandlung des Beschuldigten abgeleitet wird. Die Subjektstellung des Beschuldigten und prozedurale Gerechtigkeit sind daher miteinander verwoben. Das Strafverfahren erweist sich dann als gerecht, wenn es die Subjektstellung des Beschuldigten achtet. Sollen demgegenüber juristische Personen mit Strafen belegt werden, so entfällt zwar der Aspekt der Menschenwürde, jedoch verlangen, wie gezeigt, die durch die Sanktionierung betroffenen Grundrechte des Unternehmens ebenfalls, dass sich der Verband gegen den Strafeingriff verteidigen darf und ihm zu diesem Zwecke Einflussmöglichkeiten eingeräumt sind. Diese müssen nicht zwangsläufig den gleichen Umfang wie die Verteidigungsrechte natürlicher Personen aufweisen[760], es muss aber sichergestellt sein, dass überhaupt die Möglichkeit zur Einflussnahme besteht. Bringt man dieses Ergebnis mit dem Aspekt der Verfahrensgerechtigkeit zusammen, so ist festzuhalten, dass ein Unternehmensstrafverfahren gerecht ausgestaltet ist, wenn es dem betroffenen Verband die Befugnis zuerkennt, auf Verlauf und Resultat des Prozesses einwirken zu können.

In diesem Kontext ist auch der Hinweis auf die Waffengleichheit zur Begründung der Anwendbarkeit der Prozessgrundrechte auf juristische Personen einzubetten.

---

[755] *Rieß*, Schäfer-FS, S. 155, 170; *Roxin*, Strafverfahrensrecht, § 1 Rn. 3; *Schmidhäuser*, Eb. Schmidt-FS, S. 511, 523.

[756] *BGH*St 14, 358, 365.

[757] Zur Interpretation des strafprozessualen Begriffs der Wahrheitsermittlung bestehen zwei Möglichkeiten: Denkbar ist es zum einen, das Ziel des Verfahrens in der Ermittlung einer materiellen, vorprozessualen, also auch außerhalb des Verfahrens feststellbaren Wahrheit zu sehen. Einschränkungen der Sachverhaltsaufklärung durch Verteidigungsrechte des Beschuldigten verhalten sich danach grundsätzlich zum Ziel der Wahrheitsermittlung antinom, jene Spannungen sind im Wege einer Abwägung aufzulösen. – Zum anderen wird davon ausgegangen, dass die Wahrheit nicht dem Verfahren vorgegeben ist und daher nicht extern ermittelt werden kann, sondern erst im und durch das Verfahren hergestellt wird. Verteidigungsrechte stellen dann keine Grenzen der Wahrheitsermittlung dar, sondern sind gleichsam Grundlagen der Wahrheitsfindung. Vgl. zsf. *Gusy*, StV 2002, 153, 155.

[758] *Bosch*, Aspekte des nemo-tenetur-Prinzips, S. 119; *Neumann*, ZStW 101 (1989), 52, 60; *Rieß*, Schäfer-FS, S. 155, 171 und auch S. 173.

[759] Vgl. *Neumann*, ZStW 101 (1989), 52, 61.

[760] Zu Einschränkungsmöglichkeiten speziell im Zusammenhang mit dem nemo tenetur-Grundsatz siehe sogleich unten 2. Teil, D. IV. 7. e).

Das deutsche Strafverfahren ist allerdings nicht-kontradiktorisch als Anklageverfahren mit Ermittlungsgrundsatz ausgestaltet[761]. Der Begriff der Waffengleichheit ist daher seinem formellen Sinne nach nicht geeignet, um das Verhältnis zwischen Beschuldigtem, Anklagebehörde und Gericht zutreffend zu erfassen[762]. Dennoch lässt sich mit Hilfe des sich hinter dem Gesichtspunkt der Waffengleichheit verbergenden Grundgedankens das Ergebnis der Notwendigkeit zur Gewährleistung von Einwirkungschancen für die prozessbetroffenen juristischen Personen bestätigen[763]. Waffengleichheit ist im Strafverfahren im Sinne der „Ausbalancierung der Rechte von Angeklagtem und Ankläger unter Berücksichtigung der Verschiedenartigkeit der Prozessrollen"[764] zu verstehen. Würde man juristischen Personen das Recht, sich gegen den Sanktionsvorwurf zu verteidigen, versagen und keinerlei Einwirkungschancen auf das Verfahren zubilligen, so führte dies nicht nur zu einem eklatanten Übergewicht der Strafverfolgungsbefugnisse des Staates, sondern der Verband wäre der Aufklärungsmacht gänzlich unterworfen. Letztlich erfüllt das Unternehmen bei solch einer Verfahrensgestaltung lediglich eine Funktion, es dient als bloße Informationsquelle. Insofern kann von Waffengleichheit – auch im Sinne der speziell strafverfahrensrechtlichen Definition – keinerlei Rede sein. Der Begründung der Anwendbarkeit der Prozessgrundrechte auf juristische Personen über die Aspekte gerechter Verfahrensgestaltung und prozessualer Waffengleichheit kann daher auch im Strafverfahren zugestimmt werden.

Damit ist zugleich das Problem der Verfahrenslegitimation angesprochen, also die Frage der Annehmbarkeit der Entscheidung als verbindlich durch die direkt Verfahrensunterworfenen und die Gesellschaft[765]. Dies soll nach traditioneller Sichtweise durch die sachliche Richtigkeit des abschließenden Urteils, durch die gerechte Entscheidung erfolgen[766]. Dagegen beziehen nach *Luhmann's* rein soziologischer Konzeption[767] Entscheidungen ihre Legitimität durch das Verfahren

---

761 Vgl. nur *Meyer-Goßner*, Einl. Rn. 9 f.

762 *Bosch*, Aspekte des nemo-tenetur-Prinzips, S. 80 f.; *Grüner*, Mißbrauch von Mitwirkungsrechten, S. 33; *Müller*, NJW 1976, 1063, 1065; Löwe-Rosenberg-*Rieß*, Einl. Abschn. H, Rn. 115; *ders.*, Schäfer-FS, S. 155, 174; anders *Kohlmann*, Peters-FS, S. 311, 316; vgl. aber auch *BVerfG*E 38, 105, 111; 63, 45, 61: „gewisse verfahrensrechtliche Waffengleichheit zwischen Staatsanwaltschaft und dem Beschuldigten" – abgeleitet aus dem Recht auf ein faires Verfahren.

763 Ein eigenständiger Begründungsansatz ist damit jedoch nicht verbunden.

764 *Bosch*, Aspekte des nemo-tenetur-Prinzips, S. 81; siehe auch *Müller*, NJW 1976, 1063, 1067; *Rieß*, Schäfer-FS, S. 155, 175; *Steiner*, Fairneßprinzip, S. 205; *Tettinger*, Fairneß und Waffengleichheit, S. 32 f.

765 Vgl. *Luhmann*, Legitimation durch Verfahren, S. 31 ff. und 122.

766 *Luhmann*, Legitimation durch Verfahren, S. 18 und 227, bezeichnet den „Bezug auf Wahrheit oder wahre Gerechtigkeit" als „Kern der klassischen, altliberalen Verfahrenskonzeption". Für ihn ist die wahre, richtige Entscheidung aber nur ein Legitimationsfaktor unter mehreren, vgl. a. a. O., S. 23 ff.

767 Bei *Luhmann* geht es einzig um die empirisch-soziologische Frage, welche faktischen Vorgänge die Annahme von Gerichtsentscheidungen tatsächlich bewirken, nicht um das nor-

selbst[768]. Die Prozessbeteiligten werden einem Lernprozess unterzogen, der sie befähigt, an dessen Ende die abschließende Entscheidung zu akzeptieren[769]. Dies geschieht durch Selbstverstrickung der Beteiligten in das Verfahren[770]. Dadurch werden sämtliche Proteste gegen die Entscheidung absorbiert beziehungsweise, sofern sie dennoch erhoben werden, isoliert und chancenlos[771]. Voraussetzung für eine derartige Selbstverstrickung ist jedoch, dass die Betroffenen über die Möglichkeit verfügen, das (noch ungewisse[772]) Ergebnis des Verfahrens beeinflussen zu können[773]. Aber auch bei traditioneller Ausrichtung auf Wahrheit und materielle Gerechtigkeit wird anerkannt, dass das Verfahren ohne Achtung der Grundrechte des Betroffenen und ohne die Gewährung von Einwirkungschancen seine Glaubwürdigkeit und Legitimität verliere[774]. Wird dem Beschuldigten jedwede Option zur Einflussnahme versagt, so versperrt man ihm die zumindest theoretische Möglichkeit, das Urteil zu akzeptieren beziehungsweise ihm die Annahme der Entscheidung zu erleichtern[775]. Die Notwendigkeit, Verteidigungsrechte des Beschuldigten anzuerkennen, ist daher beiden Legitimationsansätzen gemeinsam[776].

Soll das Unternehmensstrafverfahren Anerkennung und Legitimation erfahren können, so muss als Grundbedingung auch gegenüber juristischen Personen die Befugnis, sich gegen den strafrechtlichen Vorwurf verteidigen zu können, gewährt werden. Zwar sind juristische Personen nicht fähig, das Verfahrensergebnis als (un-)gerecht zu empfinden und das Urteil im psychologischen Sinne im Wege innerer Zustimmung anzunehmen. Jedoch wird die beabsichtigte mittelbare Steuerung des künftigen Unternehmensverhaltens über die Repräsentanten des Unternehmens, die ja gerade durch Aktivierung verstärkter unternehmensinterner Kontrolle umgesetzt werden soll[777], nicht erreicht werden können, wenn die Unternehmensinteressen im Verfahren unberücksichtigt geblieben sind. Die Präventionsziele, die speziell mit der Statuierung einer Unternehmensstrafbarkeit angestrebt

---

mative Problem, nach welchen Vorgaben Legitimität von Entscheidungen (idealerweise) begründet werden soll, vgl. *Röhl,* Rechtssoziologie, S. 418 f.

[768] *Luhmann,* Legitimation durch Verfahren, passim.

[769] *Luhmann,* a. a. O., S. 107 ff.

[770] *Luhmann,* a. a. O., S. 87 ff., auch 134 ff.

[771] *Luhmann,* a. a. O., S. 116 ff.

[772] Die „Ungewissheit über den Ausgang" des Verfahrens bezeichnet *Luhmann,* a. a. O., S. 116, als den „Motor des Verfahrens", als den „eigentlich legitimierenden Faktor"; siehe auch *Murmann,* GA 2004, 65, 73 f.

[773] Speziell für die Aussagefreiheit *Luhmann,* a. a. O., S. 97 ff.; im Anschluss daran insbesondere auch *Lesch,* ZStW 111 (1999), 624; *ders.,* Strafprozeßrecht, 1. Kap. Rn. 4.

[774] *Bosch,* Aspekte des nemo-tenetur-Prinzips, S. 67; *Hassemer,* Maihofer-FS, S. 183, 203 f.; SK-StPO-*Wolter,* Vor § 151 Rn. 25; *ders.,* Meyer-GedS, S. 493, 503.

[775] Vgl. *Bosch,* Aspekte des nemo-tenetur-Prinzips, S. 117 ff.; *Müller-Dietz,* ZStW 93 (1981), 1177, 1209 f. Vgl. auch *Raiser,* Das lebende Recht, S. 316 mit Nachweisen zu empirischen Untersuchungen.

[776] Siehe *Neumann,* ZStW 101 (1989), 52, 72 f.

[777] Vgl. oben 1. Teil, E. 5.

werden, machen es erforderlich, das Unternehmen anzuerkennen und seine Interessen ernst zu nehmen.

Es bedarf daher nicht der Menschenwürde, um dem Adressaten der möglichen Strafsanktion die Befugnis, gegen den strafrechtlichen Vorwurf ankämpfen zu dürfen, zuzuerkennen. Vielmehr erfordern Verfahrensgerechtigkeit, die Notwendigkeit zur Legitimation des Verfahrens und vor allem die durch die Sanktion betroffenen Grundrechte, die materielle Verteidigungsfreiheit an die Stellung als Sanktionsadressat zu binden, und zwar unabhängig davon, ob es sich um eine natürliche oder juristische Person handelt. Gleichgültig ob man jene Position des verfahrensunterworfenen Unternehmens als „Subjektstellung" bezeichnen mag oder diesen Begriff wegen seiner Assoziationsnähe zur Menschenwürdegarantie natürlichen Personen vorbehalten will, ist es jedenfalls notwendig, auch juristischen Personen ein Mindestmaß an Verteidigungsrechten und Einwirkungsmöglichkeiten einzuräumen, sofern sie einem Strafverfahren unterzogen werden.

Das nemo tenetur-Prinzip zählt zu jenem Mindestbestand von prozessualen Rechten, die dem Unternehmen in einem Strafverfahren gewährleistet werden müssen. Dies ergibt sich aus der entscheidenden Bedeutung des Grundsatzes für die wirksame Verteidigung des betroffenen Verbandes. Denn wie bereits gezeigt, würde die Erfüllung einer Auskunftsverpflichtung auch juristische Personen in ihrer Verfahrensposition festlegen und eine effektive Verteidigung gegen den Vorwurf praktisch unmöglich machen[778]. Der nemo tenetur-Grundsatz findet daher auch zugunsten von Unternehmen Anwendung[779].

e) Einschränkbarkeit bei Anwendung des nemo tenetur-Satzes zugunsten von Unternehmen?

Das nemo tenetur-Prinzip gilt für Unternehmen umfassend, das heißt, es unterliegt keiner Begrenzung durch Strafverfolgungsinteressen. Damit wird den Teilkonzepten, welche den nemo tenetur-Schutz bei Verfolgung schwerer Straftaten versagen[780] oder das Recht zur Auskunftsverweigerung nur im Hinblick auf Informationen im unmittelbaren Zusammenhang mit dem kollektivstrafrechtlichen Vorwurf gewähren[781], eine Absage erteilt[782].

---

[778] Vgl. oben in diesem Abschnitt.

[779] So im Ergebnis – ebenfalls auf Basis des Rechtsstaatsprinzips – auch *Dannecker*, ZStW 111 (1999), 256, 286; Immenga / Mestmäcker-GWB-*Dannecker / Biermann*, Vor § 81 Rn. 167; *Gumbel*, Grundrechte im EG-Kartellverfahren, S. 146 f.; *Haeusermann*, Verband als Straftäter und Strafprozeßsubjekt, S. 348 f.; *Minoggio*, wistra 2003, 121, 128; vgl. ferner *Bertossa*, Unternehmensstrafrecht, S. 148 sowie *Pieth*, ZStrR 121 (2003), 353, 370.

[780] *Drope*, Strafprozessuale Probleme, S. 207 ff.; vgl. dazu oben 2. Teil, D. II. 3. d) aa).

[781] *Schlüter*, Strafbarkeit von Unternehmen, S. 129 ff.; vgl. dazu oben 2. Teil, D. II. 3. d) aa).

[782] Gegen jedwede Relativierung auch *Haeusermann*, Verband als Straftäter und Strafprozeßsubjekt, S. 355.

Der uneingeschränkte Geltungsbereich ist das Ergebnis des Abwägungsprozesses zwischen den Verteidigungsinteressen des Unternehmens und den Strafverfolgungsinteressen des Staates[783]. Der Vorrang des Selbstbelastungsschutzes ergibt sich dabei aus der außerordentlichen Bedeutung des nemo tenetur-Satzes für die materielle Verteidigungsfreiheit des Unternehmens, welche ohne das Schweigerecht völlig leer liefe. Denn wie bereits aufgezeigt, würde eine Geständnispflicht ebenso wie bei natürlichen Personen dem betroffenen Verband die Möglichkeit nehmen, eine Verteidigungsstrategie zu entwickeln und stringent im Verfahren zu vertreten. Das Unternehmen hätte folglich den praktischen Verlust seiner Verteidigungsfreiheit hinzunehmen. Andererseits erschwert das Recht, Aussagen zum strafrechtlichen Vorwurf zu verweigern, die Aufklärung des in Rede stehenden Tatverdachts – eine Aufgabe, die aufgrund der kollektiven Strukturen den Strafverfolgungsbehörden erhebliche Schwierigkeiten bereiten kann[784]. Dennoch verliert der Staat nicht komplett seine Fähigkeit zur Verfolgung von Straftaten im Unternehmensbereich. Ihm stehen weitere Ermittlungsbefugnisse zur Verfügung, um an Informationen aus dem Unternehmensbereich zu gelangen, man denke insbesondere an die Möglichkeit zu Durchsuchungen und Beschlagnahme. Zudem bedeutet die Geltung des nemo tenetur-Satzes für Verbände, wie noch zu zeigen sein wird, nicht, dass sämtliche Mitarbeiter oder Personen aus dem Umfeld des Unternehmens die Erteilung von Auskünften für ihr Unternehmen verweigern dürften[785]. Die Verpflichtung des Staates zur Aufklärung und Verfolgung von Straftaten wird bei Anerkennung des nemo tenetur-Satzes für Unternehmen erschwert, aber nicht unmöglich gemacht. Vergleicht man also die drohenden Schadenspositionen, so muss das staatliche Aufklärungsinteresse gegenüber dem Verteidigungsinteresse des betroffenen Verbandes zurücktreten.

f) Geltung des nemo tenetur-Grundsatzes im Verfahren
zur Verhängung einer Verbandsgeldbuße nach § 30 OWiG
sowie bei Verfall und Einziehung

Nach der vorliegenden Konzeption beansprucht der nemo tenetur-Grundsatz auch im Verfahren zur Verhängung einer Verbandsgeldbuße nach § 30 OWiG von Verfassungs wegen Geltung[786]. Denn der hier zugrunde gelegte Schutzzweck des nemo tenetur-Prinzips knüpft nicht an einen qualitativen Unterschied zwischen Kriminalstrafe und Geldbuße an[787], sondern stellt mit dem Ziel der Sicherung von

---

[783] Vgl. speziell im Hinblick auf natürliche Personen oben 2. Teil, D. IV. 4.

[784] Vgl. oben 1. Teil, E. II. 1.

[785] Vgl. unten 3. Teil, A. I. 3. und III.

[786] Einfach-gesetzlich wird Unternehmen bereits strafrechtlicher Selbstbelastungsschutz gewährt: §§ 444 II 2, 432 II, 163 a III 2, 136 I 2 StPO, §§ 88, 46 I OWiG bzw. §§ 444 II 2, 433 I, 243 IV 1 StPO, § 46 I OWiG.

[787] So aber *Drope*, Strafprozessuale Probleme, S. 197 ff., die die Geltung des nemo tenetur-Grundsatzes für Unternehmen aus der gesetzgeberischen Anerkennung einer Unterneh-

Verteidigung und Einflussnahme auf Gesichtspunkte ab, die sowohl im Straf- als auch im Bußgeldverfahren Berücksichtigung verlangen[788].

Demgegenüber hat das Bundesverfassungsgericht die Geltung des nemo tenetur-Grundsatzes für juristische Personen bei drohender Sanktionierung nach § 30 OWiG unter anderem deshalb abgelehnt, weil die Verbandsgeldbuße „weder einen Schuldvorwurf noch eine ethische Missbilligung" enthalte[789]. Dies hätte jedoch zur Folge, dass auch im Ordnungswidrigkeitenverfahren gegen natürliche Personen das nemo tenetur-Prinzip keine Anwendung findet, sofern man – wie das Bundesverfassungsgericht – die Abgrenzung zwischen Kriminalstrafen und Geldbußen anhand qualitativer Aspekte vornimmt. Obwohl danach Geldbußen keine ethische Missbilligung im Sinne eines sittlichen Tadels enthalten, wird aber das nemo tenetur-Prinzip nach überwiegender, insbesondere ebenso nach Ansicht des Bundesverfassungsgerichts, auch im Bußgeldverfahren gegenüber natürlichen Personen gewährt[790]. Der Hinweis auf den Charakter der Verbandsgeldbuße als Maßnahme ohne „ethische Missbilligung" kann folglich im Hinblick auf die Versagung von Selbstbelastungsschutz im Verfahren zur Sanktionierung nach § 30 OWiG nicht überzeugen.

Schließlich gilt der nemo tenetur-Grundsatz zugunsten von Unternehmen auch in gegen sie gerichtete Verfahren von Einziehung und Verfall, soweit diese strafrechtlichen Charakter im weiteren Sinne aufweisen[791].

---

menspersönlichkeit mit „quasi-sittlichem Geltungsanspruch" (a. a. O., S. 199) durch die Statuierung der Verbandsstrafbarkeit ableitet. Die Einbeziehung von Unternehmen in den nemo tenetur-Schutz ist dann mit dem besonderen Charakter der Unternehmenskriminalstrafen verbunden. Insoweit ist es konsequent, wenn *Drope* bei qualitativer Abgrenzung zwischen Kriminalstrafen und Ordnungswidrigkeiten die Geltung des nemo tenetur-Grundsatzes in Verbandsbußgeldverfahren verneint, weil mit der ethisch neutralen Geldbuße die Zuschreibung der „quasi-sittlichen" Persönlichkeitsfunktion nicht erfolgen kann (a. a. O., S. 201); ausführlich hierzu bereits oben 2. Teil, D. II. 3. d). Vgl. auch *Ransiek,* Unternehmensstrafrecht, S. 357 ff., der die Bedeutung des nemo tenetur-Grundsatzes aus straftheoretischen Besonderheiten der Kriminalstrafe ableitet und seine Geltung dementsprechend bei ordnungswidrigkeitenrechtlicher Sanktionierung von Unternehmen versagen will.

[788] Vgl. zur Geltung strafrechtlicher Garantien im Bereich von Bußgeldverfahren insb. *EGMR,* Slg. 73-A, S. 17 ff., Nr. 49 ff. (Öztürk) = NJW 1985, 1273 ff., sowie *Dannecker,* ZStW 111 (1999), 256, 285.

[789] *BVerfGE* 95, 220, 242. Vgl. zur Würdigung dieser Entscheidung ausführlich oben 2. Teil, D. II. 3. b).

[790] Siehe bereits oben Einführung, C. mit Fn. 10. Vgl. insb. *BVerfGE* 55, 140, 150; 56, 37, 49.

[791] Vgl. hierzu oben 1. Teil, A. III. und IV. Einfach-gesetzlich besteht das Schweigerecht im Einziehungsverfahren nach §§ 432 II, 136 I 2 StPO (im Vorverfahren), §§ 433 I 1, 243 IV 1 StPO (im Hauptverfahren) bei Einziehungen nach dem StGB; bei Einziehungen nach dem OWiG i.V.m. §§ 87 I 1, 46 I OWiG. Nach § 442 I StPO bzw. § 87 VI OWiG gelten diese Regelungen im Verfahren bei Anordnung des Verfalls entsprechend. Zum Verfahren bei Abführung des Mehrerlöses nach §§ 8, 10 II WiStG 1954 siehe §§ 442 I StPO i.V.m. §§ 46 I OWiG, 11 II WiStG 1954.

g) Geltung des nemo tenetur-Grundsatzes
zugunsten von rein öffentlich-rechtlichen und
gemischt-wirtschaftlichen Unternehmen

Sollen öffentlich-rechtliche und gemischt-wirtschaftliche Unternehmen[792] strafrechtlich sanktioniert werden[793], ist die Geltung des nemo tenetur-Satzes für diese
Rechtsträger zu klären.

Nach ganz überwiegender Ansicht gelten die Grundrechte prinzipiell nicht für
juristische Personen des öffentlichen Rechts[794]. Allerdings werden ihnen die Prozessgrundrechte der Art. 101 I und 103 I GG nahezu unbestritten zuerkannt[795].
Gleiches gilt für den Anspruch auf ein faires Verfahren[796]. Insoweit scheint die
Grundrechtsträgerschaft juristischer Personen des öffentlichen Rechts im Hinblick
auf den vorliegend als ein im Rechtsstaatsprinzip[797] verankertes Prozessgrundrecht
verstandenen nemo tenetur-Grundsatz unproblematisch bejaht werden zu können.
Wie allerdings bei der Frage nach der generellen Anwendbarkeit der Prozessgrundrechte auf juristische Personen bereits dargelegt, verweist die insoweit verwendete
Begründung auf deren vermeintliches Wesen als (lediglich) objektive Verfahrensgrundsätze, welche für alle Verfahrensbeteiligten gelten müssten[798]. Die in diesem
Zusammenhang bereits geäußerte Kritik an jener Art der Begründung[799] gilt hier
ebenfalls. Der Hinweis auf den objektiv-rechtlichen Charakter ist daher auch zur
Ermittlung der Geltung des nemo tenetur-Satzes zugunsten von juristischen Personen des öffentlichen Rechts nicht von Nutzen.

Der Ansatz, die Geltung der Prozessgrundrechte aufgrund ihrer dienenden Funktion zur Verwirklichung der durch das Verfahren betroffenen materiellen Grundrechte zu begründen[800], lässt sich ebenfalls nicht auf juristische Personen des

---

[792] Vgl. oben 2. Teil, D. I. 1. b).

[793] Nach überwiegender Ansicht sollen juristische Personen des öffentlichen Rechts vom
Anwendungsbereich der Verbandsgeldbuße nach § 30 OWiG erfasst sein, vgl. oben 1. Teil,
A. II. 2.

[794] Vgl. bereits oben 2. Teil, D. I. 1. b) mit Nachweisen zur sog. klassischen Ausnahme-
trias der Grundrechtsberechtigung für Religionsgesellschaften, Universitäten und öffentlich-
rechtliche Rundfunkanstalten.

[795] *BVerfG*E 6, 45, 49 f.; 13, 132, 139 f.; 21, 362, 373; 39, 302, 312; 45, 63, 79; 61, 82,
104; 62, 354, 369; 75, 192, 200; *Bethge,* Grundrechtsberechtigung, S. 92 f.; *Dreier,* in: Dreier,
Grundgesetz, Art. 19 III Rn. 25; *Krüger / Sachs,* in: Sachs, Grundgesetz, Art. 19 Rn. 108;
Pieroth / Schlink, Grundrechte, Rn. 156; *Roellecke,* in: Wolter u. a. (Hrsg.), Einwirkungen der
Grundrechte, S. 137, 143; anders jedoch *Schenke,* Der Staat 25 (1986), 628, 629, der den
Verfahrensprinzipien lediglich objektivrechtliche Bedeutung zumessen will, ohne zugleich
subjektive Rechte korrespondieren zu lassen, sowie *Broß,* VerwArch 77 (1986), 65, 74.

[796] *BbgVerfG* NVwZ 2000, 60, 61.

[797] I.V.m. Art. 2 I GG, siehe oben 2. Teil, D. IV. 3. c) cc).

[798] Vgl. oben 2. Teil, D. IV. 7. d).

[799] Vgl. oben 2. Teil, D. IV. 7. d).

[800] Vgl. oben 2. Teil, D. IV. 7. d).

öffentlichen Rechts übertragen[801]. Voraussetzung hierfür ist ja gerade, dass der in Rede stehende Verband Träger materieller Grundrechte ist – eine Fähigkeit, die öffentlich-rechtlichen juristischen Personen grundsätzlich nicht zukommen soll.

Die Geltung des nemo tenetur-Prinzips für öffentlich-rechtliche Unternehmen kann daher nur aus den Gesichtspunkten der Verfahrensgerechtigkeit und Verfahrenslegitimation abgeleitet werden. Wenn der Staat das Mittel des Strafrechts in Anspruch nehmen will, um öffentlich-rechtliche Institutionen zu regulieren und zu steuern, sie also im Hinblick auf die Sanktionierung mit Rechtssubjekten des Privatrechts gleichstellen will, so ist es nicht einsichtig, die verfahrensrechtlichen Verteidigungsrechte zu versagen. Das Strafverfahren würde die ihm unterworfenen Sanktionsadressaten unterschiedlich behandeln, obwohl die Sanktion sie gleichermaßen trifft. Ein solche Vorgehensweise wäre widersprüchlich und ungerecht.

Gilt somit das nemo tenetur-Prinzip auch für öffentlich-rechtliche Unternehmen, so kann seine Anwendbarkeit auf gemischt-wirtschaftliche Unternehmen unproblematisch bejaht werden. Das Bundesverfassungsgericht hatte derartigen Zusammenschlüssen den Grundrechtsschutz versagt, sofern das Unternehmen mehrheitlich von juristischen Personen des öffentlichen Rechts getragen wurde[802]. Da der hier in Frage stehende Schutz aber sogar rein öffentlich-rechtlich verfassten Unternehmen zusteht, kommt es auf die schwierige Frage nach der Bestimmung der „Mehrheits- beziehungsweise Minderheitsgrenze", an welcher die Fähigkeit zur Grundrechtsträgerschaft verlaufen soll, nicht an.

h) Zur Geltung des nemo tenetur-Prinzips
für Unternehmen bei rein spezialpräventiver Sanktionierung
nach den Maßnahmemodellen

Nach den Maßnahmemodellen sind Unternehmens„*sanktionen*"[803] nur als schuldunabhängige Maßnahmen mit rein spezialpräventiver Ausrichtung denkbar[804]. Es handelt sich insoweit nicht um Kriminalstrafen oder Strafen im weiteren Sinne. Der nemo tenetur-Grundsatz gewährt seine Schutzwirkung jedoch nicht bei jedweden belastenden Eingriffen, sondern nur wenn straf- oder strafähnliche

---

801 Vgl. *Broß*, VerwArch 77 (1986), 65, 74, der deshalb die Geltung der Art. 101 I und 103 I GG für juristische Personen des öffentlichen Rechts gänzlich ausschließt.

802 *BVerfG* NJW 1990, 1783 – dabei ging es um eine Aktiengesellschaft, die sich zu 72% in der Trägerschaft der öffentlichen Hand befand; auf den Grundrechtsschutz der insoweit unterlegenen privaten Anleger ist das Gericht nicht eingegangen, vgl. zur Kritik *Krüger/ Sachs*, in: Sachs, Grundgesetz, Art. 19 Rn. 112 m. w. N.; *Storr*, Der Staat als Unternehmer, S. 238 ff.

803 Zum Begriff der Sanktion siehe oben 1. Teil, A. I. Die angedachten Eingriffe der Maßnahmemodelle können daher nicht unter den Sanktionsbegriff subsumiert werden.

804 Vgl. dazu oben 1. Teil, E. III. 3. a).

Sanktionen drohen. Er ist also an die Gefahr der *Straf*verfolgung gebunden[805]. Dies gilt für die naturalistischen nemo tenetur-Konzeptionen ebenso wie für die vorliegende prozessgrundrechtliche Zweckbestimmung. Bei Verhängung rein spezialpräventiver Maßnahmen gegen Unternehmen, bei denen es sich letztlich um „wirtschaftaufsichtsrechtliche Eingriffe" handelt[806], findet das nemo tenetur-Prinzip somit keine Anwendung.

Die zwingende Geltung des nemo tenetur-Grundsatzes wird jedoch nicht ausgeschlossen, wenn mit der Sanktionierung neben repressiven Zwecken *auch* präventive Zielsetzungen verfolgt werden. Dabei handelt es sich um eine selbstverständliche Aussage, die im Individualstrafverfahren nicht gesondert thematisiert wird: Das nemo tenetur-Privileg fordert strikte Beachtung, obwohl die Strafe auch vorbeugende Funktionen erfüllen soll[807]. Gleiches muss auch für Unternehmenssanktionen, die ebenfalls stark präventiv ausgerichtet sind[808], gelten. Die Argumente, mit denen die Anwendbarkeit des nemo tenetur-Grundsatzes zugunsten von Unternehmen belegt wurde, verlieren ihre Überzeugungskraft nicht durch die *auch*-präventive Ausrichtung der Sanktion. Sofern also Unternehmenssanktionen repressive Elemente beinhalten, dient die Inanspruchnahme des Schweigerechts der Wahrnehmung des Rechtes, sich gegen einen strafrechtlichen Vorwurf zu verteidigen. In den Verfahren zur Sanktionierung mittels schuldabhängigen Unternehmensstrafen sowie zur Verhängung der Verbandsgeldbuße nach § 30 OWiG können sich Unternehmen daher auf den nemo tenetur-Grundsatz berufen.

V. Zusammenfassung

Nach dem hier vorliegenden Verständnis sichert der nemo tenetur-Grundsatz die Freiheit des Beschuldigten, sich gegen den strafrechtlichen Vorwurf verteidigen zu dürfen und das damit verbundene Interesse, auf Verlauf und Ausgang des Verfahrens Einfluss zu nehmen. Es handelt sich dabei um ein Prozessgrundrecht, das seine verfassungsrechtliche Verortung im Rechtsstaatprinzip findet. Aufgrund dieser Zweckbestimmung knüpft der nemo tenetur-Grundsatz nicht an Eigenschaften oder Fähigkeiten an, die lediglich natürlichen Personen wesenseigen sein können. Vielmehr realisiert sich sein Schutzzweck gleichermaßen gegenüber juristischen Personen. Das nemo tenetur-Prinzip ist daher auch zugunsten von Unternehmen anwendbar. Sein personeller Geltungsbereich umfasst dabei nicht nur ausschließlich privatrechtlich organisierte, sondern auch rein öffentlich-rechtliche sowie gemischt-wirtschaftliche Unternehmen. Es ist dem bereits existierenden Verfahren

---

[805] Vgl. SK-StPO-*Rogall*, Vor § 133 Rn. 147.

[806] *Wohlers*, SJZ 96 (2002), 381, 389.

[807] Vgl. § 46 I StGB. Zu den Strafzwecken z. B. *Jescheck/Weigend*, Strafrecht AT, § 8 IV, S. 71 ff.

[808] Siehe oben 1. Teil, E. III. 5.

zur Verhängung der Verbandsgeldbuße nach § 30 OWiG verfassungsrechtlich vorgegeben und muss zudem, sollte sich der Gesetzgeber zur Einführung einer Unternehmensstrafbarkeit entschließen, in einem künftigen Unternehmensstrafprozess-
recht Berücksichtigung finden.

Dritter Teil

Die Ausgestaltung
des nemo tenetur-Schutzes von Unternehmen
in den einzelnen Verfahrensordnungen

Im vorangegangenen Abschnitt wurde gezeigt, dass sich Unternehmen auf den verfassungsrechtlichen Grundsatz „nemo tenetur se ipsum accusare" berufen können. Im Folgenden soll nunmehr die Umsetzung dieses Ergebnisses in den einzelnen Verfahrensordnungen untersucht werden. Es ist also zu klären, wie das einfache Verfahrensrecht auszugestalten ist, damit es sich mit dem verfassungsrechtlich vorgegebenen Selbstbelastungsschutz von Unternehmen im Einklang befindet. Dabei sollen zunächst gegen Unternehmen gerichtete Straf- und Bußgeldverfahren betrachtet werden. Im Anschluss daran wird sich die Arbeit der Sicherstellung von Selbstbelastungsschutz von Verbänden bei Mitwirkungsverpflichtungen in außerstrafrechtlichen Verfahren widmen.

A. Gewährleistung
des nemo tenetur-Prinzips für Unternehmen
in einem künftigen Unternehmensstrafverfahren und
im Verbandsbußgeldverfahren nach § 30 OWiG

I. Die Verfahrensrolle der
im Unternehmensstrafverfahren Beteiligten

Bevor im Einzelnen auf die praktische Sicherstellung der Selbstbelastungsfreiheit des Unternehmens eingegangen wird, soll zunächst die Verfahrensstellung der in einem Unternehmensstrafverfahren möglichen Beteiligten bestimmt werden.

1. Der Beschuldigtenstatus des Unternehmens

Den Ausgangspunkt für die Ermittlung der jeweiligen Verfahrensrolle der im Unternehmensstrafverfahren Beteiligten muss die Stellung des Unternehmens selbst bilden. Bezeichnet man als Beschuldigten denjenigen, „der, durch den Verdacht einer Verbrechenshandlung belastet, sich in einem eingeleiteten Strafverfahren zu verantworten hat"[1], welcher also der Strafverfolgung unmittelbar ausgesetzt ist[2], so befindet sich ein Unternehmen, gegen das mit dem Ziel seiner Sanktionierung ermittelt wird, in einer derartigen Position[3]. Denn da Unternehmenssanktionen einen eigenen Schuldvorwurf[4] und einen selbständigen Sanktionseffekt gegenüber dem Verband begründen[5], sich folglich direkt an ihn richten, ist es der Verband selbst, welcher der strafrechtlichen Verfolgung ausgesetzt ist. Aufgrund der durch die Unternehmenssanktion begründeten Adressatenstellung befindet sich somit das Unternehmen in der Position des Beschuldigten[6].

Ebenso wird mit der Verbandsgeldbuße unmittelbar gegen das betroffene Unternehmen eine eigenständige Sanktion verhängt[7]. Es ist daher problematisch, wenn § 444 StPO als prozessuale Ergänzungsregelung zu § 30 OWiG den mit einer Geldbuße bedrohten Verband in die Stellung eines Einziehungsbeteiligten nach den §§ 431 ff. StPO verweist[8]. Denn im Gegensatz zur Verbandsgeldbuße ist die Einziehung ausschließlich gegen einen vom Verband verschiedenen Täter gerichtet, mag sie auch im Falle der Dritteinziehung vermögensrechtliche Interessen eines Unternehmens treffen können[9]. Auch im Verfahren nach § 30 OWiG ist folglich dem betroffenen Unternehmen der Status eines Beschuldigten[10] zuzuerkennen[11].

---

1 *Henkel,* Strafverfahrensrecht, S. 218.

2 SK-StPO-*Rogall,* Vor § 133 Rn. 15 f.; *ders.,* Der Beschuldigte, S. 22 f.

3 Der Terminus des Beschuldigten wird dabei als Oberbegriff verwendet, der den Angeschuldigten und den Angeklagten miterfasst, vgl. Löwe-Rosenberg-*Beulke,* § 157 Rn. 2; SK-StPO-*Rogall,* Vor § 133 Rn. 10. Auf die Frage, zu welchem Zeitpunkt genau die Beschuldigteneigenschaft beginnt, kommt es im vorliegenden Zusammenhang nicht an, siehe dazu z. B. KK-StPO-*Wache,* § 163 a Rn. 2 m. w. N.

4 Die schuldunabhängigen Maßnahmemodelle – siehe oben 1. Teil, E. III. 3. a) – bleiben wegen der fehlenden Geltung des nemo tenetur-Satzes in solch rein präventiv orientierten Verfahren – siehe oben 2. Teil, D. IV. 7. h) – an dieser Stelle außerhalb der Betrachtung.

5 Siehe oben 1. Teil, E. III. 5.

6 *Drope,* Strafprozessuale Probleme, S. 102 und 138; *Schlüter,* Strafbarkeit von Unternehmen, S. 189; vgl. auch § 12 I 2 des österreichischen Entwurfes eines Bundesgesetzes über die Verantwortlichkeit von Verbänden für mit gerichtlicher Strafe bedrohte Handlungen (Verbandsverantwortlichkeitsgesetz – VbVG), JMZ 318.017 / 0001-II 2 / 2004.

7 Vgl. dazu oben 1. Teil, A. II. 4.

8 Zu einzelnen Auswirkungen v. a. im Zusammenhang mit Vernehmungen und dem Recht, Beweisanträge zu stellen, vgl. *Brender,* Neuregelung der Verbandstäterschaft, S. 144 ff.; *Müller,* Stellung der juristischen Person, S. 102 f. Das Schweigerecht des Verbandes ergibt sich dabei auf einfach-gesetzlicher Ebene aus den §§ 444 II 2, 432 II, 163 a III 2, 136 I 2 StPO, §§ 88, 46 I OWiG bzw. §§ 444 II 2, 433 I, 243 IV 1 StPO, § 46 I OWiG.

9 Löwe-Rosenberg-*Gössel,* § 444 Rn. 6; KK-OWiG-*Rogall,* § 30 Rn. 172.

10 In der Terminologie des Ordnungswidrigkeitengesetzes: Status eines Betroffenen.

11 *Bauer,* WuW 1989, 304, 305; Immenga / Mestmäcker-GWB-*Dannecker / Biermann,* Vor § 81 Rn. 169; *Gillmeister,* Ermittlungsrechte, S. 38 f.; *Göhler,* OWiG, § 55 Rn. 8; *Müller,* Stellung der juristischen Person, S. 102 und 105; KK-OWiG-*Rogall,* § 30 Rn. 172 und 177; auch Löwe-Rosenberg-*Gössel,* § 444 Rn. 6; *Schroth,* wistra 1986, 158, 163; wohl auch KK-OWiG-*Wache,* § 55 Rn. 14; vgl. weiterhin *BVerfG* BB 1975, 1315; dagegen *v. Winterfeld,* BB 1976, 344, 345.

2. Die Verfahrensstellung der gesetzlichen Unternehmensvertreter

Da Unternehmen nicht selbst handeln können, bedarf es der Einschaltung von Vertretern, um die Durchführung des Strafverfahrens überhaupt zu ermöglichen. Gerade auch im Hinblick auf die Geltendmachung und Ausübung von Verfahrensrechten des Verbandes ist die Einbeziehung von natürlichen Personen notwendig. Es muss daher zunächst untersucht werden, welche der Unternehmensangehörigen die Vertretung des Unternehmens im strafrechtlichen Verfahren übernehmen. Anschließend ist die Stellung dieser Unternehmensvertreter zu bestimmen.

a) Vertretung des Unternehmens im strafrechtlichen Verfahren

Im Zivilprozess[12] und im verwaltungsgerichtlichen Verfahren[13] werden Gesellschaften als prozessunfähige Personen durch ihre per Gesetz ermächtigten Vertreter gerichtlich vertreten. Wer für den jeweiligen Verband als gesetzlicher Vertreter fungiert, ergibt sich also aus gesellschaftsrechtlichen Vorschriften[14]. Diese zivilrechtlichen Vertretungsgrundsätze, die gleichfalls im Bußgeldverfahren nach ganz überwiegender Ansicht Anwendung finden[15], sollten grundsätzlich auch in einem künftigen Unternehmensstrafverfahren zugrunde gelegt werden[16]. Danach sind beispielsweise der Vorstand bei der Aktiengesellschaft (§ 78 I AktG) und der Genossenschaft (§ 24 GenG), der Geschäftsführer bei der GmbH (§ 35 I GmbHG) sowie die geschäftsführenden Gesellschafter bei den Personenhandelsgesellschaften (§ 125 HGB für die oHG und § 161 II HGB für die KG) vertretungsbefugt. Nachdem als Konsequenz der Anerkennung der Rechtfähigkeit der BGB-Außengesellschaft[17] auch deren Parteifähigkeit im Zivilverfahren zuerkannt wurde[18], wird die GbR grundsätzlich durch ihre geschäftsführungsbefugten Gesellschafter vertreten (§§ 714, 710 BGB). Dabei bestimmt sich ebenfalls nach zivilrechtlichen Regelungen, ob bei mehrköpfigen Vertretungsorganen alle Organmitglieder gemeinsam handeln müssen (Gesamtvertretung) oder ob auch jedes Mitglied einzeln vertretungsbefugt ist (Einzelvertretung)[19]. Allerdings kann es sich im Falle von

---

12 Vgl. § 51 I ZPO.

13 Vgl. § 62 III VwGO sowie die Verweisungsnorm auf die Grundsätze des Zivilprozesses nach § 98 VwGO.

14 Siehe nur Thomas / Putzo, § 51 Rn. 4 ff.

15 KK-StPO-*Boujong*, § 444 Rn. 7; Löwe-Rosenberg-*Gössel*, § 444 Rn. 25; *Müller*, Stellung der juristischen Person, S. 103; KMR-*Paulus*, § 444 Rn. 7; *Pohl-Sichtermann*, Geldbuße gegen Verbände, S. 218; KK-OWiG-*Rogall*, § 30 Rn. 177.

16 *Drope*, Strafprozessuale Probleme, S. 135 f.; *Erhardt*, Unternehmensdelinquenz, S. 246 f.; *Schlüter*, Strafbarkeit von Unternehmen, S. 192 f.; *Schmitt*, Strafrechtliche Maßnahmen, S. 228 f.; vgl. auch bereits *RG*St 60, 75, 77.

17 *BGHZ* 46, 341, 343.

18 *BGHZ* 46, 341, 348.

19 Vgl. dazu *Schlüter*, Strafbarkeit von Unternehmen, S. 192.

bestehender Gesamtvertretung als äußerst sinnvoll erweisen, durch entsprechende Vereinbarung aller Gesamtvertretungsberechtigten lediglich einen Vertreter zu ermächtigen, der für den Verband gegenüber dem Gericht auftritt[20]. Es sind somit grundsätzlich die gesetzlichen Vertreter, welche das Unternehmen im Straf- und auch im Bußgeldverfahren repräsentieren. Bevollmächtigte, nicht-organschaftliche Vertreter, wie beispielsweise Prokuristen, können demgegenüber die Vertretung des Verbandes im Gerichtsverfahren nicht übernehmen[21].

Jedoch sind Interessenkonflikte denkbar, wenn das vertretungsberechtigte Organ, das die Belange des Unternehmens wahren soll, selbst als Individualtäter strafrechtlichen Ermittlungen, die im Zusammenhang mit der Unternehmenstat stehen, ausgesetzt ist oder ausgesetzt werden könnte. Dies ist bei allen kumulativen Verbandsstrafenmodellen möglich, also sowohl bei akzessorischer Verantwortlichkeit des Unternehmens als auch bei von einer Individualtat unabhängiger Begründung der Verbandssanktion[22]. Die überwiegende Ansicht geht daher davon aus, den (möglichen) Individualtäter von der Vertretung des Verbandes stets auszuschließen und gegebenenfalls einen „Notvertreter"[23] zu bestellen[24]. Ob eine derartige Pauschallösung notwendig ist, oder ob der Ausschluss davon abhängig gemacht werden sollte, ob eine Interessenkollision tatsächlich vorliegt oder zumindest nicht auszuschließen ist[25], kann hier dahingestellt bleiben. Fest steht jedenfalls, dass grundsätzlich die vertretungsberechtigten Organe den Verband im Gerichtsverfahren repräsentieren.

---

[20] Löwe-Rosenberg-*Gössel*, § 444 Rn. 28; *Müller*, Stellung der juristischen Person, S. 103; *Schlüter*, Strafbarkeit von Unternehmen, S. 192. Zur Stellung der verfahrenspassiven Vertreter vgl. unten 3. Teil, A. I. 2. b).

[21] KK-OWiG-*Rogall*, § 30 Rn. 177; *Schlüter*, Strafbarkeit von Unternehmen, S. 190 f.; anders jedoch *Ralf Busch*, Unternehmen und Umweltstrafrecht, S. 217.

[22] Zu einzelnen Konstellationen ausführlich *Drope*, Strafprozessuale Probleme, S. 132 ff.

[23] Vgl. dazu § 29 BGB, der für die GmbH und Genossenschaft analog angewendet wird und nach teilweiser Auffassung auch auf den nicht eingetragenen Verein Anwendung finden soll, sowie § 78 AktG, siehe *K. Schmidt*, Gesellschaftsrecht, § 10 I 1 c, S. 249. Zur Möglichkeit der Regelung des Vertretungsverhältnisses per einstweiliger Verfügung bei Personengesellschaften, bei denen § 29 BGB keine Anwendung findet, *Müller*, Stellung der juristischen Person, S. 104; KK-OWiG-*Rogall*, § 30 Rn. 179.

[24] Für das Verbandsbußgeldverfahren: KK-StPO-*Boujong*, § 444 Rn. 7; KMR-*Paulus*, § 444 Rn. 8; KK-OWiG-*Rogall*, § 30 Rn. 179 f. Gleichermaßen im Hinblick auf ein künftiges Unternehmensstrafverfahren: *Ehrhardt*, Unternehmensdelinquenz, S. 246; auch *Bertossa*, Unternehmensstrafrecht, S. 184 ff.

[25] *Drope*, Strafprozessuale Probleme, S. 135; AK-StPO-*Keller*, § 444 Rn. 8; *Müller*, Stellung der juristischen Person, S. 103 f.; *Pohl-Sichtermann*, Geldbuße gegen Verbände, S. 219 f.; *Schlüter*, Strafbarkeit von Unternehmen, S. 214 f.; *Schmitt*, Strafrechtliche Maßnahmen, S. 229. Kann also ein Interessenkonflikt ausgeschlossen werden, so bleibt nach dieser Lösung die Entscheidung, ob eine Vertretung durch den möglichen Individualtäter stattfinden soll, den Willensbildungsorganen der Gesellschaft überlassen.

b) Die Verfahrensstellung der gesetzlichen Unternehmensvertreter

Auf den ersten Blick scheinen die zivilrechtlichen Vertretungsgrundsätze für die vorliegende Frage nach der Sicherstellung der Selbstbelastungsfreiheit des betroffenen Unternehmens unergiebig, wenn man bedenkt, dass es bei der Vertretung um die Befugnis geht, im Namen der Gesellschaft und mit Wirkung für und gegen den Vertretenen rechtsgeschäftliche Erklärungen abzugeben und entgegenzunehmen[26]. Im Gerichtsverfahren ist eine Vertretung somit nur bei Prozesshandlungen, die weitestgehend Willenserklärungen darstellen, nicht aber bei reinen Wissenserklärungen möglich[27]. Im Zusammenhang von Vernehmungen geht es damit nicht um eine Vertretung des Verbandes im formalen Sinne[28]. Nichtsdestotrotz bedarf es bei Verbänden der Einschaltung von natürlichen Personen, um die Wahrnehmung eigener prozessualer Rechte des Unternehmens zu gewährleisten, so auch bei Ausübung der Aussagefreiheit.

Es stellt sich folglich die Frage, *wer* die Wahrnehmung der Prozessgrundrechte des Verbandes übernehmen darf beziehungsweise übernehmen muss. Da jedenfalls nicht allen Unternehmensangehörigen ungeachtet ihrer internen Funktionen und Befugnisse diese Aufgabe eingeräumt werden kann, müssen Kriterien zur Bestimmung des Personenkreises gefunden werden, dem die Ausübung der Verfahrensrechte obliegt. Für dieses Problem lassen sich die Rechtsgedanken, die mit den zivilrechtlichen Grundsätzen zur gesetzlichen Vertretung verbunden sind, nutzbar machen.

Das Zurechnungsverhältnis zwischen den Organen und dem Verband ist ein qualitativ anderes als das zwischen Bevollmächtigten und Verband. Im Falle organschaftlicher Vertretung geht es nämlich um Zurechnung fremder Handlungen als *eigenes Verhalten* des Vertretenen, also nicht lediglich um Zurechnung fremden Verhaltens[29]. Dies setzt ein gewisses Maß an „Identifizierung" zwischen Vertreter und Vertretenem voraus[30]. Das ist möglich, weil es sich bei den Organen um verfassungsmäßige Glieder des Verbandes handelt. Sie sind ihm also zugehörig und stehen ihm nicht wie beliebige Dritte oder Fremde gegenüber[31]. Sie bilden die notwendige Voraussetzung, um die Handlungsfähigkeit des Verbandes zu ermöglichen. Durch sie vermag er, nach außen in Erscheinung zu treten und zu agieren. Die Organe sind somit „unentbehrlicher Teil der Verbandsorganisation", sie handeln nicht als willkürlich eingeschaltete Dritte[32]. All dies verdeutlicht die existen-

---

[26] Vgl. nur Palandt-*Heinrichs,* Einf v § 164 Rn. 1.

[27] *Schlüter,* Strafbarkeit von Unternehmen, S. 192 f.

[28] Vgl. *Schlüter,* Strafbarkeit von Unternehmen, S. 192 f.; auch *Drope,* Strafprozessuale Probleme, S. 129.

[29] *K. Schmidt,* Gesellschaftsrecht, § 10 I 2, S. 253; § 10 II 1, S. 255.

[30] Vgl. *Wiedemann,* Gesellschaftsrecht I, S. 212.

[31] *Flume,* Die juristische Person, § 11 I, S. 379; *K. Schmidt,* Gesellschaftsrecht, § 10 I 1 b, S. 248; MüKo-BGB-*Schramm,* Vor § 164 Rn. 6.

[32] *K. Schmidt,* Gesellschaftsrecht, § 10 I 1 b, S. 248.

tielle Bedeutung und die exponierte Stellung der Organe (und der Organwalter) für den Verband. Es ist daher sachgerecht, ausschließlich die gesetzlichen Vertreter einer Gesellschaft aufgrund ihrer untrennbaren Zugehörigkeit zum Verband und ihren verbandsspezifischen Funktionen mit der Wahrnehmung von dessen Aussagefreiheit zu betrauen[33]. Dies entspricht auch der überwiegenden Praxis im Verbandsbußgeldverfahren[34]. Wenn demgegenüber vorgeschlagen wird, sämtliche Personen, die nach den akzessorischen Sanktionsmodellen taugliche Täter der Anknüpfungstat bilden, mit der Wahrnehmung des Schweigerechts des Verbandes zu betrauen[35], so berücksichtigt dies nicht ausreichend die beschriebene besondere Stellung und Funktion der gesetzlichen Vertreter. Zudem kann eine derartige Grenzziehung zur Bestimmung des das Schweigerecht des Unternehmens wahrnehmenden Personenkreises bei nicht-akzessorischer Verbandsstrafenbegründung nicht weiterhelfen[36].

Die Ausübung der Aussagefreiheit des Unternehmens obliegt folglich dessen gesetzlichen Vertretern. Sie sind es daher, die das Aussageverweigerungsrecht des Verbandes[37] geltend machen können. Würde man den Organwaltern gleichzeitig eine erzwingbare Aussageverpflichtung auferlegen, sie also in eine Zeugenrolle verweisen, so liefe das – eigene – Aussageverweigerungsrecht des Verbandes leer[38]. Vielfach wird daher im vorliegenden Zusammenhang festgestellt, die gesetzlichen Vertreter seien „als Beschuldigte" zu vernehmen[39]. Diese der Sache

---

[33] So auch *Drope,* Strafprozessuale Probleme, S. 141 f., ebenfalls unter Hinweis auf die Organfunktion.

[34] *BVerfG* BB 1975, 1315; *OLG Frankfurt,* GA 1969, 124; *Bauer,* WuW 1989, 304, 305; KK-StPO-*Boujong,* § 444 Rn. 7; Immenga / Mestmäcker-GWB-*Dannecker / Biermann,* Vor § 81 Rn. 169; *Deringer,* WuW 1988, 933, 941; *Gillmeister,* Ermittlungsrechte, S. 38 f.; *Göhler,* OWiG, § 55 Rn. 8; *Müller,* Stellung der juristischen Person, S. 107; KMR-*Paulus,* § 444 Rn. 10; KK-OWiG-*Rogall,* § 30 Rn. 188; KK-OWiG-*Wache,* § 55 Rn. 14; vgl. weiter *Wieckmann,* Auskunftsersuchen, S. 79.

[35] So *Minoggio,* Wirtschaftsunternehmen als Nebenbeteiligte, S. 86 f.; *ders.,* wistra 2003, 121, 129, unter Hinweis auf die in § 75 StGB genannte Personengruppe.

[36] Gegen eine Orientierung am Personenkreis der möglichen Anlasstäter auch *Drope,* Strafprozessuale Probleme, S. 145.

[37] Es handelt sich um ein eigenes Aussageverweigerungrecht des Verbandes im Sinne der §§ 136 I 1 (ggf. i.V. m. § 163 a III 2), 243 IV 1 StPO, das sich aus seiner Beschuldigtenstellung und dessen originären Teilhabe am nemo tenetur-Grundsatz ergibt; dies darf nicht mit einem Auskunftsverweigerungsrecht des Vertreters im Sinne § 55 StPO verwechselt werden, vgl. auch *Drope,* Strafprozessuale Probleme, S. 214; KK-OWiG-*Rogall,* § 30 Rn. 188; weiter Immenga / Mestmäcker-GWB-*Dannecker / Biermann,* Vor § 81 Rn. 169.

[38] *Bertossa,* Unternehmensstrafrecht, S. 172; *Drope,* Strafprozessuale Probleme, S. 140 f. und S. 214; *Schlüter,* Strafbarkeit von Unternehmen, S. 219; für das Verbandsbußgeldverfahren *Müller,* Stellung der juristischen Person, S. 107.

[39] *OLG Frankfurt* GA 1969, 124; *Drope,* Strafprozessuale Probleme, S. 213 f., auch S. 146; KK-OWiG-*Rogall,* § 30 Rn. 188; *Zeder,* ÖJZ 2001, 630, 640. Siehe auch § 16 des österreichischen Entwurfes eines Bundesgesetzes über die Verantwortlichkeit von Verbänden für mit gerichtlicher Strafe bedrohte Handlungen (Verbandsverantwortlichkeitsgesetz – VbVG), JMZ 318.017 / 0001-II 2 / 2004.

nach unpräzise Formulierung darf nicht dahingehend missverstanden werden, dass sich die Organwalter, soweit es um die Sanktionierung des Verbandes geht[40], in einer eigenen Beschuldigtenstellung befänden[41]. Beschuldigter im Verfahren zur Sanktionierung von Unternehmen ist ausschließlich der betroffene Verband selbst[42]. Die gesetzlichen Vertreter füllen vielmehr die Beschuldigteneigenschaft des Verbandes aus[43]. Ihnen kommt daher die Aufgabe zu, dessen Aussageverweigerungsrecht wahrzunehmen. Dies macht es notwendig, sie von einer zwangsweisen Aussageverpflichtung freizustellen. Sie befinden sich folglich nicht in einer Zeugenstellung[44].

Dies gilt auch für die verfahrenspassiven Unternehmensvertreter, also jenen Organwaltern, die nicht aktuell mit der Vertretung des Verbandes im Sanktionsverfahren betraut sind[45]. Die Bestimmung der Verfahrensstellung muss an die Inhaberschaft der Vertreterposition anknüpfen, nicht an deren tatsächliche Ausübung im Prozess[46]. Denn einerseits erwächst auch die mit organschaftlicher Vertretung verbundene Sonderstellung, welche die Repräsentanz des Verbandes rechtfertigt, aus der Trägerschaft jener Vertreterposition. Andererseits wäre es dem Unternehmen sonst unmöglich, sich während des Prozesses nur einzelner Vertreter zu bedienen und diese gegebenenfalls auch austauschen zu können. Es würde aber erhebliche Belastungen für die Unternehmenstätigkeit mit sich bringen, wenn sämtliche Organwalter aufgrund der Prozessführung an der Wahrnehmung der ihnen regulär obliegenden Aufgaben gehindert wären[47]. Zudem könnte der zügige Ablauf des Verfahrens gehemmt werden.

3. Die Verfahrensrolle der sonstigen Unternehmensangehörigen

Zu erörtern bleibt schließlich die Stellung der sonstigen Unternehmensangehörigen im Sanktionsverfahren gegen den Verband. Hierzu gehören nicht-vertretungsberechtigte Gesellschafter, Prokuristen, Handlungsbevollmächtigte, aber auch alle übrigen Mitglieder und Mitarbeiter des Unternehmens.

---

[40] Davon zu unterscheiden ist eine mögliche Beschuldigtenstellung aufgrund einer Individualstraftat der das Organamt wahrnehmenden natürlichen Person.

[41] Vgl. auch die Kritik von *Müller,* Stellung der juristischen Person, S. 107 Fn. 32; *Schlüter,* Strafbarkeit von Unternehmen, S. 218 f.

[42] Siehe oben 3. Teil, A. I. 1.

[43] Vgl. *Drope,* Strafprozessuale Probleme, S. 143.

[44] *Drope,* Strafprozessuale Probleme, S. 214; *Schlüter,* Strafbarkeit von Unternehmen, S. 219.

[45] Dies ist beispielsweise möglich, wenn von mehreren gesetzlichen Vertretern nur einer oder einzelne mit der Vertretung des Verbandes betraut worden sind, vgl. oben 3. Teil, A. I. 2. a).

[46] *Schlüter,* Strafbarkeit von Unternehmen, S. 223; für das Verbandsbußgeldverfahren: KK-OWiG-*Rogall,* § 30 Rn. 188.

[47] *Schlüter,* Strafbarkeit von Unternehmen, S. 223 f.

Diese könnten ebenfalls von einer Position als Zeugen ausgeschlossen sein, wenn man sich die Argumente zur Rechtfertigung von Unternehmensstrafen in Erinnerung ruft. Auf den Verband soll als überindividuellen Verantwortungsträger unter anderem zugegriffen werden können, da dieser für Organisationsdefizite im Geflecht von unternehmensinternen Zuständigkeitsbeziehungen und die Förderung der Neutralisation von rechtskonformen Einstellungen einstehen müsse[48]. „Organisierte Unverantwortlichkeit" und eine „kriminelle Verbandsattitüde" werden aber nicht ohne Mitwirkung aller Verbandsmitglieder erzeugt. Auch die mit Verbandssanktionen erhofften Präventionseffekte, die in erster Linie bei einer Aktivierung beziehungsweise Effektuierung verstärkter verbandsinterner Steuerung und Kontrolle ansetzen[49], können letztlich auf sämtliche Unternehmensangehörige zugreifen. Schließlich können sich Unternehmensstrafen mittelbar auf die Verbandsmitglieder auswirken, beispielsweise durch einen möglichen Wertverlust der Gesellschaftsanteile[50].

Eine derartige mittelbare Betroffenheit durch die Verbandssanktion und die Tatsache, dass sich der Verband aus mehreren Mitgliedern zusammensetzt, rechtfertigen jedoch nicht die Annahme, sämtliche Mitglieder mit dem Verband derart zu identifizieren, dass diese dessen Verfahrensrechte wahrnehmen könnten[51]. Sie verfügen nicht über eine vergleichbare Stellung wie die organschaftlichen Vertreter und können daher durchaus als „Dritte" angesehen werden[52]. Dies bestätigt ein Vergleich mit der Sanktionierung eines Einzelunternehmers[53]. Droht diesem eine Individualsanktion, so werden dessen Angestellte durchaus als Zeugen behandelt.

Sämtliche sonstige Unternehmensangehörige, die sich nicht in der Stellung als organschaftliche Vertreter befinden, können daher im Verfahren gegen das Unternehmen grundsätzlich als Zeugen vernommen werden[54].

---

[48] Vgl. dazu oben 1. Teil, E. II. 2. und 3.

[49] Vgl. oben 1. Teil, E. III. 5.

[50] Vgl. *Drope,* Strafprozessuale Probleme, S. 145; *Schlüter,* Strafbarkeit von Unternehmen, S. 229 f.

[51] *Drope,* Strafprozessuale Probleme, S. 145.

[52] Vgl. *Wiedemann,* Gesellschaftsrecht I, S. 214.

[53] Gemeint ist damit eine natürliche Person als alleiniger Unternehmensträger (*Müller-Guggenberger,* in: Müller-Guggenberger / Bieneck, Wirtschaftsstrafrecht, § 23 Rn. 16). Zum Begriff des Unternehmensträgers siehe oben Einführung, D. II.

[54] *Drope,* Strafprozessuale Probleme, S. 145; *Schlüter,* Strafbarkeit von Unternehmen, S. 229 f. Für das Verbandsbußgeldverfahren: *OLG Frankfurt* GA 1969, 124; Löwe-Rosenberg-*Gössel,* § 444 Rn. 25; *Müller,* Stellung der juristischen Person, S. 108; KMR-*Paulus,* § 444 Rn. 10; *Pohl-Sichtermann,* Geldbuße gegen Verbände, S. 261; KK-OWiG-*Rogall,* § 30 Rn. 189; vgl. auch *Bertossa,* Unternehmensstrafrecht, S. 198 ff.

II. Einzelfragen im Zusammenhang mit der Wahrnehmung der Einlassungsfreiheit durch die gesetzlichen Vertreter

1. Ausübung des Schweigerechts

Steht damit fest, dass es den gesetzlichen Vertretern obliegt, die Einlassungsfreiheit des Unternehmens wahrzunehmen, so sind sie folglich berechtigt, das Aussageverweigerungsrecht des Verbandes auszuüben. Da es sich um ein umfassendes Aussageverweigerungsrecht handelt[55], können die Vertreter die Äußerung zur Sache vollständig verweigern, also nicht lediglich im Hinblick auf bestimmte Fragen. Sie müssen dabei insbesondere auch nicht glaubhaft machen, inwieweit von der Einlassung eine den Verband belastende Wirkung ausgeht.

2. Entscheidungsfindung innerhalb des Unternehmens im Hinblick auf die Wahl der Verteidigungsstrategie

Die Entscheidung über die Inanspruchnahme des Aussageverweigerungsrechts des Unternehmens wird durch die satzungsmäßig vorgesehenen Willensbildungsorgane des Verbandes im vorgegebenen Beschlussverfahren getroffen[56]. Die gegenüber den Strafverfolgungsbehörden agierenden gesetzlichen Vertreter sind an diese Entscheidung entsprechend der gesellschaftsrechtlichen Regelungen gebunden[57]. Das bedeutet, dass der jeweilige organschaftliche Vertreter nicht selbst nach seiner persönlichen Auffassung über die Ausübung des Schweigerechtes des Verbandes bestimmen kann, sondern sich dem Beschluss des zuständigen Willensbildungsorgans zu unterwerfen hat[58].

Liegt ein derartiger Beschluss noch nicht vor[59], ist der jeweilige Organwalter folglich nicht befugt, selbst die Verteidigungsstrategie festzulegen. Vielmehr ist eine Entscheidung des berufenen Willensbildungsorgans herbeizuführen. Daher obliegt jedem gesetzlichen Unternehmensvertreter eine vorsorgliche Schweigepflicht, bis verbandsintern eine Abstimmung über die Handhabung der Einlassungsfreiheit des Unternehmens erwirkt worden ist. Dieser Mechanismus der Ent-

---

[55] Vgl. oben 3. Teil, A. I. 2. b) mit Fn. 37.

[56] Vgl. zur Willensbildung von Verbänden ausführlich *K. Schmidt,* Gesellschaftsrecht, § 15, S. 434 ff.

[57] Vgl. *Minoggio,* Wirtschaftsunternehmen als Nebenbeteiligte, S. 87 f.; *ders.,* wistra 2003, 121, 129.

[58] Sofern der gesetzliche Vertreter nach der Verbandsorganisation selbst und allein zuständig ist, fällt die Entscheidung über die Verteidigungsposition und die eigentliche Ausübung des Schweigerechts in seiner Person zusammen.

[59] Man denke etwa an erste Vernehmungen im Rahmen einer Durchsuchung des Firmengebäudes.

scheidungsfindung des Verbandes muss durch die Strafverfolgungsbehörde respektiert werden. Korrespondierend zur vorsorglichen Schweigepflicht besteht daher gegenüber den Strafverfolgungsbehörden ein „vorläufiges" Schweigerecht[60].

3. Belehrung über das Schweigerecht

a) Geltung der Belehrungsvorschriften zugunsten des Verbandes

Nach §§ 136 I 2, 243 IV 1 StPO ist der Beschuldigte durch den Richter im Individualstrafverfahren darüber zu belehren, dass es ihm freistehe, sich zu der Beschuldigung zu äußern oder nicht zur Sache auszusagen. Dies gilt gemäß § 163 a IV 2 auch bereits bei der ersten polizeilichen beziehungsweise staatsanwaltlichen Vernehmung im Ermittlungsverfahren; nach § 55 OWiG gilt Entsprechendes für das Bußgeldverfahren.

Die Belehrungspflicht soll dem Beschuldigten ermöglichen, von seinem Schweigerecht tatsächlich Gebrauch machen zu können[61]. Ohne solch eine Belehrung bestünde die Gefahr, dass er sich im Falle der Unkenntnis über das Schweigerecht zur Sache einlässt und dadurch seine Aussagefreiheit entwertet wird[62]. Die Chance zur Geltendmachung von verfassungsrechtlich abgesicherten Verteidigungsrechten muss aber für alle Betroffenen gleichermaßen bestehen und darf nicht davon abhängig sein, ob derjenige die Rechte (zufällig) kennt oder nicht[63]. Bei den Belehrungsvorschriften handelt es sich also um das Schweigerecht flankierende Schutzvorkehrungen[64], die einen Bestandteil fairer Verfahrensgestaltung[65] bilden und durch den nemo tenetur-Grundsatz selbst notwendig werden[66].

---

[60] *Minoggio,* Wirtschaftsunternehmen als Nebenbeteiligte, S. 88; *ders.,* wistra 2003, 121, 129.

[61] Vgl. z. B. *BGHSt* 25, 325, 330 f.; 38, 214, 220 ff.; SK-StPO-*Rogall,* Vor § 133 Rn. 164.

[62] *Verrel,* Selbstbelastungsfreiheit, S. 128.

[63] *Petry,* Beweisverbote, S. 113.

[64] Vgl. *Lorenz,* JZ 1992, 1000, 1006, der jedoch eine verfassungsrechtliche Absicherung der Belehrungsvorschriften bezweifelt; kritisch hierzu *Bosch,* Aspekte des nemo-tenetur-Prinzips, S. 72 Fn. 231.

[65] Auch bei menschenwürde- bzw. persönlichkeitsrechtlicher Ableitung des nemo tenetur-Prinzips werden die Belehrungsvorschriften mit dem Anspruch auf ein faires Verfahren in Verbindung gebracht, *BGHSt* 25, 325, 330; 38, 214, 221; 38, 263, 266; SK-StPO-*Rogall,* Vor § 133 Rn. 165 und § 136 Rn. 1; *Eb. Schmidt,* NJW 1968, 1209; vgl. auch *Bosch,* Aspekte des nemo-tenetur-Prinzips, S. 73, der in diesem Zusammenhang zudem auf die „objektivrechtliche, verfahrensgestaltende Funktion" des nemo tenetur-Prinzips verweist.

[66] Es ist dabei umstritten, ob der nemo tenetur-Grundsatz die Belehrungspflichten selbst beinhaltet oder ob sie eine unerlässliche Konsequenz jenes Privilegs darstellen, vgl. zsf. *Verrel,* Selbstbelastungsfreiheit, S. 119 ff. m. w. N. Fest steht jedoch, dass die Belehrungsvorschriften notwendig sind, um die effektive Wahrnehmung des Selbstbelastungsschutzes sicherzustellen, vgl. *BGHSt* 25, 325, 331; 38, 214, 221; SK-StPO-*Rogall,* Vor § 133 Rn. 164 f.; siehe auch *Bosch,* Aspekte des nemo-tenetur-Prinzips, S. 73.

Ausgehend von dieser Zweckbestimmung ist die Geltung der Belehrungspflichten gegenüber Unternehmen zu bestimmen. Können sich Unternehmen als eigenständige Träger des nemo tenetur-Prinzips selbst auf jenen Grundsatz berufen, so müssen zu ihren Gunsten auch die Schutzmechanismen, welche die effektive Wahrnehmung der Einlassungsfreiheit sicherstellen sollen, Anwendung finden. Insoweit sind Unternehmen ebenso schutzwürdig wie Individualpersonen. Zwar lässt sich die Vorstellung eines unvorbereiteten, nicht selten verwirrten, bedrückt oder verängstigten Menschen, wie der Bundesgerichtshof die Situation des Beschuldigten während der ersten Polizeivernehmung beschrieben hat[67], nicht auf den Verband übertragen[68]. Aber es kann andererseits nicht unterstellt werden, der Verband verfüge über entsprechende Kenntnis im Hinblick auf die ihm zustehenden Rechte. Im Einzelfall, beispielsweise bei großen Unternehmen mit eigener Rechtsabteilung, mag ein entsprechendes Wissen vorliegen. Jedoch scheint es verfehlt, pauschal von einer Unterrichtung über die Verteidigungsrechte auszugehen, vielmehr sind auch Konstellationen denkbar, in denen das eigene Schweigerecht des Verbandes den Unternehmensverantwortlichen unbekannt ist[69]. Um auch bei Verbänden sicherzustellen, dass das ihnen originär zustehende Schweigerecht auch tatsächlich ausgeübt werden kann, müssen die Belehrungspflichten ebenso zugunsten von Unternehmen Anwendung finden[70].

b) Adressaten der Belehrung

Daran anknüpfend ist zu klären, wem gegenüber die Belehrung über die Einlassungsfreiheit des Verbandes zu erfolgen hat[71]. Da das Schweigerecht durch die gesetzlichen Vertreter wahrgenommen wird, erscheint es konsequent, diese gleichsam als Adressaten der Belehrung festzulegen[72]. Allerdings könnten bei mehrköpfigen Vertretungsorganen im Hinblick auf die Belehrung die Grundsätze zur passiven Vertretung Anwendung finden, sofern man die Belehrung als Prozesshandlung qualifizieren will[73]. Hiernach verfügt jede Vertretungsperson zur Ent-

---

[67] *BGH*St 38, 214, 222.

[68] *Drope,* Strafprozessuale Probleme, S. 268.

[69] Vgl. *Drope,* Strafprozessuale Probleme, S. 268.

[70] Vgl. *Drope,* Strafprozessuale Probleme, S. 268 f.

[71] Es geht im Folgenden nur um die Belehrung über das Bestehen eines Aussageverweigerungsrechtes des Verbandes und dessen Ausübung durch den Organvertreter. Davon zu unterscheiden ist ein etwaiges eigenes Aussageverweigerungsrecht des Organwalters aufgrund dessen Stellung als Individualbeschuldigter und die Belehrung über dieses Individualrecht. Zu möglichen Konstellationen des Zusammentreffens von individueller Einlassungsfreiheit mit der des Verbandes siehe unten 3. Teil, A. II. 4.

[72] *Drope,* Strafprozessuale Probleme, S. 269. Vgl. auch § 16 des österreichischen Entwurfes eines Bundesgesetzes über die Verantwortlichkeit von Verbänden für mit gerichtlicher Strafe bedrohte Handlungen (Verbandsverantwortlichkeitsgesetz – VbVG), JMZ 318.017 / 0001-II 2 / 2004.

gegennahme von Erklärungen über unbeschränkte Vertretungsmacht, gleichgültig ob Einzel- oder Gesamtvertretung besteht[74]. Da es sich dabei um einen allgemeinen Grundsatz handelt, der auch in allen anderen Verfahrensarten Anwendung findet[75], besteht prinzipiell kein Anlass, im Strafverfahren eine Ausnahme davon zu machen[76]. Daher würde es bei mehreren gesetzlichen Vertretern grundsätzlich genügen, dass nur ein Repräsentant über das Schweigerecht des Unternehmens belehrt wird[77]. Treten die Organwalter den Strafverfolgungsbehörden gegenüber gemeinsam auf, wie insbesondere in der gegen den Verband gerichteten Hauptverhandlung, so wird sich die Frage nach der Notwendigkeit einer Einzelbelehrung nicht stellen, da die Belehrung von allen anwesenden Vertretern wahrgenommen wird. Praktisch relevant könnte dieses Problem jedoch werden, wenn die Vernehmung der gesetzlichen Vertreter getrennt voneinander erfolgen soll[78]. Denkbar ist dies beispielsweise bei Vernehmungen anlässlich großangelegter Firmendurchsuchungen, wenn die Strafverfolgungsbehörden auf sofortige Vernehmungen drängen. Sollen in derartigen Situationen die Unternehmensvertreter getrennt voneinander vernommen werden, ist jedoch jeder Organwalter zu belehren. Dies ergibt sich aus der hinter dem Prinzip der unbeschränkten Passivvertretung stehenden Wertung. Hintergrund dieser Regelung ist nämlich, dass der Verband aufgrund seiner internen Struktur zur Willensbildung und Informationsvermittlung in der Lage ist, eine entsprechende Erklärung an die zuständigen Organe weiterzuleiten und sein künftiges Auftreten nach außen, das durch die zuständigen Willensbildungsorgane festgelegt wird, anhand der weitergeleiteten Information auszurichten. Erfährt ein Vertreter aufgrund interner Übermittlungsdefizite nicht vom fraglichen Sachverhalt, so liegt dies in der Risikosphäre des Verbandes und kann diesem angelastet werden. Dies setzt allerdings voraus, dass eine entsprechende verbandsinterne Informationsverteilung überhaupt möglich ist. Wenn also, wie im genann-

---

[73] So *Paulus,* Meyer-GedS, S. 309, 317. Soweit ersichtlich, schweigt die übrige (Kommentar-)Literatur zur Rechtsnatur der Belehrung. Der Begriff der Prozesshandlungen ist höchst umstritten. Sofern man alle prozessrechtlich relevanten Handlungen der Prozesssubjekte, die prozessgestaltende Wirkung haben, als Prozesshandlungen erfasst (vgl. *Meyer-Goßner,* Einl. Rn. 95; vgl. auch *BGH*St 26, 384, 386), ließen sich Belehrungen als solche charakterisieren, wenn man darauf verweist, dass hierdurch der Beschuldigte in die Lage versetzt wird, ihm zustehende Verfahrensrechte selbstbestimmt ausüben zu können und hierdurch den Prozessverlauf und Ausgang zu beeinflussen.

[74] *Rosenberg/Schwab/Gottwald,* Zivilprozessrecht, S. 290; *Vollkommer,* in: Zöller, ZPO, § 51 Rn. 13; siehe auch *Larenz/Wolf,* Bürgerliches Recht AT, § 46 Rn. 70; MüKo-BGB-*Schramm,* § 164 Rn. 87.

[75] Vgl. § 28 II BGB, § 78 II 2 AktG, § 125 II 3 HGB, § 35 II 3 GmbHG, § 25 I 3 GenG sowie Palandt-*Heinrichs,* § 167 Rn. 13; MüKo-BGB-*Schramm,* § 164 Rn. 87.

[76] So aber – ohne jede Begründung – Löwe-Rosenberg-*Gössel,* § 444 Rn. 28; *Müller,* Stellung der juristischen Person, S. 103 Fn. 13.

[77] Vgl. *Schlüter,* Strafbarkeit von Unternehmen, S. 192.

[78] Verfügen die jeweiligen Vertreter über ein eigenes individuelles Aussageverweigerungsrecht, so sind sie selbstverständlich darüber zu belehren. De facto würde auch der Verband von solch einer Belehrung reflexartig profitieren.

ten Beispielsfall, gar keine Chance besteht, dass die Belehrung in einem zumutbaren Zeitraum intern an alle zur Wahrnehmung der Aussagefreiheit des Unternehmens berechtigten Vertreter übermittelt werden kann[79], muss jeder Unternehmensvertreter separat belehrt werden. Anderenfalls würde das Aussageverweigerungsrecht des Verbandes ausgehebelt. Demzufolge hat sich, selbst wenn man eine unbeschränkte passive Vertretungsbefugnis eines jeden Organwalters annehmen will, die Belehrung an alle gesetzlichen Vertreter zu richten, sofern nicht sicher gestellt ist, dass verbandsintern die Information über das Bestehen des Aussageverweigerungsrechtes des Unternehmens gewährleistet ist.

c) Klärung der Vertreterstellung durch die Strafverfolgungsorgane

Voraussetzung für eine ordnungsgemäße Belehrung ist natürlich, dass die Vernehmungsperson die gesetzlichen Vertreter als solche ausgemacht hat. Bestehen Zweifel über die Funktion der zu vernehmenden Unternehmensangehörigen, was vor allem bei ersten Vernehmungen der Fall sein könnte, so ist vorab die verbandsinterne Position der betreffenden natürlichen Person zu klären. Auf diese Weise kann sichergestellt werden, dass die Belehrung gegenüber allen richtigen Adressaten erfolgt[80].

4. Zusammentreffen der Einlassungsfreiheit des Unternehmens mit der individuellen Aussagefreiheit der gesetzlichen Vertreter

Bislang wurde das Schweigerecht des Verbandes und dessen Wahrnehmung isoliert von möglichen eigenen Interessen der mit der Ausübung beauftragten Vertreter betrachtet. Bei allen kumulativen Verbandsstrafenmodellen, also bei akzessorischen ebenso wie bei nicht-akzessorischen, sind jedoch Konstellationen denkbar und auch mehr oder weniger wahrscheinlich, in denen neben der Verbandstat eine Individualverfehlung eines gesetzlichen Vertreters vorliegt und sowohl zur Sanktionierung des Verbandes als auch des Individualtäters führen kann. In diesen Fällen stellt sich daher die Frage nach der Gewährleistung von Selbstbelastungsschutz nicht nur zugunsten des Unternehmens, sondern auch zugunsten des gesetzlichen Vertreters.

Die Wahrnehmung organschaftlicher Funktionen für den Verband darf eigene Rechte des Vertreters, die ihm als natürliche Person zustehen, nicht beeinträch-

---

[79] Es muss insbesondere auch genügend Zeit bestehen, um im Anschluss die Verteidigungsstrategie abzustimmen – zum „vorsorglichen" Aussageverweigerungsrecht siehe oben 3. Teil, A. II. 2.

[80] *Drope,* Strafprozessuale Probleme, S. 269.

tigen[81]. Der Unternehmensvertreter kann sich also als Individualperson auf den nemo tenetur-Grundsatz berufen, wenn die Gefahr besteht, dass er selbst als natürliche Person der straf- oder bußgeldrechtlichen Verfolgung ausgesetzt würde[82]. Im Folgenden sollen die verschiedenen Konstellationen, in denen die Aussagefreiheit von Unternehmen und gesetzlichem Vertreter zusammentreffen können, und dabei möglicherweise auftretende Interessenkollisionen analysiert werden. Dabei gilt es nach Lösungswegen zu suchen, welche den individuellen nemo tenetur-Schutz des Organwalters sicherstellen, aber auch der Einlassungsfreiheit des Verbandes gerecht werden.

a) Kenntnis beziehungsweise bestehender Verdacht von der Individualtat des Organwalters

Zunächst soll die Konstellation beleuchtet werden, in denen die Einzeltat des grundsätzlich vertretungsberechtigten Organwalters den Strafverfolgungsbehörden und dem Unternehmen bekannt ist oder zumindest ein konkreter Verdacht gegen den gesetzlichen Vertreter besteht. In solchen Fällen wird regelmäßig gegen das Unternehmen und die konkret bezeichnete Individualperson gemeinsam ermittelt beziehungsweise ein förmlich verbundenes Verfahren durchgeführt werden. Handelt es sich bei dem als Individualperson Beschuldigten um einen gesetzlichen Vertreter des Unternehmens, könnten Interessenkonflikte entstehen.

Dies wäre beispielsweise möglich, wenn durch den Verband, zum Beispiel eine GmbH, gesundheitsschädigende Produkte vertrieben worden sind und der individuell Beschuldigte, etwa als Geschäftsführer der GmbH, den Vertrieb trotz Kenntnis der mit dem Produkt verbundenen Gesundheitsgefahren angeordnet hat. Wird gegen Verband und Vertreter gemeinsam ermittelt, so treffen individuelle und korporative Verteidigungsinteressen aufeinander.

aa) Lösungsmöglichkeiten über einen Ausschluss des Organwalters von der Vertretung des Verbandes

Allerdings lässt sich ein großer Teil möglicher Konflikte in solchen Fällen, in denen der als Individualtäter Beschuldigte bekannt ist, im Wege des Ausschlusses des betreffenden Organwalters von der Vertretung des Verbandes verhindern. Wie bereits dargelegt, soll solch ein Ausschluss, zumindest nach der für das Verbands-

---

[81] Vgl. *Drope*, Strafprozessuale Probleme, S. 215; *Schlüter*, Strafbarkeit von Unternehmen, S. 139.

[82] *Drope*, Strafprozessuale Probleme, S. 215; *Schlüter*, Strafbarkeit von Unternehmen, S. 139. Unverständlich – zumindest nach der vorherrschenden Bestimmung des Schutzumfangs des nemo tenetur-Prinzips – *Arzt*, JZ 2003, 456, 459, der dem Unternehmensvertreter in Verfahren gegen den Verband ein Aussageverweigerungsrecht aufgrund der Gefahr eigener Selbstbelastung zuerkennt, ihn aber zur Herausgabe von (auch) ihn belastenden Unterlagen verpflichtet hält.

bußgeldverfahren überwiegenden Ansicht, generell vorgenommen werden[83]. Ist damit der Individualtäter nicht mehr zur Wahrnehmung der Aussagefreiheit des Verbandes befugt, kann folglich keine Kollision im Hinblick auf die Ausübung des individuellen und korporativen Schweigerechts entstehen. Dem individualbeschuldigten Unternehmensvertreter steht dann lediglich sein eigenes Schweigerecht zu. Sofern demgegenüber die Entscheidung über den Ausschluss des Individualtäters dem Verband überlassen bleiben soll[84], und sich dieser in einem entsprechenden Beschluss seiner Willensbildungsorgane für die Beibehaltung der Vertretungsbefugnis entschieden hat, werden die Interessen von Verband und Individualtäter gleichförmig verlaufen. Ein Interessenkonflikt besteht dann nicht. Insofern spielt es auch keine Rolle, ob der Vertreter sein eigenes Schweigerecht oder das des Verbandes in Anspruch nimmt[85]. Es ist daher nicht zu verlangen, dass der Vertreter ausdrücklich erklärt, auf wessen Aussageverweigerungsrecht er sich beruft. Kommt es während des laufenden Verfahrens zu Interessenkonflikten, so kann ein Ausschluss jederzeit vom Gericht oder dem Verband selbst vorgenommen werden.

bb) Verbleibende Interessengegensätze

Zwar können durch die Ausschließung des Unternehmensvertreters formale, aus der Doppelstellung erwachsene Konflikte verhindert werden, faktische Interessengegensätze zwischen Verband und Vertreter lassen sich dadurch jedoch nicht vollständig vermeiden. So kann einerseits die Aussageverweigerung des Individualtäters dem Verband schaden, etwa dann, wenn es sich um eine reine Exzesstat handelte, deren Offenlegung die strafrechtliche Verantwortlichkeit des Verbandes ausschließen würde. Andererseits kann sich auch eine Einlassung des ausgeschlossenen Vertreters nachteilig auf den Verband auswirken. Dies wäre möglich, wenn die Ausführungen die Voraussetzung der Verbandstat, etwa Organisationsmängel im Verband, belegen würden oder wenn bei akzessorischer Verbandsstrafenbegründung durch ein Geständnis des Individualtäters die für die Verbandssanktion notwendige Anknüpfungstat nachgewiesen werden kann. Solche Nachteile, die sich aus der Ausübung der individuellen Aussagefreiheit ergeben, lassen sich durch den Ausschluss des individuell beschuldigten Organwalters von der Vertretung des Verbandes nicht verhindern. Insbesondere handelt es sich bei der Preisgabe bestimmter Kenntnisse um reine Wissenserklärungen, so dass diesbezüglich die Vertretungsregeln nicht anwendbar sind[86]. Einlassungen des ausgeschlossenen Vertreters sind daher nicht mangels Vertretungsmacht unzulässig. Im Übrigen handelt der Individualbeschuldigte insoweit nicht für den Verband, sondern ausschließlich in eigenem Interesse.

---

83 Vgl. oben 3. Teil, A. I. 2. a).
84 Vgl. oben 3. Teil, A. I. 2. a) mit Fn. 25.
85 Siehe auch *Drope*, Strafprozessuale Probleme, S. 217.
86 Vgl. *Schlüter*, Strafbarkeit von Unternehmen, S. 214.

Unabhängig von der Ausschließung des individuell beschuldigten Vertreters besteht für den Verband also die Gefahr, dass sich die Wahrnehmung der persönlichen Selbstbelastungsfreiheit zu seinen Lasten auswirkt. Die organschaftlichen Vertreter sind auch nicht aufgrund ihrer mit der Organfunktion verbundenen besonderen Stellung verpflichtet, bei der Entscheidung über ihre persönliche Einlassungsfreiheit ihre eigenen Verteidigungsinteressen den Verbandsinteressen nachzuordnen. Eine derartige Treuepflicht[87] würde den zwangsweisen Verzicht auf den verfassungsrechtlich verbürgten nemo tenetur-Schutz beinhalten und ist daher nicht zulässig. Nachteilige Auswirkungen, die sich aus der Wahrnehmung der persönlichen Aussagefreiheit des Individualtäters ergeben, können folglich durch den Verband nicht unterbunden werden. Dabei handelt es sich um ein Risiko, das letztlich im Hinblick auf jeden Unternehmensangehörigen besteht. Insoweit unterscheidet sich das Verhältnis des Verbandes zu den Mitgliedern nicht von dem zwischen Mitbeschuldigten. Auch hier lässt es sich nicht verhindern, dass ein Geständnis belastende Wirkung gegenüber dem anderen Mitbeschuldigten entfaltet.

b) Fehlender Verdacht von der Individualtat des Organwalters

Größere Schwierigkeiten können zudem bei Verfahren gegen das Unternehmen auftreten, sofern der mit der Vertretung des Verbandes betraute Organwalter selbst eine Straftat begangen hat und weder von den Strafverfolgungsbehörden noch vom Verband (bislang) als Individualtäter ausgemacht wurde. Dies ist erster Linie bei Konzeptionen, welche die Verbandsstrafbarkeit unabhängig vom Nachweis der Individualtat begründen wollen, denkbar, aber ebenso bei akzessorischen Verbandssanktionsmodellen. Denn bei letzteren soll, wie bereits im Verbandsbußgeldverfahren, eine anonyme Verbandssanktion zugelassen werden[88]. In den meisten Fällen wird es sich um isolierte Verfahren gegen den Verband handeln. Allerdings sind die hier in Rede stehenden Interessenkonflikte auch in verbundenen Verfahren denkbar; als Individualtäter ist dann jedoch eine andere Person als der bislang unverdächtige Vertreter beschuldigt.

In solchen Konstellationen, in denen der Vertreter der Einzeltat noch nicht verdächtig ist, kann eine Lösung über einen Ausschluss von der Verbandsvertretung nicht ohne weiteres erreicht werden, denn weder für Gericht noch Unternehmen besteht hier ein Anlass, dem Vertreter die Vertretungsmacht zu entziehen[89]. Für die Handhabung dieser Fallkonstellation ist zu unterscheiden, ob die Interessen von

---

[87] Zu Treuepflichten im Verband allgemein vgl. z. B. *K. Schmidt,* Gesellschaftsrecht, § 20 IV, S. 587 ff.

[88] Vgl. dazu oben 1. Teil, A. II. 5. und E. III. 3. b) cc). Siehe dort allerdings auch den sich aus der Notwendigkeit des Nachweises der rechtswidrigen und schuldhaften Anlasstat ergebenden äußerst engen Anwendungsbereich.

[89] Vgl. *Drope,* Strafprozessuale Probleme, S. 215 mit Fn. 625.

bislang unverdächtigtem Organwalter und Verband gleichgerichtet oder gegenläufig gelagert sind[90].

aa) Gleichlaufende Interessen von Organwalter und Verband

(1) Aussageverweigerung dient den Verteidigungsinteressen von Organwalter und Verband

Denkbar ist zunächst, dass die Verweigerung der Aussage sowohl den Verteidigungsinteressen des Verbandes als auch denen des Vertreters dient. Schweigen bedeutet dann Schutz vor persönlicher Selbstbelastung des Vertreters als auch Selbstbelastungsschutz für den Verband. Dies könnte zum Beispiel der Fall sein, wenn bei einem akzessorischen Sanktionsmodell das Schweigen den Nachweis der Anknüpfungstat, die von dem bislang unbekannten Unternehmensvertreter verübt wurde, ausschließen würde, mit der Folge, dass sowohl die individuelle Bestrafung des Vertreters als auch die des Verbandes entfiele. Gleichsam könnte die Verweigerung der Einlassung bei nicht-akzessorischer Verbandssanktionierung für beide Interessen vorteilhaft sein, etwa wenn dadurch der Nachweis eines Organisationsmangels des Unternehmens und gleichzeitig eine zur Sanktionierung führende Aufsichtspflichtverletzung des Vertreters misslänge.

In derartigen Fällen spielt es keine Rolle, ob der Organwalter das Schweigerecht des Verbandes oder seinen höchstpersönlichen nemo tenetur-Schutz in Anspruch nimmt[91]. Er darf die Aussage verweigern, ohne darlegen zu müssen, für wen er schweigt. Dies ergibt sich aus seiner Verfahrensstellung als gesetzlicher Vertreter des Unternehmens, andererseits aber ebenfalls aus seiner persönlichen Freiheit, sich nicht strafrechtlich belasten zu müssen. Denn wie gezeigt, füllt der Vertreter die Beschuldigtenstellung des Verbandes aus und darf, als derjenige, der das Schweigerecht des Unternehmens wahrnimmt, nicht als Zeuge vernommen werden[92]. Daraus folgt, dass bei Ausübung des korporativen Aussageverweigerungsrechtes keinerlei Gründe angegeben werden müssen, inwieweit durch die Einlassung belastende Auswirkungen für den Verband entstünden[93]. Andererseits würde der Vertreter, wenn er erklären müsste, dass er seine eigene Selbstbelastungsfreiheit in Anspruch nimmt, den Verdacht erst auf seine Person lenken. Zwar hat auch ein Zeuge, welcher nach § 55 StPO die Auskunft auf selbstinkriminierende Fragen verweigern darf, die Auskunftsverweigerung ausdrücklich zu erklären[94] und gegebenenfalls das Bestehen der Verfolgungsgefahr nach § 56 StPO glaubhaft zu machen. Aber die Situation eines Zeugen ist mit der Position des die Vertretung

---

[90] *Drope,* Strafprozessuale Probleme, S. 216.
[91] *Drope,* Strafprozessuale Probleme, S. 216 f.
[92] Siehe oben 3. Teil, A. I. 2. b).
[93] Vgl. oben 3. Teil, A. I. 2. b).
[94] Vgl. nur *Meyer-Goßner,* § 55 Rn. 11.

des Verbandes wahrnehmenden Organwalters nicht vergleichbar. Während nämlich der Zeuge einer grundsätzlichen Aussage- und Wahrheitspflicht unterliegt[95], ist der Vertreter als diejenige Person, welche die Aussagefreiheit des Verbandes wahrnimmt, überhaupt nicht einlassungspflichtig. Er befindet sich gerade nicht in einer Zeugenstellung, so dass § 55 StPO für ihn nicht anwendbar ist[96]. Auch die Auferlegung einer § 55 StPO entsprechenden Erklärungspflicht scheidet aus. Denn solch eine Erklärung lässt sich vom Zeugen nur deshalb verlangen, weil ein grundloses Schweigen mit seiner prinzipiellen Aussage- und Wahrheitspflicht unvereinbar wäre. Da solch eine Verpflichtung bei dem Unternehmensvertreter nicht besteht, fehlt ein entsprechender Grund für die Statuierung einer derartigen Darlegungsverpflichtung, die, aufgrund der Gefahr der Verdachtsbegründung beziehungsweise Verdachtslenkung auf die Person des Vertreters, de facto mit einer Beeinträchtigung seiner Selbstbelastungsfreiheit verbunden wäre[97].

(2) Einlassung dient den Verteidigungsinteressen
   von Organwalter und Verband

Keine Schwierigkeiten bereiten auch Situationen, in denen eine Einlassung sowohl den Interessen des Verbandes als auch denen des Organwalters zugute kommt. Dies wäre beispielsweise möglich, wenn der Vertreter die Begehung einer objektiven Sorgfaltspflichtverletzung einräumen würde, aber gleichzeitig glaubhaft darlegen kann, dass die Pflichtverletzung unvermeidbar war und auch durch bestehende Kontroll- und Überwachungsmaßnahmen nicht verhindert werden konnte. Eine derartige Einlassung führt zum Ausschluss der individuellen Strafbarkeit des Vertreters, was bei akzessorischer Verbandssanktionierung mangels Anknüpfungstat auch einer Bestrafung des Unternehmens entgegen steht beziehungsweise den Nachweis eines für nicht-akzessorische Strafmodelle notwendigen Organisationsmangels unmöglich macht. Eine entsprechende Einlassung des Vertreters ist daher ohne weiteres möglich.

bb) Gegenläufige Interessen von Organwalter und Verband

Problematisch gestalten sich jedoch solche Situationen, in denen die Verteidigungsinteressen von Organwalter und Verband gegensätzlich verlaufen.

(1) Aussageverweigerung des Organwalters schadet dem Verband

Zunächst ist die Konstellation zu betrachten, in denen eine Aussageverweigerung des Vertreters dem Verband schadet. Hat beispielsweise der Organwalter eine

---

[95] Vgl. z. B. *Meyer-Goßner,* Vor § 48 Rn. 5; *Roxin,* Strafverfahrensrecht, § 26 Rn. 12.

[96] *Drope,* Strafprozessuale Probleme, S. 217.

[97] Vgl. *Drope,* Strafprozessuale Probleme, S. 218.

Straftat begangen, die dem Verband jedoch nicht zugerechnet werden kann, weil es sich ausschließlich um eine Exzesstat handelte, so würde ein Geständnis des Vertreters den Verband entlasten, aber eine individuelle Sanktionierung des Unternehmensvertreters ermöglichen. Hier liegt folglich eine Interessenkollision vor. Die Aussageverweigerung bedeutet die Ausübung von Selbstbelastungsschutz zugunsten des persönlichen Verteidigungsinteresses des Vertreters, verhindert jedoch eine Entlastung des Verbandes und wird daher unter Umständen zur Sanktionierung des Unternehmens führen[98].

Natürlich ist denkbar, dass der betroffene Vertreter selbst auf den möglichen Konflikt verweist und um Ersetzung bittet. In zahlreichen Fällen wird der Organwalter jedoch bemüht sein, seine Individualtäterschaft nicht nur gegenüber den Strafverfolgungsbehörden, sondern auch gegenüber dem Verband zu verbergen.

In derartigen Situationen wird das Unternehmen – auch wenn die Existenz der Exzesstat beziehungsweise des Täters dieser Tat unbekannt ist – vielfach darzulegen versuchen, dass jedenfalls die Voraussetzungen der Verbandssanktion nicht erfüllt sind, zum Beispiel dass seitens des Verbandes kein Organisationsmangel vorliegt[99]. Sofern sich der Vertreter in diesem Zusammenhang weigert, entsprechend der beschlossenen Verteidigungsstrategie im Prozess aufzutreten, rechtfertigt dies den Ausschluss von der Vertretung des Unternehmens. Wird dem Organwalter die gesetzliche Vertretungsmacht entzogen, so verliert er die Befugnis, das Aussageverweigerungsrecht des Verbandes auszuüben und die damit verbundene Befreiung von einer Zeugenpflicht. Der nunmehr ausgeschlossene Vertreter kann daher als Zeuge vernommen werden[100]. Ihm steht jedoch sein persönliches Auskunftsverweigerungsrecht nach § 55 StPO zur Verfügung, mit der Konsequenz, dass er die Beantwortung der ihn strafrechtlich belastenden Fragen verweigern darf[101]. Allerdings muss er dies ausdrücklich erklären und gegebenenfalls die Gefahr der Strafverfolgung nach § 56 StPO glaubhaft machen.

---

[98] Vgl. *Drope*, Strafprozessuale Probleme, S. 218; *Pohl-Sichtermann*, Geldbuße gegen Verbände, S. 219 f.

[99] Siehe insoweit auch *Drope*, Strafprozessuale Probleme, S. 133.

[100] Dies gilt jedenfalls dann, wenn er – wie bei Zugrundelegung des formellen Beschuldigtenbegriffs – nicht als Mitbeschuldigter einzustufen ist. Bei rein materieller Bestimmung seiner Verfahrenrolle ist der Vertreter aufgrund des sachlich-rechtlichen Zusammenhangs seiner Tat mit der Verbandsverfehlung jedoch als Mitbeschuldigter zu charakterisieren, mit der Folge, dass ihm dann sein umfassendes persönliches Schweigerecht zustünde. Dies übersieht *Drope,* die sich dem materiellen Mitbeschuldigtenbegriff anschließt (Strafprozessuale Probleme, S. 225), den Unternehmensvertreter in der hier in Rede stehenden Situation jedoch als Zeugen behandeln will (a. a. O, S. 219). Zur Mitbeschuldigten-Problematik im Kontext eines Verbandsstrafverfahrens ausführlich unten 3. Teil, A. II. 6. b).

[101] Vgl. *Drope*, Strafprozessuale Probleme, S. 219. Zum Auskunftsverweigerungsrecht ausgeschiedener Organwalter im Verbandsbußgeldverfahren siehe auch *OLG Frankfurt* GA 1969, 124; *Göhler*, OWiG, § 88 Rn. 5; *Müller*, Stellung der juristischen Person, S. 108; KK-OWiG-*Rogall*, § 30 Rn. 189.

Jedoch besteht in derartigen Fallkonstellationen die nicht gering zu schätzende Gefahr, dass sich weder dem Verband noch den Strafverfolgungsorganen Anhaltspunkte für eine bestehende Interessenkollision in der Person des Vertreters aufdrängen. Das Risiko, das vom Schweigen des Vertreters für das Unternehmen ausgeht, bleibt dann komplett unbemerkt. Der Organwalter kann sich hinter dem Schweigerecht des Verbandes verstecken[102]. Damit ist praktisch jede Möglichkeit einer Reaktion auf den Interessenkonflikt verschlossen[103]. De facto ist es in diesen Fällen somit möglich, dass die Verteidigungsstrategie des Verbandes durch die individuellen Interessen des Vertreters determiniert wird[104]. Dieses Risiko ergibt sich aber aus der Notwendigkeit für den Verband, sich natürlicher Personen als Vertreter zu bedienen, um handlungsfähig zu sein[105]. Es ließe sich nur um den Preis einer Beeinträchtigung der individuellen Selbstbelastungsfreiheit des Vertreters verhindern. Die Aussagefreiheit des Vertreters darf aber nicht an ihrem uneingeschränkten Schutz einbüßen, nur weil sie sich im Verfahren gegen das Unternehmen aktualisiert. Denn wie bereits gezeigt, führt die Wahrnehmung organschaftlicher Funktionen nicht zur Verkürzung des individuellen Grundrechtsschutzes des Organwalters. In diesen Fallgestaltungen wirkt sich die Interessenkollision somit zulasten des Verbandes aus.

(2) Einlassung des Organwalters schadet dem Verband

Problematisch sind schließlich auch Konstellationen, in denen sich eine Einlassung des Organwalters nachteilig auf die Verteidigungsposition des Verbandes auswirkt. Dies könnte beispielsweise dann der Fall sein, wenn sich der Organwalter zur Ablegung eines umfassenden Geständnisses entschließt, um der Aufdeckung seiner eigenen Verfehlung durch die Strafverfolgungsorgane zuvorzukommen und dadurch ein günstigeres Ergebnis bei der Strafzumessung erreichen will, jedoch den Nachweis der Verbandstat mit seiner Einlassung erst ermöglicht[106]. Wie oben bereits dargelegt[107], lassen sich derartige Konflikte ohnehin nicht im Wege der Entziehung der Vertretungsmacht verhindern, unabhängig davon, ob ein diesbezüglicher Anlass überhaupt erkennbar war. Entschließt sich der Individualtäter von seiner positiven Aussagefreiheit Gebrauch zu machen, so nimmt er dadurch ein ihm von Verfassungs wegen zustehendes Recht wahr,

---

[102] Siehe *Arzt,* JZ 2003, 456, 459, der sich jedoch u. a. auch aus diesem Grund generell gegen einen Selbstbelastungsschutz von Verbänden ausspricht.

[103] Vgl. auch *Drope,* Strafprozessuale Probleme, S. 219.

[104] *Arzt,* JZ 2003, 456, 459 – als Kritikpunkt gegen die Anerkennung von Selbstbelastungsschutz von Verbänden vorgebracht.

[105] Vgl. *Drope,* Strafprozessuale Probleme, S. 219.

[106] Vgl. *Drope,* Strafprozessuale Probleme, S. 133; für die vergleichbare Situation im Verfahren bezüglich der Entziehung der Gewerbeerlaubnis *Dierlamm,* in: Wabnitz / Janovsky (Hrsg.), Handbuch des Wirtschafts- und Steuerstrafrechts, Kap. 21 Rn. 26.

[107] Vgl. oben 3. Teil, A. II. 4. a) bb).

deren Ausübung der Verband nicht verhindern kann. Selbstverständlich ist nach einer derartigen Aussage der Ausschluss des Organwalters von der Vertretung des Verbandes im Hinblick auf den weiteren Verlauf des Verfahrens zulässig und geboten. An der Verwertbarkeit der Einlassung zulasten des Verbandes vermag dies jedoch nichts zu ändern.

c) Besonderheiten bei Absprachen

Insbesondere im Rahmen von Absprachen, die gerade im Wirtschaftsstrafrecht besonders häufig vorkommen[108], können Interessengegensätze zwischen Verband und Individualtäter zu Tage treten. Dabei sind grundsätzlich zwei Konstellationen zu unterscheiden: Einerseits ist auf Verständigungen einzugehen, die zwischen einem individuell beschuldigten Unternehmensangehörigen und dem Gericht beziehungsweise der Staatsanwaltschaft geschlossen werden und sich im Ergebnis nachteilig auf die Verteidigungsposition des Verbandes auswirken. Andererseits sind solche Fallgestaltungen zu untersuchen, in denen das Unternehmen selbst Partner der Absprache sein soll.

In den Fällen, in denen es zwischen den Strafverfolgungsbehörden und einem Unternehmensangehörigen zu einer Verständigung kommt, richtet sich das Verfahren (zumindest auch) gegen das Verbandsmitglied als Individualperson. Handelt es sich dabei um einen Organwalter, so wird dieser in der Regel aufgrund der Kenntnis beziehungsweise des konkreten Verdachts von der Individualtat von der Vertretung des Verbandes entbunden worden sein[109]. In solchen Situationen agiert der Betroffene somit nicht in einer formalen Doppelrolle, so dass insoweit in der Person des Individualtäters keine Interessengegensätze zusammentreffen. Entsprechendes gilt selbstverständlich für Absprachen mit sonstigen Unternehmensangehörigen, die nicht die Position eines gesetzlichen Vertreters bekleiden. Dennoch können bei derartigen Verständigungen entgegenstehende Interessen des Verbandes berührt sein. Legt beispielsweise das Unternehmensmitglied ein Geständnis ab, weil ihm im Gegenzug zugesichert wurde, dass eine bestimmte, relativ günstige Strafobergrenze nicht überschritten werde[110], so wirkt sich dieses Geständnis zulasten des Verbandes aus, wenn dadurch auch die Voraussetzungen der Verbandstat nachgewiesen werden können[111].

---

[108] Vgl. bereits oben 1. Teil, E. II. 4. mit Fn. 292.

[109] Vgl. oben 3. Teil, A. II. 4. a) aa).

[110] Vgl. *BGH*St 43, 195, 206 f.: Das Gericht dürfe keine verbindliche Zusage zur Höhe der zu verhängenden Strafe machen; die Entscheidung über die konkrete Strafe muss in der Urteilsberatung erfolgen und darf nicht vorweggenommen werden. Zulässig sei jedoch, „wenn das Gericht für den Fall der Ablegung eines glaubhaften Geständnisses im Wege der Verständigung eine Strafobergrenze, die es nicht überschreiten werde, angibt".

[111] Zur faktischen Nachteilswirkung von Einlassungen durch Unternehmensangehörige allgemein, siehe bereits oben 3. Teil, A. II. 4. a) bb).

Die Situation ist mit Absprachen zulasten von Mitbeschuldigten im Individualverfahren vergleichbar[112]. Derartige Verständigungen sind nach Ansicht der Rechtsprechung nicht per se unzulässig[113]. Vor allem ist nicht erforderlich, dass jeder von mehreren Beschuldigten an den Gesprächen zwischen den Partnern der Verständigung teilnimmt[114]. Die widerstreitenden Interessen des Mitangeklagten sollen jedoch zu „besonderer Rücksichtnahme auf dessen Verteidigungsinteresse" verpflichten[115]. Notwendig ist insbesondere, dass der nachteilig betroffene Mitangeklagte zuverlässig über „Gang und Inhalt der informellen Gespräche" unterrichtet wird[116]. Da die Absprache in der öffentlichen Hauptverhandlung unter Mitwirkung aller Verfahrensbeteiligter zustande kommen muss[117], wird diesem Erfordernis im gerichtlichen Verfahren regelmäßig auf diesem Wege Rechnung getragen[118]. Sofern – von der Rechtsprechung nicht beanstandet – „Vorgespräche" stattgefunden haben, ist das Gericht verpflichtet, „den wesentlichen Inhalt und das Ergebnis dieser Gespräche" in der Hauptverhandlung offen zu legen[119], so dass insoweit die Information des Mitangeklagten sichergestellt wird. Im Übrigen muss das Geständnis des Mitangeklagten, das Gegenstand einer verfahrensbeendenden Absprache ist, durch den Tatrichter kritisch, in einer für das Revisionsgericht nachprüfbaren Weise gewürdigt werden. Dabei ist das Gericht zu besonderer Rücksichtnahme auf die Verteidigungsinteressen des nicht-geständigen Angeklagten verpflichtet[120].

Überträgt man diese Mindestanforderungen auf die hier in Rede stehende Situation des durch ein Geständnis nachteilig betroffenen Unternehmens, so ist zu gewährleisten, dass der Verband über den Inhalt der Verständigung unterrichtet wird und dazu Stellung beziehen kann. Die Information ist an die im Verfahren auftretenden Unternehmensvertreter zu richten. Diese sind, wie eingangs gezeigt, in aller Regel personenverschieden von dem an der Absprache beteiligten Unternehmensangehörigen, so dass insoweit kein Interessenkonflikt besteht. Sollte ein gesetzlicher Vertreter, der bislang noch nicht als möglicher Individualtäter ausgemacht wurde, im laufenden Verfahren eine Absprache treffen wollen, in der er seine Indi-

---

112 *Schlüter,* Strafbarkeit von Unternehmen, S. 211.

113 *BGHSt* 37, 99, 103; *BGH* wistra 2003, 185, 187; kritisch jedoch *Widmaier,* StV 1986, 357, 359, der einen „Wettlauf der Geständnisse" befürchtet.

114 *BGHSt* 37, 99, 103.

115 *BGHSt* 37, 99, 104.

116 Anderenfalls erwecke das Gericht die Besorgnis der Befangenheit, *BGHSt* 37, 99, 104; zustimmend *Böttcher,* JR 1991, 118, 119; Löwe-Rosenberg-*Rieß,* Einl. G Rn. 80; SK-StPO-*Schlüchter,* Vor § 213 Rn. 31; auch *Tscherwinka,* Absprachen im Strafprozess, S. 174, der jedoch darauf verweist, dass die §§ 22 ff. StPO nicht auf Staatsanwälte anwendbar sind mit der Folge, dass eine unterbliebene Unterrichtung eines Mitbeschuldigten über Verständigungsgespräche im Ermittlungsverfahren jedenfalls unter dem Aspekt der Befangenheit nicht gerügt werden kann.

117 *BGHSt* 43, 195, 205.

118 Löwe-Rosenberg-*Rieß,* Einl. G Rn. 80.

119 *BGHSt* 43, 195, 206.

120 *BGH* NJW 2003, 1615, 1616.

vidualverfehlung offen legt, ist er umgehend von der weiteren Vertretung des Verbandes auszuschließen und durch einen anderen Vertreter, gegebenenfalls durch einen Notvertreter, zu ersetzen. Im Rahmen der Beweiswürdigung ist das Geständnis des Individualtäters unter besonderer Berücksichtigung der Verteidigungsinteressen des Unternehmens, insbesondere unter dem Aspekt der Gefahr der ungerechtfertigten Belastung des Verbandes um eigener Vorteile willen, kritisch zu würdigen.

Mangels Dispositionsbefugnis kann der nicht (mehr) mit der Vertretung des Verbandes betraute Individualtäter im Rahmen einer Verständigung, die seine eigene Strafverfolgung zum Gegenstand hat, selbstverständlich nicht über Verfahrenspositionen des Verbandes verfügen. Er kann also beispielsweise nicht den Verzicht auf die Stellung von Beweisanträgen des Unternehmens „zusichern". Ein derartiges Angebot ist wegen der fehlenden Vertretungsmacht unwirksam.

Jedoch kann auch der Verband selbst Partner einer Verständigung werden. Insoweit verhandelt er durch seine gesetzlichen Vertreter mit den Strafverfolgungsbehörden. Sofern sich eine derartige Absprache zulasten eines Dritten auswirkt, gelten diesem gegenüber natürlich ebenfalls die beschriebenen Informations- und Beteiligungspflichten. Als problematisch könnten sich in diesem Zusammenhang Situationen herausstellen, in denen das durch den / die Vertreter vorgebrachte „Angebot" als nachteilig für das Unternehmen eingeschätzt werden könnte. Allerdings ist bei der Beurteilung der Nachteiligkeit zu berücksichtigen, dass der Verband durch seine zuständigen Willensbildungsorgane selbst über sein Prozessverhalten entscheidet. Er kann, ebenso wie ein Individualtäter, die Tatbegehung einräumen, auch wenn deren Nachweis nach Lage der Ermittlungen äußerst zweifelhaft erscheint. Eine „Vernünftigkeitskontrolle" findet nicht statt. Im Übrigen wird für die Festlegung der Verteidigungsstrategie des Unternehmens nicht lediglich die Abwehr der Sanktion als solche eine Rolle spielen, sondern es sind unter Umständen auch andere Unternehmensinteressen, wie etwa eine negative Öffentlichkeitswirkung eines (langwierigen) Strafverfahrens, zu berücksichtigen. Es kann sich beispielsweise für das Unternehmen durchaus als vorteilhaft erweisen, die Wahrheit selbst, auch um den Preis der Sanktionierung, aufzudecken, um durch solch ein offenes Verhalten einen viel größeren Imageschaden abzuwenden[121]. In solch einer Situation könnte es sich für das Unternehmen als sinnvoll erweisen, im Rahmen einer Absprache die Voraussetzungen der Verbandstat einzuräumen, auch wenn deren Nachweis zweifelhaft erscheint, um dadurch eine Einstellung gemäß §§ 153, 153 a StPO zu erreichen.

Probleme treten aber dort auf, wo ein Vertreter, der bislang als Individualtäter unentdeckt blieb, mit einem für den Verband nachteiligen Angebot ausschließlich

---

[121] Vgl. *Arzt,* JZ 2003, 456, 459, der jedoch dem Unternehmen jegliches Interesse an Schutz vor Selbstbelastung abstreitet, da eine „anständige" (!) juristische Person „ein großes Interesse an der Publikation der Wahrheit" habe, „auch um den Preis ihrer eigenen Strafbarkeit".

eigene Interessen verfolgt. Dies wäre beispielsweise der Fall, wenn der Unternehmensvertreter in einer Situation, in welcher der Nachweis eines Organisationsmangels bereits erbracht wurde, den Verzicht auf weitere Beweisanträge vereinbaren will, wodurch möglicherweise die Tatbegehung des Vertreters, aber damit gleichsam positiv bei der Strafzumessung der Verbandssanktion zu berücksichtigende Umstände offengelegt werden könnten. In solch einer Konstellation drängt sich die Individualtäterschaft des Vertreters nicht auf, so dass dessen Ausschluss von der Vertretung des Verbandes an den tatsächlichen Gegebenheiten scheitert. Aber auch eine Lösung der Interessenkollision nach den Grundsätzen über den Missbrauch der Vertretungsmacht mit der Konsequenz der Unwirksamkeit des Angebots[122], lässt sich in diesen Fallgestaltungen nicht nutzbar machen. Voraussetzung wäre nämlich, dass der Missbrauch offensichtlich ist. In den Situationen, in denen aber die persönlichen Interessen verborgen bleiben, wird man nur schwerlich von der Evidenz eines Zuwiderhandelns gegen die Unternehmensinteressen und damit des Missbrauchs ausgehen können[123]. Es wird also auch im Rahmen von Absprachen ein Graubereich verbleiben, in dem sich Konflikte zwischen den individuellen und korporativen Verteidigungsinteressen zulasten des Verbandes auswirken können. Dieses Risiko ergibt sich aus der Tatsache, dass der Verband zur Begründung seiner Handlungsfähigkeit auf die Einschaltung von natürlichen Personen angewiesen ist.

5. Sicherung der korporativen Selbstbelastungsfreiheit in Verfahren, die nicht gegen das Unternehmen gerichtet sind

Zu untersuchen ist weiterhin, ob und inwieweit der nemo tenetur-Grundsatz Schutzwirkung zugunsten des Unternehmens in solchen Verfahren entfaltet, in denen sich der Verband mangels eines gegen ihn gerichteten strafrechtlichen Vorwurfs nicht in einer Beschuldigtenstellung befindet[124].

Vergleicht man diese Konstellation mit dem Individualstrafverfahren, so ist jede Person, die nicht als Beschuldigter zu charakterisieren ist, als Zeuge zu behandeln und damit grundsätzlich zur wahrheitsgemäßen Aussage verpflichtet[125]. Allerdings steht dem Zeugen nach § 55 I 1. Alt. StPO ein Auskunftsverweigerungsrecht im Hinblick auf solche Fragen zu, deren Beantwortung ihn der Gefahr aussetzen würde, wegen einer Straftat oder Ordnungswidrigkeit verfolgt zu werden. Jene Rege-

---

[122] So der Vorschlag von *Schlüter,* Strafbarkeit von Unternehmen, S. 212 ff.

[123] Auch *Schlüter,* Strafbarkeit von Unternehmen, S. 213, verweist auf die Schwierigkeiten, die Offensichtlichkeit des Missbrauchs zu erkennen.

[124] Zur Frage einer möglichen Mitbeschuldigtenstellung des Verbandes und den verfahrensrechtlichen Konsequenzen einer getrennten Verfolgung von Mitbeschuldigten sogleich unten 3. Teil, A. II. 6. b).

[125] Vgl. z. B. Löwe-Rosenberg-*Dahs,* Vor § 48 Rn. 26; KK-StPO-*Senge,* Vor § 48 Rn. 6.

lung ist damit Ausprägung des nemo tenetur-Grundsatzes[126]. Der Verband selbst kann jedoch nicht Zeuge sein[127], da die Zeugenstellung an die Fähigkeit zur eigenen Wahrnehmung anknüpft[128]. Allerdings muss bei der Bestimmung der Verfahrensstellung des Verbandes in solchen drittgerichteten Verfahren einerseits berücksichtigt werden, dass sich das Unternehmen originär auf den nemo tenetur-Grundsatz berufen kann, dass es aber aufgrund seiner korporativen Struktur der Einschaltung seiner gesetzlichen Vertreter bedarf, die für ihn seine Selbstbelastungsfreiheit ausüben[129]. Die eigene Schutzwürdigkeit des Unternehmens erfordert daher in drittgerichteten Verfahren, dass die Selbstbelastungsfreiheit des Verbandes in Bezug auf Informationen, die dem Verband zuzuordnen sind, also Verbandswissen darstellen, bei der Vernehmung von gesetzlichen Vertretern zu beachten ist.

Soweit also die gesetzlichen Vertreter im Rahmen ihrer Organfunktion über Umstände vernommen werden sollen, die aus dem Tätigkeitsfeld des Verbandes stammen, geht es um die Preisgabe von Wissen, das dem Verband zuzuordnen ist. Bei Vernehmung der Organwalter stehen somit die Gewährleistungen des nemo tenetur-Prinzips des Unternehmens auf dem Spiel. Dies hat zur Folge, dass bei Vernehmung der organschaftlichen Vertreter nicht nur deren persönlicher Selbstbelastungsschutz zu beachten ist, sondern auch der des Verbandes, sofern es um Auskünfte geht, welche im Zusammenhang mit der Tätigkeit des Unternehmens stehen[130]. Die Beantwortung derartiger Fragen kann der Vertreter daher für den Fall verweigern, dass die insoweit erteilten Auskünfte die Gefahr begründen könnten, dass der Verband, für den der Zeuge als gesetzlicher Vertreter agiert, strafrechtlich verfolgt wird[131]. Dieses Auskunftsverweigerungsrecht entspricht nicht dem des § 55 I 1. Alt. StPO, da die Zeugenperson, nämlich der Vertreter, sich nicht selbst belasten und sich nicht persönlich der Gefahr der Strafverfolgung aussetzen würde[132]. Es bedarf daher der Statuierung eines Auskunftsverweigerungsrechts für die Vernehmung von Organvertretern als Zeugen[133], sofern die Beantwortung der Fragen belastende Wirkung gegenüber dem Unternehmen entfaltet und damit das

---

[126] Vgl. nur *BVerfG*E 38, 105, 113.

[127] *Drope*, Strafprozessuale Probleme, S. 227.

[128] Vgl. z. B. *BGH*St 22, 347, 348; Löwe-Rosenberg-*Dahs*, Vor § 48 Rn. 1; KK-StPO-*Senge*, Vor § 48 Rn. 1.

[129] Siehe oben 3. Teil, A. I. 1. und 2. b); speziell zum vorliegenden Zusammenhang *Schlüter*, Strafbarkeit von Unternehmen, S. 240.

[130] Vgl. *Drope*, Strafprozessuale Probleme, S. 228.

[131] *Drope*, Strafprozessuale Probleme, S. 228 f.; *Schlüter*, Strafbarkeit von Unternehmen, S. 240. Siehe auch Immenga / Mestmäcker-GWB-*Dannecker* / *Biermann*, Vor § 81 Rn. 169.

[132] Vgl. *Drope*, Strafprozessuale Probleme, S. 229. Im Übrigen ist auch § 55 I 2. Alt. StPO nicht einschlägig, weil sich der Vertreter gegenüber dem Verband nicht in einem Angehörigenverhältnis befindet, vgl. dazu noch unten 3. Teil, A. III. 2. b) aa). Jedoch ist insoweit zweifelhaft, ob diese Vorschrift überhaupt mit dem nemo tenetur-Grundsatz in Verbindung steht; zsf. *Verrel*, Selbstbelastungsfreiheit, S. 273 ff. m. w. N.

[133] Soweit ersichtlich, wurde das Problem im Zusammenhang mit dem Verbandsbußgeldverfahren bislang nicht ausdrücklich thematisiert.

Risiko begründet, dass gegen den Verband strafrechtliche Ermittlungen eingeleitet werden[134]. Entsprechend der Regelung des § 56 StPO ist dabei zu fordern, dass der Unternehmensvertreter die Berufung auf das Auskunftsverweigerungsrecht des Verbandes ausdrücklich erklärt und die bestehende Gefahr der Strafverfolgung für den Verband notfalls glaubhaft macht.

6. Schutz der Aussagefreiheit des Unternehmens bei Trennung von Individual- und Unternehmensstrafverfahren

In Verfahren, in denen der strafrechtliche Vorwurf direkt gegen den Verband gerichtet wird, kommt diesem die Stellung eines Beschuldigten zu. Aufgrund dieser Verfahrensrolle verfügt das Unternehmen über ein eigenes Aussageverweigerungsrecht, das durch seine(n) gesetzlichen Vertreter wahrgenommen wird[135]. In solch einer Situation befindet sich der Verband in einem isoliert gegen ihn betriebenen Sanktionsverfahren, aber auch in einem mit dem Prozess des Individualtäters verbundenen Verfahren, zumindest insoweit, als sich der Vorwurf auch gegen den Verband richtet. Besondere Probleme stellen sich jedoch im Hinblick auf den Schutz der Aussagefreiheit, wenn Individualtäter und Verband in getrennten Verfahren verfolgt werden. Zu klären ist die Verfahrensstellung des Verbandes in dem nicht gegen ihn gerichteten Verfahren. Die Reichweite seines Selbstbelastungsschutzes bestimmt sich in Abhängigkeit davon, ob das Unternehmen in diesem an den Dritten adressierten Verfahren als Mitbeschuldigter einzustufen ist oder sich ausschließlich in einer mit Zeugen vergleichbaren Stellung befindet.

a) Die Diskussion zum Mitbeschuldigtenbegriff im Individualstrafverfahrensrecht

Die Interessenlage des Unternehmens ist in derartigen Konstellationen mit der Situation von Mitbeschuldigten vergleichbar, deren Verfahren getrennt worden sind[136]. Für das Individualstrafverfahren ist umstritten, wann eine Person als Mitbeschuldigter zu charakterisieren ist und somit nicht als Zeuge vernommen werden darf.

---

[134] *Drope*, Strafprozessuale Probleme, S. 229. Dagegen favorisiert *Schlüter*, Strafbarkeit von Unternehmen, S. 236 ff., eine Analogie zu § 55 I 2. Alt. StPO. – Abgesehen von den Bedenken, ob diese Vorschrift überhaupt vom Rechtsgedanken des nemo tenetur-Satzes getragen wird (vgl. soeben Fn. 132), erscheint es widersprüchlich, ein Zeugnisverweigerungsrecht für Unternehmensangehörige nach § 52 StPO abzulehnen (*Schlüter*, a. a. O., S. 234 Fn. 918), aber ein Auskunftsverweigerungsrecht im Wege eines vergleichbaren Angehörigenverhältnisses zwischen Verband und Vertreter zu begründen (*Schlüter*, a. a. O., S. 238 ff.). Kritisch dazu auch *Drope*, Strafprozessuale Probleme, S. 229 Fn. 671.

[135] Vgl. oben 3. Teil, A. I. 1. und 2. b).

[136] *Drope*, Strafprozessuale Probleme, S. 223.

Nach dem sogenannten formellen Beschuldigtenbegriff, der sich vor allem auf die gesetzlichen Regelungen der §§ 55, 60 Nr. 2 und 97 II 3 StPO stützt[137], ist lediglich derjenige als (Mit-)Beschuldigter zu charakterisieren, der in dem Verfahren oder Verfahrensabschnitt formal beschuldigt ist, das heißt gegen den sich die Strafverfolgung aktuell richtet[138]. Voraussetzung ist damit, dass die vermutlichen Beteiligten an der Tat in einem Verfahren gemeinsam verfolgt werden. Bei Trennung der Verfahren kann somit der jeweilige Beteiligte in dem gegen den anderen adressierten Verfahren als Zeuge vernommen werden[139]. Ihm steht dann lediglich das Auskunftsverweigerungsrecht des § 55 I 1. Alt. StPO zu, wonach er nur die Auskunft zu einzelnen Fragen verweigern darf, deren Beantwortung für ihn die Gefahr der Strafverfolgung begründen könnten. Allerdings soll eine Verfahrenstrennung, die ausschließlich mit dem Ziel erfolgt, den bisherigen Mitangeklagten zu demselben Tatgeschehen, das auch ihm zur Last gelegt wird, als Zeugen zu vernehmen, unzulässig sein. Denn eine derartige Rollenmanipulation würde einen Ermessensmissbrauch darstellen, da hierdurch die Verfahrensregel umgangen würde, dass ein Angeklagter in dem gegen ihn gerichteten Strafverfahren nicht zugleich Zeuge sein kann[140]. Andererseits wird durch die prozessuale Gemeinsamkeit die Zeugnisfähigkeit generell ausgeschlossen, also nicht nur im Hinblick auf die gemeinsam begangene Tat, sondern auch bezüglich eigenständiger Straftaten, die dem anderen Mitbeschuldigten zur Last gelegt werden[141].

Für den materiellen Beschuldigtenbegriff soll dagegen der „sachlichrechtliche Gesichtspunkt der Tatbeteiligung"[142] zur Bestimmung der Position als Mitbeschuldigter ausschlaggebend sein. Mitbeschuldigter ist hiernach folglich jeder Tatbeteiligte oder der Tatbeteiligung Verdächtige[143], wobei eine vermittelnde Ansicht[144] verlangt, dass gegen die Beteiligten wegen derselben Tat bereits ermittelt

---

137 Vgl. *BGH*St 38, 302, 306; *Dahs/Langkeit*, NStZ 1993, 213 f.; *Grünwald*, Beweisrecht, S. 15 f.; *Meyer-Goßner*, Vor § 48 Rn. 21.

138 *BGH*St 10, 8, 11; 27, 139, 141; 38, 302, 306; 43, 300, 304; *BGH* NJW 1985, 76; *Dahs/Langkeit*, NStZ 1993, 213 f.; *Grünwald*, Beweisrecht, S. 14 ff.; *Meyer-Goßner*, Vor § 48 Rn. 21; *Montenbruck*, JZ 1985, 976, 977; SK-StPO-*Rogall*, Vor § 48 Rn. 38; KK-StPO-*Senge*, Vor § 48 Rn. 7; vgl. auch *Mitsch*, Lenckner-FS, S. 721, 726.

139 *BGH*St 10, 8, 11; 10, 186, 188; 27, 139, 141; 38, 302, 306; 43, 300, 304; *BGH* NJW 1985, 76; *Meyer-Goßner*, Vor § 48 Rn. 21; SK-StPO-*Rogall*, Vor § 48 Rn. 41; KK-StPO-*Senge*, Vor § 48 Rn. 7.

140 *BGH* GA 1968, 305, 306; MDR (bei Dallinger) 1971, 897; MDR (bei Holtz) 1977, 639; *BGH*St 43, 300, 304 f.

141 *BGH*St 3, 149, 152 f.; *Meyer-Goßner*, Vor § 48 Rn. 21; KK-StPO-*Senge*, Vor § 48 Rn. 7.

142 Löwe-Rosenberg-*Dahs*, Vor § 48 Rn. 19.

143 Löwe-Rosenberg-*Dahs*, Vor § 48 Rn. 19; *Fezer*, Strafprozeßrecht, Fall 13, Rn. 30; *v. Gerlach*, JR 1969, 149, 151; *Lenckner*, Peters-FS, S. 333, 336; *Müller-Dietz*, ZStW 93 (1981), 1177, 1227; *Peters*, Strafprozeß, S. 346; *Prittwitz*, Der Mitbeschuldigte im Strafprozeß, S. 139 ff.; Löwe-Rosenberg-*Wendisch*, § 2 Rn. 55.

144 Sog. formell-materieller (Mit-)Beschuldigtenbegriff.

wird[145]. Bei Trennung der Verfahren kann der Tatbeteiligte somit aufgrund seiner Stellung als (Mit-)Beschuldigter im jeweils gegen den anderen gerichteten Verfahren nicht als Zeuge vernommen werden. Dagegen ist seine Zeugnisfähigkeit auch im verbundenen Verfahren nicht ausgeschlossen, soweit es um eine Straftat des anderen Mitbeschuldigten geht, an der er selbst nicht beteiligt war[146].

b) Übertragung auf das Verbandsstrafverfahren

Aufgrund der Geltung des nemo tenetur-Grundsatzes für Unternehmen ist der Verband im Hinblick auf den Schutz seiner Selbstbelastungsfreiheit in verschiedenen Verfahrenskonstellationen grundsätzlich ebenso schutzwürdig wie involvierte natürliche Personen. Die Problematik der Bestimmung der Mitbeschuldigteneigenschaft stellt sich somit in gleicher Weise in Strafverfahren mit Beteiligung eines Unternehmens.

Bei Zugrundelegung des materiellen Mitbeschuldigtenbegriffs ist dem Verband in einem ausschließlich gegen einen Individualtäter gerichteten Verfahren folglich die Stellung eines Mitbeschuldigten zuzuordnen, sofern der Verband im Hinblick auf die Individualtat als „Beteiligter" zu charakterisieren ist. Zur Bestimmung jenes Beteiligungsverhältnisses soll es im Individualverfahren maßgeblich sein, ob der Betroffene als Täter beziehungsweise Teilnehmer oder im Wege einer Begünstigung, Strafvereitelung oder Hehlerei in die den Gegenstand des Verfahrens bildende Tat involviert war[147]. Damit wird auf dieselben Gesichtspunkte abgestellt, die bei der Verbindung von Verfahren aufgrund eines sachlichen Zusammenhangs nach § 3 StPO ausschlaggebend sind[148]. Entscheidend ist danach, dass mehrere Personen „in strafbarer und in dieselbe Richtung zielender Weise an einem geschichtlichen Vorgang" mitgewirkt haben[149]. In Anwendung dieser Kriterien ist ein Beteiligungsverhältnis zwischen Verband und Individualtäter sowohl bei akzessorischer als auch bei nicht-akzessorischer Verbandsstrafenbegründung denkbar[150]. Soll die Unternehmensstrafbarkeit von der Begehung einer Tat durch eine bestimmte Individualperson aus dem Unternehmen abhängig sein, knüpft die Verbandssanktion an die Anlasstat an und bezieht sich damit auf dasselbe Geschehen, das auch für die Individualsanktion maßgeblich ist. Insoweit sind Verband und Individualtäter als Mitbeschuldigte anzusehen. Aber auch bei eigenständiger Begründung der Verbandssanktion können Verbands- und Individualtat denselben

---

[145] *Beulke,* Strafprozeßrecht, Rn. 185; *Roxin,* Strafverfahrensrecht, § 26 Rn. 5; *Schlüchter,* Strafverfahren, Rn. 478 f.; *dies.,* Strafprozeßrecht, S. 53.

[146] *Fezer,* Strafprozeßrecht, Fall 13, Rn. 32.

[147] *Fezer,* Strafprozeßrecht, Fall 13, Rn. 29; *v. Gerlach,* JR 1969, 149, 150; *Spelthahn,* Zeugnisverweigerungsrecht des Angehörigen, S. 152.

[148] Vgl. KK-StPO-*Pfeiffer,* § 3 Rn. 3; Löwe-Rosenberg-*Wendisch,* § 3 Rn. 6.

[149] *BGH* NJW 1988, 150; Löwe-Rosenberg-*Wendisch,* § 3 Rn. 6.

[150] Siehe *Drope,* Strafprozessuale Probleme, S. 226.

geschichtlichen Anknüpfungspunkt aufweisen, so zum Beispiel wenn sie denselben äußeren Schadenserfolg bewirkt haben. Auch in solchen Konstellationen befinden sich Verband und Individualtäter somit in einem Mitbeschuldigtenverhältnis. Ist also der Verband nach dem materiellen Beschuldigtenbegriff auch bei Verfahrenstrennung als Mitbeschuldigter zu behandeln, so können seine gesetzlichen Vertreter, die ja die Beschuldigtenstellung ausfüllen[151], in dem Verfahren gegen den Individualtäter nicht als Zeugen vernommen werden[152].

Bei Anwendung des formellen Beschuldigtenbegriffs verliert der Verband dagegen mangels prozessualer Gemeinsamkeit seinen Beschuldigtenstatus in dem gegen den Dritten gerichteten Verfahren. Das Unternehmen ist jedoch in solchen Verfahren, in denen es nicht selbst als Beschuldigter beteiligt ist, nicht völlig schutzlos im Hinblick auf seine Selbstbelastungsfreiheit. Sofern gesetzliche Vertreter über die Verbandstätigkeit als Zeugen vernommen werden sollen, steht ihnen das oben beschriebene Auskunftsverweigerungsrecht[153] im Hinblick auf solche Fragen zu, deren Beantwortung den Verband der Gefahr der Strafverfolgung aussetzen würde. Wie im Individualstrafverfahren bedeutet die Anwendung des formellen Beschuldigtenbegriffes damit ebenso für den Verband einen geringeren Umfang an Selbstbelastungsschutz bei getrennter Verfahrensführung. Seine organschaftlichen Vertreter können nicht (mehr) das mit der Beschuldigtenstellung verbundene umfassende Aussageverweigerungsrecht ausüben, das ohne die Darlegung besonderer Gründe geltend gemacht werden kann. Stattdessen steht ihnen lediglich das im Vergleich zum vollständigen Schweigerecht als Minus[154] einzustufende Auskunftsverweigerungsrecht bezüglich einzelner, das Unternehmen belastender Auskünfte zu. Sie müssen dabei das Auskunftsverweigerungsrecht ausdrücklich geltend machen und gegebenenfalls entsprechend der Vorschrift des § 56 StPO die Gefahr der Strafverfolgung für das Unternehmen glaubhaft darlegen. Allerdings gilt auch zugunsten des Verbandes, dass eine Verfahrenstrennung nicht mit dem Ziel einer Rollenmanipulierung herbeigeführt werden darf. Dies würde eine unzulässige Umgehung der originären Aussagefreiheit des Unternehmens darstellen.

Die Mitbeschuldigten-Problematik bereitet daher im Verbandsstrafverfahren in gleicher Weise Schwierigkeiten wie in ausschließlich gegen natürliche Personen gerichtete Verfahren. Es ist jedoch davon auszugehen, dass die Rechtsprechung auch in einem künftigen Unternehmensstrafverfahren ihre formelle Festlegung des Mitbeschuldigtenstatus beibehält beziehungsweise in Verbandsbußgeldverfahren praktiziert.

---

[151] Siehe oben 3. Teil, A. I. 1. und 2. b).

[152] *Drope,* Strafprozessuale Probleme, S. 226.

[153] Vgl. oben 3. Teil, A. II. 5.

[154] Vor allem mit diesem Argument der Verschlechterung der Verfahrensposition des Betroffenen wenden sich die Vertreter des materiellen Beschuldigtenbegriffes gegen eine Festlegung der Beschuldigtenrolle nach allein formalen Kriterien, vgl. z. B. *Roxin,* Strafverfahrensrecht, § 26 Rn. 5; Löwe-Rosenberg-*Wendisch,* § 2 Rn. 56.

III. Berücksichtigung der Selbstbelastungsfreiheit des Unternehmens im Rahmen von Vernehmungen sonstiger Verbandsangehöriger als Zeugen?

Im vorangegangenen Abschnitt wurde im Einzelnen belegt, dass die Wahrnehmung der Aussagefreiheit des Verbandes den gesetzlichen Vertretern obliegt, mit der Folge, dass diese für eine Vernehmung als Zeugen gesperrt sind. Dagegen sind die sonstigen Unternehmensangehörigen zur Ausübung der Selbstbelastungsfreiheit des Verbandes nicht berechtigt[155]. Sie verfügen daher nicht über die Befugnis zu schweigen unter Berufung auf die Aussagefreiheit des Unternehmens. Gleichfalls steht ihnen in gegen Dritte gerichteten Verfahren ein Auskunftsverweigerungsrecht im Hinblick auf Fragen, deren Beantwortung die Gefahr der Strafverfolgung des Unternehmens begründet, nicht zu.

Vielmehr befinden sich die sonstigen Verbandsmitglieder in einer Zeugenstellung[156]. Sie sind daher prinzipiell zur vollständigen, wahrheitsgemäßen Aussage verpflichtet[157]. Allerdings erfährt die Zeugenpflicht zahlreiche Durchbrechungen in Form von Zeugnis- und Auskunftsverweigerungsrechten[158]. Im Folgenden ist zu untersuchen, ob und inwieweit derartige Einschränkungen der Zeugenpflicht in Verfahren mit Beteiligung von Unternehmen Anwendung finden müssen. Dabei soll insbesondere geklärt werden, ob Begrenzungen der Aussageverpflichtung von Zeugen aus dem Verband unter dem Aspekt einer möglichen strafrechtlichen Belastung des Unternehmens zu respektieren sind.

1. Zeugnis- und Auskunftsverweigerungsrechte aufgrund persönlicher Betroffenheit

Zunächst ist jedoch festzuhalten, dass dem Unternehmensangehörigen, der in einem Verfahren mit Verbandsbeteiligung als Zeuge vernommen wird, jene Zeugnis- und Auskunftsverweigerungsrechte unbeschnitten zur Verfügung stehen, die ihm aufgrund seiner persönlichen Betroffenheit gewährt sind. Die Eingliederung in die Verbandsorganisation führt nicht dazu, dass Verfahrensrechte, die dem Beteiligten als natürliche Person zustehen, verkürzt werden.

a) Das Zeugnisverweigerungsrecht gemäß § 52 StPO

So kann der Zeuge selbstverständlich das Zeugnis nach § 52 StPO verweigern, wenn er in einem Angehörigenverhältnis zum Beschuldigten steht. Dies könnte im

---

[155] Siehe oben 3. Teil, A. I. 3.

[156] Siehe oben 3. Teil, A. I. 3.

[157] Vgl. nur *Meyer-Goßner*, Vor § 48 Rn. 5; *Roxin*, Strafverfahrensrecht, § 26 Rn. 12.

[158] *Roxin*, Strafverfahrensrecht, § 26 Rn. 13.

vorliegenden Zusammenhang in Verfahren, in denen gleichzeitig gegen den Verband und einen Individualtäter wegen derselben prozessualen Tat ermittelt wird, relevant werden. Befindet sich das als Zeuge zu vernehmende Unternehmensmitglied in einer Angehörigenbeziehung zum Individualbeschuldigten, beispielsweise als ein im Unternehmen ebenfalls angestellter Ehepartner eines leitenden Angestellten, gegen den sich die Strafverfolgung richtet, so darf er nach § 52 StPO das Zeugnis verweigern[159]. Jenes Verweigerungsrecht besteht in vollem Umfang, auch wenn der Zeuge im Hinblick auf das beschuldigte Unternehmen aussagen müsste[160]. Dies folgt aus der Tatsache, dass die Aussage des Zeugen nur einheitlich erfolgen kann. Demnach muss sich auch das Zeugnisverweigerungsrecht einheitlich auswirken[161]. Dies gilt nach überwiegender Auffassung nicht nur in verbundenen Verfahrensabschnitten, sondern auch dann, wenn das Verfahren gegen den Angehörigen nach § 170 II StPO[162], § 205 StPO[163] beziehungsweise nach den §§ 153 ff. StPO[164] eingestellt oder vom Verfahren gegen den Mitbeschuldigten abgetrennt wurde[165], sofern in einem Abschnitt des Verfahrens eine prozessuale Gemeinsamkeit bestand[166]. Denn auch in diesen Konstellationen existiert die Zwangslage, den Angehörigen belasten oder die Unwahrheit sagen zu müssen, vor der der Zeuge durch die Regelung des § 52 StPO bewahrt werden soll[167]. Nach Ansicht der neueren Rechtsprechung besteht das Zeugnisverweigerungsrecht jedoch nicht (mehr), wenn das Verfahren gegen den Angehörigen rechtskräftig abgeschlossen wurde[168] oder dieser mittlerweile verstorben ist[169]. In derartigen Fällen kommt wegen der geringeren Betroffenheit des Schutzes der familiären Verhältnisse dem Interesse an der Ermittlung der Wahrheit Vorrang zu[170].

---

[159] Vgl. KK-OWiG-*Rogall,* § 30 Rn. 187.

[160] Vgl. für das Individualstrafverfahren *BGHSt* 32, 25, 29; 34, 138, 139 f.; 34, 215, 216; vgl. auch *Kudlich / Roy,* JA 2003, 565, 568.

[161] *BGHSt* 38, 96, 98 f.; *Beulke,* Strafprozeßrecht, Rn. 192.

[162] *BGH* MDR (bei Holtz) 1978, 280; NStZ 1984, 176, 177; StV 1998, 245 f.

[163] *BGHSt* 27, 139, 140 f.

[164] Löwe-Rosenberg-*Dahs,* § 52 Rn. 20.

[165] *BGH* MDR (bei Dallinger) 1973, 902; MDR (bei Holtz) 1978, 280; a.A. *Fischer,* JZ 1992, 570, 575.

[166] *BGHSt* 32, 25, 29; 34, 138, 139 f.; 34, 215, 216; Löwe-Rosenberg-*Dahs,* § 52 Rn. 20; *Meyer-Goßner,* § 52 Rn. 11; KK-StPO-*Senge,* § 52 Rn. 6; a.A. jedoch *Otto,* NStZ 1991, 220, 222 f.

[167] *BGHSt* 2, 351, 354; (GrS) 12, 235, 239; 22, 35, 36; vgl. auch *Rengier,* Zeugnisverweigerungsrechte, S. 8 f., der ebenfalls den Schutz der familiären Intimsphäre als Normzweck anerkennt; zustimmend *Roxin,* Strafverfahrensrecht, § 26 Rn. 14.

[168] *BGHSt* 38, 96, 101; NJW 1993, 2326.

[169] *BGH* NJW 1992, 1118.

[170] *BGHSt* 38, 96, 100. Zustimmend insb. *Meyer-Goßner,* § 52 Rn. 11; *Roxin,* Strafverfahrensrecht, § 26 Rn. 16; KK-StPO-*Senge,* § 52 Rn. 6; *Spelthahn,* Zeugnisverweigerungsrecht des Angehörigen, S. 98, 104 und 106; kritisch jedoch *Beulke,* Strafprozeßrecht, Rn. 192; Löwe-Rosenberg-*Dahs,* § 52 Rn. 20; *Dahs / Langkeit,* StV 1992, 492, 493 ff.

Bei Inanspruchnahme eines bestehenden umfassenden Zeugnisverweigerungsrechtes ist es natürlich möglich, dass auch solche Umstände nicht aufgeklärt werden, durch welche die Voraussetzungen der Verbandstat nachgewiesen werden könnten. Dabei handelt es sich jedoch lediglich um einen unselbständigen Schutzreflex, von dem der Verband in diesen Fällen profitiert.

b) Das Auskunftsverweigerungsrecht nach § 55 StPO

Auch in Verfahren mit Unternehmensbeteiligung verfügen Zeugen über ihr persönliches Auskunftsverweigerungsrecht nach § 55 I StPO, sofern die Beantwortung bestimmter Fragen die Gefahr begründet, sich selbst (1. Alt.) oder einen Angehörigen im Sinne des § 52 StPO (2. Alt.) der Strafverfolgung auszusetzen[171].

Voraussetzung für die Auskunftsverweigerung wegen der Gefahr strafrechtlicher Selbstbelastung gemäß § 55 I 1. Alt. StPO ist jedoch, dass der als Zeuge zu vernehmende Unternehmensangehörige wirklich in eigener Person der Strafverfolgung wegen individueller Verfehlungen ausgesetzt zu werden droht. Es genügt nicht, dass er durch eine mögliche Verbandssanktion als Unternehmensmitglied mittelbar betroffen wird[172]. Denn § 55 I 1. Alt. StPO schützt nicht vor irgendwelchen nachteiligen Auswirkungen, die mit einer Bestrafung verbunden sind, sondern lediglich vor der Gefahr, selbst Adressat von strafrechtlichen Ermittlungsmaßnahmen mit dem Ziel der eigenen Sanktionierung zu werden[173]. Verbandssanktionen ergehen nicht aufgrund von Individualverfehlungen, sondern stellen eine Reaktion ausschließlich auf eine Verbandstat dar. Sie begründen daher lediglich die Verantwortlichkeit des Verbandes, nicht die der in die Organisation eingegliederten Unternehmensangehörigen. Demzufolge wird in den Konstellationen, in denen die Zeugenaussage belastende Wirkung bezüglich des Verbandes entfaltet, keine Gefahr der *Selbst*belastung im Sinne des § 55 I 1. Alt. StPO begründet[174].

2. Zeugnis- und Auskunftsverweigerungsrechte aufgrund der Betroffenheit von Verbandsinteressen

Abgesehen von den reflexartigen Wirkungen, von denen das Unternehmen aufgrund der persönlichen Zeugnis- und Auskunftsverweigerungsrechte unternehmensangehöriger Zeugen im Einzelfall profitieren kann, ist für ein Unternehmens-

---

[171] Vgl. *Drope,* Strafprozessuale Probleme, S. 233; KK-OWiG-*Rogall,* § 30 Rn. 187.

[172] *Drope,* Strafprozessuale Probleme, S. 233 f.; auch *Schlüter,* Strafbarkeit von Unternehmen, S. 241 ff., der jedoch überlegt, ob die mittelbare Betroffenheit durch die Verbandssanktion als „unmittelbare Selbstbetroffenheit" zu werten ist, im Ergebnis solch eine „teleologische Extension" des § 55 I 1. Alt. StPO ablehnt.

[173] Vgl. z. B. *BVerfGE* 38, 105, 112 f.; KK-StPO-*Senge,* § 55 Rn. 1.

[174] *Drope,* Strafprozessuale Probleme, S. 234.

strafverfahren vorrangig zu klären, ob und inwieweit jenen Zeugen aufgrund von eigenen Interessen des Verbandes Rechte zur Zeugnis- beziehungsweise Auskunftsverweigerung gewährt werden müssen.

a) Das Zeugnisverweigerungsrecht von Berufsgeheimnisträgern, §§ 53, 53 a StPO

Nach bereits geltender Rechtslage vermag in einem Sanktionsverfahren mit Unternehmensbeteiligung im Hinblick auf die Vernehmung von Verbandsmitgliedern das Zeugnisverweigerungsrecht gemäß § 53 I Nr. 3 StPO zur Anwendung zu gelangen[175]. Denn nach ganz überwiegender Ansicht fallen auch sogenannte Syndikusanwälte, also ständige Rechtsbeistände, die in einem festen Anstellungsverhältnis zu dem sie beschäftigenden Unternehmen stehen[176], unter den Geltungsbereich jener Vorschrift, wenn sie als Rechtsanwalt zugelassen[177] und soweit sie mit typischen anwaltlichen Aufgaben befasst sind[178]. Das Zeugnisverweigerungsrecht der Berufsgeheimnisträger dient in erster Linie dem Schutz der Vertrauensbeziehung zwischen der Vertrauensperson und dem Anvertrauenden. Wenn die Gefahr bestünde, dass das Anvertraute im Rahmen eines Strafverfahrens preisgegeben werden müsste, wäre eine freie und rückhaltlose Offenbarung seitens des Hilfesuchenden undenkbar[179]. Es dient damit auch dem öffentlichen Interesse am Bestand solcher sozial erwünschter und notwendiger Vertrauensverhältnisse[180]. Schließlich soll die Vertrauensperson vor dem Pflichtenwiderstreit zwischen Wahrung des Geheimnisschutzes und dem allgemeinen Interesse an der Aufklärung von Straftaten geschützt werden[181]. Jene Zielsetzungen bestehen im Verhältnis der Vertrauensperson

---

[175] *Drope*, Strafprozessuale Probleme, S. 232. (Davon abgesehen verfügen selbstverständlich externe Berater des Unternehmens über das Zeugnisverweigerungsrecht nach § 53 StPO, sofern sie einer der dort genannten Berufsgruppen unterfallen, vgl. dazu *Schlüter*, Strafbarkeit von Unternehmen, S. 243).

[176] Vgl. *Roxin*, NJW 1992, 1129.

[177] Dies ergibt sich daraus, dass dem Anwendungsbereich des § 53 I Nr. 3 StPO nur zugelassene Rechtsanwälte unterfallen (vgl. z. B. KK-StPO-*Senge*, § 53 Rn. 15). Der Syndikus muss also zumindest als Rechtsanwalt zugelassen sein, andere im Unternehmen beschäftigte Juristen werden schon aufgrund dieses formellen Aspektes nicht erfasst, *Hassemer*, wistra 1986, 1, 6 f.; *Roxin*, NJW 1992, 1129.

[178] Löwe-Rosenberg-*Dahs*, § 53 Rn. 30; Immenga/Mestmäcker-GWB-*Dannecker/Biermann*, Vor § 81 Rn. 170; *Drope*, Strafprozessuale Probleme, S. 232; *Hassemer*, wistra 1986, 1, 13 f.; *Hermanns*, Ermittlungsbefugnisse, S. 70 f.; *Meyer-Goßner*, § 53 Rn. 15; *Müller*, Stellung der juristischen Person, S. 108; ähnlich *Roxin*, NJW 1992, 1129, 1134; *ders.*, NJW 1995, 17, 18: Ausübung anwaltlicher Tätigkeit in gehobener und selbständiger Position; vgl. auch *LG Frankfurt* StV 1993, 351 zur Beschlagnahmefreiheit von Verteidigerakten beim Syndikusanwalt nach §§ 97, 53 StPO.

[179] Vgl. nur *BVerfG*E 33, 367, 377 f.; 38, 312, 323 f.; *Meyer-Goßner*, § 53 Rn. 1; *Rengier*, Zeugnisverweigerungsrechte, S. 14; KK-StPO-*Senge*, § 53 Rn. 1.

[180] *Hassemer*, wistra 1986, 1, 12; *Rengier*, Zeugnisverweigerungsrechte, S. 22 f. und 73 f.

[181] *BGH*St 9, 59, 61; *Rengier*, Zeugnisverweigerungsrechte, S. 13 f.

zu einem Unternehmen in gleicher Weise wie zu natürlichen Personen[182]. Daher ist der Syndikusanwalt auch im Verhältnis zum Verband im Hinblick auf alle Umstände, die ihm im Rahmen seiner Tätigkeit[183] von seinem Mandanten, also dem Unternehmen, oder Dritten[184], anvertraut worden sind, zur umfassenden Zeugnisverweigerung nach § 53 I Nr. 3 StPO berechtigt[185]. Nach § 53 II StPO darf der Anwalt jedoch das Zeugnis nicht verweigern, wenn er von der Verpflichtung zur Verschwiegenheit entbunden wurde. Zuständig für die Entbindung sind dabei die gesetzlichen Vertreter des Verbandes[186].

Eine Erweiterung des Kreises der nach § 53 StPO zeugnisverweigerungsberechtigten Personen auf sämtliche Unternehmensangehörige kommt jedoch nicht in Betracht. § 53 StPO schützt nur bestimmte, besonders bedeutsame Vertrauensverhältnisse, die gar nicht zustande kämen beziehungsweise ausgehöhlt würden, wenn die Gefahr bestünde, dass die anvertrauten Informationen im Strafverfahren preisgegeben werden müssten. In diesen Fällen, in denen sich ein Zeugnisverweigerungsrecht für jene Vertrauensbeziehung als unerlässlich erweist, vermag das Interesse der Allgemeinheit an der Aufklärung von Straftaten hinter den Interessen am Schutz der Beziehung zum Geheimnisträger zurückzutreten[187]. Nur im Einzelfall

---

182 *Drope,* Strafprozessuale Probleme, S. 232.

183 Das Zeugnisverweigerungsrecht des § 53 StPO erstreckt sich allgemein nur auf Tatsachen, die dem Zeugen in seiner beruflichen Eigenschaft anvertraut oder bekannt geworden sind, vgl. nur Löwe-Rosenberg-*Dahs,* § 53 Rn. 1.

184 Vgl. z. B. *Meyer-Goßner,* § 53 Rn. 7; KK-StPO-*Senge,* § 53 Rn. 16.

185 *Drope,* Strafprozessuale Probleme, S. 232; unklar jedoch Immenga / Mestmäcker-GWB-*Dannecker / Biermann,* Vor § 81 Rn. 170, wonach sich das Vertrauensverhältnis auf alle Unternehmensangehörige erstrecke.

186 *Drope,* Strafprozessuale Probleme, S. 233; *Meyer-Goßner,* § 53 Rn. 46; *Schlüter,* Strafbarkeit von Unternehmen, S. 251; KK-StPO-*Senge,* § 53 Rn. 47; siehe auch *OLG Celle* wistra 1986, 83. – Problematisch ist in diesem Zusammenhang jedoch, ob auch ausgeschiedene Organwalter, die an der Beziehung zum zeugnisverweigerungsberechtigten Anwalt beteiligt waren, zur Entbindung von der Verschwiegenheitspflicht (mit-)befugt sind. Sieht man einzig den Verband als Träger des durch § 53 StPO geschützten Geheimhaltungsinteresses an (*BGHZ* 109, 260, 270; *LG Lübeck* NJW 1978, 1014, 1015; Schönke / Schröder-*Lenckner,* § 203 Rn. 23; *Nassall,* NJW 1990, 496 f.; *Schäfer,* wistra 1985, 209, 211; *Schlüter,* Strafbarkeit von Unternehmen, S. 259 f.), so sind lediglich die aktuell tätigen gesetzlichen Vertreter entbindungsbefugt; dagegen jedoch aufgrund der Zuordnung des Geheimhaltungsinteresses an die am Vertrauensverhältnis beteiligten Organwalter *Schmitt,* wistra 1993, 9, 11 f. – Zur Frage, ob bei Insolvenz des Verbandes dem Insolvenzverwalter (allein) die Entbindungsbefugnis zusteht: *BGHZ* 109, 260, 270 ff.; *OLG Koblenz* NStZ 1985, 426, 427 f.; *OLG Schleswig* NJW 1981, 294; *Dahs,* Kleinknecht-FS, S. 63 ff.; Schönke / Schröder-*Lenckner,* § 203 Rn. 23; *Münchhalffen,* StV 1993, 347, 348; *Nassall,* NJW 1990, 496 f.; *Schäfer,* wistra 1985, 209, 210 ff.; *Schmitt,* wistra 1993, 9, 13 f. – Dabei ging es jedoch um Konstellationen, in denen Insolvenzschuldner (Verband) und Beschuldigter (z. B. ein Organwalter) personenverschieden waren; speziell im Zusammenhang mit Fallgestaltungen, in denen der Verband sowohl Insolvenzschuldner als auch Beschuldigter ist, *Schlüter,* Strafbarkeit von Unternehmen, S. 260 ff.

187 Vgl. Löwe-Rosenberg-*Dahs,* § 53 Rn. 3; KK-StPO-*Senge,* § 53 Rn. 2.

soll sich ausnahmsweise unter strengen Voraussetzungen ein Zeugnisverweigerungsrecht direkt aus der Verfassung ergeben, wenn die Vernehmung des Zeugen
„wegen der Eigenart des Beweisthemas in den durch Art. 2 Abs. 1 in Verbindung
mit Art. 1 Abs. 1 GG grundrechtlich geschützten Bereich der privaten Lebensgestaltung des Einzelnen, insbesondere seine Intimsphäre, eingreifen würde"[188].
Im Übrigen bleibt es bei der allgemeinen Zeugenpflicht zur umfassenden und
wahrheitsgemäßen Aussage. Dem Verhältnis des Verbandes zu seinen sämtlichen
Unternehmensangehörigen liegt aber keine Vertrauensbeziehung, die mit der zu
den in § 53 StPO genannten Berufsgruppen vergleichbar wäre, zugrunde[189]. Bei
den Verbandsmitgliedern handelt es sich grundsätzlich nicht um besondere Geheimnisträger, an die sich das Unternehmen als Rat und Hilfe Suchender wendet.
Sie unterliegen insbesondere nicht „festen, von der Gemeinschaft gebildeten Maßstäben" im Hinblick darauf, „wie ein Berufsgeheimnis besteht und inwieweit es
Schweigen gebietet"[190]. Ein Geheimnisschutz zwischen dem Unternehmen und
seinen Mitgliedern, welcher durch ein Zeugnisverweigerungsrecht abgesichert ist,
lässt sich daher nicht begründen[191]. Dies entspricht auch der Situation des Einzelunternehmers. Seine Angestellten verfügen im Verhältnis zu ihrem Arbeitgeber
ebenfalls nicht über ein Zeugnisverweigerungsrecht.

b) Gewährung eines Zeugnis- oder Auskunftsverweigerungsrechtes aufgrund der Gefahr der Belastung des Unternehmens?

Zu untersuchen ist schließlich, ob in einem gegen den Verband gerichteten Verfahren dem als Zeugen zu vernehmenden Unternehmensmitglied ein Zeugnisverweigerungsrecht wegen der Gefahr, „sein" Unternehmen belasten zu müssen,
zu gewähren ist. Für Verfahren gegen Dritte stellt sich zudem die Frage, ob dem
Zeugen ein Auskunftsverweigerungsrecht bezüglich solcher Fragen zustehen muss,
deren wahrheitsgemäße Beantwortung „sein" Unternehmen der Gefahr der Strafverfolgung aussetzen würde. Die nach bisher geltender Rechtslage bestehenden
Regelungen erfassen die hier in Rede stehende Konfliktlage nicht[192]. Es gilt daher
zu klären, ob aufgrund der Sanktionsfähigkeit von Verbänden der Bestand der bisherigen Zeugnis- oder Auskunftsverweigerungsrechte zu erweitern ist. Dabei müssen aber Ratio und Systematik der bestehenden Regelungen als Orientierungs-
maßstab zugrunde gelegt werden.

---

[188] *BVerfGE* 33, 367, 374; vgl. ferner *BVerfGE* 38, 312, 319 ff.; *BVerfG* NStZ 1988, 418.

[189] *Drope,* Strafprozessuale Probleme, S. 235.

[190] Vgl. Löwe-Rosenberg-*Dahs*, § 53 Rn. 3.

[191] *Drope,* Strafprozessuale Probleme, S. 235.

[192] So erfordert § 52 StPO bekanntlich eine Angehörigenbeziehung, welche zwischen Verband und Verbandsmitglied nicht vorliegt. Dies gilt ebenfalls für das Auskunftsverweigerungsrecht nach § 55 I 2. Alt. StPO. Auch eine Berufung auf § 55 I 1. Alt. StPO ist ausgeschlossen, da bei drohender Sanktionierung des Verbandes keine Gefahr der Selbstbelastung für das Unternehmensmitglied besteht, vgl. dazu bereits oben 3. Teil, A. III. 1. b).

aa) Zeugnisverweigerungsrecht in Anlehnung
an § 52 StPO aufgrund des Näheverhältnisses zwischen
beschuldigtem Verband und Verbandsmitglied?

Zuerst soll für die Situation, in denen das Verbandsmitglied in einem Verfahren gegen „sein" Unternehmen als Zeuge vernommen werden soll, ermittelt werden, ob dem Zeugen aufgrund seines Näheverhältnisses zum beschuldigten Verband ein Zeugnisverweigerungsrecht einzuräumen ist.

Diese Konfliktlage, in der sich das als Zeuge zu vernehmende Verbandsmitglied befindet, weist durchaus Parallelen zur Situation des angehörigen Zeugen im Sinne des § 52 StPO auf. Auch der Zeuge nach § 52 StPO befindet sich in einem Näheverhältnis zum Beschuldigten. Allerdings kommt durch die abschließende Aufzählung der zeugnisverweigerungsberechtigten Personen in § 52 StPO zum Ausdruck, dass nicht jedwedes Nähe- oder Vertrauensverhältnis geeignet ist, das allgemeine Interesse an der Aufklärung von Straftaten zurücktreten zu lassen[193]. Nur Angehörige sollen nicht der Zwangslage ausgesetzt werden, einen Angehörigen belasten oder die Unwahrheit sagen zu müssen[194]. Es geht um den Schutz des familiären Friedens[195] und Vertrauens[196] sowie des Rechts auf Privat- und Intimsphäre[197]. Des Weiteren wird teilweise auf den Schutz der Wahrheitsfindung verwiesen, da bei einer Aussageverpflichtung trotz der Konfliktlage, in der sich der angehörige Zeuge befindet, ein erhöhtes Risiko an Falschaussagen besteht[198]. Es muss daher geprüft werden, ob das Näheverhältnis zwischen Verband und Verbandsmitglied in seiner Wertigkeit und Schutzbedürftigkeit dem zwischen Familienangehörigen gleichkommt[199].

Man wird nicht abstreiten können, dass zumindest die Möglichkeit besteht, dass der Unternehmensangehörige bei einer Aussageverpflichtung gegen „sein" Unter-

---

193 Vgl. *BGH*St (GrS) 12, 235, 239; Löwe-Rosenberg-*Dahs,* § 52 Rn. 1.

194 *BGH*St 2, 351, 354; (GrS) 12, 235, 239; 22, 35, 36; *Grünwald,* Beweisrecht, S. 21 f.; *Rengier,* Zeugnisverweigerungsrechte, S. 8; *Roxin,* Strafverfahrensrecht, § 26 Rn. 14; *Spelthahn,* Zeugnisverweigerungsrecht des Angehörigen, S. 40 f. – § 52 StPO setzt jedoch nur das Vorliegen einer äußeren Konfliktlage voraus, es ist nicht erforderlich, dass der Zeuge die Zwangslage empfindet und sich dadurch zur Zeugnisverweigerung veranlasst sieht, *BGH*St (GrS) 12, 235, 239.

195 *RG*St 1, 207, 208; *BGH*St 11, 213, 216; 38, 96, 99; *Rengier,* Zeugnisverweigerungsrechte, S. 8 f.; vgl. auch Löwe-Rosenberg-*Dahs,* § 52 Rn. 1; dagegen jedoch *Eb. Schmidt,* JZ 1958, 596, 597.

196 *Dünnebier,* MDR 1964, 965; *Grünwald,* JZ 1966, 489, 497; *ders.,* Beweisrecht, S. 22.

197 *Rengier,* Zeugnisverweigerungsrechte, S. 10 f.; *Roxin,* Strafverfahrensrecht, § 26 Rn. 14; *Spelthahn,* Zeugnisverweigerungsrecht des Angehörigen, S. 40.

198 *Rengier,* Zeugnisverweigerungsrechte, S. 56 ff.; *Roxin,* Strafverfahrensrecht, § 26 Rn. 14; *Eb. Schmidt,* JZ 1958, 596, 600; *ders.,* Lehrkommentar StPO II, § 52 Rn. 1; dagegen jedoch *BGH*St 11, 213, 215; Löwe-Rosenberg-*Dahs,* § 52 Rn. 1; *Meyer-Goßner,* § 52 Rn. 1; KK-StPO-*Senge,* § 52 Rn. 1; *Spelthahn,* Zeugnisverweigerungsrecht des Angehörigen, S. 48.

199 Vgl. *Drope,* Strafprozessuale Probleme, S. 237.

nehmen in eine Zwangslage geraten kann, die unter Umständen sogar einen Gewissenskonflikt bei ihm hervorzurufen vermag. Die Pflicht zur vollständigen und wahrheitsgemäßen Aussage kollidiert möglicherweise mit dem Interesse, den Verband nicht belasten zu wollen, sei es aus Loyalität zum Unternehmen, sei es aufgrund eigener mittelbarer Betroffenheit[200] durch die drohende Verbandssanktion[201]. In solch einer Situation könnte der Beweiswert einer erzwungen Aussage beeinträchtigt werden. Dies ist insbesondere dann zu befürchten, wenn seitens der Unternehmensleitung oder anderer Unternehmensangehöriger Druck auf den Zeugen ausgeübt werden würde[202], eine Gefahr, die zumindest nicht per se von der Hand zu weisen ist[203].

Jener Gesichtspunkt des eventuell geringeren Beweiswertes genügt jedoch für sich betrachtet nicht, um ein Zeugnisweigerungsrecht zu statuieren. Dies verdeutlicht ein Blick auf die vollständige Zeugenpflicht eines nichtehelichen Lebenspartners[204], aber auch auf die des Opfers der Straftat[205]. Obwohl in diesen Fallgestaltungen ein Risiko besteht, dass die Pflicht zur wahrheitsgemäßen Aussage durch andere Interessen, etwa Schutz des beschuldigten Lebensgefährten oder der Wunsch nach unbedingter Verurteilung und harter Bestrafung des Täters, überlagert wird, hält das Strafverfahrensrecht für diese Personen an der umfassenden Zeugenpflicht fest[206]. Wie in den genannten Beispielskonstellationen ist es auch bei Unternehmensangehörigen ausreichend, ihre besondere Konfliktsituation im Rahmen der freien richterlichen Beweiswürdigung zu berücksichtigen[207].

Maßgeblich ist daher ausschließlich der Charakter der Beziehung des Verbandsmitgliedes zum Unternehmen. Dieses Verhältnis entspricht in seiner Schutzwürdigkeit aber nicht dem zwischen Familienangehörigen. Zwar gewährleistet Art. 9 I GG die Freiheit zur Bildung von Vereinen und Gesellschaften, der Verbandszugehörigkeit wird aber nicht ein derart hoher Wert wie familiären Beziehungen beigemessen. Art. 6 I GG gewährt die Entfaltungsfreiheit im privaten Bereich[208].

---

[200] Vgl. dazu bereits oben 3. Teil, A. III. 1. b).

[201] *Drope,* Strafprozessuale Probleme, S. 236.

[202] *Drope,* Strafprozessuale Probleme, S. 236 f.

[203] Vgl. bei *Drope,* Strafprozessuale Probleme, S. 236 f.; vgl. auch Immenga / Mestmäcker-GWB-*Dannecker / Biermann,* Vor § 81 Rn. 164.

[204] Vgl. z. B. *Baier,* Strafprozessuale Zeugnisverweigerungsrechte, S. 167 ff.; *Spelthahn,* Zeugnisverweigerungsrecht des Angehörigen, S. 55 f.

[205] Der Verletzte unterliegt grundsätzlich der vollumfänglichen Zeugenpflicht. Die Vorschrift des § 68 a I StPO, wonach Fragen nach entehrenden Tatsachen oder nach dem persönlichen Lebensbereich nur gestellt werden sollen, wenn es (zur Aufklärung des Sachverhaltes) unerlässlich ist, dienen dem Schutz des Zeugen und schränken das Interesse an der Wahrheitsfindung gerade ein. Entsprechendes gilt für Fragen nach Vorstrafen gemäß § 68 a II StPO.

[206] Der Schutz der Wahrheitsfindung wird daher auch von der wohl überwiegenden Ansicht nicht als Schutzzweck des § 52 StPO anerkannt, vgl. oben Fn. 198.

[207] Vgl. *Drope,* Strafprozessuale Probleme, S. 238.

[208] *BVerfG*E 42, 234, 236; 57, 170, 178.

Geschützt wird das „ungestörte Zusammenleben"[209] in Ehe und Familie. Ehe und Familie werden als „geschlossener, gegen den Staat abgeschirmter Autonomie- und Lebensbereich"[210] anerkannt. Seitens des Staates ist daher grundsätzlich Zurückhaltung geboten[211]. Der Schutz des Angehörigenverhältnisses im Strafverfahren durch § 52 StPO[212] zählt zudem „in seinem Kernbestand zu den rechtsstaatlich unverzichtbaren Erfordernissen eines fairen Verfahrens"[213]. Zwar schützt die Organisationsgarantie des Art. 9 I GG ebenfalls die Persönlichkeitsentfaltung[214], die Zugehörigkeit zum Verband betrifft aber nicht den Bereich der von äußeren Einwirkungen abzuschirmenden Privatsphäre, sondern lediglich den Sozialbereich[215]. Es geht nicht um die Gewährleistung eines Rückzugsbereiches, dem gegenüber der Staat zur Zurückhaltung verpflichtet ist. Eingriffe in jenen Sozialbereich können unter weniger strengen Anforderungen gerechtfertigt werden als Beeinträchtigungen der Privatsphäre[216]. Die Verbandszugehörigkeit erfährt demzufolge einen geringeren Schutz als der Bereich von Ehe und Familie[217]. Jene besondere Schutzbedürftigkeit, die bei Angehörigen ausnahmsweise eine Durchbrechung der Zeugenpflicht rechtfertigt, kann somit nicht für das Verhältnis zwischen dem Unternehmen und seinen Mitgliedern festgestellt werden. In diesem Bereich ist daher dem verfassungsrechtlich abgesicherten Interesse an der Aufklärung von Straftaten Vorrang einzuräumen. Die Statuierung eines Zeugnisverweigerungsrechtes in Anlehnung an § 52 StPO für Unternehmensangehörige im Verhältnis zu „ihrem" Unternehmen ist daher nicht geboten[218].

bb) Auskunftsverweigerungsrecht in Anlehnung an § 55 I 2. Alt. StPO aufgrund des Näheverhältnisses zwischen Verband und Verbandsmitglied in drittgerichteten Verfahren?

Da sich das Näheverhältnis zwischen dem Verband und seinen Mitgliedern als unzureichend schutzwürdig herausgestellt hat, um als Grundlage eines Zeugnis-

---

[209] *BVerfGE* 31, 58, 67; 33, 84, 94; 33, 236, 238; 57, 361, 387.

[210] *BVerwGE* 91, 130, 134.

[211] *BVerfGE* 21, 329, 353.

[212] Sowie durch § 97 I, § 100 d III 3, § 252 StPO.

[213] *BVerfG* NStZ 2000, 489, 490.

[214] *Bauer,* in: Dreier, Grundgesetz, Art. 9 Rn. 17; *Wiedemann,* Gesellschaftsrecht I, S. 665. Vgl. auch *BVerfGE* 50, 290, 353 f.

[215] *Drope,* Strafprozessuale Probleme, S. 238.

[216] *BVerfGE* 27, 1, 6; 32, 373, 378 f.; 33, 367, 376 f. sowie *Dreier,* in: Dreier, Grundgesetz, Art. 2 I Rn. 61, der jedoch zutreffend darauf hinweist, dass eine strikte Abgrenzung der einzelnen Sphären des allgemeinen Persönlichkeitsrechts praktisch nicht möglich ist und der Sphärengedanke lediglich eine Orientierung zur Bestimmung gradueller Abstufungen des Schutzbereiches leisten kann.

[217] *Drope,* Strafprozessuale Probleme, S. 238.

[218] *Drope,* Strafprozessuale Probleme, S. 238.

verweigerungsrechts dienen zu können, muss auch in einem Verfahren, das sich nicht gegen den Verband richtet, ein Auskunftsverweigerungsrecht in Anlehnung an § 55 I 2. Alt. StPO ausscheiden. Denn § 55 I 2. Alt. StPO gewährleistet keinen Schutz vor strafrechtlicher Belastung eines beliebigen Dritten, sondern fordert für die Beziehung des Zeugen zu der Person, um deren Schutzes willen die Auskunft auf einzelne Fragen verweigert werden darf, ein Angehörigenverhältnis im Sinne des § 52 StPO. Das Verhältnis zwischen dem Unternehmensmitglied und dem Verband ist aber, wie gezeigt, nicht mit dem zwischen Angehörigen vergleichbar. Unternehmensangehörige sind daher in Verfahren, in denen es nicht um die Strafverfolgung des Unternehmens geht, zur vollständigen wahrheitsgemäßen Zeugenaussage verpflichtet, auch wenn dadurch „ihr" Unternehmen belastet werden könnte.

IV. Sonstige Mitwirkungsverpflichtungen

Nach der hier vertretenen Konzeption ist der Schutzbereich des nemo tenetur-Prinzips auf verbale Mitwirkungsakte begrenzt. Geschützt wird die Aussagefreiheit. Sonstige nonverbale Mitwirkungsverpflichtungen dürfen dem Beschuldigten (im Rahmen des Verhältnismäßigkeitsprinzips) auferlegt und auch mit Hilfe von Zwangsmitteln durchgesetzt werden. Da der nemo tenetur-Grundsatz nicht der Sicherung von Selbstschutz- beziehungsweise Selbstbegünstigungsinteressen dient, sondern dem Beschuldigten die Möglichkeit einräumt, selbstbestimmt zu entscheiden, inwieweit er sich am Kommunikationsvorgang des Verfahrens beteiligt und in welcher Weise er seinen Verteidigungsinteressen entsprechend auf den Verfahrensausgang Einfluss nehmen will, kommt ein generelles Mitwirkungsverweigerungsrecht nicht in Betracht[219]. Dieser – im Vergleich zum herkömmlichen naturalistischen nemo tenetur-Verständnis reduzierte – Gewährleistungsumfang ist auch im Hinblick auf Unternehmen als Träger der Selbstbelastungsfreiheit zugrunde zu legen.

1. Verpflichtung zur Herausgabe von Gegenständen, § 95 I StPO

Unternehmen können daher zu nonverbalen Mitwirkungsleistungen verpflichtet werden, auch wenn hierdurch möglicherweise Umstände offengelegt werden, die strafrechtlich belastende Wirkung für den Verband entfalten. Von höchster praktischer Bedeutung in gegen Unternehmen gerichteten Verfahren ist dabei die hieraus folgende Verpflichtung, Gegenstände, insbesondere Unterlagen, grundsätzlich herauszugeben beziehungsweise vorlegen zu müssen. Die Vorlagepflicht ergibt sich aus § 95 I StPO. Die durch die herrschende Ansicht postulierte Einschränkung des personellen Anwendungsbereiches dieser Vorschrift, wonach der Beschuldigte

---

[219] Siehe dazu oben 2. Teil, D. IV. 5. a).

nicht zur Herausgabe verpflichtet sein soll[220], ist nach dem hier vertretenen nemo tenetur-Konzept abzulehnen[221].

Problematisch ist hierbei jedoch, dass § 95 I StPO sich ausschließlich an den Gewahrsamsinhaber richtet. Die Eigentumsverhältnisse im Hinblick auf den fraglichen Gegenstand sind nicht maßgeblich[222]. Nach ganz überwiegender Ansicht sind Personenvereinigungen nicht gewahrsamsfähig, da ihnen die Ausübung von tatsächlicher Sachherrschaft nicht möglich ist[223]. Gewahrsam üben daher bei juristischen Personen und Personenvereinigungen deren gesetzliche Vertreter aus[224]. Da nach dem eindeutigen Wortlaut der Vorschrift strikt an die Gewahrsamsinhaberschaft für die Bestimmung des Herausgabepflichtigen anzuknüpfen ist, trifft die Herausgabepflicht für Gegenstände aus dem Unternehmen dessen jeweilige Organe[225]. Die Begründung einer eigenen, originären Herausgabeverpflichtung des Verbandes, die freilich durch die gesetzlichen Vertreter zu erfüllen wäre, kommt nach der derzeitigen Gesetzesfassung des § 95 I StPO nicht in Betracht[226].

2. Umfang der Herausgabeverpflichtung

Wie jedoch bereits gezeigt, darf die Herausgabeverpflichtung nicht zu einem Leerlaufen der – auch Unternehmen – umfassend gewährleisteten Einlassungsfreiheit führen. Da die gesetzlichen Unternehmensvertreter die Selbstbelastungsfreiheit des Verbandes wahrnehmen[227], ist bei Bestimmung des Umfangs ihrer Herausgabeverpflichtung im Hinblick auf Unternehmensgegenstände der dem Verband

---

220 Siehe oben Einführung, C. mit Fn. 14.

221 So auch *Böse*, GA 2002, 98, 128 Fn. 239; *Lesch*, Strafprozeßrecht, 4. Kap. Rn. 99.

222 Vgl. nur AK-StPO-*Amelung*, § 95 Rn. 6; *Gillmeister*, Ermittlungsrechte, S. 118; Löwe-Rosenberg-*Schäfer*, § 95 Rn. 4.

223 Vgl. AK-StPO-*Amelung*, § 95 Rn. 6; *Dibbert*, Ermittlungen in Großunternehmen, S. 140; Löwe-Rosenberg-*Schäfer*, § 95 Rn. 4; auch Schönke / Schröder-*Eser*, § 242 Rn. 29; anders jedoch SK-StGB-*Hoyer*, § 242 Rn. 39, der auch juristische Personen für gewahrsamsfähig hält; unklar *LG Würzburg* wistra 1990, 118, wo trotz des Verweises auf die tatsächliche Verfügungsbefugnis „eindeutig" Gewahrsam an den Unterlagen bei der betreffenden Sparkasse vorliegen soll.

224 AK-StPO-*Amelung*, § 95 Rn. 6; *Ciolek-Krepold*, Durchsuchung und Beschlagnahme, S. 124; *Dibbert*, Ermittlungen in Großunternehmen, S. 140; *Drope*, Strafprozessuale Probleme, S. 283; Schönke / Schröder-*Eser*, § 242 Rn. 29; anders *Gillmeister*, Ermittlungsrechte, S. 118 (Auch sonstige Unternehmensangehörige hätten Mitgewahrsam bzgl. Unterlagen, die sich im Geschäftsgang zur Bearbeitung befinden oder in den Büros der Mitarbeiter aufbewahrt werden.).

225 AK-StPO-*Amelung*, § 95 Rn. 6; *Dibbert*, Ermittlungen in Großunternehmen, S. 141.

226 Es ist daher unpräzise, wenn in der Literatur teilweise von der Herausgabepflicht *der Unternehmen*, insb. *der Banken* bzw. *Kreditinstitute*, die Rede ist, vgl. z. B. Löwe-Rosenberg-*Schäfer*, § 95 Rn. 3; *Köhler*, in: Wabnitz / Janovsky (Hrsg.), Handbuch des Wirtschafts- und Steuerstrafrechts, Kap. 2 Rn. 560.

227 Siehe oben 3. Teil, A. I. 2. b).

durch den nemo tenetur-Satz gewährte Schutz zu berücksichtigen[228]. Die hier entwickelten Einschränkungen der prinzipiellen Vorlagepflicht des Beschuldigten[229] sind daher auf die unternehmensbezogene Herausgabeverpflichtung der gesetzlichen Vertreter zu übertragen. Sofern also die Herausgabe über eigenen Aussagewert verfügt, ist eine entsprechende Mitwirkungsverpflichtung zu verneinen. Dies ist dann der Fall, wenn durch den Herausgabeakt selbst eine strafrechtlich relevante Tatsache eingeräumt wird. Daher besteht nach dem hier vertretenen Konzept ein Herausgabeverweigerungsrecht, wenn bereits der Besitz beziehungsweise die Verfügungsgewalt über den fraglichen Gegenstand belastende Wirkung entfaltet, was immer dann vorliegt, wenn das beschuldigte Unternehmen zum Besitz des betreffenden Objektes nicht befugt ist[230]. Ist ein derartiger Aussagewert nicht gegeben, besteht die Editionspflicht nach § 95 I StPO.

Dies bedeutet, dass auch in gegen Unternehmen gerichteten Verfahren eine Verpflichtung zur Vorlage von Unterlagen, aber auch Datenträgern oder sonstigen Augenscheinsobjekten aus dem Unternehmensbereich grundsätzlich zulässig ist. Da es auf den möglicherweise belastenden Inhalt der Dokumente nicht ankommt[231], können somit alle im Rahmen des regulären Geschäftsbetriebes des Unternehmens angefertigten Unterlagen herausverlangt werden. Der Besitz jener Dokumente entfaltet als solcher keine inkriminierende Wirkung. Somit müssen nach einer entsprechenden Anordnung nicht nur die Geschäftsbücher und Bilanzen vorgelegt werden, zu deren Führung die Unternehmen gesetzlich verpflichtet sind[232]. Auch sonstige im Rahmen der Unternehmenstätigkeit entstehende Unterlagen, wie etwa Sitzungsprotokolle, Gesprächsnotizen, interne Weisungen oder Korrespondenz, unterfallen der Vorlagepflicht, und zwar auch dann, wenn sich ihr Inhalt als strafrechtlich belastend für das Unternehmen darstellt. Wurde beispielsweise in einer Sitzung der Geschäftsleitung der Vertrieb eines gesundheitsschädigenden Produktes trotz Kenntnis von dessen Wirkung beschlossen, so ist das Protokoll jener Sitzung nach einem entsprechenden Herausgabeverlangen auszuliefern. Gleiches gilt etwa für ein Memo, in dem die Anweisung zum unbefugten ungefilterten Ausstoß von Schadstoffen erteilt wird. Dagegen darf die Herausgabe bezüglich solcher Gegenstände verweigert werden, deren Vorlage als solche einen belastenden Erklärungswert abgibt, weil das Unternehmen zu deren Besitz gar nicht berechtigt ist. Dies gilt beispielsweise für unter Verstoß gegen § 17 UWG erlangte Unterlagen oder sonstige Gegenstände, etwa Muster oder Modelle, die Betriebs- und Geschäftsgeheimnisse eines Konkurrenten verkörpern. Weiterhin

---

[228] Daneben käme bei entsprechender persönlicher Betroffenheit eine Einschränkung aufgrund der individuellen Aussagefreiheit des Vertreters in Betracht.

[229] Siehe oben 2. Teil, D. IV. 5. a).

[230] Siehe hierzu oben 2. Teil, D. IV. 5. a).

[231] Vgl. oben 2. Teil, D. IV. 5. a).

[232] Vgl. die §§ 238–263 HGB für sämtliche Kaufleute; die ergänzenden Vorschriften der §§ 264 ff. HGB für Kapitalgesellschaften und eingetragene Genossenschaften sowie die Spezialvorschriften in §§ 150 AktG, 41 ff. GmbHG.

besteht beispielsweise ein Herausgabeverweigerungsrecht im Hinblick auf Proben, die im Zusammenhang von gentechnischen Arbeiten entstanden, die ohne eine erforderliche Genehmigung durchgeführt worden sind[233]. In diesen Konstellationen würde mit der Herausgabe der unbefugte Besitz an den fraglichen Gegenständen erklärt und damit eine strafrechtlich relevante Tatsache eingestanden. Die Herausgabe darf daher verweigert werden.

3. Durchsetzbarkeit der Herausgabeverpflichtung

Sofern eine Herausgabepflicht besteht, ist diese gemäß §§ 95 II, 70 StPO durch die Anwendung von Ordnungs- und Zwangsmitteln erzwingbar. Neben der Auferlegung eines Ordnungsgeldes ist somit auch die Verhängung von Ordnungshaft gegen das Organ als Gewahrsamsinhaber zulässig[234].

4. Verhältnis zu Durchsuchung und Beschlagnahme

Die Bedeutung der grundsätzlichen Herausgabeverpflichtung, aber auch des Herausgabeverweigerungsrechtes lässt sich nur im Verhältnis zu den Befugnissen zu Durchsuchung und Beschlagnahme von Gegenständen ermessen. Auch Unternehmen sind zur Duldung von Durchsuchungen nach §§ 102 ff. StPO verpflichtet, wobei die Durchsuchung auf § 102 StPO zu stützen ist, sofern sich das Verfahren gegen das Unternehmen selbst richtet[235]. Aufgefundene Beweismittel können gemäß § 94 II StPO – unter Beachtung der Beschlagnahmeverbote nach § 97 StPO[236] – beschlagnahmt werden. In zahlreichen Fällen werden die für die Straf-

---

[233] Vgl. § 8 I 1 GenTG sowie die hierzu korrespondierende Bußgeldvorschrift in § 38 I Nr. 2 GenTG.

[234] *Drope,* Strafprozessuale Probleme, S. 283; vgl. auch *Dibbert,* Ermittlungen in Großunternehmen, S. 141; *Gillmeister,* Ermittlungsrechte, S. 115.

[235] Dies ist Konsequenz des eigenen Beschuldigtenstatus' des Unternehmens (siehe oben 3. Teil, A. I. 1.); vgl. *Drope,* Strafprozessuale Probleme, S. 279 f.

[236] In der hier interessierenden Konstellation der Durchsuchung bei einem beschuldigten Unternehmen ist vor allem das Beschlagnahmeprivileg des Syndikusanwalts zu beachten (*LG Frankfurt/Main* StV 1993, 351; *Ciolek-Krepold,* Durchsuchung und Beschlagnahme, S. 148; *Roxin,* NJW 1995, 17, 21 m. w. N.). Jedoch gilt die Beschlagnahmefreiheit gemäß § 97 II 1 StPO nur, wenn sich die betreffenden Gegenstände im Gewahrsam des Syndikusanwalts befinden; Mitgewahrsam der Organe des beschuldigten Unternehmens würde die Beschlagnahmefreiheit ausschließen. Erforderlich ist daher, wenn der Syndikusanwalt seine Tätigkeit in Räumen des Unternehmens ausübt, dass sich die Unterlagen in einem verschließbaren Raum oder Schrank befinden, zu dem nur der Anwalt (und seine Mitarbeiter, z. B. seine Sekretärin) Zugang haben, vgl. *LG Frankfurt/Main* StV 1993, 351; *Ciolek-Krepold,* Durchsuchung und Beschlagnahme, S. 148 f.; *Roxin,* NJW 1995, 17, 22 f. Weitergehend ist das auf Art. 6 III EMRK und § 148 StPO, wonach umfassend der freie Verkehr mit dem Beschuldigten garantiert wird, gestützte Beschlagnahmeprivileg des Verteidigers. Verteidigungsunterlagen sind nicht nur beschlagnahmefrei, wenn sie dem Gewahrsam des Verteidigers unter-

verfolgung relevanten Beweisgegenstände im Wege von Durchsuchungen und Beschlagnahme zur Kenntnis der Ermittlungsorgane gelangen. Der Herausgabeverpflichtung nach § 95 I StPO kommt daher vor allem praktische Bedeutung zu, wenn zwar feststeht, dass sich der fragliche Gegenstand im Unternehmen befindet, jedoch bei einer Durchsuchungsmaßnahme nicht gefunden werden kann und sein weiterer Verbleib unbekannt ist[237]. Eine derartige Konstellation wird allerdings vielfach im Hinblick auf solche Gegenstände vorliegen, deren Herausgabe verweigert werden darf. Andererseits werden die Strafverfolgungsbehörden in zahlreichen Fällen die Unterlagen, die der Vorlagepflicht unterliegen, auch im Wege einer Durchsuchung und anschließender Beschlagnahme erlangen können. Der praktische Gewinn für die Aufklärung des Sachverhaltes, der mit der Herausgabeverpflichtung verbunden ist, sollte daher nicht überschätzt werden.

V. Zusammenfassung

Unternehmen verfügen in gegen sie gerichteten Straf- beziehungsweise Bußgeldverfahren selbst über eine eigene Beschuldigtenstellung. Die Wahrnehmung ihrer originären aus dem nemo tenetur-Prinzip folgenden Aussagefreiheit obliegt den gesetzlichen Unternehmensvertretern. Diese sind zur Ausübung des umfassenden Schweigerechtes des Verbandes berechtigt und dürfen daher nicht als Zeugen vernommen werden. In drittgerichteten Verfahren verfügen die Organwalter über ein Auskunftsverweigerungsrecht, sofern die Beantwortung einzelner Fragen „ihr" Unternehmen der Gefahr strafrechtlicher Verfolgung aussetzen würde. Sofern die Unternehmensvertreter selbst als Individualtäter Adressaten der Strafverfolgung werden können, steht ihnen ihre individuelle Selbstbelastungsfreiheit zu. In derartigen Konstellationen können Konflikte zwischen den eigenen Verteidigungsinteressen des Organwalters und denen des Verbandes auftreten. Diese werden sich in vielen Fällen durch einen Ausschluss des verdächtigen Organs von der Vertretung des Verbandes im Verfahren auflösen lassen. Dennoch verbleibende Interessenkonflikte wirken sich im Ergebnis zulasten des Unternehmens aus. Dieses Risiko ist im Hinblick auf die korporative Struktur des Verbandes und der Tatsache, dass er zur Begründung seiner Handlungsfähigkeit der Einschaltung natürlicher Personen bedarf, zu akzeptieren.

---

liegen, sondern auch dann, wenn sie sich im Besitz des Beschuldigten befinden (*BGH* NJW 1973, 2035; NJW 1982, 2508; *LG München I* NStZ 2001, 612, 613; KK-StPO-*Nack*, § 97 Rn. 24). Verteidigungsunterlagen, die sich im Unternehmen befinden, unterliegen daher nicht der Beschlagnahme, *Drope.* Strafprozessuale Probleme, S. 284. Dies gilt auch für den Syndikusanwalt, soweit dieser mit der Verteidigung des Unternehmens befasst ist, was im Stadium des Ermittlungsverfahrens zulässig ist (lediglich vor Gericht ist er nicht vertretungsberechtigt), vgl. *Ciolek-Krepold,* Durchsuchung und Beschlagnahme, S. 150; *Gillmeister,* Ermittlungsrechte, S. 96 f.; *Roxin,* NJW 1995, 17, 22.

237 Vgl. *Gillmeister,* Ermittlungsrechte, S. 115; *Meyer-Goßner,* § 95 Rn. 1; *Roxin,* Strafverfahrensrecht, § 34 Rn. 7; SK-StPO-*Rudolphi,* § 95 Rn. 1.

Die sonstigen Unternehmensangehörigen sind als Zeugen grundsätzlich zur wahrheitsgemäßen Aussage verpflichtet, es sei denn, sie verfügen über ein Zeugnis- oder Auskunftsverweigerungsrecht aufgrund persönlicher Betroffenheit. Ein Auskunftsverweigerungsrecht wegen der Gefahr, durch die Einlassung das Unternehmen belasten zu müssen, steht ihnen nicht zu.

Sonstige nonverbale Mitwirkungspflichten sind aufgrund der hier favorisierten Beschränkung des nemo tenetur-Prinzips auf die Aussagefreiheit grundsätzlich zulässig. Unternehmensgegenstände können daher von den gewahrsamsausübenden gesetzlichen Vertretern nach § 95 I StPO, gegebenenfalls unter Einsatz der Zwangs- und Ordnungsmittel gemäß §§ 95 II, 70 StPO, herausverlangt werden. Ein Herausgabeverweigerungsrecht besteht jedoch in den Fällen, in denen dem Herausgabeakt selbst ein eigenständiger Erklärungswert zukommt.

B. Gewährleistung
des nemo tenetur-Prinzips für Unternehmen
in verwaltungsrechtlichen Verfahren

Selbstbelastungsgefahren für Unternehmen können jedoch nicht nur unmittelbar in strafrechtlichen Verfahren bestehen, sondern auch im Zusammenhang mit diversen Mitwirkungsverpflichtungen in verwaltungsrechtlichen Verfahren auftreten[238]. Im folgenden Abschnitt ist daher zu untersuchen, inwieweit und durch welche Schutzmechanismen die auch Unternehmen zustehenden Gewährleistungen des nemo tenetur-Grundsatzes in Verwaltungsverfahren Berücksichtigung finden müssen. Korrespondierend zur obigen Analyse der unternehmerischen Gefährdungssituation soll dies am Beispiel immissionsschutzrechtlicher Mitwirkungspflichten erfolgen.

I. Auswirkungen des nemo tenetur-Prinzips
in verwaltungsrechtlichen Verfahren

Zunächst ist jedoch nochmals festzuhalten, dass das nemo tenetur-Prinzip in außerstrafrechtlichen Verfahren keine unmittelbare Geltung entfaltet. Das Selbstbelastungsprivileg ist von seiner Ratio her als strafprozessuales Verteidigungsrecht an die Abwehr eines strafrechtlichen Vorwurfs gebunden und damit auf strafrechtliche Verfahren im weiteren Sinne beschränkt[239]. Verwaltungsrechtliche Auskunftspflichten gegenüber den zuständigen Aufsichtsbehörden, die für die

---

[238] Siehe oben 1. Teil, B.

[239] Siehe bereits oben 2. Teil, D. IV. 5. d). – Sofern nachfolgend von Strafverfahren die Rede ist, sind damit auch Bußgeldverfahren mit einbezogen.

Erfüllung deren Überwachungsaufgaben erforderlich sind, dürfen jedoch nicht zu einer Umgehung beziehungsweise Aushöhlung der strafprozessualen Aussagefreiheit des möglicherweise künftigen Beschuldigten führen. Zur Gewährleistung dieser notwendigen mittelbaren Schutzwirkung des nemo tenetur-Satzes bestehen im Wesentlichen zwei Möglichkeiten. Zunächst kann im verwaltungsrechtlichen Verfahren selbst eine Berücksichtigung des nemo tenetur-Satzes erfolgen, indem der Pflichtige von der Erfüllung der Aufklärungsverpflichtung freigestellt wird, sofern dies mit der Gefahr von Selbstbelastung verbunden wäre. Ist ein derartiger Vorfeldschutz aufgrund überwiegender Informationsinteressen nicht möglich, so ist durch ein Verwertungsverbot in einem sich anschließenden Strafverfahren sicherzustellen, dass die in Erfüllung der Auskunftsverpflichtung erlangten Informationen nicht zum Nachweis des strafrechtlichen Vorwurfs verwendet werden[240].

Da sich Unternehmen ebenfalls auf den nemo tenetur-Grundsatz berufen können, gelten diese mittelbaren Schutzwirkungen grundsätzlich auch ihnen gegenüber. Deren Reichweite und Realisierung soll nachfolgend näher betrachtet werden.

II. Selbstbelastungsschutz im Zusammenhang mit bestehenden Auskunftspflichten

Unternehmen agieren in zahlreichen Bereichen von Wirtschaft und Gesellschaft, die der Aufsicht durch die jeweils zuständigen Verwaltungsbehörden unterliegen. Damit unterfallen auch sie den Auskunftspflichten, die in den jeweiligen wirtschaftsverwaltungsrechtlichen Regelungen enthalten sind[241]. Dabei handelt es sich um Instrumente behördlicher Überwachung[242]. Unternehmen sind etwa, um das Beispiel des Immissionsschutzrechts aufzugreifen, gemäß § 52 II 1 BImSchG nach einem entsprechenden Verlangen der zuständigen Behörde zur Erteilung von Auskünften verpflichtet[243]. Damit besteht grundsätzlich die Möglichkeit, dass im Rahmen der Erfüllung jener Auskunftspflichten selbstbelastende Umstände preisgegeben werden müssten.

1. Normierte Auskunftsverweigerungsrechte

Das Bundes-Immissionsschutzgesetz begegnet den Gefahren der Selbstbezichtigung infolge der Erfüllung von Auskunftspflichten durch die Statuierung von

---

240 Siehe bereits oben 2. Teil, D. IV. 5. d).

241 Vgl. z. B. § 59 GWB, § 44 I Nr. 1 KWG, weitere Beispiele oben 1. Teil, B. III. mit Fn. 160.

242 Siehe oben 1. Teil, B. II. 2.

243 Siehe oben 1. Teil, B. II. 3. a).

Auskunftsverweigerungsrechten. Gemäß § 52 V BImSchG darf der Auskunftspflichtige die Auskunft auf solche Fragen verweigern, deren Beantwortung ihn
selbst oder einen der in § 383 I Nr. 1 bis 3 ZPO bezeichneten Angehörigen der
Gefahr strafgerichtlicher oder bußgeldrechtlicher Verfolgung aussetzen würde[244].
Entsprechende Auskunftsverweigerungsrechte finden sich auch in zahlreichen
anderen Verwaltungsgesetzen[245]. Es stellt sich die Frage, ob sich auch juristische Personen und Personenvereinigungen auf die nach derzeitiger Gesetzeslage bestehenden Auskunftsverweigerungsrechte berufen können und damit
zumindest auf Grundlage des einfachen Gesetzesrechts Selbstbelastungsschutz erfahren. Davon ist die Frage nach der verfassungsrechtlichen Geltung des nemo
tenetur-Grundsatzes für juristische Personen und Personenvereinigungen zu unterscheiden[246].

a) Unternehmen als originäre Inhaber einfach-gesetzlicher Auskunftsverweigerungsrechte

Betrachtet man den Wortlaut des § 52 V BImSchG, der im Wesentlichen der
Formulierung der sonstigen verwaltungsrechtlichen Auskunftsverweigerungsrechte
entspricht, so liegt dessen Geltung auch für juristische Personen und Personenvereinigungen nicht unbedingt nahe. Die Regelung scheint vielmehr auf natürliche
Personen zugeschnitten zu sein, spricht sie doch neben der Gefahr von Selbstbelastung auch von der Gefahr, Angehörige im Sinne von § 383 I Nr. 1 bis 3 ZPO
belasten zu müssen. Unternehmen können aber nicht im Angehörigenverhältnis
im Sinne dieser Vorschrift stehen[247], diese Fähigkeit besitzen nur natürliche Personen. Aus dieser Befreiungsklausel der Angehörigenbelastung lässt sich jedoch
nicht der Ausschluss von Unternehmensträgern aus dem personellen Anwendungsbereich des Auskunftsverweigerungsrechts begründen. Denn neben dem
Verweigerungsrecht bei Gefahr, einen Angehörigen zu belasten, ist ein Auskunftsverweigerungsrecht im Falle möglicher Selbstbelastung vorgesehen. Jene Tat-
bestandsvariante könnte für Unternehmen eröffnet sein, wenn sie selbst Adressaten strafrechtlicher Verfolgung (im weiteren Sinne) werden können. Unternehmen unterliegen bereits de lege lata der strafrechtlichen Sanktionierung durch die
Verbandsgeldbuße nach § 30 OWiG. Dabei handelt es sich um eine eigenständige
Sanktion gegen den Verband, die eine eigene Verantwortlichkeit des Unternehmens begründet[248]. Unternehmen sind daher schon nach derzeit geltender

---

[244] Nach § 27 I 2 BImSchG gilt dieses Auskunftsverweigerungsrecht auch im Rahmen der
Erbringung von Emissionserklärungen.

[245] Vgl. z. B. § 59 V GWB, § 44 VI KWG, weitere Beispiele oben Einführung, Fn. 17.

[246] Vgl. *Wolff,* Selbstbelastung und Verfahrenstrennung, S. 194; auch *Scholl,* Behördliche
Prüfungsbefugnisse, S. 121.

[247] Vgl. auch bereits oben 3. Teil, A. II. 5. mit Fn. 132.

[248] Siehe oben 1. Teil, A. II. 4.

Gesetzeslage möglichen Selbstbelastungsgefahren ausgesetzt. Damit ist aufgrund des Tatbestandes der Selbstbelastung der personelle Geltungsbereich des Auskunftsverweigerungsrechts nicht per se für juristische Personen und Personenvereinigungen verschlossen[249]. Das enthaltene Verweigerungsrecht bei Gefahr der Angehörigenbelastung steht somit einer Anwendung der Vorschrift zugunsten von Unternehmen nicht entgegen.

Über das Auskunftsverweigerungsrecht verfügt der „zur Auskunft Verpflichtete", also derjenige, den die Auskunftspflicht trifft. Dies sind nach § 52 II BImSchG „Eigentümer und Betreiber von Anlagen" und „Eigentümer und Besitzer von Grundstücken, auf denen Anlagen betrieben werden". Handelt es sich bei den Eigentümern oder Betreibern um juristische Personen oder Personenvereinigungen, so sind diese selbst Adressaten der Auskunftspflicht[250]. Auch bei den sonstigen Vorschriften der verwaltungsrechtlichen Auskunftsverweigerungsrechte kommt es auf die zivilrechtlichen Verhältnisse an, so dass sich die Auskunftspflicht an die Unternehmen selbst richtet, sofern die Regelungen die Überwachung ihrer Tätigkeit betreffen[251]. Ist also das Unternehmen selbst auskunftspflichtig, so steht ihm nach Wortlaut und Gesetzessystematik das Auskunftsverweigerungsrecht zu[252]. Dem kann nicht entgegengehalten werden, dass das Auskunftsverweigerungsrecht durch die gesetzlichen Vertreter ausgeübt wird[253]. Ebenso bedarf es zur Erfüllung der Auskunftsverpflichtung der Einschaltung der Organe. Es obliegt ihnen, die entsprechenden Antworten auf das behördliche Auskunftsverlangen zu erteilen[254]. Dies ändert jedoch nichts an der Pflichtenstellung des Unternehmens selbst[255]. Die Tatsache, dass Unternehmen für ihre Handlungsfähigkeit auf natürliche Personen angewiesen sind, kann nicht einerseits bei Begründung der Auskunftsverpflichtung berücksichtigt werden, andererseits aber zur Versagung des Auskunftsverweigerungsrechts führen[256].

Bereits nach einfacher Gesetzeslage verfügen daher Unternehmen über ein Auskunftsverweigerungsrecht, sofern die Beantwortung einzelner Fragen das Unternehmen der Gefahr einer Verfolgung nach dem Ordnungswidrigkeitenrecht aus-

---

[249] Vgl. FK-GWB-*Quack*, § 46 GWB a.F. Tz. 59; *Wolff*, Selbstbelastung und Verfahrenstrennung, S. 193.

[250] Feldhaus-*Spindler*, BImSchG, § 52 Rn. 42.

[251] *Wolff*, Selbstbelastung und Verfahrenstrennung, S. 194.

[252] Anders *Scholl*, Behördliche Prüfungsbefugnisse, S. 120 f.

[253] So aber anscheinend *Starck*, BB 1959, 216, 217, der zwar zunächst die Adressatenstellung des Unternehmens im Hinblick auf die Auskunftspflicht nach § 46 I GWB a.F. (= § 59 I GWB n.F.) betont, im Rahmen des Auskunftsverweigerungsrechtes jedoch auf die Unternehmensvertreter abstellt und daher ein eigenes Auskunftsverweigerungsrecht des Unternehmens ablehnt.

[254] Vgl. auch die Regelung des § 59 II GWB.

[255] Dies verkennt *Schramm*, Verpflichtung des Abwassereinleiters, S. 128.

[256] *Wolff*, Selbstbelastung und Verfahrenstrennung, S. 194; siehe auch *Neumann*, in: FIW (Hrsg.), Rechtsfragen der Ermittlung von Kartellordnungswidrigkeiten, S. 11, 13 f.

setzen würde[257]. Die Ausübung des Auskunftsverweigerungsrechtes obliegt dabei den gesetzlichen Unternehmensvertretern.

Nach der hier vertretenen Konzeption, wonach sich Unternehmen selbst auf den nemo tenetur-Grundsatz berufen können, handelt es sich bei der Einbeziehung von Verbänden in den personellen Anwendungsbereich der verwaltungsrechtlichen Auskunftsverweigerungsrechte nicht lediglich um eine einfach-gesetzliche Gewährleistung, welche über das vom Grundgesetz geforderte Schutzmaß hinausgeht[258]. Vielmehr entspricht dieses Ergebnis den verfassungsrechtlichen Vorgaben. Die Regelungen der Auskunftsverweigerungsrechte stellen hiernach auch für Unternehmen eine einfach-gesetzliche Ausprägung des nemo tenetur-Prinzips dar.

b) Sachliche Reichweite

In sachlicher Hinsicht bestimmt sich die Reichweite des Auskunftsverweigerungsrechts anhand der Bestimmung des Auskunftsbegriffes. Bei Auskünften handelt es sich um Mitteilungen, die aufgrund einer konkreten Anfrage durch die Behörde zu entrichten sind[259]. Eine bestimmte Form der Auskunftserteilung ist in den jeweiligen Auskunftsvorschriften des Wirtschaftsverwaltungsrechts grundsätzlich nicht vorgesehen[260]. Die Erfüllung der Auskunftspflicht kann also mündlich, aber auch in schriftlicher Form erfolgen. Im Einzelfall könne die Behörde sogar die Anfertigung und Aushändigung von Berichten oder Zusammenstellungen im Rahmen des Auskunftsersuchens verlangen[261]. Damit wird eine Abgrenzung der schriftlichen Auskunftserteilung zur Verpflichtung zur Vorlage von Unterlagen erforderlich, welche ebenfalls in den entsprechenden Überwachungsbefugnissen vorgesehen sind[262], aber nicht vom Auskunftsverweigerungsrecht erfasst werden[263].

---

[257] *Drope*, Strafprozessuale Probleme, S. 230 mit Fn. 673; *Hermanns*, Ermittlungsbefugnisse der Kartellbehörden, S. 50; Immenga/Mestmäcker-GWB-*Klaue*, § 59 Rn. 39; FK-GWB-*Quack*, § 46 GWB a.F. Tz. 59; *Wolff*, Selbstbelastung und Verfahrenstrennung, S. 194.

[258] So aber konsequent bei Ablehnung eines verfassungsrechtlich verbürgten nemo tenetur-Schutzes von Unternehmen *Wolff*, Selbstbelastung und Verfahrenstrennung, S. 194; siehe auch *Scholl*, Behördliche Prüfungsbefugnisse, S. 121; *Schramm*, Verpflichtung des Abwassereinleiters, S. 128.

[259] *Scholl*, Behördliche Prüfungsbefugnisse, S. 115.

[260] *Scholl*, Behördliche Prüfungsbefugnisse, S. 116; *Wolff*, Selbstbelastung und Verfahrenstrennung, S. 159.

[261] *Bayer. VGH* GewA 1983, 330, 331; *VG Berlin* GewA 1979, 203, 204; *Czychowski/Reinhardt*, WHG § 21 Rn. 20; *Hansmann*, in: Landmann/Rohmer, § 52 BImSchG Rn. 44; *Mösbauer*, NVwZ 1985, 457, 460; *Nobbe/Vögele*, NuR 1988, 313, 315; *Scholl*, Behördliche Prüfungsbefugnisse, S. 116; *Wolff*, Selbstbelastung und Verfahrenstrennung, S. 159.

[262] Siehe oben 1. Teil, B. III. mit Fn. 161.

[263] Speziell zu § 52 V BImSchG: *BVerwG* DVBl. 1997, 726, 728; *Hahn*, Offenbarungspflichten, S. 67 f.; *Hansmann*, in: Landmann/Rohmer, § 52 BImSchG Rn. 56; *Jarass*, BImSchG, § 52 Rn. 37; Feldhaus-*Spindler*, BImSchG, § 52 Rn. 79; *Thumann*, Behördenaus-

Maßgeblich ist hierfür, ob die fraglichen Aufzeichnungen im Zeitpunkt des Auskunftsverlangens bereits existieren oder vom Auskunftspflichtigen erst noch angefertigt werden müssen. Nur im letzteren Falle handelt es sich um eine Auskunft[264]. Dementsprechend muss auch das Auskunftsverweigerungsrecht auf derartige schriftliche Auskünfte erstreckt werden. Bei Gefahr der Selbstbelastung können Unternehmen daher die Neuerstellung von Unterlagen nach Zugang des Auskunftsersuchens und deren Aushändigung an die zuständige Verwaltungsbehörde verweigern, wobei das Verweigerungsrecht wiederum durch die gesetzlichen Vertreter des Verbandes erklärt werden müsste.

2. Sicherstellung von Selbstbelastungsschutz bei Auskunftspflichten ohne normierte Auskunftsverweigerungsrechte

Zwar sind in den meisten verwaltungsrechtlichen Überwachungsgesetzen Auskunftsverweigerungsrechte vorgesehen, es gibt aber dennoch Bereiche, in denen die Auskunftspflichten nicht um ein bestehendes Auskunftsverweigerungsrecht ergänzt sind[265].

Das bloße Fehlen eines Auskunftsverweigerungsrechtes in verwaltungsrechtlichen Aufsichtsregelungen verstößt als solches nicht gegen den nemo tenetur-Grundsatz[266]. Denn wie dargelegt, erfordert das nemo tenetur-Prinzip als rein strafrechtlicher Grundsatz lediglich sicherzustellen, dass sich die im außerstrafrechtlichen Verfahren getätigten Einlassungen nicht im Strafprozess zulasten des Auskunftspflichtigen auswirken können. Als verfassungsrechtlicher Mindestschutz muss also gewährleistet sein, dass die im Verwaltungsverfahren zwangsweise erlangten Auskünfte in einem sich anschließenden Straf- oder Bußgeldverfahren zum Nachweis des Tatvorwurfs nicht verwertet werden dürfen[267].

---

kunft über Emissionen, S. 63; vgl. ferner *BVerfG*E 55, 144, 151; *BVerwG* DÖV 1984, 73, 74; *VG Berlin* NJW 1988, 1105, 1106; *Fluck,* DÖV 1991, 129, 137; *Hartung,* NJW 1988, 1070, 1071; *Mäder,* Betriebliche Offenbarungspflichten, S. 163; *Nobbe/Vögele,* NuR 1988, 313, 315; *Wolff,* Selbstbelastung und Verfahrenstrennung, S. 225. Zur Verwertbarkeit jener Unterlagen siehe unten 3. Teil, B. III.

[264] *Mäder,* Betriebliche Offenbarungspflichten, S. 174; *Nobbe/Vögele,* NuR 1988, 313, 315; Feldhaus-*Spindler,* BImSchG, § 52 Rn. 78; *Wolff,* Selbstbelastung und Verfahrenstrennung, S. 160.

[265] Vgl. z. B. § 19 II 2 AtG; siehe auch die Nachweise bei *Wolff,* Selbstbelastung und Verfahrenstrennung, S. 197 Fn. 526.

[266] *Nothhelfer,* Freiheit vom Selbstbezichtigungszwang, S. 102; *Wolff,* Selbstbelastung und Verfahrenstrennung, S. 138 f.

[267] Vgl. oben 2. Teil, D. IV. 5. d).

a) Begründung eines Auskunftsverweigerungsrechtes
im Wege einer Gesamtanalogie?

Bevor jedoch die Frage nach der Begründung eines strafrechtlichen Verwertungsverbots geklärt wird, ist zuvor zu überlegen, ob in diesen Konstellationen ein Auskunftsverweigerungsrecht im Wege einer Gesamtanalogie[268] zu den gesetzlich niedergelegten Auskunftsverweigerungsrechten angenommen werden kann[269]. Ein derartiger Lösungsweg würde den Betroffenen weniger belasten als eine Auskunftspflicht mit anschließendem Verwertungsverbot im Strafverfahren[270] und wäre daher nach dem Verhältnismäßigkeitsprinzip aufgrund der geringeren Eingriffsintensität vorzuziehen. Voraussetzungen einer derartigen Analogie sind aber eine planwidrige Regelungslücke und eine vergleichbare Interessenlage[271]. Zumindest bei den nachkonstitutionellen Gesetzen, worum es sich bei der ganz überwiegenden Zahl der hier in Rede stehenden Vorschriften handelt, ist jedoch bereits das Vorliegen einer planwidrigen Lücke zu verneinen. Denn Funktion und Notwendigkeit von Auskunftsverweigerungsrechten wurden vom bundesrepublikanischen Gesetzgeber bereits frühzeitig erkannt[272], was in den zahlreichen normierten Auskunftsverweigerungsrechten zum Ausdruck kommt[273]. Demnach lässt sich nicht annehmen, der Gesetzgeber habe die Regelung eines Auskunftsverweigerungsrechts planwidrig übersehen. Folglich scheidet zumindest bei den erst unter Geltung des Grundgesetzes entstandenen Gesetzen die analoge Begründung eines Auskunftsverweigerungsrechtes mangels planwidriger Lücke aus[274]. Auf die Frage, ob in den jeweiligen Einzelregelungen das öffentlich-rechtliche Informationsbedürfnis möglicherweise vorrangig gegenüber den Interessen des Betroffenen zu bewerten ist[275], kommt es in diesen Konstellationen somit gar nicht an.

Eine Abwägung zwischen dem privaten Interesse des Betroffenen und dem Informationsinteresse des Staates wäre aber bei vorkonstitutionellen Gesetzen, die eine Auskunftspflicht ohne korrespondierendes Auskunftsverweigerungsrecht vorsehen, vorzunehmen, denn in diesen Fällen wird von einer planwidrigen Gesetzes-

---

268 Vgl. *Larenz / Canaris*, Methodenlehre, S. 204.

269 Vgl. *Wolff*, Selbstbelastung und Verfahrenstrennung, S. 198.

270 Siehe oben 2. Teil, D. IV. 5. d).

271 *Schmalz*, Methodenlehre, S. 139 ff.

272 *Hahn*, Offenbarungspflichten, S. 152; *Wolff*, Selbstbelastung und Verfahrenstrennung, S. 199.

273 *BVerfG*E 56, 37, 46; *Dingeldey*, NStZ 1984, 529, 534; *Wolff*, Selbstbelastung und Verfahrenstrennung, S. 199.

274 *Wolff*, Selbstbelastung und Verfahrenstrennung, S. 199.

275 Ein derartiges Überwiegen des staatlichen Informationsbedürfnisses ist im Zusammenhang mit der atomrechtlichen Auskunftspflicht nach § 19 II 2 AtG aufgrund des außergewöhnlich hohen Gefahrenpotentials anzunehmen, so dass eine analoge Begründung eines Auskunftsverweigerungsrechts hier auch aus diesem Grund nicht in Betracht kommt, vgl. *Hartung*, Atomaufsicht, S. 145.

lücke auszugehen sein[276]. Dabei wird man durch Übertragung der Wertungen der normierten Auskunftsverweigerungsrechte regelmäßig ein Zurücktreten des staatlichen Aufklärungsinteresses und damit das Eingreifen eines Verweigerungsrechtes annehmen können[277]. Sollte jedoch aufgrund eines besonderen öffentlichen Interesses eine vollumfänglich zu erfüllende Auskunftspflicht anzunehmen sein, etwa weil es sich bei der Tätigkeit, welche der Aufsicht unterliegt, um eine besonders gefahrträchtige handelt, kommt anstelle eines Auskunftsverweigerungsrechtes lediglich ein strafrechtliches Verwertungsverbot bezüglich der gewonnenen Informationen in Betracht.

b) Verwertungsverbote im Straf- beziehungsweise Bußgeldverfahren

Scheidet also bei den nachkonstitutionellen Gesetzen eine analoge Begründung eines Auskunftsverweigerungsrechtes aus, so ist dem Selbstbelastungsschutz im Rahmen eines nachfolgenden Straf- beziehungsweise Bußgeldverfahrens Rechnung zu tragen. Dies lässt sich bewerkstelligen, indem die im Verwaltungsverfahren aufgrund der Auskunftspflicht offengelegten Informationen im strafrechtlichen Verfahren nicht zum Tat- und Schuldnachweis verwertet werden dürfen. Allerdings sehen in der Regel weder die Aufsichtsgesetze eine ausdrückliche Normierung eines Verwertungsverbotes vor[278], noch findet sich im Strafprozessrecht eine derartige Vorschrift. Zu prüfen ist daher, ob eine verfassungsunmittelbare Ergänzung möglich ist, ob also ein entsprechendes Verwertungsverbot direkt aus dem Grundgesetz abgeleitet werden kann.

Ausgangspunkt muss dabei die „Gemeinschuldner"-Entscheidung des Bundesverfassungsgerichts[279] bilden. In diesem Beschluss hat das Gericht die uneingeschränkte Auskunftsverpflichtung des Gemeinschuldners nach § 100 der damaligen Konkursordnung[280] um ein direkt aus der Verfassung abgeleitetes strafrechtliches Verwertungsverbot ergänzt[281]. Das Gericht berücksichtigte jedoch, dass es grundsätzlich dem Gesetzgeber obliegt, bestehende gesetzliche Lücken zu schließen. Da es sich aber bei der fraglichen Vorschrift des § 100 KO um eine vorkonstitutionelle Regelung handelte, könne auch der Richter „in möglichst enger Anlehnung an das geltende Recht und unter Rückgriff auf die unmittelbar geltenden Vorschriften der Verfassung" Gesetzeslücken schließen[282].

---

[276] *Wolff,* Selbstbelastung und Verfahrenstrennung, S. 199 f. Vgl. zum fehlenden Problembewusstsein des vorkonstitutionellen Gesetzgebers *Hahn,* Offenbarungspflichten, S. 151 f.; *Roth,* VerwArch 57 (1966), 225, 231; siehe insb. auch *RG*St 60, 290, 292.

[277] *Wolff,* Selbstbelastung und Verfahrenstrennung, S. 200.

[278] Anders § 97 I 3 InsO – dazu unten 3. Teil, C. II. 1.

[279] *BVerfG*E 56, 37 ff.

[280] Vgl. nunmehr § 97 I 3 InsO.

[281] *BVerfG*E 56, 37, 50 ff.

[282] *BVerfG*E 56, 37, 51.

Dieser Verweis auf die vorkonstitutionelle Entstehung der betreffenden Auskunftspflicht legt die Annahme nahe, dass bei Gesetzen, die erst unter Geltung des Grundgesetzes zustande gekommen sind und keine Regelung zur Gewährleistung von Selbstbelastungsschutz vorsehen, die verfassungsunmittelbare Begründung eines strafrechtlichen Verwertungsverbotes im Wege richterlicher Rechtsfortbildung nicht in Betracht kommt[283]. Nur der Gesetzgeber könnte durch eine entsprechende Neuregelung die gesetzliche Lücke schließen. In derartigen Fällen wäre das Gesetz insoweit verfassungswidrig, als es den Konflikt zwischen dem staatlichen Aufklärungsinteresse und dem Interesse des Pflichtigen, sich nicht strafrechtlich belasten zu müssen, weder durch ein Auskunftsverweigerungsrecht noch durch ein Verwertungsverbot thematisiert[284]. Die Gerichte müssten solch eine Regelung dem Bundesverfassungsgericht gemäß Art. 100 GG zur Feststellung der Verfassungswidrigkeit vorlegen.

Es ist jedoch zweifelhaft, ob aus den Ausführungen des Bundesverfassungsgerichts auf die Unzulässigkeit einer verfassungsunmittelbaren Begründung eines Beweisverwertungsverbotes bei nachkonstitutionellen Gesetzen geschlossen werden kann. Zunächst ist fraglich, ob der Entscheidung überhaupt eine grundsätzliche Untersagung der Begründung von verfassungsrechtlichen Verwertungsverboten bei nachkonstitutionellen Gesetzen entnommen werden kann. Die fragliche Passage lässt sich vielmehr als grundlegende Zurückhaltung des Gerichts gegenüber Übergriffen in den Aufgabenbereich des Gesetzgebers, welcher über die „Primärkompetenz" zur Regelung von Verwertungsverboten verfügt[285], interpretieren[286]. Zudem ist festzuhalten, dass es sich bei dem Verweis auf den vorkonstitutionellen Charakter der Norm um ein *obiter dictum* handelt, so dass jener Äußerung jedenfalls keine Bindungswirkung zukommt[287]. Entscheidend ist jedoch, dass die Annahme eines verfassungsrechtlichen Verwertungsverbotes ohnehin keine Ergänzung des fraglichen Verwaltungsgesetzes darstellt, sondern das Strafprozessrecht betrifft[288]. In diesem Bereich ist jedoch anerkannt, dass Verwertungsverbote, sofern keine einfach-gesetzliche Regelung besteht, auch unmittelbar aus dem Grundgesetz hergeleitet werden können[289]. Das Strafprozessrecht wird aber durch die

---

[283] Diesen Umkehrschluss ziehen *Breuer,* AöR 115 (1990), 448, 484; *Dingeldey,* NStZ 1984, 529, 530; *Reiß,* Besteuerungsverfahren, S. 233; wohl auch *Nothhelfer,* Freiheit vom Selbstbezichtigungszwang, S. 100.

[284] *Dingeldey,* NStZ 1984, 529, 530.

[285] *Rogall,* in: Wolter (Hrsg.), Theorie und Systematik des Strafprozeßrechts, S. 113, 140.

[286] *Wolff,* Selbstbelastung und Verfahrenstrennung, S. 144; so offenbar auch *Rogall,* in: Wolter (Hrsg.), Theorie und Systematik des Strafprozeßrechts, S. 113, 140.

[287] *Wolff,* Selbstbelastung und Verfahrenstrennung, S. 144.

[288] *Schramm,* Verpflichtung des Abwassereinleiters, S. 122 f.; *Wolff,* Selbstbelastung und Verfahrenstrennung, S. 144 f.

[289] Vgl. *BVerfG*E 34, 238 ff.; 80, 367 ff.; *BGH*St 14, 358 ff.; 19, 325, 329; 31, 304, 308; 34, 397 ff.; *BayObLG* NStZ 1992, 556 f.; zsf. insb. *Küpper,* JZ 1990, 416, 418 ff.; *Roxin,* Strafverfahrensrecht, § 24 Rn. 41 ff.; *Störmer,* Dogmatische Grundlagen der Verwertungsverbote, S. 16 ff.; *ders.,* Jura 1994, 393 ff.

Ergänzung um ein ungeschriebenes verfassungsrechtliches Beweisverwertungsverbot bei vorkonstitutionellen Gesetzen in gleicher Weise beeinflusst wie bei Gesetzen, die erst unter Geltung des Grundgesetzes verabschiedet worden sind[290]. Daher kann der Zeitpunkt des Inkrafttretens der außerstrafrechtlichen Norm für die Beurteilung der Zulässigkeit einer verfassungsunmittelbaren Ableitung des Verwertungsverbotes keine Rolle spielen. Somit ist auch im Zusammenhang mit nachkonstitutionellen verwaltungsrechtlichen Auskunftspflichten die Möglichkeit der Ergänzung um ein grundgesetzliches Beweisverwertungsverbot eröffnet[291].

Erzwingbare verwaltungsrechtliche Auskunftspflichten, die kein Auskunftsverweigerungsrecht für den Fall der Selbstbelastung vorsehen, bedürfen daher der Ergänzung um ein verfassungsrechtliches Verwertungsverbot im strafrechtlichen Verfahren, das sich aus dem nemo tenetur-Grundsatz ergibt[292]. Da sich Unternehmen ebenfalls auf den nemo tenetur-Satz berufen können, steht auch ihnen ein entsprechendes Verwertungsverbot zu, sofern es um die Verwendung der durch die Erfüllung der Auskunftspflicht erlangten Informationen in einem gegen das Unternehmen selbst gerichteten Straf- oder Bußgeldverfahren geht[293].

III. Selbstbelastungsschutz im Zusammenhang mit Pflichten zur Vorlage von Unterlagen

Zu den Instrumenten behördlicher Überwachung zählt neben der Befugnis, vom Pflichtigen bestimmte Auskünfte zu verlangen, auch die Möglichkeit, Unterlagen herauszufordern. Eine entsprechende Vorlageverpflichtung, wie sie in § 52 II 1 BImSchG statuiert ist, ist in zahlreichen Verwaltungsgesetzen vorgesehen[294]. Teilweise ist in den aufsichtsrechtlichen Vorschriften nur von der Befugnis zur Einsichtnahme von Unterlagen die Rede[295]. Den zuständigen Behördenmitarbeitern ist es aber nicht gestattet, selbständig nach Dokumenten zu suchen[296]. Der Betrof-

---

[290] *Wolff,* Selbstbelastung und Verfahrenstrennung, S. 145.

[291] *Mäder,* Betriebliche Offenbarungspflichten, S. 141 f. mit Fn. 503; *Schramm,* Verpflichtung des Abwassereinleiters, S. 123; *Wolff,* Selbstbelastung und Verfahrenstrennung, S. 145; im Ergebnis – ohne Stellungnahme zum jeweils nachkonstitutionellen Charakter der Auskunftsnorm – auch *Hahn,* Offenbarungspflichten, S. 164; *Michalke,* NJW 1990, 417, 419; *Nobbe / Vögele,* NuR 1988, 313, 316; siehe auch *Rogall,* in: Wolter (Hrsg.), Theorie und Systematik des Strafprozeßrechts, S. 113, 140.

[292] *Michalke,* NJW 1990, 417, 419; *Nobbe / Vögele,* NuR 1988, 313, 316; *Schramm,* Verpflichtung des Abwassereinleiters, S. 123; *Wolff,* Selbstbelastung und Verfahrenstrennung, S. 145.

[293] Vgl. auch *Drope,* Strafprozessuale Probleme, S. 230.

[294] Vgl. z. B. § 59 I Nr. 2, II GWB, § 44 I Nr. 1 KWG, auch oben 1. Teil, B. III. mit Fn. 161.

[295] Siehe z. B. § 31 a II Nr. 2 BSchVG, welcher der Entscheidung *BVerfG*E 55, 144 ff. zugrunde lag.

[296] Vgl. *Scholl,* Behördliche Prüfungsbefugnisse, S. 136 f.; Feldhaus-*Spindler,* BImSchG, § 52 Rn. 77.

fene ist also auch in diesen Fällen zur Vorlage der Unterlagen verpflichtet, um die Einsichtnahme zu ermöglichen. Seine Verpflichtung erschöpft sich also nicht lediglich in passiver Duldung der Einsichtnahme[297]. Es ist nicht auszuschließen, dass die Unterlagen Informationen enthalten, die zum Nachweis einer Straftat oder Ordnungswidrigkeit dienen können. Deshalb stellt sich auch im Zusammenhang mit der Erfüllung von Vorlagepflichten die Frage nach möglichen Schutzwirkungen des nemo tenetur-Grundsatzes.

Auf einfach-gesetzlicher Ebene finden sich jedoch keine Regelungen, welche das Problem des Selbstbelastungsschutzes thematisieren. § 52 V BImSchG enthält lediglich ein Auskunftsverweigerungsrecht. Ein Vorlageverweigerungsrecht bei Gefahr der Offenlegung selbstbelastender Umstände ist nicht enthalten[298]. Auch kommt eine entsprechende Anwendung des Auskunftsverweigerungsrechtes auf die Vorlagepflichten nicht in Betracht[299]. Denn angesichts der Tatsache, dass der Gesetzgeber ein Auskunftsverweigerungsrecht statuiert hat, damit das Selbstbezichtigungsproblem durchaus gesehen hat, muss bereits das Vorliegen einer planwidrigen Regelungslücke verneint werden[300]. Ebenso mangelt es an einem normierten Verwertungsverbot im Hinblick auf vorzulegende Unterlagen. Daher ist zu untersuchen, ob ein entsprechendes strafrechtliches Verwertungsverbot aus verfassungsrechtlichen Gründen notwendig ist. Dies ist anhand der inhaltlichen Reichweite des nemo tenetur-Prinzips zu klären.

Die Ausstrahlungswirkung des nemo tenetur-Satzes auf außerstrafrechtliche Verfahren ergibt sich aus der Notwendigkeit sicherzustellen, dass die Schutzverbürgungen jenes strafrechtlichen Grundsatzes durch nichtstrafrechtliche Mitwirkungspflichten nicht ausgehöhlt werden[301]. Dementsprechend ist die inhaltliche Reichweite der Ausstrahlungswirkung vom Schutzgehalt des nemo tenetur-Satzes abhängig. Der Gewährleistungsumfang des nemo tenetur-Prinzips kann im Zusammenhang mit verwaltungsrechtlichen Mitwirkungspflichten also nicht weiter

---

[297] Somit lässt sich für die naturalistischen nemo tenetur-Ansätze eine Verwertbarkeit der durch die Sichtung der Unterlagen gewonnenen Erkenntnisse zu Zwecken der Strafverfolgung jedenfalls nicht mit dem Hinweis rechtfertigen, es handele sich lediglich um eine vom nemo tenetur-Prinzip nicht erfasste passive Duldungsverpflichtung (so aber *Nothelfer,* Freiheit vom Selbstbezichtigungszwang, S. 103); siehe auch *Mäder,* Betriebliche Offenbarungspflichten, S. 166; *Wolff,* Selbstbelastung und Verfahrenstrennung, S. 162. Nach dem vorliegenden Konzept ist für die Bestimmung des Gewährleistungsbereiches des nemo tenetur-Satzes ohnehin die Unterscheidung zwischen unzulässigem aktiven Mitwirkungszwang und zulässiger passiver Duldungspflicht nicht entscheidend, vgl. oben 2. Teil, D. IV. 5. b).

[298] Auch im Zusammenhang mit den sonstigen verwaltungsrechtlichen Vorlagepflichten ist grundsätzlich ein Recht, die Herausgabe der fraglichen Unterlagen zu verweigern, nicht vorgesehen; eine Ausnahme bildet § 16 II 4, 2. HS IfSG.

[299] Vgl. bereits oben 3. Teil, B. II. 1. b).

[300] *BVerwG* DÖV 1984, 73, 74; *VG Berlin* NJW 1988, 1105, 1106; *Wolff,* Selbstbelastung und Verfahrenstrennung, S. 226.

[301] Vgl. oben 2. Teil, D. IV. 5. d).

reichen als im Strafverfahren[302]. Ein strafrechtliches Beweisverwertungsverbot bezüglich der Unterlagen, die aufgrund aufsichtsrechtlicher Regelungen den zuständigen Verwaltungsbehörden vorzulegen sind, kommt daher nur in Betracht, wenn deren Herausgabe im Strafverfahren verweigert werden könnte.

Nach dem hier vertretenen nemo tenetur-Verständnis ist jener Grundsatz auf die Gewährleistung der Aussagefreiheit begrenzt. Nonverbale Mitwirkungsakte, also auch die Vorlage von Unterlagen, werden grundsätzlich nicht von der Schutzwirkung erfasst. Nur ausnahmsweise besteht im Strafverfahren ein entsprechendes Herausgabeverweigerungsrecht, nämlich in den Fällen, in denen der Herausgabeakt selbst einer selbstbelastenden Aussage gleichsteht[303]. Bei Zugrundelegung dieses Anwendungsbereiches bei der Bestimmung der Reichweite der Ausstrahlungswirkung des nemo tenetur-Prinzips ist ein Beweisverwertungsverbot bezüglich der vorzulegenden Unterlagen ebenfalls nur dann geboten, wenn der Vorlageakt über einen eigenständigen Aussagewert verfügt. Dies bedeutet, dass die fraglichen Dokumente nur dann nicht im Strafverfahren verwertet werden dürfen, wenn es sich dabei um Unterlagen handelt, deren Besitz als solcher bereits selbstbelastende Wirkung entfaltet[304]. Dagegen können sämtliche Unterlagen, die im Zusammenhang mit dem üblichen Geschäftsbetrieb stehen und typischerweise den Gegenstand der aufsichtsrechtlichen Vorlagepflicht bilden, auch in einem sich möglicherweise anschließenden Strafverfahren gegen das pflichtige Unternehmen verwertet werden.

Auch die Rechtsprechung hat bislang verwaltungsrechtliche Vorlagepflichten, vor dem Hintergrund einer möglichen strafrechtlichen Verwertung, nicht beanstandet. Dabei wurde stets die Freiheit, sich nicht durch *Aussagen* selbst zu belasten, als Prüfungsmaßstab verwendet. Diese werde aber durch die Verpflichtung zur Vorlage von Unterlagen nicht beeinträchtigt[305].

IV. Selbstbelastungsschutz
im Zusammenhang mit Mitwirkungspflichten
im Rahmen betrieblicher Eigenüberwachung

Schließlich gilt es zu untersuchen, ob der nemo tenetur-Grundsatz einer Verwertung von Ergebnissen betrieblicher Eigenüberwachung in Straf- beziehungsweise Bußgeldverfahren entgegensteht. Es wurde gezeigt, dass durch die zahlreichen Mitwirkungspflichten, die dem Betroffenen im Rahmen der Eigenüberwachung

---

[302] Vgl. auch *Wolff*, Selbstbelastung und Verfahrenstrennung, S. 130.

[303] Vgl. oben 2. Teil, D. IV. 5. a).

[304] Vgl. oben 2. Teil, D. IV. 5. a) und 3. Teil, A. IV. 2.

[305] Vgl. insb. *BVerfG*E 55, 144, 151, und die Nachweise oben 2. Teil, D. IV. 5. a) mit Fn. 642; zustimmend *Bärlein / Pananis / Rehmsmeier*, NJW 2002, 1825, 1828; i. E. auch *Mäder*, Betriebliche Offenbarungspflichten, S. 163 ff.

auferlegt werden können, durchaus Umstände offenbart werden können, welche zum Nachweis einer Straftat oder Ordnungswidrigkeit des Pflichtigen beizutragen vermögen[306]. Dieses Risiko trifft Unternehmen wie natürliche Personen gleichermaßen, sofern sie Adressaten jener Überwachungspflichten sind.

1. Pflichten zu Eigenmessungen und zur Vorlage der Ergebnisse an die Behörde

Zunächst soll das Augenmerk auf bestehende Mess- oder Prüfpflichten, wie sie beispielsweise durch die §§ 26, 28 und 29 BImSchG bezichungsweise in § 29 a BImSchG vorgesehen sind[307], gerichtet werden. Diese in eigener Verantwortung des Betreibers durchzuführenden Prüfungen sind verbunden mit der Verpflichtung, die Messergebnisse aufzuzeichnen und an die zuständige Behörde weiterzuleiten[308]. Im Beispiel der immissionsschutzrechtlichen Eigenmessungen ergibt sich diese Mitteilungspflicht hinsichtlich der Überwachungsergebnisse aus § 31 BImSchG[309]. Dabei sind die Ergebnisse aufgrund eines entsprechenden behördlichen Verlangens vorzulegen oder im Wege kontinuierlicher Datenübertragung

---

[306] Vgl. oben 1. Teil, B. II. 4.

[307] Vgl. dazu oben 1. Teil, B. II. 4. a) und c) sowie die Nachweise vergleichbarer Eigenüberwachungspflichten 1. Teil, B. III. mit Fn. 163.

[308] Im Rahmen der §§ 26 und 28 BImSchG hat der Anlagenbetreiber die Messungen nicht selbst durchzuführen. Vielmehr muss er eine nach Landesrecht bestimmte Messstelle mit der Durchführung jener Prüfungen beauftragen, vgl. oben 1. Teil, B. II. 4. a). Aufgrund der fehlenden Verpflichtung zur „eigenhändigen" Durchführung der Messungen, sieht *Mäder*, Betriebliche Offenbarungspflichten, S. 183 f., den Schutzbereich des nemo tenetur-Grundsatzes nicht berührt, sofern die Messungen nicht unmittelbar durch den Betreiber, sondern durch eine dritte Stelle vorgenommen werden müssen. Vielmehr handele es sich ebenso wie in Fällen behördlicher Überwachung um eine Konstellation der „Fremdüberwachung". Die Verpflichtung zur Weiterleitung der gewonnenen Daten, die dem Betreiber selbst, nicht der Messstelle auferlegt ist – vgl. oben 1. Teil, B. II. 4. a) mit Fn. 140 – sei daher ebenso zulässig, wie die Verpflichtung zur Vorlage von Unterlagen im Rahmen behördlicher Überwachung. Dementsprechend steht der nemo tenetur-Grundsatz auch einer strafrechtlichen Verwertung jener Messergebnisse nicht entgegen, vgl. *Mäder*, a. a. O., S. 184 mit Fn. 192 i. V. m. S. 164 ff. – Da die beauftragte Messstelle jedoch nicht hoheitlich tätig wird (vgl. *Jarass*, BImSchG, § 26 Rn. 23 und 26), sondern vielmehr im Pflichtenkreis des Anlagenbetreibers handelt, vermag die Einordnung als „Fremdüberwachung" nicht zu überzeugen. Daher scheint es sinnvoller, die Eigenüberwachungspflichten einheitlich zu beurteilen.

[309] Eine einheitliche Terminologie hinsichtlich der Pflicht zur Weiterleitung der Messergebnisse an die zuständе Behörde besteht nicht; § 31 BImSchG spricht beispielsweise von „Auskünften" (in der amtlichen Überschrift) und von der Verpflichtung zur Mitteilung. Maßgeblich ist in diesem Zusammenhang jedoch, dass sich die Verpflichtung lediglich darauf beschränkt, die im Rahmen der Eigenüberwachung gewonnenen Mess- und Prüfergebnisse der Aufsichtsbehörde zugänglich zu machen. Zusätzliche Informationen oder die selbständige Interpretation der Messergebnisse können nicht verlangt werden. Der Sache nach handelt es sich folglich um bloße Weiterleitungs- bzw. Vorlagepflichten.

an die Aufsichtsbehörde weiterzuleiten[310]. Entsprechende Verpflichtungen enthält
§ 29 a III BImSchG[311]. Mess-, Aufzeichnungs- und Weiterleitungspflicht können
daher nur einheitlich gewürdigt werden[312].

a) Fehlende einfach-gesetzliche Regelungen

§ 27 I 2 BImSchG erklärt das Auskunftsverweigerungsrecht nach § 52 V
BImSchG für selbstbelastende Angaben im Rahmen der Emissionserklärung nach
§ 27 BImSchG für anwendbar. Soweit Unternehmen als Anlagenbetreiber zur Abgabe solch einer Emissionserklärung verpflichtet sind, steht ihnen jenes Auskunftsverweigerungsrecht selbst zu, wobei dessen Wahrnehmung den gesetzlichen Unternehmensvertretern obliegt[313].

Im Zusammenhang mit den selbständigen Messpflichten nach den §§ 26, 28 und
29 BImSchG sowie § 29 a BImSchG ist durch das Bundes-Immissionsschutzgesetz
jedoch weder ein Auskunftsverweigerungsrecht noch ein Recht, die Vorlage der
Ergebnisse an die Behörde verweigern zu dürfen, vorgesehen. Gleiches gilt für
Eigenüberwachungspflichten anderer Aufsichtsgesetze. Zu erwägen ist daher, ob
das in § 27 I 2 BImSchG verbürgte Auskunftsverweigerungsrecht im Wege eines
Analogieschlusses auf die Mess-, Prüf- und Weiterleitungspflichten der betrieblichen Eigenüberwachung übertragen werden kann. Dies ist jedoch mangels planwidriger Regelungslücke zu verneinen. Bei § 27 I 2 BImSchG handelt es sich um
eine Sonderregelung, die belegt, dass der Gesetzgeber im Rahmen der immissionsschutzrechtlichen Eigenüberwachung das Problem strafrechtlicher Selbstbelastung
durchaus gesehen hat. Daher kann nicht von einem gesetzgeberischen Versehen
ausgegangen werden, wenn die Regelungen der §§ 26, 28 und 29 BImSchG kein
entsprechendes Verweigerungsrecht enthalten[314].

b) Notwendigkeit eines verfassungsunmittelbaren
Beweisverwertungsverbotes?

Scheidet somit eine Übertragung des § 27 I 2 BImSchG auf andere Konstellationen der Eigenüberwachung aus, ist zu untersuchen, ob im Hinblick auf die daraus
resultierenden Erkenntnisse zumindest ein strafrechtliches Beweisverwertungsverbot verfassungsrechtlich geboten ist. Dies ist wiederum anhand der Ausstrahlungswirkung des nemo tenetur-Prinzips zu bestimmen.

---

310 Vgl. oben 1. Teil, B. II. 4. a).
311 Vgl. oben 1. Teil, B. II. 4. c).
312 Siehe auch *Wolff*, Selbstbelastung und Verfahrenstrennung, S. 214.
313 Siehe oben 3. Teil, B. II. 1. a).
314 *Wolff*, Selbstbelastung und Verfahrenstrennung, S. 214 f.

Aufgrund der hier vertretenen Beschränkung des nemo tenetur-Grundsatzes auf verbale Mitwirkungsakte[315] ist die Verwertbarkeit der durch Eigenüberwachungsmaßnahmen gewonnenen Prüfergebnisse zu bejahen. Bei den Messungen und technischen Prüfungen sowie deren Aufzeichnung handelt es sich um nonverbale Mitwirkungshandlungen, so dass diese den Schutzbereich der Aussagefreiheit nicht berühren[316]. Auch kommt der Weiterleitung beziehungsweise Vorlage jener Daten an die Aufsichtsbehörde kein eigenständiger Aussagewert zu, denn die Anlagenbetreiber sind zur Durchführung und Dokumentation der Überwachungsmaßnahmen verpflichtet. Die zugehörigen Unterlagen entstehen also im Zusammenhang ordnungsgemäßer Betriebsführung, sie zählen damit zu den im Rahmen des gewöhnlichen Geschäftsbetriebes anfallenden Dokumenten beziehungsweise Datenträgern. Sind die jeweiligen Unternehmen zum Besitz der Dokumente nicht nur berechtigt, sondern auch verpflichtet, so kann der Vorlage als solcher keine selbstbelastende Aussagewirkung zukommen. Mithin unterfallen jene Aufzeichnungen der strafprozessualen Herausgabeverpflichtung nach § 95 I StPO, welche nach der hier vertretenen Ansicht auch den Beschuldigten, also gegebenenfalls ein beschuldigtes Unternehmen, trifft[317]. Da die Ausstrahlungswirkung des nemo tenetur-Prinzips nicht weiterreichen kann als dessen Schutzgehalt im Strafverfahren, sind die Ergebnisse der Eigenüberwachung in einem sich möglicherweise anschließenden Straf- oder Bußgeldverfahren verwertbar. Weder Messung, Aufzeichnung noch Weiterleitung an die zuständige Behörde stellen eine Beeinträchtigung der kommunikativen Einflussmöglichkeiten des Betroffenen in einem sich eventuell anschließenden Strafverfahren dar.

Auch das Bundesverfassungsgericht hat im Zusammenhang mit der Aufzeichnungspflicht für Mietwagenunternehmer nach § 49 IV 4 PBefG[318] festgestellt, dass der nemo tenetur-Grundsatz der Auferlegung von Eigenüberwachungspflichten sowie einer strafrechtlichen Verwertung der Erkenntnisse, die durch die Erfüllung dieser Pflichten erlangt wurden, nicht entgegen steht[319]. Dabei beurteilt das Gericht die Vereinbarkeit jener Mitwirkungspflichten anhand der „Freiheit, sich nicht

---

[315] Siehe oben 2. Teil, D. IV. 5. a).

[316] So wohl auch *Franzheim* NJW 1990, 2049: Aufstellungen von Eigenmessungen seien nicht als „Äußerungen" zu werten.

[317] Vgl. oben 3. Teil, A. IV.

[318] „Den Eingang des Beförderungsauftrages am Betriebssitz oder in der Wohnung hat der Mitwagenunternehmer buchmäßig zu erfassen und die Aufzeichnung ein Jahr aufzubewahren." – Jene Aufzeichnungspflicht obliegt dem Pflichtigen in eigener Verantwortung. Es handelt sich somit um eine Maßnahme der Eigenüberwachung, *Wolff*, Selbstbelastung und Verfahrenstrennung, S. 119 Fn. 72; zur Abgrenzung behördlicher Überwachung und Eigenüberwachung siehe oben 1. Teil, B. II. 2.

[319] *BVerfG*E 81, 70, 97; siehe auch *BVerfG*E 61, 291, 315 f.; *BVerfG* NJW 1982, 568; VkBl 1985, 303; *BVerwG*E 18, 107, 109; speziell zur Zulässigkeit einer automatischen Übermittlung kontinuierlich zu messender Emissionsdaten gemäß § 31 BImSchG an die Aufsichtsbehörde *BVerwG* DVBl. 1997, 726, 728.

selbst durch eine *Aussage* belasten zu müssen"[320]. Es scheint also wiederum von einer Beschränkung des nemo tenetur-Prinzips auf die Aussagefreiheit auszugehen[321], begründet jedoch die Verwertbarkeit der Eigenüberwachungsergebnisse nicht ausdrücklich mit dem Argument eines auf verbale Mitwirkungshandlungen begrenzten Anwendungsbereiches. Vielmehr verweist das Gericht darauf, die Aufzeichnungen seien, auch vor dem Hintergrund ihrer strafrechtlichen Verwertung, „jedenfalls dann verfassungsrechtlich unbedenklich, wenn diese Funktion der Aufzeichnungen für den Betroffenen von vornherein erkennbar ist"[322]. In der Tat liegt hier ein bedeutsamer Unterschied zwischen den Eigenüberwachungspflichten und der Aufklärungspflicht des Gemeinschuldners. Die Mitwirkungspflichten im Rahmen der Eigenüberwachung werden regelmäßig mit Aufnahme der gefahrträchtigen Tätigkeit, die im Interesse des Allgemeinwohls der Überwachung bedarf, auferlegt. Sie bestehen folglich schon in dem Moment, in dem die Straftat oder Ordnungswidrigkeit begangen wird. Dagegen entstehen die Auskunftspflichten des Gemeinschuldners zeitlich nach einer möglichen strafrechtlichen Verfehlung[323]. Aufgrund der Verschiedenartigkeit der Pflichten lässt sich die Annahme eines verfassungsrechtlichen Beweisverwertungsverbotes für die Ergebnisse der Eigenüberwachung folglich nicht durch eine schlichte Übertragung der Grundsätze der „Gemeinschuldner"-Entscheidung begründen[324]. Soweit allerdings auf eine Vergleichbarkeit der Eigenüberwachungspflichten mit den kaufmännischen Buchführungs- und Bilanzpflichten[325] und die grundsätzliche Verwertbarkeit jener Unterlagen im Strafverfahren verwiesen wird[326], wird übersehen, dass insoweit ledig-

---

[320] *BVerfGE* 81, 70, 97 – Hervorhebung von der Verfasserin.

[321] Vgl. bereits oben 2. Teil, D. IV. 5. a).

[322] *BVerfGE* 81, 70, 97 unter Hinweis auf *BVerfGE* 61, 291, 315; vgl. auch *BVerwGE* 18, 107, 109.

[323] *Wolff,* Selbstbelastung und Verfahrenstrennung, S. 218.

[324] So aber *Michalke,* NJW 1990, 417, 419; *dies.,* Umweltstrafsachen, Rn. 498; *Müller,* wistra 2001, 167, 170; *Schramm,* Verpflichtung des Abwassereinleiters, S. 115; *Thumann,* Behördenauskunft über Emissionen, S. 63; siehe auch *Hahn,* Offenbarungspflichten, S. 163 ff.; *Günther,* ZfW 1996, 290, 293; *Schendel,* in: Meinberg / Möhrenschlager / Link (Hrsg.), Probleme des Umweltstrafrechts, S. 246, 256; vgl. auch *Mäder,* Betriebliche Offenbarungspflichten, S. 205 und 209, der sich jedoch für eine Verwertbarkeit von solchen Prüfergebnissen, die im Wege eines rein automatisierten Messvorganges gewonnen worden sind, ausspricht (a. a. O., S. 201). Auf Basis der Einbeziehung der Eigenüberwachungsmaßnahmen in den Schutzbereich des nemo tenetur-Prinzips ist eine derartige Unterscheidung jedoch nicht überzeugend, denn einerseits hätte es die Aufsichtsbehörde durch entsprechende Anordnung in der Hand, über die Verwertbarkeit der Messergebnisse zu entscheiden, andererseits würde mit zunehmendem technischen Fortschritt der (nach dieser Ansicht grundsätzlich bestehende) Selbstbelastungsschutz abgebaut; kritisch zu dieser Unterscheidung auch *Pfohl,* in: Müller-Guggenberger / Bieneck, Wirtschaftsstrafrecht, § 54 Rn. 321. Zutreffend auch die Kritik von *Wolff,* a. a. O., S. 119 f. Fn. 72, bzgl. der ungenügenden Berücksichtigung der Entscheidung des Bundesverfassungsgerichts zu § 49 IV 4 PBefG, *BVerfGE* 81, 70, 97.

[325] Vgl. oben Fn. 232.

[326] *Franzheim,* NJW 1990, 2049; *Pfohl,* wistra 1994, 6, 9 f.; *ders.,* in: Müller-Guggenberger / Bieneck, Wirtschaftsstrafrecht, § 54 Rn. 321.

lich die Verwertbarkeit jener Unterlagen nach einer Beschlagnahme Anerkennung findet[327]. Die Zulässigkeit einer Vorlagepflicht der Buchführungsunterlagen im Strafverfahren wird – entgegen der hier vertretenen Auffassung[328] – von der überwiegenden Ansicht abgelehnt, so dass jener Vergleich nur bedingt[329] herangezogen werden kann[330].

Nach alledem ist also festzuhalten, dass der nemo tenetur-Grundsatz den betrieblichen Eigenüberwachungspflichten und der strafrechtlichen Verwertung der durch die Überwachungsmaßnahmen gewonnenen Ergebnisse nicht entgegen steht[331].

2. Meldepflichten bei gefahrträchtigen Ereignissen

Von den Mess-, Aufzeichnungs- und Vorlagepflichten sind selbständige Meldepflichten zu unterscheiden, die regelmäßig bei besonders gefährlichen und unvorhergesehen auftretenden Ereignissen, insbesondere bei Störfällen des regulären Betriebsablaufes, wie etwa gemäß § 11 12. BImSchV, bestehen[332]. Hierbei handelt es sich um selbständige Offenbarungspflichten, das heißt, sie entstehen unabhängig von einem konkreten Behördenverlangen[333]. Es ist offensichtlich, dass im Rahmen der Erfüllung solcher Meldepflichten die Gefahr besteht, Umstände preisgeben zu müssen, die dem Nachweis von Straftaten oder Ordnungswidrigkeiten dienen können.

Ein Auskunftsverweigerungsrecht bei Gefahr der Selbstbelastung ist im Zusammenhang mit diesen Regelungen nicht vorgesehen und kommt aufgrund des überwiegenden Informationsinteresses der Allgemeinheit in derart gefährlichen Situationen, in denen die Meldepflichten aktualisiert werden, auch nicht in Betracht[334]. Zu prüfen ist daher wiederum, ob ein verfassungsrechtliches Verwertungsverbot eingreift.

Hierfür ist erforderlich, den Charakter jener Meldepflichten näher zu beleuchten. Dem Betroffenen wird mit Aufnahme der überwachungspflichtigen Tätigkeit

---

[327] KK-StPO-*Nack,* § 97 Rn. 15 mit zahlreichen Nachweisen sowie die in der vorangegangenen Fußnote Genannten; gegen eine Verwertbarkeit beschlagnahmter Buchführungsunterlagen *Reiß,* Besteuerungsverfahren, S. 236 f.

[328] Vgl. oben 2. Teil, D. IV. 5. a) und 3. Teil, A. IV.

[329] Nämlich hinsichtlich der Durchführung der Überwachungsmaßnahmen als solche, nicht aber im Hinblick auf die Weiterleitungsverpflichtung, die im Rahmen der Eigenüberwachung besteht.

[330] Vgl. *Mäder,* Betriebliche Offenbarungspflichten, S. 206 Fn. 292.

[331] So i. E. auch *Peters,* Das deutsche Insiderstrafrecht, S. 106; *Störmer,* Dogmatische Grundlagen der Verwertungsverbote, S. 168; *Wolff,* Selbstbelastung und Verfahrenstrennung, S. 217 ff.

[332] Vgl. z. B. auch § 5 I GenTNotfV; § 26 SprengG; auch oben 1. Teil, B. III. mit Fn. 162.

[333] Vgl. oben 1. Teil, B. II. 3. a) mit Fn. 114.

[334] Siehe *Hahn,* Offenbarungspflichten, S. 56; *Hansmann,* in: Landmann / Rohmer, § 11 12. BImSchV Rn. 11.

die Verpflichtung auferlegt, besondere gefahrträchtige Ereignisse, für den Fall ihres Eintritts, der zuständigen Aufsichtsbehörde mitzuteilen. Diese Verpflichtung entsteht also regelmäßig bei Beginn der Ausübung der Tätigkeit, wird jedoch nur und erst mit Realisierung eines „Störfalls" ausgelöst. Die Meldepflichten werden somit erst zum Zeitpunkt des Eintritts des gefahr- beziehungsweise schadensstiftenden Ereignisses fällig. Die konkrete Meldepflicht trifft den Betroffenen demzufolge nach Verwirklichung des Umstandes, der gegebenenfalls den Anknüpfungspunkt für eine strafrechtliche Verfolgung bildet[335]. Die jeweiligen Mitteilungen sind dabei in der Weise zu erfüllen, die eine unverzügliche Information der Behörde garantiert, was je nach Gefährdungsgrad unter Umständen eine (fern-)mündliche Weiterleitung erfordert. Insofern handelt es sich um verbale Mitwirkungsakte, welche somit dem Anwendungsbereich des nemo tenetur-Prinzips unterfallen. Aber auch wenn der Meldepflicht schriftlich oder im Wege elektronischer Datenübertragung nachgekommen wird, könnten diese Mitteilungen als Auskünfte, also als verbale Verhaltensweisen einzustufen sein. Allerdings wurde der Auskunftsbegriff bislang nur im Zusammenhang mit einem behördlichen Aufklärungsverlangen verwendet, wobei eine schriftliche Auskunft dann gegeben ist, wenn die Aufzeichnungen erst nach dem Verlangen angefertigt werden[336]. In der hier fraglichen Situation der selbständigen Meldepflicht liegt jedoch gerade kein Auskunftsverlangen vor. Vielmehr ist solch eine Aufforderung ausgeschlossen, soll doch die Meldepflicht sicherstellen, dass die Aufsichtsbehörde überhaupt und unverzüglich von dem gefahrträchtigen Ereignis erfährt. Unterstellt man jedoch die Möglichkeit eines Auskunftsverlangens in derartigen Konstellationen, so würde dieses mit Eintritt des Störfalles ergehen. Die mit diesem Ereignis zusammenhängenden Informationen müssten erst zusammengestellt und gegebenenfalls schriftlich ausgefertigt werden, so dass – die Möglichkeit eines behördlichen Auskunftsbegehrens unterstellt – die Beantwortung in Form von Auskünften erginge. Überträgt man dies auf die Konstellation der hier fraglichen Meldepflicht, so sind die zu deren Erfüllung notwendigen Mitteilungen als Auskünfte und damit als verbale Verhaltensweisen zu bewerten. Eine vergleichbare strafprozessuale Verpflichtung, nämlich unmittelbar nach Begehung einer Straftat oder Ordnungswidrigkeit den Strafverfolgungsbehörden diese Tatsache mitzuteilen, wäre mit dem nemo tenetur-Prinzip nicht vereinbar. Die Konstellation der Meldepflicht bei gefahrträchtigen Ereignissen wird daher von der Ausstrahlungswirkung des nemo tenetur-Prinzips erfasst. Folglich dürfen die zur Erfüllung der Meldepflichten geleisteten Mitteilungen in cinem sich eventuell anschließenden Straf- oder Bußgeldverfahren nicht verwertet werden[337]. Richtet sich die Meldepflicht an ein Unternehmen, so greift aufgrund der Geltung des nemo tenetur-Grundsatzes zugunsten von Verbänden das Verwertungsverbot ebenfalls ein. Wird also gegen das melde-

---

335 *Wolff*, Selbstbelastung und Verfahrenstrennung, S. 232.

336 Vgl. oben 3. Teil, B. II. 1. b).

337 So i. E. auch *Mäder*, Betriebliche Offenbarungspflichten, S. 207; *Nobbe/Vögele*, NuR 1988, 313, 316; *Wolff*, Selbstbelastung und Verfahrenstrennung, S. 232.

pflichtige Unternehmen ein strafrechtliches Verfahren durchgeführt, so dürfen die geleisteten Mitteilungen nicht zum Nachweis der Voraussetzungen einer möglichen Unternehmenssanktionierung verwertet werden.

Jedoch sperrt dieses Verwertungsverbot nicht den strafprozessualen Zugriff auf technische Aufzeichnungen oder Messprotokolle kontinuierlicher betrieblicher Überwachungsmaßnahmen, die Daten über den eingetretenen Störfall beinhalten können[338]. Die Reichweite der Schutzwirkung des Verwertungsverbotes sollte daher nicht überschätzt werden. Das verbleibende Risiko ist mit dem vergleichbar, das der Inhaber eines Auskunftsverweigerungsrechts zu tragen hat. Auch wenn er die Beantwortung eines behördlichen Auskunftsverlangens verweigert, trägt er weiterhin das Risiko, dass er anhand von Unterlagen oder sonstigen Aufzeichnungen[339] überführt wird.

3. Mitteilungspflichten nach § 52 a BImSchG

Schließlich sollen die in § 52 a BImSchG geregelten Mitteilungspflichten zur Betriebsorganisation im Hinblick auf ihre Vereinbarkeit mit dem nemo tenetur-Satz gewürdigt werden. Diese lassen sich weder eindeutig der behördlichen Überwachung noch der Eigenüberwachung zuordnen. Es handelt sich dabei aber jedenfalls um selbständige Offenbarungspflichten, die also unabhängig von einer behördlichen Aufforderung zu erfüllen sind[340].

Die Mitteilungspflichten zur Betriebsorganisation entstehen mit Beginn der Anlageerrichtung beziehungsweise spätestens mit Aufnahme des Probebetriebes, wobei nachträgliche wesentliche Änderungen der Behörde anzuzeigen sind[341]. Soweit es um die Anzeigepflichten bei Errichtung der Anlage oder Betriebsbeginn geht, liegt gar keine für den nemo tenetur-Grundsatz charakteristische Belastungssituation vor, da zu diesem Zeitpunkt strafrechtliche Verfehlungen im Zusammenhang mit dem Anlagenbetrieb noch nicht vorliegen können. Gleiches gilt für die Pflicht zur Mitteilung wesentlicher Änderungen in der Betriebsorganisation. Auch diese Angaben vermögen nur für die Zukunft Wirkung zu entfalten und können daher ebenfalls kein selbstbelastendes Moment beinhalten. Mit Erfüllung jener Verpflichtung ist damit keine Selbstbelastung für das Unternehmen (oder Unternehmensangehörige) verbunden.

Sofern im Rahmen von späteren strafrechtlichen Ermittlungen auf die Angaben zur Betriebsorganisation zurückgegriffen wird, um Rückschlüsse auf interne Zuständigkeiten oder eventuelle Organisationsmängel zu gewinnen, welche – je nach Ausgestaltung des Sanktionstatbestandes – zum Nachweis einer Straftat bezie-

---

338 Zur Verwertbarkeit der Ergebnisse der Eigenüberwachung oben 3. Teil, B. IV. 1.

339 Zu deren Verwertbarkeit siehe oben 3. Teil, B. III.

340 Siehe oben, 1. Teil, B. II. 3. b).

341 Vgl. oben 1. Teil, B. II. 3. b).

hungsweise Ordnungswidrigkeit des Unternehmens dienen können, steht dies nicht im Widerspruch zum nemo tenetur-Prinzip. Dieser Grundsatz schützt vor zwangsweiser Offenlegung von Umständen im Zusammenhang mit bereits begangenen Straftaten. Die im Rahmen des § 52 a BImSchG preisgegebenen Informationen sind daher in gleicher Weise verwertbar wie etwa registerrechtliche Eintragungen.

V. Zusammenfassung

Der nemo tenetur-Grundsatz findet als rein strafprozessuales Verteidigungsrecht in verwaltungsrechtlichen Verfahren keine direkte Anwendung. Es ist jedoch sicherzustellen, dass die aus dem nemo tenetur-Satz resultierenden Schutzverbürgungen nicht durch außerstrafrechtliche Mitwirkungspflichten ausgehöhlt werden. Diese mittelbaren Schutzwirkungen müssen Unternehmen als originären Trägern der Freiheit vom Selbstbezichtigungszwang ebenso wie natürlichen Personen zukommen. Dabei stehen dem Gesetzgeber grundsätzlich zwei Mechanismen zur Verfügung. Er kann zum einen bereits im verwaltungsrechtlichen Verfahren eine Befreiung von der Mitwirkungspflicht vorsehen, sofern deren Erfüllung eine Selbstbelastung bedeutet. Kommt aufgrund des überwiegenden staatlichen Informationsinteresses solch eine Berücksichtigung des Interesses, sich nicht selbst belasten zu müssen, bereits im Verwaltungsverfahren nicht in Betracht, ist durch ein Beweisverwertungsverbot zu gewährleisten, dass jene Informationen nicht in strafrechtlichen Verfahren verwertet werden dürfen. Fehlt es dabei an einer ausdrücklichen gesetzlichen Regelung, so ergibt sich das Verwertungsverbot unmittelbar aus der Verfassung.

Der inhaltliche Umfang jener Ausstrahlungswirkung ist vom Gewährleistungsgehalt des nemo tenetur-Prinzips abhängig. Die mittelbaren Schutzwirkungen in außerstrafrechtlichen Verfahren können nicht weiter reichen als der im Strafverfahren verbürgte Schutz. Daher ist die hier vertretene Beschränkung des nemo tenetur-Prinzips auf verbale Mitwirkungsakte auch für die Bestimmung der Reichweite der Ausstrahlungswirkung maßgeblich. Hieraus folgt, dass im Rahmen von Auskunftspflichten der Gesichtspunkt des Selbstbelastungsschutzes Beachtung finden muss. Sofern einfach-gesetzliche Auskunftsverweigerungsrechte bestehen, gelten diese unmittelbar zugunsten des Unternehmens, sofern diese – wie in aller Regel – selbst Adressaten der betreffenden Auskunftpflicht sind. Ist ein Auskunftsverweigerungsrecht nicht vorgesehen, so greift zugunsten des Unternehmens in einem sich möglicherweise anschließenden Straf- beziehungsweise Bußgeldverfahren gegen den Verband ein verfassungsunmittelbares Verwertungsverbot ein. Entsprechendes gilt im Hinblick auf Meldepflichten, die für den Eintritt besonderer gefahrträchtiger Ereignisse vorgesehen sind. Dagegen sind Verpflichtungen zur Vorlage von Unterlagen und deren Verwertung in strafrechtlichen Verfahren ebenso zulässig wie Mess-, Aufzeichnungs- und Weiterleitungspflichten im Rahmen betrieblicher Eigenüberwachung.

C. Gewährleistung des nemo tenetur-Prinzips für Unternehmen in zivilrechtlichen Verfahren

Selbstbelastungsgefahren für Unternehmen können schließlich auch im Zusammenhang mit der Erfüllung von Mitwirkungsverpflichtungen, die in zivilrechtlichen Verfahren statuiert sind, auftreten.

I. Auswirkungen des nemo tenetur-Prinzips in zivilrechtlichen Verfahren

Wie bereits dargestellt, kommt dem nemo tenetur-Grundsatz als strafprozessuales Verteidigungsrecht nur in strafrechtlichen Verfahren[342] unmittelbare Geltung zu. Im Hinblick auf zivilrechtliche Mitwirkungsverpflichtungen findet er keine direkte Anwendung. Es ist jedoch sicherzustellen, dass die im Strafprozess bestehenden Schutzverbürgungen des Selbstbezichtigungsprivilegs nicht durch Mitwirkungsverpflichtungen in außerstrafrechtlichen Verfahren ausgehöhlt werden[343]. Das nemo tenetur-Prinzip würde leer laufen, wenn die durch die Erfüllung außerstrafrechtlicher Auskunftsverpflichtungen gewonnenen Erkenntnisse im Strafverfahren zum Nachweis des Tatvorwurfes herangezogen werden könnten.

II. Selbstbelastungsschutz im Hinblick auf Mitwirkungspflichten des Zwangsvollstreckungsrechts

Zunächst sind im Zwangsvollstreckungsrecht zwangsweise durchsetzbare Mitwirkungspflichten zu finden, welche auch für Unternehmen mit der Gefahr einer Selbstbelastung verbunden sein können[344]. Im Folgenden soll untersucht werden, inwieweit und auf welche Weise der nemo tenetur-Grundsatz im Zusammenhang mit diesen Mitwirkungspflichten Beachtung erfordert. Ausgangspunkt soll dabei die Auskunftspflicht des Schuldners im Insolvenzverfahren nach § 97 I 1, 2 InsO bilden. Satz 3 dieser Vorschrift enthält – gewissermaßen in Umsetzung des bundesverfassungsgerichtlichen „Gemeinschuldner"-Beschlusses[345] – ausdrücklich ein Verbot, selbstbelastende Auskünfte, die der Schuldner im Rahmen dieser Verpflichtung erteilt, gegen seinen Willen in einem sich anschließenden Straf- beziehungsweise Bußgeldverfahren zu „verwenden".

---

[342] Erfasst werden Strafverfahren im engeren und im weiteren Sinne.

[343] Siehe oben 2. Teil, D. IV. 5. d).

[344] Z. B. § 97 I 1, 2 InsO; §§ 807, 836 III 1 und 883 II ZPO; vgl. hierzu oben 1. Teil, C. III.

[345] *BVerfG*E 56, 37 ff.

1. Das Verwendungsverbot nach § 97 I 3 InsO

a) Inhaltliche Reichweite

Hinsichtlich der konkreten inhaltlichen Reichweite dieses Verwendungsverbotes bestehen jedoch einige Unklarheiten. Dies mag aus dem Begriff des „Verwendens" resultieren, der von der grundsätzlich üblichen Terminologie der „Verwertungs"verbote abweicht, jedoch immerhin auch in § 393 II 1 AO und in § 98 b III 3 StPO benutzt wird[346]. Unbestritten ist zunächst, dass die Auskünfte des Schuldners nicht in das Strafverfahren eingeführt und „als Geständnis" zum Nachweis des strafrechtlichen Vorwurfes herangezogen werden können[347]. Fraglich ist jedoch, inwieweit die Angaben des Schuldners als Ausgangspunkt für weitere Ermittlungen dienen dürfen.

aa) Das Verwendungsverbot des § 97 I 3 InsO als Beweisverwertungsverbot mit gesetzlich normierter Fernwirkung

Ein Offenbarungsverbot, also bereits das Verbot, die an das Insolvenzgericht, den Insolvenzverwalter, den Gläubigerausschuss oder gegebenenfalls an die Gläubigerversammlung gerichteten Auskünfte des Schuldners nach § 97 I 1 InsO an die Staatsanwaltschaft zu übermitteln, lässt sich jedoch § 97 I 3 InsO nicht entnehmen[348]. Der Gesetzgeber war bei Schaffung jener Regelung lediglich um die Umsetzung des Mehrheitsvotums der „Gemeinschuldner"-Entscheidung, das ein Offenbarungsverbot gerade nicht vorsah, bedacht[349]. Zudem würde die Annahme eines Offenbarungsverbotes der Praxis widersprechen, wonach die Insolvenzgerichte die Eröffnung eines Insolvenzverfahrens und die Abweisung eines Antrags auf Eröffnung eines Insolvenzverfahrens mangels Masse der Staatsanwaltschaft mitzuteilen haben[350]. Da dem Gesetzgeber jene Vorgehensweise bekannt war, hätte er im Hinblick auf ein beabsichtigtes Offenbarungsverbot eine ausdrückliche Regelung, wie etwa in § 30 AO in Kombination mit § 393 II AO, getroffen[351].

---

[346] *Hefendehl,* wistra 2003, 1 f.

[347] Dies betrifft also das eigentliche Verwertungsverbot (im engeren Sinne).

[348] *Bittmann/Rudolph,* wistra 2001, 81, 84; *Hefendehl,* wistra 2003, 1, 4 ff.; *Zipperer,* NZI 2002, 244, 250.

[349] Vgl. den Regierungsentwurf, BR-Drucks. 1/92, S. 142, wo auf das Sondervotum des Richters *Heußner* (BVerfGE 56, 37, 52 ff.) nicht verwiesen wird. Siehe auch *Marberth-Kubicki,* StV 2001, 433, 434; MüKo-InsO-*Passauer,* § 97 Rn. 16; *Zipperer,* NZI 2002, 244, 250.

[350] Vgl. XII a Nrn. 2 und 3 der Anordnung über die Mitteilungen in Zivilsachen vom 29. 4. 1998, BAnz. 1998 Nr. 138 a sowie das Justizmitteilungsgesetz vom 18. 6. 1997 (BGBl. I 1430); ausführlich zum Gang der Ermittlungen, *Weyand,* Insolvenzdelikte, Rn. 142 ff.

[351] *Zipperer,* NZI 2002, 244, 250.

Nach überwiegender Ansicht ist das Verwendungsverbot des § 97 I 3 InsO vielmehr als Beweisverwertungsverbot mit gesetzlich normierter Fernwirkung zu verstehen[352]. Dies ergibt sich aus dem während des Gesetzgebungsverfahrens insoweit eindeutig geäußerten gesetzgeberischen Willen, der in der Formulierung „verwendet" auch Niederschlag im Gesetzestext gefunden hat. So heißt es in der Begründung des Regierungsentwurfes, dass auch solche Tatsachen nicht verwertet werden dürfen, „zu denen die Auskunft den Weg gewiesen hat"[353]. Das Wort „verwendet" fand auf Initiative des Bundesbeauftragten für Datenschutz Eingang in den Gesetzeswortlaut, um herauszustellen, „dass eine Auskunft des Schuldners ohne dessen Zustimmung auch nicht als Ansatz für weitere Ermittlungen dienen darf"[354]. Diese Fernwirkung beschränkt die Tätigkeit der Strafverfolgungsbehörden in zweifacher Hinsicht. Zunächst dürfen mittelbar durch die Auskunft des Schuldners erlangte Beweismittel, also solche, die erst durch die Auskunft bekannt geworden sind, nicht zum Nachweis des strafrechtlichen Vorwurfs verwertet werden[355]. Aber auch die Durchführung von Ermittlungsmaßnahmen zur Gewinnung weiterer Beweismittel, wie vor allem Durchsuchung und Beschlagnahme, ist unzulässig, wenn der insoweit notwendige Tatverdacht ausschließlich auf Angaben des Schuldners oder hieraus mittelbar resultierenden Beweismitteln gestützt werden kann[356].

bb) Keine Erstreckung des Verwendungsverbotes auf sonstige nonverbale Mitwirkungsverpflichtungen

Nach Wortlaut und systematischer Stellung bezieht sich das Verwendungsverbot des § 97 I 3 InsO nur auf die gemäß § 97 I 1, 2 InsO bestehende Auskunftspflicht des Schuldners. Handlungen, die der Schuldner in Erfüllung seiner Mitwirkungs-

---

[352] *Dankert,* ZRP 2000, 476, 478; *Hefendehl,* wistra 2003, 1, 6 ff.; *Zipperer,* NZI 2002, 244, 249 f.

[353] BR-Drucks. 1/92, S. 142.

[354] Vgl. den Vorschlag des Rechtsausschusses, BT-Drucks. 12/7302, S. 166.

[355] *Bittmann/Rudolph,* wistra 2001, 81, 84; *Hefendehl,* wistra 2003, 1, 6; *Richter,* wistra 2000, 1, 3.

[356] *LG Stuttgart* wistra 2000, 439; *Hefendehl,* wistra 2003, 1, 6; *Rode,* StraFo 2003, 42, 44; *Uhlenbruck,* NZI 2002, 401, 405; *Weyand,* Insolvenzdelikte, Rn. 143. – Dabei ist allerdings umstritten, ob die durch die „an sich" rechtswidrige Ermittlungsmaßnahme gewonnenen Beweismittel, beispielsweise beschlagnahmte Geschäftsunterlagen, verwertet werden dürfen, wenn diese Beweismittel auch ohne die Auskunft des Schuldners und damit ohne Verstoß gegen das Verwertungsverbot hätten erlangt werden können. So halten *LG Stuttgart* wistra 2000, 439; *Richter,* wistra 2000, 440, eine derartige Berücksichtigung hypothetischer Ermittlungsverläufe für zulässig, da aus der Mitteilung über die Abweisung des Insolvenzverfahrens mangels Masse zumindest bei juristischen Personen aufgrund kriminalistischer Erfahrung ein Anfangsverdacht jedenfalls bezüglich des Tatbestandes der Insolvenzverschleppung (z. B. §§ 64 I, 84 I Nr. II GmbHG; 401 I Nr. 2, II AktG; 130 b HGB; 148 I Nr. 2, II GenG; vgl. hierzu den Überblick bei *Köhler,* in: Wabnitz/Janovsky [Hrsg.], Handbuch des Wirtschafts- und Steuerstrafrechts, Kap. 2 Rn. 159 ff.) bejaht werden könne; ablehnend dagegen *Hefendehl,* wistra 2003, 1, 7 f.; *Rode,* StraFo 2003, 42, 44.

verpflichtung gegenüber dem Insolvenzverwalter gemäß § 97 II InsO ausführt[357], unterfallen somit nicht jener Verbotsnorm[358]. Dies bedeutet insbesondere, dass Unterlagen, die der Schuldner vorlegt, um seiner Mitwirkungsverpflichtung nachzukommen, in einem sich möglicherweise anschließenden Strafverfahren verwertet werden können. Dies steht im Einklang mit dem hier vertretenen nemo tenetur-Verständnis, wonach nur verbale Mitwirkungsakte dem Schutzbereich der Selbstbelastungsfreiheit unterfallen. Eine derartige Begrenzung entspricht zudem der Auffassung des Bundesverfassungsgerichts, das verwaltungsrechtliche Vorlagepflichten auch vor dem Hintergrund der strafrechtlichen Verwertbarkeit jener Unterlagen nicht beanstandet hat[359]. Aber auch sofern eine Beschränkung des Gewährleistungsbereiches des nemo tenetur-Prinzips auf verbale Mitwirkungsakte nicht (explizit) angenommen wird[360], sollen zumindest solche Geschäftsunterlagen verwertbar sein, zu deren Führung eine gesetzliche Verpflichtung[361] besteht, wie vor allem Handelsbücher und Bilanzen[362]. Diese dienen nicht nur der ordnungsgemäßen Geschäftsführung, sondern auch der Dokumentation der unternehmensrelevanten Vorgänge im Interesse der Insolvenzgläubiger sowie auch der Strafverfolgung[363].

Schwierigkeiten hinsichtlich der Verwertbarkeit der Geschäftsunterlagen im Strafverfahren bestehen dann, wenn sich der Schuldner gegenüber dem Insolvenzverwalter oder dem Insolvenzgericht zu Verbleib oder Inhalt der fraglichen Dokumente geäußert hat. Da die Einlassungen des Schuldners im Insolvenzverfahren dem Verwendungsverbot des § 97 I 3 InsO und dessen Fernwirkung unterliegen, könnte der Schuldner die Unterlagen der strafrechtlichen Verwertbarkeit vollständig entziehen, wenn er nur möglichst umfassend im Insolvenzverfahren berichtet und dabei auf die Dokumente Bezug nimmt[364]. Ein befürchtetes „Asyl für Geschäftsunterlagen"[365] ist jedoch unter Berücksichtigung des Zwecks des Verwen-

---

357 Es ist allerdings – angesichts der uneindeutigen Verweisungsregelungen der §§ 20 S. 2 und 22 III 3 InsO – umstritten, ob diese Mitwirkungspflichten auch im Eröffnungsverfahren nach § 20 S. 2 InsO bestehen; die überwiegende Ansicht bejaht wohl die Erstreckung der Mitwirkungspflichten nach § 97 II, III InsO auf das Eröffnungsverfahren; zum Streitstand siehe z. B. *Uhlenbruck,* NZI 2000, 401 ff.

358 *Bittmann / Rudolph,* wistra 2001, 81, 83; *Richter,* wistra 2000, 1, 4; *Uhlenbruck,* NZI 2000, 401, 405.

359 Vgl. hierzu bereits oben 2. Teil, D. IV. 5. a) und 3. Teil, B. III.

360 Ausdrücklich jedenfalls *Hefendehl,* wistra 2003, 1, 8.

361 Siehe oben Fn. 232.

362 *LG Stuttgart* wistra 2000, 439; *Bittmann / Rudolph,* wistra 2001, 81, 82; *Richter,* wistra 2000, 1, 4; siehe auch *Hefendehl,* wistra 2003, 1, 9, der – auf Basis der Einbeziehung nonverbaler Verhaltensweisen in den Schutzbereich des nemo tenetur-Satzes konsequenterweise – Unterlagen, zu deren Führung keine gesetzliche Verpflichtung besteht, nach Vorlage durch den Schuldner für im Strafverfahren unverwertbar hält; siehe ferner *Bittmann / Rudolph,* a. a. O., S. 83.

363 *Richter,* wistra 2000, 1, 4.

364 Vgl. *Hefendehl,* wistra 2003, 1, 8; *Richter,* wistra 2000, 1, 4.

365 *Richter,* wistra 2000, 1, 4.

dungsverbotes des § 97 I 3 InsO zu vermeiden. Diese Vorschrift will den Schuldner davor schützen, dass er durch die Erfüllung der Auskunftspflicht Beweise zum Nachweis eines gegen ihn selbst gerichteten Strafvorwurfes liefern muss. Es soll ihm aber nicht die Möglichkeit verschaffen, durch die Erteilung der Auskunft auch die Verwendung inhaltsgleicher Unterlagen zu verhindern. Somit sind die Angaben des Schuldners, die den Weg zu den Unterlagen weisen, nicht verwertbar; der Inhalt der Dokumente bleibt jedoch verwendbar[366].

b) Persönliche Reichweite

Neben den Fragen, die sich im Zusammenhang mit der inhaltlichen Reichweite des Verwendungsverbotes des § 97 I 3 InsO stellen, interessiert vorliegend vor allem, ob diese Vorschrift auch Insolvenzunternehmen zukommt, sofern diese selbst einem Straf- beziehungsweise Bußgeldverfahren unterzogen werden.

Für den hier maßgeblichen Fall, dass der Insolvenzschuldner keine natürliche Person ist, trifft § 101 InsO Sonderregelungen hinsichtlich der personellen Erfüllung der in § 97 InsO niedergelegten Mitwirkungspflichten. Hiernach sind zunächst die amtierenden Mitglieder des Vertretungs- oder Aufsichtsorgans und die vertretungsberechtigten persönlich haftenden Gesellschafter zur Auskunftserteilung nach § 97 I 1, 2 InsO verpflichtet, also gegebenenfalls auch zur Offenbarung von Umständen, die geeignet sind, eine Verfolgung einer Straftat oder Ordnungswidrigkeit herbeizuführen. Entsprechendes gilt auch für Personen, die nicht früher als zwei Jahre vor dem Antrag auf Eröffnung des Insolvenzverfahrens aus einer derartigen Stellung ausgeschieden sind. Gegebenenfalls können diese mit den Zwangsmitteln nach § 98 InsO durchgesetzt werden. Bezüglich der Angaben dieses Kreises der Auskunftspflichtigen greift aufgrund des ausdrücklichen Verweises in § 100 I InsO jedoch das Verwendungsverbot des § 97 I 3 InsO ein. Dagegen verweist § 100 II InsO für Angestellte und ehemalige Angestellte des Schuldners, die nicht früher als zwei Jahre vor Stellung des Eröffnungsantrages ausgeschieden sind, lediglich auf die Auskunftspflicht nach § 97 I 1 InsO. Sie sind folglich nicht verpflichtet, Tatsachen, welche zum Nachweis von Straftaten oder Ordnungswidrigkeiten dienen könnten, zu offenbaren; auch unterliegen sie nicht den Zwangsmitteln nach § 98 InsO[367]. Sie verfügen daher faktisch über ein Auskunftsverweigerungsrecht hinsichtlich solcher Fragen, deren Beantwortung mit der Gefahr strafrechtlicher Verfolgung verbunden ist[368].

---

[366] *Bittmann/Rudolph,* wistra 2001, 81, 82; *Hefendehl,* wistra 2003, 1, 9; *Richter,* wistra 2000, 1, 4; *Uhlenbruck,* NZI 2000, 401, 405.

[367] Vgl. die Entwurfsbegründung BR-Drucks. 1/92, S. 144.

[368] Es ist aber möglich, diese als Zeugen (bei Geltung der Zeugnisverweigerungsrechte der §§ 383 bis 385 ZPO) zu vernehmen, Regierungsentwurf zur InsO, BT-Drucks. 12/2443, S. 144. Siehe auch FK-InsO-*App*, § 102 Rn. 7; *Vallender,* ZIP 1996, 529, 534.

Die Auskunftspflicht des § 97 I 1, 2 InsO trifft prinzipiell den Schuldner, also im Falle einer Unternehmensinsolvenz den Unternehmensträger. Da juristische Personen nicht selbst handlungsfähig sind, bedarf es zur Erfüllung dieser Verpflichtung der Einschaltung natürlicher Personen, welche die Pflicht für den Schuldner wahrnehmen. Diese Aufgabe obliegt grundsätzlich den gesetzlichen Unternehmensvertretern[369], die in § 101 I InsO auch selbstverständlich zur Erfüllung der Auskunftspflicht berufen sind. Des Weiteren sind aber ebenso frühere Organmitglieder und sonstige Angestellte auskunftspflichtig. Daher lässt sich die Vorschrift des § 101 InsO nicht lediglich als Regelung bezüglich der Wahrnehmung einer dem Unternehmen selbst obliegenden Verpflichtung durch die Organvertreter interpretieren. Vielmehr werden zumindest den ausgeschiedenen Organmitgliedern und (früheren) Angestellten des Unternehmens originär Pflichten auferlegt. Dementsprechend wird man das Verwendungsverbot und das Auskunftsverweigerungsrecht der Angestellten als Instrumente rein persönlichen Selbstbelastungsschutzes auslegen müssen. Machen die (ehemaligen) Organmitglieder somit Angaben, die sie selbst strafrechtlich belasten, so dürfen diese Umstände in einem gegen sie persönlich gerichteten Strafverfahren nicht verwendet werden. Angestellte beziehungsweise ausgeschiedene Angestellte sind von der Auskunftspflicht hinsichtlich solcher Tatsachen befreit, die sie selbst der Gefahr der Verfolgung wegen einer Straftat oder Ordnungswidrigkeit aussetzen würden. Aus der einfach-gesetzlichen Interpretation der Norm lässt sich somit eine Berücksichtigung des Selbstbelastungsschutzes von Unternehmen nicht ohne weiteres erschließen[370].

Nach der hier vertretenen Auffassung können sich Unternehmen jedoch selbst unmittelbar auf den nemo tenetur-Grundsatz berufen. Daher ist ihr verfassungsrechtlich anerkanntes Interesse, sich nicht selbst belasten zu müssen, bei Auslegung der §§ 101, 97 I InsO zu berücksichtigen. Wie bereits gezeigt, obliegt die Wahrnehmung der korporativen Selbstbelastungsfreiheit (ausschließlich) den gesetzlichen Unternehmensvertretern[371]. Im Wege verfassungskonformer Auslegung muss das Verwendungsverbot des § 97 I 3 InsO somit auch dann eingreifen, wenn die organschaftlichen Vertreter im Rahmen der Erfüllung ihrer Auskunftspflicht Umstände preisgeben, die mit einer strafrechtlichen Belastung des Unternehmens selbst verbunden sind. Diese Angaben können folglich in einem sich anschließenden Straf- oder Bußgeldverfahren, das gegen den Verband adressiert ist, nicht verwendet werden. In Bezug auf die Auskünfte der sonstigen in § 101 InsO genannten Personen greift das Verwendungsverbot zugunsten des Verbandes jedoch nicht ein[372].

---

369 Vgl. oben 3. Teil, A. I. 2. b).

370 Auch in der Entwurfsbegründung BR-Drucks. 1/92, S. 144, werden die Selbstschutzinteressen des betroffenen Unternehmens nicht thematisiert.

371 Siehe oben 3. Teil, A. I. 2. b).

372 Vgl. auch zur Zeugenstellung dieser Personen im Strafverfahren oben 3. Teil, A. I. 3.

2. Weitere Mitwirkungspflichten im Zwangsvollstreckungsrecht

Das Zwangsvollstreckungsrecht enthält außerdem erzwingbare Auskunftspflichten in den §§ 807, 836 III 1 und 883 II ZPO, die grundsätzlich mit der Gefahr strafrechtlicher Selbstbelastung verbunden sein können[373]. Im Zusammenhang mit diesen Regelungen ist jedoch weder ein Auskunftsverweigerungsrecht noch ein strafrechtliches Verwertungsverbot vorgesehen.

Es bedarf daher entsprechend der Grundsätze der „Gemeinschuldner"-Entscheidung des Bundesverfassungsgerichts einer Ergänzung durch ein verfassungsunmittelbares Verwertungsverbot. Dürften die Angaben, die der Schuldner im Zwangsvollstreckungsverfahren aufgrund des überwiegenden Gläubigerinteresses zu leisten hat, im Strafverfahren zum Nachweis des Tatvorwurfes verwertet werden, so liefe der durch den nemo tenetur-Grundsatz gewährte Schutz leer. Auch der Bundesgerichtshof hat im Zusammenhang mit der Auskunftsverpflichtung gemäß § 807 ZPO ein verfassungsunmittelbares Beweisverwertungsverbot angenommen[374]. Die Gewährleistung eines Verwendungsverbotes mit Fernwirkung ist verfassungsrechtlich jedoch nicht geboten[375].

Wegen der Geltung des nemo tenetur-Grundsatzes zugunsten von Unternehmen kommt dieses unmittelbare Verwertungsverbot auch in gegen Verbände gerichteten Straf- oder Bußgeldverfahren zur Anwendung. Dies bedeutet, dass unternehmensbelastende Umstände, welche von den gesetzlichen Vertretern im Rahmen der Erfüllung der Auskunftsverpflichtung offengelegt werden müssen[376], einer strafrechtlichen Verwertung zulasten des Unternehmens entzogen sind.

Nicht von der Ausstrahlungswirkung des nemo tenetur-Grundsatzes berührt wird dagegen die Verpflichtung zur Vorlage von Urkunden nach § 836 III 1 ZPO, da nach dem hier vertretenen nemo tenetur-Verständnis der Geltungsbereich jenes Grundsatzes auf verbale Mitwirkungshandlungen beschränkt ist. Auch im Strafverfahren könnten diese Unterlagen nach § 95 I StPO herausverlangt werden, es sei denn, dem äußeren Herausgabeakt selbst würde ein selbstbelastender Erklärungswert zukommen[377]. Dies dürfte bei den nach § 836 III 1 ZPO vorzulegenden Urkunden über die gepfändete Forderung kaum der Fall sein[378]. Sollte jedoch ausnahmsweise ein derartiger Erklärungswert in der Vorlage der Urkunden liegen,

---

[373] Vgl. oben 1. Teil, C. III.

[374] *BGH*St 37, 340, 342 f.; vgl. auch *Dingeldey,* NStZ 1984, 529, 531 f.; *Nothhelfer,* Freiheit vom Selbstbezichtigungszwang, S. 99 f.; *Stürner,* NJW 1981, 1757, 1760. Von der Offenbarungsverpflichtung trotz Gefahr der Selbstbelastung gehen auch *BGH*St 19, 126, 130 f.; *BGHZ* 41, 318, 326; *LG Koblenz* MDR 76, 587; *LG Wuppertal* DGVZ 99, 120, 122 aus.

[375] Siehe oben 2. Teil, D. IV. 5. d).

[376] Die Erfüllung der Auskunftsverpflichtungen obliegt grundsätzlich den gesetzlichen Vertretern, vgl. MüKo-ZPO-*Eickmann,* § 807 Rn. 32 ff.; MüKo-ZPO-*Schilken,* § 883 Rn. 24.

[377] Vgl. oben 2. Teil, D. IV. 5. a).

[378] Zu den vorzulegenden Urkunden zählen z. B. Vertragsurkunden, Legitimationspapiere, Versicherungsscheine etc.; vgl. hierzu beispielsweise MüKo-ZPO-*Smid,* § 836 Rn. 13.

so wäre diesbezüglich ein strafrechtliches Verwertungsverbot anzunehmen, das auch Unternehmen zukäme, sofern sie einem strafrechtlichen Verfahren ausgesetzt würden.

III. Selbstbelastungsschutz im Zusammenhang mit materiell-rechtlichen Informationspflichten

Schließlich können Unternehmen auch im Zusammenhang mit materiell-rechtlichen Informationspflichten in die Gefahr strafrechtlicher Selbstbelastung geraten[379].

Das Interesse, sich nicht durch die Erfüllung der Auskunftspflicht selbst strafrechtlich belasten zu müssen, steht hier dem Bedürfnis des Auskunftsberechtigten an Erlangung der für ihn erforderlichen Informationen gegenüber, ohne die er seine Rechte nur erschwert durchsetzen kann oder gar verlieren würde. Eine Befreiung von der Informationspflicht aufgrund der Gefahr der Selbstbezichtigung würde den Auskunftsberechtigten also zur Hinnahme erheblicher Rechtsnachteile zwingen, nur weil sein Vertragspartner eine strafrechtliche Verfehlung begangen hat[380]. In diesen Konstellationen genießt daher nach ganz überwiegender Ansicht das private Rechtsschutzinteresse des Auskunftsberechtigten Vorrang gegenüber dem Interesse des Anspruchsverpflichteten am Schutz vor Selbstbelastung. Dies bedeutet, die Auskunft darf auch dann nicht verweigert werden, wenn die wahrheitsgemäße Erklärung mit der Angabe belastender Umstände verbunden wäre[381]. Ist ein Unternehmen Schuldner der Informationspflicht, so muss es durch die zuständigen Organe der Verpflichtung nachkommen, auch wenn hierdurch Umstände preisgegeben werden, welche die Voraussetzungen für eine Verbandssanktionierung belegen könnten.

Dem Interesse am Schutz vor strafrechtlicher Selbstbelastung ist dadurch Rechnung zu tragen, indem die geleisteten Auskünfte in einem nachfolgenden Straf- oder Bußgeldverfahren nicht verwertet werden[382]. Sofern nicht einfach-gesetzliche Verwertungsverbote eingreifen[383], ergibt sich das Verbot, die Auskünfte nicht zum Nachweis des strafrechtlichen Tatvorwurfes heranzuziehen, direkt aus dem Grund-

---

[379] Vgl. z. B. § 35 I GenTG; §§ 8, 10 UmweltHG; siehe dazu ausführlich oben 1. Teil, C. II.

[380] Vgl. *Stürner*, Aufklärungspflicht, S. 368.

[381] *BGHZ* 41, 318, 322 f.; *BGH* NJW 1990, 510, 511; *Dingeldey*, NStZ 1984, 529, 532; Palandt-*Heinrichs*, §§ 259–261 Rn. 24; *Nothhelfer*, Freiheit vom Selbstbezichtigungszwang, S. 98 f.; *Stürner*, NJW 1981, 1757, 1760; *ders.*, Aufklärungspflicht, S. 365 ff.; *Taupitz*, Zivilrechtliche Pflicht zur unaufgeforderten Offenbarung eigenen Fehlverhaltens, S. 31 ff.; *Winkler v. Mohrenfels*, Abgeleitete Informationsleistungspflichten, S. 100 ff.

[382] Vgl. *Dingeldey*, NStZ 1984, 529, 532; *Nothhelfer*, Freiheit vom Selbstbezichtigungszwang, S. 100; *Stürner*, NJW 1981, 1757, 1760; *Taupitz*, Zivilrechtliche Pflicht zur unaufgeforderten Offenbarung eigenen Fehlverhaltens, S. 33 f.

[383] Vgl. § 101 IV UrhG; § 19 IV MarkenG.

gesetz. Da der nemo tenetur-Grundsatz auch zugunsten von Unternehmen zur Anwendung kommt, greift dieses verfassungsunmittelbare Verwertungsverbot auch in einem gegen den auskunftspflichtigen Verband gerichteten Sanktionsverfahren ein.

Allerdings wird man ein Verwertungsverbot in den Fällen verneinen müssen, in denen der Schuldner der Informationspflicht die selbstbelastende Auskunft verhindern könnte, indem er die Hauptforderung erfüllt, was etwa bei Informationspflichten, die ausschließlich der Vorbereitung von Schadensersatzansprüchen dienen, gegeben ist. Denn in diesen Konstellationen entspricht die Interessenlage des Auskunftspflichtigen der bei sofortiger Klageerhebung ohne ein vorausgehendes präparatorisches Auskunftsverfahren[384]. Kann der Kläger seinen Anspruch schlüssig darlegen, der Beklagte sich gegen die Inanspruchnahme jedoch nur mittels Offenlegung selbstbelastender Umstände verteidigen, so bleibt es ihm unbenommen, zu schweigen und dadurch eine Verurteilung hinzunehmen. Dient also die selbstbelastende Einlassung lediglich der Verteidigung gegen das Klägervorbringen, steht dem Tatverdächtigen ein strafrechtliches Verwertungsverbot nicht zur Verfügung. Er muss sich zwischen Selbstbelastung und Rechtsdurchsetzung entscheiden[385]. Dies muss auch für Informationsansprüche gelten, „die erst durch vorprozessuale Rechtsverteidigung provoziert werden"[386]. Dagegen greift das Verwertungsverbot ein, wo die vorprozessuale Information die Rechtsverfolgung überhaupt erst ermöglicht, etwa bei Auskunft über die Adressaten wettbewerbsschädigender Äußerungen, ebenso bei selbständigen Auskunftsverlangen, die unabhängig von einer potentiellen Hauptforderung bestehen[387].

IV. Zusammenfassung

Auch im Zusammenhang mit erzwingbaren zivilrechtlichen Auskunftspflichten erfordert die Ausstrahlungswirkung des nemo tenetur-Prinzips die Berücksichtigung des Interesses, nicht durch eigene Auskünfte zum Nachweis einer strafrechtlichen Verfehlung beitragen zu müssen. Eine Befreiung von der Erfüllung der Informationsverpflichtung bei Gefahr strafrechtlicher Selbstbelastung kommt jedoch in aller Regel aufgrund des überwiegenden Informationsbedürfnisses des privaten Dritten nicht in Betracht. Würde man ein Auskunftsverweigerungsrecht anerkennen, müsste der Auskunftsberechtigte erhebliche Rechtsnachteile hinnehmen, weil der Informationspflichtige einer Straftat oder Ordnungswidrigkeit verdächtigt werden könnte.

Dem verfassungsrechtlich gebotenen Selbstbelastungsschutz wird jedoch hinreichend Rechnung getragen, indem die im Rahmen der Erfüllung der Informations-

---

384 *Stürner*, NJW 1981, 1757, 1760; zustimmend *Dingeldey*, NStZ 1984, 529, 532.

385 Vgl. bereits oben 1. Teil, C. I.

386 *Stürner*, NJW 1981, 1757, 1760.

387 *Stürner*, NJW 1981, 1757, 1760.

pflicht erteilten Auskünfte nicht in einem sich anschließenden Strafverfahren zulasten des Auskunftspflichtigen verwertet werden können. Dieses Verwertungsverbot kommt auch Unternehmen zugute, sofern diese entsprechenden Informationspflichten unterliegen. Daher dürfen die zur Pflichterfüllung geleisteten Angaben der gesetzlichen Unternehmensvertreter in einen Sanktionsverfahren gegen den Verband nicht dazu benutzt werden, um die Voraussetzungen einer Unternehmenssanktion zu belegen.

Zusammenfassung
und abschließende Bewertung

Im derzeit geltenden Strafrecht sind echte Strafen für Verbände nicht vorgesehen. Unternehmen können jedoch de lege lata mit strafrechtlichen Sanktionen im weiteren Sinne belegt werden, wobei insbesondere die Verbandsgeldbuße gemäß § 30 OWiG erhebliche praktische Bedeutung erlangt hat[1]. Als potentielle Sanktionsadressaten sind Unternehmen der Gefahr strafrechtlicher Verfolgung[2] und somit grundsätzlich dem Risiko strafrechtlicher Selbstbelastung ausgesetzt. Selbstbelastungsgefahren existieren für Unternehmen jedoch nicht nur unmittelbar in den strafrechtlichen Sanktionierungsverfahren, sondern auch im Zusammenhang mit verwaltungs-[3] oder zivilrechtlichen[4] Mitwirkungsverpflichtungen. Im Rahmen der Erfüllung jener Verpflichtungen besteht grundsätzlich die Möglichkeit, Umstände preisgeben zu müssen, welche die Einleitung eines strafrechtlichen Ermittlungsverfahrens gegen das Unternehmen nach sich ziehen können. Die Frage nach der Anwendbarkeit des nemo tenetur-Prinzips zugunsten von Unternehmen stellt sich mithin bereits nach geltender Rechtslage. Besondere Brisanz gewinnt jene Problematik zudem, sofern sich der Gesetzgeber de lege ferenda für die Einführung von Kriminalsanktionen gegen Verbände entscheidet[5].

Die Gewährleistung von Selbstbelastungsschutz zugunsten von Unternehmen und dessen inhaltliche Reichweite wurden anhand der verschiedenen möglichen Rechtsgrundlagen des nemo tenetur-Prinzips herausgearbeitet.

Auf völkerrechtlicher Ebene ist in Art. 14 III lit. g IPbpR ein Verbot strafrechtlichen Selbstbelastungszwangs ausdrücklich vorgesehen. Da jener Pakt jedoch grundsätzlich nur individuelle Rechte vermittelt, scheidet eine Einbeziehung von Unternehmen in den personellen Anwendungsbereich dieser Norm aus[6]. Dagegen können sich Verbände auf Art. 6 I EMRK berufen. Jene Vorschrift untersagt zwar nicht explizit einen Zwang zur strafrechtlichen Selbstbelastung. Der EGMR hat jedoch das Recht, sich nicht selbst einer Straftat bezichtigen zu müssen, als Ausprägung des Rechts auf ein faires Verfahren anerkannt und stetig ausgebaut. Es gilt nicht nur in Verfahren zur Verhängung von Kriminalstrafen, sondern auch in straf-

---

[1] 1. Teil, A. II.
[2] Im weiteren Sinne.
[3] 1. Teil, B.
[4] 1. Teil, C.
[5] 1. Teil, E.
[6] 2. Teil, A.

rechtlichen Verfahren im weiteren Sinne, wie etwa dem deutschen Ordnungswidrigkeitenverfahren[7]. Die EMRK verfügt in der deutschen Rechtsordnung allerdings nur über den Rang einfachen Bundesrechts. Damit könnte der Gesetzgeber grundsätzlich durch ein nachträgliches entgegenstehendes Gesetz die Konventionsrechte abändern, wenn er auch ausdrücklich bekunden müsste, dass er von seiner eingegangenen völkerrechtlichen Verpflichtung abweichen will[8].

Von entscheidender Bedeutung ist daher, dass durch das Grundgesetz die Gewährung von Selbstbelastungsschutz zugunsten von Unternehmen geboten und somit dem Gesetzgeber verfassungsrechtlich vorgeben ist. Dieses Ergebnis wurde im Wege der Ermittlung der Ratio des nemo tenetur-Prinzips und seiner konkreten verfassungsrechtlichen Grundlage herausgearbeitet.

Abzulehnen sind die von der Rechtsprechung und der wohl überwiegenden Ansicht in der Literatur verfolgten naturalistischen nemo tenetur-Konzeptionen, nach denen die Geltung von Selbstbelastungsschutz für Unternehmen nicht begründbar ist.

Im Mittelpunkt steht dabei ein natürliches Selbsterhaltungs- beziehungsweise Selbstbegünstigungsinteresse des Menschen. Ein Selbstbezichtigungszwang sei insofern wider die Natur des Menschen. Der nemo tenetur-Grundsatz will danach dem Betroffenen die Konfliktlage ersparen, sich entweder selbst strafrechtlich zu belasten oder mit Zwangsmitteln belegt zu werden beziehungsweise der Selbstbelastung nur durch eine Lüge und damit gegebenenfalls mit einer erneuten Straftat zu entgehen. Eine derartige Zwangssituation stelle eine psychologische Überforderung dar und sei daher nicht zumutbar[9]. Seine verfassungsrechtliche Grundlage soll das nemo tenetur-Prinzip hiernach in der Menschenwürde (Art. 1 I GG) oder im absolut geschützten Kernbereich des allgemeinen Persönlichkeitsrechts (Art. 2 I, 1 I GG) finden[10].

Bei Zugrundelegung dieser Schutzzweckbestimmung kann das nemo tenetur-Prinzip zugunsten von Verbänden keine Anwendung finden. Zwar ist Unternehmen ein eigenes Selbstschutzinteresse zuzusprechen, jedoch ist für sie die unzumutbare Zwangslage, vor welcher der nemo tenetur-Satz nach naturalistischem Verständnis schützen soll, nicht erfahrbar[11]. Auch der Verweis auf die gesetzgeberische Anerkennung einer eigenen Strafrechtspersönlichkeit durch Statuierung von Unternehmensstrafen vermag nichts daran zu ändern, dass sich die spezifische Schutzidee jener nemo tenetur-Konzeption nicht gegenüber Unternehmen realisieren kann[12].

---

[7] 2. Teil, B. I. und II.
[8] 2. Teil, B. III.
[9] 2. Teil, D. II. 1.
[10] 2. Teil, D. II. 2.
[11] 2. Teil, D. II. 3. a) und b).
[12] 2. Teil, D. II. 3. d).

Der Unzumutbarkeitsgedanke ist jedoch nicht in der Lage, den Schutzgehalt des Selbstbelastungsprivilegs stimmig zu erklären. Er führt vielmehr zu Widersprüchen hinsichtlich des Anwendungsbereiches des nemo tenetur-Satzes und innerhalb der Systematik des Strafprozessrechts. Insbesondere die herkömmliche Unterscheidung zwischen verbotenem Zwang zu aktiver Mitwirkung an der Aufklärung des Tatvorwurfs und zulässigem passiven Duldungszwang lässt sich nicht auf die naturalistische Schutzzweckbestimmung stützen[13].

Ebenso erwiesen sich die Versuche zur Begründung des nemo tenetur-Grundsatzes als Bestandteil des Rechts auf informationelle Selbstbestimmung oder als Teilausprägung des persönlichen Ehrschutzes als nicht tragfähig[14].

Ausgehend von seinen historischen Wurzeln[15] wurde das nemo tenetur-Prinzip vielmehr als spezifisches Verfahrensgrundrecht begründet. Es dient dem Interesse des Beschuldigten, sich gegen den strafrechtlichen Vorwurf verteidigen zu dürfen und sichert ihm die Möglichkeit, auf Verlauf und Ausgang des Verfahrens Einfluss zu nehmen. Ein Geständniszwang würde demgegenüber den Beschuldigten in seiner Verteidigungsposition festlegen und eine effektive Einflussnahme auf den Prozessverlauf unmöglich machen[16]. Seine verfassungsrechtliche Grundlage findet dieses prozessuale Verteidigungsrecht im Rechtsstaatsprinzip; es ist insbesondere Bestandteil des Anspruchs auf ein faires Verfahren[17]. Trotz der Verortung im Rechtsstaatsprinzip unterliegt der nemo tenetur-Grundsatz aufgrund seiner Unerlässlichkeit für die materielle Verteidigungsfreiheit des Beschuldigten keinerlei Einschränkbarkeit zugunsten von staatlichen Strafverfolgungsinteressen[18].

Die hier vertretene Schutzzweckbestimmung führt zu einer Begrenzung des sachlichen Anwendungsbereiches auf verbale Mitwirkungsakte. Dies bedeutet, dass sonstige nonverbale Mitwirkungshandlungen nicht durch den nemo tenetur-Satz privilegiert werden. Insbesondere ist der Beschuldigte prinzipiell nach § 95 I StPO zur Herausgabe von Gegenständen verpflichtet, es sei denn, der äußere Herausgabeakt steht einer selbstbelastenden Aussage gleich. Auch wird durch das nemo tenetur-Prinzip kein Schutz vor täuschungsbedingten Selbstbelastungen gewährt[19].

Nach dieser hier favorisierten nemo tenetur-Konzeption nehmen auch Unternehmen an der verfassungsrechtlich gewährleisteten Selbstbelastungsfreiheit teil. Die spezifische Schutzidee des nemo tenetur-Satzes, nämlich die Sicherung von Einwirkungschancen auf den Prozessverlauf und damit Schutz der Befugnis, sich

---

13 2. Teil, D. II. 4.
14 2. Teil, D. III.
15 2. Teil, D. IV. 1.
16 2. Teil, D. IV. 2.
17 2. Teil, D. IV. 3.
18 2. Teil, D. IV. 4.
19 2. Teil, D. IV. 5.

gegen den strafrechtlichen Vorwurf verteidigen zu dürfen, realisiert sich gleichermaßen gegenüber juristischen Personen und Personenvereinigungen wie gegenüber
natürlichen Personen. Unterstützt wird dieses Ergebnis zudem durch einen Vergleich mit anderen Prozessgrundrechten, insbesondere dem in Art. 103 I GG verankerten Anspruch auf rechtliches Gehör, welcher ebenfalls für die Sicherstellung
von Einflussnahme auf den Prozessausgang unverzichtbar ist und zugunsten von
Unternehmen Anwendung findet[20]. Auch rein öffentlich-rechtliche sowie gemischt-wirtschaftliche Unternehmen sind in den personellen Anwendungsbereich
des nemo tenetur-Grundsatzes einbezogen[21]. Die Geltung des verfassungsrechtlichen Selbstbelastungsprivilegs für Unternehmen ist im Verbandsbußgeldverfahren zu beachten und käme de lege ferenda im Zusammenhang mit allen vorgeschlagenen Unternehmensstrafmodellen zur Anwendung. Dies gilt jedoch nicht
für die Maßnahmemodelle, welche eine rein spezialpräventive Sanktionierung von
Unternehmen vorschlagen[22].

In strafrechtlichen Sanktionierungsverfahren obliegt die Wahrnehmung der Ein-
lassungsfreiheit des beschuldigten Unternehmens ausschließlich den gesetzlichen
Vertretern. Sie sind folglich berechtigt, das Schweigerecht des Verbandes auszu-
üben, und dürfen somit nicht als Zeugen vernommen werden[23]. In drittgerichteten
Verfahren verfügen Organwalter, die als Zeugen vernommen werden, über ein
Auskunftsverweigerungsrecht, sofern bei Beantwortung einzelner Fragen das
Risiko bestünde, „ihr" Unternehmen der Gefahr strafrechtlicher Verfolgung auszusetzen[24]. Die Wahrnehmung der Aussagefreiheit des Verbandes aufgrund der
Organstellung führt aber nicht zum Verlust individueller Rechte. Sofern sich also
das Verfahren auch gegen die gesetzlichen Vertreter als Individualbeschuldigte
richtet, steht ihnen selbstverständlich ihre individuelle Selbstbelastungsfreiheit
aufgrund persönlicher Betroffenheit zu. Dies kann im Einzelfall zu Konflikten zwischen den eigenen Verteidigungsinteressen und denen des Verbandes führen. Diese
lassen sich vielfach durch den Ausschluss des verdächtigen Organwalters von der
Vertretung des Unternehmens im Verfahren auflösen. Dennoch verbleibende Interessenkollisionen gehen im Ergebnis zulasten des betroffenen Unternehmens, sind
jedoch aufgrund der notwendigen Einschaltung natürlicher Personen zur Begründung der Handlungsfähigkeit des Verbandes hinzunehmen[25]. Anders als die gesetzlichen Vertreter sind die sonstigen Unternehmensangehörigen als Zeugen zur vollständigen, wahrheitsgemäßen Aussage verpflichtet, es sei denn, sie verfügen über
ein Zeugnis- oder Auskunftsverweigerungsrecht aufgrund persönlicher Betroffenheit. Ein Auskunftsverweigerungsrecht bei Gefahr der Belastung „ihres" Unter-

---

[20] 2. Teil, D. IV. 7. d).
[21] 2. Teil, D. IV. 7. g).
[22] 2. Teil, D. IV. 7. f) und h).
[23] 3. Teil, A. II. 3.
[24] 3. Teil, A. II. 5.
[25] 3. Teil, A. II. 1. bis 4.

nehmens steht ihnen nicht zu[26]. Wegen der hier vertretenen Beschränkung des nemo tenetur-Prinzips auf verbale Mitwirkungsakte können Unternehmensgegenstände von den gewahrsamsausübenden Unternehmensvertretern nach § 95 I StPO, gegebenenfalls unter Einsatz von Zwangs- und Ordnungsmitteln gemäß §§ 95 II, 70 StPO, herausverlangt werden, es sei denn, dass dem Herausgabeakt selbst ein eigenständiger Erklärungswert zukommt[27].

Zwar gilt der nemo tenetur-Grundsatz als rein strafprozessuales Verteidigungsrecht nicht direkt in verwaltungsrechtlichen Verfahren, er entfaltet jedoch mittelbare Schutzwirkungen, auch zugunsten mitwirkungspflichtiger Unternehmen. Dabei ermöglicht die hier favorisierte Beschränkung des sachlichen Anwendungsbereiches des nemo tenetur-Satzes auf die Aussagefreiheit eine in sich geschlossene Handhabung des Selbstbelastungsschutzes sowohl hinsichtlich der diversen Mitwirkungsverpflichtungen behördlicher Überwachung als auch im Rahmen von Eigenüberwachungspflichten. Beachtung erfordert die Ausstrahlungswirkung des nemo tenetur-Satzes somit im Zusammenhang mit aufsichtsrechtlichen Auskunftspflichten. In einem Großteil der Aufsichtsgesetze sind derartige Verpflichtungen um ein Auskunftsverweigerungsrecht für den Fall drohender strafrechtlicher Selbstbelastung ergänzt. Auf dieses Verweigerungsrecht können sich Unternehmen selbst berufen, sofern sie – wie in aller Regel – selbst Adressaten der betreffenden Auskunftspflicht sind[28]. Sind einfach-gesetzliche Auskunftsverweigerungsrechte nicht vorgesehen, so dürfen die geleisteten Angaben in einem sich eventuell anschließenden Straf- oder Bußgeldverfahren gegen den Verband nicht verwertet werden[29]. Ein Verwertungsverbot besteht dagegen nicht für Unterlagen oder sonstige Gegenstände, die aufgrund entsprechender aufsichtsrechtlicher Verpflichtungen den zuständigen Behörden vorzulegen sind[30]. Gleiches gilt für die Ergebnisse der betrieblichen Eigenüberwachung[31]. Einem strafrechtlichen Beweisverwertungsverbot unterliegen lediglich die Angaben im Rahmen der Erfüllung von Meldepflichten bei Eintritt eines besonderen gefahrträchtigen Ereignisses[32].

Schließlich greift die Ausstrahlungswirkung des nemo tenetur-Prinzips auch im Zusammenhang mit erzwingbaren zivilrechtlichen Auskunftpflichten ein. Grundsätzlich ist in diesen Konstellationen jedoch eine Suspendierung von der Auskunftsverpflichtung aufgrund überwiegender Informationsinteressen privater Dritter nicht zu rechtfertigen. Der verfassungsrechtlich gebotene Selbstbelastungs-

---

[26] 3. Teil, A. III.

[27] 3. Teil, A. IV.

[28] 3. Teil, B. II. 1.

[29] 3. Teil, B. II. 2.

[30] Eine Ausnahme besteht nur dann, wenn der äußere Herausgabeakt einer selbstbelastenden Aussage gleichzustellen ist, was jedoch kaum der Fall sein dürfte, da die typischerweise von den Aufsichtsbehörden herausverlangten Unterlagen beziehungsweise Gegenstände im Zusammenhang mit dem üblichen Geschäftsbetrieb stehen, vgl. 3. Teil, B. III.

[31] 3. Teil, B. IV. 1.

[32] 3. Teil, B. IV. 2.

schutz wird jedoch ausreichend durch die Anerkennung eines strafrechtlichen Beweisverwertungsverbotes berücksichtigt. Die Auskünfte, welche die Unternehmensvertreter im Rahmen der dem Verband obliegenden Informationspflicht erteilt haben, sind somit in einem Straf- oder Bußgeldverfahren gegen den Verband nicht verwertbar[33].

Der Grundsatz nemo tenetur se ipsum accusare findet nach alledem zugunsten von Unternehmen Anwendung. Insbesondere kann sich der betroffene Verband vollumfänglich auf dieses fundamentale Verteidigungsrecht berufen. Die Unternehmenseigenschaft führt nicht zu einer Reduzierung der inhaltlichen Reichweite des Selbstbelastungsprivilegs im Vergleich zum Anwendungsbereich gegenüber natürlichen Personen[34]. Das Unternehmen hat also keine generelle „Bringschuld" gegenüber den Strafverfolgungsbehörden[35]. Dennoch darf man nicht verkennen, dass der gewährleistete Selbstbelastungsschutz rein tatsächlich nicht dazu führt, dass das Unternehmen als soziales, aus einer Vielzahl von Individualpersonen zusammengesetztes Gebilde sein kollektives Wissen gänzlich gegenüber den Strafverfolgungsbehörden verweigern könnte. Denn zur Wahrnehmung der Aussagefreiheit des Unternehmens sind ausschließlich die gesetzlichen Vertreter berechtigt, während alle weiteren Unternehmensangehörige als Zeugen vernommen werden können. Das damit verbundene Risiko, dass strafrechtlich relevante Informationen aus dem Unternehmen offenbart werden müssen, ist Konsequenz der Verbandsstruktur.

Durch die Zuerkennung eines Schweigerechts für Unternehmen wird die Strafverfolgung nicht über Maßen erschwert oder gar lahm gelegt. Wie gezeigt, besteht die Möglichkeit, die sonstigen Unternehmensangehörigen als Zeugen zu vernehmen. Außerdem stehen eine Vielzahl prozessualer Ermittlungsmaßnahmen zu Verfügung, wie vor allem Durchsuchung und Beschlagnahme, aber ebenso die Herausgabeverpflichtung gemäß § 95 I StPO, der nach vorliegender Konzeption auch der Beschuldigte unterliegt. Am Beispiel des nemo tenetur-Prinzips wurde jedoch die Annahme, mit Einführung von Verbandsstrafen könnten die Ermittlungs- und Beweisschwierigkeiten, welche den Strafverfolgungsbehörden im Bereich der Wirtschaftskriminalität begegnen, aufgelöst werden, zurückgewiesen[36]. Die Anerkennung einer strafrechtlichen Unternehmensverantwortlichkeit begründet auch Verteidigungsrechte des betroffenen Verbandes. Erforderlich ist also eine sorgfältige Austarierung seiner prozessualen Verfahrensstellung[37]. Die hier erarbeitete

---

[33] 3. Teil, C.

[34] Dies unterscheidet den vorliegenden Ansatz im Ergebnis von solchen Konzepten, welche Unternehmen die Schutzgarantien des nemo tenetur-Satzes nur ausschnittweise zubilligen, vgl. 2. Teil, D. II. 3. d).

[35] Vgl. aber *Heine*, JZ 1995, 651, 656.

[36] Vgl. 1. Teil, E. II. 1.

[37] Die Befürwortung einer Unternehmensstrafbarkeit ist damit nicht pauschal mit der Gefahr verbunden, dass unverzichtbare Garantien des Strafprozessrechts ausgehöhlt würden, vgl. aber *Zieschang*, wistra 1999, 18.

Lösung zur Sicherstellung von Selbstbelastungsschutz zugunsten von Unternehmen zeigt, dass ein angemessener Ausgleich zwischen den Verteidigungsinteressen
des betroffenen Verbandes und den staatlichen Strafverfolgungsinteressen durchaus möglich ist.

Literaturverzeichnis

Achenbach, Hans: Diskrepanzen im Recht der ahndenden Sanktionen gegen Unternehmen, in: Küper, Wilfried / Welp, Jürgen (Hrsg.), Festschrift für Walter Stree und Johannes Wessels, Heidelberg 1993, S. 545 ff. (zit.: Achenbach, Stree / Wessels-FS).

– Ahndende Sanktionen gegen Unternehmen und die für sie handelnden Personen im deutschen Recht, in: Schünemann, Bernd / de Figueiredo Dias, Jorge (Hrsg.), Coimbra-Symposium für Claus Roxin, Bausteine des europäischen Strafrechts, Köln / Berlin u. a. 1995, S. 283 ff. (zit.: Achenbach, Coimbra-Symposium).

– Rechtsfolgen gegen Unternehmen und Ahndung unternehmensbezogenen Handelns, in: Achenbach, Hans (Hrsg.), Beraterhandbuch zum Steuer- und Wirtschaftsrecht, Herne 1997, Teil 1, Grundlagen, § 3.

– Anmerkung zum Beschluss des BGH v. 18. 7. 1996 – 1 StR 386 / 96, in: JR 1997, 205.

– Die Verselbständigung der Unternehmensgeldbuße bei strafbaren Submissionsabsprachen – ein Papiertiger?, wistra 1998, 168.

– Das neue Recht der Kartellordnungswidrigkeiten, wistra 1999, 241.

– Ausweitung des Zugriffs bei den ahndenden Sanktionen gegen die Unternehmensdelinquenz, wistra 2002, 441.

Achterberg, Norbert: Antinomien verfassungsgestaltender Grundentscheidungen, Der Staat 8 (1969), 159.

– Die Bedeutung des Rechtsverhältnisses für die Grundrechtssubjektivität von Organisationen, in: Wilke, Dieter / Weber, Harald (Hrsg.), Gedächtnisschrift für Friedrich Klein, München 1977, S. 1 ff. (zit.: Achterberg, Klein-GedS).

Ackermann, Bruni: Die Strafbarkeit juristischer Personen im deutschen Recht und in ausländischen Rechtsordnungen, Frankfurt am Main u. a. 1984.

Albrecht, Peter-Alexis: Jugendstrafrecht, 3. Auflage, München 2000.

Alexy, Robert: Theorie der Grundrechte, 2. Auflage, Frankfurt am Main 1994.

Alschuler, Albert W.: A Peculiar Privilege in Historical Perspective, in: Helmholz, R. H. u. a. (Hrsg.), The Privilege against Self-Incrimination: Its Origins and Development, Chicago 1997, S. 181 ff. (= Michigan Law Review 1996, 2625 ff.).

Alternativkommentar zum Grundgesetz für die Bundesrepublik Deutschland: hrsg. von Rudolf Wassermann, Band 1 (Art. 1 – 37), 2. Auflage, Neuwied 1989 (zit.: AK-GG-Bearbeiter).

Alternativkommentar zur Strafprozessordnung: hrsg. von Rudolf Wassermann (zit.: AK-StPO-Bearbeiter).

– Band 2, Teilband 1: §§ 94 – 121 b, Neuwied u. a. 1992.

– Band 2, Teilband 2: §§ 213 – 275, Neuwied u. a. 1993.

– Band 3: §§ 276 – 477, Neuwied u. a. 1996.

Alvarez Ligabue, Ricardo M.: Der Grundsatz „nemo tenetur seipsum accusare" und die Vertraulichkeit der Korrespondenz zwischen Anwalt und Mandant im Bußgeldrecht des Europäischen Kartellverfahrens, Bad Godesberg 2000.

Alwart, Heiner: Strafrechtliche Haftung des Unternehmens – vom Unternehmenstäter zum Täterunternehmen, ZStW 105 (1993), 752.

Ambos, Kai: Tatherrschaft durch Willensherrschaft kraft organisierter Machtapparate, GA 1998, 228.

– Europarechtliche Vorgaben für das (deutsche) Strafverfahren – Teil I, NStZ 2002, 628.

Amelung, Knut: Der Bundesgerichtshof als „Gesetzgeber" im Bereich des materiellen Strafrechts, in: Deutscher Anwaltsverein, DAV (Hrsg.), Rechtsgestaltende Wirkung des Revisionsrechts, Bonn/Essen 1993, S. 64 ff.

Appel, Ivo: Kompetenzen der Europäischen Gemeinschaft zur Überwachung und sanktionsrechtlichen Ausgestaltung des Lebensmittelrechts, in: Dannecker, Gerhard (Hrsg.), Lebensmittelstrafrecht und Verwaltungssanktionen in der Europäischen Union, Köln 1994, S. 165 ff.

– Verfassung und Strafe, Berlin 1998.

Arndt, Adolf: Die Verfassungsbeschwerde wegen Verletzung des rechtlichen Gehörs, NJW 1959, 1297.

Arzt, Gunther: Schutz juristischer Personen gegen Selbstbelastung, JZ 2003, 456.

Badura, Peter: Grundrechte der Gemeinde?, BayVBl 1989, 1.

Bährle, Volker: Die Aussagefreiheit des Angeklagten und die Verwertung von Vorverfahrensaussagen in der Hauptverhandlung, Heidelberg 1993.

Baier, Helmut: Strafprozessuale Zeugnisverweigerungsrechte außerhalb der Strafprozeßordnung als Ergänzung der §§ 52 ff. StPO, Frankfurt am Main 1996.

Bangard, Annette: Aktuelle Probleme der Sanktionierung von Kartellabsprachen, wistra 1997, 161.

Bärlein, Michael/*Pananis,* Panos/*Rehmsmeier,* Jörg: Spannungsverhältnis zwischen der Aussagefreiheit im Strafverfahren und den Mitwirkungspflichten im Verwaltungsverfahren, NJW 2002, 1825.

Bauer, Gerhard: Die Aussage des über das Schweigerecht nicht belehrten Beschuldigten, Göttingen 1972.

Bauer, Wolfram: Zur Frage des Auskunftsverweigerungsrechts juristischer Personen und Personenvereinigungen, WuW 1989, 304.

– Mehrere Bußen gegen die Juristische Person bei Beteiligung mehrerer Organmitglieder an einer Kartellordnungswidrigkeit?, wistra 1992, 47.

Baumann, Jürgen/*Weber,* Ulrich/*Mitsch,* Wolfgang: Strafrecht, Allgemeiner Teil, 10. Auflage, Bielefeld 1995.

Beattie, J. M.: Crime and the Courts in England 1660–1800, Oxford 1986.

– Scales of Justice: Defense Counsel and the English Criminal Trial in the Eighteenth and Nineteenth Centuries, Law and History Review 1991, 221 ff.

Benda, Ernst: Menschenwürde und Persönlichkeitsrecht, in: Benda, Ernst / Maihofer, Werner / Vogel, Jochen (Hrsg.), Handbuch des Verfassungsrechts der Bundesrepublik Deutschland, 2. Auflage, Berlin / New York 1994, § 6, S. 161 ff. (zit.: Benda, in: Benda / Maihofer / Vogel, HVerfR).

– Der soziale Rechtsstaat, in: Benda, Ernst / Maihofer, Werner / Vogel, Jochen (Hrsg.), Handbuch des Verfassungsrechts der Bundesrepublik Deutschland, 2. Auflage, Berlin / New York 1994, § 17, S. 719 ff. (zit.: Benda, in: Benda / Maihofer / Vogel, HVerfR).

Bender, Bernd / *Sparwasser,* Reinhard / *Engel,* Rüdiger: Umweltrecht: Grundzüge des öffentlichen Umweltschutzrechtes, 4. Auflage, Heidelberg 2000.

Berckhauer, Friedrich Helmut: Wirtschaftskriminalität und Staatsanwaltschaft, Freiburg 1977.

– Die Strafverfolgung bei schweren Wirtschaftsdelikten, Freiburg 1981.

Bernsmann, Klaus: „Entschuldigung" durch Notstand, Köln / Berlin u. a. 1989.

– Anmerkung zu BGH (GrS), Beschluss v. 13. 5. 1996 – GSSt 1 / 96 (BGHSt 42, 139), in: StV 1997, 116.

Bertossa, Carlo Antonio: Unternehmensstrafrecht – Strafprozess und Sanktionen, Bern 2003.

Besson, Philipp A.: Das Steuergeheimnis und das Nemo-tenetur-Prinzip im (steuer)strafrechtlichen Ermittlungsverfahren, Frankfurt am Main / Berlin u. a. 1997.

Best, Dominik: Anmerkung zum Urteil des BGH vom 21. 8. 2002 – 1 StR 115 / 02, JR 2003, 337.

Bethge, Herbert: Die Grundrechtsberechtigung juristischer Personen nach Art. 19 Abs. 3 Grundgesetz, Passau 1985.

– Grundrechtsträgerschaft juristischer Personen – Zur Rechtsprechung des Bundesverfassungsgerichts, AöR 104 (1979), 54.

Bettermann, Karl August: Juristische Personen des öffentlichen Rechts als Grundrechtsträger, NJW 1969, 1321.

Beulke, Werner: Der Verteidiger im Strafverfahren, Frankfurt am Main 1980.

– Die Vernehmung des Beschuldigten – einige Bemerkungen aus der Sicht der Prozessrechtswissenschaft, StV 1990, 180.

– Strafprozeßrecht, 6. Auflage, Heidelberg 2002.

Beulke, Werner / *Bachmann,* Gregor: Die „Lederspray-Entscheidung" – BGHSt 37, 106, JuS 1992, 737.

Biener, Friedrich August: Beitrag zur Theorie des neuen Criminalprocesses, GS 1855 (Bd. 1), 408.

Bittmann, Folker / *Rudolph,* Carolin: Das Verwendungsverbot gemäß § 97 Abs. 1 Satz 3 InsO, wistra 2001, 81.

Blankenburg, Erhard / *Sessar,* Klaus / *Steffen,* Wiebke: Die Staatsanwaltschaft im Prozeß strafrechtlicher Sozialkontrolle, Berlin 1978.

Bleckmann, Albert: Verfassungsrang der Europäischen Menschenrechtskonvention?, EuGRZ 1994, 149.

Bockemühl, Jan: Private Ermittlungen im Strafprozeß, Baden-Baden 1996.

Böckenförde, Ernst-Wolfgang: Entstehung und Wandel des Rechtsstaatsbegriffs, in: Ehmke, Horst u. a. (Hrsg.), Festschrift für Adolf Arndt zum 65. Geburtstag, Frankfurt am Main 1969, S. 53 ff. (zit.: Böckenförde, Arndt-FS).

Bode, Hans Jürgen: Geldbuße gegen juristische Personen und Personenvereinigungen im Strafrecht, NJW 1969, 1286.

Bohnert, Joachim: Grundriß des Ordnungswidrigkeitenrechts, Berlin / New York 1996.

– Kommentar zum Ordnungswidrigkeitenrecht, München 2002.

Bonner Kommentar zum Grundgesetz: hrsg. v. Rudolf Dolzer, Klaus Vogel u. a., Heidelberg, 104. Lieferung März 2003 (zit.: Bearbeiter, in: Bonner Kommentar).

Bosch, Nikolaus: Aspekte des nemo-tenetur-Prinzips aus verfassungsrechtlicher und strafprozessualer Sicht, Berlin 1998.

– Organisationsverschulden in Unternehmen, Baden-Baden 2002.

Böse, Martin: Strafen und Sanktionen im europäischen Gemeinschaftsrecht, Köln / Berlin u. a. 1996.

– Der Nemo-tenetur-Grundsatz als Gebot zur Aussetzung des Zivilprozesses nach § 149 ZPO, wistra 1999, 451.

– Der Beitritt der EG zur EMRK aus der Sicht des Strafrechts, ZRP 2001, 402.

– Die verfassungsrechtlichen Grundlagen des Satzes „Nemo tenetur se ipsum accussare", GA 2002, 98.

– Die Verwertung im Ausland gewonnener Beweismittel im deutschen Strafverfahren, ZStW 114 (2002), 148.

Böttcher, R.: Anmerkung zum Beschluss des BGH v. 4. 7. 1990 – 3 StR 121/89 (BGHSt 37, 99), in: JR 1991, 118.

Bottke, Wilfried: Übersicht veröffentlichter Aufsätze in Zeitschriften, Strafrecht, JA 1982, 30.

– Materielle und formelle Verfahrensgerechtigkeit im demokratischen Rechtsstaat, Berlin 1991.

– Standortvorteil Wirtschaftskriminalrecht: Müssen Unternehmen „strafmündig" werden? Bemerkungen zum Stand des Wirtschaftskriminalrechts in der Bundesrepublik Deutschland, wistra 1997, 241.

– Konkretisierungen strafprozessualer Fairneß, in: Eser, Albin / Goydke, Jürgen u. a. (Hrsg.), Strafverfahrensrecht in Theorie und Praxis, Festschrift für Lutz Meyer-Goßner zum 65. Geburtstag, München 2001, S. 73 ff. (zit.: Bottke, Meyer-Goßner-FS).

– Täterschaft und Teilnahme im deutschen Wirtschaftskriminalrecht – de lege lata und de lege ferenda, JuS 2002, 320.

Brammsen, Joerg: Kausalitäts- und Täterschaftsfragen bei Produktfehlern – BGH-Urteil vom 6. 7. 1990 – 2 StR 549/89, Jura 1991, 533.

– Strafrechtliche Rückrufpflichten bei fehlerhaften Produkten?, GA 1993, 97.

Brauer: Stellungnahme i. R. d. 7. Deutschen Juristentages, in: Verhandlungen des 7. Deutschen Juristentages 1868, Zweiter Band, Berlin 1869, S. 115 f. (zit.: Brauer, 7. DJT 1868 Bd. 2).

Braum, Stefan: Strafrechtliche Produkthaftung – Anmerkung zum Urteil im sogenannten Holzschutzmittelverfahren, KritV 1994, 179.

– Verdeckte Ermittlung – Kontinuitätsphänomen des autoritären Strafverfahrens, in: Institut für Kriminalwissenschaften Frankfurt am Main (Hrsg.), Vom unmöglichen Zustand des Strafrechts, Frankfurt am Main / Berlin u. a. 1995, S. 13 ff.

– Das „Corpus Juris" – Legitimität, Erforderlichkeit und Machbarkeit, JZ 2000, 493.

Braun, Stefan: Die Absprache im deutschen Strafverfahren, Aachen 1998.

Brender, Markus: Die Neuregelung der Verbandstäterschaft im Ordnungswidrigkeitenrecht, Rheinfelden / Freiburg u. a. 1989.

Brenner, Karl: Gewinnverfall, eine vernachlässigte Strafvorschrift, DRiZ 1977, 203.

– Bußgeld gegen GmbH, AG, OHG, KG, GmbH & Co KG, Vereine (§ 30 OWiG), ZfZ 1986, 290.

– Ordnungswidrigkeitenrecht, Lern- und Arbeitsbuch, München 1996.

– Gewinnabschöpfung, das unbekannte Wesen im Ordnungswidrigkeitenrecht, NStZ 1998, 557.

Brenner, Steven N. / *Molander,* Earl A.: Is the ethics of business changing? Harvard Business Review 1977, Jan. – Feb., S. 57 ff.

Breuer, Rüdiger: Probleme der Zusammenarbeit zwischen Verwaltung und Strafverfolgung auf dem Gebiet des Umweltschutzes, AöR 115 (1990), 448.

Bringewat, Peter: Der „Verdächtige" als schweigeberechtigte Auskunftsperson?, JZ 1981, 289.

Broß, Siegfried: Zur Grundrechtsfähigkeit juristischer Personen des öffentlichen Rechts, VerwArch 77 (1986), 65.

Brüning, Christoph: Rezension zu: Wolf, Heinrich Amadeus, Selbstbelastung und Verfahrenstrennung, Berlin 1997, in: Der Staat 39 (2000), 472.

Bruns, Hans-Jürgen: Der „Verdächtige" als schweigeberechtigte Auskunftsperson und als selbständiger Prozeßbeteiligter neben dem Beschuldigten und Zeugen?, in: Hamm, Rainer / Matzke, Walter (Hrsg.), Festschrift für Erich Schmidt-Leichner zum 65. Geburtstag, München 1977, S. 1 ff. (zit.: Bruns, Schmidt-Leichner-FS).

Büge, Dirk: Die 3. Novelle zum Bundes-Immissionsschutzgesetz und ihre Bedeutung für die Betreiber genehmigungspflichtiger Anlagen, DB 1990, 2408.

Bundesministerium für Umwelt, Naturschutz und Reaktorsicherheit (Hrsg.): Umweltgesetzbuch, Entwurf der Unabhängigen Sachverständigen-Kommission zum Umweltgesetzbuch, Berlin 1998 (zit.: BMU, UGB-KomE).

Bürck, Harald / *Krug,* Günter: Bericht über den 35. Deutschen Verkehrsgerichtstag vom 29. bis 31. Januar 1997 in Goslar, BA 1997, 143.

Burhoff, Detlef: Handbuch für die strafrechtliche Hauptverhandlung, Herne / Berlin 1995.

Busch, Ralf: Unternehmen und Umweltstrafrecht, Osnabrück 1997.

Busch, Richard: Grundlagen der strafrechtlichen Verantwortlichkeit der Verbände, Leipzig 1933.

Bussmann, Kai-D.: Die Entdeckung der Informalität, Baden-Baden 1991.

Bussmann, Kai-D. / *Lüdemann*, Christian: Klassenjustiz oder Verfahrensökonomie?, Pfaffenweiler 1995.

Callies, Christian: Rechtsstaat und Umweltstaat, Tübingen 2001.

Castringius, Arnold: Schweigen und Leugnen des Beschuldigten im Strafprozeß, Hamburg 1965.

Ciolek-Krepold, Katja: Durchsuchung und Beschlagnahme in Wirtschaftsstrafsachen, München 2000.

Clinard, Marshall B. / *Quinney*, Richard / *Wildeman*, John: Criminal Behavior Systems, 3. Auflage, Cincinnatti 1994.

Coffee, John C.: Corporate Criminal Liability: An Introduction and Comparative Survey, in: Eser, Albin / Heine, Günter / Huber, Barbara (Hrsg.), Criminal Responsibility of Legal and Collective Entities, Freiburg 1999, S. 9 ff.

Cohen, Albert / *Short*, James F.: Zur Erforschung delinquenter Subkulturen, in: Sack, Fritz (Hrsg.), Kriminalsoziologie, Frankfurt am Main 1974, 2. Auflage, S. 372 ff.

Cramer, Peter: Zur verfahrensrechtlichen Zulässigkeit einer selbständigen Anordnung des Verfalls gegen eine juristische Person oder Personenvereinigung nach § 2 a Abs. 4 OWiG, in: Eser, Albin / Goydke, Jürgen (Hrsg.), Festschrift für Lutz Meyer-Goßner zum 65. Geburtstag, München 2001, S. 733 ff. (zit.: Cramer, Meyer-Goßner-FS).

Czychowski, Manfred / *Reinhardt*, Michael: Wasserhaushaltsgesetz, Kommentar, 8. Auflage, München 2003.

Dahs, Hans: Rechtliches Gehör im Strafverfahren, Bonn 1963.

– Die Entbindung des Rechtsanwalts von der Schweigepflicht im Konkurs der Handelsgesellschaft, in: Gössel, Karl Heinz / Kauffmann, Hans (Hrsg.), Strafverfahren im Rechtsstaat, Festschrift für Theodor Kleinknecht zum 75. Geburtstag, München 1985, S. 63 ff. (zit.: Dahs, Kleinknecht-FS).

Dahs, Hans / *Langkeit*, Jochen: Demontage eines Zeugnisverweigerungsrechts? (zugleich Anmerkung zu BGH 1 StR 334 / 90 vom 29. 10. 1991), StV 1992, 492.

– Das Schweigerecht des Beschuldigten und seine Auskunftsverweigerung als „verdächtiger Zeuge" – zugleich Anmerkung zu BGH, Urteil v. 26. 5. 1992 – 5 StR 122 / 92 = NStZ 1992, 448, NStZ 1993, 213.

Dahs, Hans / *Wimmer*, Raimund: Unzulässige Untersuchungsmethoden bei Alkoholverdacht, NJW 1960, 2217.

Dankert, Peter: Aussagezwang im parlamentarischen Untersuchungsausschuss, ZRP 2000, 476.

Dannecker, Gerhard: Sanktionen und Grundsätze des Allgemeinen Teils im Wettbewerbsrecht der Europäischen Gemeinschaft, in: Schünemann, Bernd / Suárez González, Carlos (Hrsg.), Bausteine des europäischen Wirtschaftsstrafrechts, Madrid-Symposium für Klaus Tiedemann, Köln / Berlin u. a. 1994, S. 331 ff. (zit.: Dannecker, Madrid-Symposium f. Tiedemann).

– Das Unternehmen als „Good Corporate Citizen" – ein Leitbild der europäischen Rechtsentwicklung?, in: Alwart, Heiner (Hrsg.), Verantwortung und Steuerung von Unternehmen in der Marktwirtschaft, München 1998, S. 5 ff.

– Beweiserhebung, Verfahrensgarantien und Verteidigungsrechte im europäischen Kartell-ordnungswidrigkeitenverfahren als Vorbild für ein europäisches Sanktionsverfahren, ZStW 111 (1999), 256.

– Zur Notwendigkeit der Einführung kriminalrechtlicher Sanktionen gegen Verbände, GA 2001, 101.

Dannecker, Gerhard / *Fischer-Fritsch,* Jutta: Das EG-Kartellrecht in der Bußgeldpraxis, Köln / Berlin u. a. 1989.

Dauster, Manfred: Die zivilprozessuale Erklärungslast zur Wahrhaftigkeit und Vollständigkeit nach § 138 Abs. 1, 2 ZPO im Spannungsfeld mit dem Recht des Beschuldigten nach § 136 Abs. 1 Satz 2; § 243 Abs. 4 Satz 1 StPO, StraFo 2000, 154.

Degener, Wilhelm: § 136 a StPO und die Aussagefreiheit des Beschuldigten, GA 1992, 443.

Degenhart, Christoph: Grundrechtsschutz ausländischer juristischer Personen bei wirtschaftlicher Betätigung im Inland, EuGRZ 1981, 161.

– Das allgemeine Persönlichkeitsrecht, Art. 2 I i.V. m. Art. 1 I GG, JuS 1992, 361.

Delmas-Marty, Mireille: Corpus Juris der strafrechtlichen Regelung zum Schutz der finanziellen Interessen der Europäischen Union, deutsche Übersetzung von Yvonne Kleinert und Mark Tully, Köln / Berlin u. a. 1998.

Demuth, Hennrich / *Schneider,* Tilmann: Die besondere Bedeutung des Gesetzes über Ordnungswidrigkeiten für Betrieb und Unternehmen, BB 1970, 642.

Dencker, Friedrich: Zum Geständnis im Straf- und Strafprozeßrecht, ZStW 102 (1990), 51.

– Über Heimlichkeit, Offenheit und Täuschung bei der Beweisgewinnung im Strafverfahren, StV 1994, 667.

– Kausalität und Gesamttat, Berlin 1996.

Dencker, Friedrich / *Hamm,* Rainer: Der Vergleich im Strafprozeß, Frankfurt am Main 1988.

Deringer, Arved: Können nach deutschem Recht Unternehmen gegenüber Kartellbehörden Auskünfte verweigern, wenn sie sich dadurch der Gefahr einer Verfolgung nach dem Strafrecht oder dem Recht der Ordnungswidrigkeiten aussetzen?, WuW 1988, 933.

Derksen, Roland: Anmerkung zum Urteil des BGH v. 13. 5. 1996, GSSt 1 / 96 = BGHSt 42, 139, JR 1997, 167.

Deruyck, Filiep: Probleme der Verfolgung und Ahndung von Verbandskriminalität im deutschen und belgischen Recht, ZStW 103 (1991), 705.

– Verbandsdelikt und Verbandssanktion, Gießen 1990.

Dessecker, Axel: Gewinnabschöpfung im Strafrecht und in der Strafrechtspraxis, Freiburg 1992.

Deutsch, Markus: Die heimliche Erhebung von Informationen und deren Aufbewahrung durch die Polizei, Heidelberg 1992.

Deutscher, Jörg / *Körner,* Peter: Die strafrechtliche Produktverantwortung von Mitgliedern kollegialer Geschäftsleitungsorgane, wistra 1996, 292 und 327.

Dibbert, Alf-Tobias: Ermittlungen in Großunternehmen, Berlin 1999.

Dierlamm, Alfred: Verteidigung in Wirtschaftsstrafsachen, in: Wabnitz, Heinz-Bernd / Janovsky, Thomas (Hrsg.), Handbuch des Wirtschafts- und Steuerstrafrecht, München 2000, Kap. 21, S. 1349 ff.

Dietmeier, Frank: Tagungsbericht Marburger Strafrechtsgespräch 2000, ZStW 112 (2000), 886.

Dietrich, Gero: § 142 a. F. StGB und das Verbot zwangsweiser Selbstbelastung, Baden-Baden 1998.

Dingeldey, Thomas: Der Schutz der strafprozessualen Aussagefreiheit durch Verwertungsverbote bci außerstrafrechtlichen Aussage- und Mitwirkungspflichten, NStZ 1984, 529.

– Das Prinzip der Aussagefreiheit im Strafprozeßrecht, JA 1984, 407.

Dörr, Dieter: Faires Verfahren, Kehl am Rhein, 1984.

– Entscheidungsbesprechung zu BVerfG, Beschluss v. 26. 2. 1992 – 1 BvR 2172 / 96 (BVerfGE 95, 220), JuS 1998, 76.

Dolde, Klaus-Peter / *Vetter,* Andrea: Überwachung immissionsschutzrechtlich genehmigungsbedürftiger Anlagen – Möglichkeiten der Länder bei Gesetzgebung und Vollzug im Hinblick auf die Umwelt-Audit-Verordnung, NVwZ 1995, 943.

Drathjer, Johann: Die Abschöpfung rechtwidrig erlangter Vorteile im Ordnungswidrigkeitenrecht, Köln / Berlin u. a. 1997.

Dreher, Meinrad: Die persönliche Verantwortlichkeit von Geschäftsleitern nach außen und die innergesellschaftliche Aufgabenteilung, ZGR 1992, 22.

Dreier, Horst (Hrsg.), Grundgesetz, Kommentar (zit.: Bearbeiter, in: Dreier, Grundgesetz).

– Band 1: Art. 1 – 19, Tübingen 1996.

– Band 3: Art. 83 – 146, Tübingen 2000.

Drope, Katharina: Strafprozessuale Probleme bei der Einführung einer Verbandsstrafe, Berlin 2002.

Duden, Konrad: Das Unternehmen. Menschen und Mittel, in: Oettle, Karl (Hrsg.), Festschrift für Kuno Barth zum 65. Geburtstag, Stuttgart 1971, S. 7 ff. (zit.: Duden, Barth-FS).

Dünnebier, Hanns: Zur Tagebuchentscheidung des Bundesgerichtshofs, MDR 1964, 965.

Dürig, Günter: Der Grundsatz von der Menschenwürde, AöR 81 (1956), 117.

Duttge, Gunnar: Strafprozessualer Einsatz von V-Personen und Vorbehalt des Gesetzes, JZ 1996, 556.

Ehlers, Dirk: Die Europäische Menschenrechtskonvention, Jura 2000, 372.

Ehrhardt, Anne: Unternehmensdelinquenz und Unternehmensstrafe, Berlin 1994.

Eidam, Gerd: Straftäter Unternehmen, München 1997.

– Unternehmen und Strafe, 2. Auflage, Köln u. a. 2001.

Eisenberg, Ulrich: Jugendgerichtsgesetz, 9. Auflage, München 2002.

Enders, Christoph: Die Menschenwürde in der Verfassungsordnung, Tübingen 1997.

Engel, Hans-Ulrich / *Freier,* Gottfried: Die Ermittlungsbefugnisse der EG-Kommission bei Wettbewerbsversten, EWS 1992, 361.

Engisch, Karl: Referat zum Thema: Empfiehlt es sich, die Strafbarkeit der juristischen Person gesetzlich vorzusehen?, 40. Deutscher Juristentag 1953, Bd. II, S. E 7 ff.

Erichsen, Hans-Uwe / *Scherzberg,* Arno: Verfassungsrechtliche Determinanten staatlicher Hochschulpolitik, NVwZ 1990, 8.

Erman: Bürgerliches Gesetzbuch, Handkommentar, hrsg. v. Harm Peter Westermann, Band I: §§ 1 – 853 BGB, HausTWG, ProdHaftG, SchuldRAnpG, VerbrKrG, 10. Auflage, Köln 2000 (zit.: Erman-Bearbeiter).

Ernst, Marcus A.: Verarbeitung und Zweckbindung von Informationen im Strafprozeß, Berlin 1993.

Eschelbach, Ralf: Rechtsfragen beim Einsatz von V-Leuten, StV 2000, 390.

Eser, Albin: Aussagefreiheit und Beistand des Verteidigers im Ermittlungsverfahren, ZStW 79 (1967), 565.

– Der Schutz vor Selbstbezichtigung im deutschen Strafprozeßrecht, ZStW-Beiheft 86 (1974), 136.

– Neue Wege der Gewinnabschöpfung im Kampf gegen die organisierte Kriminalität?, in: Küper, Wilfried / Welp, Jürgen (Hrsg.), Festschrift für Walter Stree und Johannes Wessels, Heidelberg 1993, S. 833 ff. (zit.: Eser, Stree / Wessels-FS).

Esser, Robert: Auf dem Weg zu einem europäischen Strafverfahrensrecht, Berlin 2002.

Exner, Franz: Die Theorie der Sicherungsmittel, Berlin 1914.

Fechner, Erich: Die Treuebindungen des Aktionärs, Weimar 1942.

– Das wirtschaftliche Unternehmen in der Rechtswissenschaft, Bonn 1942.

Feldhaus, Gerhard: Umweltschutzsichernde Betriebsorganisation, NVwZ 1991, 927.

– Bundesimmissionsschutzrecht, Heidelberg, 111. Ergänzungslieferung April 2003 (zit.: Feldhaus-Bearbeiter, BImschG).

Fenchel, Jörg: Negative Informationsfreiheit, Berlin 1997.

Fezer, Gerhard: Strafprozeßrecht, 2. Auflage, München 1995.

– Anmerkung zum Vorlagebeschluss des 5. Strafsenates des BGH v. 20. 12. 1995, 5 StR 680 / 94, in: NStZ 1996, 289.

de Figueiredo Dias, Jorge: Gewissenstat, Gewissensfreiheit und Schuldausschluss, in: Schünemann, Bernd / Achenbach, Hans u. a. (Hrsg.), Festschrift für Claus Roxin zum 70. Geburtstag, Berlin / New York 2001, S. 531 ff. (zit.: de Figueiredo Dias, Roxin-FS).

Fischer, Bianca: Divergierende Selbstbelastungspflichten nach geltendem Recht, Berlin 1979.

Fischer, Thomas: Die Fortwirkung von Zeugnisverweigerungsrechten nach Verfahrenstrennung, JZ 1992, 570 ff.

Fluck, Jürgen: Aufzeichnungs-, Aufbewahrungs- und Vorlagepflichten bei gentechnischen Arbeiten, DÖV 1991, 129.

– Änderungen genehmigungspflichtiger Anlagen nach §§ 15, 16 BImSchG i. d. F. der Beschleunigungsnovelle, VerwArch 1997, 265.

Flume, Werner: Allgemeiner Teil des Bürgerlichen Rechts, Erster Band, Zweiter Teil: Die juristische Person, Berlin / Heidelberg u. a. 1983 (zit.: Flume, Juristische Person).

Frankfurter Kommentar zum Kartellrecht, hrsg. v. Helmut Glassen, Helmuth v. Glahn u. a., Köln, 52. Lieferung, Dezember 2002 (zit.: FK-GWB-Bearbeiter).

– Bearbeitung von § 46 GWB a.F. durch Karlheinz Quack, 24. Lieferung, Dezember 1987.

Frankfurter Kommentar zur Insolvenzordnung, hrsg. v. Klaus Wimmer, Neuwied 1999 (zit.: FK-InsO-Bearbeiter).

Franzheim, Horst: Beweisverbote bei Erkenntnissen der Eigenüberwachung, NJW 1990, 2049.

– Die Gewinnabschöpfung wegen Verstoßes gegen arbeitsrechtliche Vorschriften, in: Boewer, Dietrich / Gaul, Björn (Hrsg.), Festschrift für Dieter Gaul zum 70. Geburtstag, Neuwied / Kriftel u. a. 1992, S. 135 ff. (zit.: Franzheim, Gaul-FS).

Freestone, David / *Richardson,* J. C.: The Making of English Criminal Law, Sir John Jervis and his Acts, Criminal Law Review 1980, 5.

v. Freier, Friedrich: Kritik der Verbandsstrafe, Berlin 1998.

Freund, Georg: Erfolgsdelikt und Unterlassen, Köln / Berlin u. a. 1992.

Frisch, Wolfgang: An den Grenzen des Strafrechts, in: Küper, Wilfried / Welp, Jürgen (Hrsg.), Beiträge zur Rechtswissenschaft, Festschrift für Walter Stree und Johannes Wessels zum 70. Geburtstag, Heidelberg 1993, S. 69 ff. (zit.: Frisch, Stree / Wessels-FS).

Frowein, Jochen Abr.: Kritische Bemerkungen zur Lage des deutschen Staatsrechts aus rechtsvergleichender Sicht, DÖV 1998, 806 f.

– Der europäische Grundrechtsschutz und die deutsche Rechtsprechung, NVwZ 2002, 29.

Gaede, Karsten: Anmerkung zum Urteil des EGMR v. 4. 11. 2002, Beschwerde Nr. 48539 / 99 (Allen / Vereinigtes Königreich), in: StV 2003, 260.

– Das Verbot der Umgehung der EMRK durch den Einsatz von Privatpersonen bei der Strafverfolgung, StV 2004, 46.

Geddert-Steinacher, Tatjana: Menschenwürde als Verfassungsbegriff, Berlin 1990.

Geerds, Friedrich: Auskunftsverweigerungsrecht oder Schweigebefugnis? Zur Problematik der §§ 55, 56 StPO, in: Spendel, Günter (Hrsg.), Studien zur Strafrechtswissenschaft, Festschrift für Ulrich Stock zum 70. Geburtstag, Würzburg 1966, S. 171 ff. (zit.: Geerds, Stock-FS).

Geis, Max-Emanuel: Der Kernbereich des Persönlichkeitsrechts, JZ 1991, 112.

Gemeinschaftskommentar zum Bundes-Immissionsschutzgesetz, hrsg. v. Hans-Joachim Koch und Dieter H. Scheunig, Düsseldorf, 10. Ergänzungslieferung Mai 2002 (zit.: GK-BImSchG-Bearbeiter).

Geppert, Klaus: Besprechung des Beschlusses des BGH v. 15. 12. 1989 – 2 StR 167 / 89 = BGHSt 36, 328, Jura-Karteikarte 1990, StPO § 136 I / IV (zit.: Geppert, JK 1990).

– Zur Einführung verdachtsfreier Atemalkoholkontrollen aus rechtlicher Sicht, in: Seebode, Manfred (Hrsg.), Festschrift für Günter Spendel zum 70. Geburtstag, Berlin / New York 1992, S. 655 ff. (zit.: Geppert, Spendel-FS).

– Verdachtsfreie Atemalkoholkontrollen? Bemerkungen zu den Entscheidungen des 30. Deutschen Verkehrsgerichtstages (29. bis 31. Januar 1992 in Goslar), BA 1992, 289.

- Zum „fair-trial-Prinzip" nach Art. 6 Abs. 1 Satz 1 der Europäischen Menschenrechtskonvention, Jura 1992, 597.

- Zur Verwertung selbstbelastender Angaben eines Versicherungsnehmers und späteren Beschuldigten im nachfolgenden Strafverfahren, Jura 1995, 439.

Gericke, Carsten: Zur Unzulässigkeit von Disziplinarmaßnahmen nach positiven Urinproben, StV 2003, 305.

v. Gerlach, Jürgen: Der Angeklagte als Zeuge für sich selbst im englischen Strafverfahren, Marburg 1964.

- Anmerkung zum Urteil des BGH v. 14. 5. 1968 – 1 StR 552/67, in: JR 1969, 149.

- Ein Königtum für das Recht. Zum 200. Todesjahr Friedrichs des Großen, NJW 1986, 2292.

- Die Vernehmung des Beschuldigten und der Schutz vor Selbstbeschuldigung im deutschen und anglo-amerikanischen Strafverfahren, in: Ebert, Udo/Rieß, Peter u. a. (Hrsg.), Festschrift für Ernst-Walter Hanack zum 70. Geburtstag, Berlin/New York 1999, S. 117 ff. (zit.: v. Gerlach, Hanack-FS).

v. Gierke, Otto: Deutsches Privatrecht: Erster Band: Allgemeiner Teil und Personenrecht, Leipzig 1895.

- Das Wesen der menschlichen Verbände, Berlin 1902.

Giese, Bernhard: Das Würde-Konzept, Berlin 1975.

Gillmeister, Ferdinand: Ermittlungsrechte im deutschen und europäischen Kartellordnungswidrigkeitenverfahren, Baden-Baden 1985.

v. Glahn, Michael: Der Schutz der Aussagefreiheit durch außerstrafrechtliche Normen und das Verbot der Beweisverwertung im Strafverfahren, StraFo 2000, 186.

Glaser, Julius: Gutachten über die Frage: „Soll in der Hauptverhandlung des Strafprozesses von dem Angeklagten, welcher sich nicht schuldig erklärt, noch eine spezielle Einlassung oder Rechtfertigung auf die Anklage verlangt werden?", in: Verhandlungen des 7. Deutschen Juristentages, Erster Band, Berlin 1868, S. 86 ff. (zit.: Glaser, 7. DJT 1868, Bd. I).

- Handbuch des Strafprozesses, Erster Band, Leipzig 1883.

Gneist, Rudolf: Vier Fragen zur Deutschen Strafprocessordnung, Berlin 1874.

Göhler, Erich: Verfolgungsverjährung bei der Festsetzung von Geldbuße gegen Handelsgesellschaften, NJW 1979, 1436.

- Zur bußgeldrechtlichen Verantwortung der juristischen Person bei aufgespaltener Zuständigkeit ihrer Organe, wistra 1991, 207.

- Gesetz über Ordnungswidrigkeiten, Kommentar, 13. Auflage, München 2002.

Goll, Eberhard/*Winkelbauer,* Wolfgang, Strafrechtliche Produktverantwortung, in: Graf v. Westphalen, Friedrich (Hrsg.), Produkthaftungshandbuch, Bd. 1: Vertragliche und deliktische Haftung, Strafrecht und Produkt-Haftpflichtversicherung, München 1997, S. 749 ff.

Görisch, Christoph: Die Inhalte des Rechtsstaatsprinzips, JuS 1997, 988.

Gössel, Karl Heinz: Rezension zu: Bosch, Nikolaus, Aspekte des nemo-tenetur-Prinzips aus verfassungsrechtlicher und strafprozessualer Sicht, Berlin 1998, GA 2001, 192.

21*

Götz, Volkmar: Innere Sicherheit, in: Isensee, Josef / Kirchhof, Paul (Hrsg.), Handbuch des Staatsrechts der Bundesrepublik Deutschland, Band III: Das Handeln des Staates, 2. Auflage, Heidelberg 1996, § 79, S. 1007 ff. (zit.: Götz, in: Isensee / Kirchof, HStR III).

Grabitz, Eberhard / *Hilf,* Meinhard (Hrsg.): Das Recht der Europäischen Union.

– Altband I: EUV, Art. 1 – 136 a EGV (Maastrichter Fassung), München, 14. Ergänzungslieferung Oktober 1999 (zit.: Grabitz / Hilf-Bearbeiter, Altband I).

– Altband II: Art. 137 – 248 EGV (Maastrichter Fassung), EWGV (Römische Fassung), München, 14. Ergänzungslieferung Oktober 1999 (zit.: Grabitz / Hilf-Bearbeiter, Altband II).

Graevenitz: Stellungnahme i. R. d. 7. Deutschen Juristentages, in: Verhandlungen des 7. Deutschen Juristentages 1868, Zweiter Band, Berlin 1869, S. 112 f. (zit.: Graevenitz, 7. DJT 1868 Bd. II).

Graf, Walther: Rasterfahndung und organisierte Kriminalität, Möchengladbach 1997.

Gray, Charles M: Prohibitions and the privilege against self-incrimination, in: Guth, Delloyd J. / McKenna, John W. (Hrsg.), Tudor Rule and Revolution, Cambridge 1982, S. 345 ff.

– Self-Incrimination in Interjurisdictional Law: The Sixteenth and Seventeenth Centuries, in: Helmholz, R. H. u. a. (Hrsg.), The Privilege against Self-Incrimination: Its Origins and Development, Chicago 1997, S. 47 ff.

Grimm, Dieter: Die Zukunft der Verfassung, Frankfurt a.M. 1991.

von der Groeben, Hans / *Tiesing,* Jochen / *Ehlermann,* Claus-Dieter (Hrsg.): Kommentar zum EU- / EG-Vertrag, Band 2 / I, Art. 85 – 87 EGV, 5. Auflage, Baden-Baden 1999 (zit.: Groeben / Tiesing / Ehlermann-Bearbeiter).

Gröschner, Rolf: Unternehmensverantwortung und Grundgesetz. Verfassungsrechtliche Vorgaben für ein modernes Unternehmensrecht, in: Alwart, Heiner (Hrsg.), Verantwortung und Steuerung von Unternehmen in der Marktwirtschaft, München 1998, S. 60 ff.

Groth, Kristina: Unbewusste Äußerungen und das Verbot des Selbstbelastungszwangs, Frankfurt am Main 2003.

Grüner, Gerhard: Über den Mißbrauch von Mitwirkungsrechten und Mitwirkungspflichten des Verteidigers im Strafprozeß, Berlin 2000.

Grünwald, Gerald: Beweisverbote und Verwertungsverbote im Strafverfahren, JZ 1966, 489.

– Probleme der Gegenüberstellung zum Zwecke der Wiedererkennung, JZ 1981, 423.

– Das Beweisrecht der Strafprozeßordnung, Baden-Baden 1993.

Grützner, Winfried / *Reimann,* Thomas / *Wissel,* Holger: Richtiges Verhalten bei Kartellamtsermittlungen im Unternehmen, 3. Auflage, Heidelberg 1993.

Gumbel, Tim: Grundrechte im EG-Kartellverfahren nach der VO 17 / 62, Berlin 2001.

Günther, Hans-Ludwig: Die Schweigebefugnis des Tatverdächtigen im Straf- und Bußgeldverfahren aus verfassungsrechtlicher Sicht, GA 1978, 193.

– Strafrechtliche Beweiswürdigung und schweigender Angeklagter, JR 1978, 89.

Günther, Jörg-Michael: Wasserrechtliche Meldepflichten und ihre Bedeutung im Straf- und Ordnungswidrigkeitenverfahren, ZfW 1996, 290.

Günthert, Lothar: Gewinnabschöpfung als strafrechtliche Sanktion, Köln 1983.

Guradze, Heinz: Schweigerecht und Unschuldsvermutung im englisch-amerikanischen und bundesdeutschen Strafprozeß, in: Commager, Henry Steele u. a. (Hrsg.), Festschrift für Karl Loewenstein zum 80. Geburtstag, Tübingen 1971, S. 151 ff. (zit.: Guradze, Loewenstein-FS).

Gusy, Christoph: Verfassungsfragen des Strafprozeßrechts, StV 2002, 153.

Habscheid, Walther J.: Das Persönlichkeitsrecht als Schranke der Wahrheitsfindung im Prozeßrecht, in: Conrad, Hermann / Jahrreiß, Hermann u. a. (Hrsg.), Gedächtnisschrift für Hans Peters, Berlin / Heidelberg u. a. 1967, S. 840 ff. (zit.: Habscheid, Peters-GedS).

Haeusermann, Axel: Der Verband als Straftäter und Strafprozeßsubjekt, Freiburg 2003.

Händel, Konrad: Anmerkung zum Urteil des BGH v. 21. 2. 1964 – 4 StR 519 / 63 (LG Hagen), in: NJW 1964, 1139.

Hafter, Ernst: Lehrbuch des Schweizerischen Strafrechts, Allgemeiner Teil, Berlin 1926.

Hahn, Werner: Offenbarungspflichten im Umweltschutzrecht, Köln / Berlin u. a. 1984.

Hahn, Carl / *Stegmann,* Eduard: Die gesamten Materialien zu den Reichs-Justizgesetzen, Band 3: Materialien zur Strafprozeßordnung, 2. Auflage, Abteilung 1 (Berlin 1885), Abteilung 2 (Berlin 1886), Nachdruck Aachen 1983.

Hamann, Hartmut: Das Unternehmen als Täter im europäischen Wettbewerbsrecht, Pfaffenweiler 1992.

Hamm, Rainer: Strafrechtliche Produktverantwortung, PHI 1985, 15.

– Die Entdeckung des „fair trial" im deutschen Strafprozeß – ein Fortschritt mit ambivalenten Ursachen, in: Eser, Albin u. a. (Hrsg.), Straf- und Strafverfahrensrecht, Recht und Verkehr, Recht und Medien, Festschrift für Hannskarl Salger, Köln / Berlin u. a. 1995, S. 273 ff. (zit.: Hamm, Salger-FS).

– Die juristische Person als Angeklagte – Überlegungen aus Sicht eines Strafverteidigers, in: Herzog, Felix (Hrsg.), Quo vadis, Strafprozeß?, Baden-Baden 1998, S. 33 ff.

– Auch das noch – Strafrecht für Verbände!, NJW 1998, 662.

Hamm, Rainer / *Lohberger,* Ingram: Beck'sches Formularhandbuch für den Strafverteidiger, 3. Auflage, München 1998.

Hartung, Fritz: Koreferat zum Thema: Empfiehlt es sich, die Strafbarkeit der juristischen Person gesetzlich vorzusehen?, 40. Deutscher Juristentag 1953, Bd. II, S. E 43 ff.

Hartung, Markus: Zum Umfang des Auskunftsverweigerungsrechts nach § 44 IV KWG, NJW 1988, 1070.

Hartung, Sven: Die Atomaufsicht, Baden-Baden 1992.

Hassemer, Winfried: Die „Funktionstüchtigkeit der Strafrechtspflege" – ein neuer Rechtsbegriff, StV 1982, 275.

– Das Zeugnisverweigerungsrecht des Syndikusanwalts, wistra 1986, 1.

– Unverfügbares im Strafprozeß, in: Kaufmann, Arthur / Mestmäcker, Ernst-Joachim / Zacher, Hans F. (Hrsg.), Rechtsstaat und Menschenwürde, Festschrift für Werner Maihofer zum 70. Geburtstag, Frankfurt am Main 1988, S. 183 ff. (zit.: Hassemer, Maihofer-FS).

326 Literaturverzeichnis

- Produktverantwortung im modernen Strafrecht, 2. Auflage, Heidelberg 1996.

- „Corpus Juris": Auf dem Weg zu einem europäischen Strafrecht?, KritV 1999, 133.

Hassemer, Raimund / *Hippler,* Gabriele: Informelle Absprachen in der Praxis des deutschen Strafverfahrens, StV 1986, 360.

Hefendehl, Roland: Beweisermittlungs- und Beweisverwertungsverbote bei Auskunfts- und Mitwirkungspflichten, wistra 2003, 1.

Heine, Günter: Beweislastumkehr im Strafverfahren?, JZ 1995, 651.

- Umweltstrafrecht im Rechtsstaat – Vollzugsdefizite, Programmängel oder Überstrapazierung, ZUR 1995, 63.

- Die strafrechtliche Verantwortlichkeit von Unternehmen, Baden-Baden 1995.

- Von individueller zu kollektiver Verantwortlichkeit, in: Arnold, Jörg u. a. (Hrsg.), Grenzüberschreitungen, Freiburg 1995, S. 51 ff.

- Die strafrechtliche Verantwortlichkeit von Unternehmen: internationale Entwicklungen – nationale Konsequenzen, ÖJZ 1996, 211.

- Kollektive Verantwortlichkeit, in: Eser, Albin / Huber, Barbara / Cornils, Karin (Hrsg.), Einzelverantwortung und Mitverantwortung, Freiburg 1998, S. 95 ff.

- Die Strafrechtswissenschaft vor den Aufgaben der Zukunft, in: Eser, Albin / Hassemer, Wilfried / Burkhardt, Björn (Hrsg.), Die deutsche Strafrechtswissenschaft vor der Jahrtausendwende, München 2000, S. 397 ff.

- Unternehmen, Strafrecht und europäische Entwicklungen, ÖJZ 2000, 871.

- Europäische Entwicklungen bei der strafrechtlichen Verantwortlichkeit von Wirtschaftsunternehmen und deren Führungskräften, ZStrR 119 (2001), 22.

- Modelle originärer (straf-)rechtlicher Verantwortlichkeit von Unternehmen, in: Hettinger, Michael (Hrsg.), Reform des Sanktionenrechts, Band 3: Verbandsstrafe, Baden-Baden 2002, S. 121 ff.

Heinitz, Ernst: Empfiehlt es sich, die Strafbarkeit der juristischen Person gesetzlich vorzusehen?, Gutachten für den 40. Deutschen Juristentag 1953, Bd. I, S. 65 ff. (zit.: Heinitz, 40. DJT 1953 Bd. I).

Heinrich, Bernd: Rechtsstaatliche Mindestgarantien im Strafverfahren, Jura 2003, 167.

Heinz, Wolfgang: Stichwort Wirtschaftskriminalität, in: Kaiser, Günther / Kerner, Hans-Jürgen / Sack, Fritz / Schellhoss, Hartmut (Hrsg.), Kleines Kriminologisches Wörterbuch, 3. Auflage, Heidelberg 1993, S. 589 ff.

Heitzer, Anne: Punitive Sanktionen im europäischen Gemeinschaftsrecht, Heidelberg 1997.

Helgerth, Roland: Der „Verdächtige" als schweigeberechtigte Auskunftsperson und selbständiger Prozeßbeteiligter neben dem Beschuldigten und dem Zeugen, Erlangen / Nürnberg 1976.

Hellermann, Johannes: Die sogenannte negative Seite der Freiheitsrechte, Berlin 1993.

Hellmann, Uwe: Richterliche Überzeugungsbildung und Schätzung bei der Bemessung strafrechtlicher Sanktionen, GA 1997, 503.

- Strafprozeßrecht, Berlin / Heidelberg / New York 1998.

Henkel, Heinrich: Diskussionsbeitrag zum Thema des 40. Deutschen Juristentages 1953: Empfiehlt es sich, die Strafbarkeit der juristischen Person gesetzlich vorzusehen?, 40. Deutscher Juristentag 1953, Bd. II, S. E 68 ff. (zit.: Henkel, 40. DJT 1953 Bd. II).

– Strafverfahrensrecht, Stuttgart / Köln 1953, Nachdruck 1996.

Hermanns, Ferdinand: Ermittlungsbefugnisse der Kartellbehörden nach deutschem und europäischem Recht, Köln 1978.

Hesse, Konrad: Grundzüge des Verfassungsrechts, 20. Auflage, Heidelberg 1995, Neudruck 1999.

Hetzer, Wolfgang: Schuldlose Sanktionssubjekte – Unternehmenskriminalität und Verbandsstrafe, wistra 1999, 361.

Heubel, Horst: Der „fair trial" – ein Grundsatz des Strafverfahrens, Berlin 1981.

Hildebrandt, Michael W.: Der Irrtum im Bußgeldrecht der Europäischen Gemeinschaften, Frankfurt am Main / Bern u. a. 1990.

Hilgendorf, Eric: Strafrechtliche Produzentenhaftung in der „Risikogesellschaft", Berlin 1993.

– Fragen der Kausalität bei Gemeinentscheidungen am Beispiel des Lederspray-Urteils, NStZ 1994, 561.

Hilgers, Benno Maria: Verantwortlichkeit von Führungskräften im Unternehmen für Handlungen ihrer Mitarbeiter, Freiburg 2000.

Hill, Hermann: Verfassungsrechtliche Gewährleistungen gegenüber der staatlichen Gewalt, in: Isensee, Josef / Kirchhof, Paul (Hrsg.), Handbuch des Staatsrechts der Bundesrepublik Deutschland, Band VI: Freiheitsrechte, 2. Auflage, Heidelberg 2001, § 156, S. 1305 ff. (zit.: Hill, Isensee / Kirchhof, HStR VI).

Himmelmann, Steffen / *Pohl,* Andreas / *Tünnesen-Harmes,* Christian (Hrsg.): Handbuch des Umweltrechts, München 4. Ergänzungslieferung August 2000 (zit.: Bearbeiter, in: Himmelmann u. a., Handbuch des Umweltrechts).

Hirsch, Hans Joachim: Die Frage der Straffähigkeit von Personenverbänden, Opladen 1993.

– Strafrechtliche Verantwortlichkeit von Unternehmen, ZStW 107 (1995), 285.

Hobbes, Thomas: Leviathan oder Stoff, Form und Gewalt eines bürgerlichen und kirchlichen Staates, hrsg. von Irving Fetscher, deutsche Übersetzung von Walter Euchner, Neuwied / Berlin 1966.

Hoffmann, Volker / *Wißmann,* Anke: Die Erstattung von Geldstrafen, Geldauflagen und Verfahrenskosten im Strafverfahren durch Wirtschaftsunternehmen gegenüber ihren Mitarbeitern, StV 2001, 249.

Hoffmeister, Frank: Die Europäische Menschenrechtskonvention als Grundrechtsverfassung und ihre Bedeutung in Deutschland, Der Staat 40 (2001), 349.

Hofmann, Hasso: Geschichtlichkeit und Universalitätsanspruch des Rechtsstaats, Der Staat 34 (1995), 1.

Hoppe, Werner / *Beckmann,* Martin: Umweltrecht, 1. Auflage, München 1989.

Hoppe, Werner / *Beckmann,* Martin / *Kauch,* Petra: Umweltrecht, 2. Auflage, München 2000.

Hoyer, Andreas: Die Rechtsnatur des Verfalls angesichts des neuen Verfallsrechts, GA 1993, 406.

– Die traditionelle Strafrechtsdogmatik vor neuen Herausforderungen: Probleme der strafrechtlichen Produkthaftung, GA 1996, 160.

Hsü, Yü-hsiu: Garantenstellung des Betriebsinhabers zur Verhinderung strafbarer Handlungen seiner Angestellten?, Pfaffenweiler 1986.

Hufen, Friedhelm: Schutz der Persönlichkeit und Recht auf informationelle Selbstbestimmung, in: Badura, Peter / Dreier, Horst (Hrsg.), Festschrift 50 Jahre Bundesverfassungsgericht, 2. Band: Klärung und Fortbildung des Verfassungsrechts, Tübingen 2001, S. 105 ff. (zit.: Hufen, FS 50 Jahre Bundesverfassungsgericht, Bd. 2).

Huss, Alphonse: Die Strafbarkeit der juristischen Personen, ZStW 90 (1978), 237.

Immenga, Ullrich / *Mestmäcker,* Ernst Joachim (Hrsg.): Gesetz gegen Wettbewerbsbeschränkungen, 3. Auflage, München 2001 (zit.: Immenga / Mestmäcker-GWB-Bearbeiter).

– EG-Wettbewerbsrecht, Kommentar, Band II, München 1997 (zit.: Bearbeiter, in: Immenga / Mestmäcker, EG-Wettbewerbsrecht II).

Isensee, Josef: Die Friedenspflicht der Bürger und das Gewaltmonopol des Staates, in: Müller, Georg / Rhinow, René A. u. a. (Hrsg.), Staatsorganisation und Staatsfunktionen im Wandel, Festschrift für Kurt Eichenberger zum 60. Geburtstag, Basel / Frankfurt am Main 1982, S. 23 ff. (zit.: Isensee, Eichenberger-FS).

– Staat und Verfassung, in: Isensee, Josef / Kirchhof, Paul (Hrsg.), Handbuch des Staatsrechts der Bundesrepublik Deutschland, Band I: Grundlagen von Staat und Verfassung, 2. Auflage, Heidelberg 1995, § 13, S. 591 ff. (zit.: Isensee, in: Isensee / Kirchof, HStR I²).

– Anwendung der Grundrechte auf juristische Personen, in: Isensee, Josef / Kirchhof, Paul (Hrsg.), Handbuch des Staatsrechts der Bundesrepublik Deutschland, Band V: Allgemeine Grundrechtslehren, 2. Auflage, Heidelberg 2000, § 118, S. 563 ff. (zit.: Isensee, in: Isensee / Kirchof, HStR V).

Jäger, Herbert: Makrokriminalität, Frankfurt am Main 1989.

Jakobs, Günther: Strafrechtliche Haftung durch Mitwirkung an Abstimmungen, in: Kühne, Hans-Heiner (Hrsg.), Festschrift für Koichi-Miyazawa, Baden-Baden 1995, S. 419 ff. (zit.: Jakobs, Miyazawa-FS).

– Rezension zu: Lagodny, Otto, Strafrecht vor den Schranken der Grundrechte, Tübingen 1996, in: ZStW 110 (1998), 716.

– Strafbarkeit juristischer Personen?, in: Prittwitz, Cornelius / Baurmann, Michael u. a. (Hrsg.), Festschrift für Klaus Lüderssen zum 70. Geburtstag, Baden-Baden 2002, S. 559 ff. (zit.: Jakobs, Lüderssen-FS).

Jarass, Hans D.: Bundes-Immissionsschutzgesetz, 5. Auflage, München 2002.

– Das allgemeine Persönlichkeitsrecht im Grundgesetz, NJW 1989, 857.

Jarass, Hans D. / *Pieroth,* Bodo: Grundgesetz für die Bundesrepublik Deutschland, Kommentar, 6. Auflage, München 2002 (zit.: Bearbeiter, in: Jarass / Pieroth, Grundgesetz).

van Jeger, Torsten: Geldbuße gegen juristische Personen und Personenvereinigungen, Frankfurt am Main u. a. 2002.

Jescheck, Hans-Heinrich: Die strafrechtliche Verantwortlichkeit der Personenverbände, ZStW 65 (1953), 210.

– Die Behandlung der Personenverbände im Strafrecht, ZStrR 70 (1955), 243.

– Lehrbuch des Strafrechts, Allgemeiner Teil, 3. Auflage, Berlin 1978 (zit.: Jescheck, Strafrecht AT^3).

Jescheck, Hans-Heinrich / *Weigend,* Thomas: Lehrbuch des Strafrechts, Allgemeiner Teil, 5. Auflage, Berlin 1996.

Jones, Alison / *Sufrin,* Brenda: EC Competition Law, Oxford 2001.

Kadelbach, Stefan: Anmerkung zum Beschluss des OLG Düsseldorf v. 15. 11. 1991 – VI 14 / 89, in: StV 1992, 506.

Kahlo, Michael: Der Begriff des Prozeßsubjektivität und seine Bedeutung im reformierten Strafverfahren, besonders für die Rechtsstellung des Beschuldigten, KritV 1997, 183.

Kaiser, Volker: Verbandssanktionen des Ordnungswidrigkeitengesetzes, Münster 1975.

v. Kalb, Stellungnahme i. R. d. 7. Deutschen Juristentages, in: Verhandlungen des 7. Deutschen Juristentages 1868, Zweiter Band, Berlin 1869, S. 114 f. (zit.: v. Kalb, 7. DJT 1868 Bd. II).

Kant, Immanuel: Grundlegung zur Metaphysik der Sitten, Felix-Meiner-Verlag, Hamburg 1999 (zit.: Kant, Grundlegung zur Metaphysik der Sitten, Seitenangabe der Ausgabe des Meiner-Verlages [Seitenangabe der Akademieausgabe = Kants Gesammelte Schriften, hrsg. von der Königlichen Preußischen Akademie der Wissenschaften, Band IV, hrsg. von Paul Menzer, 1903]).

Kapp, Thomas: Dürfen Unternehmen ihren (geschäftsleitenden) Mitarbeitern Geldstrafen bzw. -bußen erstatten?, NJW 1992, 2796.

Karlsruher Kommentar zur Strafprozessordnung und zum Gerichtsverfassungsgesetz mit Einführungsgesetz, hrsg. v. Gerd Pfeiffer, 5. Auflage, München 2003 (zit.: KK-StPO-Bearbeiter).

Karlsruher Kommentar zum Gesetz über Ordnungswidrigkeiten, hrsg. v. Karlheiz Boujong, 1. Auflage, München 1989 (zit.: KK-OWiG^1-Bearbeiter).

Karlsruher Kommentar zum Gesetz über Ordnungswidrigkeiten, hrsg. v. Karlheiz Boujong, 2. Auflage, München 2000 (zit.: KK-OWiG-Bearbeiter).

Kassebohm, Kristian / *Malorny,* Christian: Die strafrechtliche Verantwortung des Managements, BB 1994, 1361.

Katholnigg, Oskar: Die Neuregelungen beim Verfall, JR 1994, 353.

Katzenmeier, Christian: Aufklärungs- / Mitwirkungspflicht der nicht beweisbelasteten Partei im Zivilprozeß, JZ 2002, 533.

Kau, Wolfgang: Vom Persönlichkeitsschutz zum Funktionsschutz, Heidelberg 1989.

Kaufmann, Anette: Möglichkeiten der sanktionsrechtlichen Erfassung von (Sonder-)Pflichtverletzungen im Unternehmen, Frankfurt am Main 2002.

Kaufmann, Armin: Die Aufgabe des Strafrechts, in: Kaufmann, Armin (Hrsg.), Strafrechtsdogmatik zwischen Sein und Wert, Köln / Berlin u. a. 1982, S. 263 ff. (zit.: Armin Kaufmann, in: Aufsätze und Vorträge).

Keller, Rainer: Rechtliche Grenzen der Provokation von Straftaten, Berlin 1989.

Kindhäuser, Urs: Stichwort Sanktion, in: Görres-Gesellschaft (Hrsg.), Staatslexikon, Bd. IV (Natu – Soz), 7. Auflage, Freiburg / Basel u. a. 1998, Spalte 998.

Kirsch, Stefan: Freiheit vom Selbstbezichtigungszwang?, in: Institut für Kriminalwissenschaften Frankfurt am Main (Hrsg.), Vom unmöglichen Zustand des Strafrechts, Frankfurt am Main / Berlin u. a. 1995, S. 229 ff.

Kleeberger, Wolfgang: Die Stellung der Rechte der Europäischen Menschenrechtskonvention in der Rechtsordnung der Bundesrepublik Deutschland, München 1992.

Kleinheyer, Gerd: Zur Rolle des Geständnisses im Strafverfahren des späten Mittelalters und der frühen Neuzeit, in: Kleinheyer, Gerd / Mikat, Paul (Hrsg.), Beiträge zur Rechtsgeschichte, Gedächtnisschrift für Hermann Conrad, Paderborn / München u. a. 1979, S. 367 ff. (zit.: Kleinheyer, Conrad-GedS).

Kleinmann, Werner / *Berg,* Werner: Änderungen des Kartellrechts durch das „Gesetz zur Bekämpfung der Korruption" vom 13. 8. 1997, BB 1998, 277.

Kloepfer, Michael: Umweltrecht, 2. Auflage, München 1998.

– Betrieblicher Umweltschutz als Rechtsproblem, DB 1993, 1125.

KMR, Kommentar zur Strafprozessordnung, hrsg. v. Heintschel-Heinegg, Bernd v. / Stöckel, Heinz, Neuwied, 34. Aktualisierungslieferung Januar 2003 (zit.: KMR-Bearbeiter).

Knemeyer, Franz-Ludwig: Rechtliches Gehör im Gerichtsverfahren, in: Isensee, Josef / Kirchhof, Paul (Hrsg.), Handbuch des Staatsrechts der Bundesrepublik Deutschland, Band VI: Freiheitsrechte, 2. Auflage, Heidelberg 2001, § 155, S. 1271 ff. (zit.: Knemeyer, Isensee / Kirchhof, HStR VI).

Knopp, Lothar / *Striegl,* Stefanie: Umweltschutzorientierte Betriebsorganisation zur Risikominimierung, BB 1992, 2009.

Koffka, Else: Referat zum Thema: Behandlung der juristischen Personen, Große Strafrechtskommission, Niederschriften Bd. IV, S. 564 ff.

Köhler, Helmut / *Beck,* Siegfried: Insolvenz, in: Wabnitz, Heinz-Bernd / Janovsky, Thomas (Hrsg.), Handbuch des Wirtschafts- und Steuerstrafrecht, München 2000, Kap. 2, S. 51 ff.

Kohler, Josef: Die Person des Zeugen als Augenscheinsobjekt, GA 1913, 212.

– Die Straffähigkeit der juristischen Person, GA 64 (1917), 500.

Köhler, Michael: Prozeßrechtsverhältnis und Ermittlungseingriffe, ZStW 107 (1995), 10.

– Strafrecht, Allgemeiner Teil, Berlin / Heidelberg u. a., 1997.

– Reformen des strafrechtlichen Sanktionensystems, Neue Kriminalpolitik 2000, Heft 2, S. 10 ff. (zit.: Köhler, KrimP 2000).

Kohlmann, Günter: Waffengleichheit im Strafprozeß?, in: Baumann, Jürgen / Tiedemann, Klaus (Hrsg.), Einheit und Vielfalt des Strafrechts, Festschrift für Karl Peters zum 70. Geburtstag, Tübingen 1974, S. 311 ff. (zit.: Kohlmann, Peters-FS).

Kommission zur Reform des strafrechtlichen Sanktionssystems, Abschlussbericht (Auszug), in: Hettinger, Michael (Hrsg.), Reform des Sanktionenrechts, Band 3: Verbandsstrafe, Baden-Baden 2002, S. 351 ff.

König, Peter: Neues Strafrecht gegen Korruption, JR 1997, 397.

Kopf, Verena Angela: Selbstbelastungsfreiheit und Genomanalysen im Strafverfahren, Aachen 1999.

Kopp, Ferdinand / *Ramsauer*, Ulrich: Verwaltungsverfahrensgesetz, 8. Auflage, München 2003.

Korte, Matthias: Juristische Person und strafrechtliche Verantwortung, Bonn 1985.

– Bekämpfung der Korruption und Schutz des freien Wettbewerbs mit den Mitteln des Strafrechts, NStZ 1997, 513.

– Der Schutz der finanziellen Interessen der Europäischen Gemeinschaften mit den Mitteln des Strafrechts – Das „Zweite Protokoll", NJW 1998, 1464.

Köstlin, Reinhold: Der Wendepunkt des deutschen Strafverfahrens im neunzehnten Jahrhundert, Tübingen 1849.

Kracht, Michael: Gewinnabschöpfung und Wiedergutmachung bei Umweltdelikten, wistra 2000, 326.

Krack, Ralf: Rehabilitierung des Beschuldigten im Strafverfahren, Tübingen 2002.

Kraft, Oliver Kai-Eric: Das nemo tenetur-Prinzip und die sich daraus ergebenden Rechte des Beschuldigten in der polizeilichen Vernehmung, Hamburg 2002.

Krauß, Detlef: Der Schutz der Intimsphäre im Strafprozeß, in: Lackner, Karl / Leferenz, Heinz u. a. (Hrsg.), Festschrift für Wilhelm Gallas zum 70. Geburtstag, Berlin / New York 1973, S. 365 ff. (zit.: Krauß, Gallas-FS).

– Probleme der Täterschaft im Unternehmen, Plädoyer 1 / 1989, 40.

Kreis, Helmut W.: Ermittlungsverfahren der EG-Kommission in Kartellsachen, RIW / AWD 1981, 281.

Krekeler, Wilhelm: Brauchen wir ein Unternehmensstrafrecht?, in: Ebert, Udo / Rieß, Peter u. a. (Hrsg.), Festschrift für Ernst-Walter Hanack, Berlin / New York 1999, S. 639 ff. (zit.: Krekeler, Hanack-FS).

Kremnitzer, Mordechai / *Ghanayim*, Khalid: Die Strafbarkeit von Unternehmen, ZStW 113 (2001), 539.

Krey, Volker / *Dierlamm*, Alfred: Gewinnabschöpfung und Geldwäsche, JR 1992, 353.

Kruse, Michael: Parteierklärungen und Sachverhaltsfeststellung in der Hauptverhandlung, Berlin 2001.

Kube, Hanno: Die Elfes-Konstruktion, JuS 2003, 111.

Kudlich, Hans / *Roy*, René: Die Zeugnisverweigerungsrechte der StPO, JA 2003, 565.

Kühl, Kristian: Unschuldsvermutung, Freispruch und Einstellung, Köln / Berlin u. a. 1983.

– Freie Beweiswürdigung des Schweigens des Angeklagten und der Untersuchungsverweigerung eines angehörigen Zeugen – BGHSt 32, 140, JuS 1986, 115.

– Strafrecht, Allgemeiner Teil, 4. Auflage, München 2002.

Kuhlen, Lothar: Strafhaftung bei unterlassenem Rückruf gesundheitsgefährdender Produkte, NStZ 1990, 566.

– Zum Umweltstrafrecht in der Bundesrepublik Deutschland (1. Teil), WiVerw 1991, 181.

– Grundfragen der strafrechtlichen Produkthaftung, JZ 1994, 1142.

– Die Abgrenzung von Täterschaft und Teilnahme, insbesondere bei den sogenannten Betriebsbeauftragten, in: Amelung, Knut (Hrsg.), Individuelle Verantwortung und Beteiligungsverhältnisse bei Straftaten in bürokratischen Organisationen des Staates, der Wirtschaft und der Gesellschaft, Pforzheim 2000, S. 71 ff.

Kühlhorn, Thomas: Ermittlungen der EG-Kommission nach Art. 11 und 14 der VO 17/62, WuW 1986, 7.

Kuhlmann, Goetz-Joachim: Ausschließung und Ablehnung des Staatsanwalts, DRiZ 1976, 11.

Kühne, Hans-Heiner: Strafprozessuale Beweisverbote und Art. 1 I GG, Köln/Berlin u. a. 1970.

– Strafverfahrensrecht als Kommunikationsproblem, Heidelberg 1978.

– Anmerkung zum Urteil des BGH v. 9. 4. 1986 – 3 StR 551/85 = BGHSt 34, 39, in: EuGRZ 1986, 493.

Kunig, Philip: Das Rechtsstaatsprinzip, Tübingen 1986.

– Der Rechtsstaat, in: Badura, Peter/Dreier, Horst (Hrsg.), Festschrift 50 Jahre Bundesverfassungsgericht, 2. Band: Klärung und Fortbildung des Verfassungsrechts, Tübingen 2001, S. 421 ff. (zit.: Kunig, FS 50 Jahre Bundesverfassungsgericht, Bd. 2).

Küpper, Georg: Tagebücher, Tonbänder, Telefonate, JZ 1990, 416.

– Zur Abgrenzung der Täterschaftsformen, GA 1998, 519.

Lackner, Karl/*Kühl,* Kristian: Strafgesetzbuch mit Erläuterungen, 24. Auflage, München 2001.

Lagodny, Otto: Strafrecht vor den Schranken der Grundrechte. Die Ermächtigung zum strafrechtlichen Vorwurf im Lichte der Grundrechtdogmatik dargestellt am Beispiel der Vorfeldkriminalisierung, Tübingen 1996.

– Verdeckte Ermittler und V-Leute im Spiegel des § 136a StPO als „angewandtem Verfassungsrecht", StV 1996, 167.

Lammer, Dirk: Verdeckte Ermittlungen im Strafprozeß, Berlin 1992.

Lampe, Ernst-Joachim: Systemrecht und Unrechtssysteme, ZStW 106 (1994), 683.

v. Landmann, Robert/*Rohmer,* Gustav: Umweltrecht, Kommentar, Band II: Durchführungsvorschriften zum Bundes-Immissionsgesetz, München 39. Ergänzungslieferung, Januar 2003 (zit.: Bearbeiter, in: Landmann/Rohmer).

Lang-Hinrichsen, Dietrich: „Verbandsunrecht", in: Geerds, Friedrich/Naucke, Wolfgang (Hrsg.), Beiträge zur gesamten Strafrechtswissenschaft, Festschrift für Hellmuth Mayer zum 70. Geburtstag, Berlin 1966, S. 49 ff. (zit.: Lang-Hinrichsen, H. Mayer-FS).

Langbein, John H.: The Privilege and the Common Law Criminal Procedure: The Sixteenth to the Eighteenth Centuries, in: Helmholz, R. H. u. a. (Hrsg.), The Privilege against Self-Incrimination: Its Origins and Development, Chicago 1997, S. 82 ff. (= Michigan Law Review 1994, 1047 ff.).

Lange, Richard: Zur Strafbarkeit von Personenverbänden, JZ 1952, 261.

Larenz, Karl/*Canaris,* Claus-Wilhelm: Methodenlehre der Rechtswissenschaft, 3. Auflage, Berlin/Heidelberg u. a. 1995.

Larenz, Karl / *Wolf,* Manfred: Allgemeiner Teil des Bürgerlichen Rechts, 8. Auflage, München 1997 (zit.: Larenz / Wolf, Bürgerliches Recht AT).

Laubenthal, Klaus: Strafvollzug, 2. Auflage, Heidelberg / New York u. a. 1998.

Leipziger Kommentar zum StGB, hrsg. v. Burkhard Jähnke u. a., 11. Auflage, 11. Lieferung (§§ 13 – 14), Berlin / New York 1993 (zit.: LK-Bearbeiter).

Lemke, Michael: Heidelberger Kommentar zum Ordnungswidrigkeitengesetz, Heidelberg 1999.

Lenckner, Theodor: Mitbeschuldigter und Zeuge, in: Baumann, Jürgen / Tiedemann, Klaus (Hrsg.), Einheit und Vielfalt des Strafrechts, Festschrift für Karl Peters zum 70. Geburtstag, Tübingen 1974, S. 333 ff. (zit.: Lenckner, Peters-FS).

Lesch, Heiko Hartmut: Inquisition und rechtliches Gehör in der Beschuldigtenvernehmung, ZStW 111 (1999), 624.

– „Hörfalle" und kein Ende – Zur Verwertbarkeit von selbstbelastenden Auskünften des Beschuldigten in der Untersuchungshaft, GA 2000, 355.

– Strafprozeßrecht, 2. Auflage, Neuwied 2002.

Levy, Leonard W.: Origins of the Fifth Amendment, 2. Auflage, New York / London 1986.

Liebl, Karlhans: Die Bundesweite Erfassung von Wirtschaftsstraftaten nach einheitlichen Gesichtspunkten, Freiburg 1984.

Liepmann: Die Psychologie der Vernehmung des Angeklagten im deutschen Strafprozeß, ZStW 44 (1923 / 24), 647.

Limbach, Jutta: Die Funktionstüchtigkeit der Strafrechtspflege im Rechtsstaat, in: Organisationsbüro der Strafverteidigervereinigungen (Hrsg.), Aktuelles Verfassungsrecht und Strafverteidigung, 20. Strafverteidigertag v. 22. – 24. März 1996 in Essen, S. 35 ff.

– Die Kooperation der Gerichte in der zukünftigen europäischen Grundrechtsarchitektur, EuGRZ 2000, 417.

Limbach, Anna Caroline: Das Strafrecht der Paulskirchenverfassung 1848 / 49, Frankfurt am Main u. a. 1995.

Liszt, Franz von / *Schmidt,* Eberhard: Lehrbuch des deutschen Strafrechts, 25. Auflage, Berlin / Leipzig 1927.

Lorenz, Frank Lucien: „Operative Informationserhebung" im Strafverfahren, „Unverfügbares" und Grundrechtsschutz durch „institutionelle Kontrolle", JZ 1992, 1000.

– Absoluter Schutz versus absolute Relativität, GA 1992, 254.

Löschnig-Gspadl, Marianne: Zur Bestrafung von juristischen Personen, ÖJZ 2002, 241.

Löwe-Rosenberg: Die Strafprozessordnung und das Gerichtsverfassungsgesetz, Großkommentar, hrsg. v. Peter Rieß (zit.: Löwe-Rosenberg-Bearbeiter).

– Erster Band: Einleitung, §§ 1 – 71, 25. Auflage, Berlin / New York 1999.

– Erster Band: Einleitung, §§ 1 – 111 n, 24. Auflage, Berlin / New York 1988.

– 2. Lieferung: §§ 112 – 136 a, 25. Auflage, Berlin / New York 1997.

– 21. Lieferung: §§ 137 – 157, 25. Auflage, Berlin / New York 2002.

– Sechster Band: §§ 374 – 495; EGStPO, 25. Auflage, Berlin / New York 2001.

– Sechster Band, 2. Teilband: Rechtspflegerecht des Einigungsvertrages, MRK, IPBPR, Register, 24. Auflage, Berlin / New York 1996.

334   Literaturverzeichnis

Ludwig, Frank: Privatisierung staatlicher Aufgaben im Umweltschutz, Berlin 1998.

Ludwig-Mayerhofer, Wolfgang: Das Strafrecht und seine administrative Rationalisierung, Berlin/New York 1998.

Luhmann, Niklas: Funktionen und Folgen formaler Organisationen, 4. Auflage, Berlin 1995.

– Legitimation durch Verfahren, 4. Auflage, Frankfurt am Main 1997.

Lüke, Gerhard: Der Informationsanspruch im Zivilrecht, JuS 1986, 2.

Lütolf, Sandra: Strafbarkeit der juristischen Person, Zürich 1997.

Lutz, Louise: Die Verteidigung und das Verbot, den Angeschuldigten zu seiner Selbstbelastung zu verpflichten, ZStrR 120 (2002), 410.

Mäder, Detlef: Betriebliche Offenbarungspflichten und Schutz vor Selbstbelastung, Freiburg 1997.

Maihofer, Werner: Rechtsstaat und menschliche Würde, Frankfurt am Main 1968.

– Prinzipien freiheitlicher Demokratie, in: Benda, Ernst/Maihofer, Werner/Vogel, Jochen (Hrsg.), Handbuch des Verfassungsrechts der Bundesrepublik Deutschland, 2. Auflage, Berlin/New York 1994, § 12, S. 427 ff. (zit.: Maihofer, in: Benda/Maihofer/Vogel, HVerfR).

Mainzer, Wilfried: Gewinnabschöpfung im Strafverfahren, DRiZ 2002, 97.

Malek, Klaus: Verteidigung in der Hauptverhandlung, 2. Auflage, Heidelberg 1997.

v. Mangoldt, Hermann/*Klein,* Friedrich/*Starck,* Christian: Das Bonner Grundgesetz, Kommentar (zit.: Bearbeiter, in: v. Mangoldt/Klein/Starck, Grundgesetz).
– Band 1: Präambel, Art. 1–19, 4. Auflage, München 1999.
– Band 3: Art. 79–146, 4. Auflage, München 2001.

Manssen, Gerrit: Die Betreiberverantwortung nach § 52 a BImSchG, GewA 1993, 280.

Marberth-Kubicki, Annette: Anmerkung zum Beschluss des BVerfG v. 6. 11. 2000 – 1 BvR 1746/00 (StV 2001, 212 ff.), in: StV 2001, 433.

Marczak, Elke: Das Fairneßgebot im Prozeß, Diss. Köln 2000.

Martin, Luis Gracia: Die Strafbarkeit von Handlungen und Unterlassungen im Unternehmen nach spanischem und deutschem Recht, in: Schünemann, Bernd/González Suárez, Carlos (Hrsg.), Bausteine des europäischen Wirtschaftsstrafrechts, Madrid-Symposium für Klaus Tiedemann, Köln/Berlin u. a. 1994, S. 13 ff. (zit.: Martin, Madrid-Symposium f. Tiedemann).

Marx, Michael: Zur Definition des Begriffes ‚Rechtsgut‘, Köln/Berlin u. a. 1972.

Marxen, Klaus: Medienfreiheit und Unschuldsvermutung, GA 1980, 365.

– Die strafrechtliche Organ- und Vertreterhaftung – eine Waffe im Kampf gegen die Wirtschaftskriminalität?, JZ 1988, 286.

Maunz, Theodor/*Dürig,* Günter u. a.: Grundgesetz, Kommentar, München, 42. Lieferung 2003 (zit.: Bearbeiter, in: Maunz/Dürig, Grundgesetz).

– Bearbeitung von Art. 1 GG durch Günter Dürig von 1958 (zit.: Dürig, in: Maunz/Dürig[1958], Grundgesetz).

Maurach, Reinhart/*Zipf,* Heinz: Strafrecht Allgemeiner Teil, Teilband 1: Grundlehren des Strafrechts und Aufbau der Straftat, 8. Auflage, Heidelberg 1992.

Maurer, Hartmut: Rechtsstaatliches Prozessrecht, in: Badura, Peter / Dreier, Horst (Hrsg.), Festschrift 50 Jahre Bundesverfassungsgericht, 2. Band: Klärung und Fortbildung des Verfassungsrechts, Tübingen 2001, S. 467 ff. (zit.: Maurer, FS 50 Jahre Bundesverfassungsgericht, Bd. 2).

Meier, Bernd-Dieter: Verbraucherschutz durch Strafrecht?, NJW 1992, 3193.

Meinberg, Volker: Geringfügigkeitseinstellung von Wirtschaftsstrafsachen, Freiburg 1985.

Meyer, Jürgen: Gewinnabschöpfung durch Vermögensstrafe?, ZRP 1990, 85.

Meyer, K.: Anmerkung zum Urteil des BGH v. 6. 7. 1983 – 2 StR 222 / 83 (BGHSt 32, 44), in: JR 1984, 173.

– Anmerkung zum Urteil des OLG Hamburg v. 17. 7. 1986 – 1 Ss 96 / 85, in: JR 1986, 170.

Meyer-Goßner, Lutz: Strafprozessordnung, Gerichtsverfassungsgesetz, Nebengesetze und ergänzende Bestimmungen, 46. Auflage, München 2003.

Michalke, Regina: Die Verwertbarkeit von Erkenntnissen der Eigenüberwachung zu Beweiszwecken im Straf- und Ordnungswidrigkeitenverfahren, NJW 1990, 417.

– Rezension zu: Rotsch, Thomas, Individuelle Haftung in Großunternehmen – Plädoyer für den Rückzug des Umweltstrafrechts, Baden-Baden 1998, in: wistra 2000, 415.

– Umweltstrafsachen, 2. Auflage, Heidelberg 2000.

Minoggio, Ingo: Das Wirtschaftsunternehmen als Nebenbeteiligter im Ermittlungsverfahren, Hamburg 2003.

– Das Schweigerecht der juristischen Person als Nebenbeteiligte im Strafverfahren, wistra 2003, 121.

Mitsch, Wolfgang: Recht der Ordnungswidrigkeiten, Heidelberg 1995.

– Mitbeschuldigter und Zeugnisverweigerungsrecht, in: Eser, Albin u. a. (Hrsg.), Festschrift für Theodor Lenckner zum 70. Geburtstag, München 1998, S. 721 ff. (zit.: Mitsch, Lenckner-FS).

Mittelstaedt: Stellungnahme i. R. d. 7. Deutschen Juristentages, in: Verhandlungen des 7. Deutschen Juristentages 1868, Zweiter Band, Berlin 1869, S. 112 f. (zit.: Mittelstaedt, 7. DJT 1868 Bd. II).

Mittermaier, Carl Joseph Anton: Deutsche Strafverfahren, Heidelberg 1845.

– Ueber die Stellung des Assisenpräsidenten, GS I / 1 (1849), 17.

– Das System der Nichtigkeiten wegen Verletzungen von Formvorschriften im Strafprocesse, GS II / 2 (1850), 469.

– Die Gesetzgebung und Rechtsübung über Strafverfahren nach ihrer neuesten Fortbildung dargestellt und geprüft, Erlangen 1856.

Moglen, Eben: Taking the Fifth: Reconsidering the Origins of the Constitutional Privilege against Self-Incrimination, Michigan Law Review 1994, 1086.

– The Privilege in British North America: The Colonial Period to the Fifth Amendment, in: Helmholz, R. H. u. a. (Hrsg.), The Privilege against Self-Incrimination: Its Origins and Development, Chicago 1997, S. 109 ff.

Möhrenschlager, Manfred: Der Regierungsentwurf eines zweiten Gesetzes zur Bekämpfung der Wirtschaftskriminalität (Schluß), wistra 1983, 49.

- Developments on the International Level, in: Eser, Albin / Heine, Günter / Huber, Barbara (Hrsg.), Criminal Responsibility of Legal and Collective Entities, Freiburg 1999, S. 89 ff.

- Bericht aus der Gesetzgebung und über Entwicklungen auf europäischer Ebene, wistra 1999 Heft 8, Umschlagseite VI.

- Bericht über Abkommen, Gesetzesvorhaben und Rechtsanwendungen, wistra 2002 Heft 1, Umschlagseite V.

- Bericht über Rechtsentwicklungen auf nationaler und europäischer Ebene, wistra 2003 Heft 5, Umschlagseite V.

- Bericht über nationale und europäische Entwicklungen, wistra 2003 Heft 9, Umschlagseite V.

Montenbruck, Axel: Tatverdächtiger Zeuge und Aussagenotstand, JZ 1985, 976.

Moosecker, Karlheinz: Die EuGH-Entscheidungen Hoechst und Orkem / Solvay, in: Forschungsinstitut für Wirtschaftsverfassung und Wettbewerb e.V. Köln (Hrsg.), FIW-Schriftenreihe Heft 135, Schwerpunkte des Kartellrechts 1988 / 89, Köln / Berlin u. a. 1990, S. 87 ff.

Morlok, Martin: Selbstverständnis als Rechtskriterium, Tübingen 1993.

Mösbauer, Heinz: Der verwaltungsbehördliche Überwachungsauftrag im Immissionsschutzrecht, NVwZ 1985, 457.

Müller, Egon: Der Grundsatz der Waffengleichheit im Strafverfahren, NJW 1976, 1063.

- Anmerkung zum Urteil des BGH v. 12. 1. 1996 – 5 StR 756 / 94, in: StV 1996, 358.

- Gedanken zur Vernehmung des Angeklagten in der Hauptverhandlung und zum sog. Opening-Statement des Verteidigers, in: Ebert, Udo / Rieß, Peter u. a. (Hrsg.), Festschrift für Ernst-Walter Hanack zum 70. Geburtstag, Berlin / New York 1999, S. 67 ff. (zit.: Müller, Hanack-FS).

Müller, Ekkehard: Die Stellung der juristischen Person im Ordnungswidrigkeitenrecht, Köln 1985.

Müller, Kai: Insiderrechtliche Mitwirkungspflichten der Kreditinstitute im Lichte des nemotenetur-Grundsatzes, wistra 2001, 167.

Müller, Wolf: Mitteilungspflichten nach § 52 a BImSchG im Lichte der Öko-Audit-Verordnung, VR 1998, 149.

Müller-Dietz, Heinz: Die Stellung des Beschuldigten im Strafprozeß, ZStW 93 (1981), 1177.

Müller-Guggenberger, Christian / *Bieneck,* Klaus: Wirtschaftsstrafrecht, 3. Auflage, Köln / Münster 2000 (zit.: Bearbeiter, in: Müller-Guggenberger / Bieneck, Wirtschaftsstrafrecht).

v. Münch, Ingo / *Kunig,* Philip (Hrsg.): Grundgesetz-Kommentar (zit.: Bearbeiter, in: v. Münch / Kunig, Grundgesetz).

- Band 1: Präambel bis Art. 19, 5. Auflage, München 2000.

- Band 2: Art. 20 bis Art. 69, 5. Auflage, München 2001.

Münchhalffen, Gaby: Anmerkung zum Beschluss des OLG Düsseldorf v. 14. 12. 1992 – 1 Ws 1155 / 92, in: StV 1993, 347.

Münchner Kommentar zum Bürgerlichen Gesetzbuch, hrsg. von Kurt Rebmann u. a., Band 1: Allgemeiner Teil §§ 1–240, AGB-Gesetz, 4. Auflage, München 2001 (zit.: MüKo-BGB-Bearbeiter).

Münchner Kommentar zur Insolvenzordnung, hrsg. von Hans-Peter Kirchhof u. a., Band 1: §§ 1–102 InsO, InsVV, München 2001 (zit.: MüKo-InsO-Bearbeiter).

Münchner Kommentar zur Zivilprozessordnung, hrsg. von Gerhard Lüke und Peter Wax, Band 3: §§ 803–1066 ZPO, EGZPO, GVG, EGGVG, Internationales Zivilprozeßrecht, 2. Auflage, München 2001 (zit.: MüKo-ZPO-Bearbeiter).

Murmann, Uwe: Tatherrschaft durch Weisungsmacht, GA 1996, 269.

– Über den Zweck des Strafprozesses, GA 2004, 65.

Müssig, Bernd: Beweisverbote im Legitimationszusammenhang von Strafrechtstheorie und Strafverfahren, GA 1999, 119.

v. Mutius, Albert: Grundrechtsfähigkeit, Jura 1983, 30.

Nassall, Wendt: Zur Schweigepflicht des Rechtsanwalts im Konkurs juristischer Personen, NJW 1990, 496.

Neudecker, Gabriele: Die strafrechtliche Verantwortlichkeit der Mitglieder von Kollegialorganen, Frankfurt am Main 1995.

Neumann, Erwin: Aussageverweigerungsrecht der Organmitglieder des Unternehmens, gegen das im Bußgeldverfahren ermittelt wird, in: Forschungsinstitut für Wirtschaftsverfassung und Wettbewerb e.V. Köln (Hrsg.), Rechtsfragen der Ermittlung von Kartellordnungswidrigkeiten, FIW-Schriftenreihe Heft 69, Köln / Berlin u. a. 1974, S. 11 ff.

Neumann, Ulfried: Materiale und prozedurale Gerechtigkeit im Strafverfahren, ZStW 101 (1989), 52.

– Mitwirkungs- und Duldungspflichten des Beschuldigten bei körperlichen Eingriffen im Strafverfahren, in: Zaczyk, Rainer / Köhler, Michael / Kahlo, Michael (Hrsg.), Festschrift für E. A. Wolff zum 70. Geburtstag, Heidelberg 1998, S. 373 ff. (zit.: Neumann, Wolff-FS).

Niemöller, Martin / *Schuppert,* Gunnar Folke: Die Rechtsprechung des Bundesverfassungsgerichts zum Strafverfahrensrecht, AöR 107 (1982), 387.

Niese, Werner: Narkoanalyse als doppelfunktionale Prozeßhandlung, ZStW 63 (1951), 199.

– Die moderne Strafrechtsdogmatik und das Zivilrecht, JZ 1956, 457.

Nipperdey, Hans Carl: Die Würde des Menschen, in: Neumann, Franz L. / Nipperdey, Hans Carl / Scheuner, Ulrich (Hrsg.), Die Grundrechte, Berlin 1954, S. 1 ff.

Nobbe, U. / *Vögele,* P.: Offenbarungspflichten und Auskunftsverweigerungsrechte, NuR 1988, 313.

Noll, Peter: Die ethische Begründung der Strafe, in: Recht und Staat 1962, Nr. 244, Tübingen 1962.

Nomos Kommentar zum Strafgesetzbuch, Baden-Baden, 13. Lieferung Januar 2003 (zit: NK-StGB-Bearbeiter).

Nothhelfer, Martin: Die Freiheit vom Selbstbezichtigungszwang, Heidelberg 1989.

Odenthal, Hans-Jörg: Auskunftsverweigerungsrecht nach § 55 StPO bei Gefahr ausländischer Strafverfolgung, NStZ 1985, 117.

Oehler, Dietrich: Fragen zum Strafrecht der Europäischen Gemeinschaft, in: Vogler, Theo (Hrsg.), Festschrift für Hans-Heinrich Jescheck zum 70. Geburtstag, Berlin 1985, S. 1399 ff. (zit.: Oehler, Jescheck-FS).

Ossenbühl, Fritz: Zur Geltung der Grundrechte für juristische Personen, in: Burmeister, Joachim (Hrsg.), Verfassungsstaatlichkeit, Festschrift für Klaus Stern zum 65. Geburtstag, München 1997, S. 887 ff. (zit.: Ossenbühl, Stern-FS).

Ostermeyer, Helmut: Kollektivschuld im Strafrecht, ZRP 1971, 75.

Otto, Eberhard: Das Zeugnisverweigerungsrecht des Angehörigen (§ 52 StPO) im Verfahren gegen mehrere Beschuldigte, NStZ 1991, 220.

Otto, Harro: Die Strafbarkeit von Unternehmen und Verbänden, Berlin / New York 1993.

– Rezension zu: Heine, Günter, Die strafrechtliche Verantwortlichkeit von Unternehmen, 1995, in: GA 1997, 236.

– Die Haftung für kriminelle Handlungen in Unternehmen, Jura 1998, 409.

– Die strafrechtliche Haftung für die Auslieferung gefährlicher Produkte, in: Weigend, Thomas / Küpper, Georg (Hrsg.), Festschrift für Hans Joachim Hirsch zum 70. Geburtstag, Berlin / New York 1999, S. 291 ff. (zit.: Otto, Hirsch-FS).

– Das Corpus Juris der strafrechtlichen Regelungen zum Schutz der finanziellen Interessen der Europäischen Union – Anmerkungen zum materiellrechtlichen Teil, Jura 2000, 98.

– Grundkurs Strafrecht, Die einzelnen Delikte, 6. Auflage, Berlin / New York 2002 (zit.: Otto, Grundkurs Strafrecht BT).

Pache, Eckhard: Anmerkung zum Urteil des EuGH, Rs C-240 / 90 v. 27. 10. 1993, in: EuR 1993, 173.

– Der Schutz der finanziellen Interessen der Europäischen Gemeinschaften, Berlin 1994.

– Das Europäische Grundrecht auf einen fairen Prozess, NVwZ 2001, 1342.

Paeffgen, Hans-Ullrich: Vorüberlegungen zu einer Dogmatik des Untersuchungshaft-Rechts, Köln / Berlin u. a. 1986.

– Apokryphe Haftverlängerungsgründe in der Rechtsprechung des § 121 StPO, NJW 1990, 537.

Palandt: Bürgerliches Gesetzbuch, 62. Auflage, München 2003 (zit.: Palandt-Bearbeiter).

Papakiriakou, Theodoros: Das Griechische Verwaltungsstrafrecht in Kartellsachen, Herbolzheim 2002.

Parlamentarischer Rat: Verfassungsausschuss der Ministerpräsidentenkonferenz der westlichen Besatzungszonen, Bericht über den Verfassungskonvent auf Herrenchiemsee, in: Der Parlamentarische Rat 1948 – 1949, Akten und Protokolle, Band 2: Der Verfassungskonvent auf Herrenchiemsee, S. 504 ff.

Paulus, Rainer: Beweisverbote als Prozeßhandlungshindernisse, in: Geppert, Klaus / Dehnicke, Diether (Hrsg.), Gedächtnisschrift für Karlheinz Meyer, Berlin / New York 1990, S. 309 ff. (zit.: Paulus, Meyer-GedS).

Pawlik, Michael: Verdeckte Ermittlungen und das Schweigerecht des Beschuldigten, GA 1998, 378.

Peglau, Jens: Unbeantwortete Fragen der Strafbarkeit von Personenverbänden, ZRP 2001, 406.

– Strafbarkeit von Personenverbänden, Jura 2001, 606.

Peltzer, Martin: Verfolgungsverjährung beim selbständigen Verfahren nach dem Ordnungswidrigkeitengesetz, NJW 1978, 2131.

Peres, Holger: Strafprozessuale Beweisverbote und Beweisverwertungsverbote, München 1998.

v. Pestel: Stellungnahme i. R. d. 7. Deutschen Juristentages, in: Verhandlungen des 7. Deutschen Juristentages 1868, Zweiter Band, Berlin 1869, S. 119 f. (zit.: v. Pestel, 7. DJT 1868 Bd. II).

Peters, Peter A.: Das deutsche Insiderstrafrecht unter Berücksichtigung strafrechtlicher Konsequenzen für Kreditinstitute und prozessualer Durchsetzung, Frankfurt am Main u. a. 1997.

Peters, Karl: Rezension zu: Rogall, Klaus, Der Beschuldigte als Beweismittel gegen sich selbst, Berlin 1977, in: ZStW 91 (1979), 121.

– Strafprozeß, 5. Auflage, Heidelberg 1985.

Petry, Horst: Beweisverbote im Strafprozeß, Darmstadt 1971.

Pfohl, Michael: Strafbarkeit von unerlaubten Einleitungen in öffentlichen Abwasseranlagen, wistra 1994, 6.

Pieroth, Bodo: Rezension zu: Kau, Wolfgang, Vom Persönlichkeitsschutz zum Funktionsschutz, Heidelberg 1989, in: DVBl. 1990, 607.

Pieroth, Bodo / *Schlink,* Bernhard: Grundrechte, Staatsrecht II, 18. Auflage, Heidelberg 2002.

Pieth, Mark: Internationale Anstöße zur Einführung einer strafrechtlichen Unternehmenshaftung in der Schweiz, ZStR 119 (2001), 1.

– Die strafrechtliche Verantwortung des Unternehmens, ZStrR 121 (2003), 353.

Planck, Julius Wilhelm: Systematische Darstellung des deutschen Strafverfahrens, Göttingen 1857.

Pohl-Sichtermann, Rotraut: Die von § 26 OWiG betroffenen Verbände und Personen, VOR 1973, 411.

– Anmerkung zum Beschluss des OLG Hamm v. 27. 4. 1973 – 5 Ss OWi 19/73, in: NJW 1973, 2217.

– Geldbuße gegen Verbände – § 26 OWiG, Bochum 1974.

Popp, Martin: Anmerkung zum Beschluss des BGH v. 13. 5. 1996 – GSSt 1/96, in: NStZ 1998, 95.

Poschmann, Thomas: Grundrechtsschutz gemischt-wirtschaftlicher Unternehmen, Regensburg 2000.

Prittwitz, Cornelius: Der Mitbeschuldigte im Strafprozeß, Frankfurt am Main 1984.

Puppe, Ingeborg: List im Verhör des Beschuldigten, GA 1978, 289.

– Anmerkung zum Urteil des BGH v. 6. 7. 1990 – 2 StR 549/89 (BGHSt 37, 106), in: JR 1992, 30.

Quaritsch, Helmut: Der grundrechtliche Status der Ausländer, in: Isensee, Josef/Kirchhof, Paul (Hrsg.), Handbuch des Staatsrechts der Bundesrepublik Deutschland, Band V: Allgemeine Grundrechtslehren, 2. Auflage, Heidelberg 2000, § 120, S. 663 ff. (zit.: Quaritsch, in: Isensee/Kirchof, HStR V).

Quentmeier, Kirsten: Geständnis, Schweigerecht und Schweigen des Beschuldigten, JA 1996, 215.

Rademacher, Christine: Die Zulässigkeit genetischer Analysemethoden im Strafverfahren, Frankfurt 1992.

Radtke, Henning: Aktive Mitwirkungspflichten und die „freiwillige" aktive Mitwirkung des Betroffenen bei dem Zugriff auf elektronisch gespeicherte Daten im Strafprozess, in: Eser, Albin/Goydke, Jürgen u. a. (Hrsg.), Strafverfahrensrecht in Theorie und Praxis, Festschrift für Lutz Meyer-Goßner zum 65. Geburtstag, München 2001, S. 321 ff. (zit.: Radtke, Meyer-Goßner-FS).

Raiser, Thomas: Das Unternehmen als Organisation, Berlin 1969.

– Grundgesetz und paritätische Mitbestimmung, Berlin/New York 1975.

– Das lebende Recht, Baden-Baden 1995.

Ransiek, Andreas: Die Rechte des Beschuldigten in der Polizeivernehmung, Heidelberg 1990.

– Unternehmensstrafrecht, Heidelberg 1996.

Rebentisch, Manfred: Änderungen des Bundes-Immissionsschutzgesetzes – Überwachungs-, stoff- und gebietsbezogene Neuerungen, NVwZ 1991, 310.

Rebmann, Kurt/*Roth,* Werner/*Herrmann,* Siegfried: Gesetz über Ordnungswidrigkeiten – Kommentar, Band 1, 3. Auflage, 6. Lieferung (Januar 2002), Stuttgart u. a. 1968, 2002 (zit.: Rebmann/Roth/Herrmann-Bearbeiter).

Rehbinder, Eckhard: Umweltschutz und technische Sicherheit als Aufgabe der Unternehmensleitung aus juristischer Sicht, in: Umweltschutz und technische Sicherheit im Unternehmen, 9. Trierer Kolloquium zum Umwelt- und Technikrecht vom 19. – 21. September 1993, UTR Bd. 26, S. 29 ff., Heidelberg 1994 (zit.: Rehbinder, UTR Bd. 26).

Reifferscheidt, H.: Die Abschaffung der Folter, JA 1980, 102.

Reiß, Wolfram: Gesetzliche Auskunftsverweigerungsrechte bei Gefahr der Strafverfolgung in öffentlichrechtlichen Verfahren, NJW 1982, 2540.

– Besteuerungsverfahren und Strafverfahren, Köln 1987.

Reiwald, Paul: Die Gesellschaft und ihre Verbrecher, Frankfurt am Main 1948/1973.

Rengier, Rudolf: Anmerkung zum Urteil des OLG Celle v. 16. 2. 1982 – 1 Ss 605/475, in: JR 1982, 475.

– Die Zeugnisverweigerungsrechte im geltenden und künftigen Strafverfahrensrecht, Paderborn/München u. a. 1979.

– Bußgeldbewehrte Auskunftspflichten, dargestellt am Beispiel des Umweltordnungswidrig-keitenrechts, in: Geppert, Klaus / Bohnert, Joachim / Rengier, Rudolf (Hrsg.), Festschrift für Rudolf Schmitt zum 70. Geburtstag, S. 263, Tübingen 1992 (zit.: Rengier, Schmitt-FS).

Renken, Bernd: Der Betriebsbeauftragte für Umweltschutz, KritJ 1994, 218.

Renzikowski, Joachim: Die förmliche Vernehmung des Beschuldigten und ihre Umgehung, JZ 1997, 710.

Richter, Hans: Auskunfts- und Mitteilungpflichten nach §§ 20, 97 Abs. 1 ff. InsO, wistra 2000, 1.

– Anmerkung zum Beschluss des LG Stuttgart v. 21. 7. 2000 – 11 Qs 46 / 2000, in: wistra 2000, 440.

Riehle, Eckhart: Funktionstüchtige Strafrechtspflege contra strafprozessuale Garantien, KritJ 1980, 316.

Riepl, Frank: Informationelle Selbstbestimmung im Strafverfahren, Tübingen 1998.

Rieß, Peter: Der Beschuldigte als Subjekt des Strafverfahrens in Entwicklung und Reform der Strafprozeßordnung, in: Bundesministerium der Justiz (Hrsg.), Vom Reichsjustizamt zum Bundesministerium der Justiz – Festschrift zum 100jährigen Gründungstag des Reichsjustizamtes am 1. Januar 1877, Köln 1977, S. 373 ff. (zit.: Rieß, BMJ-Festschrift).

– Prolegomena zu einer Gesamtreform des Strafverfahrensrechts, in: Hassenpflug, Helwig (Hrsg.), Festschrift für Karl Schäfer zum 80. Geburtstag, Berlin / New York 1980, S. 155 ff. (zit.: Rieß, Schäfer-FS).

– Die Vernehmung des Beschuldigten im Strafprozeß, JA 1980, 293.

– Anmerkung zum Beschluss des BGH (GrS), v. 13. 5. 1996 – GSSt 1 / 96 (BGHSt 42, 139), in: NStZ 1996, 505.

– Sicherung einer effektiven Strafrechtspflege – ein Verfassungsgebot?, StraFo 2000, 364.

Rinck, Hans Justus: Verfassungsrechtliche Grenzen der Beeidigungsbefugnis parlamenta-rischer Untersuchungsausschüsse, DVBl. 1964, 706.

Rittner, Fritz: Die werdende juristische Person, Tübingen 1973.

– Wirtschaftsrecht, 2. Auflage, Heidelberg 1987.

Rode, Christian: Soll sich der Beschuldigte außerhalb der Hauptverhandlung äußern und gegebenenfalls wie?, StraFo 2003, 42 ff.

Rodríguez Iglesias, Gil Carlos: Gedanken zum Entstehen einer Europäischen Rechtsordnung, NJW 1999, 1.

Roellecke, Gerd: Zur Geltung von Grundrechten für juristische Personen des öffentlichen Rechts, in: Wolter, Jürgen u. a. (Hrsg.), Einwirkungen der Grundrechte auf das Zivilrecht, Öffentliche Recht und Strafrecht, Mannheimer Fakultätstagung über 50 Jahre Grundgesetz, Heidelberg 1999, S. 137 ff.

Rogall, Klaus: Der Beschuldigte als Beweismittel gegen sich selbst, Berlin 1977.

– Gegenwärtiger Stand und Entwicklungstendenzen der Lehre von den Beweisverboten, ZStW 91 (1979), 1.

– Strafprozessuale Grundlagen und legislative Probleme des Einsatzes verdeckter Ermittler im Strafverfahren, JZ 1987, 847.

- Anmerkung zum Urteil des BGH v. 26. 3. 1992 – 5 StR 122/92 (BGHSt 38, 302), in: JR 1993, 380.

- Beweisverbote im System des deutschen und amerikanischen Strafverfahrensrechts, in: Wolter, Jürgen (Hrsg.), Zur Theorie und Systematik des Strafprozeßrechts, Symposium zu Ehren von Hans-Joachim Rudolphi, Neuwied u. a. 1995, S. 113 ff.

- Rezension zu: Schneider, Hartmut, Grund und Grenzen des strafrechtlichen Selbstbegünstigungsprinzips auf Basis eines general-funktionalen Schuldmodells, 1991, in: StV 1996, 63.

Röh, Lars: Die kausale Erklärung überbedingter Erfolge im Strafrecht, Frankfurt am Main 1995.

Röhl, Klaus F.: Rechtssoziologie, Köln/Berlin u. a. 1987.

Rohlf, Dietwalt: Der grundrechtliche Schutz der Privatsphäre, Berlin 1980.

Rönnau, Thomas: Die Absprache im Strafprozess, Baden-Baden 1990.

Rosenbaum, Christian: Der grundrechtliche Schutz vor Informationseingriffen, Jura 1988, 178.

Rosenberg, Leo/*Schwab,* Karl Heinz/*Gottwald,* Peter: Zivilprozessrecht, 15. Auflage, München 1993.

Rosenkötter, Günter: Das Recht der Ordnungswidrigkeiten, 6. Auflage, München/Hannover u. a. 2002.

Roß, Andreas: Die Auskunftsverweigerungsrechte im Europäischen Wirtschaftsverwaltungsrecht, Diss. Regensburg 1998.

Rossmanith, Werner: Die Verfassungsmäßigkeit von körperlichen Eingriffen nach § 81 a StPO, Würzburg 1969.

Rotberg, Hans Eberhard: Für Strafe gegen Verbände!, in: Hundert Jahre Deutsches Rechtsleben (Hrsg.), Festschrift zum 100jährigen Bestehen des Deutschen Juristentages, Bd. II, S. 193 ff., Karlsruhe 1960 (zit.: Rotberg, DJT-FS, Bd. II).

- Ordnungswidrigkeitengesetz, Kommentar, 5. Auflage, München 1975.

Roth, Georg: Das Auskunftsrecht der Wirtschaftsverwaltung, VerwArch 57 (1966), 225.

Rothfuß, Holger: Heimliche Beweisgewinnung unter Einbeziehung des Beschuldigten, StraFo 1998, 289.

Rotsch, Thomas: Individuelle Haftung in Großunternehmen, Baden-Baden 1998.

- Die Rechtsfigur des Täters hinter dem Täter bei der Begehung von Straftaten im Rahmen organisatorischer Machtapparate und ihre Übertragbarkeit auf wirtschaftliche Organisationsstrukturen, NStZ 1998, 491.

- Unternehmen, Umwelt und Strafrecht – Ätiologie einer Misere, wistra 1999, 321 und 368.

Roxin, Claus: Die Rechtsprechung des Bundesgerichtshofes zum Strafverfahrensrecht – Ein Rückblick auf 40 Jahre, in: Jauernig, Otmar/Roxin, Claus (Hrsg.), 40 Jahre Bundesgerichtshof, Heidelberg 1991, S. 66 ff.

- Das Zeugnisverweigerungsrecht des Syndikusanwalts, NJW 1992, 1129.

- Das Beschlagnahmeprivileg des Syndikusanwalts im Lichte der neuesten Rechtsentwicklung, NJW 1995, 17.

- Anmerkung zum Urteil des BGH v. 26. 7. 1994 – 5 StR 98 / 94, in: JZ 1995, 49.

- Nemo tenetur: Die Rechtsprechung am Scheideweg, NStZ 1995, 465.

- Zum Hörfallen-Beschluß des Großen Senats für Strafsachen, NStZ, 1997, 18.

- Strafrecht, Allgemeiner Teil, Band I: Grundlagen – Der Aufbau der Verbrechenslehre, München 1997.

- Zur Rechtsstellung der Staatsanwaltschaft damals und heute, DRiZ 1997, 109.

- Strafverfahrensrecht, 25. Auflage, München 1998.

- Probleme von Täterschaft und Teilnahme bei der organisierten Kriminalität, in: Samson, Erik u. a. (Hrsg.), Festschrift für Gerald Grünwald zum 70. Geburtstag, Baden-Baden 1999, S. 549 ff. (zit.: Roxin, Grünwald-FS).

- Täterschaft und Tatherrschaft, 7. Auflage, Berlin / New York 2000.

Rüfner, Wolfgang: Zur Bedeutung und Tragweite des Artikels 19 Abs. 3 des Grundgesetzes, AöR 89 (1964), 261.

- Grundrechtsträger, in: Isensee, Josef / Kirchhof, Paul (Hrsg.), Handbuch des Staatsrechts der Bundesrepublik Deutschland, Band V: Allgemeine Grundrechtslehren, 2. Auflage, Heidelberg 2000, § 116, S. 485 ff. (zit.: Rüfner, in: Isensee / Kirchof, HStR V).

- Der personale Grundzug der Grundrechte und der Grundrechtsschutz juristischer Personen, in: Badura, Peter / Dreier, Horst (Hrsg.), Festschrift 50 Jahre Bundesverfassungsgericht, 2. Band: Klärung und Fortbildung des Verfassungsrechts, Tübingen 2001, S. 55 ff. (zit.: Rüfner, FS 50 Jahre Bundesverfassungsgericht, Bd. 2).

Rüping, Hinrich: Zur Mitwirkungspflicht des Beschuldigten und Angeklagten, JR 1974, 135.

- Der Grundsatz des rechtlichen Gehörs und seine Bedeutung im Strafverfahren, Berlin 1976.

- Der Schutz der Menschenrechte im Strafverfahren, ZStW 91 (1979), 351.

- Verfassungs- und Verfahrensrecht im Grundsatz des rechtlichen Gehörs, NVwZ 1985, 304.

Rütsch, Claus-Jörg: Strafrechtlicher Durchgriff bei verbundenen Unternehmen?, Köln 1987.

Rzepka, Dorothea: Zur Fairness im deutschen Strafverfahren, Frankfurt am Main 2000.

Sachs, Michael: Verfassungsrecht II, Grundrechte, 2. Auflage, Berlin / Heidelberg u. a. 2003.

- (Hrsg): Grundgesetz, Kommentar, 3. Auflage, München 2003 (zit.: Bearbeiter, in: Sachs, Grundgesetz).

Salditt, Franz: 25 Jahre Miranda, GA 1992, 51.

Salger, Carsten A. : Das Schweigerecht des Beschuldigten, Köln / Berlin u. a. 1998.

Samson, Erich: Probleme strafrechtlicher Produkthaftung, StV 1991, 182.

Sautter, Bruno: Die Pflicht zur Duldung von Körperuntersuchungen nach § 372 a ZPO, AcP 161 (1962) 215.

- Zielorientierter Vollzug der Wassergesetze – wasserbehördliche Kontrolle der Abwassereinleitungen, NVwZ 1988, 487.

Sax, Walter: Grundsätze der Strafrechtspflege, in: Bettermann, August / Nipperdey, Hans Carl / Scheuner, Ulrich (Hrsg.), Die Grundrechte, Band III / 2, Berlin 1959, S. 909 ff.

Schaal, Alexander: Strafrechtliche Verantwortlichkeit bei Gremienentscheidungen in Unternehmen, Berlin 2001.

Schäfer, Helmut: Der Konkursverwalter im Strafverfahren, wistra 1985, 209.

Schäfer, Karl: Einige Bemerkungen zu dem Satz „nemo tenetur se ipsum accusare", in: Hanack, Ernst-Walter / Rieß, Peter (Hrsg.), Festschrift für Hanns Dünnebier, Berlin / New York 1982, S. 11 ff. (zit.: Schäfer, Dünnebier-FS).

Schall, Hero: Probleme der Zurechnung von Umweltdelikten in Betrieben, in: Schünemann, Bernd (Hrsg.), Deutsche Wiedervereinigung Bd. III, Unternehmenskriminalität, Köln / Berlin u. a. 1996, S. 99 ff.

Schall, Hero / *Schreibauer,* Marcus: Gegenwärtige und zukünftige Sanktionen bei Umweltdelikten, NUR 1996, 440.

Schendel, Frank Andreas: Probleme des Umweltstrafrechts aus der Sicht der industriellen Praxis / Verteidigung, in: Meinberg, Volker / Möhrenschlager, Manfred / Link, Wolfgang (Hrsg.), Umweltstrafrecht, Düsseldorf 1989, S. 246 ff.

Schenke, Wolf Rüdiger: Rezension zu: Bethge, Herbert: Die Grundrechtsberechtigung juristischer Personen nach Art. 19 Abs. 3 Grundgesetz, Passau 1985, Der Staat 25 (1986), 628.

Scheuner, Ulrich: Die neuere Entwicklung des Rechtsstaates in Deutschland, in: Listl, Joseph / Rüfner, Wolfgang (Hrsg.), Ulrich Scheuner, Staatstheorie und Staatsrecht, Gesammelte Schriften, Berlin 1978, S. 185 ff.

Schlaich, Klaus / *Korioth,* Stefan: Das Bundesverfassungsgericht, 5. Auflage, München 2001.

Schlüchter, Ellen: Das Strafverfahren, 2. Auflage, Köln / Berlin u. a. 1983.

– Der Kaufmann als Garant im Rahmen der unerlaubten Gewässerverunreinigung, in: Eser, Albin u. a. (Hrsg.), Straf- und Strafverfahrensrecht, Recht und Verkehr, Recht und Medizin, Festschrift für Hannskarl Salger, Köln / Berlin u. a. 1995, S. 139 ff. (zit.: Schlüchter, Salger-FS).

– Wert und Form im Strafprozeß, in: Wolter, Jürgen (Hrsg.), Zur Theorie und Systematik des Strafprozeßrechts, Symposium zu Ehren von Hans-Joachim Rudolphi, Neuwied u. a. 1995, S. 205 ff.

– Strafprozeßrecht, 3. Auflage, Frankfurt a.M. 1999.

Schlüter, Jan: Die Strafbarkeit von Unternehmen in einer prozessualen Betrachtung, Frankfurt am Main u. a. 2000.

Schmalz, Dieter: Methodenlehre, 3. Auflage, Baden-Baden 1992.

Schmid, Wolfgang / *Winter,* Michael: Vermögensabschöpfung in Wirtschaftsstrafsachen – Rechtsfragen und praktische Erwägungen, NStZ 2002, 8.

Schmidhäuser, Eberhard: Zur Frage nach dem Ziel des Strafprozesses, in: Bockelmann, Paul / Gallas, Wilhelm (Hrsg.), Festschrift für Eberhard Schmidt zum 70. Geburtstag, 2. Auflage, Göttingen 1971, S. 511 ff. (zit.: Schmidhäuser, Eb. Schmidt-FS).

Schmidt, Eberhard: Lehrkommentar zur Strafprozeßordnung und zum Gerichtsverfassungsgesetz, Teil I, Göttingen 1952.

– Lehrkommentar zur Strafprozeßordnung und zum Gerichtsverfassungsgesetz, Teil II, Göttingen 1957.

– Die Verletzung der Belehrungspflicht gemäß § 55 II StPO als Revisionsgrund, JZ 1958, 596.

– Sinn und Tragweite des Hinweises auf die Aussagefreiheit des Beschuldigten, NJW 1968, 1209.

– Einführung in die Geschichte der deutschen Strafrechtspflege, 3. Auflage, Göttingen 1995.

Schmidt, Karsten: Zur Verantwortung von Gesellschaften und Verbänden im Kartell-Ordnungswidrigkeitenrecht, wistra 1990, 131.

– Handelsrecht, 5. Auflage, Köln / Berlin u. a. 1999.

– Gesellschaftsrecht, 4. Auflage, Köln / Berlin u. a. 2002.

Schmidt-Aßmann, Eberhard, Der Rechtsstaat, in: Isensee, Josef / Kirchhof, Paul (Hrsg.), Handbuch des Staatsrechts der Bundesrepublik Deutschland, Band I: Grundlagen von Staat und Verfassung, 2. Auflage, Heidelberg 1995, § 24, S. 987 ff. (zit.: Schmidt-Aßmann, in: Isensee / Kirchof, HStR I^2).

Schmidt-Aßmann, Eberhard (Hrsg.): Besonderes Verwaltungsrecht, 12. Auflage, Berlin / New York 2003 (zit.: Bearbeiter, in: Schmidt-Aßmann, Besonderes Verwaltungsrecht).

Schmidt-Hieber, Werner: Verständigung im Strafverfahren, München 1986.

Schmidt-Jorzig, Edzard: Grenzen der staatlichen Strafgewalt, in: Badura, Peter / Dreier, Horst (Hrsg.), Festschrift 50 Jahre Bundesverfassungsgericht, 2. Band: Klärung und Fortbildung des Verfassungsrechts, Tübingen 2001, S. 505 ff. (zit.: Schmidt-Jorzig, FS 50 Jahre Bundesverfassungsgericht, Bd. 2).

Schmidt-Salzer, Joachim: Produkthaftung Band I: Strafrecht, 2. Auflage, Heidelberg 1988.

– Strafrechtliche Produktverantwortung, NJW 1990, 2966.

– Verbraucherschutz, Produkthaftung, Umwelthaftung, Unternehmensverantwortung, NJW 1994, 1305.

Schmitt, Petra: Probleme des Zeugnisverweigerungsrechts (§ 53 I Nr. 3 StPO, § 383 I Nr. 6 ZPO) und des Beschlagnahmeverbots (§ 97 StPO) bei Beratern juristischer Personen – zugleich ein Beitrag zur Entbindungsbefugnis des Konkursverwalters, wistra 1993, 9.

Schmitt, Rudolf: Strafrechtliche Maßnahmen gegen Verbände, Stuttgart 1958.

– Wie weit reicht § 30 des Ordnungswidrigkeitengesetzes?, in: Warda, Jürgen / Waider, Heribert u. a. (Hrsg.), Festschrift für Richard Lange zum 70. Geburtstag, Berlin / New York 1976, S. 877 ff. (zit.: Schmitt, Lange-FS).

Schnapp, Friedrich E.: Die Verhältnismäßigkeit des Grundrechtseingriffs, JuS 1983, 850.

Schneider, Hans: Zur Verhältnismäßigkeits-Kontrolle, insbesondere bei Gesetzen, in: Starck, Christian (Hrsg.), Bundesverfassungsgericht und Grundgesetz, Festgabe aus Anlass des 25jährigen Bestehens des Bundesverfassungsgerichts, Zweiter Band: Verfassungsauslegung, Tübingen 1976, S. 390 ff. (zit.: Schneider, FG 25 Jahre Bundesverfassungsgericht, Bd. 2).

Schneider, Hans Joachim: Einführung in die Kriminologie, 3. Auflage, Berlin / New York 1993.

Schneider, Hartmut: Grund und Grenzen des strafrechtlichen Selbstbegünstigungsprinzips auf der Basis eines generalpräventiv-funktionalen Schuldmodells, Berlin 1991.

Schöch, Heinz: Verdachtlose Atemalkoholkontrolle und Grenzwertdiskussion, DAR 1996, 44.

– Präventive Verkehrskontrollmaßnahmen bei Alkohol- und Drogenfahrten und ihre Bedeutung für das Straf- und Bußgeldverfahren, BA 1997, 169.

Schohe, Gerrit: Muss die Berufung auf Grundrechte zweckmäßig sein? Zur Aussageverweigerung im europäischen Kartellrecht, NJW 2002, 492.

Scholl, Amand: Die Bezahlung einer Geldstrafe durch Dritte – ein altes Thema und noch immer ein Problem, NStZ 1999, 599.

Scholl, Stefan: Behördliche Prüfungsbefugnisse im Recht der Wirtschaftsüberwachung, Berlin 1989.

Scholz, Rupert: Grundrechtsprobleme im europäischen Kartellrecht – Zur Hoechst-Entscheidung des EuGH, WuW 1990, 99.

– Strafbarkeit juristischer Personen?, ZRP 2000, 435.

Schönke, Adolf / *Schröder,* Horst: Strafgesetzbuch, Kommentar, 26. Auflage, München 2001 (zit.: Schönke / Schröder-Bearbeiter).

Schramm, Hans-Holger: Die Verpflichtung des Abwassereinleiters zur Weitergabe von Eigenmeßwerten und der nemo-tenetur-Satz, Frankfurt am Main / Bern u. a. 1990.

Schriefers, Marcus: Die Ermittlungsbefugnisse der EG-Kommission in Kartellverfahren, WuW 1993, 98.

Schroeder, Friedrich-Christian: Formelle und materielle Verteidigung, NJW 1987, 301.

Schroth, Hans-Jürgen: Der Regelungsgehalt des 2. Gesetzes zur Bekämpfung der Wirtschaftskriminalität im Bereich des Ordnungswidrigkeitenrechts, wistra 1986, 158.

– Unternehmen als Normadressaten und Sanktionsobjekte, Gießen 1993.

Schuler, Patrick: Zur Diskussion um ein Aussageverweigerungsrecht juristischer Personen, JR 2003, 265.

Schulz, Lorenz: Zur Beschleunigung der Lebensverhältnisse, in: Institut für Kriminalwissenschaften Frankfurt am Main (Hrsg.), Vom unmöglichen Zustand des Strafrechts, Frankfurt am Main 1995, S. 407 ff.

Schulz, Uwe: Die mittelbare Täterschaft kraft Organisationsherrschaft – eine notwendige Rechtsfortbildung? – BGH, NJW 1994, 2703, in: JuS 1997, 109.

Schünemann, Bernd: Unternehmenskriminalität und Strafrecht, Köln / Berlin u. a. 1979.

– Strafrechtsdogmatische und kriminalpolitische Grundfragen der Unternehmenskriminalität wistra 1982, 41.

– Absprachen im Strafverfahren? Grundlagen, Gegenstände und Grenzen, in: Verhandlungen des 58. Deutschen Juristentages, Band I, S. B 1 ff., München 1990.

– Ist eine direkte strafrechtliche Haftung von Wirtschaftsunternehmen zulässig und erforderlich?, in: The Taiwan / ROC chapter, International Association of Penal Law (AJDP) (Hrsg.), International Conference on Environmental Law, Taiwan (ROC) 1992, S. 433 ff.

– Die Strafbarkeit der juristischen Person aus deutscher und europäischer Sicht, in: Schünemann, Bernd / Suárez González, Carlos (Hrsg.), Bausteine des europäischen Wirtschaftsstrafrechts, Madrid-Symposium für Klaus Tiedemann, Köln / Berlin u. a. 1994, S. 265 ff.
   (zit.: Schünemann, in: Madrid-Symposium f. Tiedemann).

– Plädoyer zur Einführung einer Unternehmenskuratel, in: ders. (Hrsg.), Deutsche Wiedervereinigung – Die Rechtseinheit, Arbeitskreis Strafrecht, Bd. III: Unternehmenskriminalität, Köln / Berlin u. a. 1996, S. 129 ff.

– Unternehmenskriminalität, in: Canaris, Claus-Wilhelm / Heldrich, Andreas u. a. (Hrsg.), 50
   Jahre Bundesgerichtshof, Festgabe aus der Wissenschaft, Band IV: Strafrecht, Strafprozeßrecht, München 2000, S. 621 ff. (zit.: Schünemann, BGH-FG).

Schwarze, Jürgen: Grenzen für die Ermittlungstätigkeit der Kommission als Wettbewerbs-
   behörde der EG – Zum Auskunftsverweigerungsrecht, Legal Professional Privilege und
   Schutz der Geschäftsgeheimnisse im Europäischen Kartellrecht, in: ders. (Hrsg.), Der Gemeinsame Markt, Bestand und Zukunft in wirtschaftsrechtlicher Perspektive, Baden-Baden
   1987, S. 159 ff.

Schwarze, Jürgen (Hrsg.), EU-Kommentar, Baden-Baden 2000 (zit.: Bearbeiter, in: Schwarze, EU-Kommentar).

Schwinge, Christina: Strafrechtliche Sanktionen gegenüber Unternehmen im Bereich des
   Umweltstrafrechts, Pfaffenweiler 1996.

Sczesny, Sabine / *Krauel,* Kerstin: Ergebnisse psychologischer Forschung zu Vergewaltigung
   und ihre Implikationen für Gerichtsverfahren, MschrKrim 1996, 338.

Sedemund, Jochim: Das Verfahren der EWG in Wettbewerbssachen, EuR 1973, 306.

Seebode, Manfred: Über die Freiheit, die eigene Strafverfolgung zu unterstützen, JA 1980,
   493.

Seelmann, Kurt: Literaturübersicht Bereich: Verbandsstrafbarkeit, ZStW 108 (1996), 652.

– Kollektive Verantwortung im Strafrecht, Berlin / New York 2002.

Seiler, Walter: Strafrechtliche Maßnahmen als Unrechtsfolgen gegen Personenverbände, Freiburg 1967.

Sellner, Dieter: Immissionsschutzrecht und Industrieanlagen, 2. Auflage, München 1988.

Shapiro, Alexander H.: Political Theory and the Growth of Defensive Safeguards in Criminal
   Procedure: The Origins of the Treason Trials Act of 1696, Law and History Review 1993,
   215 ff.

Sieber, Ulrich: Europäische Einigung und Europäisches Strafrecht, ZStW 103 (1991), 957.

Sieder, Frank / *Zeitler,* Herbert / *Dahme,* Heinz / *Knopp,* Günter, Michael: Wasserhaushaltsgesetz, Abwasserabgabengesetz, München, 25. Ergänzungslieferung September 2002 (zit.:
   Bearbeiter, in: Sieder / Zeitler / Dahme / Knopp, WHG).

Siolek, Wolfgang: Verständigung in der Hauptverhandlung, Baden-Baden 1993.

Siohl, Ulrich: Die Schuldfeststellung bei Unternehmen oder Unternehmensvereinigungen im
   Rahmen des Artikels 15 VO 17 zum EWG-Vertrag, Frankfurt am Main / Bern u. a. 1986.

Smith, Henry E.: The Modern Privilege: Its Nineteenth-Century Origins, in: Helmholz, R. H.
   u. a. (Hrsg.), The Privilege against Self-Incrimination: Its Origins and Development,
   Chicago 1997, S. 145 ff.

Sobota, Katharina: Das Prinzip Rechtsstaat, Tübingen 1997.

Sommer, Ulrich: Die Rezeption der Rechtsprechung des Europäischen Gerichtshofs für Menschenrechte durch die Strafsenate des Bundesgerichtshofs, StraFo 2002, 309.

Spaniol, Margret: Das Recht auf Verteidigerbeistand im Grundgesetz und in der Europäischen Menschenrechtskonvention, Berlin 1990.

Spelthahn, Ingrid H.: Das Zeugnisverweigerungsrecht von Angehörigen eines Mitbeschuldigten, Frankfurt am Main 1997.

Starck, F.: Das Auskunftsverlangen der Kartellbehörden, BB 1959, 216.

Staudinger: Kommentar zum Bürgerlichen Gesetzbuch mit Einführungsgesetz und Nebengesetzen, Zweites Buch: Recht der Schuldverhältnisse, §§ 255–292, 13. Bearbeitung, Berlin 1995 (zit.: Staudinger-Bearbeiter).

Steiner, Dirk: Das Fairneßprinzip im Strafprozeß, Frankfurt am Main / Berlin u. a. 1995.

Steiner, Udo: Technische Kontrolle im privaten Bereich – insbesondere Eigenüberwachung und Betriebsbeauftragte, DVBl. 1987, 1133 ff.

Steinhögl, Ingrid Juliane: Der strafprozessuale Deal, Augsburg 1998.

Stelkens, Paul / *Bonk,* Heinz Joachim / *Sachs,* Michael (Hrsg.): Verwaltungsverfahrengesetz, Kommentar, 6. Auflage, München 2001 (zit.: Bearbeiter, in: Stelkens / Bonk / Sachs).

Stenglein, Melchior: Referat zum Thema „Soll in der Hauptverhandlung des Strafprozesses vom dem Angeklagten, welcher sich nicht-schuldig erklärt, noch eine spezielle Einlassung oder Rechtfertigung auf die Anklage verlangt werden?" in: Verhandlungen des 7. Deutschen Juristentages 1868, Zweiter Band, Berlin 1869, S. 109 ff. (zit.: Stenglein, 7. DJT 1868 Bd. 2).

– Die Strafprozeß-Ordnung für das Deutsche Reich vom 1. Februar 1877, Nördlingen 1885.

Stephen, James Fitzjames: A History of the Criminal Law of England, Volume I, London 1883, Reprint 1996.

Stern, Klaus: Das Staatsrecht der Bundesrepublik Deutschland, Band III: Allgemeine Lehren der Grundrechte.

– Halbband 1: Grundlagen und Geschichte, nationaler und internationaler Grundrechtskonstitutionalismus, juristische Bedeutung der Grundrechte, Grundrechtsberechtigte, Grundrechtsverpflichtete, München 1988.

– Halbband 2: Grundrechtstatbestand, Grundrechtsbeeinträchtigungen und Grundrechtsbegrenzungen, Grundrechtsverluste und Grundpflichten, Schutz der Grundrechte, Grundrechtskonkurrenzen, Grundrechtssystem, München 1997.

Sternberg, Nils: Der Rang von Menschenrechtsverträgen im deutschen Recht unter besonderer Berücksichtigung von Art. 1 Abs. 2 GG, Berlin 1999.

Sternberg-Lieben, Detlev: Anmerkung zum Urteil des BGH v. 21. 7. 1994 – 1 StR 83/94 (Sedlmayr), in: JZ 1995, 844.

– Die „Hörfalle" – Eine Falle für die rechtsstaatliche Strafverfolgung? – Gedanken zu: BGH, Urt. v. 8. 10. 1993 – 2 StR 400/93 = BGHSt 39, 335, in: Jura 1995, 299.

– Die objektiven Schranken der Einwilligung im Strafrecht, Tübingen 1997.

v. Stetten, Anette: Beweisverwertung beim Einsatz verdeckter Ermittler, Frankfurt am Main / Berlin u. a. 1999.

Störmer, Rainer: Dogmatische Grundlagen der Verwertungsverbote, Marburg 1992.

– Verfassungsrechtliche Verwertungsverbote im Strafprozeß, Jura 1994, 393.

Storr, Stefan: Der Staat als Unternehmer, Tübingen 2001.

Stratenwerth, Günter: Strafrechtliche Unternehmenshaftung?, in: Geppert, Klaus / Bohnert, Joachim / Rengier, Rudolf (Hrsg.), Festschrift für Rudolf Schmitt, Tübingen 1992, S. 295 ff. (zit.: Stratenwerth, R. Schmitt-FS).

Stree, Walter: Deliktsfolgen und Grundgesetz, Tübingen 1960.

Streinz, Rudolf: Bundesverfassungsgerichtlicher Grundrechtsschutz und Europäisches Gemeinschaftsrecht, Baden-Baden 1989.

Stümpfler, Hermann: Das Schweigen des Beschuldigten im Strafverfahren oder Bußgeldverfahren, DAR 1973, 1.

Stürner, Rolf: Die Aufklärungspflicht der Parteien des Zivilprozesses, Tübingen 1976.

– Strafrechtliche Selbstbelastung und verfahrensförmige Wahrheitsermittlung, NJW 1981, 1757.

Sundelin: Die Berechtigung und Bedeutung des Verhörs im gegenwärtigen Preußischen Strafverfahren, GA VI (1859), 624.

Sutherland, Edwin H.: White Collar Crime, New York 1949.

– White-Collar Criminality, in: Sack, Fritz / König, René (Hrsg.), Kriminalsoziologie, 2. Auflage, Frankfurt am Main 1974, S. 187 ff.

Sykes, Gresham M. / *Matza,* David: Techniken der Neutralisierung: Eine Theorie der Delinquenz, in: Sack, Fritz / König, René (Hrsg.), Kriminalsoziologie, 2. Auflage, Frankfurt am Main 1974, S. 360 ff.

Systematischer Kommentar zum Strafgesetzbuch, hrsg. von Hans-Joachim Rudophi u. a., Neuwied, 38. Aktualisierungslieferung April 2003 (zit.: SK-StGB-Bearbeiter).

Systematischer Kommentar zur Strafprozessordnung und zum Gerichtsverfassungsgesetz, Gesamtredaktion Hans-Joachim Rudophi u. a., Neuwied, 30. Aufbaulieferung Januar 2003 (zit.: SK-StPO-Bearbeiter).

Taupitz, Jochen: Die zivilrechtliche Pflicht zur unaufgeforderten Offenbarung eigenen Fehlverhaltens, Tübingen 1989.

Tettinger, Peter J.: Fairneß und Waffengleichheit, München 1984.

– Fairness als Rechtsbegriff im deutschen Recht, Der Staat 36 (1997), 575.

Thomä, Karl Eugen: Auskunfts- und Betriebsprüfungsrecht der Verwaltung, Heidelberg 1955.

Thomas, Sven: Die Anwendung europäischen materiellen Rechts im Strafverfahren, NJW 1993, 2233.

Thomas, Heinz / *Putzo,* Hans: Zivilprozessordnung, Kommentar, 25. Auflage, München 2003 (zit.: Bearbeiter, in: Thomas / Putzo, ZPO).

Thumann, Harald: Behördenauskunft über Emissionen und emissionsbegrenzende Auflagen im Rahmen de Bundes-Immissionsschutzgesetzes, Diss. Regensburg 1991.

Tiedemann, Klaus: Welche strafrechtlichen Mittel empfehlen sich für eine wirksamere Bekämpfung der Wirtschaftskriminalität?, Gutachten für den 49. Deutschen Juristentag Bd. I, C, München 1972.

– Anmerkung zum Urteil des BGH v. 27. 8. 1974 – 1 StR 10/74, in: JZ 1975, 185.

– Der allgemeine Teil des europäischen supranationalen Strafrechts, in: Vogler, Theo (Hrsg.), Festschrift für Hans-Heinrich Jescheck zum 70. Geburtstag, Berlin 1985, 2. Halbband, S. 1411 ff. (zit.: Tiedemann, Jescheck-FS).

– Die „Bebußung" von Unternehmen nach dem 2. Gesetz zur Bekämpfung der Wirtschaftskriminalität, NJW 1988, 1169.

– Wirtschaftsstrafrecht – Einführung und Übersicht, JuS 1989, 689.

– Verfassungsrecht und Strafrecht, Heidelberg 1991.

– Strafrecht in der Marktwirtschaft, in: Küper, Wilfried / Welp, Jürgen (Hrsg.), Festschrift für Walter Stree und Johannes Wessels, Heidelberg 1993, S. 527 ff. (zit.: Tiedemann, Stree / Wessels-FS).

– Europäisches Gemeinschaftsrecht und Strafrecht, NJW 1993, 23.

– Strafbarkeit von juristischen Personen? – Eine rechtsvergleichende Bestandsaufnahme mit Ausblick für das deutsche Recht, in: Freiburger Begegnung. Dialog mit Richtern des Bundesgerichtshofs, Heidelberg 1996, S. 30 ff.

Többens, Hans W.: Die Bekämpfung der Wirtschaftskriminalität durch die Troika der §§ 9, 130 und 30 des Gesetzes über Ordnungwidrigkeiten, NStZ 1999, 1.

Toepel, Friedrich: Strict liability im europäischen Bußgeldrecht? Eine Untersuchung am Beispiel des Art. 15 II lit. a VO 17/62, GA 2002, 685.

Torka, Roland: Nachtatverhalten und Nemo tenetur, Berlin 2000.

Triffterer, Otto: Kommentar zum Manuskript von Prof. Schünemann, in: The Taiwan / ROC chapter, International Association of Penal Law (AJDP), International Conference on Environmental Law, Taiwan (ROC) 1992, S. 474 ff.

Tröndle, Herbert / *Fischer,* Thomas: Strafgesetzbuch und Nebengesetze, 51. Auflage, München 2003.

Tscherwinka, Ralf: Absprachen im Strafprozeß, Frankfurt am Main 1995.

Tsolka, Olga: Der allgemeine Teil des europäischen supranationalen Strafrechts i.w.S., Frankfurt am Main / Berlin u. a. 1995.

Uerpmann, Robert: Die Europäische Menschenrechtskonvention und die deutsche Rechtsprechung, Berlin 1993.

Uhlenbruck, Wilhelm: Auskunfts- und Mitwirkungspflichten des Schuldners und seiner organschaftlichen Vertreter im Insolvenzverfahren, NZI 2002, 401.

Ule, Carl Herrmann / *Laubinger,* Hans-Werner: Bundesimmissionsschutzgesetz, Neuwied, 127. Ergänzungslieferung Februar 2002 (zit.: Bearbeiter, in: Ule / Laubinger, BImSchG).

Ullmann, Emanuel: Lehrbuch des Deutschen Strafprocessrechts, München 1893.

Ulsamer, Gerhard: Zur Geltung der Grundrechte für juristische Personen des öffentlichen Rechts, in: Gerhard Leibholz u. a. (Hrsg.), Menschenwürde und freiheitliche Rechtsordnung, Festschrift für Willi Geiger zum 65. Geburtstag, Tübingen 1974, S. 199 ff. (zit.: Ulsamer, Geiger-FS).

Umbach, Dieter C. / *Clemens,* Thomas (Hrsg.): Grundgesetz, Mitarbeiterkommentar und Handbuch, Band II (Art. 38 – 146 GG), Heidelberg 2002 (zit.: Bearbeiter, in: Umbach / Clemens, Grundgesetz).

– (Hrsg.): Bundesverfassungsgerichtsgesetz, Mitarbeiterkommentar und Handbuch, Heidelberg 1992 (zit.: Bearbeiter, in: Umbach / Clemens, BVerfGG).

Vallender, Heinz: Die Auskunftspflicht der Organe juristischer Personen im Konkurseröffnungsverfahren, ZIP 1996, 529.

Velten, Petra: Befugnisse der Ermittlungsbehörden zu Information und Geheimhaltung, Berlin 1995.

Venier, Andreas: Eine Alternative zu einem Strafverfahren gegen juristische Personen, ÖJZ 2002, 718 ff.

Ventzke, Hans-Ulrich: Strafverfolgung als Konsequenz der Asylantragsbegründung?, StV 1990, 279.

Verrel, Torsten: Nemo tenetur – Rekonstruktion eines Verfahrensgrundsatzes, NStZ 1997, 361 und 415.

– Die Selbstbelastungsfreiheit im Strafverfahren, München 2001.

Vogel, Joachim: Verbraucherschutz durch strafrechtliche Produkthaftung, GA 1990, 241.

– Die Kompetenz der EG zur Einführung supranationaler Sanktionen, in: Dannecker, Gerhard (Hrsg.), Die Bekämpfung des Subventionsbetruges im EG-Bereich, Köln 1993, S. 170 ff.

Volk, Klaus: Prozeßvoraussetzungen im Strafrecht, Ebelsbach 1978.

– Strafrecht und Wirtschaftskriminalität – kriminalpolitische Probleme und dogmatische Schwierigkeiten, JZ 1982, 85.

– Zur Bestrafung von Unternehmen, JZ 1993, 429.

Voßen, Nicole: Die Rechtsprechung des Bundesverfassungsgerichts zur Rechtsweggarantie des Art. 19 Abs. 4 GG, den Verfahrensgarantien nach Art. 101 Abs. 1 Satz 2 GG, Art. 103 Abs. 1 GG und zum Prozeßrecht der Fachgerichte, Frankfurt am Main u. a. 2002.

Wagner, Heinz / *Rönnau,* Thomas: Die Absprache im Strafprozeß. Ein Beitrag zur Gesamtreform des Strafverfahrens mit Gesetzesvorschlägen, GA 1990, 387.

Waldner, Wolfram: Der Anspruch auf rechtliches Gehör, Köln / Berlin u. a. 1989.

Walter, Michael: Strafvollzug, Stuttgart / München u. a. 1991.

Wassermann, Rudolf: Zur Bedeutung, zum Inhalt und zum Umfang des Rechts auf Gehör (Art. 103 Abs. 1 GG), DRiZ 1984, 425.

v. Weber, Hellmuth: Über die Strafbarkeit juristischer Personen, GA 1954, 237.

352 Literaturverzeichnis

Wegner, Carsten: Strafrecht für Verbände? Es wird kommen!, ZRP 1999, 186.

– Die Auswirkungen fehlerhafter Organisationsstrukturen auf die Zumessung der Unternehmensgeldbuße, wistra 2000, 361.

– Die Systematik der Zumessung unternehmensbezogener Geldbußen, Frankfurt am Main / Wien u. a. 2000.

– Ist § 30 OWiG tatsächlich der „Königsweg" in den Banken-Strafverfahren?, NJW 2001, 1979.

Weichert, Thilo: Informationelle Selbstbestimmung und strafrechtliche Ermittlung, Pfaffenweiler, 1990.

Weigend, Thomas: Deliktsopfer und Strafverfahren, Berlin 1986.

– Der Schutz der Selbstbestimmung des Beschuldigten bei seiner Vernehmung im Strafverfahren, in: Leipold, Dieter (Hrsg.), Selbstbestimmung in der modernen Gesellschaft aus deutscher und japanischer Sicht, Heidelberg 1997, S. 149 ff.

– Unverzichtbares im Strafverfahren, ZStW 113 (2001), 271.

Weiler, Edgar: Befragung von Beschuldigten oder aussageverweigerungsberechtigten Zeugen im Ermittlungsverfahren durch V-Leute, GA 1996, 101.

Weis, Kurt: Die Vergewaltigung und ihre Opfer, Stuttgart 1982.

Weiß, Wolfgang: Die Verteidigungsrechte im EG-Kartellverfahren – zugleich ein Beitrag zu den allgemeinen Rechtsgrundsätzen des Gemeinschaftsrechts, Köln / Berlin u. a. 1996.

– Die Europäische Menschenrechtskonvention, der Grundrechtsstandard in der EU und das EG-Kartellverfahren, EWS 1997, 253.

– Haben juristische Personen ein Aussageverweigerungsrecht?, JZ 1998, 289.

– Der Schutz des Rechts auf Aussageverweigerung durch die EMRK, NJW 1999, 2236.

Weißer, Bettina: Kausalitäts- und Täterschaftsprobleme bei der strafrechtlichen Würdigung pflichtwidriger Kollegialentscheidungen, Berlin 1996.

Wells, Celia: Corporations and Criminal Responsibility, Oxford u. a. 1994.

Welp, Jürgen: Strafbare Verletzungen des Post- und Fernmeldegeheimnisses nach der Privatisierung der Post, in: Eser, Albin u. a. (Hrsg.), Festschrift für Theodor Lenckner zum 70. Geburtstag, München 1998, S. 619 ff. (zit.: Welp, Lenckner-FS).

Welzel, Hans: Zur Problematik der Unterlassungsdelikte, JZ 1958, 494.

Werner, Gerhard: Bekämpfung der Geldwäsche in der Kreditwirtschaft, Freiburg 1996.

Wesel, Uwe: Geschichte des Rechts, 2. Auflage, München 2001.

Weßlau, Edda: Vorfeldermittlungen, Berlin 1989.

– Neue Methoden der Gewinnabschöpfung? – Vermögensstrafe, Beweislastumkehr, StV 1991, 226.

– Anmerkung zum Urteil des OLG Frankfurt am Main v. 11. 10. 1996 – 1 Ss 28 / 96, in: StV 1997, 341.

– Zwang, Täuschung und Heimlichkeit im Strafverfahren, ZStW 110 (1998), 1.

Weyand, Raimund: Insolvenzdelikte, 6. Auflage, Bielefeld 2003.

Widmaier, Gunter: Der strafprozessuale Vergleich, StV 1986, 357.

Wieckmann, Hans-Joachim: Das Auskunftsersuchen im System kartellbehördlicher Eingriffs-befugnisse, Frankfurt am Main / Bern 1977.

Wiedemann, Herbert: Gesellschaftsrecht I, Grundlagen, München 1980.

Wigmore, John Henry: Evidence in Trials at Common Law, Volume 8, revised by John T. Naughton, Boston / Toronto 1961.

Williams, Glanville: The Proof of Guilt, 3. Auflage, London 1963.

Wilmanns / Urbach: Strafbarkeit juristischer Personen nach dem gegenwärtigen Devisen-recht? (Westzonen), BB 1953, 102.

Winkler von Mohrenfels, Peter: Abgeleitete Informationsleistungspflichten im deutschen Zivilrecht, Berlin 1986.

v. Winterfeld, Achim: Zur Vernehmung von Zeugen durch das Bundeskartellamt in Kartell-ordnungswidrigkeitenverfahren, BB 1976, 344.

– Ermittlungsbefugnisse der EG-Kommission gegenüber Unternehmen am Beispiel des Kar-tellrechts, RIW 1992, 524.

Wohlers, Wolfgang: Entstehung und Funktion der Staatsanwaltschaft, Berlin 1994.

– Die Strafbarkeit des Unternehmens, SJZ 96 (2000), 381.

Wolff, Heinrich Amadeus: Selbstbelastung und Verfahrenstrennung, Berlin 1997.

– Ungeschriebenes Verfassungsrecht unter dem Grundgesetz, Tübingen 2000.

Wolfslast, Gabriele: Beweisführung durch heimliche Tonbandaufzeichnung, NStZ 1987, 103.

Wolter, Jürgen: Repressive und präventive Verwertung tagebuchartiger Aufzeichnungen, StV 1990, 175.

– Menschenwürde und Freiheit im Strafprozeß, in: Geppert, Klaus / Dehnicke, Diether (Hrsg.), Gedächtnisschrift für Karlheinz Meyer, Berlin / New York 1990, S. 493 ff. (zit.: Wolter, Meyer-GedS).

– Datenschutz und Strafprozeß, ZStW 107 (1995), 793.

Wolters, Gereon: Die Neufassung der strafrechtlichen Verfallsvorschrift, Baden-Baden 1995.

Zachariä, Heinrich Albert: Die Gebrechen und die Reform des deutschen Strafverfahrens dargestellt auf Basis einer konsequenten Entwicklung des inquisitorischen und accusato-rischen Prinzips, Göttingen 1846.

– Handbuch des deutschen Strafprocesses, Zweiter Band, Göttingen 1868, Nachdruck Gold-bach 1996.

Zeder, Fritz: Ein Strafrecht juristischer Personen: Grundzüge einer Regelung in Österreich, ÖJZ 2001, 630.

Zöller, Richard: Zivilprozeßordnung mit Gerichtsverfassungsgesetz und den Einführungs-gesetzen, Internationalem Zivilprozeßrecht, EG-Verordnungen, Kostenanmerkungen, Kommentar, 23. Auflage, Köln 2002 (zit.: Bearbeiter, in: Zöller, ZPO).

Zieschang, Frank: Das Sanktionensystem in der Reform des französischen Strafrechts im Vergleich mit dem deutschen Strafrecht, Berlin 1992.

– Rezension zu: Mäder, Detlef: Betriebliche Offenbarungspflichten und Schutz vor Selbstbelastung, Freiburg 1997, in: wistra 1999, 18.

– Die strafrechtliche Verantwortlichkeit juristischer Personen im französischen Recht – Modellcharakter für Deutschland?, ZStW 115 (2003), 118.

Zipf, Heinz: Kriminalpolitik, Heidelberg / Karlsruhe 1980.

Zipperer, Helmut: Private und behördliche Einsicht in Insolvenzakten – eine systematische Bestandsaufnahme, NZI 2002, 244.

Sachwortverzeichnis